中国乡镇企业年鉴

（1991）

中国乡镇企业年鉴编辑委员会　编

农业出版社

中国乡镇企业年鉴编辑委员会

▶ 广东顺德县新升风扇厂成品车间一角

◀ 湖北省丹江口市三宫殿电石厂冶炼车间一角

彭中一　摄

▼ 北京市房山县周口店水泥厂

李新志　摄

aide 愛德

三角牌 "TRIANGLE"

廣東電飯鍋廠

Guangdong Electrical Rice Cooker Factory

（原：順德縣桂洲電飯鍋廠）

國家二級企業

具有八十年代先进水平的生产流水线

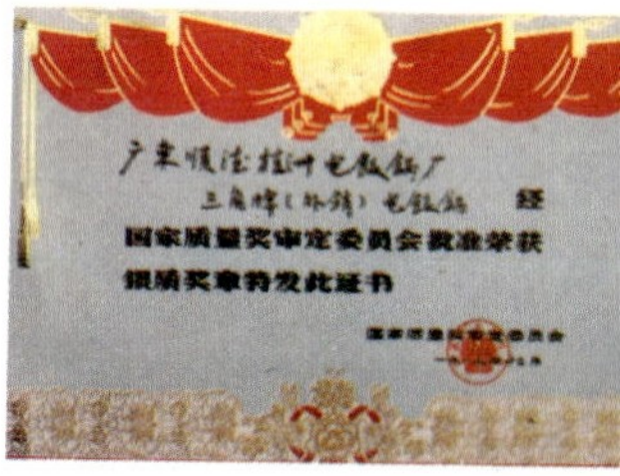

广东电饭锅厂是国内电饭锅行业规模最大、配套最完善的厂家之一，为国家二级企业。是广东省轻工业品进出口集团公司的定点出口单位，省二轻厅家电公司的联营企业。年产SYL系列自动保温电饭锅达200万台。厂内拥有四条八十年代先进水平的装配线和检测线，各种设备齐全，工艺先进，配套完善。产品历次荣获广东省优质产品、轻工部优质产品以及广东最佳工业品称号；1989年荣获国家优质产品银质奖（目前最高奖）。

厂址　广东省顺德县桂洲镇桂中南路168号

电话　886186　880370

顺德县桂洲第二风扇厂

GUANG DONG
SHUNDE KWAI CHOW NO. 2 FANMANUFACTORY

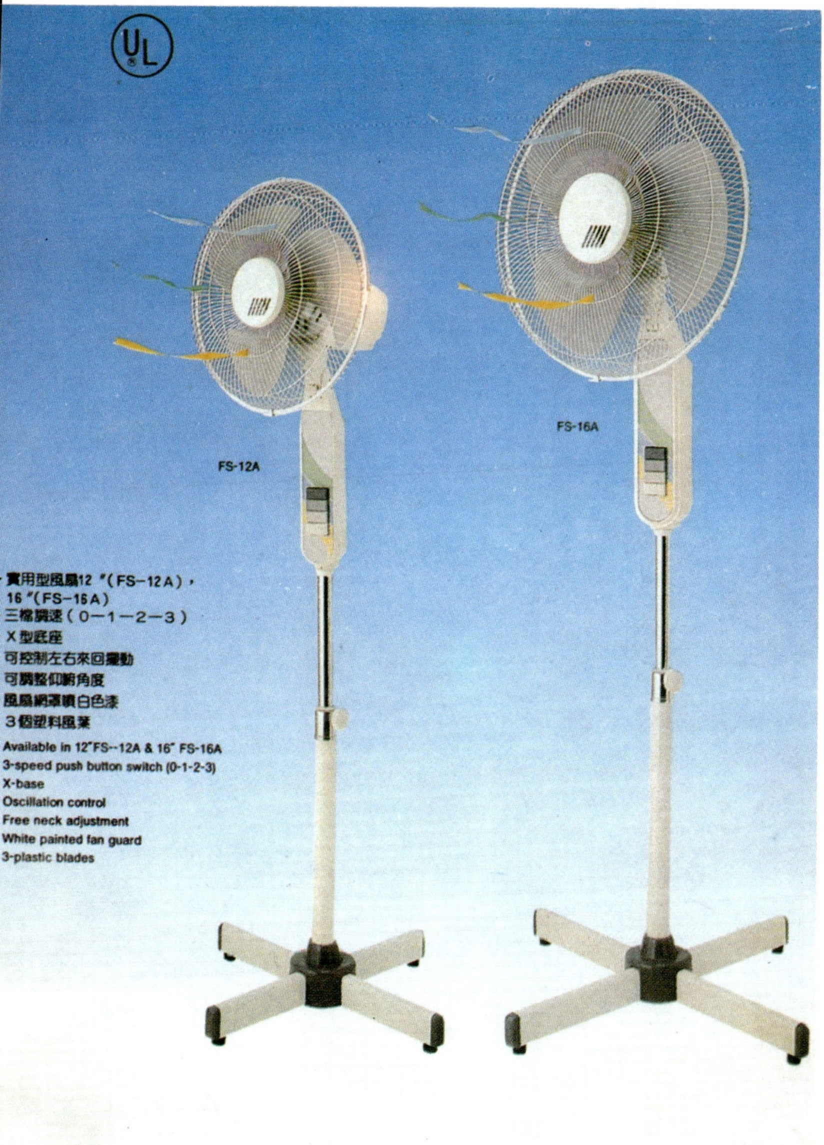

FT—16 A 400 mm台扇

FT—12 A 300 mm台扇

FT—09 A 200 mm台扇

- 实用型风扇FT-09(9″)、FT—12 A（21′）FT16 A(16″)
- FT-09 A型两档调速（0—1—2）
  FT—12 A，FT—16 A三档调速（0—1—2—3）
- 可控制左右来回摆动
- 可调整仰俯角度
- 风扇网罩喷白色漆
- 塑料台座
- 3塑料风叶

- Available in 9″ (FT-09A), 12″ (FT-12A) & 16″ (FT-16A)
- FT-07A, 2-speed push button switch (0-1-2)
  FT-12A & FT-16A, 3-speed push button svitch (0-1-2-3)
- Oscillation control
- Free neck adjustment
- White painted fan guard
- Plastic stand
- 3-plastic blades

◀ 南海县樵山建材陶瓷厂“石燕牌”
108×108mm　158×152mm
150×200mm
釉面砖，为广东省、农业部优质产品

▲ 佛山市张槎玻璃二厂办公大楼外景

▶ “金蝶牌”管制锁口瓶系列产品

中山市张家边饮料食品实业公司

本公司是饮料生产的专业厂，是省级先进企业、主要生产“翠峰牌”豆奶（原名维他奶）及各种汽水饮料系列产品。其中“翠峰牌”豆奶于1987、1988年先后获广东省优质及农业部优质产品称号。

厂址　中山市中山港大道

▲　顺德县兴华工业公司的办公大楼

公司地址　广东省顺德县大良镇石洛路13号
电　　话　225892
电　　挂　9911转
图文传真　07653—225316
邮政编码　528300

▲　顺德县龙江永发包装实业公司外景

广东省顺德县龙江永发包装实业公司是以生产纸制品包装容器、泡沫塑料内包装等多元化产品的企业。下设有：纸箱厂、泡沫塑料厂、纸管包装厂、造纸厂。厂区面积50000 m^2，生产设备240多台（套），公司员工800多人，固定资产净值1200多万元，1990年完成工业产值5000万元。

纸箱厂　引进具有国际先进水平的五层纸箱板自动生产线，年生产能力2000万 m^2，产品有各种规格的纸箱、彩合，是广东省外贸出口包装定点生产企业。

泡沫塑料厂　引进日本PS—90B自动生产设备，年生产各种泡沫塑料内包装产品400吨。本厂技术力量雄厚，可代客户设计各种规格的模具。

纸管包装厂　引进日本TSC—300M电脑控制全自动生产线，年生产各种不同规格的螺式卷筒纸管及异形纸管1000多万米。产品适用于轻工、化纤、纺织、塑料及金属薄膜、医药、食品行业的内包装。产品的性能与进口同类型产品相同，可以代替进口产品使用。在1988年的全省行业质量评比中，囊括了B、A型产品第一名，被评为广东省优质产品，1990年被评为农业部优质产品。

造纸厂　设有国内先进水平的造纸生产设备，年生产高强度瓦楞原纸4000吨，产品执行国家标准，质量可靠。

本公司是广东省级先进企业，全国包装技术协会成员、省包协纸制品常务委员单位。

经理　梁镜明　　副经理　陈深荣
电话　368919　368850　　电报挂号　4630
图文传真　368956　　邮政编码　528318

河北省三河县乡镇企业在前进

◀ 黄土庄构件厂

▼ 新集大安开关厂

▲ 南曹庄铝粉厂

▲ 三河链条总厂

◀ 新集乐器厂

编 辑 说 明

一、《中国乡镇企业年鉴》是一部综合反映我国乡镇企业发展进程和成就的资料性工具书。

二、年鉴的文章主要是由业务主管部门和专业研究人员撰写的。统计资料由农业部乡镇企业司和各省、自治区、直辖市、计划单列市有关部门提供，并经审核。

三、各省、自治区、直辖市按行政区划先后排列；计划单列市按国家统计报表排列顺序排列。

四、各类资料数据均未包括台湾省。

五、本年鉴选自有关报刊的文章，编委会按统一体例进行了删节。

六、截止本卷发稿，“各地概况”栏目中尚有西藏自治区、武汉市、厦门市的材料未收到，本卷未能收入。河南省收录了1989年的资料，青岛市收录了1988、1989年的资料。特此说明。

栏 目

目　　录

综　　述

行业概况

各地概况

文献·法规

统计资料

经营管理

企业管理年

质量管理

科技·教育

出口创汇

专 题 文 章

优 秀 企 业

企 业 家

重要会议

地方专栏

综　　述

"七五"回顾

一年评述

1990年全国乡镇企业主要经济指标完成情况

“七五”回顾

陈耀邦

1990年，是“七五”计划的最后一年。“七五”期间，是我国国民经济发展的重要时期，也是乡镇企业全面发展的时期。在党中央的正确方针、政策指引下，在各级党政领导的重视和有关部门扶持下，经过广大干部职工的共同努力，全国乡镇企业实现了中央、国务院提出的开创乡镇企业新局面的要求。特别是在“七五”后期国民经济进行治理整顿、深化改革中，乡镇企业经受了各种困难的严峻考验，依靠自身顽强的生命力，勇渡难关，取得了持续适度的发展，为国民经济“七五”计划的实现作出了新的贡献。对此，中央领导同志给予了高度评价，赞扬它是“异军突起”、“完全没有预料到的最大收获”，“在世界上是个独创”，“为实现有中国特色的工业化开辟了一条新路子”，“是发展了马列主义”。

总的来看，在“七五”期间，乡镇企业经历了风风雨雨，实现了持续发展，获得了提高，作出了较大的贡献。

1. **经济实力进一步增强。**乡镇企业个数由1985年的1 222万个增加到1990年1 820万个，职工人数由6 979万人增加到9 200万人，年均递增5.6%；企业总产值由2 752亿元增加到9 500亿元，年均递增25.3%（按可比口径计算，下同)；其中工业总产值由1 627亿元增加到7 000亿元，年均递增26.4%；上交国家税金由137亿元增加到410亿元，年均递增24.5%；企业纯利润由287亿元增加到590亿元，年均递增15.4%；固定资产原值由910亿元增加到2 850亿元，年均递增25.6%；出口产品交货值总额由150亿元（折39亿美元）增加到500亿元（折130亿美元左右)，年均递增26.2%。

2. **有效供给不断增加。**“七五”期间乡镇企业向社会提供的有效商品大幅度增长，一些关系国计民生的产品在全国工业产品产量中的比重越来越大。如原煤占33.7%，水泥占31.5%，机制纸及纸板占38.3%，呢绒占63%，服装占60%，棉布占20%，农机具占80%，砖瓦占90%以上。乡镇企业的发展创造了巨大的物质财富，极大地丰富了城乡市场。

3. **企业素质明显提高。**到“七五”末，全国乡村集体企业已经形成了130万人的技术队伍，占职工总数的2.8%，每万名职工中有技术人员280名，而“六五”末期乡村企业技术人才仅占职工总数的0.4%，每万名职工中仅有技术人员40名。“七五”比“六五”末，乡村企业技术人才总数增加7倍多，年均递增率达50%以上，其增长速度是很快的。目前乡村企业职工具有初中以上文化水平的比例由五年前不足40%上升到近70%。随着人才队伍的壮大，乡镇企业对应用技术的研制和开发能力日益增强，对国内外新技术和新工艺的吸收、消化能力以及新产品的开发都有明显的提高。五年来，乡镇企业充分利用国内、国外两个技术资源，提高了技术进步的起点，积极地开展了技术改造、技术革新，推出了一批填补国内或省内空白的新产品。产品更新换代加快，质量稳定上升，乡镇企业整体技术水平有了较大的提高。从1986年到1990年，乡镇企业获国优产品35个，部优产品1 956个，获国家质量管理奖1个，部质量管理奖52个。通过我部申报，列入国家级重点新产品试产计划72项。从1987年到1990年，获农业部科技进步奖139项，获个人科技进步奖证书的共有737人，其中84.5%是乡镇企业自己的职工。国家星火奖、国家科技进步奖、国家发明奖，乡镇企业也已开始进入了行列。“七五”期间，乡镇企业系统还涌现了一批先进企业，其中有117个企业升入国家二级企业，有两个企业分别通过了国家一级企业正式考评和预考评。获省级先进企业1 387家。600多个外向型企业被批准为国家各类出口基地企业或扩权企业。1990年4月全国煤矿行业授予“安全生产先进单位”八个，其中乡镇企业系统一个。

4. **产业结构逐步趋向合理。**“七五”期间，乡镇企业遵循中央在“七五”计划建议中提出的乡镇企业产业、行业发展方向稳步前进，特别是在治理整顿中，根据国家产业政策进行了认真的调整。以农产品为原料的加工工业在轻工业中的比重逐步上升，采掘、原材料工业的发展速度高于加工工业，国家产业政策支持的行业和企业继续得到发展；国家产业政策限制的一些产品产量明显下降，对浪费能源、原材料、严重污染环境、经济效益差的企业进行了关停并转。同时，对乡镇企业固定资产投资结构进行了调整，更加重视增加用于技术改造和扩大再生产项目的投入。企业组织结构也有所改善，规模不断扩大，全员劳动生产率有了较大提高。

5. **对国民经济和社会发展的贡献越来越大。**“七五”期间，全国社会总产值净增量中，乡镇企业占31.5%，乡镇企业总产值在全国社会总产值中的比重从1985年的16.6%上升到25%。全国工业总产值净增量中，乡镇企业占37.7%；乡镇工业产值占全国工业总产值的比重从18.8%上升到30%。农村社会总产值净增量中，乡镇企业占67%；乡镇企业总产值占农村社会总产值的比重从43.4%上升到60%。农村经济初步形成了以农业为基础，以乡镇企业为主体，农工商建运服全面发展的新格局。全国出口创汇净增量中，乡镇企业占28%；乡镇企业创汇占国家外汇收入的比重由不足14%上升到21.6%。乡镇企业"七五"期间共安排农村剩余劳动力2 220万人，占全国就业人数净增量的57.6%；乡镇企业从业人员占农村劳动力的比重由18.8%增加到22%，造就了一代新型农民。"七五"期间乡镇企业对农村各项事业建设投资 450 亿元，以工补农建农 270 亿元。农民净增收入的一半以上来自乡镇企业。总之，乡镇企业已成为国民经济发展不可替代的推动力量，成为农村经济的重要支柱，成为增加国家财政收入和农民收入的重要来源，成为国家出口创汇的生力军，成为稳定农村、稳定全局的重要因素，为巩固农村基层政权、巩固工农联盟、提高民族素质、缩小三大差别作出了重大贡献。

这些成绩的取得是始终坚持党的基本路线，加强企业思想政治工作的结果，是各级党委政府和有关部门重视、支持的结果，也是各级乡镇企业主管部门和广大乡镇企业职工奋发拼搏、艰苦创业的结果。乡镇企业在取得这些成绩的同时，也积累了丰富的经验。客观地总结这些经验，对于我们坚定发展乡镇企业的信心和决心，激发乡镇企业干部职工的热情和干劲，为实现"八五"发展战略目标，进一步推进和引导乡镇企业继续健康发展有着十分重要的意义。这些经验主要是：

1．正确贯彻中央的方针、政策，各级党委政府加强领导，统一认识，有关部门积极扶持。"七五"期间，党中央始终把乡镇企业作为整个国民经济发展，尤其是农村经济发展战略的重要组成部分，在乡镇企业发展的每一个关键时刻，都及时地给乡镇企业指明方向。在国民经济发展即将进入"七五"计划的时候，中央提出了对乡镇企业"积极扶持、合理规划，正确引导，加强管理"的总方针。在国民经济进行治理整顿的关键时刻，中央又提出了"调整、整顿、改造、提高"的指导方针。特别是1990年国务院从我国经济和社会发展的客观实际出发，颁布了《中华人民共和国乡村集体所有制企业条例》，用法规形式把党和国家关于乡镇企业的方针政策确定下来，这对于乡镇企业持续、稳定发展具有极为深远的意义。几年来，中央和国务院领导同志还多次到各地视察乡镇企业，对发展乡镇企业问题作了一系列重要指示，充分肯定乡镇企业的地位和作用，给各级领导、基层干部和广大农民以极大的鼓舞和鞭策。

"七五"期间，地方各级党委、政府根据党中央、国务院发展乡镇企业的方针政策，结合本地实际情况，制定了一系列适合自己特点的发展乡镇企业的具体政策。针对乡镇企业发展中出现的一些认识问题和具体困难，及时加以引导，不断深化对发展乡镇企业战略意义的认识，把它作为振兴本地经济的突破口、战略重点，统一思想，稳定政策，认真解决发展中的实际困难和关键问题。各地每年都专门召开乡镇企业的会议，党政主要领导同志亲自到会讲话，对乡镇企业发展作指示，给乡镇企业鼓励和引导，同时动员组织各有关部门积极扶持乡镇企业，为乡镇企业的持续稳定发展创造了必要的条件。"七五"期间，在中央和地方各级党委政府领导下，有关部门为乡镇企业健康发展作了大量的工作，从人才、资金、物资、能源、技术等方面给予大力的支持，使乡镇企业得以较好地发展。

2．发挥亿万农民的积极性和创造性。乡镇企业是亿万农民在党领导下的群众性的伟大事业，是农村经济发展的客观要求和广大农民脱贫致富的强烈愿望相结合的产物。广大农民在实践中认定了发展乡镇企业这条路是完全正确的，即使遇到再大的困难他们也要坚定不移地走下去，乡镇企业已经深深地扎根于农村、扎根于亿万农民的心坎上。乡镇企业发展中遇到的各种困难，主要都是依靠群众去克服。广大农民的积极性、创造性是乡镇企业无论在顺利时候还是在困难时候都能够顽强发展的内在动力。坚定不移地发展乡镇企业已是不以人们意志为转移的历史必然。

3．发挥乡镇企业灵活机制的优势。乡镇企业在改革开放中形成了计划指导与市场调节相结合、自主经营、自负盈亏、自我约束、自我调节、自我积累、自我发展、多劳多得、优胜劣汰等一整套机制，使得乡镇企业在发展社会主义有计划商品经济中，具有较强的适应性和灵活性，能很快适应市场变化，及时合理配置生产要素，发挥极大的活力，经受住种种困难的考验，顽强地生存和发展。同时，乡镇企业从不满足于现状，总是开拓创新，改革奋进，并善于在实践中总结经验，对自身机制不断加以完善，努力增强市场竞争能力，在发展中始终保持旺盛的活力和勃勃的生机。在"七五"期间不断完善承包经营责任制，使乡镇企业的灵活机制得到更好的发挥。

4．努力提高企业自身素质。"七五"期间，乡镇企业十分重视科技进步，发挥科学技术在发展生产中的重要作用，积极引进和采用新技术、新工艺、新设备、科技成果和专利技术，通过横向联合与科研单位、大专院校协作或组成科研生产联合体。同时，以重点行业、骨干企业的节能、降耗、提高产品质量、改善安全生产条件和新产品开发为目的抓好技术改造。几年来，乡镇企业努力开展智力开发、人才培训和人才引进，一方面根据国家有关政策，创造优惠条件，采取“借、聘、兼、调”等形式引进人才，还通过技术承包、技术入股等形式吸引人才。另一方面，采取多渠道、多层次、多形式开展教育培训，鼓励职工自学成才，提高劳动大军的素质，造就了一支乡镇企业自己的科技和管理干部队伍。与此同时，乡镇企业经过多年的实践，在市场疲软、市场竞争危及生存和发展的严峻考验中，加深了对企业管理工作重要性和紧迫性的认识，自觉地强化管理，苦练内功，努力促进企业向管理现代化方向推进。在管理中，重点开展了计量、标准、定额、规章制度、信息、基础教育、班组建设等基础管理和质量、财务、物资、设备、安全生产等专项管理，逐步建立了必要的管理制度，管理工作初步向规范化、科学化转变。同时以企业升级工作为导向，推动企业加强管理和全面提高素质。乡镇企业还十分注意引进国内外先进的管理方法，与自身的灵活机制相结合，初步形成了独具特色的经营管理方法和路子。特别是1990年来乡镇企业系统开展的“企业管理年”活动，对于进一步增强企业管理意识、提高企业素质，促进企业上等级、上水平，起到了重要的作用。

5．**千方百计增加投入**。企业要发展，没有投入不行。乡镇企业即使是主要依靠内涵发展，进行技术改造，开发新产品等也都必须有相应的投入；在不发达地区外延与内涵发展并重，更需要必要的投入。当然，投入必须量力而行，不能再走过度负债经营的道路。“七五”期间，前三年发展较快，后两年国家实行财政、信贷“双紧”方针，乡镇企业之所以仍能保持百分之十三左右的发展速度，一方面有前三年投入的作用，另一方面是由于企业采用了多渠道、多形式的集资投入，还积极争取有关部门在资金、物资和技术等方面的支持。如果没有必要的投入，扩大再生产是困难的。

6．**充分发挥乡镇企业主管部门的职能作用**。“七五”期间，各级乡镇企业主管部门认真贯彻党中央、国务院关于发展乡镇企业的方针政策，充分发挥指导、管理、监督、协调、服务的职能作用，制定法规、研究政策、协调关系、疏通渠道、加强服务、总结经验、积极引导。根据国民经济和乡镇企业发展的实际，研究提出了一整套发展乡镇企业的思路，加强了宏观指导。1987年提出“五个战略转移”和发展外向型经济；1988年提出“科技进步是发展乡镇企业的必由之路”；1989年根据国家整个经济形势的变化，在舆论压力加上资金、物资、市场的困难压力的情况下，争取各级领导的重视和支持，要求企业干部职工全面正确地理解调整与发展的关系，提出了乡镇企业治理整顿的战略措施，明确了方向，振奋了精神，防止了思想动荡，遏制了经济滑坡。1990年又作出了在乡镇企业系统开展“企业管理年”活动的决定。认真贯彻执行《中华人民共和国乡村集体所有制企业条例》，加强了法制建设，保护、引导乡镇企业持续健康发展，同时推动各级制定了一系列法规、规章和制度，促进了乡镇企业管理的规范化、科学化。各级乡镇企业主管部门还十分注意协调各方面的关系，加强乡镇企业经济理论研究和舆论宣传工作，努力为乡镇企业发展创造良好的外部环境。另外，还在质量检测、安全生产、信息咨询、人才培训、外贸出口、供销渠道等方面做了大量的有效的服务工作，千方百计为企业搭桥铺路，排忧解难。

当然，我们在看到成绩的同时，也必须清醒地看到由于历年积累的矛盾和治理整顿过程中新出现的矛盾交织在一起，当前乡镇企业的发展还存在一些不容忽视的问题和困难：一是社会上对乡镇企业的舆论有所好转，但仍需进一步对乡镇企业再认识，尤其需要一些部门的同志对发展乡镇企业的重大意义和作用取得共识；二是全国经济环境还有许多不利因素，主要是市场销售回升不快，企业流动资金紧张等问题依然没有得到根本缓解；三是由于企业经济效益下降，社会负担过重，自我积累有限，有些地方技术改造投入断档，致使不少地方乡镇企业设备陈旧、工艺落后，企业发展后劲严重不足；四是地区、企业之间发展不平衡，经济结构不尽合理，企业整体素质不高；五是如何正确处理好行业管理与主管部门管理的关系等问题需要进一步解决；六是安全工作仍令人担忧，有的地方、企业尤其是煤矿、花炮企业存在事故隐患，有的地方、企业发生了重大、特大事故，个别地方甚至出现了连发事故；七是关停企业较多，大量从业人员回流到农业，就业压力严重加剧；八是普遍存在乡镇企业行政管理机构不健全，管理力量薄弱，经费不足，工作条件差，职能与权力相脱节，缺乏必要的调控手段，难以适应艰巨而繁重的管理任务等等。

总之，对于乡镇企业面临的形势要坚持两点论，要以辩证的、发展的观点看问题。从经济发展的总趋势看对发展乡镇企业是有利的，从“八五”计划要求和全国经济复苏回升的角度看，又是一次新的发展机遇，但面临的困难仍是严峻的，这就对乡镇企业工作提出了更高的要求，我们决不可盲目乐观，掉以轻心。而应该继续克服困难，变压力为动力，千方百计为实现“八五”计划做出努力。

（摘自1991年1月11日在全国乡镇企业工作会议上的报告）

一年评述

黄 海 光

1990年是第七个五年计划的最后一年。"七五"期间，全国乡镇企业从全面发展转入提高、发展的历史转折时期，在这期间乡镇企业经历了全国经济治理整顿、深化改革的严峻考验，从胜利走向胜利。1988年开始，在全国范围内治理整顿经济秩序，控制基本建设投资规模，以抑制通货膨胀，调整财政、信贷平衡，扭转过热的经济发展。因而，银行对乡镇企业的贷款基本上不增加，投入极少。乡镇企业的发展速度急剧降幅，经济滑坡，至1990年1、2月份陷入低谷。

1990年，是乡镇企业进入80年代最困难的一年。这一年乡镇企业的发展遇到资金紧缺和市场疲软的双向冲击，还受到基层干部换届和舆论指责压力尚未完全消除的双重影响，因而发展步履艰难。各地乡镇企业在各级政府和主管部门的正确引导下，依靠企业发挥"千方百计、千言万语、千山万水、千艰万苦"的拼搏精神，知难而进，迎着困难上，勇往直前；依靠企业充分发挥灵活机制的优势，力挽狂澜，乘风破浪，终于冲过了急流险滩。乡镇企业的发展从一季度开始逐季回升，到年末总产值达9 580亿元，比上年增长13.9%，其中工业总产值7 000亿元，比上年增长15.4%，比国营工业增长速度高一倍多。令人瞩目和称赞。

1990年是乡镇企业更加重视"练内功"，强化管理，提高素质的一年。在治理整顿中，客观形势要求乡镇企业为了生存和发展，把遇到困难的压力变为动力，把挑战变为机遇。靠的是企业自身练好过硬功夫，增强企业的应变能力，因而，企业管理的意识比任何时候都强，积极调整产品结构，努力提高产品质量的自觉性比任何时候都高。为了正确引导，农业部审时度势，于3月发出了在全国乡镇企业系统开展"企业管理年"活动的决定。这一决定合乎民心，适应形势，指明方向，渡过难关，以推动企业抓住机遇，练好内功。在这一年评比中，有14个产品获得国优，有541个产品获得部优，有51个企业晋升为国家二级企业，其中有一个企业晋升为国家一级企业。6月3日，国务院总理李鹏签发国务院第59号令，正式颁布《中华人民共和国乡村集体所有制企业条例》，保护乡镇企业的合法权益，促使乡镇企业依法治厂，推动了全国乡镇企业走上法制轨道。

1990年是乡镇企业出口创汇取得显著成就的一年。乡镇企业在国内市场疲软的情况下，不仅加快调整产品结构步伐，适应国内市场需要，同时，采取"东方不亮西方亮"、"墙内损失墙外补"的方针，瞄准国外市场，大力发展外向型经济。这一年，全国乡镇企业外贸交货值达487亿元，比上年增长30.5%，占全国外贸收购总额24.7%。外贸交货值超过20亿元人民币的省市，有广东、江苏、上海、浙江、山东、福建、天津、辽宁、河北等9省市，其中，广东、江苏超过100亿元人民币。

乡镇出口企业增多，规模不断扩大。到1990年底全国生产出口产品的乡镇企业已发展到5.167万家，从业人员达700万人。其中，年出口100万美元或外贸交货值500万元人民币以上的企业达2 800家，300万美元以上的企业750家，500万美元以上的企业500家，1 000万美元以上的企业22家。并涌现出一批外贸交货值超亿元人民币的乡（镇）和5亿人民币的县(市)。有8个乡（镇）超2亿元，有17个县（市）超5亿元。在沿海地区还出现一批出口加工区和出口企业群体。如广东顺德的家用电器、东莞的玩具，江苏吴江的丝织品，北京顺义和辽宁大连的服装，福建莆田的制鞋等等。

乡镇企业出口生产基地建设已初具规模。到1990年底，经国家有关部门批准，在乡镇企业中建立和被命名的各类出口基地企业累计达342家，其中国务院机电产品扩权出口基地企业150家，"贸工农"出口生产基地企业192家，此外，还有106家轻纺出口基地技改中标企业。

乡镇企业引进外资和选用先进设备取得了可喜进展。到1990年底，全国乡镇企业同外商兴办合资、合作企业累计6 987家，通过"三来一补"，共引进外资34亿美元。上述这些企业主要集中在沿海的广东、福建、江苏、浙江等省。同时，全国有15家乡镇企业到国外办厂，分别在巴西、加拿大、澳大利亚、泰国、孟加拉、印度尼西亚等国家合营或合作经营企业。

回顾1990年乡镇企业的发展历程，困难很大，成绩也很大。在乡镇企业发展史上，是不平凡的一年，也是难忘的一年。

1990年全国乡镇企业

主要经济指标完成情况

1990年，各地乡镇企业在深入开展“企业管理年”活动中，克服了重重困难，取得了较好的成绩，为社会稳定、经济稳定和国家顺利完成“七五”计划作出了新的贡献。

根据农业部乡镇企业司统计年报汇总结果，1990年全国乡镇企业主要指标完成情况如下：

总产值稳定增长。全国乡镇企业总产值9 581.1亿元（现价），比上年增长13.9%，其中乡村企业总产值6 253.8亿元，比上年增长11.8%。在乡镇企业总产值中，乡镇工业总产值7 097亿元，比上年增长15.4%。乡镇企业总产值占全社会总产值比重为24.6%，占农村社会总产值比重为59.1%，分别比上年提高0.3个百分点和1.1个百分点。

产品销售和劳务收入取得较好成效。乡镇企业总收入为8 613.6亿元，比上年增长10.98%，其中乡村企业总收入为5 218.6亿元，比上年增长8.23%。在总收入中，乡镇工业销售收入5 679.9亿元，比上年增长11.69%，乡村工业销售收入4 134.6亿元，比上年增长9.5%。

向国家交纳税款增加。乡镇企业共向国家交纳税金391.6亿元，比上年增长4.7%，其中乡村企业275.4亿元，比上年增长4.1%。

企业利润保持一定水平。乡镇企业纯利润588.0亿元，比上年增长0.4%，其中乡村企业纯利润232.7亿元，比上年下降4.4%。在纯利总额中，乡镇工业纯利322.9亿元，比上年增长0.72%。

出口创汇大幅度提高。乡村企业出口交货额462.3亿元，比上年增长24.5%，“三来一补”工缴费收入79.0亿元，比上年增长54.3%。1990年全国乡镇企业与外商和港、澳、台同胞联营企业共6 987个，比上年增加了1 048个。

企业经济实力增强，规模扩大。乡镇企业拥有固定资产2 857.1亿元，比上年增加14.3%，其中乡村企业2 202亿元，比上年增长14.7%。每一乡村工业企业拥有固定资产20.4万元，比上年提高22.1%。全国产值在500万元以上的工业企业共13 895个，比上年增加1 586个。

企业素质明显提高。1990年，全国乡村集体企业已形成了139.3万人的科技队伍，其中自己培养的60万人，具有中级以上职称的18.6万人，比上年增加了4.8万人。初中文化程度以上的职工人数已占到全部职工总数的近70%。随着人员素质的不断提高，新产品的开发和新技术的应用水平有了很大增强。乡镇企业获国优产品14个，部优产品541个；获国家质量奖1个，部质量奖22个；获农业部科技进步奖35项。有117个企业进入国家二级企业，省级先进企业1 387个。

支农建农作用日益显著。乡村企业以工补农，以工建农和支持农村各项福利事业资金180.2亿元，比上年增加18亿元。

1990年按国民经济部门分乡镇企业构成情况

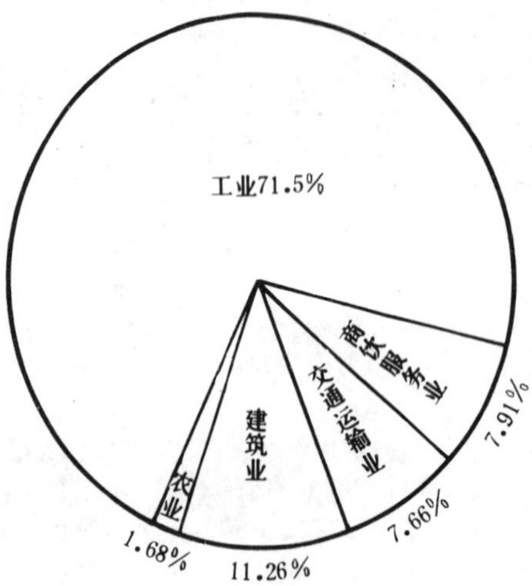

企业总产值构成

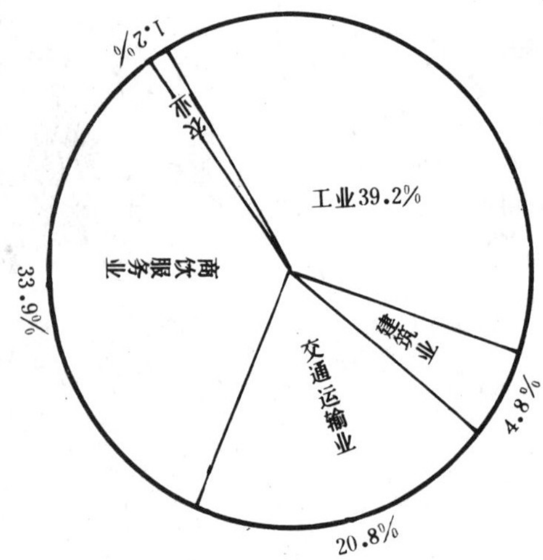

企业单位构成

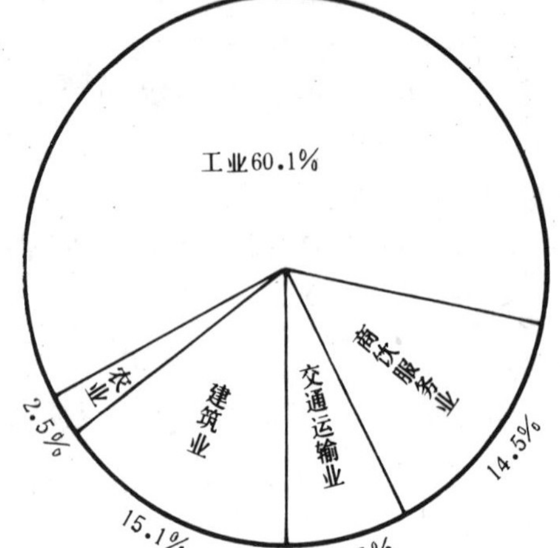

企业职工构成

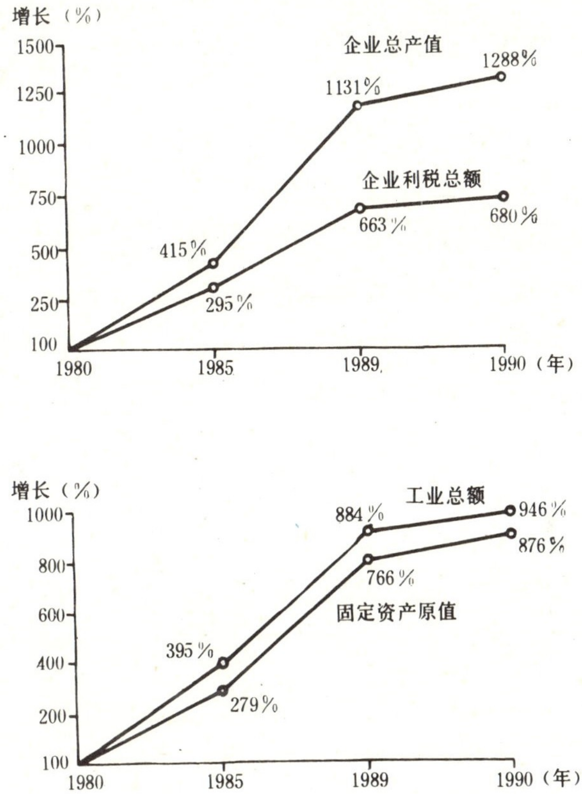

乡镇企业主要经济指标比较

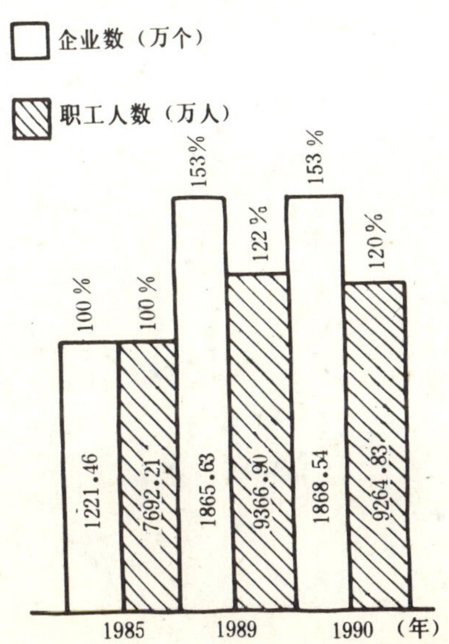

乡镇企业个数、职工人数发展情况

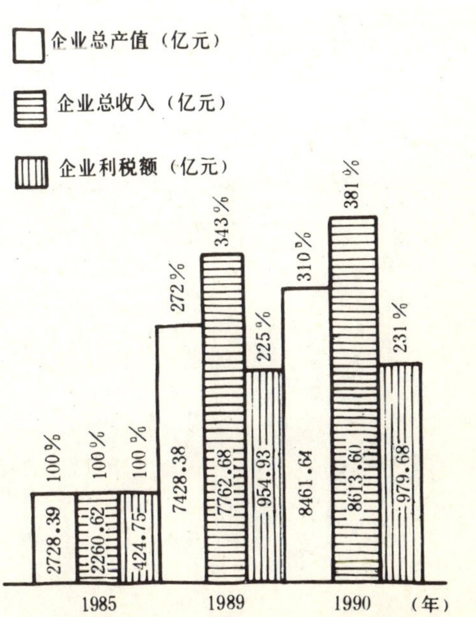

乡镇企业总产值、总收入、利税额增长情况

1990年乡镇企业之最

乡镇企业总产值最高的省(市、区) 是江苏省，全省乡镇企业总产值为1447.2亿元（当年价），占全国乡镇企业总产值的15.0%。

乡镇工业总产值最高的省(市、区) 是江苏省，全省乡镇工业总产值为1297.9亿元，占全国乡镇工业总产值的18.3%。

乡镇建筑业总产值最高的省(市、区) 是山东省，全省乡镇建筑业总产值为128.2亿元，占全国乡镇建筑企业总产值的13.2%。

乡镇交通运输业总产值最高的省(市、区) 是河南省，全省乡镇交通运输业总产值为60.8亿元，占全国乡镇交通运输业总产值的9.2%。

乡镇商业、饮食业产值最高的省(市、区) 是广东省，全省乡镇商业、饮食业总产值为82.3亿元，占全国乡镇商业、饮食业总产值的11.8%。

乡镇农业企业产值最高的省(市、区) 是山东省，全省乡镇农业企业产值为28.0亿元，占全国乡镇农业企业总产值的18.5%。

乡镇企业总产值最高的县(市) 是江苏省无锡县，全县乡镇企业产值为106.16亿元。

乡镇企业总产值最高的乡(镇) 是江苏省的盛泽镇，全镇乡镇企业总产值为10.46亿元。

乡镇企业产值最高的村 是天津市静海县的大邱庄村，全村乡镇企业总产值为6.6亿元。

乡镇企业总产值最高的企业(公司) 是广东省佛山市北滘蚬华风扇厂，全厂总产值4.57亿元。

行业概况

乡镇企业行业综述

轻工业

建筑业

建材工业

采矿业

纺织工业

饲料工业

塑料工业

第三产业

乡镇企业行业综述

1990年，乡镇企业通过调整产业结构和产品结构等措施，克服了资金短缺、市场疲软等带来的困难，在调整中稳定发展。

一、乡镇企业经济实力继续发展壮大

1990年，乡镇企业依靠其良好的机制和顽强的生命力，取得了适度发展。当年全国乡镇企业安排从业人员9 260万人，从业总人数基本上与上年持平，改变了一度时期乡镇企业职工从二、三产业倒流回第一产业的被动局面。乡镇企业实现产值9 580亿元（1990年不变价），占全社会总产值的25%，占农村社会总产值的60%，其中乡村集体工业企业产值5 348亿元，比上年增长13.48%，生产发展速度比国营工业高12个百分点；乡村集体企业利润265亿元，首次超过国营企业。

二、乡镇企业内部五大物质生产部门产值构成基本保持不变

1990年，全国乡镇企业中的农业、工业、建筑业、交通运输业、商业饮食业五大物质部门的产值构成，既根据治理整顿后基本建设任务减少等情况作了微调，又从总体上保持稳定增长。当年的产值变化和构成如表所示。

乡镇企业产值构成

单位：亿元

项目	1989年		1990年	
	绝对数	占比重(%)	绝对数	占比重(%)
合计	8 400	100.00	9 580	100.00
农业	134	1.60	151	1.58
工业	6 144	73.14	7 097	74.07
建筑业	910	10.83	973	10.16
交通运输业	593	7.06	658	6.88
商业饮食业	618	7.36	700	7.31

三、乡镇工业企业主要产品产量增加，轻、重工业协调发展

1990年乡镇工业主要产品产量如下：石灰石2.31亿吨、电风扇2 690万台、服装25亿件、烧结普通砖4 170亿块，上述产品分别占全国同类产品的60%以上；原煤3.58亿吨、铁矿石 5 250 万吨、水泥 5 760 万吨、水泥制品 6 050 万立方米、机制纸及板纸 524 万吨、罐头食品61万吨、食用植物油 272 万吨，分别占全国同类产品的30%以上；乡镇企业生产的暖气片、民用塑料制品等占全国总产量的90%以上。

1990年乡镇工业内部轻重工业协调发展。乡村二级集体轻工企业52.5万个，职工1 608万人，产值2 460亿元；其中以农产品为原料的企业35.5万个，职工 909 万人，产值 1 445 亿元；以非农产品为原料的轻工企业17万个，职工 699 万人，产值 1 015 亿元。乡村二级集体重工企业41万个，职工 1 791 万人，产值 1 988 亿元；其中采掘企业 7.7 万个，职工 377 万人，产值 251 亿元；原料工业企业 5.2 万人，职工 220 万人，产值 350 亿元；加工工业企业28万个，职工1 193万人，产值1 387亿元。

1990年乡镇工业中的农副产品加工工业产值比上年增长17.2%，比以非农产品为原料的轻工业产值增长幅度高 1 个百分点；乡镇重工业中的采掘工业产值比上年增长10.25%，原材料工业产值比上年增长18.19%，分别比一般重工业加工工业产值增长幅度高 2.7 个百分点和10.6个百分点，乡镇工业内部的产业结构进一步趋向合理。

四、乡镇工业内部各行业按国家规定的产业、产品结构调整方向发展

综合1990年乡村二级集体工业企业中40个行业的产值情况，其中年产值增长幅度在20%以上的主要行业是缝纫业、化纤工业、皮革及其制品业、黑色金属采选业等；增幅在15～20%的主要行业是食品制造业、饲料工业、纺织业、造纸及纸制品业、工艺美术工业、化学工业等；增幅在10～15%的主要行业是建材非金属矿业、饮料制造业、木材加工业、塑料制品业、金属制品业等；增幅在5～10%的主要行业是煤炭采选业、有色金属矿采选业、家具制造业、机械工业、仪表工业等；增幅在5%以下的主要行业是建材制品业、烟草工业以及纺织工业中的毛纺织业、饮料工业中的啤酒工业等。上述各主要行业可归纳为以下三种情况：

1. **产值增长较高的行业。**一般是国家产业政策鼓励、支持发展的行业；能根据市场变化及时调整产品结构的行业以及市场短线产品或供外贸出口产品。如农副产品加工业，是国家一再鼓励发展的产业；缝纫、皮革、纺织、工艺美术等行业，其产品对市场变化的反映特别敏感，且主要集中在沿海省区，相当比重的产品直接进入国际市场。

2. **产值增长较慢的行业。**一般是国家产业政策限制的行业，不能根据市场变化较快调整产品结构的产品或长线产品。如烟草工业，国家限制乡镇企业生产；建材产品是由于受专用设备和生产工艺限制不宜在短期内调整产品结构的产品，在治理整顿过程中，只能根据市场需要低速增长。

3. **国家产业政策鼓励发展，但发展不快的行业。**以采煤为主体的采掘工业和原材料工业的发展速度低于一般的轻工加工业，造成这些行业增长不快的主要原因是在调整产业结构、产品结构的过程中缺少经济手段。以乡镇煤炭开采业为例，1990年生产原煤3.58亿吨，年产值比上年增长10.11%，比乡镇工业平均增长速度低2.39个百分点，比轻工业增长速度低5.7个百分点，造成煤炭工业增长不快的主要原因是投入不足，要保持正常的增长速度，乡镇煤矿每年要改造、新建形成近5 000万吨的生产能力，需要投资60亿元左右，而这巨大的投入仅靠企业贷款或自筹资金是不能解决的。由于乡镇煤矿是个微利行业，缺少应有的投入造成了低速增长并缺乏后劲。

五、乡镇企业的产业政策

我国乡镇企业处在计划经济和市场调节的结合点上，实施正确的产业政策是国家对乡镇企业宏观调控的重要手段。1990年5月，农业部印发了《乡镇工业调整的若干意见》，明确提出乡镇企业优先发展农副产品加工业、能源原材料工业，支农工业、出口创汇产品、与大工业配套产品、市场需求的短线产品和名特优新产品；同时提出整顿无证开采的小矿、土法炼焦、马蹄窑烧砖、小棉纺、小造纸等行业中消耗高、质量差、污染严重的企业。1990年10月，农业部乡镇企业司召开了乡镇企业产业结构调整工作座谈会，提出了以县级乡镇企业产业结构调整规划为重点的工作方法，讨论了乡镇企业产业结构调整中的有关其它工作。（林定根）

轻工业

一、基本概况

到1990年底，全国乡村轻工业有企业52.5万个，职工1 608.4万人，产值达1 874亿元，比1985年增长3倍。乡镇轻工业已发展成为我国轻工业的重要组成部分。

在乡村轻工业中，以农产品为原料的加工业产值达1 445.4亿元，比上年增长17.2%；以非农产品为原料的加工业产值达到1 014.8亿元，比上年增长16.3%；构成比由上年的59.9:40.1调整为58.8:41.3。在整个乡镇工业中，轻重工业的比例由上年的53.7:46.3调整为55.3:44.7。

1990年底乡村轻工业企业职工比“六五”末增加203.5万人，占同期全国乡村企业增加从业人员的1/3。而且已形成32万人的技术人才队伍，占全国乡村企业技术人才队伍的1/4，比“六五”末增加28.3万人，年平均递增率达50%。

随着改革开放和科学技术的发展，大多数乡镇轻工业企业，特别是沿海乡镇轻工企业技术装备条件明显改善。乡镇轻工业技术进步对总产值增长的贡献由35%增加到48%。乡镇轻工业企业对应用技术的研制和开发能力也日益加强，推出了一批填补国内、省内空白的新产品，产品更新换代加快。从1987年到1990年，乡镇轻工业方面获农业部科技进步奖的有16项，占总数的11.5%，而且还有一些被列入国家级重点新产品试产计划。

主要产品产量大幅度增长：机制纸及纸板产量为523.6万吨，比上年增长6.9%，占全国产量的40.3%；电风扇2 695.2万台，比上年增长30.2%；工艺美术品101.8亿元，比上年增长18.3%。大部分产品的质量稳定提高，获部优、省

优以及国际奖的轻工产品日趋增多。企业规范化、系列化、标准化的意识在逐渐加强。乡村两级轻工企业产品的标准覆盖率由1985年的50%以下提高到1989年的85%以上。在乡村两级轻工企业中基本消灭了无标生产。一些轻工企业的内控标准处于全国同行业领先地位；还有一些轻工企业承担了行业标准的起草制定工作。

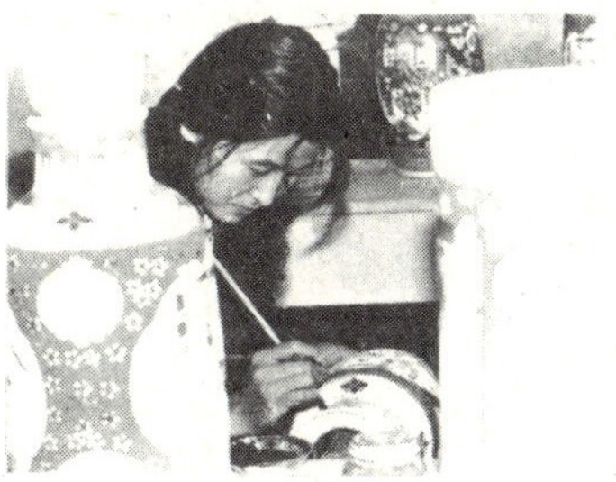

北京市怀柔县大都瓷厂

二、主要行业情况

1. 造纸行业。1990年造纸及纸制品工业有企业1.74万个，职工人数90.27万人，产量523.6万吨，产值124.92亿元。其中造纸业有企业7 664个，职工人数45.81万人，产值56.58亿元。年产量10万吨以上的省（市、区）见表1。

表1 **年产量10万吨以上的省（市、区）**

地区	产量（吨）	地区	产量（吨）
河南	115.0	广东	20.4
山东	63.5	上海	14.0
河北	58.1	福建	13.2
浙江	37.3	湖南	11.7
江苏	31.9	辽宁	11.3
陕西	27.8	广西	10.9
四川	25.4	安徽	10.7
山西	24.1		

表1中的15个省（市、区）的纸及纸板产量总数为475.3万吨，占全国乡村纸及纸板产量的90.78%，占全国产量的36.56%。其中河南省乡村造纸企业纸及纸板产量占全国乡镇企业纸及纸板总产量的21.96%，占15个省（市、区）产量的24.2%。全国乡镇造纸企业共有造纸机台数为10 101台，生产能力为27 253台。其重点省份设备情况见表2。

表2 **主要省份造纸机设备情况**

省份	造纸机（台）	省份	造纸机（台）
河北	1 118	湖南	506
江苏	488	陕西	557
浙江	642	四川	469
山东	929	广东	526
河南	2 380	福建	344

2. 皮革皮毛制品业。1990年有企业9 312个；职工人数55.75万人；产值达84.8亿元，比上年增长23.69%。其中皮革制品业有企业5 948个，职工人数38.09万人，产量为65 131万件，产值达52.35亿元。皮革制品的重点省份有：河北、上海、江苏、浙江、福建、山东、河南、湖北、湖南、广东等。这10个省的皮革制品产量为61 941万件，占总产量的95.1%。其中广东的产量为最大，占全国乡镇皮革制品总产量的25.86%，占10省产量的27.2%。

3. 制鞋业。1990年有企业3 354个；职工人数20.16万人；产值28.69亿元，比上年增长53.4%。制鞋业较为集中的省（市）有：河北、江苏、浙江、福建、山东、河南、广东、青岛、宁波等。这9省（市）共有制鞋企业2 838个。这些省（市）的制鞋企业规模较大，设备较先进，产品质量较好，深受消费者欢迎。

4. 工艺美术业。1990年有企业2.2万个；职工人数147.04万人；产值101.85亿元，比上年增长18.3%。其中雕塑工艺品制造业有企业1 051个，职工6.1万人，产值5.1亿元；竹藤棕草工艺品业有企业1 771个，职工12.95万人，产值6.5万元，产量为13.97亿件；抽纱刺绣工艺品制造业有企业3 403个，职工26万人，产值15.97亿元；地毯制造业有企业5 545个，职工33.6万人，产值20.14亿元；陶瓷工艺品制造业有企业694个，职工3万人，产值2.4亿元；烟花鞭炮制造业有企业4 047个，职工32.1万人，产值18亿元。玩具制造业有企业1 484个，职工18.4万人，产值达15.88亿元。

工艺美术品产量最大的省有：广东省（产量142 961万件）、山东省（产量130 356万件）、江苏省（产量125 865万件）。三省产量占总产量的52.67%。其次有浙江省、河北省、河南省、福建省、北京市。

三、出口创汇情况

1990年全国乡镇轻工业有出口企业7 569个，职工81.57万人，产值达99.63亿元。直接出口达49.12亿元，其中外贸为33.72亿元；间接出口达10.93亿元；“三来一补”为28.04亿元。与上年相比各类轻工出口商品增长56.1%。

乡镇工艺美术业出口企业有3.3万个，职工112.17万人，产值达71.8亿元。直接出口达40.16亿元，其中外贸为33.59亿元；间接出口达19.25亿元；“三来一补”为5.01亿元。

近几年来，乡镇轻工产品出口质量不断提高，在国内国际市场都获得了较好的评价。全国乡镇轻工出口产品已有20多项获国际金银奖和优质奖。还有相当多的出口产品除获得免检证书外，还被外商誉为信得过产品。

四、治理整顿取得明显成效

产业、产品结构得到初步调整和改善。1990年全国关停并转的（浪费能源、原材料，严重污染环境，产品质量低劣及经济效益差）乡镇轻工企业0.89万个，减少从业人员33.7万人。限制了一般加工业的发展，促进了农副产品加工、出口创汇产品的生产。虽然关、停、并、转了一批企业、减少了从业人员，但产值增加了161亿元。

五、主要特点

1. 以农产品为原料的乡镇轻工业占主体。由于农业的发展，国家对农产品购销制度的改革，给乡镇轻工业的发展提供了有利条件。1990年全国乡镇轻工业以农产品为原料的加工企业有35.5万个，职工909.1万人，产值达1 445.4亿元。分别占乡村轻工业（指大轻工）企业、职工、产值的67.6%、56.5%、58.8%。从1980年至1989年间，在乡村轻工业产值中，以农产品为原料的产值年均增长29.46%，而以非农产品为原料的产值年均增长23.78%；前者在乡村轻工业产值的比重由48.5%上升为58.5%，后者则由51.5%下降到41.5%。

2. 企业结构以小型为主。1990年全国乡村两级轻工企业，平均每个企业有职工31人、产值36万元。以乡镇轻工业较发达的苏州市为例，全市1.5万家乡镇轻工企业中，只有432家年产值在1 000万元以上，绝大多数是几百万、几十万甚至几万元的小型企业。结构的小型化，布点的分散化，造成了信息不集中，市场透明度差，经营者难以把握市场动向，增加了经营难度，也给三废的集中治理带来很大的不便。“船小调头快”虽是这些企业的优势，但经不起大风大浪，则是这些企业的弱点。

3. 产品结构以一般加工工业为主。全国乡镇轻工企业生产产品有上万种，其中90%以上属于加工产品。这对转移农村剩余劳动力，充分利用当地资源、为大工业配套、为国民经济计划拾遗补缺，为产品深加工提高附加值起到了积极作用。但是低水平重复过多，需在调整中改造提高。

4. 管理、技术水平结构处于低层次状态。一般来说，乡镇轻工业是一个劳动密集型、技术水平较低的行业。乡镇轻工企业运用现代生产技术的只是少数，能够达到全国目前平均技术水平的也不多。大部分企业的生产技术水平低下，工艺落后。这种落后的管理、技术水平状况，不仅难以适应激烈的市场竞争要求，而且也不适应人民生活、消费水平多层次并向中、高档过渡的要求。

从这些特点可以看出，乡镇轻工业最突出的结构性矛盾：一是产品结构与日益变化的消费结构不相适应，存在粗加工产品多、精加工产品少；低档产品多，高中档产品少；微利产品多，高利产品少；内销产品多，出口产品少。二是企业组织结构与集约化经营的要求不相适应。三是经济效益与增强行业及企业自我发展能力要求不相适应。

因此，乡镇轻工业的发展仍需坚持贯彻“积极扶持，合理规划，正确引导，加强管理”和“调整、整顿、改造、提高”的方针，以效益为中心，以质量为重点，依靠科技进步，调整产业、产品结构和企业组织结构，以市场需求为导向，开发适销对路产品，逐年实现适度规模经营、不断提高生产的社会化、专业化水平，最终走上集约化经营轨道，从而提高乡镇轻工业整体素质和水平，实现持续、稳定、协调发展。

（李建珠）

建筑业

1990年乡镇建筑业通过深化改革，调整结构，加强管理等一系列措施，克服了施工任务不足，资金严重短缺，工程成本大量增加等困难，保持了适度发展。

一、基本情况

1. 乡镇建筑业对国家作出新贡献。1990年全国乡镇建筑业实现总产值952.37亿元，完成房屋竣工面积8.88亿平方米，分别比上年增长7.44%和21.64%，创造了历史最好成绩。乡村集体建筑企业上缴国家税金13.81亿元(不含江苏省)，按可比口径计算，比上年增长2.3%。

2. 企业整体素质明显提高。乡村集体建筑企业中具有初中以上文化职工占64.89%，比上年提高2.2个百分点；具有初级以上职称的工程技术人员32万人，比上年增长9.25%，占其总人数的4.53%；比上年提高0.77个百分点；人均占有固定资产1 449元，技术装备率798元/人，分别比上年增长19.55%和18.22%。资质等级为一级的企业1个，二级的100多个，三、四级的1万多个；四川省三级以上乡镇建筑企业有673个，其中二级以上企业33个，分别比上年增加53个和6个。有两个企业被中宣部和农业部联合授予全国乡镇企业思想政治工作先进单位，有100个企业被农业部授予全国乡镇建筑优秀企业称号。自我发展能力也有较大增强，乡村集体建筑企业自有流动资金达31.81亿元，占定额流动资金的36.21%，比上年提高1.58个百分点；企业留利用于扩大再生产资金占45.99%，比上年提高5.8个百分点。

3. 企业组织结构和经营结构有较大改善。乡村集体建筑企业的规模扩大，平均每个企业拥有职工116人，固定资产16.08万元，产值97万元，房屋竣工面积1.16万平方米，利税6.6万元，分别比上年增长1.175%、16.35%、14.12%、68.11%和7.14%。在100家优秀企业中，职工在1 500人以上，固定资产在500万元以上，产值在2 000万元以上的企业就有16家。北京市郊区县现有10个乡镇建筑企业集团公司，职工达3.57万人，企业个数占1.67%，职工人数却占到20%。适应建筑市场变化需要，乡镇建筑业经营结构进行了适时调整。广泛开拓农村建筑市场，1990年进城施工人数为465.13万人，比上年减少13.62%,返乡人员大部分投入到了农房建设。1990年全国乡镇建筑业完成的8.88亿平方米房屋竣工面积中，有6亿多平方米集中在农村、油、林、矿区，其中绝大部分在农村。同时，有一批企业积极开拓国际建筑市场取得初步成效，如哈尔滨市东方建筑企业集团公司、安徽省萧县汪楼建筑工程公司已独立进入苏联、澳大利亚等国建筑市场承包工程。不少乡镇建筑业已开始把一业为主，多种经营作为企业长期发展的战略任务。

4．工程质量不断提高，施工安全状况明显好转。在100家优秀企业中，每个企业的工程优良率均在20%以上，提前达到建设部“八五”建设工程质量规划目标，其中40个企业达到50%以上，9个企业达到了100%。山西省大同市云城建筑工程公司八年来，工程合格率100%，先后创部优工程1项、省优工程6项、市优工程16项。北京市平谷县建筑总公司东高村建筑队承建的亚运会金海湖水上运动场服务楼工程获1990年北京市优质工程和亚运工程特别鲁班奖。

据建设部门统计，1990年全国进城施工的乡镇建筑队伍因工死亡和重伤人数分别比上年下降14.62%和31.31%。四川省乡镇企业局在全省范围内开展了乡镇建筑质量和安全检查，有效地促进了施工安全状况的好转，全年乡镇建筑企业共发生事故71起，死亡76人，重伤20人，分别比上年下降37.7%、17.4%和33%，南充地区还实现了全年无死亡、无重伤的纪录。

二、主 要 工 作

1．贯彻调整意见，抓管理机构建设，促结构调整。各地结合当地情况，认真贯彻农业部《乡镇建筑业调整意见》,使调整工作收到了明显成效。四川省乡镇企业局1990年3月制发了《贯彻农业部〈乡镇建筑业调整意见〉的意见》,加强了乡镇建筑业管理机构的建设，从省局到建筑产值较大的县局，都建立了相应的管理机构，巴中县乡镇企业局还实行了设计、施工、质量、监督（受计量标准部门委托）一条龙管理办法。安徽省通过贯彻调整意见，使乡镇建筑业管理体制得到进一步理顺，全省8个地、市乡镇企业局中经编委批准增设了建筑管理处(科)。各地根据市场需要，采取优化结构，保留骨干，横向联合，多种经营，强化管理等措施，终于使乡镇建筑业克服前所未有的困难，保持了稳定发展，走出了低谷。

2．从乡镇建筑企业的实际出发，积极开展“企业管理年”活动。加强了以企业升级为目标的各项基础管理工作。四川新兴公司、山西省大同市云城建筑工程公司、浙江省象山县第二建筑工程公司等一批企业1990年获得档案管理省级先进单位，山西省大同市云城建筑工程公司等一批企业晋升为省级先进企业，其中四川新兴公司建立了一整套财务、质量、安全、设备、物资、人事、劳资等管理制度和岗位责任条例，形成了一套科学管理细则，1990年各项基础管理全部达标，并晋升为农业部乡镇企业系统先进企业，各项指标已达到或超过国家二级企业标准。

3．开展职工教育培训。各地通过多渠道、多形式、多层次开展职工教育、培训，全年共有12.5万人参加各类培训，其中中技以上5.7万人，占46%。由农业部委托北京农业工程大学举办的乡镇建筑企业工业与民用建筑《专业证书》班，首届55名学员取得了专业证书。

4．开展质量检查和优秀企业评比活动。农业部开展了1990年度全国乡镇建筑质量检查和优秀企业评比活动，通过对安徽、四川、福建、浙江、黑龙江、吉林、山西、北京、天津、成都、重庆11个省、市的2 000多家乡镇建筑企业的检查、评比，评选出了100家优秀企业，由农业部授予全国乡镇建筑优秀企业称号，并对四川新兴公司等5家企业颁发金杯奖，对安徽省宿县地区防腐保温工程公司等10个企业颁发银杯奖，对甘肃省酒泉市西峰建筑工程公司等10个企业颁发铜杯奖。

三、主 要 问 题

1．企业个数继续减少，劳动力回流情况仍很严重。现有乡镇建筑企业90.46万个，比上年减少2.09万个，下降2.26%；其中乡村集体建筑企业6.08万个，比上年减少0.62万个，下降9.2%，高于上年7.8%的下降速度。乡镇建筑业从业人员1 346.84万人，比上年减少56.89万人，下降4.05%；其中乡村集体建筑企业从业人员706.02万人，比上年减少62.66万人，下降8.15%，低于上年10.06%的下降速度。另外还有73.36万在城市施工的乡镇建筑队伍因工程完成或被迫清退返回农村。这些劳动力回乡，一些地区一时难以安置，甚至影响到了农村经济的发展和社会的稳定。

2．经济效益下降局面开始扭转，但不稳定。1990年乡村集体建筑企业产值利润率为4.73%，资金利润率为15.75%，分别比上年提高0.08个百分点和2.67个百分点；全员劳动生产率为8 342元，比上年增长11.91%。但实现利润总额比上年下降2.96%，企业亏损面达3.31%，比上年提高0.08个百分点。

3．集体经济比重有所下降。1990年乡村集体建筑企业单位数、从业人员和产值分别占乡镇建筑业的6.7%、52.4%和61.8%,分别比上年下降0.6、2.4和2.8个百分点。

（胡永万）

建材工业

1990年是乡镇建材工业继续贯彻治理整顿、深化改革方针，并获得持续、稳定、协调、健康发展的一年。

1990年乡村两级建材企业17.61万个，从业人员775.61万人，分别比上年降低9.1%、6.6%；产值524.78亿元(1980年不变价)，比上年增长4.1%，乡村两级建材工业产值占全国总产值的61%。乡镇建材工业主要产品产量：水泥5 767万吨，占全国总产量的30%左右；砖4 173亿块，占全国总产量的90%左右；石灰16 320万吨，占全国总产量的80%以上；水泥制件6 051万立方米；大理石板材506万立方米，占全国总产量的50%以上；石膏板340万立方米，占全国总产量的20%以上；卫生陶瓷8 848万件。由此可以看出，乡镇建材工业已经成为我国建材工业的重要支柱。

1990年乡镇建材工业出现了以下特点：

1. 乡镇建材行业结构得到进一步调整。1990年乡镇建材工业仅乡村两级就关停并转能源消耗高、效益差的企业17 561个，使乡镇建材工业的整体素质得到加强；通过进一步发展横向联合、组建企业群体和企业集团、兼并等途径，乡镇建材行业的企业组织结构得到进一步优化。同时，企业规模结构也有所扩大，1990年平均每个乡村建材企业产值29.8万元，每个企业职工44人，分别比1989年增加3.8万元和1.1人；全员劳动生产率也由1989年的6 060元，提高到6 766元；提高11.65%。

北京中日石材有限公司

2. 产品质量进一步提高。1990年乡镇水泥行业质量检查，共检企业2 556个，占当年企业总数的55.56%；受检企业出厂水泥446.44万吨，占乡镇总产量的68.31%；受检企业平均出厂水泥合格率为99.83%，比上年提高0.18个百分点；28天耐压强度富裕标号合格率95.55%，比上年提高2.21个百分点；包装袋重合格率92.83%，比上年提高1.27个百分点；出厂水泥合格率100%的企业2 214个，占受检企业总数的86.62%，比上年提高16.1个百分点。

1990年全国乡镇砖瓦行检共检查企业4 143个，受检产量321.9亿块。生产特等、一等品数量占受检企业高达78.26%，比上年提高2.83个百分点；堆场质量：一等品数量占总产量的34.3%；生产质量：特等品和一等品率为67.7%。堆场质量和生产质量比上年都有所提高。

1990年在福建省福州市举办了全国乡镇建筑陶瓷行业评比。参评产品77个，经检测，有29个产品质量为A级产品，占参评样品总数的35%。经评选并经部审定，共有25个产品被评为部优产品。

1990年有62个乡镇建材产品被评为部优产品；评出全国水泥、粘土烧结砖质量优胜企业213个，良好企业136个；部优产品、良好企业数与上年持平，优胜企业数增长21.7%。

3. 主要行业能耗进一步下降。1990年水泥行业受检企业平均每吨熟料耗标煤164.4公斤，比上年下降4.7公斤；平均每生产吨水泥综合电耗96.9度，比上年下降1.06度。其中，江苏、浙江、山东、湖北、广东等省能源消耗水平低于全国平均指标。

据统计，1990年乡镇砖瓦行业轮窑每万块标砖耗标煤0.67吨，比上年降低16.25%；节约标煤223万吨，利用工业废渣1 273万吨，分别比上年增加1.3倍和1.8倍。

4. 企业更加重视技术改造工作。治理整顿，使过热的经济增长降了下来，同时，也带来了建材市场的萎缩，企业之间的竞争进一步加剧，在此压力下，乡镇建材企业在资金困难的情况下，千方百计筹措资金，进行技术改造，以增强企业的竞争能力。1990年广州市仅水泥行业就投入资金200多万元，对立窑生料配料系统、排污收尘、检测设备进行改造；哈尔滨市有4家乡镇砖瓦企业投入100多万元进行技术改造，促进了墙体材料改革试点的进程。

乡镇建材工业之所以在进一步治理整顿、固定资产投资规模进一步压缩的情况下，得到持续、稳定、协调、健康地发展，与重视技术改造有很大关系。

5．乡镇建材产品取证进展顺利。在已发证的建材产品中，除石棉制品以外，已全面铺开。到1990年底，乡镇水泥企业已有2 899个企业获得生产许可证，占当年乡镇水泥企业总数的65%；混凝土水泥制品企业有19家获生产许可证；油毡企业有40家获生产许可证。

6．乡镇墙改工作在一些地区取得较好成效。自1988年农业部、建设部、国家建材局、国家土地局在哈尔滨市、江苏省、成都市进行墙改试点以来，乡镇墙改工作进展迅速。成都市1990年新型墙体材料产量达7.62亿块标砖，占全市墙体材料总产量的18.34%，与1989年相比增长2.78%；全年复垦还耕节约土地700亩；节约能源3.9万吨标煤；利用工业废渣（灰）65万吨。除三个试点省市以外，河南、浙江、山东、广东、广西等省（区）的乡镇建材企业不同程度地参与了墙改工作。

7．重视检测手段的完善。1990年各乡镇建材检测站在仪器设备、规章制度、人员配备等方面作了进一步完善，并通过了对山东省乡镇建材产品质量检测站的部级检测中心的验收。

乡镇砖瓦行业点多面广，长期以来，由于缺乏一种简便的检测方法，使不少企业缺乏日常的检测。《回弹仪评定烧结普通砖标号的方法》ZBQ 15002-89专业标准颁布以后，由于用回弹仪评定烧结普通砖标号具有操作方便、数据可靠、价格便宜等优点，适于乡镇砖瓦企业推广使用。因此，乡镇企业司组织了贯彻工作，明确要求各省、自治区、直辖市及计划单列市乡镇企业加强《回弹仪标准》的宣传工作，有计划推广使用回弹仪；作好质检人员的培训工作。到年底，全国大多数省、自治区、直辖市及计划单列市乡镇企业局都组织了宣传工作，并培训了大量的质检人员，为乡镇砖瓦企业进一步提高质量提供了方便的检测手段。

各乡镇建材企业也注重了检测手段的完善。乡镇水泥骨干企业都建立了质量检测室，在1990年乡镇水泥行检的2 556个企业中，有95%以上的企业建立了质量检测室。其他建材行业的企业也根据行业的具体情况不同程度地完善了检测室。企业检测室的建立为企业对产品质量进行经常性的检测提供了手段，从而为进一步提高产品质量提供了基础。

（王秀忠）

采矿业

一、矿业概况

1990年全国乡镇矿山23.2万个，其中乡镇集体矿11.8万个，个体采矿11.4万个；从业人员550万；实现产值251亿元（1980年不变价），比上年增长12%；1990年全国乡镇矿山开发利用矿种121个，共生产矿石7.8亿吨（不包括砖瓦粘土、建筑用砂石），约占全国矿石总产量的44%，其中原煤3.58亿吨，占全国产量的33%；铁矿石5 258万吨，占全国产量的31%；磷矿石3 057万吨，占全国产量的43%；建筑非金属矿3.1亿吨，占全国产量的90%。主要矿石产量见表。

1990年全国乡镇矿业主要矿产品产量

产品名称	单位	1990年	1989年
原煤	万吨	35 773	34 779
铁矿石	万吨	5 258	3 375
石灰石	万吨	23 065	13 947
磷矿石	万吨	3 057	884
石膏矿石	万吨	204	181
石墨石矿	万吨	62	34
硫石矿	万吨	45	68
金矿石	万吨	1 306	237
铅锌矿石	万吨	222	168
铝矿石	万吨	252	410
硫铁矿石	万吨	410	386
钨矿石	万吨	195	3
大理石荒料	万立方米	181	258
花岗石荒料	万立方米	2 222	2 034

近几年来全国供应极其紧张的煤炭，从1990年下半年开始趋于缓和，社会上库存煤逐渐增多，因此，以销定产的乡镇煤炭产量与上年相比增幅不大，在全国的占有量较上年略有下降。

二、主要工作

1990年经过治理整顿和扶持引导，全国乡镇矿业健康发展。

1．联合办矿，规模经营。1990年全国乡镇矿业积极推进联合，实行适度规模经营，形成一批骨干乡镇矿井。主要有四种联合行式：①国营与乡镇联合，即国营企业投资，乡镇办矿，联合开发，实物补偿；②矿业采供销一条龙，即以矿业公司形式统一筹措资金，统一矿山设计，统一生产经营，统一运输销售，统一财务结算；③企业间横向联合，即采矿企业与选矿企业、冶炼企业联合协作；④大矿带小矿。

2．矿山整顿，采矿登记。1990年全国乡镇矿业认真贯彻执行《矿产资源法》，严格依法办矿，全面治理整顿，矿业秩序明显好转。据统计，到1990年止全国已有1 425个县按要求对乡镇矿山实行了采矿许可证制度，其中515个县的乡镇集体矿山和个体办矿全部实现了有证开采。全国乡镇集体矿山发证率为79.3%，个体办矿取得合法采矿权的为74.1%。关闭非法矿山矿点3万处，乱采滥挖、浪费资源的现象，从总体上得到控制。

3．安全生产，安全管理。1990年全国乡镇矿业的安全生产状况得到进一步改善，事故呈下降趋势。乡镇煤矿除两省事故有所上升和一省火灾事故上升外，全国其他省区均有下降。乡镇煤矿百万吨死亡率11人，低于行业部门制定的12人控制指标。但是由于基础管理、企业素质、装备水平等办矿条件依然较差，安全生产仍是乡镇矿业发展中需要继续解决的问题，安全管理工作的任务还是相当艰苦和繁重的。

三、存在问题

1．资源不足。乡镇矿业一般是边角矿、零星矿、国营废弃矿，资源占有量少，资源保障程度很差，矿山服务年限短，这个多年存在的问题依然没有得到改善。由于资源不足，造成矿区无法正规规划，企业不敢投资，导致生产技术落后，开采不能科学化，长期下去必然会出现全国乡镇矿产量的大滑坡。

2．资金不足。乡镇矿业投入主要靠自筹和贷款，但近年来国家控制信贷规模，贷款减少，对乡镇矿业影响很大，再加上“三角债”，使许多企业陷入困境，特别是不少矿山浅层开采已完，面临深层开采，技术改造急需大量资金投入。

3．收费多乱。现在向乡镇矿伸手要钱的有几十个单位，收费名目繁多，造成企业无法自我积累，难以技术改造。随着物价不断上涨，矿业生产成本将逐年上升，将使本身就是微利的乡镇矿业处境更加困难。

（王保平）

纺织工业

1990年乡镇纺织业在全国治理整顿的大环境中，奋力拼搏，充分显示其活力和潜力，各方面取得了较好的效益。

一、生产稳步发展

1990年乡(镇)、村两级纺织企业5.36万个，比1989年减少1 636个；就业人员480.12万人，比上年增长5.6%；纺织总产值839.66亿元(1980年不变价)，比上年增长20.2%。其中棉织业253.26亿元，比上年增长21.84%；毛纺织业101.2亿元，比上年下降2.7%；针织业91.54亿元，比上年增长10.13%；服装208.15亿元，比上年增长31.09%；化学纤维21.29亿元，比上年增长38.3%。全国纺织产品产量：呢绒8 047万米，比上年下降53%；纺织品7.98亿米，与上年持平；丝27 155吨，比上年增长58.4%；服装25.12亿件，比上年增长7.95%；棉布404 362万米，比上年增长7.5%。

从1990年乡镇纺织业情况看，化学纤维和服装业发展较快，其次是棉纺织业和针织业，而毛纺织业市场销售和生产都不景气，产值比上年略低，产量下降幅度较大。

二、企业素质进一步提高

乡镇纺织业在治理整顿中积极贯彻中央对乡镇企业“调整、整顿、改造、提高”的方针，积极依靠科技进步，加强技术改造，调整产品结构，开发新品种，加强了企业管理，提高了产品质量，切实注重从外延发展转向内涵发展的轨道上来。

1．积极调整产品结构，不断开发新产品。乡镇纺织业在市场竞争中牢固树立起“让市场跟我走”的竞争意识，坚持以市场为导向，生产适销对路的纺织产品，取得了较好效果。江苏省乡镇棉纺厂在市场原棉短缺的情况下，调整了纯棉产品和化纤产品比例，乡镇棉纺企业70%纺锭是纺化纤。浙江省绍兴县1990年开发纺织新品种800余种，开发经省级鉴定的、填补省内空白的新产品120余种，并全部投入生产，促进了生产发展。

2．加强了技术改造，增强了企业后劲。1990年浙江绍兴县乡镇纺织技改投资约2.8亿元，新安装1 515织机1.5万台，通过技改，使乡镇企业提高了深加工能力，1990年乡镇纺织出口创汇收购额从1989年4.5亿元提高到6.72亿元，增长了50%。江苏吴江县盛泽印染厂和工艺织造厂，1990年技改投入8 000万元，两个厂分别引进喷水织机各100台，为企业向高层次发展增添了后劲。

3．加强了企业管理，产品质量进一步得到提高。1990年是乡镇企业“企业管理年”，各级乡镇企业主管部门狠抓企业管理。1990年二家纺织企业获农业部质量管理奖；12家企业被评为国家二级企业；有51个产品获农业部优质产品奖，其中有23个产品在农业部组织的乡镇企业羊毛衫行评中被评为部优。

三、外向型经济进一步发展

1990年乡镇纺织产品出口交货值173.8亿元（1980年不变价），比1989年增长34%，占全国纺织外贸交货值比例由1989年27.3%上升为39.4%。其中纺织出口交货值80.93亿元，丝织29.08亿元，服装63.82

广东省化州县南盛毛纺厂纺线车间

亿元，分别占纺织出口交货值的21.8%、24.77%和72.03%。乡镇纺织业外向型经济发展，有以下几个特点：一是1990年乡镇纺织外贸出口增长速度高于乡镇纺织工业增长速度14个百分点。二是乡镇纺织企业已成为各县（市、区）纺织行业出口创汇的主力军。如1990年江苏省无锡市江阴、无锡、宜兴、无锡郊区占各县（市、区）纺织外贸收购额的67.14%、77.29%、65.45%、95%；浙江绍兴县占全县纺织外贸收购额81%。三是企业逐渐向规模经营方向发展。乡镇纺织企业已形成了一批出口创汇企业群体和企业集团，初步显示出优势和活力。据统计，江苏省乡镇纺织企业出口交货额达1 200万元的企业95家，超过3 000万元的企业18家，超过5 000万元有4家。如江苏吴江县工艺织造厂是一个从化纤原料、织造、印染、绣衣品生产“一条龙”的企业集团，1990年完成产值1.59亿元，实现纯收入1 203万元，外贸收购额3 464万元。上海江镇时装联营厂1990年出口交货值9 374.3万元，创汇2 800万元，年生产时装341.46万件。这些创汇大户，既是出口产品的生产者，又是扩散、加工产品的组织者，同时又是努力生产高附加值的先锋，它们带领着众多中小企业在国际市场上大显身手，成为乡镇企业的“顶梁柱”，在乡镇纺织业的经济发展中发挥了重要作用。

（李　侠）

饲　料　工　业

1990年全国乡镇企业饲料工业，在市场疲软的情况下，仍然保持适当的发展速度。至年底，全国已建成投产的乡镇企业饲料厂5 873个（其中乡办1 856个，村办4 017个），比1989年减少430个，减幅6.8%；职工人数7.55万人（其中乡办3.45万人，村办4.10万人），比1989年减少0.3万人，减幅4.0%；实现工业产值26.96亿元（其中乡办14.65亿元，村办12.30亿元），比1989年净增4.01亿元，增长17.5%。主要产品产量：共加工和销售配合饲料1 000万吨（其中乡办717万吨，村办283万吨），比1989年净增300万吨，增长42.86%，占全国产量3 100万吨的32.3%，是近几年来增长较快的一年。共加工和销售鱼粉10.25万吨（其中乡办2.53万吨，村办6.87万吨），比1989年净增1.05万吨，增长11.4%，约占全国鱼粉总产量的90%。

1990年，乡镇企业饲料工业在治理整顿中稳步前进，一大批饲料厂进行了技术改造，430家小厂由于质量差、经济效益低而倒闭，大批企业在市场竞争中提高了素质，发展了生产。如广东省顺德县容奇饲料厂，1990年晋升为国家二级企业，该厂生产的冠华牌肉用仔鸡颗粒饲料被评为国优产品。

乡镇企业饲料工业之所以能有较大发展，主要有以下几个原因：

一是全国各地重视“菜篮子工程建设”，兴建和发展了一批畜禽饲料基地和养殖专业户。几千年来，我国养殖业以户养为主，一户一年养猪一至三头，鸡十来只，用泔水、青菜、糠麸喂养，这样的生产方式根本用不着喂配合饲料。现在不同了，养殖专业户，其商品率在95%以上，没有配合饲料工业是永远发展不起来的。

二是1990年全国粮食增产，饲料原料比较充分，价格平稳，加之国家又控制原料出口，增加了国内市场的供应。

1990年全国乡镇企业饲料工业存在一些不容忽视的问题，主要是宏观指导不够，企业素质普遍不高，产品质量、营养水平欠佳等。

要使饲料工业稳步发展，应做好以下几个方面的工作：①搞好生产建设的规划布局。②狠抓科学技术进步。要加强科学研究，大力推广科学技术，逐步建立饲料工业科学研究和技术推广体系，加快先进技术转化为生产力的步伐。③加强

广东省顺德县容奇饲料厂

产品质量管理。坚持"质量第一"的方针，稳定产量，提高质量。④完善行业管理。各乡镇企业主管部门，要加强对饲料工业的领导，配备专人，大胆工作。要深入基层，多做调查研究，当好各级政府的参谋和助手。要加强自身业务建设，提高决策咨询能力，提高工作效率。

（李国文）

塑料工业

近十年来，我国乡镇塑料制品业迅速发展。至1990年底，全国乡村两级塑料制品业有企业2.5万个，职工103.5万人，年创产值177.4亿元。与1980年比较，乡村两级塑料制品企业增加了2.2万个（增加8.7倍），职工增加了85.1万人（增加5.6倍），产值增加了169.85亿元（增加23.5倍）。十年来，每年平均递增37.12%。乡镇塑料工业的发展已成为我国塑料工业的一支重要方面军。

经过十年的发展，乡镇塑料制品业有以下特点：

1．门类较齐全、产品种类繁多。主要产品有：塑料丝、绳及编织袋；塑料板、管、棒材；塑料零件；塑料包装箱及容器；塑料薄膜、泡沫塑料；人造革、合成革；塑料鞋、塑料玩具；装饰塑料制品；农用塑料制品；日常生活用塑料制品，等等。也就是说，一般塑料制品乡镇企业都能加工制造。它也反映出了乡镇塑料制品业的加工实力。

2．生产区域相对集中，并涌现出了一批骨干企业。乡镇塑料制品业发展的重点省（市）有：浙江、江苏、广东、河北、辽宁、山东、宁波。1990年这七省（市）有企业1.96万个，职工83.98万人，总产值161.82亿元（1990年不变价）。分别占全国乡村两级塑料制品企业、职工、产值总数的78.56%、81.16%、83.24%。1990年浙江省乡村两级塑料制品行业，年制品总产量达29万吨，其中，农用薄膜6 478吨、塑料编织袋35 789吨。年产值100万元以上的企业有734个，职工7.1万人，产值21.1亿元，利税总额达2.78亿元，仅宁波市产值500万元以上的乡镇塑料制品企业就有56个。

3．形成了一批外向型企业。乡镇塑料制品出口一般根据国际市场需要或外商来样组织生产，种类齐全。如江苏工贸合营常州永红塑料编织厂，每年出口各种塑料编织袋2 500万条，塑料薄膜袋2 000万条，涂膜篷布1 300吨，方底纸塑复合袋1 000万条。产品远销美国、英国、瑞士、苏联、日本等国家和地区。1990年该企业实现总产值2 830.1万元，外贸交货额1 501.3万元，创汇488.5万美元。1988、1990两年被经贸部、农业部评为全国出口创汇大户，并获"飞龙奖"。1990年被经贸部、农业部命名为第一批"贸工农"联合出口商品生产基地企业。

4．涌现了一批生产技术先进、产品质量优良的企业。江苏武进麻塑包装联营公司武进塑料纺织厂设备先进，技术力量雄厚，并拥有现代化检测仪器设备，生产的塑料编织羊皮包装袋、塑料编织袋、塑料薄膜袋三大系列产品质量稳定可靠，荣获农业部部优称号、轻工业部"金龙腾飞奖"。产品远销亚、非、澳地区的十多个国家。1990年总产值达1 251万元，外贸交货额达1 241万元。洪江市塑料一厂是湖南省定点生产塑料凉鞋和农用塑料薄膜的加工企业。近几年来，由于一手抓传统产品生产，一手抓市场需求量大的新产品开发，靠多品种、小批量占领市场，获得了较好的效益。

5．废旧塑料再生制品工业发展成绩卓著。为缓解塑料原料的供需矛盾，全国大约有三分之一的乡镇塑料企业是在从事废旧塑料再生制品的加工；比如塑料农具的生产，大量使用的是废旧塑料。据福建、浙江、江苏三省1989年统计，生产粪桶、粪勺、扬谷锨、化肥深施器等40多样花色品种的塑料农具达1 000余万件，仅此一项就回收利用废旧塑料三万多吨，为国家节约木材近8万立方米，毛竹100万根，桐油750吨，黄麻15万公斤，减轻农民负担近2 000万元(因塑料农具一般比木、竹、麻制农具价便宜40～50%)。废旧塑料再生塑料农具的生产，既有力地支援了农业生产，净化了环境，同时，又为国家节约了大量的原材料，具有显著的社会、生态、环境效益，是件化害为利、变废为宝、利国利民的好事。在废旧塑料再生利用方面，全国各地还形成了一批大小不同的废旧塑料再生制品专业乡村。如江苏宿迁市的耿车乡，已是户办、联户办生产日用杂品的废旧塑料再生制品专业乡。随着塑料制品数量的不断增长，社会上废旧塑料回收利用潜力很大，乡镇企业发展废旧塑料再生制品加工业方兴未艾。

改革开放十年，乡镇塑料工业取得了巨大的成就，主要归功于广大农民的劳动创造，也应感谢国营塑料制品企业的大力支持。同时，必须看到乡镇塑料制品业在发展过程中，一些地区、一些行业由于宏观失控，造成了企业布局不合理，生产能力过剩等现象，这些问题需要在今后的工作中，通过治理整顿和调整结构来逐步解决。

（李建珠）

第三产业

1990年乡镇企业第三产业单位数达1 038.57万个，从业人员2 110.14万人，实现产值1 317.21亿元，收入2 046.38亿元，分别比上年增长2.13%、0.50%、12.41%和15.51%。乡镇企业第三产业各行业情况详见表。

第三产业的发展主要有以下几个特点：

1．生产稳步增长。1990年乡村集体企业第三产业上缴国家税金12.95亿元，企业利润用于农村各项建设事业资金4.36亿元，按可比口径计算（以上收入、税金、利润等所有财务指标均未含江苏省、上海市的数据，下同），分别比上年增长3.93%和15.34%。1990年全国每万人拥有商业、饮食业、服务业网点103.7个，其中54.77%由乡镇企业第三产业承担。在全国货运总量下降2.09%的情况下，乡镇交通运输业完成货运量134.13亿吨，比上年增长3.81%，对缓解我国运力不足作出了较大贡献。

2．第三产业服务网点增加，从业人员回升，扭转了劳动力回流的局面。1990年乡镇企业第三产业单位数比上年增加21.64万个，从业人员增加10.35万人，改变了上年从业人员下降局面，比最高年份的1988年还增加了2.87万人，是乡镇企业第一、二、三产业中企业单位数、从业人员唯一增加的产业，从而使乡镇企业第三产业单位数、从业人员占乡镇企业比重分别由上年的54.42%和22.42%提高到56.12%和22.77%。

3．第三产业内部行业构成有所调整。在从业人员构成中，交通运输业、商业、饮食业、服务业、其它行业的比重由上年的33.31∶32.97∶10.63∶13.86∶9.23变化为33.70∶33.31∶10.74∶12.51∶9.73，除服务业比重下降外，其它均有不同程度的上升。在总收入构成中，交通运输业、商业、饮食业、服务业、其它行业的比重由上年的31.60∶46.77∶9.46∶7.61∶4.56变化为32.49∶45.53∶10.31∶6.86∶4.81，交通运输业、饮食业比重有较大上升。乡镇商业、交通运输业仍是乡镇企业第三产业的主体。

4．企业整体素质有较大改善。1990年乡村集体企业第三产业人均占有固定资产6 126元，比上年增长18.95%，其中商、饮、服务业达到6 569元，比上年增长19.94%。企业规范服务和经营管理水平不断提高。四川省内江地区玉溪宾馆被中央宣传部、农业部联合授予1990年度全国乡镇企业思想政治工作先进单位。在1990年农业部表彰的148个“全国乡镇企业供销先进集体”中，乡镇企业第三产业就有哈尔滨市龙乡百货商场、安徽省宿县农副产品贸易公司等80个企业。

5．发展速度继续下降。1990年乡镇企业第三产业总产值比上年增长12.41%，比上年增长率下降了2.25个百分点，低于全国乡镇企业总产值增长13.91%的速度，是历年中速度最低的。

6．集体经济比重继续下降。1990年乡村集体企业第三产业单位数为23.39万个，从业人员249.53万人，总收入433.57亿元，分别比上年减少9.72%、4.21%和3.25%。占乡镇企业第三产业比重分别由上年的2.62%、12.41%和24.26%变化为2.25%、11.82%和21.19%，分别比上年下降了0.37个、0.59个和3.07个百分点。

7．经济效益下降。1990年乡村集体企业第三产业实现利润总额28.03亿元，纯利润23.11亿元，分别比上年减少1.13%和1.07%。企业亏损达3.18%，比上年增加0.12个百分点，其中商、饮、服务业亏损面为3.37%，比上年提高0.17个百分点。但与国营商业相比，乡镇企业的经济效益是好的，1990年国营商业和供销合作社系统仅实现利润12亿元，国营商业和供销合作社亏损面分别高达28%和31%。

（胡永万）

1990年乡镇企业第三产业基本情况

项　　目	合　计	乡　村	村以下
1. 企业单位数（万个）	1 038.57	23.39	1 015.18
其中：交通运输业	389.37	4.36	385.01
商业	363.38	10.56	352.82
饮食业	86.69	2.67	84.02
服务业	119.66	3.67	115.99
其它行业	69.46	2.13	67.33
2. 企业职工人数（万人）	2 110.14	249.53	1 860.61
其中：交通运输业	711.21	90.15	621.06
商业	702.95	80.20	622.75
饮食业	226.63	21.54	205.09
服务业	264.00	34.71	229.29
其它行业	205.35	22.93	182.42
3. 企业总收入（亿元）	2 046.38	433.57	1 612.81
其中：交通运输业	664.78	76.35	588.43
商业	931.80	279.60	652.2
饮食业	210.90	34.20	24.67
服务业	140.40	37.20	103.2
其它行业	98.50	27.30	71.20
4. 企业总产值（亿元）	1 317.21	249.34	1 067.87
其中：交通运输业	480.98	133.89	347.09
商业	647.94	86.83	561.11
饮食业	188.29	28.62	159.67

注：① 产值为1980年不变价。

② 总收入中不含江苏省、上海市。

各地概况

北京市
天津市
河北省
山西省
内蒙古自治区
辽宁省
吉林省
黑龙江省
上海市
江苏省
浙江省
安徽省
福建省
江西省
山东省
河南省
湖北省
湖南省
广西壮族自治区
海南省
四川省
贵州省
云南省
陕西省
甘肃省
青海省
宁夏回族自治区
新疆维吾尔自治区
重庆市
西安市
广州市
沈阳市
大连市
哈尔滨市
青岛市
南京市
宁波市
成都市
长春市

北京市

1990年，北京市共有乡办、村办集体企业18 298个，比上年减少2.8%；职工88.5万人，比上年增加1.5%；实现总收入171.6亿元，比上年增长18.1%；总产值193亿元，比上年增长21.4%（其中工业总产值154.8亿元，比上年增长21.5%；轻重工业产值结构由上年的56.5∶43.5变为59.2∶40.8）；利润总额19.9亿元，比上年增长9.9%；亏损企业的亏损额为6 966.2万元，比上年增加17.4%；年末固定资产原值达到64.4亿元，比上年增长19.4%。目前，乡镇企业一些产品产量在全市占有相当比重，服装约占50%，出口毛衣占75%，皮鞋占50%，原煤占41%，机砖占90%。全郊区已有44个乡（镇）总产值超亿元。1990年乡镇工业产值已相当于1975年北京市工业产值，1990年乡镇工业产值净增额占全市工业净增值的72.2%。乡镇企业“已成为全市国民经济的重要生力军”。

1990年北京市乡镇企业发展的主要特点是：

1. 加强企业管理的意识得到增强，加强各项管理工作已成为企业提高素质的重要手段。企业自觉开展达标、定级、升级工作。有420家骨干企业达标，450家企业获得了二、三级和计量合格证书；1.1万家企业完善了劳动定额；3家企业晋升为国家二级企业，33家企业晋升为市级先进企业，279家企业被评为县区一级企业；有20个产品获部优称号、64个产品获市优称号；南苑制桶厂生产的“T”字牌200L闭口钢桶荣获全国包装桶行评第一名，被评为国家优质产品（银质奖），实现了北京市乡镇企业国优产品“零”的突破；46个QC小组被评为国家、部、市级先进小组，比上年提高1.5倍；市级产品抽查合格率为85.3%，比上年提高了2个百分点；重点企业产品标准覆盖率达到86.5%，比上年增加了4个百分点，乡镇企业产品质量水平继续提高。

2. 依靠技术进步的意识得到增强，科技进步已成为郊区乡镇企业持续稳定发展的重要途径。在市场疲软、投入不足、外延发展受阻的困难条件下，技术进步的重要性被越来越多的企业所认识。1990年是北京乡镇企业技术改造工作最活跃、范围最宽、效益最显著、并且取得了突破性进展的一年，其特点是：①项目最多，规模最大。1990年投资5万元以上的技改项目实施了793项，固定资产总投资5.7亿元，当年竣工695项，新增工业产值8.4亿元，利税1.7亿元，创汇2 800万美元，其中列入市经委计划的100万元以上投资的技改项目155项，当年竣工73项，新增产值4.5亿元，新增利税近1亿元，创汇1 700万美元。②水平提高，效益显著。技术改造使一批企业技术水平有了提高，形成了新的生长点。近年来技改完成项目新增产值已占郊区乡镇企业新增产值的49%。③先进技术得到了应用，产品质量得到明显提高。④建立制度、规范管理。通过制定《技术改造管理办法》、《技术改造技术引进竣工验收暂行办法》和《技术改造贴息暂行办法》，基本上使技术改造从立项、可行性分析研究、资金落实、项目实施到跟踪验收，都纳入了规范化管理的轨道。

3. 开拓“两个市场”的意识得到增强，市场疲软的困难变成了重视市场、开发占领市场的机遇，实现了市场疲软下的适度增长。在开发国内市场时，企业从改进产品质量、增加花色品种、提高企业知名度入手，制定和完善企业促销政策，促进了销售。同时，郊区乡镇企业还特别注重开拓国际市场，使出口创汇保持了较好的增长势头，完成出口交货额13.3亿元，比上年增长21%。服装、纺织品、工艺品三大出口支柱行业稳定增长；机电、轻工出口占交货额的比例增加；出口产品的行业结构逐步向高技术、高附加值产品方向转移。有12家企业被命名为“贸工农”出口商品基地企业，其出口交货额约占全市出口总量的15%；“三资”企业继续稳步

北京市石景山康悦食品厂

发展，有46家乡镇“三资”企业批照，协议总金额1.68亿美元，引进外资6 269.1万美元。外资数量大，生产型项目多，远郊工业基础较差的区县“三资”企业数目增加快。乡镇企业海外办厂、举办展览会以及技术、设备出口开始新的尝试，对苏贸易有了较好开端。

4. 继续推进城乡一体化，充分利用首都工业科技优势，大力发展城乡联营企业。1990年，以双方投资、共担风险、合理分利为主要形式的城乡、工农联营企业达到1 015户，比上年增加100户，实现工业产值23.5亿元，实现利润2.35亿元，分别比上年增长34%和16.3%。联营企业之所以能够稳步发展，主要原因是：城市工业先进的管理经验和技术与乡镇企业灵活机制相结合；联营企业符合国家的产业政策，产品结构相对合理；利用原有生产条件，边改造、边生产，陆续投入，形成良性循环等。另外，城乡企业软件支援初见成效。1990年全市工农协作大会提出把软件支援放在首位，采取“一帮一”、“一带几”的办法，帮助乡镇企业加强管理，提高技术，帮助乡镇企业培训人才近万人次。

1990年，北京乡镇企业能够在困难条件下稳定发展，根本原因在于领导重视，政策对头。

1. 市委、市政府始终把发展乡镇企业作为北京经济发展的一项基本方针，扶持乡镇企业发展。市委、市政府主要领导同志多次视察乡镇企业，极大地鼓舞了乡镇企业干部职工的斗志；财政、税务、银行等各综合部门都给予乡镇企业很大的支持。各区县对乡镇企业的领导得到加强，把乡镇企业作为区域性重点工作看待。

2. 贯彻“抓调整、上水平、求效益”的方针，围绕“爬坡”这个中心任务，重点抓了加强宏观指导、贯彻“企业管理年”活动，推进企业科技进步等。宏观指导方面抓得较为及时系统，具体服务方面抓得较细致规范。针对市场疲软带来的部分企业领导存在的畏难情绪，及时抓典型引路；借亚运会之机，举办北京乡镇企业亚运标志产品展销订货会；针对提高企业素质等迫切需要解决的问题，制订了贯彻农业部《乡镇企业承包经营责任制规定》的实施细则，以及贯彻《乡镇企业管理基础工作标准》、《企业升级、定级、达标标准》、《综合管理考评细则》等一系列文件，从宏观上把握郊区乡镇企业总体发展。在为企业服务方面，主管部门加强了管理、引导工作，把中心工作与具体工作、引导工作与服务工作相结合。在提高产品质量工作中，从办培训班到产品抽查尽量为企业提供具体服务；在企业升级工作中，抽调干部组成考评小组，深入企业具体指导；在外经外贸工作中，帮助企业引进资金、提供信息等等，工作逐步走向制度化、规范化。

（董　征）

天津市

1990年，天津市乡镇企业认真贯彻执行“调整、整顿、改造、提高”的方针，自觉服从国家宏观调控和指导，充分发挥自身优势，坚定不移地走城乡一体发展的路子，在战胜市场疲软、资金紧缺等较为严重的困难中，继续保持了稳定、协调的发展，为圆满完成天津国民经济“七五”计划，做出了新的贡献。

1. 保持了适度发展，增强了经济实力。1990年，天津市乡镇企业已发展到4.83万家，比1989年增加了3 040家；从业人员88.72万人，比1989年增加了1.63万人；拥有固定资产原值50.29亿元，比1989年增加7.25亿元；实现总产值（按1980年不变价格计算）210.61亿元，比1989年增长20.35%；完成总收入150亿元，比1989年增长16.53%；实现利润总额16.31亿元，比1989年增长4.32%；上缴国家税金7.31亿元，比1989年增长1.54%。在经历了连续几年的较快发展，各方面困难又比较集中的条件下，取得上述的成绩是来之不易的。乡镇企业的生产发展率先走出低谷，对保证天津经济的稳步增长，起到了举足轻重的作用。

乡办、村办、城乡联办（以下简称乡村联）集体工业企业继续在天津乡镇企业中占据主导地位。1990年，全市乡村联工业企业已有10 001家；从业人员67.3万人，占乡镇企业从业人员总数的75.87%；拥有固定资产原值43.5亿元，占乡镇企业全部固定资产原值的86.52%；实现工业总产值173.32亿元、利润总额11.18亿元、上缴国家税金5.1亿元，分别占全部乡镇企业的82.3%、68.6%和69.86%。

1990年，全市已有10个郊区、县的乡镇企业总产值超过了5亿元。其中超过30亿元的是，武清县35.01亿元、西郊区30.71亿元、静海县30.15亿元；超过20亿元的是，南郊区23.56亿元、宝坻县22.62亿元；超过10亿元的是，蓟县17.77亿元、北郊区17.51亿元、东郊区13.57亿元；宁河县和大港区也分别达到了8.55亿元和6.08亿元。全市已有140个乡镇的乡镇企业总产值超过了5 000万元，其中的72个乡镇超过了亿元，分别比上年增加了20个和18个；静海县蔡公庄乡、西郊区张窝乡和中北斜乡，分别以7.83亿元、4.37亿元和4.15亿元，排在全市乡镇一级前三位。另外，乡镇企业总产值超过1 000万元以上的村，在全市已有315个，比上年增加了50个；其中，静海县大邱庄以6.6亿元，继续名列全国村级单位之首。

2. 经济结构趋向合理，有效供

给继续增加。本着在调整中求生存、求发展的原则，天津乡镇企业根据国家产业政策和全市工业结构调整的要求，继续主动地对自身的经济结构进行了调整。企业结构得到进一步优化，全年对产品滞销、原料无法解决、管理不善的1 222家企业进行了关停并转。其中关停企业851家，为历年之最；对并转的371家企业，主要向依托城市工业加工配套、扩大出口、支援农业生产和生产名、特、优、新产品的骨干企业挂靠，用闲置的厂房设备，扩大了适销对路产品的生产，使乡镇企业对社会的有效供给继续增加，城乡人民生产和生活必需品的产量比上年又有增长。投资结构有了新的改善。按照产业政策和效益的原则，严格了新上项目的审批手续，低水平的重复建设项目得到有效控制。1990年与上年相比，新建项目减少1 298个，实际完成投资额7.6亿元，比紧缩的1989年，又减少了2.53亿元。而其中用于技改和扩建项目的投资为2.86亿元，比上年增加，占37.68%；用于新建项目的投资为4.26亿元，比上年下降，占56.05%。投资结构的变化，显现出乡镇企业由注重外延发展，进一步转向注重现有企业的挖潜和提高。与此同时，对具有一定生产规模和技术管理水平的骨干企业进行了重点倾斜和扶持。到1990年底，乡村集体企业中年产值超过100万元以上的骨干企业有3 739家，其中产值在500万元以上的有738家，1000万元以上的有276家，分别比上年增加了536家、165家和75家。另外，乡镇企业产值超亿元的有2家，分别是西郊区渤海化学工业总厂和武清县富强纺织总厂。这些骨干企业完成的产值、税收均占乡镇工业的70%以上，对全市乡镇企业发展，冲出困境，发挥了重要的保证作用。

3．城郊型、外向型又有新的发展。在经济生活遇到暂时困难的情况下，天津乡镇企业的发展仍然没有偏离城乡一体、共同振兴天津经济的基本思路。一年来，仅列入统计范围的城乡联营企业，就比上年增加了81家。城乡双方互促互补，共渡难关，使联营企业实现产值27.3亿元、总收入20.74亿元、利润总额1.67亿元、上缴税金0.72亿元，比上年分别增长了56.38%、39.71%、32.81%和6.25%，各项指标的增幅都大大超出其它类型的乡镇企业。乡镇工业的部分产品已在全市占有相当比重，如：中小农具、日用陶瓷占100%，机制砖占91.9%，染料占80.17%，圆钉占77.67%，服装占77.71%，玻璃钢制品占75.16%，书刊印刷占73.42%，皮鞋占70.64%，聚烯烃编织袋占71.15%；布鞋、皮箱、糖果、工艺美术品、农用水泵、玩具等产品也占到全市产量的50%以上。

外向型经济继续有了长足发展。乡镇企业不断加强了与外贸部门的合作，始终将出口创汇做为自己的主攻方向。到1990年底，全市生产出口产品的乡镇企业已有1 091家，比上年增加了62家；完成出口产品产值32.76亿元，占乡村联工业产值的比重由上年的16.9%、“六五”末期的8.3%，提高到18.9%。其中，生产直接出口产品的企业有666家，比上年增加了64家，实现的直接出口产品产值达到23.42亿元，比上年增长34.88%，增幅高于乡镇工业产值增长速度13个百分点。全市有10个郊区、县乡镇企业年直接出口产值超过了亿元。全市涌现出一批出口创汇骨干企业，其中年出口产值超过100万元、500万元和1 000万元的企业，分别为475家、188家和80家。在已经形成的出口创汇骨干行业中，年出口产值超过亿元的有9家，其中3亿元以上的有服装、轻工、工艺美术、纺织等行业。乡镇企业与外商合资、合作企业又增加了9家、使其总数达到了82家；又有10家从事轻工、机电、化工的企业被国家有关部门批准为贸工农联合出口商品基地企业，使其总数达到26家。此外，全年还实现了“三来一补”工缴费1.3亿元，比上年也增加了近1倍。

城郊型、外向型的发展方向，不仅使天津乡镇企业增添了实力，也使天津农村乃至全市的经济结构发生了重大变化。1990年，全市乡镇企业总产值已超过1978年的全市社会总产值；占农村社会总产值的比重达到76.04%。乡镇工业总产值已超过1980年的全市工业总产值，其中乡村联工业产值占全市工业总产值的比重也由5年前的11.7%增加到34.07%；乡村联工业新增产值部分，是当年全市工业增长绝对值的94.79%。此外，乡镇企业提供的支农、建农，支援副食品生产和农村各项建设的资金仍超过了1亿元；缴纳的税金则支撑着全市郊区、县财政收入的75%左右。

4．企业的整体素质有了明显提高。抓改革、打基础，促使企业管理登上新的台阶。1990年，乡镇企业承包经营合同签订率达到97.6%，实行厂长任期目标责任制的企业达到59%，承包指标体系不断完善，不仅有各项经济指标，还有管理指标，实力指标和企业发展指标。有50%企业实行了全员风险抵押，风险抵押金达1亿元。此外，实行厂币制、供销人员“四联”制的企业也多于往年。在乡镇企业开展的“企业管理年”活动中，着力加强了企业基础管理和专项管理。标准、计量、定额三项基础工作达标的企业已占20%左右。到年底，共制定企业标准562项，内控标准904项，采用国际标准238项，基本消灭了无标生产；有695家企业分别领取了二级、三级计量合格证书；乡村骨干企业完善劳动、物资、资金定额的覆盖面达到70%以上。通过重点抓质量、成本等专项管理，有30%的企业初步建立了质量保证体系，34%的企业建立了质量检测机构；有423家企业实现了会计工作达标。另外，通过把企业升级活动纳入企业管理的重要议事日程，引导企业有目标的自觉加强管理，努力降低成本，提高劳动生产率、产品质量和经济效益。1990年，在对前几年晋升的3家国家二级企业、102家市级企业进行复查的同时，又有5家企业晋升为国家二级企业，71家企业跨入市级先进企业行列。

推动企业技术进步成绩斐然。人员素质的提高仍摆在了首位。培训工作的重点则放在岗位培训上。全年共举办各级、各类岗位培训班396期，培训人数达到9万人。年内投资60万元建成的乡镇企业系统电化教育中心，被列入天津市1990年科技兴农8件大事之一。全市还集资180多万元，在12个郊区、县建立了电教工作站，并在50%的乡镇建起114个电教点，初步形成了电化教育网络。“七五”期间，乡镇企业已引进城市的各类人才1.5万人，培训职工40万人次，有1.6万人取得了各级各类专业技术职称，中技以上技术人员占全部职工的比例，已由“六五”末的0.3%，上升到3.3%。继续狠抓了产品创优和新产品开发工作。继上年全市乡镇企业实现国优产品“零的突破”后，北郊区双街钢管总厂的热镀锌钢管又获国优银质奖；武清县长城罐头厂的瓶装芦笋罐头在第十四届巴黎食品博览会上夺得国际金奖。新评出部优产品21项，市优产品104项，局优产品194项；使乡镇企业系统获得国优、部优、市优产品总数分别达到2项、63项和273项。乡镇企业出口产品商检合格率继续保持在99.5%以上。此外，全年还开发出各种新产品1 451项，其中列入国家新产品试制计划的有12项，列入国家星火计划的3项，市级星火计划7项，有84项通过了部、市、局级鉴定。据统计，1990年乡镇工业净增的38.89亿产值中，通过技改、挖潜、开发新产品和加强管理所增的产值约占55%以上。

（焦　勇）

河北省

1990年，河北省乡镇企业经受了调整、整顿和市场疲软的双重考验，通过认真贯彻“调整、整顿、改革、提高”的八字方针，立足于练内功，求发展，使全省乡镇企业继续保持了持续、稳定发展的好势头。取得了如下进步：

第一，主要经济指标稳定增长。到1990年底，全省乡镇企业总产值已达到550亿元，其中乡镇工业产值达到383亿元，分别比上年增长11.3%和14%；全省乡镇企业总收入达到560亿元，比上年增长8.6%；实现纯利润73.5亿元，上缴国家税金16.6亿元，分别比上年增长6.5%和7.0%。

第二，企业素质和产品质量明显提高。1990年，全省乡镇企业扎扎实实地开展了“企业管理年”活动，企业的管理意识和基础管理普遍增强，企业升级和产品创优取得新的进展。1990年全省乡镇企业进入县以上企业升级计划的企业2 569个，其中升入国家二级企业2个，省级先进企业31个，省系统内先进企业50个，通过省级管理基础达标的企业70多个。乡村集体企业中多数已建立起质量保证体系，标准覆盖率达90%。另据不完全统计，全年通过三级以上计量验收的企业577个；通过全面质量管理验收的企业149个，其中省级达标验收的企业20个。在1990年省以上优质产品抽检中，乡镇企业的优质产品未发现不合格产品，乡镇企业还新创省以上优质产品79个。

第三，外向型企业发展迅速。在国内市场疲软的情况下，乡镇企业积极开拓国际市场，开发出口创汇产品。1990年，全省乡镇出口创汇企业已发展到4 200个，年出口产品交货额达20亿元，比上年增长30%左右。

第四，产业、产品结构趋于合理。调查表明，乡镇企业中浪费能源、污染严重的企业数量减少。治理整顿以来，全省乡镇企业中共关、停、并、转各类企业15 710个（其中关停11 792家，并转3 918家）。在乡镇企业五大行业中，工业企业产值已占到70%以上，成为乡镇企业的主体。其中，与大工业协作配套，与科研单位合作联营的企业约占60～70%。

第五，技术改造步伐加快。据不完全统计，1990年全省乡镇企业技改项目达4 000多个，技改投资达6.79亿元，增加产值4亿多元。

1990年，乡镇企业在困难的条件下保持稳定发展，除经济发展的客观必然性外，还说明各级党委和各级政府在工作指导思想上顺应了乡镇企业发展的客观要求，在具体工作中给予了有力的支持和帮助。

1. 统一思想，坚定信心，始终如一地把发展乡镇企业作为全省经济的战略重点来抓。治理整顿以来，国家对乡镇企业采取了诸如紧缩信贷等一些调控措施。对此，一时间众说纷纭，有的对乡镇企业的发展产生动摇，思想波动，顾虑重重；有的产生畏难情绪，精神不振，消极等待，更有甚者，出现了“撤、压、挤”的极端作法。为保证全省乡镇企业的稳定发展，省政府专门召开了全省乡镇企业工作会议，省委、省政府领导对乡镇企业在国民经济中的地位和作用给予充分的肯定，明确了乡镇企业发展的目标和方向，提出了各级党委、政府要一如既往满腔热情地支持乡镇企业，把乡镇企业作为全省经济发展的战略重点，加强领导，集中精力，持之以恒地抓下去。为落实省委、省政府的要求，各地、市、县相继召开会议，党政领导出面表态，支持和关心乡镇企业。从而使全省广大干部群众对发展乡镇企业的重大意义有了更为明确的认识，增强了信心。

2．稳定政策，积极创造和开拓乡镇企业发展的良好环境。乡镇企业靠政策启动，靠政策推进，只有稳定政策，才能稳定人心，稳定发展。对此，省委、省政府多次强调，凡过去已经制订并经过实践检验证明有利于乡镇企业发展的各项政策规定，都要继续贯彻执行。各级政府要根据乡镇企业发展的需要，不断完善和制订新的政策规定，引导、保护、鼓励乡镇企业沿着健康轨道向前发展。唐山、廊坊等地、市在稳定和完善原有政策的基础上，着眼于支持乡镇企业继续发展，重新制订出台了一些新的政策规定，如对重点骨干企业和出口创汇企业倾斜扶持，对企业升级、产品创优和新产品开发给予优惠奖励等。

3．扎扎实实开展“企业管理年”活动，抓管理，上水平。1990年全省乡镇企业广泛开展了“企业管理年”活动，并逐级制订了企业管理年活动方案和检查验收办法。在企业管理、升级、产品创优以及技术人才培训等方面提出了具体工作目标和保证措施。一些县市采取了主管部门与企业之间实行“企业管理年”活动责任制，把活动的任务和目标具体落实到每一个人。通过“企业管理年”活动，乡镇企业管理水平普遍有了提高，在降低成本，节约能耗物耗，增强企业效益方面收到了明显的效果。

4．抓重点，抓骨干，实行政策倾斜。为使有限的资金、能源发挥更好的效益，各级都评选了一批重点骨干企业，实行倾斜政策，重点扶持。据不完全统计，全省已确定县级以上重点企业4 600多个，这些企业的产值已占到全省乡镇工业企业产值的31%，起着支柱作用。

5．各行各业通力协作，大力支援。各有关部门适应乡镇企业发展要求，努力转变作风，逐级建立服务工作责任制，积极支持乡镇企业。枣强县坚持以经济建设为中心，组织商品经济大合唱，上下左右拧成一股劲，齐心协力发展乡镇企业。1990年全县乡镇企业比上年净增产值过亿元，上缴税金占全县财政收入的65.2%，成为全县经济的“台柱子”。

（赵金平）

山西省

1990年，山西省乡镇企业个数发展到40.7万个，比上年增长2.8%；企业人数240.4万人，增长0.8%；完成总产值185.3亿元，其中工业产值127.1亿元，分别比1989年增长14.7%和13.6%，均超过全国平均水平；完成总收入179.8亿元，比上年增长14.2%；上缴国家税金8.5亿元，比上年增长9%；实现纯利润22.9亿元，比上年增长6%；固定资产原值增加到90.6亿元，比上年增长19.4%。1990年总产值上亿元的县68个，比上年增加了13个；产值上亿元的乡（镇）20个，增加了12个；总产值达1 000万元以上的村108个，增加了35个；总产值500万元以上的企业165个，增加了43个。

1990年全省乡镇企业主要做了以下几项工作：

1．贯彻《中华人民共和国乡村集体所有制企业条例》，稳定政策，统一思想，鼓足干劲。《条例》颁发后，全省乡镇企业立即开展了一个认真学习，积极宣传，深入贯彻《条例》的活动。省乡镇企业局召开地市局长会进行学习贯彻，召集企业家进行了座谈，布署贯彻工作。先后举办了两期地市局长培训班，进一步认真学习，领会精神。各地开展了宣传月活动，举办知识讲座和知识竞赛。据统计，全省共举办《条例》培训班20余期，参加培训的有1万余人。通过对《条例》的学习、宣传、贯彻，使乡镇企业战线的广大干部职工稳定了思想，增强了信心，坚定了克服困难的决心。

在贯彻《条例》的同时，全省各地都加强了对乡镇企业发展的政策引导。各级党委和政府针对本地乡镇企业发展的新情况、新问题，

乡镇企业煤炭正在装车外运

制定了新的政策措施。在本环境中创造了一个小气候，使一度出现的怕政策变，怕在治理整顿中砍乡镇企业的思想以及畏难、悲观情绪得到了克服，为乡镇企业闯渡难关奠定了思想基础。

2．治理整顿，调整结构，适应市场，发展生产。第一，根据国民经济治理整顿的需要，继续发展了能源和原材料生产，基础产业进一步加强，同时加强了对矿产资源的加工转化，促进农副产品加工，长期薄弱的加工业有了新发展。1990年原煤产量达11 773万吨，焦炭1 210万吨，分别比上年增长4.3％和20.5％。生铁产量127.8万吨，增长15.4％。农副产品加工也有了较大的发展，如淀粉、食品等比上年增长20％以上。第二，积极调整产品结构，适应市场，增强市场竞争力。在产业结构调整中，坚持"产业微调，产品快调"的原则，加快进行产品结构的适应性调整，发展市场需要的产品，以销定产，提高质量，增加花色品种，弥补了欠产企业的损失。与此同时，还注重了产品结构的开发性调整，使乡镇企业产品单一化、技术低层次的状况得到了明显改善。各地以新产品开发为先导，新上了一批高起点、高技术的企业，产品不仅在市场上适销对路，而且有不少产品填补了省内和国内空白。第三，控制基本建设规模，加强技术改造，保持适度增长。1990年总的投入规模比1989年减少25％，在资金严重缺短的情况下，全省把有限的资金，集中使用，优先解决企业流动资金，其次安排一些效益好的项目，并重视加强技术改造，从追求产值增长转向追求经济效益上来。第四，治理整顿，提高企业水平。1990年全省乡镇企业重点抓了对土焦生产的治理整顿，使焦炭产量增长到1 210万吨。在改造中，集中资金和技术力量，研制了新的炉型，基本上改善了土焦生产的环境污染，提高了焦炭质量，降低了原煤消耗，回收了部分焦油，使土焦生产技术有了明显提高。全省乡镇企业在治理整顿中，关停了7 600余家耗能高、污染大、难治理和盲目发展起来的次质产品企业，同时也发展了一批骨干企业。全省500万元产值以上和出口创汇100万元以上的企业，都有大幅度的增加。第五，加强职工培训，推进技术进步。1990年共培训6.5万人（次），是培训人员最多的一年。在企业生产中注重内部挖潜，开展"双增双节"，依靠技术进步，降成本，降消耗，努力提高产品质量，以效益求生存，求发展。全省90％以上的小高炉完成了设备补配套，充实健全了化验检测手段。有一批企业采用了先进适用技术，产品精，销路畅，经济效益高。

山西省乡镇企业的土焦生产正稳步发展

3．"企业管理年"活动成效显著，提高了乡镇企业的管理水平和整体素质。全省乡镇企业把开展"企业管理年"活动，苦练内功，提高管理水平，提高整体素质作为闯渡难关的重要措施来抓，采取不同形式开展了以提高经济效益为中心的各项劳动竞赛活动，并在全省范围内抓了企业的七项基础管理和企业升级、创优评优、利润分配审批等工作。全省乡村两级企业采标率达到95％，比上年提高10％，达标率60％，七项基础管理合格率达到50％。全省110个县中，有80个县（区）980个乡（镇）中的6 082个乡村集体企业推行了利润分配审批制度，为企业增加积累2.79亿元。全省有一家企业晋升为国家二级企业，有10家企业被评为省级先进企业，16家企业进入省级系统的先进乡镇企业。有5种产品获部优产品奖，20种产品获省优产品奖。开展"企业管理年"活动，增强了乡镇企业的新产品开发能力。全省共研制出新产品123种。

4．发扬乡镇企业灵活经营机制特点，搞活经营，抓好销售。1990年在市场疲软、流通不畅、产品滞销积压等困难情况下，全省乡镇企业广大干部职工，没有消极地"等，靠，要"，而是想方设法克服困难，发展生产。一些企业与大工业挂靠联营，把小船绑在大船上，搞活了企业；一些企业根据市场需求，快决策，快转产，减少了损失。针对流通领域中存在的问题，省、地（市）普遍召开了供销工作会议，表彰了先进，肯定了供销工作的重要地位和作用，调动了供销人员的积极性。全省新增供销人员1.2万人。各级供销等专业公司，改变工作作风，为企业穿针引线，牵线搭桥，拓宽了销售市场渠道。各级管理部门和企业厂长（经理）改变以往重生产轻销售的观念，象抓生产一样抓销售，动员职工四面出击，送货上门，建立销售网点，搞好售后服务，有力地促进了企业的销售和生产发展。在全国乡镇企业供销工作会议上，全省有4个单位被评为全国乡镇企业供销先进集体，18名同志被评为全国乡镇企业优秀供销员。

5．各级管理部门强化职能，加强调查研究，为企业提供服务。全省先后有6 000多人（次）下到企业，为企业提供信息、筹集资金、开展技术服务，并组织解决了原材料、燃油等5万余吨，推销产品1 000多万吨，受到企业欢迎。各地、市、县管理部门，实行了经济目标管理责任制，主要领导分片，一般干部包点，采取"抓重点，保骨干，稳定多数，带动一般"的工作方法，促进了企业的生产，超额完成了全年生产任务。

（戎昌谦　张　波）

1990年，全区乡镇企业发展到29.8万个，比上年增长1.8％，其中，乡村集体企业1.07万个，比上年减少3.8％；从业人数达到97.6万人，比上年增长1.1％，其中，乡村集体企业人数29.6万人，比上年减少1.2％；实现总产值56.2亿元，占农村社会总产值的28.5％，占全区社会总产值的10.6％，比上年增长17.5％。其中，工业产值26.3亿元，比上年增长15.4％；完成总收入63.9亿元，比上年增长16.8％；纯利润6.69亿元，比上年增长13.8％；国家税金2.5亿元，比上年增长20.8％；全区农村牧区人均乡镇企业收入80元，占农牧民人均收入的13％。

锡林郭勒盟正蓝旗民族用品厂利用当地资源专门生产民族用品

1990年全区乡镇企业发展特点和开展的主要工作是：

——深入学习，广泛宣传，坚决贯彻落实《中华人民共和国乡村集体所有制企业条例》。通过报刊、座谈会、研讨会、学习班等多种形式，深入学习和宣传《条例》，使《条例》贯彻到基层，深入到人心。并依据《条例》在全区范围内制止乱收费、乱摊派、乱罚款和随意改变乡镇企业的隶属关系、所有制性质的做法，使乡镇企业的合法权益得到了保护。

——广泛深入开展“企业管理年”活动，促进企业上管理、上质量、上等级。1990年，全区乡镇企业的产品评为自治区优质产品的21个，相当于前三年的总和；评为农业部优质产品的1个。获区内行业优秀产品奖的282项。有178个产品领了许可证。有2家企业晋升为自治区先进企业，结束了乡镇企业在内蒙古先进企业中榜上无名的历史。有4个旗县区10个乡镇被农业部评为“企业管理年”活动的先进单位。

——抓新产品开发。1990年新建、技改、扩建项目339个，总投资6 755万元，新增产值1.5亿元，填补了一些自治区空白项目。

——抓人才开发。1990年培训各种管理、技术人员1.4万人次。通过培训和鼓励自学成才，已有初级职称以上管理、技术人员1.2万人，企业职工的素质有了明显提高，技术力量有所加强。

——抓基础管理。1990年对全区1.1万个乡村集体企业普遍进行了财务、标准计量、班组建设、强化质量检测手段的整顿，使企业标准化、规范化、制度化方面大大迈进了一步。同时，在总结第一轮承包经验教训的基础上，开展了第二轮承包，改个人单项承包的短期行为为集体承包、抵押承包，引进竞争机制和风险机制，使企业增加了活力和发展后劲。

——调整产业和产品结构，提高经济效益，降低耗能。通过调整、整顿，1990年关闭428家企业，停产153家企业。乡村集体企业减少了400多个，但产值比上年增长15.4％。能源、物耗下降，原煤消耗比工业增长少两个百分点；电力、木材分别比上年下降6.3％、16.8％；每百元工业产值消耗的原煤、电力、钢材、木材分别比上年下降7％、18.7％、13％、27.8％。

——抓典型，以典型引路，用典型推动发展。自治区以及盟市、旗县对重点旗县、乡镇以及骨干企业，在资金、技术、人才、物资等方面实行倾斜政策，并不断地总结和推广这些地区和单位的成功经验，带动全区发展。1990年，全区有19个产值或收入超亿元的旗县区，其中呼和浩特市郊区超过4亿元；赤峰市郊区、元宝山、红山区、哲盟通辽市超过3亿元；有3个产值超亿元的乡镇；有26个产值超500万元的企业；还出现10个利税超百万元的企业，其中，赤峰市元宝山区建昌营子镇煤矿利税达340多万元。

——强化管理机构，发挥主管局的职能作用。不少盟市、旗县增设机构，充实人员，加强领导力量。

——放宽政策，理顺关系，各部门、各单位都来关心和支持乡镇企业发展。全区各地根据当地的实际情况制定优惠政策，如呼和浩特市、赤峰市、哲盟、兴安盟、包头市，在资金、税金、人才、物资、供销等方面的规定都比较宽松。与此同时，各级有关单位和部门都采取措施，制定扶持方案，为乡镇企业发展创造了良好的外部环境。

——加强领导。1990年9月自治区党委副书记千奋勇到江苏考察乡镇企业；11月自治区党委和人民政府召开全区加快乡镇企业发展的电话会议；12月自治区党委书记王群和政府主席布赫又在全区乡镇企业局处长座谈会上专门讲了乡镇企业，把发展乡镇企业做为振兴自治区经济的战略重点之一，并号召全区各级党政领导都要加强乡镇企业工作。

（包力革）

辽宁省

1990年，辽宁省乡镇企业实现总产值456.95亿元，比1989年增长7.4%，实现工业总产值（1980年不变价）291.58亿元，比1989年增长10.7%。其中乡村工业总产值189.38亿元，增长6.6%；实现纯利润34.02亿元，比1989年减少1.85亿元，下降5.2%；向国家交纳税金20.3亿元，增长4%；人均创产值14 508元，人均创利税1 725元，分别增长15%和5%；乡村工业全员劳动生产率14 584元，增长17.4%；万元产值耗原煤2.23吨，降低36.7%；万元产值耗电1 026千瓦小时，降低25.4%；固定资产原值已达129.3亿元，比1989年增长12.1%，其中乡办企业53.08亿元、村办企业48.66亿元，分别比1989年增长12.3%和11.5%。

一、乡镇企业发展的主要特点

1．治理整顿产生效应，乡镇企业数和职工人数减少，职工素质有所提高。1990年，全省乡镇企业54万多个，比1989年下降2.1%，其中乡村企业4.7万个，下降8.2%，联户、个体企业49.5万个，下降1.5%。全省乡镇企业职工人数为305万多人，比1989年下降6%，其中乡村企业职工人数为179.8万人，下降10.1%，联户个体企业为125万人，下降1.2%。1990年全省乡村企业具有大专文化程度职工人数从1989年7 570人增加到9 419人，增加了24.3%，占全部职工的比重由1989年的0.38%上升到0.52%；高中文化程度职工2万多人，占全部职工的比重由1989年的10.4%上升到11.3%。乡村企业已有各种工程技术人员5.3万多人，占全部职工的总数的比重提高到11.7%。

2．乡镇企业向规模经济发展。1990年，全省乡镇企业总产值超亿元的县（区）达60个，其中超5亿元县（区）28个，海城市，大连市金州、甘井子区，沈阳市东陵、于洪区五个县市区总产值超20亿元；总产值超1 000万元的乡（镇）已达821个，比上年增加67个，其中超亿元的108个，比上年增加12个；总产值超1 000万元的村有479个，比上年增加65个，并有5个村超亿元；总产值超100万元的企业有4 648个，比上年增加258个。其中超500万元的企业有641个，比上年增加55个，还出现了一批超1000万元和少数超亿元的企业。全省乡镇企业已初步形成规模经济。

3．乡镇企业由注重速度向注重效益和管理转变。1990年，辽宁省乡镇企业开始从单纯追求产值速度向内部挖潜，"双增双节"、依靠技术改造内涵发展转变；从粗放型经营向科技、现代化管理转变；从满足于产品畅销转向重视提高产品质量，积极拓宽国内外两个市场。1990年，全省乡镇企业中，乡村集体工业产品标准的覆盖率已达到85%以上；31种产品获部优质产品、53种产品获省优质产品称号，获省、部优质产品总数达到486项；获得部科技进步奖2项，省、部科技进步奖总数达35项，获省和国家星火奖11项，总数达33项；获得部质量管理奖2项、省优质管理奖1项，总数达到7项。

4．乡镇企业外向型经济又有新的发展。1990年，全省乡镇企业300多种出口产品，实现出口产品交货值21.87亿元，比上年增长23.8%，占全省出口总额的比重由1989年的15.1%上升为17.5%。1990年，全省乡镇企业机械产品出口有了突破性发展，其交货值达到1.83亿元，比1989年翻了一番，已继食品、矿产品、服装行业成为全省乡镇企业出口创汇的支柱行业。1990年全省乡镇企业机电产品出口值占全省总额比重由1989年的7.2%，上升为10%。在全省1 185家生产出口产品乡镇企业中，出口产品交货值超百万元的企业已达464个，比上年增加149个，其中超1000万元企业45个，比上年增加18个。

5．企业经济实力得到增强。1990年辽宁省乡镇企业在调整产业、产品结构的同时，调整了固定资产投资方向，取得新成果。全省乡村企业建设项目3 007个，实际完成固定资产投资5.7亿多元，其中新建项目1 400个，完成投资2.7亿多元，占47.4%，扩建项目765个，完成投资1.79亿元，占31.3%，技改项目495个，完成投资7 949万元，占13.9%，其它项目347个，完成投资4 210万元，占7.4%。全省乡镇企业建设项目的规模和技术起点都有较大提高，新建项目，大部分是利用当地资源的开发性项目和市场畅销产品项目及出口创汇产品项目。

二、乡镇企业着重抓的几项工作

1．抓提高认识，抑制生产滑坡。1990年初，省、市、县认真传达了全国乡镇企业工作会议精神及中央领导一系列讲话，澄清了模糊认识，鼓舞了干部职工克服困难、开拓进取的信心；同时，向全省乡镇企业重申，发展乡镇企业政策的"十个不变"和"十个区别"，给广大干部职工吃了"定心丸"；并且制定了一些发展乡镇企业的新措施、新政策，为乡镇企业发展创造了较好的环境条件。

2．抓调整整顿，优化产业结构。1990年初，省乡镇企业局、省计经委、省农业银行联合制定下发了《辽宁省乡镇企业工业结构调整的若干意见》。通过积极开发新产品，用增量的调整去促进存量的调整，用产品结构的变化推动了整个产业和行业结构的变化。

3．抓科技进步，提高、推动乡镇企业发展。1990年，全省乡镇企业开展了科技进步和“企业管理年”活动。省、市都成立了科学技术进步领导小组，制定了科技进步五年规划。年终，省乡镇企业局被省政府评为科技进步年先进集体。

4．抓城乡一体，发展横向联合。1990年，辽宁省委、省政府确定了“一抓三带”的战略方针，走抓城带乡、抓大带小、抓重带轻发展乡镇企业、壮大县乡经济的路子。省乡镇企业管理局及时总结推广了鞍山市“三抓三带”的经验。全省乡镇企业在发挥辽宁省大城市、大中型企业、大专院校、科研单位多的优势，在广泛开展经济技术联合方面取得新成果。全省乡（镇）、村联合经营企业983个，共引进各类专业技术人才5 000多人，引进项目1 000多项，实现总产值20多亿元，创利税2亿多元。同时，“三抓三带”的开展，促进了乡镇企业技术改造。1990年，全省乡村工业企业固定资产投资6.9亿多元，建设项目3 007个。其中，技术改造项目495个，固定资产投资7 949万元。

5．抓深化改革，强化企业管理。1990年，全省乡镇企业开展了以企业升级为主要内容的企业升级达标竞赛活动。省乡镇企业局制定了《辽宁省乡镇企业主管工作达标、考核细则》。1990年，又有2家企业获国家二级企业称号，15家企业获得省级先进企业称号。1990年，通过健全了审计制度和组织了统计工作检查，强化了监督调控机制，并在全省范围内广泛深入地开展了“双增双节”活动。

（辽宁省乡镇企业管理局）

吉林省

1990年，吉林省乡镇企业总数为46.46万个，企业人数155.26万人，比上年增长0.96%，占全省农村劳动力总数的25%；乡村企业工资总额22.98亿元，比上年增长6.19%；实现总产值135.61亿元，比上年增长7.1%；总收入171亿元，比上年增长3.33%；创利税20.51亿元，比上年增长9.48%；全省乡镇企业固定资产总额为42.33亿元，比上年增长9.96%；百元固定资产创产值320元；百元固定资产创利税47元；出口产品交货总额1.78亿元，比上年增长91.1%。

吉林省农副产品进出口集团总公司新月粮油加工厂

1990年全省乡镇企业在中共吉林省委和省人民政府领导下，取得了较为突出的成果，由于认真贯彻落实中央十三届五中、六中、七中全会和省委五届六次全会精神，克服了市场疲软、资金短缺，扩大成本等重重困难，闯过了道道难关，保持了持续、稳定、发展的势头。

1990年吉林省乡镇企业发展的主要特点是：

1．发展规模进一步扩大。1990年50万元产值以上的企业达到1 300户；100万元产值以上的企业达到530户，300万元产值以上的企业达到170户；产值超过5亿元的县达到9个，产值超过亿元的乡（镇）达到12个；以优势产业、骨干企业、重点产品为龙头，发展专业化、社会化协作生产。

2．企业职工素质提高。通过教育培训，企业职工知识结构和专业结构发生了很大变化，大专文化程度的有4 884人，占乡村企业全部职工的0.8%，比1989年增加1 827人，增长59.76%；工程技术人员比1989年增加1 812人，增长11.12%，企业素质进一步增强。推行全面质量管理的工业企业达到5 515户，比1989年增长43%，乡村集体工业企业产品合格率达到80%以上；开发市级以上新产品250种；推广先进适用技术10项；进行技术改造211项。有4 000户企业分别升入县以上先进企业。

3．产业结构趋于合理。在调查研究的基础上确定了“微调产业、慢调行业、快调产品”的原则，把有限的能源、资产、原材料，用到支柱产业、优势产业、基础产业和农业企业上来。增加了适销对路的和新开发的产品，压缩了滞销的和高耗能的产品。

4．贡献不断增大，发挥了全民企业不可代替的重要作用。乡镇企业的发展，转移了大批农村剩余劳动力，优化了农村产业结构，在全省乡村初步形成了食品、化工、矿产、建材、机械、金属、木材加工等主体行业，乡镇企业产值占全省农村社会总产值的46%。1990年，乡镇工业产值占全省工业产值的18%。乡镇企业的主要产品产量在全省同行业中占相当比重，乡镇企业生产的原煤，占全省地方煤炭产量的一半以上，砖瓦砂石灰占全省地方建材产量的80％强，中小农具产量约占全省总产量的90％。小水电、矿产品、乳制品、饮食加工等也都占有一定比重。

（王恕范）

黑龙江省

1990年，全省51.85万个乡镇企业，实现总产值161.9亿元，比上年增长10％，其中，乡村集体工业产值完成56.1亿元，增长4.9％。总收入达到145.1亿元，比上年增长12.2％。实现利润10.1亿元，比上年增长5.6％。上缴国家税金4.5亿元，比上年下降3.2％。基本实现了速度和效益的同步增长。

1990年，全省乡镇企业产值超亿元的县（市）达到52个，其中超3亿元的19个；超1 000万元的乡428个，其中超亿元的乡9个；超300万元的村186个。年产值超过100万元以上的企业824个，其中500万元以上的企业74个，1 000万元以上的企业32个。全省乡镇企业固定资产原值达到51.8亿元，比上年增长16.5％。初步建成了一批重点骨干企业。有些企业，如兰西区麻纺织工业联合公司、尚志市苇河炭素厂、绥滨啤酒厂、阿城轧钢厂、龙江庆华钢厂、昌宁给水设备厂等，已成为全省创利税大户。

1990年，全省乡镇企业被评为国家二级企业的1个，省级先进企业的20个，省级先进乡镇企业的311个。累计获部优质产品60个，省优质产品155个，乡镇企业系统优质产品618个。计量定级三级（包括单项合格）以上合格企业320家，标准化定级企业60家，全面质量管理三级以上合格企业179家。先后有300人被评为省乡镇企业家，45人被评为省优秀乡镇企业家。一大批懂经营、善管理的企业管理人才和有一技之长的专业技术人才脱颖而出，成为乡镇企业发展的中坚骨干力量。

1990年，黑龙江省乡镇企业主要开展了以下六个方面的工作：

一是扭转思想滑坡。1990年初，由于大的经济环境变化造成的生产低速运行，以及政策收紧和舆论压力的影响，乡镇企业战线职工思想沉闷，情绪低落，特别在如何认识乡镇企业的地位和作用，要不要发展乡镇企业和怎样发展乡镇企业问题上，产生了动摇。针对这种情况，各地一方面注重扭转社会对乡镇企业的不公正舆论，研究收集国家及有关部门对发展乡镇企业的方针政策以及中央主要领导同志的讲话、文章等，通过广播、电视、报纸等大力进行宣传，在《黑龙江日报》辟专栏开展“振兴龙江乡企”有奖征文活动，并抓住《条例》颁布的有利时机，通过集中组织学习、召开综合经济杠杆部门座谈会等形式，广泛宣传发展乡镇企业的重要意义。另一方面，普遍加强了生产调度指挥，及时总结交流情况，分析形势，采取相应对策。特别是进入10月份以后，全省上下根据省委部署开展发展经济大讨论，省委、省政府组织经济考察团到外省学习以及围绕落实“考察报告”精神和贯彻全省计划会议、农村工作会议精神，在全省范围内对发展乡镇企业的地位和作用得到了认识上的统一和深化。同时，省政府发出了关于大力发展乡镇企业的“十三条”决定，使乡镇企业发展环境得到明显改善，一个有利于乡镇企业发展的“小气候”正在形成。

二是积极调整产业结构和产品结构。首先，省乡镇企业局根据国家和省的产业政策制定下发了《关于乡镇企业结构调整若干意见的通知》，并与省计委共同制定下发了《优先在乡镇企业发展的行业和产品目录》。其次，各地市普遍开展了结构调整工作。经过近一年时间的调整，全省已关停并转了2 000多个企业，其中176家小炼油厂关停并转136家；10多家小型炭化硅企业，除保留个别出口创汇的企业之外，其余已全部关停或转产。第三，全省新上了一批名优产品和适销对路产品。据统计，1990年全省增加新产品500多个，新增产值近亿元，新增利税3 000多万元。

三是强化基础管理工作，努力

黑龙江省阿鞍联营中型轧钢厂

提高企业素质。按照农业部开展乡镇“企业管理年”活动的部署，在乡镇集体企业中普遍开展了以加强企业标准、计量、定额、规章制度、信息、基础教育、安全生产和精神文明建设等八项基础管理工作为内容的企业评估定等工作。在开展的5 359户乡（镇）办企业中，共评出一等企业 1 283 户，占24%；二等企业 1 644 户，占31%；三等企业 1 732 户，占32%；四等企业700户，占13%。评出“管理年”活动先进市（地） 6 个；先进县20个；先进乡（镇）40个；先进工作者47人。通过“管理年”活动的有效开展，使乡镇企业基础管理工作得到加强，管理水平明显提高。1990年，全省又有100 户企业被评为省系统先进

黑龙江省巴彦县西集浸油厂精炼车间一角

乡镇企业，6 户企业被评为省级先进企业，1 户企业被评为全国乡镇企业系统先进企业。同时，针对企业承包中存在的一些突出问题，重点抓了承包经营责任制的完善和提高工作，全省已有80%的乡村集体企业承包经营基本达到了农业部和省局的规定要求。

四是实施“科技兴厂”方案，积极推进科技进步。首先按照省“科技兴省”的总体部署，修订了《黑龙江省乡镇企业“科技兴厂”实施方案》，并组织企业付诸实施。其次，积极搞好新产品开发、新技术引进和新工艺推广。全省采用新技术1 100多项、新工艺500 多项，技术改造 1 200 多项。第三，充分利用黑龙江省大工业基础雄厚的优势，积极开展城乡经济联合，走以城带乡、以大带小发展乡镇企业的路子。一年来，全省乡镇企业新增横向联合项目1 000多个，引进资金3 000多万元，引进技术1 200 多项，各类技术人才2 000多名。

五是抓重点、抓骨干，精心组织生产。在坚持“四轮齐转”的前提下，重点抓集体，突出抓工业。对全省六大地市和年产值超3 亿元的19个县（区）及年产值超500万元的74个骨干企业，在资金投入、物资供应和力量投放上实行重点倾斜，及时加强生产调度指挥，帮助企业解决生产中遇到的困难和问题，从而有效地抑制了生产滑坡，保证了乡镇企业的持续、稳定发展。

六是加强产品销售，搞活流通。首先，进一步明确乡镇企业销售政策，充实和强化销售力量，稳定销售队伍，建立健全省、市（地）、县三级销售网络。其次，组织销售大军，通过采取联销、代销和跟踪服务等各种有效措施，开展多形式、多渠道、全方位的销售工作，有效地控制了产成品积压，保证了企业的正常生产。

（魏　林）

上海市

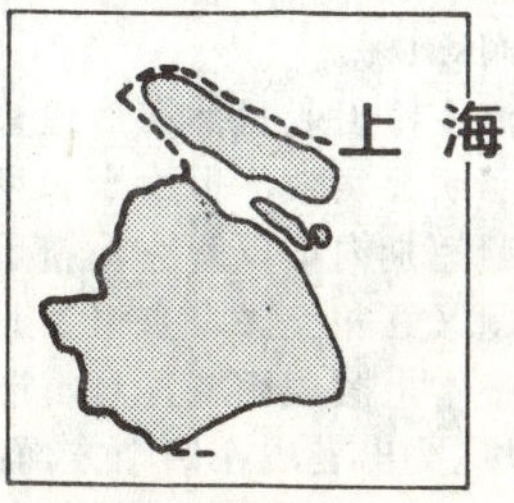

1990年，上海乡镇工业在治理整顿中坚决贯彻市委、市政府关于“一要稳定、二要鼓劲”的指导思想，在“调整、整顿、管理、改革”上狠下功夫，使工业生产逐月回升，保持了适度增长。全年累计完成工业总产值235.5 亿元（按1980年不变价），比上年增长12.5%，占全市工业总产值的 20.38 %，占郊区农村工农业总产值的77.2%；乡镇工业净增产值 26.13 亿元，占全市工业净增产值的58%。乡镇工业的发展，已经成为郊区农村经济的重要支柱，成为全市工业不可分割的重要组成部分。

近年来，上海乡镇工业在治理整顿中逐步摆脱困境，正在向着好的方向发展，充分显现出勃勃生机和顽强的生命力。

第一，联营企业和外贸出口持续增产，成为乡镇工业稳定发展的两大支柱。1990年乡镇工业中的联营企业有 2 310 户，比上年增加265户；联营企业的产值已占乡镇工业总产值的44.1%，比上年增加了 5 个百分点。乡镇工业中的出口商品交货值达61.6亿元，比上年增长31.3%；其中直接出口商品交货值35.9亿元，“三资企业”出口值5.88亿元，分别比上年增长25.1%和55.9%；外贸出口商品交货值已占乡镇工业总产值的26.2%，比上年上升5.4个百分点。

第二，科技进步和新产品开发，加快了产品结构调整步伐。1990年列入市局计划的科研项目39项，新产品开发计划 164 项，这些项目小批量投产及上年新项目批量投产，新增产值 3.5 亿元，占乡镇工业全部新增产值的13.4%。10个县(区)不完全统计，进行技术改造的项目有300多项，开发新产品 240 多项，使不少企业的产品占领了市场，赢得了优势。

第三，加强企业基础管理和促进企业升级，使企业素质和产品质量有了新的提高。1990年乡镇工业系统普遍开展了“企业管理年”活动，通过会计培训达标、等级仓库考核、企业基础管理工作达标、现代化管理、各类人员的专业培训和企业上等级的一系列活动，使企业的素质有了新的提高。1990年有2个县的乡镇局、5 个乡的工业公司被农业部评为企业管理先进单位；有66户乡镇企业上了等级，其中国家二级企业 4 户、市级先进企业35

户、市局级先进企业27户；企业基础管理达标验收600户，获得市企业管理成果奖21项，被评为市企业管理先进工作者11名；开展各种类型的人才培训，受培训者超过7万余人。企业素质提高带动了产品质量的提高。由于积极贯彻市委《关于全党重视、抓好质量的意见》，进一步确立“质量是上海的生命，也是郊县工业的生命”的观念，各级干部都比较重视产品质量。1990年又有42种产品荣获部、市优质产品称号，这是近年来创优产品最多的一年。更为可喜的是，奉贤县申星洗涤设备厂生产的申星牌XTZ-140型全自动洗涤脱水机，荣获国家银质奖，从而实现了本市乡镇工业系统国优产品零的突破。

第四，增强市场意识和拓宽销售渠道，促进工业生产正常运转。在市场疲软、产品滞销积压的情况下，市、县各级都非常重视促销工作。各县都充实加强了供销员队伍，建设落实了供销承包、以销计酬、产销挂钩等各项促销政策，采用了灵活多变的销售方法，加强了销售服务工作，开展了表彰奖励活动，使促销工作取得了较好成效。1990年全市乡镇工业的销售收入达到244.99亿元，比上年增长7.8%。在销售工作中涌现了一批先进供销集体和优秀供销员。农业部命名的先进供销集体4个，优秀供销员14人；由市局命名的先进供销集体3个，优秀供销员23人。

第五，调整企业组织结构和深入开展“双增双节”运动，是提高经济效益的重要途径。乡镇企业面广量大、点多分散，缺乏市场竞争能力。在深化改革中调整企业组织结构，以市场适销的重点产品和骨干企业为龙头，组建集团性公司，实现生产要素的合理配置和优化组合，发挥群体优势，增强竞争能力，扩大乡镇企业产品在国内外市场的覆盖面，1990年这项工作有了实质性进展。各县都搞了一些试点，其中嘉定县将拥有固定资产近1亿元，在全国电光源行业中具有重要地位的骨干企业联合灯泡厂、南翔灯泡厂、光明灯头厂、南翔灯泡一厂联合起来，组成资产一体化的上海嘉宝照明电器公司。这家集团公司把几个强企业捏成一个拳头，迅速成为全国照明电器第一流的生产集团和出口基地，为促进乡镇工业集团化生产的发展起了示范作用。1990年深入开展的“双增双节”运动，各县都收到了明显效果。如宝山区，全年节煤4 500吨、焦炭230吨、燃料油750吨、电300万度、钢材1 300吨、有色金属230吨、木材300立方米、橡胶300吨、各种布料90万米，节约能源和原材料折合总价值1 248万元，占乡镇工业总利润的6%左右，为该区乡镇工业经济效益的逐步回升作出了贡献。川沙县金陵无线电厂一分厂，发动职工群众提合理化建议，全厂178名职工提出了323条增收节支建议，其中有7项合理化建议已实施，获得效益17万元。松江县佘山液压件厂，发动职工开展“五个找：“从仓库废品中找利用价值，从进料价格上找优惠途径，从产品质量上找降低废次品率突破口，从技术革新上找节材降本办法，从产品销售上找节约开支措施。“五找”出成效，使每万元产值的成本费用下降了591.39元，增加利润8.1%。

上海乡镇工业虽然在治理整顿中取得了明显实效，但由于长期积累的问题短期内难以解决，新矛盾和老问题又互相交叉，乡镇工业还没有从根本上摆脱困境，经济形势依然严峻。突出表现在四个方面：

第一，老企业大面积减产，新企业产出不足。根据调查，从1990年下半年开始有50%的企业减产，有1/3的企业生产任务不足，劳动力过剩。一批新企业产出不足，有的刚刚建成就要调整，使企业陷入困境。

第二，生产成本上升，亏损企业增加，经济效益严重滑坡。由于煤、电、原辅材料提价，银行信贷利率上浮，企业难以消化，产值利润率年年下降。从“七五”期初到期末，乡镇工业的产值利润率从15.19%下降到8.7%，平均每年下降1.3个百分点。而亏损企业却不断增加，1990年年底乡镇工业中亏损企业有1 753户，比上年增加263户，亏损金额达1.76亿元，比上年增长95.46%。1990年乡镇工业实现利润20.92亿元，比上年下降13.7%，第一次出现全年负增长。

第三，库存增加，拖欠严重，资金周转不畅。1990年年底乡镇工业的产成品资金高达19.71亿元，比上年增长27.77%；被拖欠的应收销货款达33.55亿元，比上年增长28.15%；定额流动资金周转为89天，比上年延长9天。由于资金周转受阻，不少企业的生产难以为继。

第四，企业负担重，留利少，发展生产缺乏后劲。上海乡镇工业按规定每人每年上缴“以工补农”资金220元，“以工补副”资金60～108元，加上10%的社会性开支，这三项专用资金1990年共上交3.4亿元，占利润总额的16.3%。再要扣除教育附加费、所得税、能交基金、调节基金、计税工资超支部分和上缴给乡政府的工业利润，最后企业的留利只有26 464.16万元，占利润总额的12.6%，平均每个企业只有2.05万元，要调整产品结构普遍缺乏资金。

（王叙元　赵宝林）

江苏省

1990年，江苏省乡镇企业在党中央、国务院“积极扶持，合理规划，正确引导，加强管理”和“调整、整顿、改革、提高”正确方针的指引下，积极调整结构，大力开拓国内外市场，深入开展“双增双节”运动”和“企业管理年”活动，经过广大干部职工的艰苦奋斗、顽强拼搏，经受住了江苏省乡镇企业发展史上最严峻时期的考验，在治理整顿中取得了新的发展。

1. 经济规模迅速扩大。1990年全省乡镇企业总数105.84万个，职工总人数896.17万人，实现总产值1 471.48亿元（1990年不变价），分别比上年增长-1.91%、-2.47%、11.29%。其中，全省乡村集体工业企业数为9.99万个，职工588.12万人，实现总产值1 195.01亿元(1990年不变价)，分别比上年增长-3.76%、-2%、12.02%。

在总体规模迅速扩大的同时，企业的平均规模也在迅速扩大。1990年与1985年相比，乡村集体工业企业厂均拥有的固定资产(原值)和年产值分别增长了183.67%和129.66%。特别是形成了一批规模较大、效益较好的骨干企业。1990年全省年产值500万元以上的乡村集体工业企业3 689个，仅占全省乡村集体工业企业总数的3.69%，实现的工业产值537.09亿元，上缴国家的税金13.4亿元，实现利润10.79亿元，分别占全省乡村集体工业企业产值、税、利总额的44.94%，39.84%，65.19%。乡村集体工业是江苏省乡镇企业的中坚。

2. 经济素质明显提高。1990年，江苏省乡镇企业注意加强管理，苦练“内功”，努力提高产品质量，特别是通过广泛开展“企业管理年”和全省乡镇企业工业产品质量大检查等活动，干部职工增强了管理意识和质量意识，加强了企业内部管理，促进了各项管理基础工作和技术基础工作的开展。1990年，有5 823家企业通过七项管理基础工作验收，有1 600多家企业通过了单项及二、三级计量验收，产值30万元以上单项产品标准化覆盖率达89%，有5 800多家企业推行全面质量管理；创国家级产品银牌奖、百花奖6个，创省、部优产品320多个，创市优产品850多个。通过教育培训，乡镇企业职工素质不断提高，乡村集体工业企业的专门人才保有率已从1986年的0.55%提高到1990年的2.44%。所有这些都促进了乡镇企业整体素质的提高。1990年，又有6家企业被批准为国家二级企业，累计已有14家；有3家企业被批准为部级先进企业；有40家企业被批准为省级先进企业，累计138家。

3. 外向型经济蓬勃发展。1990年全省乡镇企业出口交货额达106.59亿元，比上年增长35.39%，几乎相当于1985年全省外贸出口商品收购总额的2倍。乡镇企业外经工作的发展势头良好，全省乡镇企业兴办的“三资”企业423家；到国外、境外举办实业亦已起步，已有7家乡镇企业在国外办厂。

4. 经济地位日渐上升。乡镇企业总产值在全省农村社会总产值中所占比重由1985年的53.15%上升到1990年的71.54%；“七五”期间乡镇企业总产值净增长分别占全省农村社会总产值净增长的82.99%。其中，乡镇工业总产值占全省工业总产值的比重由1985年的27.40%上升到51.33%；“七五”期间乡村集体工业总产值净增长占全省工业总产值净增长的57.13%。

乡村集体工业的纳税额在全省财政收入中所占比重由1985年的12.32%上升到1990年的25.02%。江苏省乡镇企业已经成为全省经济的重要组成部分，成为农村经济的主要支柱，成为工业经济的“半壁江山”，成为发展外向型经济的生力军。

5. 社会贡献越来越大。“七五”期间，全省乡村集体工业企业提供的补农、建农资金达26.83亿元，相当于同期全省财政支农支出的1.34倍；1990年全省农民人均纯收入883.8元，其中的33.8%来自乡镇企业；全省乡镇企业职工总数已占农村总劳力的32.15%，“七五”期间乡镇企业吸收了269万人就业，成为转移农村剩余劳动力的主要阵地；乡镇企业的发展，促进了小城镇的建设和繁荣，全省乡镇文化、科技、教育中心的普及面已达80%左右，其资金绝大部分来自乡镇企业。

（赵 隽）

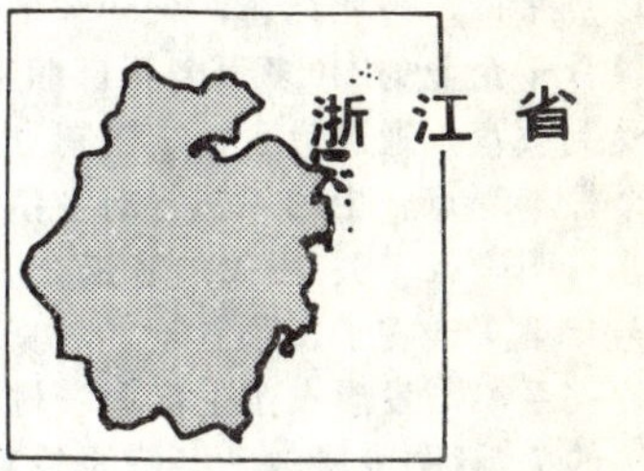

1990年，浙江省乡镇企业在治理整顿中，经受了严峻的考验，在极其艰难的条件下奋进，经历了从大回落到大转机的不平常过程，终于超额完成了计划指标，保持了一定的增长幅度。

这一年，乡镇企业总产值达到728.5亿元(按1980年不变价)，比上年增长10.8%。其中，乡镇工业产值664.1亿元，比上年增长12.3%，乡镇工业产值已占全省工业总产值的56.5%。上缴税金36.06亿元，占全省财政收入的36.24%。从整体上看，企业素质也有所提高：又有5家企业晋升为国家二级企业，38家企业被评为省级先进企业，160多项产品获得部优或省优质产品称号。在全国乡镇企业中创造了三个“唯一”：杭州万向节厂是全国唯一的一家晋升为国家一级企业；上虞风机厂是全国唯一的一家荣获国家质量管理奖；上虞联丰玻璃钢厂是全国唯一的一家拿到国家优质产品金奖。

全省乡镇企业产值从1989年8月开始大幅度回落，1990年头五个月又逐月连续回落，直到6月份才制止滑坡，出现逐月回升的新局面。为什么能从连续滑坡转到逐步回升？主要是由于采取以下对策和措施：

一、发展方针

集中在"稳"字上，从稳定思想入手，稳定队伍，稳定经济，从而稳定了乡镇企业。这一年，根据省委、省政府的部署，广泛深入地开展了形势任务教育。各级领导机关派出9万余名干部，历时两月，以点带面，虚实结合，使80%的乡镇骨干企业的200多万名干部职工，受到教育。通过教育，牢固树立一个根本观点："中国不能没有乡镇企业"；明确五个关系：发展乡镇企业，与"落实钱袋子、菜篮子、米袋子"的关系，与发展农业生产和农村经济的关系，与发展国民经济的关系，与巩固工农联盟的关系，与稳定大局的关系；达到一个目的：坚定信念，树立主人翁的责任感，调动一切积极因素。在形势任务教育中，把提高思想认识与解决实际问题紧密结合起来。大多数县市的领导都带领有关部门负责同志，深入现场，调查研究，当场拍板，解决了乡镇企业面临的一些难题。

二、指导思想

突出重点，抓重点、促一般。重点是指符合国家产业政策、产品优质适销、出口创汇、横向联合、在当地经济中占有重要地位的骨干企业。抓重点的措施主要是两个方面：一方面为骨干企业的发展创造外部条件。省政府专门下达了(90)10号文件，明确抓重点的指导思想，对骨干企业实施倾斜政策，决定在信贷、原材料、能源、技改和资金上给予扶持。省政府领导深入重点地区和重点企业做深入调查研究，并亲自主持召开重点县（市）乡镇企业工作会议，具体部署抓重点的工作。16个重点县（市）政府确定1 033家骨干企业为重点扶持对象，并制定了补充性政策措施，全力以赴地给以支持。另一方面，鼓励、帮助骨干企业创造、发展自身的内部条件，提高适应能力和竞争能力。在组织上，集中兵力，提高整体作战能力。继续组建、扩建横向联合企业；实施企业兼并，扩大骨干企业的生产能力。如组建杭州万向节集团等正规的乡镇企业集团。在财力上，重视自我积累，增强自我发展能力。如工业产值、利润连续七年列全省乡镇之首的绍兴县华金镇，有13家骨干企业，其中5家不需贷款，有4家不仅不借贷款，而且存款都在500万元以上。在管理上，开展"企业管理年"活动，打基础、上水平、促效益，特别是以强化质量意识为着眼点，以企业目标升级为动力，带动基础管理工作的落实。全省推广了绍兴、湖州等地区开展目标成本管理的经验和萧山市提高"七率"（产销率、全员劳动生产率、设备利用率、产品合格率、原辅材料利用率、资金利用率、销售利润率）的经验，取得了一定的成效。在产品开发上，依靠科技，促进产业与产品结构的调整。仅据16个重点县市的统计，投入技改资金7.35亿元，比上年增长1倍多。实践证明，抓重点的指导思想是正确的，取得了明显效果。这一年，万余家年产值在100万元以上的骨干企业挑起了大梁，在创产值、创税利上都起了决定性的作用。其产值、利润、税收均占全省乡镇企业总额的60%以上。"多数企业保平安，骨干企业作贡献"。用这句话来形容抓重点的重要性是符合实际的。

三、销售战略

突出"销"字，全方位的开拓市场。概括起来就是抓四种市场：巩固传统市场，开辟新的市场，挖掘潜在市场，挤进国际市场。主要措施：一是进一步落实了供销政策，调动供销企业和供销人员的积极性。既从政治上表扬一批先进供销人员，又从经济上、生活上给予必要照顾；既充分发挥全省县以上175家乡镇供销公司和近3 000家乡镇供销经营部的经销功能，又在全国包括国营、二轻、供销在内的贸易机构中发展联营、联销、设商点、开窗口等流通渠道，从而把各方面的积极性调动起来。二是利用本地的传统文化、旅游、土特产开展具有地方特色的促销活动。绍兴市率先创办"黄酒节"，以酒搭台，引客、促销。萧山、余杭、鄞县、余姚等县分别在广州、深圳、福州举办各具特色展销会，慈溪、余姚两市分别举办杨梅节，上虞县的葡萄节和曹娥庙会，桐庐县的药王节，临安、建德县和长兴县的文化节等，都对销售乡镇企业产品起了很大促进作用。三是利用各种市场，扩大产品销售。全省中3 800多个集贸市场尤其是专业市场，成为乡镇企业商品流通的重要渠道，小市场形成销售的大气候。四是以外销促内销。在外销上实行"四并重"：巩固原有出口产品与开发新的出口产品并重；本省口岸与外省口岸并重；扩大产品出口与引进技术并重；自找门路与工贸联营并重。外向型经济发展势头迅猛，出口额达65.61亿元，比上年增长46.2%，其中直接出口额51.79亿元，相当于全省外贸收购总额的35%，比上年增加6个百分点。外贸收购额超亿元的县(市)23个。宁波市有近百家个体企业，利用本地资源，发挥一技之长，生产出口工艺美术品30余种，创汇逾百万美元。

浙江省乡镇企业面对疲软的市场，自身也潜伏着不稳定的因素，形势依然严峻。主要表现在四个反差上：一是杭嘉湖及宁绍等先进地区与丽水等贫困山区的差距更加扩大。丽水地区乡镇工业产值增长为9.4%，低于全省2.6个百分点，其绝对值从上年占全省乡镇工业总产值的1%，下降到0.8%。二是产值的增长与经济效益的增长反差更加明显。产值增长10.8%，而利润总额增长0.4%。亏损企业1.21万家，虽比上年减少4.7%，但亏损金额6.16亿，比上年增加7.1%。产销利率5.02%，比上年减少0.33个百分点。三是村以下与村以上工业的发展不够协调。在产值增长上，村以下为22.2%，村以上为9.8%；在工业销售收入上，村以下为21.2%，村以上为0.4%；在实现利税上，村以下为15.2%，村以上－4.7%；人均创利税，村以下为14.6%，村以上为4.6%。这样，导致有的地区，村以上企业人员思想涣散。四是企业的积累与社会的负担仍处于极不合理状态。全省乡村集体企业的自有流动资金近几年来逐步下降，1990年仅占15%，实际留利仅占10%左右。主要由于，一则生产成本增加；一则，税种增多，社会各种摊派不堪负担。

（张天训　陆　刚）

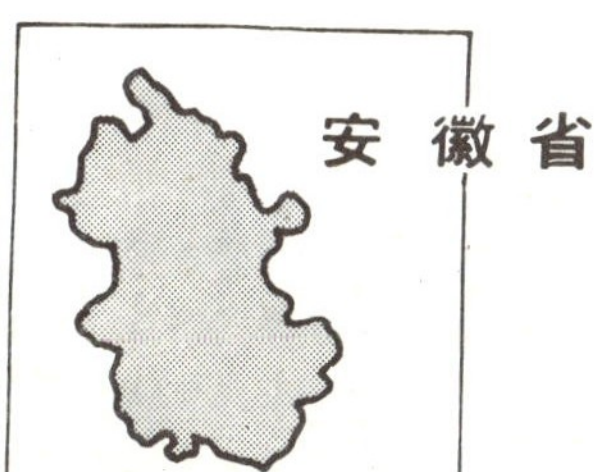

安徽省

1990年安徽省乡镇企业在治理、整顿中稳步发展。据统计，全省实现乡镇企业总产值(1980年不变价)281.09亿元，其中工业产值155.26亿元，分别比上年增长17.1%和14.2%；全省乡村两级企业总产值为124.12亿元，其中乡村工业产值85.48亿元，分别比上年增长12.25%和12.81%。全省实现纯利23.27亿元，实交税金7.31亿元，分别比上年增长4.8%和9.7%。到1990年末，全省乡镇企业固定资产原值为81.42亿元，比上年增长9.8%；就业劳力462.2万人，比上年减少14.3万人。全省乡镇企业总产值超亿元的县、市(区)有77个，超亿元的乡、镇8个，超500万元产值企业188个。

1990年安徽省乡镇企业发展的主要特点和做法是：

1．抓认识，继续加强领导。面对紧缩的宏观经济环境，乡镇企业要不要发展，能不能发展？这是1990年全省普遍存在的认识问题。针对这一状况，省政府明确指出：目前乡镇企业正处在发展的关键时期，各级政府要切实加强领导，各部门要通力协作，大力扶持。并强调，提高对乡镇企业地位和作用的认识，仍然是各级领导首先需要解决的问题；号召全省乡镇企业系统广大干部和职工振奋精神，知难而进。为进一步在全省上下统一认识，省政府召开了各地、市、县党政主要负责同志会议，及时推广桐城县发展乡镇企业“风吹浪打不动摇”的经验，研究和部署加快乡镇企业健康发展的措施。这次会议以后，绝大多数地方也分别召开了会议，在解决认识问题的基础上，具体落实发展措施，县一级政府真正把发展乡镇企业列入重要议事日程，一度曾被取消或有名无实的乡镇企业领导小组得到了恢复和加强。阜阳、滁县、宿县、宣城、安庆等地市继续坚持或恢复下派干部专抓乡镇企业的制度，其中有专职副县长、专职副乡（镇）长。有些地方的乡镇企业主管部门工作人员得到充实，特别是区、乡（镇）企业办公室的建设（人员、经费、待遇等）比以前有所加强。

2．抓政策，认真宣传和贯彻《条例》。抓政策主要是抓扶持政策和鼓励政策的落实，如争取骨干企业分别纳入各级计划，争取增加乡镇企业贷款规模，争取乡镇企业升级、创优指标，争取行业部门在发放生产许可证中一视同仁等；激励厂长(经理)继续为发展企业再立新功，激励供销人员努力拓宽乡镇企业流通渠道，激励科技人员支援乡镇企业等。宣传贯彻《中华人民共和国乡村集体所有制企业条例》是一项中心工作。《条例》刚刚公布，省政府负责同志即发表专题电视讲话，各地采取了多种多样的学习、宣传形式。有的县组织了宣传车，直接将《条例》精神宣传到乡村和企业，许多县将《条例》翻印成布告，广为张贴，合肥市政府召开了宣传贯彻《条例》新闻发布会。在宣传和贯彻《条例》过程中，各地具体制定了体现《条例》精神的若干政策，遏制了随意改变乡镇企业隶属关系的势头，纠正了一些错误做法，有一些被划走的乡镇企业又回到了乡镇企业系统。

3．抓调整，生产稳步回升。根据国家产业政策和省政府(89)48号文件的要求，全省乡村集体企业有3 900多家有效地实行了关、停、并、转，占集体企业的6%；同时改造

安徽省淮北市杜集区杭淮丝绸厂技术人员在研究新产品的开发

了一批企业，引进了一批新技术，开发了一批新产品，使企业布局和产品结构逐步趋向合理。全省乡镇建筑队伍在调整中企业个数减少1 191家，人员减少10万人，但企业等级上升了，已领资质证书的有404家，其中二级5家，三级39家，工程竣工验收一次合格率已达75％以上。调整，使乡镇企业受到了严峻的考验，全年生产经历了滑坡、回升和稳步增长的过程。1990年生产情况，二季度比一季度好，下半年比上半年好。1990年一季度末，全省90个县（市、区）中，乡镇企业产值负增长的34个，乡村集体企业负增长的43个，到第二季度末，负增长面大大减少，生产开始全面回升。特别是在三、四季度，生产发展速度加快，负增长面基本消失。值得指出的是，绝大多数出口创汇企业的生产形势一直看好，全年出口产品交货额达3.7亿元，比1989年增长37％。

4．抓管理，提高企业素质。1990年全省乡镇企业积极参加了“企业管理年”活动，主要是抓：基础管理，质量管理和财务管理，争取企业升级，突出职工教育培训。据统计，1990年有近百家企业通过基础管理工作和财务达标验收，有20万名职工接受了不同程度的培训、教育。在企业升级中，淮北市杭淮丝绸厂获国家二级企业称号，宁国县耐磨材料总厂和天长县塑料编织厂获农业部先进企业称号，桐城县凸轮轴厂等5家企业获省级先进企业称号。在创优方面，宁国县密封件厂生产的O型密封圈获国家银质奖，实现了安徽国优产品（乡镇企业系统）零的突破。另外，还创部优产品10个，省优30个，省局优60个，评选出80多家优质服务单位，43个企业管理年活动先进单位。安全生产好于1989年，死亡率有所下降，安全意识和安全生产条件进一步强化。

5．抓供销，克服市场疲软。1990年上半年，全省乡镇企业遇到了市场疲软的挑战，大量产品积压，流动资金阻滞，严重威胁着企业的生存和发展。在这种情况下，各地普遍集中力量，狠抓供销，特别是产品销售，一般都采取了三个方面措施：一是重申发展乡镇企业的各项方针政策，坚决实行销售承包责任制，鼓励供销人员在政策允许的范围内，大胆搞活销售，继续发扬“四个”精神，为救活企业贡献力量。二是采取多种形式销售产品，如联合推销、上门现销、分片包销、展销会、订货会、广告等，还有的采取代销、赊销、易货等方式。三是更加注意提高产品质量，开发适销对路产品，以高质量、多品种、多渠道启动市场，摆脱困境。据反映，各地一般都召开了供销人员动员大会，号召供销员再次为乡镇企业发展立汗马功劳。1990年12月，全省乡镇企业供销大会在合肥召开，表彰了352名（个）取得突出成绩的先进供销集体和优秀供销员。

6．抓规划，绘制今后十年和“八五”蓝图。全省各地、市、县在认真总结过去十年特别是“七五”时期发展经验的基础上，自下而上，逐级编制十年规划和“八五”计划。大体上确定了安徽乡镇企业“八五”期间的发展思路，总的发展方向和主要奋斗目标。通过“十年规划”和“八五”计划的编制过程，加深了对本地各种优、劣势的认识，鼓舞了广大干部职工继续发展乡镇企业的信心，将促进乡镇企业更加长期稳定、协调、健康地发展。

（汪建国）

福建省

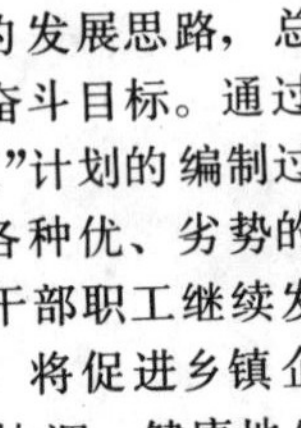

1990年，福建省在发展乡镇企业中坚决贯彻党中央、国务院提出的治理整顿方针和国家产业政策，积极主动调整，深化改革，使乡镇企业克服各种困难，稳步迈上新台阶。

1．乡镇企业经济实力增强，生产水平跃上一个新的阶梯。1990年底，全省乡镇企业固定资产原值已达到78.7亿元，比上年增长21.06％；企业自有流动资金31亿元，比上年增长32.5％。其中，乡村集体企业固定资产原值已达到55.85亿元，比上年增长22.63％，自有流动资金达到15.01亿元，比上年增长近30％。总产值达到242.91亿元(1980年不变价)，比上年增长20.89％，其中乡镇工业总产值达到147.77亿元（1980年不变价)，比上年增长21.8％。上缴税金11.36亿元，相当于全省财政收入近1/5。

2．地区间发展不平衡状况得到改善，工业规模经营迈出了可喜的步伐。1990年，全省有62个县(区)乡镇企业总产值超亿元，比上年增加2个；有40个乡（镇）乡镇企业总产值超亿元，比上年增加11个，有181个村乡镇企业总产值超1 000万元，比上年增加55个。年产值超过100万元的企业达到1 771个，比上年增加213个。其中，年产值超1 000万元的企业达到65个，比上年增加20个，其中3个工业企业的年产值超过1亿元。乡镇工业企业规模经营出现好的势头。

3．外向型经济大幅度增长，为国家提供了更多的外汇。对外开放政策加快了乡镇企业由内向型向外向型的转移，促进了乡镇企业产品出口的增长。1990年，全省乡镇企业出口产品交货额达到31.83亿元，比上年净增13.5亿元，增长73.65％，为国家创汇5.85亿美元，大体相当于全省出口总值近四分之一。发展较快的地市有泉州、莆田、厦门等。

4．技术水平显著提高，新产品开发能力增强。1990年，在市场疲软的情况下，全省乡镇企业依靠科技进步、加快技术引进、技术改造步伐，与大专院校、科研部门结合，大力开发新产品，占领国内外市场。全省新开发的115项新产品中，达到国际水平的有11项，国内首创的有22项，国内先进水平的39项，还有一些产品属于替代进口产品。1项获国优、21项部优、46项省优。乡村集体工业科技进步效果达到26.68%，比上年提高15.04个百分点。

5. 多种经济形式的生产共同发展，所有制结构有所变化。现阶段，不同地区、不同部门的生产力水平差别很大。为适应这种状况，在巩固和发展公有制经济的前提下，实行了乡办、村办、联户办、个体一起上的方针，并积极外引内联，给乡镇企业发展增添了活力。1990年和1989年产值相比，乡办企业增长了21.94%，所占比重由28.22%上升到28.47%；村办企业增长23.36%，比重由26.93%上升到27.48%；联户企业增长1.52%，比重由17.19%下降到14.43%；个体企业增长29.47%，比重由27.65%提高到29.62%。1990年，全省各种联营企业达到1 618家，其中，乡镇企业与国营企业联营的企业216家，与外商和"三胞"联营的企业413家；还有"中中外"联营企业等。

1990年全省乡镇企业能够在治理整顿大环境中，保持稳定持续发展，最主要的原因是：第一，各地坚定不移地执行了中央、国务院对乡镇企业"积极扶持，合理规划，正确引导，加强管理"的总方针和在治理整顿中"调整、整顿、改造、提高"的方针，有力地促进了乡镇企业健康发展。第二，内在的生命力和经营机制优势，是乡镇企业在面临各种困难的情况下继续发展的基本动因。乡镇企业充分发挥和利用特有的市场经营机制，优胜劣汰的竞争优势，优化组合的生产要素配置机制，多劳多得的分配机制，自负盈亏的风险机制。这些机制的综合效应，使乡镇企业有了较强的适应性和灵活性，在困境中求生存、图发展。第三，不失时机地实施发展战略转变，走内涵为主扩大再生产的路子。1990年，乡镇企业在遇到资金困难的情况下，各地乡镇企业普遍把生产发展重点由外延向内涵转变，强化企业管理，以质量求生存，以新产品求发展，抓骨干、保重点，注重优化投资结构，把有限资金重点投向一大批骨干企业，大搞技术改造，挖潜革新，提高劳动生产率，做到增收节支。第四，全省各级乡镇企业管理部门认真贯彻落实国务院颁发的《中华人民共和国乡村集体所有制企业条例》，积极开展"企业管理年"活动，全面落实企业升级、职工培训、产品质检以及安全生产等各项任务，"不等、不靠、自强、奋斗"。

"七五"期间，福建省乡镇企业总产值年均递增28.2%，比"六五"回落4.86个百分点，乡镇工业总产值年均递增29.94%，比"六五"回落0.56个百分点；出口产品交货值年均递增72.25%，比"六五"提高51.65个百分点。

（福建省乡镇企业局）

江西省

1990年，江西省的乡镇企业出现了九个方面的可喜变化：

一是保持了连续增长的好势头。1990年，全省完成乡镇企业总产值156.87亿元（1990年不变价），比上年增长16.2%，相当于1987年全省社会总产值，其中工业产值103.02亿元，占全省工业总产值的29.1%，比上年增长18.2%，相当于1980年全省工业总产值，其增长量占全省工业总产值净增额的72.6%。这样，在治理整顿三年中翻了一番多。

二是经济效益增长，对国家贡献增大。全省乡镇企业实现利税17.21亿元，比上年增长6%，其中上缴国家税金6.12亿元，比上年增长8.8%，相当于1968年全省财政收入。在全省农村社会总产值中，按可比口径乡镇企业产值占40.5%，增长量占全省农村社会总产值净增额的53.2%。就业人员232.7万人，占全省农村劳力总数的16.7%。工资总额23.95亿元，平均每个农民从乡镇企业得到的收入79.8元。同时，乡镇企业的税后利润用于支农和农村集镇建设等方面的资金达1.38亿元，其中支农资金3 885万元，相当于同期国家对农业基本建设投资的34.5%。

三是产品质量提高。全年创省优、部优产品80项，比上年增长53.8%。有2个产品获得了比利时第39届国际专利发明博览会尤里卡金奖，2个产品获国内专利发明博览会银奖。

四是产品结构调整已见成效。注重适应性调整与开发性调整相结合。根据江西省实际，大力发展农副产品加工和资源开发型产品。油料加工、皮革制品、土纸、烟花、鞭炮、工艺美术品、釉面砖、沙石等主要产品的产量都增长20%以上。

五是企业管理加强，整体素质有新的提高。1990年在全省乡镇企业范围内普遍开展了"企业管理年"活动，管理意识增强，七项基础工作和五个专项管理得到加强，企业升级逐步展开，有11家企业获省级先进企业，67家获省乡镇一级企业，31家获省乡镇二级企业。

六是注重培训工作。省、地、县、乡、企业各级的培训工作全面展开，全年培训职工干部4万多人次，评定各类专业技术职称6 132名。

七是安全文明生产取得新进步。乡镇企业安全生产普遍引起重视，生产责任制和工作报告制度进一步强化，生产事故发生起数下降。环保工作也取得了新的成绩。

八是规模经济逐步壮大。经过调整整顿、技术改造，乡村企业上规模、上水平逐年增多，现在年产值1 000万元以上的企业增加到24家,500万元以上的增加到89家,100万元以上 1 164 家。并已逐步形成了一批一村一品、一乡一业的经济实体。

九是主管部门的自身建设进一步加强。1990年，全省有6个县、11个乡镇的主管部门获得农业部"企业管理年"活动先进集体，2个企业获全国思想政治工作先进单位，3个单位和22名供销员分别获农业部供销工作先进集体、先进个人称号，3名科技干部获农业部技术推广奖章。

1990年，江西省乡镇企业在困境中开拓前进，出现了五个发展特点。

一是向适度规模发展。通过抓技改，促提高,乡镇企业正在由"游击队"向"正规军"转变,上规模、上水平的企业逐年增多，企业集团开始在重点行业萌芽。1990年，年产值100万元、500万元和1 000万元以上的企业分别比上年增长30.5 %、53.4%和33.3%。年产值超亿元的县也由上年的37个增加到54个。

二是向技术进步发展。选择和形成合理的技术结构，优先发展和采用适用的先进技术。1990年，全省乡村工业企业共完成基本建设和更新改造项目2 300项，总投资2.27亿元,其中更新改造项目1 560项，投资1.42亿元，占62.3%；开发新产品151项,比上年增长37.3%；优质产品产值率有了提高，新产品投入产出比也由上年的1:5.04提高到1:7.6。

三是向科学管理发展。各地从完善经营承包责任制入手，切实加强企业的各项基础管理工作，推行预测、决策、目标管理等现代科学管理方法，广泛开展"企业管理年"和上等达标活动，促进了企业素质的提高。

四是向优化结构发展。在治理整顿过程中，江西省乡镇企业自觉服从国家宏观调控，继续关、停、并、转浪费能源、原材料、经济效益差的乡村集体企业560家；工业结构渐趋合理，轻重工业之比由上年的49.4：50.6变为49.9:50.1；资源型特征较为明显，仅食品、建材、采矿、木竹采运加工和工艺美术品5个直接开发和利用当地资源的行业，占乡村工业产值的比重分别为14.1%、22.7%、8.6%、9.3%和6.8%；产品结构继续向合理的方向转变,适销对路的农副产品加工、日用品、支农产品及能源、原材料等基础工业产品大幅度增长。

五是向外向型发展。1990年，全省乡镇企业出口创汇在全面发展的基础上，出口的服装、轻工、纺织和土产增长最快,增幅达210.6%、138%、101.5%和61%。

1990年江西省的乡镇企业能取得较好成绩，主要做了以下几项工作：

一是积极当好参谋，努力争取领导的重视，使乡镇企业发展的外部环境有较大的改善。作为乡镇企业主管部门的省乡镇企业管理局，做好对上对下的工作固然都重要，但比较而言，搞好对领导的宣传，特别是当好省委、省政府的参谋，争取其重视，摆上位置，列入议事日程，就显得更为重要。1990年，采取逢会必讲、主动上门汇报、编制月报、编印多种分析对比资料及将乡镇企业报、专刊等分送省委、省政府及地、市各套班子成员与主管、分管领导，使他们对乡镇企业的情况（含当月产值的完成数）、在全国（全省）的位次、与兄弟单位的差距等情况做到心中有数，从而增加其压力和发展的紧迫感。同时，与省社科院、省农行、省科协等有关单位联合主持召开《全省乡镇企业改革与发展研讨会》,大造舆论，在领导和社会上造成较大影响。

二是妥善协调各种关系，尽力争取各有关部门和有关方面的支持，为乡镇企业的发展提供保证。1990年，企业局领导和有关人员主动多次登门协商与有关部门的关系，真心实意地求得他们对乡镇企业的关心、支持、帮助，以解决实际困难和现实问题。

三是紧紧依靠乡镇企业系统广大干部职工的努力奋斗和顽强拼搏渡过难关。

四是下大力加强企业内部管理，提高整体素质，使乡镇企业得以持续、稳定发展。1990年是"企业管理年",在这一年里，国务院颁布了《中华人民共和国乡村集体所有制企业条例》,农业部还先后公布了《农民股份合作企业暂行规定》、《乡镇企业承包经营责任制规定》等。为组织学习贯彻好这些《条例》、《规定》、《意见》,在全省范围内掀起了一个扎扎实实的学习热潮。同时，围绕"企业管理年"活动，在全省范围内全面开展乡镇企业的升级上等工作和"双增双节"活动，并根据全省情况，提出省乡镇一级、二级企业的具体标准、要求、奖励等款项，把"企业管理年"的内容形象化、具体化,效果比较明显。另外，还十分注意抓好各级各类人员的培训，提高全省乡镇企业的整体素质，有效地促进了乡镇企业的发展。

（万兆全）

山东省

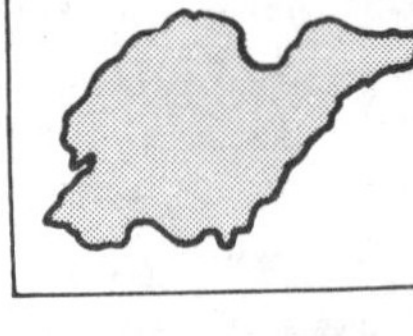

1990年，山东省乡镇企业认真贯彻"调整、整顿、改造、提高"的方针，主动调整、深化改革、强化管理，狠抓企业素质的全面提高，在极其困难的情况下，保持了稳定

健康发展的好势头，出现了许多可喜的变化。主要表现在：

1. 发展速度稳步增长。1990年，全省乡镇企业发展速度虽有所放慢，但没有出现大的波动，各项经济指标完成较好。全年完成乡镇企业产值1 012亿元，比上年增长18.19%，是“六五”末期1985年的4倍，占农村社会总产值的比重由1985年的44.5%提高到67.9%。在总产值中，工业产值756亿元，比上年增长21.81%，是1985年的5.4倍，占全省工业总产值的比重由1985年的25.9%提高到47.37%；在成本提高、产品销售不畅的情况下，全年仍实现利润总额86亿元，比上年增长2.66%，是1985年的2.7倍；向国家实缴纳税金30.69亿元，比上年增长9.57%，是1985年的4倍，占当年全省财政收入的26.5%；从业人员达到943.9万人，比1985年多安排286万人，占农村劳动力总人数的比重由1985年的22.6%提高到28.2%。“七五”期间，全省乡镇企业用于支农、建农、教育、小城镇建设和农村集体福利及其它社会性开支的资金达49亿元，是“六五”期间的3.7倍，其中仅1990年就达12.57亿元，有力地促进了农村经济的全面发展。

2. 产业产品结构趋向合理。1990年，全省乡镇企业积极进行了产品适应性和开发性调整，使立足当地资源的产品、支农产品和与大工业协作配套的产品得到较快发展。全省乡村工业中以农副产品为原料的加工业、建材工业和中小农具、机电设备金属制品业实现产值464.5亿元，占全部工业产值的78.7%。

3. 优化投资结构，不断提高企业规模效益。全省乡镇企业投资规模在1989年压缩19.2亿元的基础上，1990年又压缩3.95亿元。在投资减少的情况下，全系统狠抓了投资结构的调整，1990年全部投资28.4亿元中，用于技改和技术进步的投资比重达54%。由于关停了一批企业，甩掉了包袱，又把大量的资金用于技术改造。全省乡村工业规模逐步扩大，抗风浪的能力逐渐增强，1990年全省乡村工业平均每个企业职工人数为43人、固定资产原值25.52万元、创产值67.1万元，比调整前的1988年分别增加10.5%、62.6%、67%。

4. 技术进步取得丰硕成果。1990年，各地结合产业产品结构调整，狠抓技术进步，全年完成技改项目2500项，总投资8亿元，比上年增加10%，其中列入省经委计划的新产品开发项目139项，比上年增加43.3%。在已鉴定的85项中，达到国际先进水平的2项，国内先进水平的6项，填补国内空白的19项，填补省内空白的58项，获部科技奖7项，省优秀新产品奖36项。全年完成的技术改造和新产品开发项目新增产值35亿元，新增利税5.6亿元。

5. 企业整体素质明显提高。1990年，全省乡村工业标准覆盖率达到88%，比上年提高3个百分点，又有1047个企业达到计量定级、升级标准，其中三级以上计量企业303个。质量管理工作进一步加强，产品质量稳定提高，1990年，全省乡镇企业中，有一个QC小组获国家级优秀QC小组称号，9个获部级优秀QC小组称号，4个企业获部级质量管理奖；有94个产品获部优，在全国各省乡镇企业获奖数中位居第一；有116个产品获省优，占同期省优产品总数的13%。企业升级有新突破，1990年，又有10个企业晋升为国家二级企业，1个企业通过了国家一级企业预考评。企业人员的整体素质有较大的提高。1990年，全省乡镇企业有各类专业技术人员20.7万人，比上年增加13%，其中取得专业技术职务评聘证书的达13万多人。

6. 外向型经济发展较快。各地紧紧围绕国内外市场变化，以外促内，以内保外，积极组织产品打入国际市场，全年共完成出口产品交货值44.4亿元，比上年增长30.7%，占全省外贸收购额的39.3%。出口创汇企业达到5863个，比上年增加271个，其中有22个被定为出口基地企业。

1990年，山东乡镇企业系统重点抓了以下几项工作：

一是坚持用党的十三届五中、六中全会精神统一思想，保持了良好的精神状态。从1989年下半年以来，由于种种原因，使乡镇企业发展的外部环境，特别是舆论环境出现了一些新的不利因素，这给乡镇

山东威海市木工机械厂狠抓科学管理和技术进步，1990年顺利地通过国家一级企业预考评

企业组织生产经营带来极大困难，乡镇企业产值增幅逐月下降，1990年1月份，乡村工业产值增幅仅为9.3%，是1984年以来增幅最低的月份。乡镇企业系统部分干部思想波动，对发展乡镇企业产生了畏难情绪。对此，省委、省政府领导同志多次在全省性的会议上和在一些市地视察指导工作时，反复强调发展乡镇企业的重要意义，重申省委、省政府发展乡镇企业的方针政策、扶持措施，并明确提出乡镇企业要“产品上档次、上质量、上水平、上规模，全面提高企业素质，走好乡镇企业发展第二步”的要求，使一度出现的思想混乱很快得到解决，乡镇企业广大干部职工保持了良好的精神状态。这是山东乡镇企业得以稳定健康发展的重要条件。

二是坚持实事求是的思想路线，突出抓好产业产品结构的调整。山东省乡镇企业以农副产品为原料的加工业、建材工业、中小农具及机电设备金属制品业产值占乡镇工业产值的比重，1990年达到78.7%，这个结构是多年进行调整的结果，是符合山东实际情况的，因而也是基本合理的，但乡镇企业内部的产品结构性矛盾仍较突出。因此，1990年，根据国家产业政策的要求，结

山东龙口市下丁家园艺工具厂的产品在国际市场上享有较高声誉

合山东实际，坚持“少关停、多并转”，突出强调充分发挥当地优势，加快产品的适应性调整和开发性调整，大力发展为城乡人民生产生活服务的产品、出口创汇产品和适销对路产品，积极开发技术密集型和知识密集型的“高附加值产品”。在调整的方法上，按照国家产业政策和效益第一的原则，对企业进行分类排队，区别不同情况，有保有压，有上有下，扶优去劣。对符合国家产业政策和效益好的项目，坚持量力而行的原则支持发展，从而有效地保证了调整的顺利进行。

三是围绕企业整体素质的提高，狠抓关键性措施的落实。第一，向大工业学习，通过各种形式，推广大工业行之有效的“规范化工作法、优化劳动组合”、“成本控制”等先进经验。第二，健全完善企业升级制度，制定了经由“基础级”、“市地级”、“省系统级”再晋升为“省级”、“国家级”先进企业的阶梯式进档升级办法，吸引了绝大多数企业自觉加强企业管理，成为不断提高企业素质的一项重要的制度建设。第三，狠抓企业的财务管理。为使财务管理规范化，省乡镇企业局会同省财政厅制订了《山东省乡镇工业会计工作达标升级试行办法》，并举办了246期骨干培训班，先后在352个企业进行了试点。1990年，全系统100万元产值以上的乡村工业企业中，有70%的企业开展了会计达标活动，已确认达标企业1 313个，占开展达标活动企业数的22%。第四，以产品创优为突破口，不断提高乡村工业标准覆盖率，推动产品质量的全面提高。第五，加强乡镇企业系统的法制建设。《山东省乡(镇)村集体工业企业条例》和《中华人民共和国乡村集体所有制企业条例》颁布实施后，在全系统组织广大干部职工进行了认真学习，开展了“两个条例”学习宣传月活动，并先后在青岛、济南举办了五期法律法规培训班，有300名县局长以上的管理干部参加了学习。通过这些工作，全系统干部职工的法制观念明显增强，学法、用法，依法进行生产经营，已初步成为许多企业的自觉行动。

（王裕章　宋秋玲）

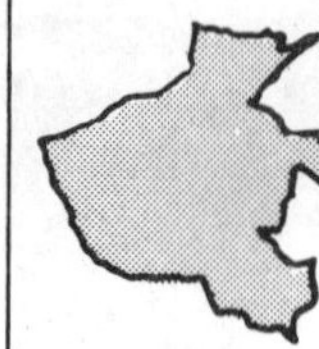

河南省

（1989）

1989年，是河南省乡镇企业取得成绩最好、做出贡献最多的一年。全省四级企业已发展到194万个(乡、村集体企业7.7万个，联合体企业16.3万个，个体企业170万个)；从业人员840万；完成总产值460亿元（乡办63.6亿元，村办10.3亿元，联户办87.4亿元，个体199.7亿元)，比上年增长17%；完成工业产值230亿元（乡办41.5亿元，村办73.5亿元，联户办43.7亿元，个体71.3亿元)，比上年增长23.6%；实现利润48亿元，比上年增长14.3%；上缴税金9.9亿元，比上年增长12.5%；用于支农的资金达1.63亿元，比上年增长11%；总产值超亿元的县(市区)，由1988年的129个，增加到134个；总产值5 000万元以上的乡(镇)248个，比上年增长62个；总产值2 000万元以上的村84个；总产值1 000万元以上的企业97个。

1989年，河南省乡镇企业主要抓了以下几项工作。

1．稳定思想，调整产业结构。各地乡镇企业管理部门都认真贯彻落实了全省乡镇企业工作会议精神，采取了一些有效措施，迅速抑制了“双滑坡”，从而稳定了思想和大局，使全省乡镇企业呈现出了四个新特点：一是过快的发展速度得到抑制，重复、盲目和新建项目得到了有效控制，总产值和工业产值增长速度分别比上年下降20.8和24.3个百分点。二是工业产值比重增大。工业产值净增44亿元，由上年占乡镇企业总产值的47%提高到50%，增长了3个百分点；三是产业结构趋向合理。经过调整，轻重工业的比例

为4:6；轻工业中以农副产品为原料的加工业占60%以上；重工业中采掘业和原料工业占21%；制造业占79%。在制造业中有80%是为大工业配套的零部件，其余20%的产品是支农产品。四是企业素质有所提高。对乡村集体工业进行了整顿，关停并转了1 947个“三高企业”(能耗、物耗、污染)，有33个乡镇企业跨入省一、二级企业的行列，2个企业获省优质管理奖。

针对各个时期乡镇企业在发展过程中出现的问题和经验，省乡镇企业局分别召开三个现场会。一是五月份，省乡镇企业局邀请17个地市的局长和产值在5亿元以上的22个县（市区）的局长，在偃师县召开现场会。会议的主要目的，就是要把省局年初制定的乡镇企业两手抓的工作思路落到实处：一手抓全面发动，另一手抓大县、大乡、大企业。二是10月份，在周口地区召开现场会，推广该区在平原农区开发粮油、棉麻、畜产品和林果秸秆四大加工系列方面的经验。三是12月份，在三门峡市召开了加强自身建设现场会。充分肯定三门峡市和灵宝县乡镇企业管理部门抓关键、办实事、加强自身建设的成绩，提出了河南乡镇企业要走出三条路子的工作思路：在平原农区要立足于农业及开发性农业资源，积极发展农副产品系列加工，走农工商一体化的路子；结合我省劳力资源丰富的实际，积极发展编织、缝纫、工艺、刺绣等劳动密集型出口创汇产品业，走贸工农一体化的路子；城市郊区和工业基础好的地区，积极发展为大工业配套服务的工业，走城乡经济一体化的路子。

2. 依靠科技进步，加强技术培训，用政策引导科技人员合理流动，开发人才技术市场。1989年，全省有近两万多名科技人员下乡下厂承包、领办乡镇企业。建立县级以上培训场所255个，乡级培训场所2510个，共培训职工12万人，评出高级工程师和经济师各1人，经济师11人，会计师5人，工程师12人。有48个乡镇企业的厂长（经理）和工程技术人员获高级职称。

由于我们注意加强了技术培训和管理，科技工作取得了大面积丰收，共获8个部优，76个省优，327个省局优，27个省局全面质量管理奖；获农业部科技进步奖8项，占农业部乡镇企业科技进步奖总数1/4，其中一等奖1项，三等奖7项；获省局科技成果奖99项，省优秀新产品奖26个。同时还列入省计经委新产品开发计划54项，省科委科技发展计划54项，省计经委重大新产品试产计划19项。

3. 出口创汇。1989年，我省乡镇企业出口创汇取得了好成绩。出口产品交售额达到5亿元，出口产品生产总值突破10亿元，下达省“贸工农”项目56个，达到2 100多万元。在北京《中国乡镇企业第二届出口商品展览》上我省共有500多个企业、800多种产品参加了展出。共获得一等奖168个，二等奖250个，信得过奖65个。销售现货价值52万元，与国内外客商签订供货合同和意向性合同金额达749万元。我省参展产品具有两个特点：一是突出以玉雕、钧瓷、刺绣、唐三彩为主的传统工艺品。尤其南阳生产的大型玉雕“秀玉花薰、极乐世界”，以其独特的造型、高大的形态受到了党和国家领导人以及中外参观者的高度赞扬。二是展品门类之全，品种之多，在参展同行中居领先地位。李鹏、田纪云及中央各部委领导约30多人先后到河南展区参观指寻、签名留念，对我省的丝织地毯、土畜产品和矿产、机电、化工以及工艺美术品给予了较高评价。

河南省沁阳县中州造纸机械厂

（1990）

1990年，河南省乡镇企业完成总产值510亿元，比上年增加60亿元，增长13.3%，占农村社会总产值的54%，比“六五”末翻了一番多；完成工业产值269亿元，比上年增长了13.2%，占全省工业总产值的30.1%；完成乡村集体工业产值130亿元，比上年增长14.2%；企业总收入555亿元，比上年增长31.3%；实现利税61.2亿元，比上年增长17%；出口产品交售额6.3亿元，比上年增长26%，占全省出口商品交售总额的20%；向国家纳税12.3亿元；上缴乡村纯利润64亿元；吸收农村剩余劳动力800多万人，占农村劳动力总数的26%；全省乡镇企业产值超亿元的县(区)137个，超亿元的乡(镇)121个，产值达5 000万元以上的村6个，产值达2 000万元以上的企业25个。

1990年河南省乡镇企业的发展有以下五个显著特点：

1. 思想队伍趋于稳定。1990年，是河南省乡镇企业历史上遇到困难最大的一年。面对一度出现的思想混乱、政策收缩、队伍不稳、生产滑坡的严重局面，省乡镇企业局在大搞调查研究的基础上，对乡镇企业发展中出现的新情况新问题，向省委、省政府作了报告，省委、省政府当即召开了全省乡镇企业工作会议。会上，省委、省政府主要领导充分肯定了乡镇企业的地位和作用，提出了“重点抓好乡村集体企业，积极发展农民股份合作企业，继续鼓励户办、联户办企业”的指导思想，要求要把大力发展乡镇企业当作振兴河南经济的突破口，省直8个部门以积极热情的态度，拿出了支持乡镇企业发展的措施，出台了5个文件：关于乡村集体工业企业升级的意见；关于乡镇工业产业结构调整意见；关于印发《河南省农民股份合作企业试行办法》的通知；关于巩固和发展乡村集体企业若干问题的决定；关于乡村集体工业企业技术改造的意见。这次会议，对统一思想，稳定大局，坚定发展乡镇企业的信心，扭转被动局面，起到了关键性作用。

2. 乡村工业发展加快。为了贯彻落实省委、省政府提出的关于大力发展乡村集体工业的指导思想，对全省6 534个乡村集体工业企业进行了技术改造。通过整顿和改造，全省乡村集体工业产值完成120亿元，比上年增加15亿元，增长14.2%；乡村集体工业产值占全省乡村集体企业的产值由上年的66.5%增加到73.7%，提高了7.2个百分点。

3. 出口创汇成效显著。1990年，外向型经济出现了三个重要变化：出口企业由单一发展为群体；出口产品由单一发展为系列；出口渠道由单一发展为多口岸。已有出口创汇企业2 4301个，分12个行业，其中年创汇在350万元以上的企业63个，出口企业集团130个，省“贸工农”出口商品基地160多个，出口产品达4 000多个品种，地毯、抽纱、刺绣、玉雕、皮革、铝矾土等产品在全省及全国同类产品中占有一定地位和优势，远销100多个国家和地区，出口产品交售额占全省出口产品交售额由1989年的16%增加到30%，提高14个百分点。

4. 产品结构有了改善。针对资金紧缺、市场疲软的严峻局面，以国家产业政策为依据，以市场需求为导向，全省乡镇企业在抓好产业结构调整的同时，突出抓了产品结构的调整。经过调整，农副产品加工的产品、支农产品、为大工业配套服务的产品、满足社会有效供给的产品得到了较快发展。全省已有116个县订出了调整规划，省级批准立项的技改项目43个，其中下达资金计划的37个，投资额为3 370万元。全省共关停企业664个(小纸厂159个，砖机厂28个，小砖厂197个，小棉纺厂72个，小水泥厂71个，小冶炼厂2个，小化肥厂3个，小罐头厂6个)，合并企业92个，转产企业542个。一些主要工业产品，黄金增长42.5%，丝织品增长51.5%，机制纸增长20.7%，发电量增长77.5%。同时还生产了一批优质产品，获国优金奖1个，部优25个，省优80个，开发新产品500个，新增产值1.5亿元，增加新产品1 550种。其中填补国内空白310种，省内空白685种，获国家专利47种。

5. 企业素质明显提高。广泛深入地开展了“企业管理年”活动，抓好管理，使技术上水平、产品上档次、企业上等级。一是抓好基础管理，狠抓了7项基础建设，8项专业管理，在6 750个乡村集体工业企业中开展了全面质量管理，使企业的管理水平有了提高。有22家企业获得了省级以上全面质量管理奖。晋升为省一级企业16家，省二级企业31家。二是抓好科技进步。采用先进适用技术和工艺，按标准化组合生产，使乡村集体工业企业标准覆盖率达到70%，取得计量级和单项合格证书的企业4 097个。三是抓好人才培训。举办各类培训班17 700期，培训35万人，其中管理人员5.6万，职工29.4万。四是抓好产品质量。强化质量意识，狠抓产品质量，产品合格率达到68%，有100多种产品获得省优和部优。

（陈根成　张洪祥）

焦作市化学冶金厂，产品畅销美国、日本等国

湖北省

1990年，湖北省乡镇企业在各级党委、政府的领导和有关部门积极支持下，广大干部职工振奋精神，顽强拼搏，克服市场疲软和资金紧缺的困难，保持了持续稳定发展。全省乡镇企业105.35万个，从业人员388.98万人，分别比1989年减少1.89%和3.14%；企业总资金达到181.62亿元，完成产值324.17亿元，实现总收入289.04亿元，分别比1989年增长9.6%、11.39%和9.03%。

一、主要特点

（一）多数地、市、县和骨干企业稳定发展，规模有扩大，水平有提高。

——全省15个地市州都有不同程度增长，荆州、黄冈、襄樊、沙市、宜昌、鄂州、荆门等7个地市的增长幅度高于全省平均水平。荆州、武汉、襄樊、黄冈等4个地市共计净增产值25.74亿元，占全省乡镇企业产值净增总数的77.67%。

——产值过亿元的县53个，其中过5亿元的25个，仙桃、黄陂、天门、新洲等4县(市)超过10亿元，最高的仙桃市达到16.95亿元。

——产值过5 000万元的乡镇由1989年的131个增加到154个，其中1亿元以上的有30个。最高的武汉市江岸区后湖乡达2.24亿元。

——产值过千万元的村由1989年的51个增加到81个，最高的天门市车湾村达5 174万元，次之为潜江市张金村达4 508万元。

——产值过500万元的企业由1989年的243个增加到307个，其中1 000万元以上的有81个，最高的天门市东方制衣公司达4 925万元，次之为潜江市幸福服装厂4 100万元。

（二）结构趋向合理。各地根据国家的产业政策，继续调整乡镇企业的产业结构、行业结构、组织结构和产品结构，比例关系渐趋合理。

——乡镇企业中，农业企业发展较快，完成产值14.22亿元，增长18.12%，高于总产值增幅6.73个百分点；工业企业的主体地位进一步得到提高，完成产值192.03亿元，增长12.73%，高于总产值增幅1.34个百分点；商业服务企业产值增长12.54%，高于总产值增幅1.15个百分点；建筑企业，交通运输企业发展速度减慢，产值增长6.40%和7.87%，分别比总产值增幅低4.99个和3.52个百分点。

——乡村工业完成产值146.35亿元，增长11.7%，其中轻工业产值76.03亿元，增长10.8%，重工业产值70.32亿元，增长12.6%。轻工业中，医药、化纤、文教体育用品制造业有较大发展，产值分别增长90.6%、47.3%和32.2%；以农副产品为原料的工业产值51亿元，增长12%。重工业中，增幅在30%以上的有采盐业(296.7%)、电子及通讯设备业(42.4%)、电器机械及器材业(42.2%)、有色金属冶炼及压延加工业（38.7%）。

——为大工业配套和支农工业产品得到持续发展，受市场影响较大的轻纺产品、机制纸、皮革、服装、日用陶瓷等产品发展趋缓。乡村机械工业产值中，为大工业配套和支农工业的产值占79%，增长3个百分点，主要是支农产品的产量增长较快：铁制农具、木制农具、竹制农具、磷肥分别增长20.16%、37.2%、41.8%、78.5%。

——部分高能耗、高物耗、污染大、效益差的企业被关停并转。全省乡村工业企业中，有1 154个企业关停，163个企业合并，70个企业转产。

——全省乡村企业有联营企业888个，职工4.28万人，总产值7.07亿元，其中与国营企业联营的281个，与城镇集体企业联营的75个，乡镇企业之间联营的185个，与外商侨胞港澳同胞联营的22个，与其他单位联营的325个。企业集团组建工作开始起步。

——乡、村、联户、个体四个层次企业全面发展，乡村集体企业得以巩固和加强。全省乡村两级企业产值达211.64亿元，占总产值的65.29%，增长10.63%。比1989年净增20.33亿元，占全部净增额的61.4%；其中乡办企业产值117.84亿元，增长10.8%，净增11.49亿元，占全部净增额的34.67%。

（三）企业素质进一步提高，职工素质、产品创优、企业升级有新起色。

——全省乡村两级企业职工202.19万人，具有初中以上文化程度的148.15万人，占73.27%，比1989年提高1.07个百分点，其中高中48.05万人，大专以上0.53万人。乡村企业中的专业技术人员达到5.9万人，占职工数的2.92%。

——有97个企业评为省级先进乡镇企业，26个企业晋升为省级先进企业。累计全省有233个企业升为省级先进乡镇企业以上企业，其中国家二级企业2个，省级先进企业49个。

——十堰市钢砂厂生产的金星牌GW50-340铸钢丸获国家优质产品银质奖，实现了全省乡镇工业产品创国优“零”的突破，是汽车城十堰市创国优的唯一产品。29项产品被评为部优产品，55项产品评为省优质、优秀包装产品，141项产品评为省乡镇企业优良产品。全省乡镇企业累计获1 597项省优良以上产品，其中国优2项，部优191项，省优质312项，省优良1 092项。

（四）对国民经济和社会发展的贡献越来越大，乡镇企业的地位作用更显得突出。

——1990年与1985年相比，全省乡镇企业总产值占社会总产值的比重由14.74%提高到22.48%，占农村社会总产值的比重由38.44%提高到52.47%。

——全省乡镇工业产值192.02亿元，是1985年的2.75倍，占全省工业总产值的25.3%。"七五"期间，全省工业产值净增291.66亿元，其中乡镇工业净增156.72亿元，占53.73%。1990年，全省乡以上工业产值比1989年净增4.2亿元，增长0.6%，而乡办工业产值就净增9.31亿元，增长13.5%，为避免全省工业产值负增长作出了积极贡献。

——乡镇企业职工人数占全省乡村劳动力的21.71%，农村剩余劳力中，约有一半被乡镇企业吸纳。

——全省乡镇企业实现利税28.44亿元，比1989年增长2.08%，其中上缴国家税金8.63亿元，比1989年增长5.89%。

——全省乡镇企业职工工资总额38.32亿元，为农业人口人均提供收入99.10元，乡镇企业办得好的地区，农民收入分配主要来自乡镇企业。

——1990年，全省乡村企业实现利润7.11亿元，其中用于以工补农0.46亿元，小集镇建设0.22亿元，教育事业0.5亿元，集体福利事业0.81亿元，合占利润总额的27.99%，促进了农村两个文明建设。

——全省有出口创汇企业756个，出口产品总产值9.59亿元，出口产品交货额7.3亿元，分别比1989年增加3.8%、8.85%、5.34%。

二、主要工作

1．深化认识，稳定政策。年初，省政府召开全省乡镇企业工作会议，针对当时社会舆论对乡镇企业的压力指出，要把发展乡镇企业提高到解决"三农（农村、农业、农民）"问题、振兴国民经济和建设有中国特色的社会主义的战略高度来认识。省委书记关广富再次强调，省委提出的"大力发展、稳妥发展、扶持发展"乡镇企业的方针与中央的方针在基本精神上是一致的，要通过贯彻"十六字"方针和"八字"方针，使乡镇企业更健康地发展。省长郭树言在省七届三次人大会议《政府工作报告》中要求，鼓励乡镇企业健康发展的政策要稳定不变，各级政府和有关部门要继续贯彻扶持发展的各项优惠政策，帮助克服暂时困难，实现稳步发展。各级党委、政府认真贯彻落实省委、省政府的方针政策，使发展乡镇企业的舆论环境明显改善。

2．认真贯彻实施《中华人民共和国乡村集体所有制企业条例》。全省形成了学习宣传、贯彻实施的热潮，使乡村集体企业得到巩固和发展。

3．狠抓"企业管理年"活动。全省各级乡镇企业主管部门分别成立"企业管理年"活动专门机构，主要领导亲自抓。各级都利用多种形式，广泛深入地宣传管理年活动的意义；下发文件，明确活动的方法、内容、重点和目标；坚持从基础管理和专项管理抓起，通过企业升级和产品创优活动提高管理水平。对没有国家、省级产品标准的民用炉灶、快餐面、电冰箱搁架等产品，自制并经省企业升级领导小组审核，发布了省级标准，填补了省内空白。在以地市州为单位，对所属县(市)的乡镇企业交叉检查的基础上，省局于9月份对部分地市县进行抽查，配合农业部互检小组对荆州、荆门、襄樊等地市进行重点检查。12月，召开全省乡镇企业升级、企业管理年活动经验交流会，总结推广襄樊市乡镇企业管理局等17个单位的先进经验，研究部署了1991年以提高产品质量为中心的管理工作。全省有谷城等6个县和襄阳县太平店镇等14个乡镇被评为全国企业管理年活动先进单位，受到农业部通报表扬。

4．注重科技进步。年初，省局召开会议布置全省乡镇企业科技进步工作，要求各地把科技投入作为增强乡镇企业发展后劲的一项重要工作来抓。通过各级努力，取得一定成效。在人才培训方面，全省各级共举办培训班4 817期，培训26.04万人。同时，开展学历教育2.8万人。评聘乡镇企业专业技术职称1 462人，其中高级32人，中级84人，初级1 346人。在新产品、新技术开发方面，共开发新产品569项，新技术121项，落实"星火计划"42项，引进技术项目189项。37项新产品获省乡镇企业"楚鹰奖"，27项新产品获省经委"金鹤奖"。武汉金叶缝纫机针厂开发的"旋锻成型、整体结构九针打印机针"新技术获农业部科技进

湖北省潜江市丝毯厂，年创汇百万元以上

步奖三等奖。

5. 切实做好承包经营责任制的换届衔接工作。全省乡镇办企业中实行承包经营的达98.1%，承包期两年以上的占68.6%；村办企业中实行承包经营的达96.4%，承包期两年的占52.7%。至1990年，大部分企业承包期满。为做好两期承包的衔接工作，省局于9月份召开专门会议，研究制定《湖北省乡镇企业承包经营责任制办法》；要求本着“大稳定、小调整”的原则，搞好承包换届；强调坚持以集体承包、厂长(经理)负责制为主的多种承包形式，建立有经济效益指标、后劲指标、管理指标等三个方面的承包指标体系，明确承发包方的权利和义务，处理好国家、集体和个人三者利益关系。保证了全省承包换届工作的顺利进行，稳定了企业生产。

6. 精心组织生产调度。省、地(市、州)基本上每季召开一次生产调度会，部分县(市)一月一次，有的县(市)党政领导定期到基层现场办公，帮助乡镇企业解决实际困难。省局在13个工业行业选定50个企业作为重点，选定武穴市等11个单位作为联系点；各级乡镇企业主管部门都选定部分企业作为管理重点和工作联系点，以点带面，指导全局，使全省乡镇企业全年生产保持了均衡稳定发展。

7. 努力开展供销服务。全省183个县以上的乡镇企业专业公司、30万乡镇企业供销人员，继续发扬“涉千山万水、说千言万语、吃千辛万苦、想千方百计”的“四千”精神，尽力为企业开展供销服务。全省县以上专业公司1990年度共完成商品购进总额3.49亿元，实现销售收入4.1亿元，分别比1989年增长25.05%和10.68%。为总结经验，表彰先进，全省评选出46个乡镇企业供销先进单位和150名乡镇企业供销先进工作者，其中黄冈地区乡镇企业供销公司等7个单位获“全国乡镇企业先进供销集体”，31名同志获“全国乡镇企业优秀供销人员”称号。

8. 加强企业思想政治工作。各级乡镇企业主管部门在党委、政府领导下，与宣传部门密切配合，指导企业坚持两个文明一起抓。宜昌地区乡镇企业主管部门与宣传部门通力协作，对乡镇企业思想政治工作实行条块结合，齐抓共管。荆州地区在乡镇企业职工中深入进行四项基本原则、“四有”教育和艰苦奋斗教育。黄冈地区注意在乡村企业中健全思想政治工作机构，配备政工人员。这些行之有效的做法，为加强全省乡镇企业思想政治工作树立了典范。经与省委宣传部共同推荐，潜江市幸福服装厂等6个企业被评为“全国乡镇企业思想政治工作先进单位”，受到中央宣传部和国家农业部的表彰。

(梁银厚)

湖南省

1990年，湖南省乡镇企业在外部环境严峻，市场疲软，资金、能源、原材料严重紧缺的情况下，积极主动调整产业结构，依靠科技，加强管理，苦练内功，生产一步一步走出低谷，朝着健康、协调的方向发展，年末全省乡镇企业发展到110.22万个，比上年增长3.3%；全年实现总收入309.73亿元，比上年增长9.4%。具体表现在以下几个方面：

1. 速度逐渐回升。全省乡镇企业发展速度，从1989年下半年开始放慢，到1990年一季度跌入了低谷。特别是一些乡镇企业发达的地区发展速度出现负增长，这一情况，引起了省委、省政府的重视，于5月份召开了全省乡镇企业工作会议，并采取了一系列措施，从而扭转了滑坡局面，使生产速度从二季度开始逐渐回升。5月份比4月份增加产值4.1亿元，增长20%；6月份比5月份增加产值6.4亿元，增长27%。下半年生产形势进一步好转，7～11月，乡镇企业总产值每月都完成20多亿元，其中乡镇工业总产值每月都达到11亿元以上，其增长速度都比上年同期增长20%左右，不仅使生产逐步走出低谷，而且还弥补了上半年的部分欠产。

2. 产值有新的增长。全省乡镇企业总产值（现行价）完成289.8亿元，比上年增长12.6%。分层次看，乡办企业101.6亿元，增长5.7%；村办企业60.9亿元，增长12.6%；联户个体企业127.3亿元，增长17.5%。分行业看，农业企业14.4亿元，增长7.4%；工业企业167.4亿元，增长12.5%；建筑企业41.3亿元，增长7.2%；交通运输业30.3亿元，增长12.6%；商业饮食业36.4亿元，增长17.4%。全省14个地州市中，乡镇企业总产值最高的长沙市，达到48.75亿元。增长幅度超过全省平均增长速度的有6个地市，其中最大的岳阳市达到19.7%；108个县市中，总产值增产的有102个，增产幅度最大的凤凰县增长52.4%。1990年，企业在上规模、上水平方面又有新的突破。总产值超过1亿元以上的县74个，增加4个，最高的长沙县达到14.57亿元。企业总产值超过1亿元的乡(镇)8个，最高的长沙市郊区岳麓山乡为1.94亿元。总产值超过1 000万元的村为15个，增加4个，最高的长沙市郊区岳麓山乡观沙岭村为7 127万元。总产值超过1 000万元的企业55个，比上年增加9个，最高的长沙县果园交通机械厂为5 337万元。

3. 利税增加，贡献增大。1990年，全省乡镇企业上缴国家税金11.4亿元，增长6.9%，占全省财政收入的16.15%；实现纯利润20.6亿元，增长3.5%，其中用于以工补农、农村集镇建设、农村教育事业等各项支出共22 643万元，有力地支援和

湖南省平江县白玉扇厂一角

促进了农村经济建设。全省乡镇企业共发放职工工资49.5亿元，人均1 181元，按全省农业人口人均达97元，占全省农民人均纯收入的20.3%。1990年，全省乡镇企业新增总产值占新增农村社会总产值的52.2%；全省乡镇工业新增产值占全省工业新增产值的54.9%。乡镇企业已成为湖南农村经济的重要支柱和国民经济的重要组成部分，成为增加国家财政收入和农民收入的重要来源。

4．出口创汇有新突破。全省乡镇企业出口产品收购总额达到8.38亿元，比上年增长18.2%。出口产品中，工艺美术品24 896万元、化工产品12 189万元、矿产品11 424万元、轻工产品9 380万元、食品8 553万元，五大宗产品出口收购额合计达66 442万元，占出口收购总额的79.3%。丝织品、轻工产品、机械产品出口增长幅度比较大，都在90%以上。全省乡镇企业出口产品收购总额在500万元以上的企业有35家，其中1 000万元以上的企业有6家，最高的长沙市郊区岳麓铸造厂达到4 964万元。

5．企业素质明显提高。1990年，全省乡镇企业通过抓管理、抓培训，广泛开展产品创优、企业达标升级等活动，企业素质得到明显提高。到1990年底，全省共培训各类专业技术和管理人员4.8万多人，其中已有大专以上学历的5 971人，比上年增长33.6%。新增国家二级企业1个，部级先进企业1个，省级先进企业23个；被评为1990年部优产品22项，省优产品37项。

1990年，全省乡镇企业还存在一些问题，主要有：

1．经济效益下降，亏损企业增加。1990年全省乡村企业销售收入利税率为9.05%，比上年下降0.91个百分点，产值利润率为5.03%，比上年下降1.01个百分点；百元固定资产创纯利10.6元，比上年下降14.5%。经济效益下降的主要原因：第一，能源紧张，原材料涨价，增加了成本。据调查，柴油价格上涨30%，化工原料上涨50%，金属材料价格上涨20%以上；第二，资金紧缺、市场疲软，产品销不出去，资金周转速度减慢，加上货款收不回来，部分企业开工不足；第三，各种摊派、收费日益增多，企业负担越来越重。全省亏损企业3 615个，比上年增加30个；亏损金额19 718万元，比上年增加4 383万元，增长28.6%。

2．固定资产投入减少，企业发展后劲不足。1990年，全省乡镇企业建设项目1 778个，比上年减少274个，其中投资在100万元以上的只有28个，比上年减少33个。实际完成投资额3.03亿元，比上年减少1.83亿元；新增固定资产2.38亿元，比上年减少40.4%，新增生产能力5.31亿元，比上年减少5.5%。

（万铁辉　陈湘安）

广西壮族自治区

1990年广西壮族自治区乡镇企业总收入首次突破100亿元大关。乡镇企业的发展对促进广西国民经济特别是农村经济，稳定农村，促进社会进步做出了较大的贡献。

一、取得的主要成绩

1．企业总收入突破100亿元大关。企业总收入104.99亿元，比上年增长12.58%。全区乡镇企业总收入超亿元的县从上年的29个增加到32个，其中超5亿元的有玉林市（5.70亿元）和合浦县（5.38亿元）。总收入超1 000万元乡（镇）由上年的281个增加到313个，其中超亿元镇由上年的3个增加到4个。总收入超200万元的村由上年的267个增加到307个，其中超1 000万元的村由上年的19个增加到21个，最多的是玉林市玉林镇洲佩村，达2 452万元。总产值超100万元的企业由上年的619个增加到627个，其中超1 000万元的企业由上年的14个增加到19个。

2．乡镇企业成为农村经济的重要支柱。乡镇企业总产值（现价）91.61亿元，比上年增长9.89%，乡镇企业总产值占全区农村社会总产值30.39%。

3．乡镇工业成为国营工业的重要补充。乡镇工业总产值(现价)51.68亿元，比上年增长13.33%，乡镇企业工业总产值占全区工业总产值的14.68%。乡镇工业发达的少数乡村，城乡差别、工农差别大大缩小，展现了农村工业化的灿烂前景。

4．乡镇企业成为国家和地方财政收入的重要来源。乡镇企业上缴国家税金5.05亿元，比上年增长17.09%；乡镇企业交税总额占自治区地方财政收入的10.79%；乡镇企业发达的县、乡镇，乡镇企业交纳税金已成为当地财政收入的主要来源。

5．为国家出口创汇作出了贡献。乡镇企业出口商品交货总额2.41亿元，比上年增长11.3%，比1985年的0.64亿元增长2.76倍，平均每年增长30.43%。

6．生产大批产品供应市场。乡镇企业为社会提供总产值51亿多元的产品，对增加市场有效供给，调节市场需求起了积极作用。其中乡镇企业10种主要产品产量占全区同类产品的比重是：重晶石占95%，铁矿石占55%，锰矿石占53%，原煤占38%，中小农具占96%，砖占78%，烟花爆竹占58%，机制纸及纸板占27%，塑料制品占16%，水泥占10%。

7．乡镇企业成为安排农村剩余劳动力的重要场所。乡镇企业75.39万个，企业人员199.11万人，占全区农村劳动力总数的11.4%。

8．壮大了农村集体经济实力。乡镇企业固定资产原值36.72亿元，其中乡村集体企业固定资产原值19.93亿元，净值16.13亿元，增强了社会主义公有制的凝聚力和吸引力。

9．增加了农民收入。乡镇企业职工工资19.74亿元，即全区乡镇人口从乡镇企业得到的工资纯收入为人均53.2元，加上联户企业工资和个体、私营企业纯利润，人均66.8元。

10．支援了农村两个文明建设。乡村集体企业上缴纯利润中用于支农、补农和农村教育、社会福利事业、农村小集镇建设等资金1 402万元。乡镇企业的发展，对推动农民更新观念，增强商品意识、改革开放意识，坚定社会主义信念等起了重要作用。

二、主要工作经验和特点

1．提高认识，坚定信心。随着治理整顿的深入，乡镇企业在严峻形势和重重困难面前，部分干部职工产生悲观失望情绪。针对这种情况，从1989年冬开始，通过各种会议和各种宣传形式，在广大乡镇企业干部群众中广泛开展“五大讲”，即：大讲乡镇企业在国民经济中的地位作用；大讲广西乡镇企业取得的成就；大讲存在的困难及其产生的原因，对待困难应抱的正确态度和克服困难的有利条件与办法；大讲先进单位的事迹和经验；大讲乡镇企业“自尊、自强、自立”的艰苦创业、开拓前进的精神和灵活机制的优势。通过“五大讲”使广大干部群众对面临的困难和将陆续出现的各种困难，有一个比较正确的认识和充分的思想准备，全区大多数干部职工保持了良好的精神状态。

2．开展“企业管理年”活动，强化企业管理。广西各地乡镇企业在开展“企业管理年”活动、强化企业管理中，把管理基础工作摆在显要的位置，按照企业升级的有关标准和要求，制定规划，建立健全组织，切实抓好标准化、计量、定额、信息、基础教育、班组建设、规章制度、安全生产八项基础工作，并以质量管理为重点，带动其它管理，取得了显著成效。全区晋升为自治区级先进企业5个；被评为全国乡镇企业系统“企业管理年”活动先进单位15个，广西乡镇企业“企业管理年”活动先进单位63个；广西先进ＱＣ小组8个。各地乡镇企业在加强质量管理中，建立原料、配料、工序、检测等质量控制管理网络，并对容易影响产品质量的重要环节，要求工人严格按工序标准作业，认真执行互检、抽检、质量否定权、奖罚、工资与质量挂钩等制度，确保产品质量。与此同时，注意因地制宜，发挥资源、技术等优势和适应市场需要，开发新产品。全区获自治区优质产品奖（含优质食品奖）26个，广西工业新产品百花奖12个；部优产品4个。

3．开展技术改造。1990年，各地乡村集体企业由前几年的以外延发展为主转向以内涵发展为主，注意挖掘内部潜力，深入开展小改革以外，全区列入自治区技术改造项目共80项，总投资6 044.5万元，是历年来技改投资最多的一年，其中银行贷款4 246.7万元，自筹1 889.8万元。这些项目中的74项已基本竣工，全部项目建成后，可新增产值2.5亿元，新增税利6 700万元。

4．加强供销工作。1990年，尽管乡镇企业部分原材料供应紧缺，市场部分销货疲软，供销经营工作十分困难，在国家宏观计划指导下，乡镇企业主要依靠自己开拓市场、原料自购、产品自销的灵活机制，全区4万多人的供销队伍，发扬“千山万水，千言万语，千方百计，千辛万苦”的“四千”精神，疏通流通渠道，积极开展供销业务，保证了乡镇企业生产的正常进行。在产品推销工作中，值得特别指出的是水泥。在抓内销的同时，积极开拓国外市场，组织产品出口。据南宁市北湖、邕宁县伶俐、玉林市城隍等12个水泥厂统计，全年签订近20万吨水泥出口合同，到年底共出口12.42万吨，广西乡镇小水泥首次打进国际市场。广西各地在开展供销工作中，涌现了一批先进集体和优秀供销员，被评为全国乡镇企业供销先进集体4个，全国乡镇企业优秀供销员9人。

5．党委、政府加强领导，主管部门发挥职能作用。自治区乡镇企业局及时向区党委、区人民政府汇报乡镇企业情况和存在问题，区党委和区人民政府领导都分别在区党代会、人代会、全区发展乡镇企业研讨会、全区地、市、县委书记、副书记会、乡镇企业局长会上讲话，反复强调发展乡镇企业的重要性，重申保持政策的稳定性，明确把发展乡镇企业作为振兴广西经济的一项战略任务来抓。区乡镇企业局及时将一些重要讲话印发到基层。第一季度，全区乡镇企业增长幅度大幅度回落，区人民政府办公厅及时发出“关于采取有效措施保护乡镇企业稳步发展的通知”，接着又发出学习宣传、贯彻《中华人民共和国乡村集体所有制企业条例》的通知，上述措施对稳定乡镇企业发展起了积极作用。不少地、市、县党委和政府（行署）对乡镇企业进一步重视与加强领导。如钦州地区乡镇企业头四个月出现滑坡，地委、行署主要领导亲自听汇报、亲自调查研究，及时召开各县（市）分管乡镇企业领导、乡镇企业局长会议和灵山现场会，召集有关部门协调关系，从而使乡镇企业走出低谷，6月以后逐月上升，到年底，总收入、总产值分别比上年增长11.08%和14.63%。

（赵　魏）

海南省

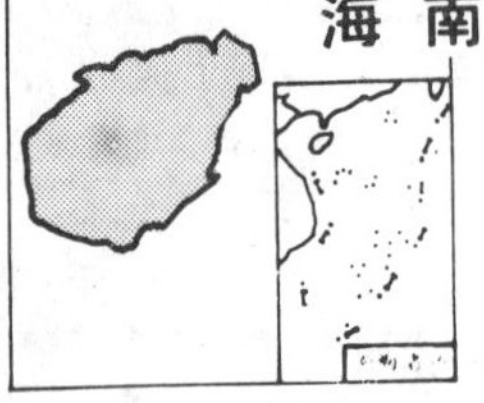

海南省乡镇企业规模小，年产值1 000万元以上的只有五家，且都是建筑业和房产业。1990年总收入14.96亿元，总产值13.78亿元，分别比1989年增长1.8%和6.6%；上缴国家税金0.51亿元，比1989年增长12.8%；纯利润1.64亿元，比1989年减少2.5%。乡镇企业总收入超亿元的有儋县、海口、琼海、琼山、文昌、万宁、三亚等七个市县，儋县总收入2.09亿元，总产值2.02亿元，名列榜首。作为乡镇企业主体的乡村集体企业未占主导地位，职工人数6.75万人，只占乡镇企业职工总人数的28%；收入3.81亿元，只占25.5%；产值4.19亿元，只占30%。作为乡镇企业轴心的乡镇工业，在乡镇企业的五大行业中所占的比重也很小，企业职工人数，工业(6.34万人)占26%，农业企业、建筑、交通运输、商业饮食等四个行业共占74%；企业收入，工业4.35亿元，占29%，农业企业、建筑、交通运输、商业饮食等四个行业共占71%。产品中比较大宗的是中小农具、砖、瓦、石灰、花岗石、原盐、饮料酒、家具、粟胶、橡胶片、钛精矿，且大都是原料产品或半成品，缺乏竞争力。

面对困境，各级乡镇企业管理部门在当地政府领导下，根据中央农业部的指示和省农业厅的要求，组织力量，开展调查研究，积极引导，协助企业在增强企业素质，提高产品质量，增进经济效益，加强联合，增强经营活力，拓宽销售渠道，搞活流通和改善外部环境上力促企业渡过难关，走出低谷。

1．贯彻执行“调整、整顿、改革、提高”的方针，对企业调查摸底，逐个进行分类排队、评估分析。经济效益、社会效益好，产品有销路的，鼓励扩大经营，继续发展；产品销路好、社会效益佳，但因管理不善而造成亏损的，协助完善各项规章制度，加强核算，降低成本，努力提高经济效益；社会效益好，项目有前途，因销售渠道阻塞，一时造成产品积压的，协助建立信息网络，拓宽销售面，搞活流通；对项目没有发展前途，产品低劣，重复建厂和不符合国家产业政策，社会效益、经济效益差的，分别情况进行“关、停、并、转”，一年间全省共关、停、并、转企业（包括个体企业）2 636个。

2．开展“企业管理年”活动，改善经营，搞好管理，推动企业奋力爬坡。3月16日，省农业厅召开全省乡镇企业工作会议，传达全国乡镇企业工作会议精神和农业部指示，作出了在全省乡镇企业系统内开展以深化企业改革为动力、以提高经济效益为中心，以提高产品质量和降低物质消耗为重点内容的“企业管理年”活动的决定。会后，各市、县、乡(镇)的企业主管部门，一方面广泛深入开展对“企业管理年”活动重要意义和内容的宣传活动；举办学习班和讲座，聘请科技人员、管理干部传授管理知识。另一方面组织力量下乡镇、企业办点，总结经验，以点引路。6月26日召开全省乡镇企业局长、管理股长会议，传达了全国质量会议精神，同时检查交流办点情况。检查结果表明，全省36个点，由于乡镇和企业的领导重视、措施得力，都取得明显的效果。11月1日，省农业厅在三亚市召开全省乡镇企业管理年活动检查评比会，总结典型交流经验。三亚市、海口市海秀乡、文昌县会文镇、琼海县石壁镇、三亚市南海办事处成绩显著，被评为全国乡镇企业管理年活动先进单位，受到农业部的表彰。

3．宣传贯彻《中华人民共和国乡村集体所有制企业条例》。各市县非常重视，提出了以贯彻《条例》为动力，推动“企业管理年”活动的发展，组织管理干部和企业职工认真学习，掀起学习、贯彻《条例》的高潮，鼓舞企业职工奋发向前。

4．加强供销队伍建设，搞好服务，开拓市场，疏通渠道，打开产品销路。各市县重视加强对供销员的政治思想教育和职业道德教育，同时注意关心他们的生活，并于7月至8月在全省开展为期两个月的先进集体和先进供销员的评选活动，推动乡镇企业供销工作蓬勃发展，三亚市南海石斑鱼养殖场、文昌县东郊椰子综合厂、海口白沙门红光灯饰厂等有条件谋求出口权的单位，还用自己的船只直接把产品运抵香港。由于抓活流通、启动市场，产品销售逐日回升，据各地统计，至年底止，除钛矿产品、建材产品、松香、塑料管等仍然有部分积压外，其它产品都畅销，淀粉、琼脂、粟胶等产品却是供不应求。

5．协调各方面的关系，争取各部门的支持。经过各级乡镇企业主管部门和企业的努力，在财政十分困难的情况下，财政和金融部门仍尽力支持，全年，乡镇集体企业共取得农行贷款346.4万元，财政和扶贫部门扶持166.8万元，加上各企业向顾主追回欠款500万元。企业流动资金周转难问题逐步缓和。

6．利用本地自然资源优势和优惠政策，继续开展外引内联，寻求合作伙伴。1990年，仅乡镇集体企业就和外商、省内外企业联营创办防火设备、油料供应、石板材、包装、食品等新企业50家，总投资额1 236万元，使乡村集体企业中的联营企业增加到115个，职工人数3 536人，总收入3 574.34万元，分别比1989年增长77%、62%和81%。

7．重视科技进步，引进设备、引进人才、培训人才、增强素质，努力提高生产能力。本年度，全省乡镇集体企业从省外引进工程技术人员466人，并选送145名职工委托大专院校培训，使职工素质逐步增强，现已有工程技术人员1 698名，比1989年增加30%。随着技术力量充实，生产能力提高，一批企业跨进了国家技术等级行列。

8．开展对乡镇企业污染源的调查。全年完成了524个企业的普查和1 411个点的详查，并评选了环保先进单位和先进个人，促进乡镇企业对资源的合理开发，处理好“三废”，减少污染，保护生态环境，受到省环保部门的好评。

在这一年里，还进行对全省乡村渔船生产厂家的调查登记和生产许可证的申报工作，拟订了必要的规章制度和管理权限，促使渔船生产的管理逐步走上规范化。还召开了全省乡镇企业中小农具厂长会议，统一思想，坚定不移地执行为海南大农业生产服务的办厂方针，研究解决钢铁、焦炭等主要生产原材料的办法和产品的创新问题，促进中小农具生产的发展，本年度全省共生产中小农具384.44万件。

（刘滨寄）

四川省

1990年，四川省乡镇企业经受了资金紧缺、市场疲软的严重考验，取得了稳定、持续发展。完成总产值(按1990年不变价格计算，下同)459.2亿元，比上年净增56.2亿元，增长13.9%。其中，乡村集体企业完成总产值226.1亿元，比上年增长9.3%；工业企业完成产值236.9亿元，比上年增长13.6%；乡办工业完成产值91.9亿元，比上年增长10.5%。全省乡镇企业已发展到191.11万家，其中乡办企业4.47万家，村（组）办企业9.29万家，农民联办企业5.66万家，户办企业171.7万家。务工人员达到705.74万人，比上年增加9.62万人，增长1.3%。

一年来，四川省乡镇企业发生了以下显著变化：

1．在全省经济中的地位提高。1990年乡镇企业总产值占全省社会总产值的23.41%，比上年提高3.5个百分点，占全省农村社会总产值的50.34%，提高5个百分点。其中乡镇工业产值占全省工业总产值的28.18%，比上年提高2个百分点。在1990年四川省工业产值的净增数中，乡镇工业增长部分占61.98%。一些重点市，乡镇企业净增数在工业产值净增数的比重还要大，其中德阳市达到70%，成都市达到83%。乡镇企业生产的主要工业产品占全省同类产品产量的比重愈来愈大，如中小农具占80.1%，砖占80.42%，原煤占49.33%，磷矿石占62.42%，硫铁矿占56.3%。

2．产业结构得到进一步调整。1990年四川乡镇企业通过调整产业结构和产品结构，进一步改善了轻重工业的比例关系。在乡镇工业中，轻工业得到进一步的加强，轻工业完成产值134.44亿元，比上年增长18.8%，占工业总产值的56.7%；重工业产值102.42亿元，比上年增长7.4%，占工业总产值的比重降到43.3%，轻工业的增长速度明显高于重工业。在轻工业产品中，满足社会有效供给的产品大量增加，其中食品工业产值为62.62亿元，比上年增长22.25%，占工业总产值的26.44%；轻纺工业产值为45.19亿元，比上年增长16.47%，占工业总产值的13.16%；建材工业产值为46.93亿元，比上年增长3.77%，占工业总产值的19.82%。为城市和农村建设服务的乡镇建筑企业继续发展，完成产值86.8亿元，比上年增长10.09%。

3．重点县、乡和骨干企业增加。1990年四川省乡镇企业总产值过10亿元的县增加到7个，其中金牛区总收入达到21.7亿元，总产值达到18.74亿元。总产值过5亿元的县由上年的9个增加到18个。总产值上亿元的乡有35个，比上年增加5个，其中过2亿元的乡由上年的1个增加到7个。总产值突破1 000万元的村有177个，比上年增加58个，其中上3 000万元的有5个。工业产值上500万元的骨干企业有409个，成都双流县高频焊管厂实现产值收入双过亿，创利税1 125万元。

4．经济效益稳中有升。1990年，四川省乡镇企业实现总收入473.9亿元，比上年净增58.92亿元，增长14.2%。收入的增长高于产值的增长。实现利润22.3亿元，比上年增长1.04%。全员劳动生产率6 506元，比上年增长12.17%。人均创利税547元，比上年增加53元。百元固定资产创产值342元，比上年增加42元。

5．对国家和社会的贡献增大。1990年，四川乡镇企业向国家上缴税金18.3亿元，比上年增长12.8%。支付务工农民工资65.49亿元，比上年增长11.17%，增加了农民的现金收入。乡村集体企业的纯利润中，用于支农和社会福利事业的1.8亿元，增加了对农业的投入和农村文化教育事业的建设。

6．出口创汇持续增长。1990年，四川省乡镇企业有出口创汇企业1 017个，比上年增长19.65%。完成产值15.9亿元，比上年增长17.26%。出口产品交货额为8.48亿元，比上年增长13.1%，并涌现一批生产出口产品的大户。

1990年，四川省乡镇企业主要抓了以下几个方面的工作。

1．统一认识，坚持稳定和发展的方针。1990年年初，针对全省乡镇企业思想混乱，队伍不稳，生产滑坡的严重局面，省里先后于2月和4月分别召开了全省乡镇企业工作会议和全省乡镇企业先进集体和个人表彰大会，反复分析形势，统一认识、振奋精神、层层发动，表彰先进。省政府还颁发了关于进一步扶持乡镇企业持续发展的政策性文件，提出四川乡镇企业在治理整顿中"要立足于稳定，立足于发展，因地制宜，分类指导。"重申了过去行之有效的扶持政策继续执行。这对于稳定人心，稳定队伍，扭转滑坡，实现持续发展起到了十分重要的作用。

2．实事求是的进行调整。针对四川乡镇企业发展起步较晚，其产业结构多数是农副产品加工业和能源采矿业，是符合四川资源特点的，是基本合理的。因此，提出在调整结构方面采取产业结构微调，产品结构快调，防止了大起大落。特别是在固定资产投资方面，加强项目的可行性论证，提高投资效益。在投资总额和建设项目减少的情况下，保证了产出的增加。由于调整了投向和投资结构，过去产业结构中"重重、轻轻"的状况得到了进一步改善，轻工业产值高于重工业产值13.4个百分点。食品工业、轻纺工业和建材工业等保证市场供应有效产品大量增加。在市场上工业产品滞销严重的情况下，乡镇企业产品销售看好，这充分说明乡镇企业的结构调整取得了明显成效。

3．狠抓了"条例"的贯彻落实。《中华人民共和国乡村集体所有制企业条例》颁布施行后，全省上下掀起了学习、宣传和贯彻落实《条例》的热潮。由于"条例"的实施，对1990年四川乡镇企业的稳定和发展发挥了重大作用。

4．大力开展人才培训。1990年，四川各地举办了各种专业培训达10万人次。其中，培训大中专以上职工达4.3万人，比上年增长29.24%；各种专业函授招生1.37万人，是历年最多的。同时，还加强了对技术、业务人员技术职称的评聘工作。1990年，乡村集体企业技术人员达13.47万人，占职工总数的4.44%。其中，具有中级技术职称以上的8 066人，比上年增加1 322人。另外，乡镇企业还大量聘用城市企业、大专院校和科研单位的技术人员和离退休人员5.3万人。上述各类技术业务人员对乡镇企业的发展和提高作出了突出的贡献。

5．继续开展"三创一升"活动。1990年，四川省乡镇企业继续开展了"创新、创优、创汇和企业升级"的争先创优竞赛，促进了企业素质的提高。宜宾红楼梦酒厂和金牛玻璃钢厂荣获国家二级企业称号，成都新兴公司、绵阳新皂化工总厂等23家企业荣获部省级先进企业。获部优质产品称号的10个。另外，科技进步成效也较显著，荣获省乡镇企业科技进步奖的133项，这是自1984年开设科技进步奖以来获奖最多的一年。荣获四川省级优秀新产品奖26项，其中一等奖1项，二等奖9项，三等奖16项。

（张　弛）

贵州省

1990年，贵州省乡镇企业在中央"调整、整顿、改造、提高"方针指导下，自觉服从国家宏观调控，主动调整结构，强化管理，推进技术进步，深化企业改革，提高经济效益，终于经受住了种种困难的考验，保持了稳定的发展势头。全年乡镇企业实现总收入50.5亿元，比上年增长16.35%。完成总产值44.4亿元（按1980年不变价），比上年增长11.8%。其中乡镇工业产值13.61亿元，比上年增长11.64%；乡办工业产值11.22亿元，比上年增长15.67%。企业获纯利润5.81亿元，比上年增长22.3%。实缴国家税金1.74亿元，比上年增长24.35%。做到了速度和效益同步增长。乡镇企业出口单位93个，出口产品33种，出口交货总额7 535万元，产品远销美国、日本、西欧和东南亚等国家和地区。

贵州省乡镇企业在"七五"期间要实现总产值40亿元，1990年要比1985年增长1.1倍，平均每年增长15.8%。"七五"期间执行结果是乡镇企业总产值超计划4.4亿元；"七五"期间的平均增长速度为28%，比计划高12个百分点。经过"七五"期间的发展，全省乡镇企业在产业结构、产品结构、企业规模、经济效益和对社会的贡献等方面，都发生了很大变化。主要有四个方面的明显特点：

一是企业固定资产增加。到1990年，全省乡镇企业固定资产原值达18.9亿元，比1985年净增8.9亿元；拥有乡镇企业38万多个，其中10万元以上的有2 000多个，50万元以上

贵州省安顺黔中大厦全貌

的企业50多个，500万元以上的企业22个。

二是产业、产品结构日趋合理。1990年的轻工业产值中，以农副产品为原材料的加工业已占76.8%；在重工业产值中，初加工、深加工比重已由1985年的15.8%上升到26.17%，而重工业的单纯采掘业已由1985年的57.7%下降到46.9%。乡镇企业的产品开发档次也在发生变化，由原来只生产"黑、大、粗"产品逐步向较高层次发展。如金属镁、乙炔炭黑、金属粉末涂料、炸药卷纸、绞股蓝口服液等十几种产品，填补了贵州省甚至西南地区的空白。

三是产品质量不断提高。全省乡镇企业先后获部优产品10种，省优产品21种，省乡镇企业系统评比获奖产品66种。乡镇企业以质量求生存、求发展的观念正在逐渐形成。

四是企业经济效益和社会效益明显增加。乡村集体企业每个职工创收入已由1985年的2 156元上升到1990年的1.3万元；每个职工创纯利润由1985年的277.45元增加到1990年的1 330元。1990年，从全省乡村两级企业上缴主管部门利润中，用于支农229万元，用于农村小集镇建设92.7万元，用于教育171.45万元，用于农村集体福利193万元，用于其它社会性开支186万元。

1990年，贵州乡镇企业能在困境中求稳定，在稳定中求发展，在大转折中站稳脚根，主要原因是：

1．各级党政领导重视，从稳定思想入手，进而达到稳定企业、稳定发展的目的。在治理整顿中，社会上曾一度出现对发展乡镇企业提出种种责难，致使从事乡镇企业工作的干部职工思想波动，信心不足。针对这种情况，省委、省政府领导就乡镇企业的发展作了一系列的指示和讲话；绝大部分地（州、市）、县的党政领导在乡镇企业处境困难之际，及时召开乡镇企业工作会议，制定加快发展乡镇企业的政策性文件和措施；各有关部门从不同角度支持乡镇企业发展，各级地方财政在财力十分困难的情况下，组织上千万元资金扶持乡镇企业发展。各级乡镇企业主管部门通过不同形式，及时传达中央、国务院和省委、省政府的有关指示精神，并结合贵州实际，广泛宣传乡镇企业的地位和作用，澄清了某些错误认识，消除了某些错误观点的影响，使乡镇企业在形势严峻、困难很大的情况下稳定了阵脚，从而稳定了乡镇企业的发展。

2．注重抓重点，抓热点，为乡镇企业办实事。表现在：一是工作早安排，计划早落实。绝大部分地（州、市）、县在上年底就将全年计划任务层层分解落实到基层和企业。二是逐渐健全完善生产调度会制度。省、地、县乡镇企业局分别对不同规模的重点企业实行生产调度，及时发现问题，千方百计采取措施帮助解决。三是认真学习和宣传贯彻国务院颁发的《中华人民共和国乡村集体所有制企业条例》，各级主管部门采取集中培训等形式及时组织职工学习，并开展智力竞赛、组织宣传车到集镇和企业宣传、在报刊上办专版、向各级领导和有关部门赠送《条例》等形式，进行大张旗鼓地宣传。通过这些活动，武装了思想，加深了对《条例》重要性的认识。一些地方出现了用《条例》保护企业合法权利，用《条例》规范企业行为，用《条例》保护乡镇企业管理体制，坚定了发展乡镇企业的信心和决心。

3．主动调整产业、产品结构。贵州乡镇企业是以重型结构为主，能源、原材料占60%左右。各地调整中，根据本地区实际，坚持因地制宜，发挥优势，面向市场，注重效益的原则，搞好分类指导，提出重点发展农副产品加工业和各类矿产品的初加工和深加工，继续发展各种原材料工业，限制部分耗能高、污染大、效益差行业的发展。这些措施的实施，使全省乡镇企业产品结构调整取得了初步成效。在轻、重工业产值中，轻、重工业比例从1989年的1:2.71下降到1990年的1:2.21；在轻工业产值中，以农副产品为原材料的加工业从1989年的74%提高到77%；在重工业产值中，初、精加工所占比重由"六五"期末的15.18%上升到"七五"期末的32%。乡镇企业的产品开发已开始发生变化，逐步向较高层次发展。

4．强化企业管理，推进技术进步，提高企业素质。1990年，贵州省乡镇企业积极开展"企业管理年"活动，各地围绕企业七项基础管理、企业达标升级、发放生产许可证、组织各类人员培训等做了大量工作，取得了显著的成效。全省重点抓了18个骨干企业的基础管理达标，年底有14个验收合格，9个企业升为省预备级企业，贵阳金刚砂厂率先进入国家二级企业行列。全省115家水泥厂中有91家获得了生产许可证，18家锑冶炼企业完成发证准备工作。全省还对50个县(市、区、特区)的2 100个乡镇企业进行了财务整顿，1 700个会计获得了“会计合格证”。在全省8 786个乡村集体企业中，98%的实行了承包经营责任制，其中80%以上的承包人可以履行承包合同。为提高企业素质，全省共培训各类专业人员 1.5 万人次。还在乡镇企业系统内开展了首次职称评聘工作，已经评审出中级职称 320 人，初级职称3 500人，有力地促进了乡镇企业素质的提高。

（李志强　陈　良）

云南省

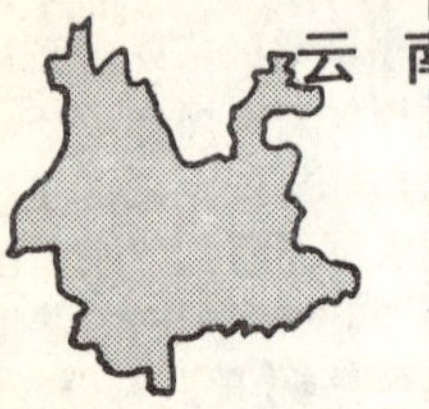

一

1990年云南乡镇企业实有企业46.48万个，净增2.13万个，而乡村两级办的集体企业减少了0.17万个。从业人员150.76万人，减少0.92万人。从业人员占乡村总劳动力的比重由1989年的9.41%下降到1990年的9.16%。按现行价计算总产值为76.4亿元，比1989年增长20.68%；占农村社会总产值的27.04%，比1989年的29.3%下降了2.26个百分点。其中工业产值按1980年不变价计算为 33.31 亿元，比上年增长21.68%。总收入完成80.47亿元，净增9.26亿元，按可比口径计算增长11.7%，发展速度比1989年回落了6.6个百分点。实缴税金3.39亿元，净增3 948万元，增长13.2%，在全省财政收入中的比重由1989年的5%下降到1990年的4.6%。

1990年，经济效益下降，如利税总额与1989年相比，增长速度回落了12个百分点，销售收入利税率由1989年的11.8%下降到11.2%；百元固定资产创收入183元，比1989年的 200 元下降了17元；百元固定资产创利税20.5元，比1989年的23.7元下降了3.2元。

1990年，按总收入计算，全省又有呈贡、富源两县和官渡区小板桥镇、玉溪市大营街镇、春和镇分别跨入了亿元县和5 000万元乡(镇)的行列。至此，乡镇企业总收入超亿元的县（市、区）已有19个，这19个县（市、区）总收入累计为43.36亿元，占全省乡镇企业总收入的53.89%；乡镇企业总收入超过5 000万元的乡（镇）已有15个，其中超亿元的乡（镇）8个。

二

为了扭转上半年乡镇企业发展速度滑坡的局面，推动乡镇企业的发展，为稳定经济、富民兴镇作贡献，省政府于 8月份召开了全省第二次发展城乡集体企业工作会议。会议的主要收获：一是充分肯定了乡镇企业在发展云南经济中的地位作用，重点是统一了对发展乡镇企业的思想认识。二是玉溪市人民政府等14个单位交流了经验，主要是提高认识，加强领导；因地制宜，分类指导；稳定政策，长期扶持；立足当地资源，发展开发型产业；发挥劳动力优势，兴办劳动密集型产业；面向农村市场，发展为农业经济服务的企业；依托大中城市，发展轻工、食品及第三产业；依托大企业，发展为大工业配套的专业化企业和服务型企业。三是研究了政策。省委、省人民政府联合发出了《关于进一步发展城乡集体企业若干问题的规定》(即云发[1990]22号文件）和云南省人民政府《关于促进乡镇企业技术进步的决定》(即云政发[1990]186号文件)两个政策性文件。四是研究了贯彻会议精神的措施。

1990年云南省乡镇企业普遍开展“企业管理年”活动。省经委、省加强企业管理办公室、省乡镇企业管理局联合发出了《关于开展乡镇企业升级工作的通知》，成立了专门机构，召开了全省乡镇企业升级工作会议，作出了具体部署。各级主管部门把开展企业升级推动全面管理的工作提到重要位置来抓。经过一年的努力，主要工作和收获是：第一，抓了承包经营责任制的完善，建立健全各项规章制度，进一步落实七项基础管理。第二，多层次多渠道培训人员，提高职工素质。全年共培训职工2.37万人，占职工总数的3.29%，其中：培训两年以上的1 050人，短期培训2.27万人。全省乡镇企业职工的文化素质已逐年有所提高，在乡、村办的集体企业和主管部门直属企业的72万职工中，具有中专（含高中）以上文化程度的达6.26万人，占8.67%；获得中级以上职称的工程技术人员和社会科学人员达3 991人，占职工总数的0.55%。第三，开展全面质量管理和产品创优。有 4 个企业评定为省级先进企业，按照农业部颁发的标准验收结果，获全面质量管理达标的企业27家，获三级计量合格的企业66家，采用国际标准生产的企业4家。在产品创优中，荣获省优质产品19个，部优产品 6 个。第四，加强企业思想政治工作，在有条件的企业中建立了党团组织。

1990年颁布了《中华人民共和国乡村集体所有制企业条例》后，省乡镇企业管理局曾举办两期有地、州、市和部分县局长参加的培训班，参加学习的共95人，为各地宣传学习《条例》培养了骨干。之后各级主管部门和企业，立即组织广大干部职工，采用座谈、广播、举办培训班等多种形式开展了学习、宣传活动，并结合实际认真贯彻落实，以保护乡村集体所有制企业的合法权益。

云南省乡镇企业协会经过充分筹备，于1990年9月5日在昆明正式开会成立。协会成立后，创办了《云南乡协简讯》；举办了两期《中华人民共和国乡村集体所有制企业条例》宣传学习培训班；开展了协会各专业委员会的组建工作；通过调查、协调，为企业解决了一些生产发展中遇到的困难。为推动云南乡镇企业发展作出了一定贡献。

（张维强）

陕西省

1990年，在治理整顿深化改革的大环境中，陕西省乡镇企业迎来了进一步持续、稳定、协调发展的喜人形势。到年底，全省乡镇企业发展到61.76万个，职工253.53万人，拥有固定资产56.26亿元，流动资金41.69亿元。

乡镇企业总收入、总产值稳定增长。总收入167.65亿元，总产值(按1980年不变价)150.93亿元，其中乡镇工业总产值85.36亿元，分别比上年增长14.42%、15.30%、14.93%。按现行价计算，乡镇企业总产值已占农村社会总产值的50.15%；按可比口径比，乡镇工业总产值已占全省工业总产值的25.64%。有45个县、市、区总收入突破亿元，比上年新增7个。其中7个县、市、区在5亿元以上，未央区最高，总收入达到10.69亿元。总收入过亿元的乡、镇20个，比上年新增9个。其中三桥镇最高，总收入达到2.5亿元。1990年全省乡镇企业发展从规模和总量上看，均改变了上年速度回落的态势，走上持续、稳定、协调发展的轨道。

社会效益、经济效益明显改善。从宏观角度观察，全省实现税利21.68亿元，比上年增长10.89%。其中上缴国家税金6.42亿元，增长10.54%；纯利润15.26亿元，增长11.1%；工资总额25.15亿元，增长10.32%；固定资产原值56.26亿元，增长10.58%；乡村企业纯利润用于以工补农、文化教育、集体福利、小城镇建设资金6 875万元，增长69.79%。企业微观效益，以乡村企业可比口径考察，资金投入总额62.28亿元，增长10.76%；产值65.50亿元，增长10.39%；销售收入64.45亿元，增长7.9%；万元产值能耗(吨标准煤)6.16万元，降低23.45%；全员劳动生产率7 351元，增长16.43%；销售利税率、资金利税率分别达到11.25%、17.38%。

主导产业突出，有效供给大幅度增长。经过几年调整，乡镇企业产业结构、产品结构进一步优化。其主要特点是：工业、建筑业特别是第三产业增长速度较快。工业产值85.36亿元，增长14.93%；建筑业产值29.58亿元，增长17.4%；商业产值5.78亿元，增长24.1%；饮食业产值6.94亿元，增长22.27%。行业比重上，民用建筑材料及其他非金属矿物制品处于领先地位，产值21.49亿元，占工业产值比重22.74%；其次是食品制造业、农用机械加工业、造纸及纸制品业、化学工业，产值分别为11.57亿元、7.91亿元、4.6亿元、4.19亿元，分别占工业产值的12.25%、8.37%、4.89%、4.44%。在统计的40个工业行业中，大部分都较上年有一定增长。这说明乡镇企业的产业结构、行业结构已显现农村工业的特色，向资源加工的深度开发迈出了一步。不仅如此，一大批社会有效供给产品获得大幅度增长。统计的68种主要产品产量，71%的产品产量大幅度增长，充分反映了乡镇企业在激烈的市场竞争中，优选并提供社会需求能量的巨大潜力。

出口创汇有较大突破，10大行业出口产品普遍增长。1990年全省乡镇企业出口产品交货总额8 619万元，比上年增长20个百分点，是治理整顿以来创汇形势最好的一年。10大行业出口产品中，矿产、工艺品和化工三大行业占交货总额的76%。

1990年，全省乡镇企业在市场疲软、资金紧缺的困境中，能够取得持续、稳定发展，在社会效益和经济效益上有一个新的提高，关键是继续贯彻治理整顿、深化改革的方针，开展了以“企业管理年”活动为核心，提高企业素质，增强企业活力，坚持走内涵为主，内涵推动外延发展的结果。具体工作着重抓了以下几点：

——稳定政策，稳定人心。治理整顿中乡镇企业又一次成为舆论热点。反映在乡镇企业干部职工中的怕政策变，怕领导不支持，怕外部环境制约的“三怕”思想再次波起，导致一些地方精神不振，生产滑坡。为迅速扭转这一局面，省委年初召开工作会议时，明确提出以党的十一届三中全会以来党对乡镇企业发展一系列方针政策为指导，“统一思想，优化结构，增强活力，积极稳步发展”的方针，把工作重点放在深化认识，强化管理，依靠科技，提高效益上。七月省委、省政府又一次召开专员县长会议，专题研究布署乡镇企业在新形势下如何跨台阶的问题，并及时制定颁发了《关于扶持引导乡镇企业发展的若干政策规定》。这次会议在全省产生很大反响，鼓舞了士气，明确了方向，落实了“八五”计划和后十年规划，安排布置了各项发展措施，推动了全省乡镇企业从一季度由低速增长迅速赶上来。

——强化管理，苦练内功。根据农业部乡镇企业司《关于全国乡镇企业开展“企业管理年”活动的决定》精神，集中抓了提高素质，提高效益两大环节，提出了管理年活动中，“一类企业抓升级，二类企业抓管理，三类企业促转变”的指导方针，要求强化标准、计量、定额、规章、信息、班组建设、思想教育七项基础管理工作。管理年活动中，又及时推广了耀县等14个县的成功经验，推动全省管理年活动深入开展。咸阳市在百户骨干企业中抓全面基础管理，各企业普遍建立TQC活动小组，采标率达100%，带动全市90%以上的乡村企业完善了基础管理和专项管理，95%以上的企业加强了班组建设，98个企业获得了三级计量合格证书。管理年活动成效显著，使全省乡镇企业粗放经营的旧貌为之一新。

——重点调整，扶优限劣。全省对13个县、区，12个行业做了深入调查，本着少关停、多并转，产业微调、行业适调、产品快调的原则，以资源为基础，以市场为导向，以产品调整为目标，经过会同计委、经委、经贸委、银行、财政等部门，确定了101个重点企业，25个重点创汇企业，134个重点产品，实施政策倾斜，给予重点扶持；对一批耗能高、污染严重的小炼油厂、小硅铁厂、小电石厂、小纺织厂进行了限产和转产。渭南地区在扶优限劣中，引进资金722万元，财政银行扶持5 150万元，对28个重点企业，30个重点产品给予支持，使受到扶持的优新产品、出口产品脱颖而出，成为全区乡镇企业的骨干大户。泾阳县对131个关停企业组织专家“会诊”，对症下药，使93个企业焕发活力。

——依靠科技，提高素质。通过在9个行业、13个企业中试点，摸清了乡镇企业技术落后，素质不高的大量第一手材料。针对缺乏技术、缺乏人才的现实，制定了《乡镇企业职工培训》条例，开展了“一靠一”(一个小企业找一个大企业为靠山)、“一带三”(一个大厂带三个小厂）的活动，收到了事半功倍的效果。全省不完全统计，引进资金2亿多元，培训各种人才3.6万人。

——完善承包，搞活机制。乡镇企业的优势之一是灵活的经营机制。在第一轮承包的最后一年，各地集中抓了承包指标的全面考核，承包任务的全面落实，承包合同的全部兑现三项工作，为下一轮承包奠定了基础。从承包的核心——责、权、利特别是利益机制来讲，能否尽善尽美，公平合理，是决定滚动承包的思想前提和物质条件。从这个目标出发，一年来把完善承包工作的要害集中在调节国家与企业、承包者与职工之间的利益分配上，使国家、企业、承包人、职工各得其所，四方兼顾。1990年全省乡镇企业给国家提供的税金增长10.54%；企业纯利润增长11.1%；职工工资增长10.32%。这标志着国家、企业、个人之间的分配比例同步增长，比较协调，比较合理。在承包者和职工的收入差距上，以乡村企业为例，职工年工资总额为9.52亿元，人均年工资1 032元；承包者年总收入为9 467万元，人均年收入2 246元，平均高于职工1.17倍，按照国家规定2～3倍衡量，收入差距不是很大。这是乡镇企业新一轮承包顺利展开，大局稳定的人心所在。乡镇企业承包完善的过程中，股份经营、租赁经营多种形式日渐完善。据不完全统计，1990年全省乡村企业中有434家股份制企业，2 111家租赁制企业。

（赵天振）

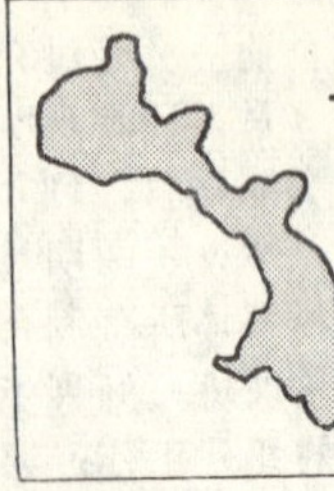

甘肃省

1990年，甘肃省乡镇企业总数发展到21.15万个，比上年净增9 157个。乡镇企业从业人员占农村总劳动力的比重由上年的15.8%提高到16.3%，约占全省农村剩余劳动力的50%以上。乡镇企业总产值（按1980年不变价计算）为64.89亿元，比上年净增8亿元，增长14.1%。全省乡镇企业产值超亿元的县市区已由上年的20个增加到23个，合计产值39亿元，占全省总产值的60.1%；产值在1 000万元以上的乡镇206个；产值在500万元以上的村54个，其中超1 000万元的村4个；产值在500万元以上的企业43个，其中超1 000万元的企业有6个。全省（缺平凉地区、临夏州）有63个乡和5 149个村没有办起乡村企业，分别占乡村总数的5%和35%。乡镇企业总产值占全省农村社会总产值的比重达43%，已连续两年超过农业总产值。

甘肃省兰州市棉麻纺织厂的“无天窗密封式”车间

乡镇企业出口产品交货总额0.72亿元，比上年增长22%。全省乡镇企业完成总收入62.29亿元，比上年增长13.9%。全员劳动生产率达5017元，比上年增长11.21%。人均创利税706元，比上年增长7%。百元固定资产原值实现产值185.8元，比上年下降3%。支付职工工资总额12.72亿元，比上年增长9.7%，职工年均工资982元，比上年提高6.6%。年末固定资产原值达27.82亿元，比上年增长14.4%，其中乡村两级企业15.98亿元，比上年增长15%。据不完全统计，乡村企业税后上缴乡村的利润中，用于支农、补农、建农和小集镇建设、教育事业、集体福利事业等共计2090万元。

1990年，甘肃乡镇企业主要抓了以下几项工作：

1．落实政策，统一思想认识。 针对在治理整顿中乡镇企业职工思想波动、滑坡的现状，主动配合有关部门对涉及乡镇企业方面的问题及时进行清理，对政策不落实、界限不清或政策互相打架等问题及时协商解决，使国家和省制定的扶持乡镇企业发展的优惠政策真正落到实处。在此基础上建议省委、省政府召开全省乡镇企业工作会议和全省乡镇明星企业、优秀农民企业家表彰大会，表彰奖励了50家明星企业、20名最佳农民企业家和159名优秀农民企业家。重申发展乡镇企业是突破口的战略位置不变，大政方针不变，发展决心不变，发展路子不变，扶持政策不变，奋斗目标不变。明确指出要稳定政策、稳定人心、稳定企业，稳定队伍；要保护广大农民发展乡镇企业的积极性和创造性，保护一大批做出突出贡献的农民企业家，保护乡镇企业的灵活的机制、正当经营和合法权益。用"六个不变"、"四个稳定"、"四个保护"的政策统一了思想、稳定了人心，启动了活力。

2．抓住机遇，强化企业管理。 根据农业部在乡镇企业开展"企业管理年"活动的统一部署和国家有关规定，甘肃省坚持一手抓发展，一手抓提高。明确提出扭转重建设、轻管理；重速度、轻效益；重外延、轻内涵的"三重三轻"思想。制定了管理工作达标准则和验收细则，将"七基"管理工作按百分考核，以标准化和计量工作为重点，帮助指导乡村两级工业企业建立和完善标准化体系，鼓励骨干企业积极采用国际标准，走向质量、管理要效益的路子。在此基础上，采取分类指导，典型引路的方法，将全省乡村两级企业分成三类：对进入省一、二级的企业，完善基础管理，提高专业管理水平；对进入省局A、B级的企业，落实"七基"工作，夯实基础；对规模小、管理没上路的企业，建立健全规章制度，从最基础工作抓起，有的放矢地解决管理中存在的问题，取得了较好的效果。如敦煌市通过开展管理年活动，取得了"五增"、"四提"、"一减"的好成绩。产值、收入分别增长21.3%和22.97%，销售利润率增长3.22%，人均创利税增长179.37%，主要产品销售量平均增长151.97%；全员劳动生产率提高20.31%，资金周转加快8天，资金利税率提高4.8%，流动资金自有率提高到24.34%；亏损企业由4个减少到1个，亏损总额由56万元减少到17.64万元。

甘肃省兰州市长城机械厂加强质量管理，提高出口产品的质量

3．培训人才，提高企业素质。 1990年，全省各地县普遍加强了智力投入，采取多层次、多渠道、多形式的办法，举办了企业管理、财务会计、进等升级、质量检查、政策法规及各种专业技术培训班，先后培训各类技术、管理人员10.2万多名。目前，全省乡村企业已形成1.4万人的技术队伍，占乡村企业职工总数的2.78%，平均每万名职工拥有技术人员278名。乡村企业中有初中以上文化程度的职工增加到66.9%，自有技术人员与聘用人员的比重提高到1.2:1。随着技术队伍的不断壮大，企业的整体素质有了较大提高，新产品开发能力增强，产品更新换代速度加快，产品质量稳步上升。1990年开发省级新产品9项(待鉴定3项)，乡镇企业主要工业产品标准化覆盖面达到60%以上，主要工业企业的采标率达到90%以上，创部优产品1个，省优产品8个，省局优产品108个；获农业部质量优胜、良好企业称号52个，获省局系统质量优胜、良好企业称号67个；获国家级星火奖2个，省级星火奖10个，省局系统星火奖24个。进入省一级企业1个，省二级企业19个，有188户企业被评为省乡镇企业系统A级企业。

4．调整结构，促进企业发展。 甘肃乡镇企业的起步产业主要是采掘、建材、原材料工业，形成重工业过重，轻工业过轻，出卖原料多，加工产品少的不合理状况。1990年，全省乡镇企业紧紧围绕市场这个"龙头"，根据国家产业政策和农业部及省制定的产业政策，从实际出发，因地制宜地进行了调整。对不同行业、企业和产品按照市场需求、技术进步、经济效益、产业关联、劳力安排等因素实行分类指导，重点支持生产能源、原材料、农副产品加工、为大工业配套、出口创汇、城乡人民生活需要的紧缺商品、支农产品和名优特产品的企业，重点限制消耗高、质量差、污染严重和效益差的企业。如以农副产品为原料的加工业由1989年的4.13亿元增加到4.87亿元，增长17.9%，占轻工业产值净增数的76.29%。关停并转了布局不合理、能耗高、效益差、污染环境的塑料制品、铁合金等企业306家。其中兰州市关停并转了140家，占全市乡村工业企业的11.6%，同时开发了炭化硅、分子筛、苯酚等100多种新产品，增加了市场有效供给。

与此同时，对乡镇企业固定资产投资结构进行了调整，增加了用于技术改造和内涵扩大再生产的资金投入。在1990年全省乡村工业企业的固定资产投入中，用于技术改造和扩大再生产的投资占41.5%，比上年增加了7个百分点。

（李德新）

青海省

1990年，青海省乡镇企业总产值6.41亿元，比上年净增5 046万元，增长8.54%，其中工业产值3.24亿元，比上年增长5.59%；总收入6.1亿元，比上年增长8.58%；上缴国家税金2 827万元，比上年增长3%；实现纯利润3 439万元，比上年下降3.7%。这一年，青海省乡镇企业经受了考验，保持了一定的发展速度，取得了较好成绩。

1990年青海省乡镇企业的主要特点是：

第一，各级党委和政府重视，主要领导亲自抓，加强了对乡镇企业的具体领导。1989年12月，省委、省政府领导为了及时解决对发展乡镇企业的思想认识问题，防止生产出现大的滑坡，在全省乡镇企业工作会议上明确指出：发展乡镇企业的决心不变，发展乡镇企业的方针政策不变，要求各地坚定不移地抓好乡镇企业工作。各地也相继召开了工作会议，认真贯彻全省乡镇企业工作会议精神，从而稳定了人心，稳定了大局。在“企业管理年”活动中，各级党政领导都深入基层、深入企业，为乡镇企业排忧解难，有力地促进了乡镇企业的持续稳步发展。

第二，认真开展了以企业整顿为中心内容的“企业管理年”活动，强化了企业的基础管理。为了使青海乡镇企业在治理整顿中站稳脚跟，增强企业应变能力和自我发展能力，省局根据农业部和省政府的要求，及时在全省开展了以整顿促进管理，向管理要效益，以效益求发展为主要内容的“企业管理年”活动。各级党政领导和主管部门及时安排部署，落实组织措施，成立了由主管领导任组长，经委、工商、税务、财政、农行、乡镇企业局等有关部门参加的企业整顿领导小组，做到了领导、人员、措施“三落实”。1990年，全省1 600个乡村企业，有697个企业进行了整顿，占乡村两级企业的43.4%，其中有371个企业整顿验收合格，占已整顿企业的53.2%。通过一年的企业整顿工作，各级管理人员和企业职工的管理意识普遍增强，基础管理工作得到了加强，救活了一批企业，涌现出了一批管理好的企业，积累了一些经验，达到了以整顿促管理，向管理要效益的目的。全省有湟中县、大通县、平安县、互助县、循化县、化隆县，以及海南、海西、黄南三个民族自治州总产值比上年增长10%以上。在“企业管理年”活动中，互助土族自治县、大通回族土族自治县乡镇企业局、民和县川口镇企业办、平安县平安镇经委、西宁市沈家寨乡经委和马坊乡企业科被农业部评为全国乡镇“企业管理年”活动先进单位。有1个地区、4个县、10个乡（镇）企业局（办）、18个企业被评为全省先进单位。

第三，注重科学技术进步，狠抓职工培训。1990年，全省共举办乡镇企业各类技术、管理培训班54期，受训人员1 715人。开展了乡镇企业系统技术职称评定工作，全省有1 355人被评定为高、中、初级技术职称，充分调动了乡镇企业系统技术人员的积极性。与此同时，对全省重点行业和产品进行了技术改造试点工作。如民和、湟中等县对铁合金企业进行技术改造，使吨硅铁电耗降到9 000度以下，吨成本降到2 200元以下，日产量由3.5吨提高到4.5吨以上，出口硅达80%以上。西宁、互助、平安等地对砖瓦企业进行了节煤降耗技术改造，使万块砖煤耗降低30%，取得了显著成效。这一年还涌现出部级技术推广先进集体1个，先进个人2名。

第四，强化了乡镇企业的思想政治工作。通过“企业管理年”活动的开展，各企业注重了精神文明建设，加强了思想政治工作，“一手硬、一手软”的现象有所好转。不少有条件的企业建立健全了党、团、妇组织。1990年，新庄藏毯工业公司、民和县第一铁合金厂被中宣部、农业部评为全国乡镇企业思想政治工作先进单位。

第五，千方百计地克服重重困难，根据国家产业政策，新建、改建、扩建了一些企业。全省新上乡村两级企业25个，续建、扩建企业20个，这些企业将在1991年陆续建成投产。

（仲生珍）

宁夏回族自治区

1990年，全区乡镇企业共完成总产值13.78亿元。其中工业产值

6.67亿元；实现利润1.5亿元；上缴税金5 874万元。经过治理整顿和深化改革，全区乡镇企业在结构调整、管理水平、技术进步以及企业整体素质的提高等方面都有所进步。主要成绩和特点是：

1．各级党委、政府重视和支持乡镇企业，稳定政策、稳定思想，从而保证了乡镇企业的稳定发展。自治区党委、政府的领导同志深入基层调查研究，鼓励乡镇企业的职工树立信心，渡过难关。区政府在乡镇企业最困难的时候，召集计委、经委、农行等有关部门，协调解决了乡镇企业资金、运输等实际问题。

2．认真贯彻“调整、整顿、改造，提高”的方针，积极进行结构调整，不断深化改革。1990年全区新上乡村两级企业项目40多个，共投入4 500万元，比上年下降30%。其中用于技改和扩建资金2 500万元，占投资额的55%。在稳步发展具有资源优势的农副产品加工业的同时，努力增加花色品种，开发了70多个新产品，优化了产品结构。各地还把继续搞好企业整顿作为深化改革的一个重要内容来抓。全区进行全面整顿的企业已达1 314个，其中重点整顿492个。通过整顿，进一步完善了企业承包经营责任制，全区2 726个乡村集体企业中实行各种形式承包责任制的达到2 183个。实行风险抵押的465个，上缴抵押金373万元，为了防止整顿走过场，区局制定了整顿验收标准。通过整顿和验收，进一步强化了企业的组织结构，加强了企业财务管理，摸清了企业家底，解决了企业存在的一些突出问题，健全和完善了各种规章制度，增强了企业的生机和活力。

3．深入开展“企业管理年”活动，逐步引导企业由重产值、重增长速度转变到以提高经济效益为中心的轨道上来。各地根据农业部要求和区局安排，积极组织企业开展“企业管理年”活动，层层动员，广泛宣传，促进管理年活动的开展。区乡镇企业局总结和推广了吴忠市、中卫县开展“企业管理年”活动的经验。各地区组织市县对照吴忠市、中卫县的经验，找差距，订措施，组织互检、互学、互促和评比表彰活动，收到了比较好的效果。在管理年活动中，各地通过各种形式开展学习、宣传、贯彻《中华人民共和国乡村集体所有制企业条例》的活动。

4．注重抓人才培训和产品质量，促进了企业的技术进步和整体素质的提高。全区共举办各类专业技术培训班181期，培训人员4 300人。乡镇企业职称评定工作也有了进一步的发展，获得中、初级职称的专业人员已达1 763人，建立了乡镇企业自己的技术队伍，促进了企业的技术进步。乡镇企业产品质量管理工作1990年也有了新的发展，区乡镇企业局制定了“乡镇企业工业产品质量管理意见”、“全区乡镇企业目前和八五期间产品质量管理工作意见”和“乡镇企业优秀产品评审细则”，建立了质量管理工作网络，使全区乡镇企业质量管理工作开始向系统化、规范化迈进。

虽然乡镇企业总的形势是向好的方面转化，但还没有摆脱困境。诸如结构不合理、经济效益下降、经济运行宏观调控能力不强，企业素质差等深层次的问题并没有解决，突出地表现在以下几个方面：

经济效益继续下降。全区乡镇企业实现的纯利润与1989年相比，始终是负增长。而且降幅较大，其中下降幅度最大的县达38.7%。

发展后劲严重不足。由于资金短缺，用于新上和技改项目投入急剧减少，新增生产能力和开发的新产品很少。

资金短缺依然严重。企业产成品和发出商品资金占用额度大幅度增加，占压资金4 800多万元，外部拖欠货款8 000多万元，合计约1.2亿元。

结构调整难度很大。行业内部技术水平低，产品低档次、重复建设的问题比较普遍。由于缺少投入和宏观调控手段，行业内部结构调整十分困难。

导致上述问题的原因是多方面的，都需要在今后的发展中认真加以解决。

（袁正雄）

1990年，新疆维吾尔自治区乡镇企业保持了持续稳定的发展势头，全面完成了“七五”计划的各项指标。乡镇企业总产值25.31亿元，比上年增长11.19%，完成“七五”计划的115.05%，其中，工业总产值12.78亿元，比上年增长18.42%，完成“七五”计划的108.31%；实现纯利润2.36亿元，比上年增长5.16%，完成“七五”计划的94.4%；上缴国家税金1.11亿元，比上年增长21.15%，五年中累计向国家上缴税金3.85亿元。全区乡镇企业已发展到14.4万个，职工和从业人员达到46.4万人。

1990年主要抓了以下工作：

1．统一思想认识，纠正思想滑坡。一年来，通过召开会议，调查研究，下基层指导等形式，反复宣传中央和自治区扶持发展乡镇企业的方针政策，稳定了人心，稳定了队伍，乡镇企业战线广大干部、职工进一步提高了对乡镇企业地位和作用的认识，振奋了精神，增强了克服困难的信心，基本上做到了三个坚定不移：治理整顿和深化改革坚定不移；继续大力发展乡镇企业坚定不移；积极争取较好的发展速度坚定不移。由于扭转了思想滑坡的倾向，在资金困难，市场疲软的情况下，乡镇企业仍然取得了较好的成绩。

2. 积极开展"企业管理年"活动。根据农业部的统一部署，全区乡镇企业系统以强化企业管理，提高管理水平为中心，有计划有组织地开展了"企业管理年"活动。各地乡镇企业的重点行业和骨干企业普遍重视了标准化、计量、定额、信息、规章制度、基础教育和班组建设等7项基础管理和全面质量管理、财务管理、物资管理、设备管理、安全生产管理等5项专项管理工作。通过地方和兵团互检，各地州县之间互检，评选出乌鲁木齐县、米泉县、尉犁县、库尔勒市、昌吉市乡镇企业局以及乌鲁木齐县二宫乡，米泉县古牧地镇乡镇企业办公室7个开展"企业管理年"活动先进单位，并受到农业部的表彰。

3. 狠抓了续建项目的扫尾工作。一年来，在基本建设方面区局将有限的资金集中使用，重点用于前几年安排的几十个骨干项目续建工程的扫尾，使53个续建项目在年内全部建成投产。

新疆维吾尔自治区布尔津毛纺厂的工人互相交流经验，共同提高产品质量

4. 继续进行产业结构和产品结构的调整。一年来，按照国家产业政策和自治区经济发展的总体规划，乡镇企业努力发挥资源优势；根据市场需求，继续对产业结构和产品结构进行了积极的调整；对耗能高、质量差、效益差、污染严重又无法治理的企业实行关停并转；重点发展以农畜产品为原料的轻纺、食品工业以及采矿业、建筑建材、交通运输、盐化工、机械等行业。

5. 认真学习、宣传、贯彻《中华人民共和国乡村集体所有制企业条例》。《条例》颁布后，各地乡镇企业主管部门采取多种形式，广泛深入地开展了宣传活动。

6. 抓了乡镇企业各级干部的岗位培训、成人教育和专业技术培训工作。区局制定了乡镇企业系统各级领导干部岗位培训三年规划并开始实施。各地州也举办了不同层次、不同专业的培训班。在职工成人教育方面，已有六所大专院校为乡镇企业系统设置了企业管理、会计、采矿、化工、机械等大专班。此外，举办了两期标准化函授培训班，培训学员1 200人，还培训了一批管理诊断员、计量定级评审员。

（任志实）

重庆市

1990年，重庆市乡镇企业在市委、市政府及各部门的支持下，认真贯彻"调整、整顿、改造、提高"方针，经过艰苦努力，取得了比预计还要好的成绩。主要特点是：

1. 生产由滑坡转为回升，并超额完成了计划。年初，全市乡镇企业总产值增长幅度仅为2.2%，回落到历史的最低水平。到年底，总产值超额6.65%完成了年计划，达到83.12亿元，比上年净增12.35亿元，增长15.9%，占全市农村社会总产值的比重，由上年的54.8%上升到58.8%。其中，乡镇工业产值39.7亿元，比上年净增5.54亿元，增长13%。全市乡镇企业24.23万个，比上年增加9 065个，从业人员122.64万人，比上年增加15 390人，新增加江津县德感、合川县太和、大足县龙水3个县辖亿元区。

2. 经济效益与生产同步增长。全市乡镇企业销售收入达到78.28亿元，实现利润4.46亿元，向国家上缴税金3.65亿元，分别比上年增长15.1%、5.67%和12.54%。全员劳动生产率达到6 821元，比上年提高16.8%，人平创利税661元，比上年提高14.4个百分点。从利润中提供的以工补农及农村社会福利、文教、场(集)镇建设费用达8 252万元，比上年增长8.5%。

3. 结构调整日趋合理。通过调整，乡镇工业中的支柱产业趋向明朗化，建材、轻工、食品、机电、纺织、化工等行业的产值，已占乡镇工业产值的80%以上；为城市大工业协作配套、零部件加工的产值，已占乡镇企业总产值的10%。特别是出口创汇企业和产品发展较快。出口产品企业已由上年的225个增加到了259个，出口产品生产总值由上年的2.4亿元增加到3.3亿元，增长34.9%；出口产品交货额由上年的2.17亿元增加到3.02亿元，增长39%；出口产品交货额在100万元以上的骨干企业，由上年的33家增加到43家。

4．企业基础管理进一步加强，整体素质明显提高。沙坪坝区的红旗弹簧钢板厂、歌乐山水泥厂、巴县的鹿角页岩砖厂等3个企业被评为省级先进企业；北碚纸板厂、铜梁县关溅丝厂、江北县洛碛化工厂等15个企业被评为市级先进企业；九龙坡区建新页岩砖厂等3个企业获省、市节能先进企业称号；有400家乡村骨干企业开展了会计达标升级活动，其中59家企业经检查验收合格；有140家企业安全达标；36家企业计量定级验收合格。全市乡村集体工业企业产品标准覆盖率已达91.8%。

5．新产品开发和创优取得成效。共开发新产品72项，比上年增加13项。经省、市组织评审，有28项获四川省乡镇企业科技进步奖、25项获市乡镇企业技术进步奖。其中，"四缧杆真空反应混炼挤出机"等6项填补了国内空白，替代了进口产品，41项填补了市内空白。有7项产品获得国家专利，"熊牌喷雾器"等3个产品参加"尤里卡国际发明博览会"展出，受到好评。优质、优秀产品产值已达3.8亿元，占乡村工业产值的9.59%，比上年提高1.47个百分点。

1990年，重庆市乡镇企业能够取得以上成绩，主要原因是：

1．各级党政领导重视，采取措施积极扶持。针对乡镇企业在各个时期出现的认识问题和具体困难，先后召开了全市乡镇企业工作会、区县经济形势分析会，用"大力发展乡镇企业是一项长期的战略决策"统一各部门认识，重申发展乡镇企业的政策不变，大力发展的指导方针不变，结合本市实际，制定了扩销、促产、增效的政策。市委、市府领导还亲自带领有关部门的负责同志深入基层，现场办公，及时为企业排忧解难，在市委、市政府领导的带动下，区县党政领导亲自过问、亲自组织协调、亲自抓乡镇企业发展，为乡镇企业渡难关、持续发展创造了良好的外部环境。

2．主动调整，在调整中巩固、提高。各级乡镇企业主管部门根据国家产业政策，坚持以市场为导向，结合本市资源开发利用，积极抓结构调整。一是把调整与技术改造相结合，提高企业技术水平和扩大生产能力。全年乡镇企业安排基建项目478个，比上年减少36个，其中技改项目增加44个，技改投资额占总投资的60%以上。二是紧紧把握市场变化，积极开发新产品。据对43项新产品统计，新创产值6 000多万元，创利润1 500万元。三是利用本地资源，重点抓出口创汇产品发展。通过资金投向的倾斜和政策扶持，初步形成了一个以生丝、茶叶、猪鬃等为主体的出口创汇群体。四是走联合之路，发挥群体优势。一年来，全市乡村集体企业与市内外联营的厂家有416个，联合实现的产值达2.8亿元。

3．深入广泛开展"企业管理年"和"科技成果推广应用年"活动。按照农业部和市府提出开展"两个活动年"的要求，乡镇企业各级主管部门依靠市乡镇企业科技顾问团的帮助，以企业达标升级为导向，以加强企业七项基础管理和五项专项管理为重点，市局与市有关部门联合制定了《关于企业升级鼓励政策的意见》、《关于乡镇企业开展财会工作达标活动意见》等一系列文件，并把这些文件的贯彻实施与"双增双节"活动紧密结合起来，增强了各级领导的管理意识、质量意识和效益观念，不仅增产了优质、优秀产品，而且涌现出一批加强企业管理的先进单位。其中：江北县乡镇企业管理局、九龙坡区乡镇企业管理局和花溪、华岩、转龙、覃家岗、歌乐山5个乡企办公室被农业部评为全国乡镇企业系统"企业管理年"活动先进集体；重庆实验电炉厂、太和丝绸厂等15个企业获四川省乡镇企业系统先进单位称号；覃家乡的新桥村、北碚区歇马镇的东风村、花溪乡的群乐村、石桥乡的高庙村，做到了全村无一亏损企业。

4．实施了《重庆市乡镇企业2 224人才开发工程》。为了全面提高职工队伍素质，重庆市乡镇企业管理局结合本市实际，制定并实施以领导干部岗位培训为中心、以大中专学历和适应性短期培训为两翼的"2 224"人才开发工程，即：1990～1992的三年内，全市将培训市、区(县)、乡（区、镇）主管乡镇企业的领导干部各2名；总产值100万元以上的企业厂长(经理)各2名；总产值50万元以上的企业厂长(经理)达到中专以上学历的各2名；总产值50万元以上的工业企业及100万元产值以上的建筑企业，获各类技术职称的人员占本企业职工总数的40%。一年来，有5.8万人接受了各类培训。受训人员回到单位，都积极发挥了作用。

5．大力组织学习、宣传《条例》，充分发挥了各级主管部门作用。《中华人民共和国乡村集体所有制企业条例》颁发后，在重庆市委、市政府部署下，市乡镇企业管理局与市电台、电视台和报刊密切配合，围绕《条例》的主要精神，撰写了23篇文章在报刊、电台刊登和转播，电视台录制了乡镇企业专题片，在全市陆续播放。市局还翻印了3万册《条例》发到企业，组织各级干部和广大职工学习，并举办了学习班培训骨干。不少区县乡镇企业主管部门也采取各种形式，掀起了学习、宣传、贯彻《条例》的热潮，并针对贯彻中出现的问题，及时向有关部门反映，争取解决。通过《条例》的宣传、贯彻，促进了乡镇企业管理的规范化、科学化，同时也解决了一些长期未能得到解决的问题，保护和正确引导了乡镇企业发展。

虽然重庆市乡镇企业的发展取

得了一定成绩，但与先进地区相比，还存在很大的差距。一是企业亏损金额上升，达到7 436万元，比上年增大93.3%；二是职工文化技术水平较低，初中以上文化程度只占职工总人数的56.8%。其中：大专以上的，仅占0.15%，中级以上工程技术人员仅占0.1%。

（何龙根）

西 安 市

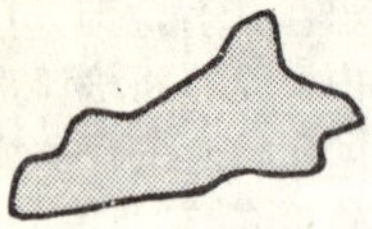

1990年，西安市乡镇企业在治理整顿中稳步发展，完成总收入57.4亿元，总产值53.3亿元，其中工业总产值34.6亿元，分别超额完成年计划的4.3%、3.23%和6.16%，比1989年分别增长13.9%、14.45%和17.2%。一年来，西安市发展乡镇企业主要抓了以下几项工作。

1．统一认识，调查研究，政策扶持，加强领导。1990年，召开了全市乡镇企业工作会议，认真传达贯彻了全国和陕西省乡镇企业工作会议精神，市政府批转下发了市乡镇企业局《关于进一步对我市乡镇企业进行治理整顿和深化改革的请示》，明确了我市乡镇企业在今后三年治理整顿期间“转轨变型、苦练内功、城乡一体、适度发展”的指导思想，提出了六项基本目标和一系列措施意见。市政府又适时召开了区县长座谈会专题研究乡镇企业工作，对全市乡镇企业在新形势下的发展提出了“统一思想，稳定政策；优化环境，积极扶持；规划引导，调整结构；改进管理，提高企业素质；优势互补，发展联合”等五项工作要求。

各区县党委和政府在实践工作中切实加强了对乡镇企业工作的领导。未央区、长安县、高陵县等党政主要领导还亲自组织全区(县)乡镇企业工作调查和工作检查，深入企业了解乡镇企业发展中存在的问题，协调各部门为企业排忧解难。长安、碑林、灞桥、雁塔、户县、阎良、高陵、蓝田等区县相继制订了关于发展本地区乡镇企业有关政策，有力地推动了乡镇企业的发展。

2．广泛深入地开展“企业管理年”活动，练内功，上水平，求发展。市乡镇企业局根据农业部有关决定制定了《开展管理年活动安排意见》，并召开动员大会，号召全市乡镇企业职工把思想统一到党的十三届五中全会精神上来，把功夫下到强化企业管理，加强企业自身建设上来，打一场提高企业管理素质的攻坚战。各区县对此项活动高度重视，长安县等成立了由县委、政府、人大主要领导参加的领导小组，通过开动员会、贴标语、出板报等形式，安排部署，层层发动，广泛宣传。

典型引路，分类指导，带动全局。在管理年活动中，各区县采取了抓重点乡镇、抓示范企业，以点带面，分类指导的方法，取得了良好的效果。如户县抓了玉蝉乡企业内部审计、余下镇企业民主管理；雁塔区通过企业分类排队，提出“一类企业抓升级、二类企业抓管理、三类企业促转变”的指导方针；蓝田县通过开展财务整顿，加强财务管理，对企业实行效益指标月考核制度，改变了“平时不核算，盈亏年终看”的粗放管理方法。

以企业升级和全面质量管理上轨道为重点，强化企业各项管理。1990年市要求年产值50万元以上工业企业全部开展全面质量管理，分期达标；年产值100万元以上企业为近期升级重点，明确目标，逐级攀登。1990年有1家企业升为国家二级企业，11家企业升为省级先进企业，17家升为市乡镇一级企业；52家企业完成TQC达标验收；34家企业完成计量验收，36家企业完成标准化整顿验收；共创省、市优质产品32个。

以增强企业活力为目标，不断深化企业改革。为增强企业经营者的管理意识，克服企业短期行为和分配不公，1990年改革工作的重点一是继续抓了承包内容的完善、承包合同的规范、承包期限的延长和风险抵押承包形式的推广；二是抓了民主管理和加强审计监督；三是抓了以“双增双节和合理化建议”的群众活动。通过“双增双节”活动，全年节约钢材1 247.3吨，节约电力121.38万度，节约原煤18 038吨，节约成品油225.3吨，节约有色金属30.6吨，直接取得经济效益1 020.58万元。全市共评出了3个先进区县、20个先进乡镇和50个先进企业。

3．积极主动调整产业产品结构。调整目标是解决乡镇企业低水平重复，不能形成行业优势和缺少拳头产品的问题。通过调整，逐步形成了以集体工业为主体，以拳头产品为龙头、以优势行业为支柱、以骨干企业为基础，既有统一布局，又有地方特色的发展格局。未央区三桥镇组建了拥有19个造纸企业、4 000多名职工、16条生产线的造纸工业集团，实现了生产要素的优化组合，初步达到了联合紧密化、服务一体化、管理规范化、经营集团化、资产股份化。灞桥永丰村特种食品公司研制生产小米薄酥脆，以其优质获亚运会科学大会特制金杯奖，迅速占领市场，并形成包括16个厂家，4 000名职工，年生产能力5 000吨，年产值5 000万元的企业集团。

4．抓重点、渡难关、稳定全局。1990年由于大部分企业处境十分困难，停产半停产企业增多。据临潼县乡镇企业局调查，乡村两级工业企业中停产半停产企业占11%，且大都为骨干企业。为了在困难条件下稳定企业，尤其是骨干企业，我们一是建立“宝塔形”重点扶持网络。市乡镇企业局会同市计委、科委、财政局、税务局、农行共同研究决定，对110家符合国家产业政策，经济效益较好，有发展后劲的企业进行重点扶持。二是运用科技入股，采取“三让”政策开展横向经济联合。1990年我市与大专院校、科研单位及国营企业新落实横联项目184个，引进资金4 680万元，新增生产能力1.1亿元。三是通过企业技术改造不断开发新产品，走少投入多产出之路。未央区北方电缆厂，面对第一、二代电缆滞销，投资180万元，研制了年产15万对公里生产能力、12个系列HYA全色谱新型电缆生产线，使该产品可以得到5年左右的稳定；碑林化工厂依靠科技进步研制“麦宝”获得成功后，又开发了赤霉素和玉米固氮菌等生物系列支农产品。莲湖区新秦塑料厂，采用新技术，投资60万元，建成塑料波纹生产线，年新增产值200万元。

（西安市乡镇企业管理局）

广州市

1990年广州市乡镇企业认真贯彻中央的改革开放和“积极扶持、合理规划、正确引导、加强管理”的方针，积极进行治理整顿，深化企业改革，充分发挥乡镇企业灵活机制的优势，克服资金、原材料及市场疲软、被三角债困扰等困难，全面完成1990年计划指标任务，取得了新发展。其发展的主要特点是：

1. **保持了持续稳定发展的势头**。1990年全市乡镇企业达6.13万个，比上年净增384个，比1985年末净增2.12万个，增长52.8%；职工队伍达53.4万人，比上年净增1 469人，比1985年净增16.24万人，平均每年安置农村剩余劳动力3.24万人，占农村劳动力的比重从1985年的29.9%上升到37.1%；企业总收入96.87亿元，比上年增长13.3%，比1985年26.36亿元增长2.67倍，年均递增29.7%；完成总产值（1980年不变价，下同）70.62亿元，比上年增长16.2%，比1985年21.46亿元增长2.29倍，年均递增26.9%，占农村社会总产值的比重从1985年56.01%上升到70.3%；其中工业总产值完成46.59亿元，比上年增长19.03%，比1985年12.98亿元增长2.59倍，年均递增29.1%，占全市工业总产值比重从1985年7.78%上升到15%；上缴国家税金3.53亿元，比上年增长7.6%，比1985年1.04亿元增长2.39倍，年均递增27.7%；纯利润7.17亿元，比上年增长0.98%，比1985年2.69亿元增长1.66倍，年均递增21.6%。

2. **外向型经济有新突破**。1990年出口企业达733家，比上年净增64家；从业人员12.32万人，比上年净增1.32万人，提供出口产品近千种，远销世界100多个国家和地区，出口交货总额达3.34亿元，比上年增长3.4%，比1985年0.5亿元增长5.49倍，年均递增45.6%；“三来一补”和“三资”企业新投产项目有90宗，利用外资8 147万美元，我方收汇达1.92亿美元，比上年增长34.3%，比1985年0.32亿元增长5倍，年均递增43.1%，占全市出口商品总值比重从1985年7.9%上升到21.3%，已经成为广州市出口创汇的生力军。

广州江南大酒店

3. **企业素质不断提高**。1990年全市乡镇企业中，荣升国家二级企业1家，省级先进企业10家，部质量管理奖1家；获部优质产品奖6项，省优质产品奖9项，市优质产品奖10项；有3项产品获省、市新产品、新技术和技术进步奖。1990年还培训各类人员2 753人，其中中技以上学历人员2 040人。1990年，总产值超亿元的镇有28个，超1 000万元以上的村119个，超1 000万元以上的企业85家，出口交货总额超1 000万元以上企业有33家，创汇超100万美元的企业有79家。

4. **发挥城乡整体优势，发展城乡结合办工业**。近几年来，各级认真贯彻广州市委、市政府提出“城乡结合办工业”的决定，乡镇企业与广州国营企业、科研单位联营企业的步伐加快，1990年，有联营企业662家，职工人数达11.35万人，占职工数的21.25%，总产值达16.1亿元，总收入19.57亿元，创利税

1.41亿元，拥有固定资产原值10.48亿元，分别为乡镇企业的22.79%、20.2%、13.17%和28.32%，联营企业的发展，推动了乡镇企业更快发展。

5. 有力地支援农业生产和农村“两个文明”建设，为国家和社会作出了重要的贡献。1990年镇村两级企业利润中，用于支援农业生产3 463万元，用于农村集镇建设605万元，用于农村文化教育事业1 845万元，用于集体福利事业3 647万元，用于镇村行政经费补贴、计划生育、征兵、社会治安及其它临时任务补贴2 426万元。“七五”期间，全市乡镇企业上缴税金累计12.33亿元，比“六五”期间增长2.85倍。用于支农经费1.32亿元，用于集镇建设3 177.9万元，用于农村文化教育事业6 378.97万元，用于集体福利事业1.58亿元，用于行政经费补贴及其它任务补贴经费8 934万元。

1990年全市乡镇企业各项经济指标取得全面增长，但形势仍相当严峻。一是安排农村剩余劳动力的速度减慢；二是经济效益不理想，不少县（区）利润下降；三是不少县（区）主导行业、重点产品不突出，名、特、优、新产品少；四是企业外部环境的条件还未根本好转，企业产品积压还十分严重，资金紧缺的状况还很突出；五是乡镇企业主管部门缺乏管理、监督、协调、服务等调控手段和权力，不能适应企业发展的需要。

（潘楷乐　劳义海）

沈阳市

1990年沈阳市乡镇企业在市委、市政府的积极扶持和关怀下，全市乡镇企业干部职工发扬了拼搏、开拓、创新的精神，开发新产品、上质量、上管理、上水平、增效益，促进企业生产经营，取得了可喜的新成绩。

一、各项主要指标再创历史最好水平

全市乡镇企业已发展到60 543个，从业人员达到43.29万人。已经形成一支强大的生产大军，成为农村经济的重要支柱。各项主要指标是：

1. 工业生产继续增长。全年乡镇企业完成产值70.8亿元，比上年增长12.99%。其中，乡镇工业产值62.5亿元，比上年增长15.4%。乡镇工业产值占全市工业总产值的比重，已由1989年的21.8%，上升到24.5%，形成四分天下有其一的新格局。全市乡镇工业总产值增长速度高于全市工业总产值增长速度，也高于全省乡镇企业总产值增长速度。

2. 经济效益稳步上升。全年乡镇企业总收入63.92亿元，比上年增长11.5%。其中，乡办企业10.34亿元，村办企业22.2亿元。乡镇企业利润总额达到10.2亿元，比上年增长9.8%。其中，乡办企业1.37亿元；村办企业3.17亿元；联户企业1.2亿元；个体企业4.46亿元。乡镇企业向国家缴纳税金总额为3.8亿元，比上年增长1.48%。乡镇企业年人均创利税2 442元，比上年增长5.19%。乡镇企业固定资产原值已经达到15.24亿元，比上年增长14.8%。

二、沈阳乡镇企业发展的特点

1990年，是“七五”计划的最后一年，也是“治理整顿”进入关键时期的一年。沈阳乡镇企业在困境中崛起，在发展中提高，形成独具一格的发展新特点。

1. 产业结构调整趋向合理，在治理整顿中又有新发展。1990年，沈阳市乡村两级工业企业的产业和产品结构又进行新的调整。一是关闭218家企业；二是食品行业由353家发展到399家，工业产值由8 510万元上升到1.09亿元，增长28.1%。

治理整顿给沈阳市乡镇企业发展带来新困难，也带来新机遇和新的希望，也为沈阳乡镇企业注入了新的生机和活力。具有一定规模的乡（镇）、村和企业继续增多，产值在5 000万元以上的乡（镇）达到45个，比上年增加7个；产值在1 000万元以上的村达到125个，比上年增加15个；产值500万元以上的企业已发展到89家，比上年增加5家。

2. 依靠科技进步，技术改造和新产品开发步伐加快。全市乡镇企业认真贯彻国家经委《关于加强乡镇企业质量管理办法》和农业部《乡镇企业系统部优质产品评选细则和乡镇企业全面质量管理验收细则》等文件精神，已有75家企业推行全面质量管理。其中，部级验收企业5家，有1家企业获市质量管理奖，有4家企业的QC小组荣获省级QC小组成果奖。全市乡镇企业技术改造完成108项，总投资9 610万元，新增产值2.33亿元。引进新技术84项，实现产值7.03亿元。开发新产品207项，实现产值2.19亿元，利税3 140万元。其中，获市科技进步奖4项、省金鹰奖2项，市金星杯奖39项。全市乡镇企业创部优4项、省优2项、市优25项。拳头产品65项，还有4种工艺品在国际博览会上分别荣获银、铜牌奖。

3. 开拓两个市场，乡镇企业出口创汇又有新增长。沈阳市乡镇生产外贸出口产品企业已有120家，比上年增加15家，企业人数达到了10 567人，出口交货额达到1.18亿元，比上年增长41%。其中，机械类出口交货额达到1 938万元，比上年增长396.9%；食品类1 361万元，比上年增长104%；服装类3 280万元，比上年增长28.8%。

全市乡镇企业中，已有8家企业在“贸工农”基地投标中中标，

与外贸部门联合办厂。乡镇企业出口产品正在从单元化产品向多元化系列产品转变，从劳动密集型产品向技术密集型产品转变，从生产传统产品向生产新产品转变。

4. 乡镇企业改革向深层次发展，企业管理又有新进展。在总结推广和完善经营承包责任制的基础上，继续深化企业改革，积极推行了股份合作制试点和组建乡镇企业集团。据统计，全市乡镇企业实行股份合作制的企业达到144家，职工集资入股 5 320 多人，股金总额达 1 546.6万元。组建的 6 家乡镇企业集团，共有33家乡镇企业，1 245名职工，集团的资产总额达到1 935万元。

在强化企业管理，开展“企业管理年”活动中，全市乡镇企业普遍开展了“抓管理、挖潜力、增效益”活动。企业管理水平有新的提高，于洪区北陵乡、东陵区长白乡被评为全国乡镇企业系统企业管理先进单位。由于管理素质的提高，1990年沈阳市长青货厢厂晋升为国家二级企业；沈阳市苏家屯区铝合金钢窗厂晋升为省级先进企业；沈阳市望花食品厂等 4 家企业进入市级先进企业。市乡镇一级企业已达20家、市乡镇二级企业40家。已经涌现出一批具有一定规模、效益又比较好的乡镇企业。

5. 重视职工培训。1990年共培训干部职工1.5万人次。其中，大专以上学历的 200 人，中专学历的 1 300人，厂长(经理)岗位培训900人，其余为技术短期培训或轮训，使全市乡镇企业职工队伍的文化结构和专业技术结构又有新的改善和提高。据统计，在全市乡村两级工业企业20多万名职工中，大专以上文化程度的有1 869人，比上年增加925人；高中文化的31 324人，比上年增加3 153人。工程技术人员6 617人，比上年增加1 027人。其中，中级以上职称有1 474人，比上年增加208人，一般职称5 030人，比上年增加 750人。聘用人员4 626人，比上年减少692人。

6. 抓两个文明建设，乡镇企业走上健康发展道路。在发展乡镇企业，加强两个文明建设中，涌现出一批优秀乡镇、村和企业。东陵区五三乡荣获农业部颁发的“大地杯”；于洪区陵东乡被评选为全国乡镇企业百颗星；沈阳市马三家水泵厂、沈阳市长城西装厂、沈阳市新城化工电镀设备厂被评为省级精神文明企业。由于加强了两个文明建设，推动全市乡镇企业走上健康发展的道路。全市乡镇企业的地位和作用进一步增强，1990年全市乡镇工业产值净增8.5亿元，不但补上了城市大工业欠产的2.2亿元，还使全市工业总产值净增6.3亿元，为遏制全市工业生产滑坡，打好工业总体战做出了贡献。

沈阳乡镇企业在发展过程中，还存在一些亟待解决的问题，主要是企业发展后劲不足；企业素质低，管理粗放；企业科技进步步伐不大。

（王乃昌）

大连市

1990年，大连市有乡镇企业5.33万个，比上年减少2 456个。从业人员61.79万人，比上年减少4万多人。拥有固定资产原值40.5亿元，比上年增长14.3%。全年完成企业总产值（现价）117 亿多元，比上年增长10.5%，占农村社会总产值的86.7%，全市 7 个县(市)、区全部完成了年度生产计划，有 4 个县(市)、区的工业产值超10亿元；工业产值超亿元的乡(镇)24个，比上年增加 6 个；超1 000万元的村110个，比上年增加20个；超1 000万元的企业71个，比上年增加16个。

全市乡(镇)、村两级企业总收入80.88亿元，比上年增长1.4%，其中乡(镇)、村两级工业产品销售收入51.38亿元，比上年增长5.6%；实现利税总额7.93亿元，比上年下降9.6%，其中工业利税6.58亿元，比上年下降10%；上缴国家税金3.82亿元，比上年增长16%，其中工业企业上缴税金 3 亿多元，比上年增长 4%。

1990年，全市乡镇工业的发展有以下特点：

1. 工业生产开始走出低谷，产值增长幅度逐月回升。1990年 1 月，乡镇工业生产处在最低谷，当月比上年同期负增长11.7%。面对这种严峻形势，乡镇工业广大干部职工艰苦拼搏，采取实际措施遏制滑坡。一是以不间断的思想发动，统一认识，稳定了干部职工的思想情绪；注重宣传舆论导向，给企业鼓劲；召开贯彻《中华人民共和国乡村集体所有制企业条例》等大型会议，进行广泛的思想发动，促使乡镇企业在艰难中爬坡。二是力克市场疲软，狠抓销售。组织乡镇企业参加市物资调剂会，总成交3.79亿元；各企业也注重落实销售政策，加强销售力量，维持了企业生计。三是解决企业资金紧缺问题。市局两次组织召开清理三角债会议，清理了149个企业的160笔债务，计 6 340万元；主动争取金融部门支持，到年末，乡(镇)、村两级企业银行贷款余额23.25亿元，增长23%。通过采取上述措施，终于渡过了乡镇企业发展历史上最艰难的阶段。

2. 以集体经济为主体，乡(镇)办工业的增长幅度高于村办工业的增长幅度。在71.2亿多元工业产值中，乡(镇)、村两级占82.5%，集体经济占主导地位。其增长幅度，乡(镇)办增长15.2%，高于村办工业增长12.1%的幅度。这是自1978年以来，乡（镇）办工业的增长幅度首次超过村办工业的增长幅度，显示了乡（镇）办集体企业在严峻的困难形势下抗御风浪的能力。

3. 外向型经济有较大发展。面

对国内市场疲软的困难，乡镇企业发挥自身优势，积极开拓国际市场，注重发展外向型经济，呈现良好势头。据年报统计：年末已有出口创汇企业461家，增加57家，产值14.4亿元，增长34%，出口交货额13.52亿元，增长37.1%，超过工业产值的增长幅度，其中直接出口11.84亿元，增长43.8%。不仅出口产品的数量有大幅度增长，而且出口产品结构也有较大变化。机械产品出口增长153%，占总交货额的比重由上年的4.9%上升到9.4%；轻工、土产、纺织产品出口分别比上年增长64%、54%和44%；食品出口仍居首位，增长29%，占总交货额的比重由上年的51.6%下降到48.7%；服装出口增长16%。食品、服装、机械产品已成为全市乡镇工业出口的主导产品。

4. **结构调整初见成效**。年初制定了《关于调整乡镇企业结构的若干意见》，指导企业进行行业结构、产品结构和企业结构的调整。经过调整所取得的成效：一是轻重工业的比例已由上年的42.6：57.4调为43.2:56.8，轻工业中，以农副产品为原料的加工业所占比重由上年的68.2%上升到74%，重工业中的加工工业比重由上年的78.4%下降到74.6%，原材料工业的发展快于加工工业。二是企业的产品结构普遍注重由单一产品向系列化、多品种过渡；粗加工向精加工过渡；半成品向最终产品过渡；内销产品向出口产品过渡；低档次产品向中、高档次产品过渡；一般产品向名优特新产品过渡。三是企业组织结构发生变化，全年关、停285个耗能高、污染重、效益差的企业，现有企业规模相应扩大，企业平均完成的年产值由上年的97万元增加到114万元；平均每个企业拥有的固定资产原值由上年的46万元增加到54万元；全员劳动生产率由上年的15 479元增加到18 560元，提高19.9%。

5. **“企业管理年”活动深入、扎实**。按照农业部关于开展“企业管理年”活动的要求，认真加强各项管理工作。一是全面开展企业升级，强化7项基础管理和5项专业管理，促进企业管理达标。全年有195个企业升级，其中大连轴承厂升为国家二级企业；大连铝材厂、大连包装机械厂升为农业部乡镇企业系统先进企业；大连曙光绝缘材料厂等8个企业升为省级先进企业；大连丝毯厂等21个企业升为市级先进企业；金州区乡镇工业局等6个单位被农业部评为企业管理年活动先进单位。二是加强企业内部审计工作。市、县(市)区局建立了内审机构，对财务管理、资金管理、盈利分配、承包经营等项业务开展审计，全年共审计了744户企业，查出损失浪费金额330万元，促进增收节支106万元。总结和推广了10个内部审计工作经验。三是完善承包经营责任制。在贯彻大政发(1989)157号文件中，总结了以前承包中存在的“砸死坑”、假集体承包和权力承包的教训，推广了新金县乡镇工业局完善承包经营责任制的经验，不仅调动了经营者的积极性，促进了生产发展，也为下一轮承包打下了基础。四是在安全生产管理中狠抓隐患，突出重点，推行目标管理，责任到人，职工的安全意识普遍提高，恶性事故明显下降。

6. **企业技术进步取得新成绩**。年初制定了《大连市乡镇企业技术进步发展规划》等7个文件，提出了“向技术改造要发展后劲，向新产品开发要市场，向全面质量管理要效益”的口号。全年技术改造竣工项目27项，实际完成投资2 100万元；新产品开发61项，其中填补国内空白6项，达到国内同类产品先进水平15项，开发新产品当年完成产值6 000万元，利税650万元；采用国际标准32项；完成二级计量定级6家企业；通过部级验收发放生产许可证15家；又有59个产品获市以上优质产品称号，其中部优10项，省优11项，市优38项；在全面质量管理工作中，有37个QC小组获市以上优秀奖，其中获部优秀奖6个，省优秀奖6个，市优秀奖25个，有10个企业获省大、中型企业全面质量管理奖。

7. **职工教育培训进一步发展**。市、县(市)区、乡(镇)三级教育培训网络基本形成，职工教育培训工作已列入各级乡镇企业主管部门的日程。全年办各种培训班900多期，培训7.5万人次，占乡(镇)、村两级工业企业人数的22.9%，培训人数比上年增加2.5万人次，增长50%。同时突出了岗位培训，共举办厂长(经理)岗位培训班16期，培训1 200多人。市乡镇企业培训中心基建工程开工，年末完成一楼封顶，完成投资70万元。

总结“七五”期间大连市乡镇企业的发展情况，有5条基本经验：

第一，全面理解党的以经济建设为中心的总方针，不断强化发展乡镇企业的信心和决心，是促进乡镇企业持续、稳定、健康发展的先决条件。

第二，全党抓经济，各级党政主要领导亲自抓，是促进乡镇企业持续、稳定、健康发展的关键。

第三，认真落实政策，保持政策的稳定性和连续性，为乡镇企业发展创造宽松环境，是促进乡镇企业持续、稳定、健康发展的根本保证。

几年来，大连市委、市政府对乡镇企业制定了许多优惠政策，从根本上保证了企业的发展，把“积极扶持，合理规划，正确引导，加强管理”的方针，变成了全社会的共同行动。明确规定，凡有助于乡镇企业发展的政策，都要坚定不移地坚持下去，凡中央没有明令禁止的政策都要继续执行，保持政策的一贯性。实践证明，保持政策的连续性和稳定性，是促进乡镇企业得以较好发展的根本保证。

第四，不断深化改革，为企业注入新的活力，充分发挥乡镇企业灵活机制优势，是促进乡镇企业持续、稳定、健康发展的基本原因。

第五，发展乡镇企业必须坚持

实事求是的科学态度，一切从实际出发，因地制宜，不搞一哄而上，才能避免大起大落。

（鲁丕亮）

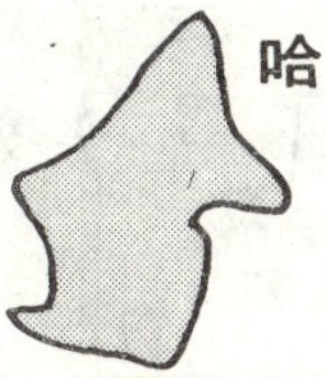

哈尔滨市

1990年，哈尔滨市乡镇企业30 341个，比上年下降0.67%；从业人员17万多人，下降3.03%；实现总产值17.88亿元（1980年不变价），增长5.8%；总收入16.7亿元，增长3.2%；实现利润1.36亿元，下降1.5%；上缴税金0.67亿元，增长3.3%。其中，乡村两级工业产值完成8.89亿元，增长4.1%；实现利润0.55亿元，下降14.2%。

1990年，全市乡村两级工业的29个部门中，产值超过2 000万元以上的工业部门有11个，其中：食品制造业产值5 593万元、纺织工业产值2 618万元、造纸及纸制品业产值2 113万元、化学工业产值3 263万元、塑料制品业产值2 581万元、建材及非金属矿制造业产值13 449万元，比上年分别增长17.2%、30.6%、29.9%、7.9%、12.9%、0.9%；

哈尔滨市昌宁给水设备厂

下降行业中，饮料制造业产值2 080万元、机械工业产值21 604万元、电器机械及器材制造业产值2 916万元，分别下降13.5%、13.8%、31.1%。

1990年，为促进全市乡镇企业的发展，主要做了以下几方面的工作：

1.提高认识，加强组织领导。1990年初，针对乡镇企业战线干部、职工思想波动问题，哈尔滨市政府召开了乡镇企业工作会议，明确表示发展乡镇企业的战略决策不改变，发展乡镇企业信心不动摇，进一步统一了大家的思想认识。市政府多次召开市长办公会议、工业生产协调会，专题研究解决乡镇企业生产经营中遇到的矛盾和问题。在生产滑坡的关键时刻，召开了全市乡镇企业闯渡难关经验交流会，进一步开阔了大家的思路，坚定了克服困难的信心。为了帮助乡镇企业渡过难关，市政府制定了《关于扶持城乡集体经济发展的若干措施》，从资金、销售、物资等方面采取了一些变通措施。市政府还明确了乡镇企业办公室是乡镇政府的职能部门，安排了一定数量的行政编制和事业编制。

2.加强乡镇企业管理，促进整体素质的提高。1990年，认真贯彻《关于全国乡镇企业开展管理年活动的决定》，全市加强了对管理年活动的领导，结合乡镇企业的实际情况，提出了《进一步加强我市乡镇企业管理工作的意见》。制定了基础管理标准，将各项标准分解为百分考核细则，在全市乡村集体企业中开展评估定等工作，综合评价乡镇企业的管理现状，使企业经营者明确了自己的管理方面不足和今后努力的方向。并在对全市乡镇企业经营承包情况调查分析的基础上，提出了进一步完善承包责任制的具体意见，加强了对承包企业的审计和监督管理，促进了经营承包责任制的完善。在农业部组织的东北四市管理年“互学、互帮、互检”活动中，团结乡被评为全国乡镇百颗星之一，红光实业总公司被评为全国乡镇企业政治思想工作先进单位，阿城市乡镇企业局、团结乡镇企业公司等四个单位为农业部管理年活动先进单位。跃进砖厂和红光实业总公司晋升为省级先进企业，一批企业被评为省、市先进乡镇企业。

3.搞好结构调整，使生产要素得到优化组合。1990年，按着国家产业政策的要求，在全市各区、县（市）乡镇企业管理局产业结构、产品结构调查研究的基础上，制定了调整规划。全市发展壮大了一批立足当地资源优势、市场短缺、经济效益好、产品有竞争能力的企业，开发了75种新产品，新创省、市优质产品10种，关停并转了44户耗能高、亏损大、污染严重的企业。通过调整，使资金、能源、原材料得到合理配置，企业整体素质得到提高。一些从事建筑业、建材业的乡镇企业广开生产门路，积极发展第三产业和开发“短平快”项目，开辟了新的发展渠道。乡镇建筑企业在近郊新盖一批农民集资商品楼，改善了农民居住条件，加速了集镇建设，使建筑企业开拓了新的市场。一些乡镇砖厂在发展红砖生产的同时，还开发了赤豆沙、电磁线、印刷、淀粉、给水设备等生产项目，坚持一业为主、多种经营。哈尔滨市列为国家墙改试点城市后，跃进砖厂、王岗砖厂等12家乡镇砖厂克服了资金等困难，自筹资金108万元，建贮灰库6 000平方米，更新改造了设备，同发电厂建立稳定的供灰渠道，重点发展节土、节能、利废的粉煤灰砖，并得到了市墙改资金和免税的支持。1990年全市乡镇砖厂生产粉煤灰砖1亿块，用灰10万立方米，取得了明显的经济效益和社会效益。

4．通过横向经济联合，推进城乡经济协调发展。1990年，哈尔滨市政府把城乡经济协调发展做为一件大事来抓，提出了“厂帮乡、城帮乡”，推进了城乡经济的协调发展。许多城市单位通过扩散产品、转让成果、联合联营等形式，扶持乡镇企业的发展。全市乡镇企业完成联合项目110项，新增产值4 400万元，新增利润350万元。

5．依靠科技进步，提高乡镇企业技术水平。全市把依靠科技进步做为发展乡镇企业的重要途径之一，注意发挥大厂、大学和科技单位技术力量雄厚的优势，通过科研成果转让、科技人员领办乡镇企业等多种形式，提高乡镇企业技术水平。哈尔滨市玉泉酿酒厂同省轻工业研究所协作，通过技术改造，啤酒生产能力由年产3 000吨，扩大到1万吨。1990年实现销售收入1 161万元，利税388万元。同时使啤酒质量明显提高，在轻工业部组织的行业评比中获铜牌奖。科委通过实施“星火计划”扶持乡镇企业。1990年，全市列入“星火计划”10个项目，总投资470万元，年新增产值3 206万元，创利税657万元。

6．开拓国际市场，发展外向型经济。1990年，全市又有一批产品打进了国际市场。原出口企业呼兰鬃尾加工厂的水煮猪鬃技术改造列入国家“贸工农”联合出口基地技术改造计划，改造后新增生产能力2 000箱/年。一些新产品勇于同国外强手较量，哈尔滨市灯塔木工机械厂在参与国际银行组织的圆木加工设备的国际招标中，与美国、瑞士、挪威等国竞争，以优质廉价中标，1990年创外汇36万美元。一批新办的三资企业呈现出蓬勃生机，东方建筑公司在建筑市场不景气的情况下，另辟蹊径，组建了东方集团公司，积极开展对苏贸易，同苏联合资办了远东阿尔克希姆开发、设计、施工合资公司，同南朝鲜合资建了黑龙江省东方糖果制品有限公司，总投资300万元，1990年9月9日正式投产。在我国独家生产跳跳糖产品，当年销售收入1 800万元，实现利润450万元。

1990年，哈尔滨市乡镇企业克服了面临的困难，生产有了一定的发展。但乡镇企业基础差、实力弱、结构不合理等问题暴露得更加突出，主要表现在以下几个方面：

1．行业结构和产品结构不合理。全市建筑业、建材业比重大，机械加工业比重过大，且粗加工产品多，生产的滞销产品多、畅销产品少，一般产品多、高精产品少。由于一些产品不符合市场需要，造成严重的积压，使流动资金大量滞死，1990年乡镇企业产品积压金额达6 000万元。

2．企业技术落后，管理薄弱。全市乡镇工业企业普遍存在技术设备落后、简陋等问题，企业大多使用五六十年代出厂的设备，加工精度低，产品质量差，新产品开发能力弱。许多乡镇企业的财务核算、物资、设备、质量管理水平低，实行承包经营的企业“以包代管”现象严重。

3．企业包袱重、积累少、后劲不足。目前，仅有20%的乡镇企业靠自有资金经营，80%的乡镇企业靠银行贷款经营，相当一部分企业负债经营。企业用于发展生产的资金少，经营效果较好的企业用于发展生产的资金只能占企业税后利润的15%左右，企业自我积累能力弱，发展后劲不足。

（苏本富）

青岛市

1988年以来，青岛市乡镇企业在治理整顿、深化改革的新形势下，继续保持了健康稳步的发展。到1990年底，全面超额完成了“七五”计划所确定的各项经济发展指标。

1988年，全市乡镇企业完成总产值103亿元，比上年增长69.85%，占全市社会总产值的29.41%和全市农村社会总产值的67.19%。其中，乡镇工业完成产值80.03亿元，比上年增长73.31%，占全市工业总产值的38.04%，超过了1983年的全市工业总产值水平；出口交货值完成6.20亿元，比上年增长102.07%。实现纯利润8.08亿元，比上年增长42.64%；上缴国家税金3.73亿元，比上年增长54.63%；全市乡镇企业从业人员达103.39万人，比上年新增12万人，占全市农村劳动力的43.27%；固定资产原值达29.59亿元，比上年净增8.1亿元。

1989年，全市乡镇企业完成总产值132.5亿元，比上年增长28.67%；占全市社会总产值的33.21%和全市农村社会总产值的81.96%；其中，乡镇工业完成产值106.4亿元，比上年增长32.98%，占全市工业总产值的43.5%，超过了1984年全市工业总产值水平；乡镇企业出口交货额完成9.7亿元，比上年增长56.34%；实现纯利润9.14亿元，比上年增长13.03%；上缴国家税金4.62亿元，比上年增长23.98%；乡镇企业从业人员达103.8万人，固定资产原值达35.58亿元。

1990年，全市乡镇企业总产值已达155.32亿元，比上年增长17.19%，已占全市社会总产值的38.13%并超过了1986年全市工农业总产值；其中，乡镇工业总产值已达128.39亿元，比上年增长20.63%，占全市工业总产值的47.02%，并超过了1986年全市工业总产值；乡镇企业出口交货值已达12.59亿元，比上年增长30%；乡镇企业实现纯利润9.0亿元，比上年下降1.46%；上缴国家税金达4.7亿元，比上年增长1.63%；全市乡镇企业总数已发展到10.49万个，其中乡（镇）办企业达1 978个，村办企业达17 577个；乡镇企业从业人员达99.63万人，占农村劳动力的40.9%；乡镇企业固定资产原值达41.5亿元；职工年工资总额达12.94亿元，为1985年的2.82倍，农村人均占有261元，为1985年的2.76倍。

1990年，在全市所属164处乡(镇、办事处)的6 089个行政村中，有乡镇企业的已占92.4%。全市有6个县级市、区的乡镇企业年总产值超过18亿元；在全市10 812个乡村两级工业企业中，已有1 680个企业年产值超过100万元，其中116个已超过1 000万元。

青岛市乡镇企业发展的特点：

一、指导思想明确，发展方针坚定不移

1988年，市委、市政府多次召开专题会议，听取乡镇企业的情况汇报，分析形势，研究问题，及时指导，于年初研究确定了当年全市乡镇企业发展的具体目标和任务，提出要把加快外向型经济发展作为工作重点，并召开会议进行动员部署。面对治理整顿和全面深化改革的新形势，市委、市政府坚持从实际出发，一方面积极引导乡镇企业认真贯彻中央提出的“调整、整顿、改造、提高”的方针，自觉实施发展战略上的“五个转变”，即：在生产建设上由主要靠外延扩大再生产转变到以内涵挖潜为主的轨道上来；在资金来源上由单纯依靠贷款支撑转变到依靠企业自身积累和自筹资金上来；在发展目标上由片面地追求产值增长转变到重质量、重效益上来；在市场选择上由以内销为主转变到内外销并重，着力开拓国际市场上来；在工作指导上由一般地抓普遍发展转变到抓重点乡镇、骨干企业和拳头产品上来。另一方面，明确指出必须从整个国民经济的战略高度正确认识和评价乡镇企业，突出强调坚持城乡一体化发展青岛经济的战略方针不变，发展农村经济的“三大战略重点”不变，并努力稳定政策，精心加以指导，保护广大干部职工发展乡镇企业的积极性，进一步稳定发展形势。1990年，市委、市政府在多次进行深入乡村、企业调查研究的基础上，先后召开了县（市）区委书记和县(市)、区长等参加的8次重要会议，进一步提出强化农业基础和稳定乡镇企业支柱是促进农村经济持续健康发展的两个重要环节，是建设有中国特色的社会主义新农村的必由之路，并在全市广泛开展了“三大讲”活动，即大讲乡镇企业的重要历史地位和作用；大讲乡镇企业发展是商品经济的必然趋势、农民致富的必然选择、农村工业化的必经之路；大讲稳定发展乡镇企业对当前稳定农民、稳定农村、稳定社会的重大意义。确立了新形势下发展乡镇企业的“三个坚定不移”，即：继续大力发展乡镇企业坚定不移；治理整顿和深化改革坚定不移；积极争取有效益的速度坚定不移。在思想认识方面的大发动、再提高的基础上，针对全市乡镇企业发展中存在的问题，要求在认真总结“七五”期间发展经验的同时，“认认真真找差距，扎扎实实搞突破”。三年来，全市乡镇企业系统的广大干部职工，始终保持了艰苦创业、奋发进取的精神状态，为实现新的飞跃奠定了较坚实的思想基础。

二、坚持调整与发展并重，保持发展形势稳定

1988年，特别是治理整顿以来，青岛市根据国务院制定的调整方针和产业政策，结合乡镇企业发展的实际情况，坚持调整与发展并重，及时制定出一系列措施。

1．把结构调整放在首位。提出了“产业结构微调，使第一、第二、第三产业协调发展；行业结构慢调，防止出现大起大落；产品结构快调，加快更新换代步伐”的指导思想，以及“多并转、少关停”等原则。市乡镇企业局制定了《关于乡镇企业产业、产品结构调整的意见》，并组织力量对主要行业和重点产品进行分类排队，实行工作倾斜，引导乡镇企业自觉进行产业、产品和企业组织结构的调整。经过两年多的调整工作，全市乡镇企业的产业结构进一步趋于合理。在所属的五大产业中，农业、建筑业保持基本稳定，商业、运输业得到较快发展，乡镇工业的主体地位明显提高；行业结构日渐优化。全市乡镇工业的轻、重工业比例基本协调，轻工业中以农副产品为原料的行业所占比重迅速提高，重工业中采掘工业、能源和原材料工业得到重点加强；在各工业门类中，机械加工业占居主导地位，化学工业、纺织工业、建材工业、工艺美术业和食品业有了新的发展；企业组织结构得以进一步优化组合。在采取倾斜政策扶持规模较大、产品对路、质量好、效益高的乡村骨干企业的同时，对能源消耗高、产品不对路、质量差、污染严重或长期亏损的企业，则实行限期整顿，逾期达不到要求的，坚决予以关、停、并、转，与此同时，在不断强化企业内部管理的基础上，进一步加快城乡经济联合的步伐，扩大工贸合作，组建企业集团和生产群体，开拓规模经济的路子，形成了纺织巾被、纺织机械、发制品加工、石墨综合开发等以骨

干企业、名优产品、出口产品为龙头的许多具有相当规模的企业集团和联合体。部分乡(镇)、村还借调整机遇，加快工业小区建设，合理布局，优化生产要素配置。

2．把产品结构调整作为重点。根据国务院颁布的《当前产业政策要点》，积极引导乡镇企业以市场为导向、以质量为保证，自觉调整产品结构。围绕治理整顿给乡镇企业发展带来的资金紧缺、能源匮乏、原材料涨价等不利因素，全市提出了“重点保名、优、出口和保障市场供给产品”的产品调整原则，市乡镇企业局制定了《技术进步规划和质量工作要点》，对乡镇企业的主要产品进行分类排队，并测算公布了第一批75种重点产品的119种物耗平均先进指标。在具体工作中，以产品创优、创汇和新产品开发为突破口，带动整个乡镇企业产品的适应性调整。

3．调整资金投向，采取倾斜政策。为克服乡镇企业发展中的盲目性，避免低水平的重复建设，压缩基建规模，提高投资的经济效益和社会效益，由市、县有关部门分层组成乡镇企业投资项目论证班子，采取现场办公的形式进行评估和审批。同时，运用信贷、税收、水电供应等经济杠杆和倾斜政策，重点扶持名优产品、市场紧俏商品、利用当地资源深加工产品和出口产品，以及管理水平较高，经济效益较好的企业。1988年，全市乡镇企业论证立项的112个重点投资项目中，属出口创汇项目60个，属骨干企业扩建和技改项目68个，均占较大比重；1989年，全市乡镇企业在重点投资项目和投资额分别比上年减少58.9%和54%的情况下，把有限的资金进一步集中到重点企业和骨干企业上，确保这些企业的正常生产和发展。1990年，全市乡村工业企业仅用于技术改造的投资就达8 000万元，比上年增长24%。

4．深化企业改革，保持发展活力。为完善承包责任制，村办企业中主要是在摸清底数，健全指标的基础上推行了公开招标承包；乡(镇)办企业则重点是在以集体承包为主的前提下全面加强了审计工作，许多企业还实行了全员风险抵押制和股份制。在承包企业内部，广大乡镇企业进一步建立健全各项规章制度，狠抓目标落实，各骨干企业还从改革工资分配制度入手，逐步推行了计件工资制、计质工资制等。与此同时，全市乡镇企业系统的企业思想政治工作近两年也得到大大加强。1990年，青岛楼山农机厂、胶南第四纺织机械厂荣获“全国乡镇企业思想政治工作先进单位”称号。

三、依靠科技进步，全面提高企业素质

近几年来，青岛市乡镇企业坚持走依靠科技进步的路子，全面提高了企业的整体素质。在具体工作上着重抓了“三个突破口”：

1．以企业升级为突破口，强化企业管理水平。在对全市乡村工业企业进行调查摸底和分类排队的基础上，确定了“先进企业升级，一般企业入轨，后进企业上路”的指导原则，并分级制定了企业的升级规划和整顿方案。根据升级指导原则，针对乡镇企业量大面广，多数管理水平较低的实际情况，在市级先进企业级之下，设置了县级先进企业、县基础级先进企业等初级台阶，把更多的企业纳入了企业升级的范围。在升级工作中，既坚持层次分明、严格标准，又坚持各有侧重、分类指导：市级以上的先进企业，重点是稳定、提高管理水平，进一步提高经济效益，争取尽快进入省级以上先进企业行列；县级以上的先进企业，重点是全面强化企业各项管理工作，尽快达到市级先进企业水平；县基础级和未定级的企业，主要在加强企业基础管理工作方面下功夫，并争取在计量、标准化、财务管理、设备管理、节能及安全生产等方面，实现专项管理达标。三年来，通过升级工作的推动和企业自身的努力，已有5家企业晋升为国家二级企业，16家企业晋升为省级先进企业，266家企业被定为市级或省系统级先进企业；有4家企业被评定为国家二级节能企业，7家企业被评定为省级节能先进单位，141家企业被评定为市级节能先进单位；有130家企业计量定级或升级，40家企业标准化定级。全市乡镇企业系统已有市级以上先进企业287个，实现专项管理工作达标的已达523个，乡镇企业的整体管理水平有了明显的提高。

2．以产品创优为突破口，进一步提高产品质量和档次。在工作中切实发挥产品创优的杠杆作用，引导企业狠抓产品质量，加快产品的升级换代。率先在全国乡镇企业系统成立起来的市乡镇企业质量协会、设备管理协会积极开展工作，分头组织有关行业部门的专家和社会上的离退休科技人员，深入企业解决技术难题，帮助企业搞好新技术推广应用和新产品开发。基层部门、车间也普遍开展了QC小组活动，到1990年，全市已有64种产品荣获“部优”，51种产品荣获“省优”，136种产品荣获“市优”；有15家企业分别荣获部、省、市质量管理奖，45个QC小组获市局级以上优秀成果奖；有115家企业全面质量管理达标，161个企业设备管理达标；全市乡村两级工业企业的优质产品产值率已达14.8%，乡村工业重点产品质量稳定提高率达到96%，监督性产品质量抽查合格率达95.7%。仅1989年、1990年，乡镇企业就应用高新技术32项，其中有的属于国家重点推广应用项目；开发新产品237种，其中氰塑板荣获全国发明展览会银奖，无捻毛巾系列产品、煤用助燃剂、防老剂等产品分别填补省内空白，达到全国先进水平，涂塑软管生产机组获农业部科技进步三等奖。

3．以职工培训为突破口，全面提高企业整体素质。市、县(区)、

乡(镇)各级乡镇企业管理部门进一步健全机构，完善教育培训网络。市、县、乡三级培训，分工明确，职责清楚。市局培训中心着重培训县、乡两级管理干部和骨干企业的厂长(经理)；县局培训机构重点抓好乡(镇)经委的管理人员和乡(镇)办企业专业技术人员的培训；乡(镇)一级主要对所属企业特别是村办企业干部的教育培训。在实际工作中，各级培训机构分别开拓了许多新的培训形式：市乡镇企业局与青岛大学联合开办了企业管理大专班；对骨干企业厂长（经理）的培训，由第一步的产值过100万元的企业，逐步向产值近100万元的企业迈进。同时，结合企业升级、产品创优和专业技术人员的职称评定工作，及时开展了有关企业管理标准化和各类专业技术职称考核标准的培训。各县(市)、区在抓好各乡(镇)经委的财务、统计等专业管理干部培训的同时，还采取了普遍轮训与专题研讨相结合的形式，深入企业帮助解决经营管理中存在的主要问题，推广典型管理经验。据统计，三年来全市乡镇企业职工接受各种培训的近40万人次，经评聘的各类专业技术人员达23 000多人，分别占全市乡村工业企业职工总数的84%和4.8%。

四、把外向型经济作为主攻方向，大力增加出口创汇

1988年以来，青岛市进一步贯彻实施中央确定的沿海地区经济发展战略，把发展外向型经济作为乡镇企业的主攻方向，政策上连续倾斜，措施上不断加大，使乡镇企业的外经外贸发展每年都有较大的突破，充分发挥了青岛市出口创汇生力军的作用。主要特点是：

1．对外经济技术合作领域扩大，成果显著。三年来，洽谈项目800多个，签订对外经济技术合作项目达61个，利用外资总额累计达7 785.39万美元。其中，与外商合资合作项目23项，总投资4 504.55万美元，利用外资2 257.34万美元；外商独资项目10个，投资2 741.26万美元；补偿贸易16项，合同总金额370.3万美元；来料加工等“三来”项目10项，工缴费收入2 414.19万美元。1990年，青岛市乡镇企业还开创了劳务技术出口的先例，首次商谈并签订了向墨西哥、日本劳务技术输出项目2项。乡镇企业对外经济合作领域已扩大到美国、日本、南朝鲜、联邦德国、苏联、泰国、香港等国家和地区。

2．国内工贸结合不断向纵深发展。乡镇企业与省、市外贸部门进一步扩大联系，紧密配合，互相支持，共同发展。在工贸结合的形式上也有了新的突破，已经由过去单一的“代为加工”型，向合资、联营等深层次的结合方向发展。据1990年统计，在全市乡镇企业系统的出口创汇骨干企业中，采取各种形式与外贸部门合作联营的已占60%以上。与此同时，乡镇出口企业还积极与外省市外贸部门联系，争取多渠道出口，全方位发展，仅1990年，全市乡镇企业在市外口岸出口就达8 000万元，占当年直接出口交货值的12%。

3．出口企业规模扩大，重点乡镇和骨干企业迅速增加。1990年，全市乡镇出口企业已达740个，已有4个县级市区（平度市、崂山区、即墨市、胶州市）的乡镇企业出口交货值突破2亿元，其中平度市达到4.06亿元；年出口交货值超过1 000万元的乡（镇）已达38个，其出口交货值占全市乡镇企业出口交货值的84.39%，其中年出口交货值超过5 000万元的乡（镇）5个，胶州市李哥庄镇达到7 281万元；年出口交货值超过100万元的企业已达187个，其出口交货值占全市乡镇企业的78.66%，其中年出口交货值超过1 000万元的企业达22个，胶州市飞龙工艺品公司达到6 403万美元。这些重点乡镇和骨干企业在乡镇企业发展外向型经济中的主力作用越来越突出。

4．出口产品结构日渐优化，资源加工型、劳动密集和技术密集结合型产品增加。治理整顿中，青岛市积极引导乡镇企业发挥资源优势，对出口创汇产品进行深加工、高增值，同时注重发展内配套型、外加工型及“两头在外”型出口产品。几年来已逐步形成了一批畅销国际市场的出口创汇拳头产品，如胶州市的工艺发制品、金冠帽、氨基酸；崂山区的活络扳手、索具、海藻酸钠、针棉织品；即墨市的花生制品、印染布；胶南市的手推车和水产品；平度市和莱西市的石墨制品等。针对国际市场的变化，全市乡镇企业还坚持不断地开发出口新产品，尤其1989年以来，把重点放在扩大技术含量高的机电产品出口上，先后开发了集装箱汽车架、三用剪扳机、混纱机等出口产品，水泥产品也开始打入国际市场。

5．出口生产基地建设加快。为增强出口创汇企业的发展后劲，进一步提高出口产品的档次，青岛市始终坚持狠抓出口生产基地建设。一是重点抓好出口企业的技术改造。各级乡镇企业管理部门积极协调银行、物资等部门，深入企业调查指导，增加技术改造投入，同时切实引导企业，自觉加快技改步伐。1989年和1990年，市农业银行对乡镇出口企业增加贷款5 524万元和8 834万元，分别占当年全市乡镇企业新增贷款额的45%和26.77%。平度市仅1990年就投入资金2 400万元，重点解决石墨的深加工、高增值，使高碳石墨的年产量达到6 000吨，出口交货值比上年增长127%。乡镇出口企业的技改自觉性进一步增强，骨干出口企业崂山王哥庄化工厂和崂山工具厂，三年来累计投入技改资金2 350万元，产值已由1987年的889万元增加到3 149万元，出口交货值增加到4 084万元，生产活络扳手的崂山工具厂成为全国同行业中品种最全、质量最好、创汇最多的厂家。二是认真抓好全国轻纺、机电、贸

工农基地技改项目招标工作。到1990年，共有17家企业在招标中中标，争取国家技改贷资金和贴息贷款1 785万元；有3家企业先后被国家批准并命名为机电产品出口扩权企业；有5家企业被批准并命名为“贸工农基地企业”。

五、抓重点、抓骨干，以点带面，分类指导

1988年以来，青岛市各级乡镇企业管理部门围绕市委、市政府提出的“五个转变”要求，进一步调整工作重点，转变工作作风。市乡镇企业局在认真调查摸底的基础上，排定出全市30个重点乡(镇)、70个重点企业和30种重点产品，作为全市的指导重点；各县(市)、区也都仿照这一作法，在市级重点的基础上，进一步排定出县级重点。市、县两级乡镇企业局在具体工作中，坚持抓好重点乡镇、重点企业和重点产品，以点带面，推动全局，突出在政策指导、信息交流、企业升级、产品创优、技改立项等方面给予优先安排，在生产计划上实行直接调度。同时，注重发挥这些重点乡（镇)、重点企业和重点产品的示范带头作用，结合每年评选“最佳乡镇企业”、“明星企业”和“双文明样板企业”活动，大力推广他们的典型经验，实行分类指导，促进全市乡镇企业在治理整顿中健康稳步发展。

（李开信）

南京市

1990年，南京市乡镇企业面对产品积压、资金紧缺等重重困难，全市乡镇企业干部职工坚决贯彻“调整、整顿、改造、提高”的方针，振奋精神，开拓进取，充分发挥乡镇企业灵活机制，取得了预期的成绩。

生产稳中求进，持续发展。1990年，全市乡镇工业完成总产值37.4亿元，比上年增长11.62%；利税总额2.26亿元，比上年下降13%；销售收入比上年增长1.2%。一批重点乡镇与企业生产稳定，22个市重点乡镇中有21个、35个市重点企业中有28个产值增长。

结构调整初见成效。按照“产品快调，产业慢调，行业微调”的调整原则，全市乡镇企业产业结构开始出现顺向调整的趋势。与上年相比，化工工业、塑料加工业、电子产品加工业的产值比重继续上升，普通建材产值的比重下降了2.5个百分点。在市乡镇企业产品结构调整意见的指导下，主要从五个方面进行了调整。一是开发高新产品。陶吴镇利民机械厂开发生产的S16.8无汞慢速枪弹，达到了国际标准，通过了兵器总公司的鉴定验收，成为全国乡镇企业第一个生产厂家。二是转产滞销产品。燕子矶乡宁燕化工厂利用该厂原有条件，仅用三个月就上了一条年产800吨氯化亚酚生产线，质量达到国家一级标准，填补了全省空白，企业获得新生。三是改进平销产品。横溪装饰材料厂改型生产出防水墙纸，重新赢得了市场。四是增产畅销产品，龙都乡烟用丝束厂抓住产品热销的机遇，1990年将二条生产线扩大为八条，月产量由50吨提高到200吨。五是确保农用产品。江浦县高旺农机厂生产的开沟机，江宁县周岗乡生产的多功能组合农具，为广大农民提供了新型农用机械。在调整中，各单位千方百计筹集资金进行技术改造，发动群众寻找项目加强后劲建设，全市完成固定资产投资1亿元。高淳县为促进乡镇工业持续发展，新批项目投资总额2 000万元，完成900万元。

技术质量工作取得较大成绩。获国家产品质量银质奖1个，部优4个，省优1个，市优39个，获优产品产值2.6亿元，优质产品产值率7%。市级以上鉴定新产品50个，新产品产值1.5亿元，产值率4%。浦口区沿江乡生产的静电种子处理机填补了国内空白。栖霞山陶瓷厂开发生产的电封炉，替代进口，占领国内市场85%，被国家计委列为国家级重大新产品。南京西善桥纺织厂成为全市乡镇企业第一个计量升国家二级的企业。雨花乡人体教学模型厂生产的人体教学模型，荣获国家质量银奖，实现了南京市乡镇企业国优产品零的突破。

外向型经济有了新的进展。寻求市场和寻求发展的双重驱动，使越来越多的企业着眼于国际市场，积极开发出口产品。1990年，全市乡镇企业出口产品收购值达1.2亿元，比上年增长20%。全市新增“三资”企业4家，新增出口创汇企业10家。江宁县第二服装厂，提前完成在国家计委轻纺招标中中标的扩建项目，使年出口服装生产能力从120万件增加到250万件。在泰国首都曼谷举办的中国实用新技术展览会上，摄山电炉总厂的工业电炉订货额达80万美元。

企业素质有了明显提高。1990年，全市广泛开展了乡镇“企业管理年”活动，提出了“学西纺，学晒图，认认真真抓管理，扎扎实实练内功”的要求。各县郊、乡镇，层层动员，把“企业管理年”精神传达到每个企业，并与深化改革完善承包挂钩，促进了管理意识的提高。通过在1 250个企业中普及基础管理，已有100个企业通过“七基”一级企业验收，2个企业通过了省级先进企业评审，3个企业通过了市级先进企业评审。年产值500万元以上和市重点企业开展了量本利分析工作和成本核算；年产值300万元以上企业开展了二级核算，村办企业建帐达到81.6%。一年来，市和县郊举办各种培训班196期，培

训12 698人次。对乡镇工业公司经理、主办会计、统计等人员坚持了先培训后任用制度。通过各级抓培训，学业务，培养人才这项战略工程效应已逐渐显示，乡镇企业素质不断提高，促进了企业上管理，上水平，上规模。

（俞宝庆）

宁波市

1990年，宁波市乡镇企业保持了增长势头，外向型经济发展加快，企业管理明显改善，企业整体素质有了提高，乡镇企业形势出现转机。全年完成乡镇企业总产值153.95亿元(1980年不变价)，比上年增长7.64%。其中，实现乡镇工业总产值147.65亿元，比上年增长7.85%，在乡镇工业产值中，乡(镇)办工业为79.51亿元，村办为46.29亿元，联户和个体办为21.85亿元，分别比上年增长8.34%、7.2%和7.91%。

1990年全市外贸生产企业已达849家，比上年增加139家；现有“三资”企业92家，比上年增加34家。全年完成外贸交货值11.47亿元，比上年增长41.4%，其中直接出口9.3亿元，比上年增长44%。象山县爵溪镇已成为全市第一个外贸出口产品交货值超亿元镇。

全市1990年乡镇企业总产值超亿元的乡(镇)有36个，比上年增5个；年产值超100万元的企业2 552家，比上年增加36家。其中产值500～1 000万元的企业276家，1 000万元以上的企业192家，有2家超亿元。据对全市188家骨干企业的统计，其现行价产值平均比上年增长10.69%，高于全市平均增长水平2.84个百分点。

1990年全市乡镇企业总收入达123.44亿元，实现利税总额19.04亿元，比上年略有增长。村及村以上集体工业，销售收入达92亿元，比上年增2.1%；实现利润6.7亿元，比上年下降10.7%；上缴税金8.3亿元，比上年增3.7%；人均创利税2 002元，比上年增加58元。

1990年，宁波市乡镇企业主要抓了以下几方面工作：

1．统一对治理整顿的认识，积极调整结构。1990年，全市乡镇企业曾一度受到国家宏观经济控制的影响，生产连续滑坡，加之社会不公正舆论的冲击，致使一些乡镇企业干部职工出现思想混乱。针对这一情况，市委、市府十分重视加强对乡镇企业干部职工的思想教育工作，反复强调“市场疲软，思想不能疲软；生产困难，思想不能畏难”。一年里，先后召开了三次全市乡镇企业工作会议，统一思想，明确政策，划清界线，消除疑虑，树立典型，表彰先进，千方百计采取措施，扶持乡镇企业发展。同时，各地抽调大批机关干部下企业开展形势任务教育，帮助企业排忧解难。为了及时发现和解决经济运行中出现的新情况、新问题，各地普遍抓了调查研究工作。在调查研究的基础上，市委、市府先后下发了扶持乡镇企业健康发展的若干政策文件，并确定111家乡镇骨干企业为宁波市重点扶持企业。这些政策措施的出台，大大调动了乡镇企业广大干部职工的积极性，促进了生产的发展。特别是通过10月份在宁海召开的全市乡镇企业工作会议，总结交流了一批重点乡镇发展工业的经验，明确了“八五”时期发展乡镇企业的基本思路，进一步统一了各级干部对治理整顿的认识，统一了对乡镇企业形势的看法，增强了信心，鼓起了干劲。与此同时，各地对调整结构的自觉性进一步提高。在国家产业政策指导下，根据市场需求，采取了“淘汰、限制、扶持”三管齐下的措施，积极主动地调整产业结构、行业结构、产品结构和企业组织结构。对不符合产业政策，经济效益和社会效益差的劣势企业，实行了关停并转；对市场竞争力强、效益好的骨干企业，则支持它们进行技术改造，提高质量，扩大批量。通过一年来卓有成效的工作，全市已涌现出一批拳头产品和龙头企业。

2．狠抓技术改造，增强企业后劲。各地把技术改造工作摆上了重要位置，把它作为调整结构、增强市场竞争能力的关键来抓。全年批准技改项目1 258项，总投资4.36亿元，已投入资金3.13亿元，比上年1.46亿元增一倍多。慈溪市狠抓投资在500万元以上的7个重大技改项目，其中光出口微型轴承一项就投资2 130万元。为了缓解资金紧缺矛盾，市农业银行与市局联合帮助13家重点企业发放了债券1 220万元。围绕技术改造搞开发，全年开发市级以上新产品137项，其中列入国家级8项，填补国内空白13项。获省级科技进步奖6项，市级23项，获星火奖4项，丰收奖2项。由于技改和新产品开发取得成效，从而使出口创汇和市场短线产品明显增加。氯丁橡胶同步齿型带及带轮、汽车软轴钢丝拉索总成、船用硅酸铝耐火材料等一批产品替代进口，为国家节约了大量外汇。为增强企业发展后劲，全市上下都重视抓了新一轮承包经营责任制的完善工作。市委、市府发了《关于完善乡镇企业承包经营责任制的若干意见》的文件。文件明确要求正确处理国家、集体和个人三者分配关系，明确规定了企业留成的比例，以保证企业的生产和发展资金，增强了企业发展后劲，促进了乡镇企业上规模、上质量、上水平。

3．强化内部管理，认真开展“企业管理年”活动。农业部发出在全国乡镇企业中开展“企业管理年”活动的通知后，宁波市召开了乡镇企业管理工作会议，组织经验交流，明确工作目标和任务，制订了“加强七项基础管理”、“产品质量管理”、“安全生产管理”、“设备管

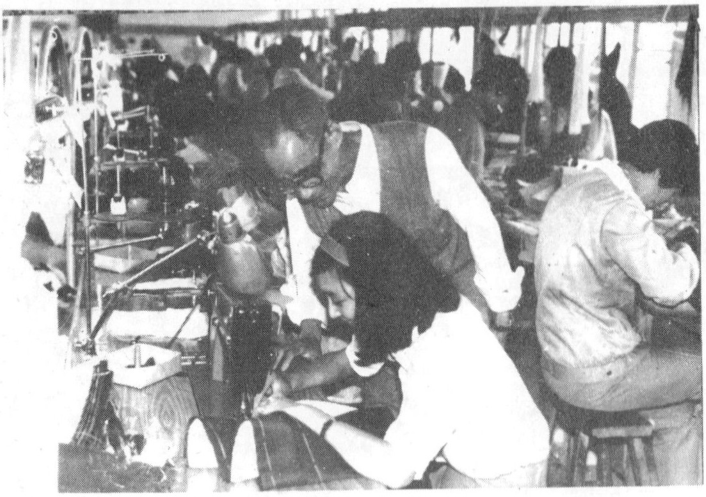

宁波市奉化罗蒙西服厂搞横向联合，努力提高产品质量

理”、“加强财会队伍建设和财务管理”等5个专项管理办法。各地对开展这一活动较为重视，眼睛向内，强化管理，挖潜降耗，提高素质，向管理要效益、渡难关、求发展，开始成为企业广大干部职工的自觉行动。企业上等级、生产抓基础、产品创优质的意识大大增强。全市有56家企业升为市级以上先进企业，其中国家二级企业3家，全国乡镇企业系统级企业3家，省级企业11家，市级企业39家。管理工作得到了加强。一年来，标准化验收合格140家，计量定级验收合格167家，全面质量管理验收合格110家，明显好于往年实绩。产品质量有了提高。新创市级以上优质产品89项，其中国家银质奖1项，农业部部优19项，其它系统部优25项，省优23项，市优21项。同时，又有11家外贸企业通过了出口产品质量许可证考核。

4．加强培训教育，抓紧自身队伍建设。主要采取了三条措施：一是加强乡镇企业管理部门力量，稳定区、乡（镇）工办人员队伍。各地确定范围，核定人员，严格审批，认真做好了工办人员的定编和招工工作。二是开展“比、学、赶、超”活动，对各级乡镇企业管理部门实行工作目标管理考核。三是抓好培训教育。一年来，市局举办各种培训班16期，受训949人次。各县（市、区）共计举办培训班312期，受训人员达2.7万多人次。

（陈晓铭　王秋霞）

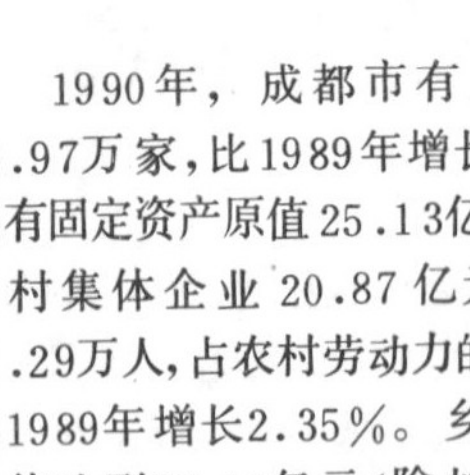

成都市

1990年，成都市有乡镇企业16.97万家，比1989年增长3.29％；拥有固定资产原值25.13亿元（其中乡村集体企业20.87亿元）；职工91.29万人，占农村劳动力的23.31%，比1989年增长2.35％。乡镇企业总产值达到97.15亿元（除加注者外，其余均为1980年不变价），比1989年增长15.15％；实现利润总额4.19亿元，比1989年增长0.43％；上缴国家税金2.80亿元。乡镇企总产值占全市社会总产值的40.27％，比1989年增加3.77个百分点；占农村社会总产值的69.17%（按现行价相比较）。出口创汇企业53家，出口产品生产总值10 535万元（现价），交货总额7 965万元，分别比1989年增长15.05%和2.71％。全员劳动生产率为10 642元，比1989年增加1 182元。

1990年，国务院副总理田纪云、农业部副部长陈耀邦、省委书记杨汝岱、省长张浩若、副省长刘昌杰以及市委书记吴希海、市长刁金祥等各级领导同志先后视察了成都市乡镇企业，极大地鼓舞了全市乡镇企业干部职工。市委副书记骆隆森带领乡镇企业协调领导小组，历时月余，走遍15个郊区（市）县，深入基层，现场办公，帮助乡镇企业排忧解难。9月，市委、市政府召开乡镇企业工作会议，主要领导同志到会并作了重要讲话，肯定了乡镇企业取得的成绩，提出了完成全年任务的措施。领导的重视和关怀，激发了乡镇企业干部职工的生产热情，为全面完成全年任务起到决定性作用。同时，《条例》颁布实施，明确了乡镇企业的法律地位。市委、市政府多次发文强调加强对乡镇企业的领导、大力发展乡镇企业的重要性，一再重申贯彻中央和省、市已经制定的发展乡镇企业的政策不变，并颁发了《关于加强乡镇企业管理的通知》。所有这些，对乡镇企业稳定思想、稳定队伍、稳定企业、稳定生产起到关键作用，使干部职工一心一意抓好企业的生产、管理、经营活动。

1990年，成都市乡镇企业进一步深化改革，继续推行竞争机制和风险机制，改进和完善承包经营责任制和租赁制，推动集体承包、集团承包和企业承包。较好地处理了企业的积累与分配、集体与个人的利益分配关系。1990年，统计汇总独立核算的11 982个乡、村集体企业，有10 508个实行了承包（租）经营（风险抵押承包、承租1 539个，收风险金989万元），承包（租）面达87.70％。其中，承包经营责任制9 689个（风险抵押承包1 354个，收风险金883万元），租赁制819个（风险抵押租赁185个，收风险金106万元）。

1990年，成都市乡镇企业的科技进步取得新成绩，新产品和新技术开发取得重大进展。列入成都市重点新产品开发计划17项，四川省重点新产品开发计划39项，国家级重点新产品试产计划 5 项，国家级重大科技成果推广计划 1 项。完成技术开发项目66项（其中，新产品开发62项）。这66项技术开发项目中，新都县龙虎钢窗厂的空腹钢制推拉门窗、新都溶解乙炔化工厂的溶解乙炔新工艺获得农业部科技进步三等奖，成都国光瓷厂的纹片釉瓷、成都天府垫片厂的钢架石棉复合板、成都市彭县新光建材厂的连铸中间包涂料、成都市蒲江教学模具厂的血吸虫生活史及成虫解剖放大模型、成都市永丰环保专用设备厂的白酒过滤机等14项获得四川省优秀新产品奖。

1990年，成都市乡镇企业继续狠抓人才培训和引进，以提高人员的文化、技术、管理素质。乡、村集体企业接受培训的人数之多、取得成效之大、引进人才之多是历年所未有的。一是组织各类成人大、中专学历教育培训2 989人，其中参加以厂长和经济类技术人员为主要培训对象的第四届乡镇工业企业经营管理函授（一年制、中专）培训1 630人，超过前三届之总和；二是市、区（市）县、乡（镇）完成岗前、在岗的岗位培训6.63万人，其中9 173人取得岗位证书；三是市、区（市）县两级为企业举办各类适应性短期培训班 725 期，培训3.46万人次。四是成都市乡、村集体企业从国营企业、科研单位、大专院校、学会协会等643个单位引进各类人员2 257人，比1989年多引进1 044人。其中，工程技术人员、管理人员分别占64.9%和18.8%。

1990年，成都市乡镇企业在广泛深入地开展“企业管理年”活动中，收到了显著成效，对促进乡镇企业的发展、提高企业素质，起到了极为重要的作用。

（俞视荣）

长春市

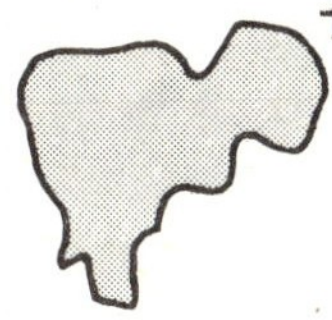

1990年，长春市乡镇企业在治理整顿中保持了合理的发展速度，获得了较好的经济效益。主要特点：①乡镇企业个数、从业人员减少，总产值增长。1990年，全市乡镇企业在产业结构调整中，关停并转了一些能耗高、效益低的企业，使企业数减少了9.5%；职工人数减少4.1%；实现总产值（1980年不变价）4.02亿元，比上年增长4.9%；全员劳动生产率8 270元/人·年，比上年增长9.4%。②乡镇企业总收入、税金增长，利润下降。1990年，全市乡镇企业实现总收入5.3亿元，比上年增长2.1%；上缴国家税金1.7亿元，比上年增长14.3%；实现总利润3.7亿元，比上年减少7.2%。③发展快的乡（镇）和企业有所增加。1990年，产值超5 000万元的乡（镇）有17个，其中超亿元的乡（镇）8个，均比上年增加 1 个。④1990年，乡镇企业共创部优产品 4 个，省优 4 个；外贸出口交货额4 480万元，比上年增长39.1%。

1．落实政策，改善企业环境。在宏观政策环境比较紧的情况下，长春市从本地实际出发，重新制定了25条优惠乡镇企业的政策。同时，各县（市）区依据市里政策制定了执行细则，逐条落实，并举办宣讲政策培训班，组织机关干部下乡讲解，使政策深入人心。这对稳定思想、提高干部职工的积极性起到了重要作用。在宣传、落实政策的同时，长春市把学习宣传、贯彻落实两个《条例》、《吉林省乡（镇）村集体企业条例》、《中华人民共和国乡村集体所有制企业条例》）作为一个时期的中心工作来抓。一是全面发动，广泛宣传，深入学习理解。《条例》一公布，全市就召开专门会议，统一部署，统一安排，各县（市）区迅速传达。举办了乡（镇）长、厂长、专业管理人员培训班，并利用广播、电视、板报等宣传形式，广泛地学习、宣传《条例》。二是结合实际，研究措施，认真落实。在贯彻《条例》中，主要把重点放在解决一些实际问题上，对改善乡镇企业发展的舆论环境，坚定干部职工信心，增强法律观念，提高依法经营和依法管理的自觉性，起到了促进作用。

2．优化结构，强化企业管理。年初，长春市乡镇企业局与市计委根据国家产业结构调整的要求，联合下发了《县区产业结构调整规划》。通过调整，以农产品为原料的加工业与非农产品为原料的加工业构成比由上年的62.7:27.3调整到64:26。国家产品政策限制的一些产品产量明显下降，企业规模结构得到了改善，乡村工业企业平均固定资产比上年增加37.8%，全员劳动生产率比上年增长18.1%。对浪费能源、原材料，严重污染环境，经济效益差的企业进行关停并转，共关停企业8 333个，其中乡村集体企业354个。47项高起点的新产品、新项目形成，当年实现产值7 200万元。在调整中，还注重鼓励、引导企业走联合之路，促进规模经营。成立了以宏新锅炉配件厂为中心的铸造集团和以英俊暖气片厂为主体的散热器集团。在抓好产业调整的同时，又把强化管理、练好企业内功作为乡镇企业工作的突出重点。围绕加强管理工作，首先从评等定级入手，在乡村集体企业中开展了标准、计量、定额、规章制度、信息、基础教育和班组建设等 7 项基础管理。其次是从规范企业行为入手，加强了财务、质量、物资、设备、安全等 5 项专项管理。再次是进行了“双轨”升级。在抓好这 3 项基础工作同时，又全面开展了“企业管理年”

活动。在全市844户乡村骨干企业中，评出7项基础管理工作优秀、良好单位396户，占46.9%；合格单位335户，占39.7%。全年计划升为市二级以上企业114户，预检合格106户，为前两年企业升级总数的2倍多。已取得生产许可证企业74户，评为计量合格单位60户。有4个产品采用国际标准生产，6户企业标准化验收达国家四级，7户企业计量定级达国家四级。

3．依靠科技进步，提高产品质量。1990年长春市乡镇企业在推进科技进步、产品创优方面取得较大成效。全年指导了200家乡村工业企业，开展全面质量管理，使全市实行全面质量管理企业达到750家，占全市乡村两级工业企业的31%；有250家企业通过了市、县（区）级验收；在乡村两级企业中相应建立了720个质量管理小组，有149个质量管理小组在部、省、市、县(区)的QC成果发表上获得QC成果奖；完成了16个项目的新产品试生产任务，产值1 500万元，利润150万元；创市优秀新产品7个，创省系统优秀新产品16个。产品创优工作超额完成省里下达的计划，全年创部优4个，省优4个，市优产品6个，省系统优17个。在乡村工业企业中狠抓产品质量检测控制手段的计量管理工作，全市经计量部门验收合格的企业有167家，其中定为国家二级计量企业的有5家，三级计量企业162家。为全面提高企业科技素质，全市举办各类培训班培训干部、职工15 000多人次。抓好科技进步的同时，全市还对重点企业加强了调度，并帮助企业协调资金830万元，钢材500吨，木材650立方米，水泥5 000吨。年末，全市100万元产值以上企业，有90%生产形势好于上年，扭转了生产滑坡的被动局面。

（长春市乡镇企业局）

文献·法规

1990年乡镇企业法制建设

张 丽 杰

法制建设是国家扶持、保护和引导乡镇企业持续、稳定、健康、协调发展的主要法律保障。为保证和促进乡镇企业的蓬勃发展，全面落实和贯彻党和国家对乡镇企业制定的“积极扶持、合理规划、正确引导、加强管理”的指导方针，进一步把党中央、国务院发展乡镇企业的方针政策具体化、规范化和条文化，1990年乡镇企业立法工作取得了突破性进展。

一、国务院第一部乡镇企业的综合性行政法规——《中华人民共和国乡村集体所有制企业条例》颁布施行

经国务院第59次常务会议讨论，1990年6月3日国务院总理李鹏签署发布了《中华人民共和国乡村集体所有制企业条例》(以下简称《条例》)，自1990年7月1日起实施。这是中国法制建设和农村经济体制改革的一件大事，也是乡镇企业发展史上的重要里程碑。

《条例》把党和国家自十一届三中全会以来关于发展乡镇企业的方针政策予以确认，高度概括了十多年来改革开放中发展乡镇企业的实践经验。

《条例》确立了乡（含镇）、村（含村民小组）集体所有制企业的法律地位，对调整和理顺企业内外部经济关系，对如何扶持、保护、引导、管理等方面都作了具体规定。全文共分八章四十五条，具体内容为：①总则；②企业的设立、变更和终止；③企业的所有者和经营者；④企业的权利和义务；⑤企业的管理；⑥企业与政府有关部门的关系；⑦奖励与处罚；⑧附则。

《条例》发布后，农业部专门召开了新闻发布会，并向各地下发了关于贯彻实施《条例》的通知，就如何做好《条例》的贯彻实施工作进行了部署。各地乡镇企业系统在地方党委和政府的领导下，迅速掀起了学习热潮。专门召开新闻发布会、举办培训班，利用报刊、杂志、广播、电视、黑板报、墙报等多种形式向社会宣传《条例》的条文和重要意义。

二、配合《条例》的贯彻实施，制定了一系列与之配套的规章

1.《农民股份合作企业暂行规定》

为了鼓励和引导农民股份合作企业健康发展，保护其合法权益，加强规范化管理，根据宪法和国家有关法规政策，1990年2月12日农业部发布了《农民股份合作企业暂行规定》，这是国家乡镇企业行政主管部门关于农民股份合作企业的第一个法规性文件。农民股份合作企业是指由三户以上劳动农民按照协议，以资金、实物、技术、劳力等作为股份，自愿组织起来从事生产经营活动，接受国家计划指导，实行民主管理，以按劳分配为主，又有一定比例的股金分红，有公共积累，能独立承担民事责任，经依法批准建立的经济组织。

2.《乡村集体所有制企业审批和登记管理暂行规定》

为了明确乡村集体所有制企业的经济性质和财产关系，保护其合法权益，加强审批和登记管理，促进多种形式的集体所有制企业的健康发展，根据《中华人民共和国乡村集体所有制企业条例》和《中华人民共和国企业法人登记管理条例》，1990年7月20日，农业部、国家工商行政管理局联合发布了《乡村集体所有制企业审批和登记管理暂行规定》，适用于乡(含镇)、村（含村民小组）农民举办的集体企业，包括企业财产属于乡或村的全体农民集体所有以及企业财产属于举办该企业的全体劳动群众集体所有的各种形式的企业。

3.《关于坚决制止并纠正改变乡镇企业所有制性质和隶属关系的通知》

针对一些部门趁当前乡镇企业发展遇到暂时困难之机，以治理整顿和行业管理为借口划走、平调乡镇企业，改变所有制性质和隶属关系的错误做法，1990年5月3日，农业部颁发了《关于坚决制止并纠正改变乡镇企业所有制性质和隶属关系的通知》，明确规定：①要依法保护乡镇企业的所有权、经营权不受侵犯。②各级人民政府乡镇企业管理部门是乡镇企业的行政主管部门，应该加强对乡镇企业的指导、管理、监督、协调和服务。③各级人民政府行业管理部门负责制定行业发展规划、研究行业内重大经济技术政策，组织信息交流，人才培训以及技术开发等工作。④任何单位和个人不得在国家法律、法规、政策规定之外，向乡镇企业摊派、乱收费、乱

罚款。⑤乡村集体企业和农民股份合作企业实行承包、租赁经营责任制、试行股份制等，其集体所有制性质不变。⑥禁止任何单位和个人将集体企业改变为个体企业或将个体工商户、私营企业挂靠集体，领取集体企业营业执照，或平调、上升为集体所有制。⑦对擅自改变乡镇企业所有制性质和隶属关系的部门和个人，依法追究行政责任。

4.《关于加强各级乡镇企业行政主管部门组织建设和管理工作的通知》

为了贯彻《中华人民共和国乡村集体所有制企业条例》中有关乡镇企业行政主管部门及其职能的规定，1990年11月30日农业部颁发了《关于加强各级乡镇企业行政主管部门组织建设和管理工作的通知》。其主要内容：①充分认识加强各级乡镇企业行政主管部门组织建设和管理工作的重要性和紧迫性。②积极发挥各级乡镇企业行政主管部门的职能作用。③依法建立健全各级乡镇企业管理机构。④继续强化县级乡镇企业行政主管部门职能。⑤切实加强乡级乡镇企业行政管理工作。⑥努力提高各级乡镇企业行政管理干部的素质。

三、配合“企业管理年”活动的开展，制定了企业内部管理方面的规章制度

1.《乡镇企业承包经营责任制规定》

承包经营责任制是在坚持社会主义劳动群众集体所有制的前提下，按照所有权与经营权分离的原则，以承包经营合同的形式，确定劳动群众集体经济组织与企业的责权利关系；是企业自主经营、自负盈亏、自我约束的经营管理制度。近几年来，乡镇企业根据自身特点，普遍推行了承包经营责任制，取得了成功的经验和丰硕的成果。为了发展和完善乡镇集体企业承包经营责任制，保护企业发承包双方和企业职工的合法权益，增强企业活力，促进企业健康发展，1990年 4 月13日农业部以16号令颁布了《乡镇企业承包经营责任制规定》，对承包经营责任制的基本原则、内容和形式、企业经营者的条件、承包经营合同、发承包双方的权利和义务以及承包经营企业的内部管理和各级乡镇企业主管部门的指导和监督都作了全面规定。

2.《乡镇企业系统内部审计暂行规定》

为了加强乡镇企业系统内部管理和监督，提高经济效益，1990年 6 月18日农业部以第17号令发布了《乡镇企业系统内部审计暂行规定》。乡镇企业系统内部审计是乡镇企业系统内部管理工作的一项重要内容，是国家审计体系的组成部分。它是指依法在乡镇企业系统设立内部审计机构或者审计工作人员，在本部门、本单位主要负责人的直接领导下，依照国家法律、法规和政策，对本单位及主管的企事业单位的财务收支及其经济效益进行内部监督、评价，独立行使内部监督职权，对本部门、本单位领导人负责并报告工作。

3.《乡镇企业档案管理暂行规定》

乡镇企业档案工作是国家档案事业的一个组成部分。搞好乡镇企业档案工作，是提高乡镇企业管理水平、企业素质、经济效益的有力措施，为加强对乡镇企业档案工作的管理，1990年 2 月20日国家档案局、农业部颁发了《乡镇企业档案管理暂行规定》，旨在建立健全乡镇企业档案工作，加强对乡镇企业档案的科学管理，有效地保护和利用档案。该规定对档案管理的基本原则、文件材料的形成与归档、档案的管理与利用、档案管理体制与人员等方面都作了全面的规定。

此外，根据1989年《国务院关于当前产业政策要点的决定》的基本原则，结合乡镇企业的具体情况，1990年 5 月31日、1990年11月 5 日农业部相继颁发了《乡镇工业调整的若干意见》和《乡镇机电工业结构调整意见》，对乡镇工业的调整原则、指导思想和具体措施都作了原则规定，对搞好乡镇企业的产业、行业及产品结构调整具有非常重要的指导意义。

中华人民共和国农业部令

（第14号）

《农民股份合作企业暂行规定》，已于1990年 2 月12日经农业部部长常务会议通过，现予发布施行。

部长　何　康

1990年 2 月12日

农民股份合作企业暂行规定

第一条 为了鼓励和引导农民股份合作企业健康发展，保护其合法权益，加强规范化管理，进一步繁荣农村经济，根据宪法和国家有关法规、政策，特制定本暂行规定。

第二条 本暂行规定所称农民股份合作企业是指，由三户以上劳动农民，按照协议，以资金、实物、技术、劳力等作为股份，自愿组织起来从事生产经营活动，接受国家计划指导，实行民主管理，以按劳分配为主，又有一定比例的股金分红，有公共积累，能独立承担民事责任，经依法批准建立的经济组织。

第三条 农民股份合作企业（以下简称企业）是劳动农民的合作经济，是社会主义劳动群众集体所有制经济，是乡镇企业的重要组成部分和农村经济的重要力量。

第四条 企业的主要任务是：发展农村社会主义商品经济，安排农村剩余劳动力，支援农业生产，增加农民和国家财政收入，发展出口创汇生产，为大工业配套和服务，促进社会生产力的发展，满足人民日益增长的物质和文化生活的需要。

第五条 企业在国家法律允许范围内，可以兴办工业、交通运输业、建筑业、商业、饮食服务业以及其他开发性事业。

第六条 开办企业须持有村民委员会证明，并提交合股者的协议书和企业股份合作章程（见附件：《农民股份合作企业示范章程》）等文件报乡级以上乡镇企业主管部门批准，依法办理工商、企业法人和税务登记。

第七条 企业股份资产属举办该企业的全体成员集体所有，由股东大会（股东代表大会）选举产生的董事会代表全体股东行使企业财产的所有权。

企业在税后利润中，必须提取一部分作为不可分割的公共积累。

第八条 企业实行独立核算，自主经营，自负盈亏。依法享有自行确定企业的组织管理机构、经营方式、生产计划、产品销售、资金使用、计酬形式、收益分配、职工招聘或辞退等权利。

第九条 企业招聘职工应根据国家有关劳动法规，双方签订书面的劳务合同，明确双方的权利和义务，包括期限、报酬、劳保福利待遇等。

有条件的企业应逐步建立职工退休劳动保险制度。严禁企业招用童工。

第十条 企业实行按劳分配和按股分红相结合以按劳分配为主的分配方式。

经营者的报酬可以从优，但一般最高不能超过职工平均工资和奖金收入的五倍。个人收入超过国家规定征税标准的，应依法交纳个人收入调节税。

第十一条 企业领取营业执照后，应在30日内向当地税务机关办理税务登记手续，接受税务机关的管理和监督。

企业应按国家对集体企业征税的有关规定，依法纳税。企业减免税款必须转入生产发展基金，全部用于发展生产，不得作为盈利用于分配。

第十二条 企业应注重自身积累。根据生产发展需要，可以扩股或增股，也可以向银行（信用社）申请贷款。

第十三条 生产列入国家计划产品、名优新特产品、出口产品和市场紧缺商品的企业，在税收、信贷、能源、原材料和运输等方面，享受乡镇集体企业同等待遇。

第十四条 企业应执行国家制定的乡村集体企业财会制度，加强财务管理。

企业各项专用基金、经营费用和补农建农基金，可按乡村集体企业的标准提取和列支。

股金分红中相当于储蓄利息部分，企业可按有关规定列入生产经营成本。

企业应按农业部、财政部〔1988〕农（企）字10号文件规定，及时、足额向乡镇企业主管部门交纳管理费。

第十五条 企业税后利润分配，应有60％以上用于扩大再生产（其中50％作为不可分割的公共积累），其余40％用于股金分红（股金分红一般不得超过税后利润的20％）、集体福利基金、职工奖励基金等，具体比例由各地确定。

第十六条 企业应实行股东大会（股东代表大会）制度。股东大会（股东代表大会）是企业的最高权力机构，可选举产生董事会作为常设机构。

董事会向股东大会（股东代表大会）负责，决定企业生产经营中的重大问题。

第十七条 企业的厂长（经理）由董事会在董事中选举或对外招标聘任。厂长（经理）对企业董事会负责，是企业的法定代表人。

第十八条 企业实行承包经营责任制和厂长（经理）负责制。

第十九条 股份是投资入股者在企业财产中所占的份额。

为保证企业稳定发展，企业必须加强股份管理。入股者一般不得退股。个别因特殊情况要求退股的，在注册资本不减少的前提下，经股东大会（股东代表大会）或董事会批准可以退股。

股权可依法继承、转让、馈赠，但须向企业股东大会（股东代表大会）或董事会申报，并办理有关手续。

第二十条 企业改变名称、合并、分立、迁移、歇业、终止或其他登记事项，须向原批准和发证机关申请办理手续。

第二十一条 企业分立、合并或终止时，必须保护其财产，依法清理债权债务。公共积累或其剩余部分的处理，可以用于发展新企业，可以作为股份对外入股，可以用于支农建农，也可以用于建立职工保险、福利基金等，但不得分给职工个人。具体由职工大会或职工代表大会决定。

企业破产，应组建清产组织，依法进行清算，以企业财产承担有限责任。

第二十二条 企业的合法权益受国家法律保护，任何单位和个人不得以任何方式或借口，平调、侵占和无偿使用企业的资金、设备、产品和劳力。企业按县以上人民政府的明文规定交纳费用后，有权抵制和拒付其他各种摊派。

第二十三条 企业必须遵照国家法律、法规和政策，维护社会经济秩序和消费者的利益，开展合法的生产经营活动。违者，由有关行政主管机关视其情节，依法给予处罚，并对负有直接责任的人追究行政责任；触犯法律的，由司法机关依法追究法律责任。

第二十四条 各级人民政府的乡镇企业管理部门是企业的主管部门，负责对企业进行指导、管理、监督、协调和服务。

第二十五条 本规定由农业部乡镇企业司负责解释。各省、自治区、直辖市乡镇企业主管部门可根据本规定制定实施办法。

第二十六条 本规定自颁发之日起施行。

附件

农民股份合作企业示范章程

第一章 总 则

第一条 为发展社会主义商品经济，办好农民股份合作企业，根据国家有关法律、法规和政策，制定本章程。

第二条 本企业是农民股份合作企业。接受国家计划指导，实行入股自愿，民主管理，以按劳分配为主，有一定比例的股金分红，留有公共积累的原则，是社会主义劳动群众集体经济组织。

第三条 本企业可以资金、实物、技术、劳力等作为股份。股份可以等额或不等额，由本企业发给记名股份证书作为股东的股权凭证。股东以其股份享受权益，分担风险。

第四条 本企业遵守党的方针、政策和国家法律、法规，接受政府有关主管部门的指导、管理和监督。

第五条 本企业独立核算，自主经营，自负盈亏，独立承担民事责任，具有企业法人资格。

第六条 本企业名称：××××××××；
企业地址：××××××××；
注册资金：××××××××元；
企业经营范围：×××××××。

第二章 股 东

第七条 投入股份，承认并遵守本章程者，为本企业股东。

第八条 股东享有以下权利：

一、对自己投入企业的股份拥有所有权；

二、参加股东大会，审议、决定企业经营范围、发展方向、收益分配及关停并转等重大问题；

三、选举和被选举为企业股东代表大会代表或董事会董事；

四、在同等条件下，有被聘任为厂长（经理）的优先权；

五、对董事会的工作及企业的生产经营有监督权；

六、有认购新股的优先权；

七、有按股分红的权利。

第九条 股东承担下列义务：

一、遵守本企业的章程；

二、按股份分担企业经营风险责任；

三、执行股东大会（股东代表大会）的决议；

四、关心企业的生产、经营和管理。

第三章 股东大会（股东代表大会）

第十条 股东大会（股东代表大会）是本企业的最高权力机构，至少每年召开一次。遇到特殊情况，股东或董事也可提议，经股东大会（股东代表大会）半数以上的股东（股东代表大会代表）同意，也可临时召开股东大会（股东代表大会）。

股东大会（股东代表大会）的权利是：

一、制定修改本企业章程；

二、选举产生董事会，改选、罢免董事；

三、审议董事会、厂长(经理)的年度工作报告；

四、决定企业的经营范围、发展方向、收益分配及关停并转等问题。

不设董事会的，直接选举、罢免或聘任、解聘厂长（经理）。

第四章 董 事 会

第十一条 董事会是企业股东大会（股东代表大会）选举产生的常设机构。在股东大会（股东代表大会）闭会期间行使以下权利：

一、执行股东大会（股东代表大会）的决议；

二、推选董事长；

三、聘任、解聘企业的厂长（经理）并规定厂长

(经理)的报酬和待遇；

四、代表企业所有者与厂长（经理）签订承包经营责任制合同；

五、审议批准本企业年度计划、财务预算、决定企业的利润分配；

六、监督企业经营者正确行使职权。

第五章　厂长(经理)

第十二条　厂长(经理)是本企业的法定代表人，是企业生产、经营、管理的指挥者。

企业的厂长（经理）有以下权利：

一、设置企业的管理机构；

二、聘任、解聘企业副厂长以下的管理人员；

三、制订企业的计酬方式和奖罚办法；

四、招聘或辞退企业的职工。

第十三条　企业厂长(经理)必须履行以下义务：

一、执行党和国家的法律、法规和政策；

二、执行股东大会（股东代表大会）或董事会决议；

三、向上级主管部门负责报送统计报表及有关情况；

四、定期向股东大会（股东代表大会）或董事会报告工作，接受股东大会（股东代表大会）或董事会的检查监督；

五、加强民主管理，接受职工监督；

六、加强职工思想政治工作，搞好社会主义精神文明建设。

第六章　职　　工

第十四条　本企业实行劳动合同制，择优招聘职工，签订劳动合同。

第十五条　企业职工有如下权利：

一、在同等条件下，本企业职工有优先入股权；

二、规模较大的企业可建立职工代表大会，评议厂长（经理）工作，维护职工合法权益；

三、对企业的生产、经营、管理有建议权；

四、享有劳动合同规定的其他权利。

第十六条　企业职工必须履行以下义务：

一、服从厂长（经理）的指挥；

二、履行劳动合同规定的各项义务；

三、遵守企业的各项规章制度；

四、遵守社会主义职业道德。

第七章　对股份的管理

第十七条　本企业股份一般不得退股，因特殊情况要求退股的，在注册资本不减少的前提下，经股东大会（股东代表大会）或董事会批准方可退股。

股份可依法继承、转让、馈赠，但须向股东大会（股东代表大会）或董事会申报，并办理有关手续。

第十八条　企业视生产发展需要，可以扩股或增股。

第八章　收益分配

第十九条　本企业执行农业部、财政部制定的乡村集体企业财会制度。正确处理国家、集体、个人三者利益关系。企业税后利润60％用于企业扩大再生产(其中50％作为企业不可分割的公共积累)，40％用于股金分红（股金分红不超过税后利润的20％)、集体福利基金、职工奖励基金，具体比例根据县乡镇企业局规定另定。

第二十条　本企业的公共积累不得分割。如遇企业分立、合并或终止时，依法清理债权债务，公共积累或其剩余部分的处理，可以用于发展新企业，可以作为股份对外入股,可以用于支农建农,也可以用于建立职工保险、福利基金等，但不分给职工个人，具体由职工大会或职工代表大会讨论决定。

第九章　附　　则

第二十一条　本章程同国家的法律、法规有关规定相抵触时，必须进行修改。

第二十二条　本章程由企业董事会负责解释。

第二十三条　本章程自股东大会（股东代表大会）通过之日起生效。

国家档案局　农业部

关于印发《乡镇企业档案管理暂行规定》的通知

国档发〔1990〕3号

各省、自治区、直辖市及计划单列市档案局、乡镇企业局：

改革开放十年来，乡镇企业在全国范围内"异军突起"，在支援农业，解决就业，繁荣经济，增加收入和出口创汇等方面作出了重要贡献，已成为农村经济的主要支柱和国民经济的重要组成部分。乡镇企业档案工作是国家档案事业的一个组成部分。搞好乡镇企业档案工作，是提高乡镇企业管理水平、企业素质、经济效益，促进企业进一步持续、协调、健康发展的有力措施之一，是与国家对乡镇企业进行宏观调控和治理整顿的总要求相一致的。

为加强对乡镇企业档案工作的管理，使其适应乡镇企业发展的需要，依据《中华人民共和国档案法》，结合乡镇企业具体特点，我们制定了《乡镇企业档案管理暂行规定》，印发给你们，望认真贯彻执行。

由于乡镇企业面广，量大，布局分散，省级档案局和乡镇企业局不可能全面兼顾起来。根据我国档案事业管理体制，县级档案行政管理部门和乡镇企业主管部门应加强对乡镇企业档案工作的监督和指导。同时，应当把指导的重点放在规模较大，管理较先进的乡办、村办、工业、建筑企业以及沿海开放地区的外向型乡镇企业。县档案行政管理部门还应配合县乡镇企业主管部门，搞好乡镇企业档案管理人员的培训工作，以提高档案管理水平。

乡镇企业档案工作发展较快的省（市）主管机关应认真总结工作经验，促进乡镇企业档案工作健康发展。

各地在执行过程中有什么问题，请及时与国家档案局、农业部联系。

1990年2月20日

乡镇企业档案管理暂行规定

第一章　总　　则

第一条　为了建立健全乡镇企业档案工作，加强对乡镇企业档案的科学管理，有效地保护和利用档案，根据《中华人民共和国档案法》，结合乡镇企业实际情况，特制定本规定。

第二条　本规定所指的乡镇企业主要是乡（镇）办、村办集体企业。

第三条　乡镇企业档案是乡镇企业在各项管理工作、生产、科研及经营等活动中直接形成的，具有查考价值的各种文字材料、图纸、表格、声像等不同形式的历史记录。

第四条　乡镇企业档案是乡镇企业在政治活动和经营发展中的重要信息资源，是乡镇企业进行生产、经营和管理的必要条件之一，也是维护乡镇企业历史真实面貌、企业合法权益和经济利益的重要凭证。乡镇企业档案工作是乡镇企业管理基础工作的重要组成部分，做好乡镇企业档案工作，是提高企业素质、促进乡镇企业持续协调、健康发展的有力措施。

第五条　乡镇企业档案工作实行集中统一管理的原则，确保各类档案的完整、准确、系统、安全和有效利用。乡镇企业应根据工作需要建立档案机构，或配备专、兼职档案管理人员。

第二章　文件材料的形成与归档

第六条　为保证乡镇企业档案的完整、准确、系统，各乡镇企业应注意日常工作中各种文件的形成、积累，并根据企业具体情况，参照本规定制定文件材料的归档范围。乡镇企业文件材料的归档范围，包括上级机关印发的有关文件、批件及本企业产生的各种文件。主要有以下几方面：

（一）党、群工作方面

1．党务。指党的组织、宣传、纪检等方面的文件。

2．群众团体。指共青团、妇联、职代会、科协、企协、学会等群众团体在工作中形成的各种文件。

（二）行政管理方面

指企业行政事务、财务管理、安全保卫、法律事务、医疗卫生、计划生育、后勤、房地产、审计、处理纠纷、信访、外事活动等方面的文件。

（三）劳动人事方面

人事管理、劳动工资、职工教育、培训、劳保福利等文件，干部、职工、离退休职工、死亡职工的个人材料。

（四）经营管理方面

1．经营决策、物资供应、产品销售、物资管理、外汇管理、经济责任制和承包、考核、奖惩文件，市场信息和预测，股份、合同、协议、租赁、广告、商标及用户反映等文件。

2．生产供应、经营销售、成本、企业改造等方面的统计报表及用户台帐等。

（五）生产技术管理方面

1．生产管理。生产计划及其实施记录、安全操作规程、事故报告及改进意见等。

2．质量管理。质检报告、质量事故分析、获奖证书等。

3．标准管理、计量管理、能源管理等方面形成的文件。

4．工业卫生和环境保护方面形成的文件。

（六）产品方面

1．产品设计。产品设计协议书、任务书、合同、设计方案、实验数据、产品鉴定书、产品照片、说明书和全套底图、蓝图等。

2．产品制造工艺。各种配方、技术诀窍、工艺流程、工装、操作规程、工时和材料定额等。

3．产品检测和管理过程中形成的文件，名、优、特产品及获奖产品的有关文件。

（七）科学技术研究方面

1．新开发项目的建议书、计划任务书、可行性研究方案、试验记录、成果申报、总结、鉴定、推广应用、奖励证明、专利、技术转让等文件。

2．技术改造和革新文件、图纸。

3．中断和取得负结果项目的各种有参考价值的科研总结报告。

4．经审定或在学会上发表的学术论文或著作。

（八）基本建设工程方面

工程项目的可行性研究、计划任务书、审批、勘测设计、施工、竣工验收、工程管理以及维修、改建、扩建等方面的文件和图纸。

（九）设备仪器方面

1．购进设备仪器的全套随机文件及开箱记录、安装调试、检查维修记录以及改装、报废的文件。

2．自制设备仪器的设计图纸、计算书、测定数据、性能鉴定材料、工艺工装图纸、使用说明书及检查维修记录等。

3．设备台帐。

（十）会计核算方面

1．会计凭证。原始凭证、记帐凭证、汇总凭证、银行存款、余额调节表等。

2．会计帐簿。日记帐、明细帐、总帐、固定财产卡片、辅助帐簿、移交清单、保管清册、销毁清册、涉外帐簿等。

3．会计报表。财务指标快报、月、季度会计报表、年度会计报表（决算）等。

第七条 凡归档的文件材料，其制作材料必须易于长期保存，同时要保证图像清晰、字迹工整、签字手续完备。禁用铅笔、复写纸等书写。

第八条 归档时间

党群工作、行政管理、劳动人事、经营管理、生产技术管理类的文件一般按年度一年归档一次，在次年的第二季度前归档；产品类的文件，一般应在产品试制定型正式投产后归档；设备仪器类的文件，在设备仪器安装调试后归档；基本建设类的文件，在工程竣工验收后归档；科学研究类的文件在科研成果鉴定、评审后归档；会计核算类的文件由财会部门整理立卷，保管一年后向档案部门移交。如有特殊情况，也可以分阶段归档。

第九条 乡镇企业各类文件一般归档一份，比较重要的和利用频繁的文件可适当增加归档份数。

第十条 乡镇企业要建立文件材料的形成、积累、整理和归档制度，并要列入各项管理程序；列入企业有关部门的职责范围和有关人员岗位责任制。

第十一条 乡镇企业档案人员应参加产品试制定型、创优、科研成果鉴定或评审、基建工程竣工验收，以及引进技术、设备开箱验收等活动，对应归档的文件进行监督和指导。文件不完整、不准确、不系统，不能进行鉴定、验收。

第十二条 乡镇企业工作人员，因公外出参观学习、考察和参加各种会议获得的文件材料，要按照归档范围的规定，及时向档案部门归档。

第三章　档案的管理与利用

第十三条 乡镇企业要建立健全各类档案的登记、交接、保管、统计、保密、图纸更改补充和借阅等管理制度。

第十四条 对接收的档案可参照本规定第六条的归档范围进行适当的分类。档案形成数量多的乡镇企业，可设二级类目，档案形成数量少的，可将有关类目适当合并，归档的案卷质量要符合国家标准《科学技术档案案卷构成的一般要求》和《文书档案案卷格式》的要求。

要编制档案总目录、档案分类目录和底图目录。

第十五条 关、停、并、转企业要妥善做好档案的收集、整理和交接工作。凡属关、停企业的档案除设备档案、基建档案随同实物移交外，其它档案应交乡（镇）级主管部门或县（市）档案馆保存。凡属被兼并企业的档案，应移交给并入企业；转产企业要妥善保管好转产前的档案。

第十六条 要积极改善档案保管条件，做到有专室或专柜存放档案，要有防潮、防火、防盗、防尘、防有害生物等安全设施，并定期检查档案的保管状况，对破损或褪变的档案要进行修复，以确保档案的完整与安全。

第十七条 要定期进行档案管理、利用情况的登记和统计。

第十八条 乡镇企业要根据国家和有关部门的规定，编制档案保管期限表，档案保管期限分永久、长期、短期三种。确定保管期限的基本原则是：对企业有长远利用价值的档案应永久保存；对企业在一定时期内有利用价值的档案分别为长期或短期保存；凡是介于两种保管期限之间的档案，其保管期限一律从长。

鉴定工作应定期进行，应成立由企业领导、专业人员和档案人员参加的鉴定小组，鉴定的具体时间由企业根据实际需要确定。档案销毁前要造具清册，提出销毁报告，经企业领导审批，报上级有关档案管理机关备案，并由档案人员监销。

第十九条 乡镇企业要积极开发利用档案信息，为党政工作，企业生产技术发展，改善经营管理，提高产品质量、降低物质消耗和提高经济效益等方面服务。要根据需要编制档案检索工具。在利用工作中必须严格执行国家和上级的保密制度。

第二十条 生产规模较大的乡镇企业要根据企业发展的需要，逐步采用先进技术管理档案。

第四章 档案管理体制与人员

第二十一条 各级乡镇企业主管部门，要加强对乡镇企业档案工作的领导，并结合企业的业务管理，在制定和颁布有关乡镇企业法规时，对乡镇企业档案工作提出相应的要求。各级档案行政管理部门，要加强对乡镇企业档案业务工作的监督和指导。

第二十二条 对乡镇企业档案工作的领导和业务指导主要依靠县级有关机关。县级的乡镇企业主管机关，应有一位领导人分管乡镇企业档案工作，并有一个部门或专、兼职人员负责本系统的档案管理工作。县级档案行政管理部门应将对乡镇企业档案业务工作的监督和指导列入重要议事日程。

第二十三条 乡（镇）、村两级乡镇企业都要逐步建立档案工作，集中统一管理本单位所形成的全部档案。档案工作应由一名副厂长（副经理）分工领导，并列入企业工作议事日程。

企业承包人在承包期间应按本规定加强对档案工作的领导，不能以任何借口削弱档案工作。在承包合同终结后，必须将承包期间形成的文件材料和借阅的档案文件清理交回档案室。

第二十四条 乡镇企业档案管理经费应纳入企业计划予以保证。

第二十五条 乡镇企业要根据企业规模和实际需要，配备政治素质较好、具有初中以上文化程度，并经过档案管理专业培训的专职或兼职档案管理人员。

档案管理人员应对各科室、车间文件材料的形成、积累、整理情况进行监督和指导。

档案管理人员的业务培训应列入企业职工培训计划。

乡镇企业档案管理人员可参照国家有关规定评定专业技术职务，享受和其它专业技术人员同等待遇，并保持档案人员的相对稳定。

第二十六条 对在管理、保护和开发利用档案中为企业做出明显贡献的人员，企业应给予表扬和奖励。对危害档案安全的行为应按《中华人民共和国档案法》第二十四条有关规定给予处置。

第五章 附 则

第二十七条 乡镇企业会计核算档案管理按照财政部和国家档案局制发的《会计档案管理办法》的有关规定执行。

第二十八条 各地乡镇企业主管部门、档案行政管理部门及乡镇企业可根据本规定，结合本地区、本企业实际工作情况，制定实施细则。

第二十九条 联户、个体企业可参照本规定执行。

第三十条 本规定由国家档案局和农业部负责解释。

第三十一条 本规定自发布之日起执行。

农　业　部

关于全国乡镇企业开展“企业管理年”活动的决定

〔1990〕农（企）字第2号

各省、自治区、直辖市及计划单列市乡镇企业局：

党的十一届三中全会以来，我国乡镇企业“异军突起”，发展很快，企业管理相对成为最薄弱的环节，宏观管理失控、微观管理粗放、基础脆弱、效益不高的问题十分突出。随着国家治理整顿的深入发展，乡镇企业的外部环境受到制约，自身原有的优势相对减弱，面临着优胜劣汰的严峻考验。治理整顿已成为乡镇企业加强企业管理、挖掘内部潜力，提高企业素质、增强应变能力的有利时机。为此，根据中共中央关于“必须制定得力措施，把降低成本、减少消耗、提高质量、增加品种、减少资金占用，提高经济效益的要求具体化，层层加以落实”的精神，农业部决定1990年在全国乡镇企业开展“企业管理年”活动。

一、指导思想

开展“企业管理年”活动，旨在较短时间内集中精力、抓住重点、分类指导，为乡镇企业管理向系统化、科学化、规范化迈进奠定一个良好的基础。

开展“企业管理年”活动，要以深化企业改革为动力，以提高经济效益为中心，以提高产品质量和降低物质消耗为重点，努力实现从外延扩大再生产为主向内涵扩大再生产为主、从速度效益型向管理效益型、从经验型管理向科学化管理的转变。促进乡镇企业持续、协调、健康发展。

二、活动内容

由于目前乡镇企业的管理工作还很薄弱，企业之间的管理水平又差距甚大，企业管理中的所有问题很难在短时间内全部解决，因此，在“企业管理年”中要抓住以下五个方面的工作，用一年或稍长的一段时间基本完成，为今后进一步加强企业管理打下基础。

（一）健全管理基础工作

标准化、计量、定额、信息、规章制度、基础教育、班组建设是企业加强管理的基础和提高管理水平的主要依托。为此，所有企业都要紧紧围绕逐步健全七项基础建设开展工作，为企业管理上水平奠定基础和创造条件。

（二）加强企业的专项管理

企业专项管理是保证生产诸要素合理配置，各生产环节正常运行的关键，为此，所有企业都要围绕专项管理水平不高或严重失衡开展活动，重点抓好质量、财务、设备、物资、安全等五个方面的专项管理，通过建立健全规章制度、引进先进管理方法和推进技术进步，提高管理水平，促进企业各专项管理协调、配套、充分发挥管理职能。

（三）推进企业的现代化管理

乡镇企业实现现代化管理，是一项长期的战略任务。在生产经营稳定、管理基础较好的企业中，通过普及现代化管理知识，适当引进现代化管理方法和设施，有计划地培养一批现代化管理人才，有步骤地推行一批现代化管理方法，加快乡镇企业现代化管理的进程。

（四）继续搞好企业升级工作

企业升级工作是加强企业管理、提高企业整体素质的重要手段。为此，要努力提高产品质量、降低物质消耗，提高经济效益，促进企业达标升级。要以企业管理为先决条件，制定综合管理工作的考核办法，避免“套标升级”。要继续完善企业升级的标准体系，建立比较完整的升级序列，促进不同层次的乡镇企业按照各自的水平分别向不同等级迈进。还要认真做好已升级企业的复查工作，鼓励它们继续攀登新的台阶。

（五）深化企业改革，完善承包经营责任制

承包经营责任制是企业管理制度的重大改革。要结合各地实际，认真贯彻落实部颁发的《乡镇企业承包经营责任制规定》，使乡镇企业的宏观管理与微观管理有机结合，使深化改革与加强管理相辅相成，促进乡镇企业管理水平稳步提高。

三、组织领导

为保证"企业管理年"活动顺利进行，取得成效，各级乡镇企业主管部门要切实加强领导，认真安排部署，精心组织实施，注意做好以下五方面工作：

（一）深入广泛宣传，提高思想认识

要大造舆论，争取主动，积极创造开展"企业管理年"活动的热烈气氛和扎扎实实加强管理工作的良好环境，使乡镇企业战线广大干部、职工充分认识到深化改革、调整结构、提高效益、增强活力，都必须加强企业管理，从而增强管理意识，积极参加"企业管理年"活动，真正把思想注意力和工作着重点转移到加强企业管理上来。

（二）搞好人才培训，培养骨干队伍

培养和造就一支有知识、有能力、懂管理、会经营的骨干队伍，既是乡镇企业的百年大计，也是"企业管理年"活动的一项重要任务。各地要采取分级培训、行业培训、岗位培训等多种途径，努力提高广大干部、职工的经营管理水平和技术水平，练好基础管理功、专项管理功、挖潜改造功，促进企业素质在"企业管理年"活动中明显提高。

（三）健全管理机构，充实管理人员

在"企业管理年"活动中，各地要积极创造条件，健全乡镇企业主管部门和企业的管理机构，充实和加强管理部门的力量。同时还要组建开展"企业管理年"活动的领导班子，明确任务，落实责任，实施对活动的具体指导，为"企业管理年"活动的顺利进行提供组织保证。

（四）改进工作作风和工作方法，搞好协调服务

为使"企业管理年"活动卓有成效地深入开展，各地要深入实际，调查研究，明确重点，制订切实可行的目标和实施方案。要实行分类指导，并注意抓好典型，以点带面。实行目标管理，分级负责，落实到人，定期检查。还要认真做好协调服务工作，争取当地政府的领导和其他有关部门的支持与配合，为"企业管理年"活动创造良好的外部环境。

（五）总结交流经验，树立先进典型

"企业管理年"活动内容广泛，时效性强，各地应及时总结交流经验，引导"活动"深入发展，并在年终认真检查评比，对成绩突出的企业、单位和个人进行表彰和奖励，树立一批上管理、增效益的先进典型，促进"企业管理年"活动健康深入地发展。

1990年3月17日

农 业 部

印发《乡镇企业升国家级企业实施细则》和《国家级乡镇企业复查办法（试行）》的通知

〔1990〕农（企）字第4号

各省、自治区、直辖市及计划单列市乡镇企业局：

现将《乡镇企业升国家级企业实施细则》和《国家级乡镇企业复查办法（试行）》印发给你们，请遵照执行。1988年农业部制定的（1988）农（企）字第15号文《乡镇企业升国家级企业实施办法（试行）》停止执行。

附件：

一、乡镇企业升国家级企业实施细则

二、国家级乡镇企业复查办法（试行）

三、升级申报材料

四、乡镇企业国家级企业复查表

1990年3月26日

附件一

乡镇企业升国家级企业实施细则

为了贯彻国务院《关于加强工业企业管理若干问题的决定》和《农业部企业升级暂行办法》的精神，结合乡镇企业特点和升级工作实际情况，特制订实施细则如下：

第一章 总 则

第一条 乡镇企业升级工作的指导思想是：坚持改革开放，提高经济效益，提高产品质量，降低物质消耗，加强企业管理，推进技术进步，全面提高企业素质。

第二条 做好企业升级工作的原则是：坚持标准，严格要求，实事求是，分类指导，讲求实效，不搞形式，确保质量，逐级攀登，循序渐进。

第三条 企业升级不得搞地区平衡。

第二章 企业升级的范围和对象

第四条 企业升级以乡(镇)、村两级工业企业为重点，同时逐步做好非工业企业的升级试点工作。

第五条 升国家级的乡镇工业企业必须是具有一定规模，生产稳定，产品适销对路，管理工作健全和经济技术指标处于全国同行业领先地位的骨干企业。

第三章 考评标准

第六条 乡镇企业升国家级企业考评的三项指标值及计算公式，按国家有关部门制订的最新标准执行。企业管理工作按照本细则第四章进行考查。

第七条 经济效益以财务台帐和有关资料为依据。对生产出口产品的企业其出口产品外贸收购价低于内销价的差价部分，视同实现利润，与帐面实现利润合并计算。

第八条 资金利税率的考核，可将原农牧渔业部和财政部颁发的乡镇企业会计报表中的“发出商品”，从定额流动资金中剔除计算。

第九条 考核资金利税率时，对列入县以上技术改造计划项目所增加的企业固定资产，自验收转入固定资产时算起，分三至五年记入固定资产。在填报换算资金利税率时，应同时填报未经换算的资金利税率。

第四章 管理工作考查

第十条 领导班子素质

1．坚持四项基本原则，坚持改革开放，坚持发展社会生产力。

2．结构合理，相对稳定，分工明确，团结协作。

3．依法经营，从严治厂，厂级负责人无严重违法乱纪行为。

第十一条 企业内部改革

1．实行厂长负责制和厂长任期目标制，有任期总目标和分年度目标值，任期目标中有较完整的加强企业管理、增强企业发展能力和后劲的指标。

2．企业内部经济责任制健全，指标分层落实，考核严格，奖惩合理。

第十二条 企业管理基础工作

1．标准化、计量、定额管理、信息、规章制度、基础教育、班组建设等七项基础管理工作比较健全。

2．企业标准化工作和计量等级达到规定要求。

第十三条 质量保证和监督

1．推行全面质量管理，达标验收合格，有完整的质量保证体系。

2．质量指标在工资、奖金分配上具有否决权。

3．主导产品获国家优质产品奖，或者获得省及省以上质量管理奖的企业，质量管理工作免于考核。

第十四条 节能降耗

1．企业有健全有效的节能降耗保证体系。

2．积极采用节能降耗的新设备、新技术、新工艺，无国家公布淘汰或超能耗标准的设备。

3．有健全的物资管理制度。

第十五条 经济效益

1．严格执行农、财两部制订的乡镇企业财务会计制度。

2．企业内部有完整的财务管理和经济核算制度。

3．企业会计人员持证上岗。

4．定期进行经济活动分析。

5．无严重违反财经纪律和制度的行为。

第十六条 安全生产和环境保护

1．安全生产保证体系健全、有效。

2．工人工作环境良好，厂容厂貌整齐清洁。

3．严格执行环境保护法规，积极治理“三废”，治理达到规定要求。

第十七条 现代化管理

积极采用现代化管理方法，取得一定成效，并有推行现代化管理的规划和措施。

第十八条 技术进步

1．积极采用新工艺、新技术、新设备、新材料并取得成效。

2．新产品开发能做到生产一代，储备一代，研制一代，构思一代。

3．有多层次培训工程技术人员和企业管理人员的规划和措施，并取得成效。

4．具有专业职称的人员占职工总数的3％以上。

第十九条 精神文明建设

1．重视政治思想工作，有一支“四有”职工队伍。

2．有本企业独特风格的企业精神。

3．考核年度和申报期间，无严重违法乱纪现象发生。

第五章 申报条件

第二十条 乡镇企业申报国家级企业必须具备下列条件：

1．已晋升为省级先进企业或部级先进企业，并稳定和巩固一年以上。

2．制订了升国家级企业的规划和措施，并逐步落实。

3．企业的产品质量、物质消耗、经济效益指标，在考核年度内必须全部达到国家级企业标准，并在申报期间保持稳定。

4．企业管理工作符合第四章要求。

第六章 申报、考核、审定程序

第二十一条 申报程序：企业向县（市）乡镇企业主管部门提出书面申请，地（市）乡镇企业主管部门进行初审、推荐，并填写《国家级企业预审表》〔见（1990）农（企管）字第14号文附件一〕上报，省、自治区、直辖市及计划单列市乡镇企业主管部门负责资格审查，于次年3月底前，将预审表报农业部乡镇企业司。经审查后，由农业部下达考评计划。

第二十二条 乡镇企业升国家级企业，由农业部组织考评，或者由农业部委托省、自治区、直辖市乡镇企业主管部门组织考评。

第二十三条 凡委托省、自治区、直辖市组织考评的，要在当地加强企业管理领导小组办公室协调下，邀请有关部门参加，进行考评工作。

第二十四条 考评结束后，要将《国家级企业申报表》一式三份（地方如需要可酌情增加），规定的附件材料（见附件三）另行装订成册，报送农业部审定。如有必要，由农业部组织复查。

第二十五条 国家一级、二级企业，由农业部审批，报国务院企业管理指导委员会核定名单，统一公布和颁发证书；国家特级企业，由农业部审核，报国务院企业管理指导委员会审批，并报国务院备案，统一公布和颁发证书。

第二十六条 为保证评审工作质量，各省、自治区、直辖市乡镇企业主管部门应建立评审员队伍，由农业部乡镇企业司对评审人员进行培训、发证。

第七章 已升级企业的管理

第二十七条 对已升国家级企业要加强管理、检查、监督，促其不断前进。

1．建档：已升国家级的企业，由农业部负责建立企业档案。各省（自治区、直辖市、计划单列市）也应建立起档案，加强管理。

2．复查：已升国家级的企业，不搞“终身制”，建立复查制度，具体要求执行《国家级乡镇企业复查办法（试行）》（见附件二）。

第八章 附 则

第二十八条 评审纪律，严格遵守全国加强企业管理领导小组《企业升级考核审定纪律》及有关规定。

第二十九条 已升国家级的乡镇企业，享受国家和各级地方政府规定的各项优惠政策。

第三十条 本细则由农业部乡镇企业司负责解释。

附件二

国家级乡镇企业复查办法（试 行）

为加强对已晋升国家级的乡镇企业的管理、检查、监督，巩固和提高升级成果，进一步促其提高素质，取得新的发展，根据已升级企业不搞终身制和企业自查，国家抽查的原则，制定本办法。

第一条 在复查年度的产品质量、物质消耗、经济效益三项主要经济技术指标必须保持或超过升级时的标准。

第二条 升级标准已修订的，按修订后的标准进行复查。

第三条 在复查年度内安全生产必须符合升级时的标准和要求。

第四条 管理水平比升级时有进一步提高。企业对升级考评时提出的整改意见，已全部落实。

第五条 已建立、健全自我约束、自我发展的机制，在深化改革方面有新的进展。

第六条 复查工作由农业部或由农业部委托省、自治区、直辖市、计划单列市乡镇企业主管部门组织实施。

第七条 按复查要求，先由企业填写《农业部国家级企业自查表》〔见农业部（1990）农（体改）字第8号文件附件三〕进行自查，写出自查报告，由省（市）乡镇企业局对企业进行复查，并填写《国家级企业复查表》（见附件四）一式二份报农业部。

第八条 复查工作自批准年度起每两年进行一次。

第九条 复查工作每年第二季度进行，6月30日前将复查结果报农业部。

第十条 各省、自治区、直辖市及计划单列市乡镇企业主管部门对已升级企业可进行不定期抽查。抽查与复查具有同等效力。

第十一条 凡经复查符合要求的企业，继续保持国家级企业称号。

第十二条 经复查，发现企业因经营管理不善，产品质量、物质消耗、经济效益指标中有一项以上否决性指标达不到标准的，或企业发生安全、质量重大事故；或有严重违法乱纪行为的，撤销称号、收回证书。

第十三条 经复查发现企业由于政策性因素等客观原因，经济效益或安全生产达不到考核指标要求的，限期整改。整改期限为半年到一年，逾期仍达不到标准的，撤销称号，收回证书。

第十四条 经复查发现企业管理水平下降或在深化改革方面无进展甚至倒退的，要在半年到一年内改进，到期未有明显改进的，撤销称号收回证书。

第十五条 对确实需要撤销称号的企业，由省、自治区、直辖市、计划单列市乡镇企业主管部门写出专题报告，报农业部批准。

第十六条 复查工作要严格遵守《企业升级考核审定纪律（试行）》及有关规定。

第十七条 不属于复查年度的企业，要通过自查填写《复查表》上报省乡镇企业主管部门。

第十八条 本办法由农业部乡镇企业司负责解释、修订。

附件三

升级申报材料

一、《国家级企业申报表》，采用全国加强企业管理领导小组办公室统一制定的申报表式。

二、本行业国家级企业标准。

三、企业升级自查报告，包括专题报告和综合报告。

四、各项考核指标的计算依据及计算报告。

五、国家级企业考评组各考评意见，包括专项意见和综合意见。

六、其它附件。

附件四

乡镇企业国家级企业复查表(试行)

复查企业名称____________________(章)

厂长姓名______________________(章)

农业部乡镇企业司制

复查人员名单

姓　　名	职　务、职　称	工　作　单　位

一、基 本 情 况

<table>
<tr><td>企业名称</td><td colspan="5"></td><td colspan="2">邮政编码</td><td></td></tr>
<tr><td>详细地址</td><td colspan="5"></td><td colspan="2">电　　话</td><td></td></tr>
<tr><td>升级级别</td><td colspan="2"></td><td colspan="2">升级批准时间</td><td></td><td colspan="2">企业性质</td><td></td></tr>
<tr><td rowspan="3">固定资产
（万元）</td><td>原　　值</td><td colspan="3"></td><td colspan="3">定额流动资金
平均占用（万元）</td><td></td></tr>
<tr><td rowspan="2">平　　均
净　　值</td><td colspan="3" rowspan="2"></td><td rowspan="2">职　　工
人　　数</td><td colspan="2">全年在册</td><td>（人）</td></tr>
<tr><td colspan="2">平均人数</td><td>（人）</td></tr>
<tr><td>主要产品名称</td><td colspan="3"></td><td colspan="3">升级时主要产品名称</td><td colspan="2"></td></tr>
<tr><td>全年总产值
（万元）</td><td></td><td colspan="2">主导产品产值
（万元）</td><td colspan="2"></td><td>利　　润
（万元）</td><td colspan="2"></td></tr>
<tr><td>净　产　值
（万元）</td><td></td><td colspan="2">占全厂总产值
（%）</td><td colspan="2"></td><td>税　　金
（万元）</td><td colspan="2"></td></tr>
<tr><td>计量等级</td><td></td><td colspan="2">升　级　时
计量等级</td><td colspan="2"></td><td colspan="3"></td></tr>
<tr><td rowspan="2">升级标准</td><td>制定部委</td><td colspan="3" rowspan="2"></td><td rowspan="2">出　　口
创　　汇</td><td colspan="3" rowspan="2">万美元</td></tr>
<tr><td>小行业名称</td></tr>
</table>

升级以来获省级以上荣誉称号

荣 誉 称 号	颁 发 机 关	颁 发 时 间

二、经济技术指标

类　别	考　核　项　目	单　　位	国家级标准	企业自查结果	复查结果
产品质量					（签字）
物质消耗					（签字）
经济效益	资金利税率				
	人均创利税				
	全员劳动生产率				
					（签字）

三、企业管理情况

升　级 考评时 整　改 意　见	
企业整改 措施及 管理情况	
复　查 结　论	

四、现代化管理情况

企　业 升级时 推　行 现代化 管理的 简要情况	
复查时应用 现代化管理 的简要情况 及主要成果	
复　查 结　论	

五、安全生产情况

安全生产标准	复查期间达标情况	复　查　结　果
		签字
复　查 小　组 意　见	（章）　年　月　日	
省（直辖市、 自治区） 乡镇企业 主管部门 意　见	（章）　年　月　日	

中华人民共和国农业部令

第16号

《乡镇企业承包经营责任制规定》，已于1990年 4 月13日经农业部常务会议通过，现予以发布施行。

部长 **何 康**

1990年 4 月13日

乡镇企业承包经营责任制规定

第一章 总 则

第一条 为发展和完善乡镇集体企业（以下简称企业）承包经营责任制，保护企业发承包双方和企业职工的合法权益，增强企业活力，促进企业健康发展，根据国家有关法规、政策，制定本规定。

第二条 本规定适用于乡(区、镇)村集体企业、农民股份合作企业、农民在城镇举办的集体企业和乡镇企业主管部门管理的其他集体企业。

第三条 承包经营责任制，是在坚持社会主义劳动群众集体所有制的前提下，按照所有权与经营权分离的原则，以承包经营合同形式，确定劳动群众集体经济组织与企业的责权利关系；是企业自主经营、自负盈亏、自我约束的经营管理制度。

第四条 企业实行承包经营责任制，其社会主义劳动群众集体所有制性质不变。企业的全部财产（包括承包后新增的资产）仍属举办该企业的全体劳动群众集体所有。

第五条 实行承包经营责任制必须兼顾国家、集体、个人三者利益关系，保障投资者权益，调动企业经营者和生产者的积极性，挖掘企业内部潜力。要确保国家的税收，增加企业的积累，兑现投资者分利，保证按合同规定上交发包方的利润，逐步增加职工的收入。

第六条 实行承包经营责任制，应坚持责权利相结合的原则，切实落实企业的经营管理自主权。

第七条 实行承包经营责任制，发承包双方必须遵守国家法律、法规和政策，坚持企业的社会主义经营方向、经营作风和职业道德，依法接受乡镇企业主管部门及其他有关部门的指导、监督。

第八条 实行承包经营责任制，必须全面提高企业素质，推进科技进步，不断开发新技术和新产品，提高产品质量和经济效益。

第二章 承包经营责任制的内容和形式

第九条 承包经营责任制的主要内容是：包生产经营任务；包税收和利润上缴；包企业提留；包产品质量、技术改造、安全生产；包固定资产、流动资金的增值；实行工资总额与经济效益挂钩；加强社会主义精神文明建设。

企业可按实际情况确定其他必须承包的内容。

第十条 承包内容应有相应的指标。指标根据企业生产能力、前三年特别是上年的实绩、企业发展潜力、市场预测、资金条件等，参照当地同行业的平均水平，科学测算确定。

第十一条 企业实行承包经营责任制，应以集体承包为主，小型、微利、亏损企业也可以实行其他承包经营形式。

第十二条 承包企业的利润分配形式应根据企业的不同情况，由承包合同双方确定。可以实行利润定额、超额分成；可以实行全额利润按比例分成；也可以采取联利计酬；小型微利、亏损企业还可以实行利润包干、全奖全赔等形式。

第三章 企业经营者

第十三条 实行承包经营责任制，企业所有者应当采取公开招标方式确定经营者，不具备条件的，也可以采取招聘、推荐等方式选用经营者。

招标可以在企业内部或者企业外部进行。投标者可以是经营集团或个人。经营集团中标后，必须确定承包经营企业的经营者。

第十四条 各级乡镇企业主管部门应当积极创造条件，逐步建立承包市场，为企业承包经营提供招标、投标信息，为企业经营人才提供平等竞争机会。

第十五条 企业所有者应当对投标者全面评审，择优选定。

企业经营者应当具备下列条件：

(1) 必要的文化知识专业技术知识；

(2) 必要的企业经营管理能力；

(3) 提供必要的财产担保或者保证人；

(4) 企业所有者提出的其他合法条件。

第十六条 企业经营者是企业的厂长（经理）。企业实行厂长（经理）负责制。厂长（经理）是企业的法定代表人，对企业全面负责，代表企业行使职权。

第十七条 企业经营者可以根据需要，按规定权限聘任一定数量的人员，组成企业领导班子。承包期满后，原企业领导班子即告解散。

第十八条 企业经营者必须履行承包经营合同规定的有关义务；在承包期内，按年度向发包方和企业职工大会（职工代表大会）提交承包经营合同执行情况的报告。

第十九条 企业经营者的年收入，视完成承包经营合同情况，可高于职工年平均收入的一至三倍，贡献特别大、成绩显著的还可适当高一些，但最高不得超过职工年平均收入的五倍。也可以采取其他奖励办法。企业领导班子其他成员的收入要低于企业经营者。

企业经营者不能完成承包经营合同的，应当扣减其收入，直至保留基本工资的一半。企业领导班子其他成员也要承担相应的经济责任。

第四章 承包经营合同

第二十条 实行承包经营责任制，必须由企业经营者代表承包方同发包方订立承包合同。

发包方是指企业的所有者，它的代表是企业所属的集体经济组织或企业的董事会；承包方为实行承包经营的企业，它的代表是企业的经营者。

第二十一条 签订承包经营合同，发承包双方必须坚持平等、自愿、协商的原则。

第二十二条 签订承包经营合同，必须采取书面形式。当事人协商同意的修改合同的文书、图表，也是合同的组成部分。

第二十三条 承包经营合同一般应当包括下列主要条款：

(1) 承包形式；

(2) 承包期限

(3) 固定资产和流动资产的数额；

(4) 各项承包指标；

(5) 厂房、设备、运输工具和其他的附属设施的维修办法及承包期满后的完好程度；

(6) 企业留利、各项提留和基金的使用，债权债务的处理；

(7) 承包期满后库存物资、产成品、在产品的处理方法；

(8) 合同双方的权利和义务；

(9) 违约责任；

(10) 工资总额与经济效益挂钩办法及奖惩原则和办法；

(11) 变更或解除合同的条件；

(12) 合同双方约定的其他事项。

第二十四条 承包期限，一般为三到五年。承包经营完成好的，在双方自愿的基础上，可以连续承包。

第二十五条 承包合同依法成立，即具有法律的约束力，任何一方不得擅自变更或解除。

第二十六条 下列承包经营合同为无效：

(1) 违反国家法律、法规和政策的合同；

(2) 损害集体利益或社会公共利益的合同；

(3) 采取欺诈、胁迫或利用职权强制签订的合同；

(4) 未经发包方同意，承包方擅自转包或分包的合同；

无效承包经营合同从订立时起，就无法律的约束力。经承包合同管理机关或人民法院确认后，予以废除。

第二十七条 凡发生下列情况之一者，允许变更或解除承包经营合同：

(1) 国家对税种、税率和价格等政策进行重大调整，合同双方可以协商变更或解除承包经营合同；

(2) 由于不可抗力或由于一方无过失但无法防止的外因，致使承包经营合同无法履行的，承包双方可以协商变更或解除承包经营合同；

(3) 由于承包方经营管理不善而不能完成承包经营合同任务的，发包方有权提出解除承包经营合同；

(4) 承包方对承包企业进行掠夺式经营，发包方提出要其限期改正而不改正的，发包方可以变更或解除合同；

(5) 由于发包方违约使承包方无法履行承包经营合同，承包方有权提出解除承包经营合同。

承包合同当事人一方要求变更或解除承包经营合同时，应及时通知对方。因变更或解除承包经营合同使一方遭受损失的，除依法可以免除责任的外，应由责任方负责赔偿。

第二十八条 承包经营合同双方当事人发生纠纷时，应当协商解决。协商不成时，任何一方当事人均可以向承包合同管理机关申请仲裁；也可向人民法院直接起诉。

第二十九条 承包经营合同的任何一方当事人对仲裁机关的裁决不服，均可在接到裁决书之日起十日内向上一级仲裁机关申请复议；上一级仲裁机关作出的复议裁决或逾期未申请复议发生法律效力的仲裁决定，均为终局裁决。

第三十条 承包经营合同的一方当事人在规定期限内不执行已经发生法律效力的调解书、裁决书的，另一方可以申请人民法院强制执行。

第五章 发承包双方的权利和义务

第三十一条 发包方依法享有下列权利：

(1) 对企业资产拥有所有权；

(2) 决定企业的经营方向和经营方式；

(3) 决定厂长（经理）人选或选聘方式；

(4) 按规定与承包方商定企业税后利润的分配比例；

(5) 对承包方在贯彻执行国家法律、法规、政策和企业财产的使用、保护等方面进行监督检查；

(6) 对企业招聘、辞退职工进行指导、监督；

(7) 企业内部审计监督；

(8) 作出关于企业分立、合并、迁移、停业、终止、破产等决议。

第三十二条 发包方应当履行下列义务：

(1) 发包前，对企业的资产及债权债务进行清理，登记造册；

(2) 发包时，做好企业财产及债权债务的确认；

(3) 发包后，为企业提供经济技术信息，协助疏通供销渠道和其他协作关系，协助解决承包方生产经营中的困难，必要时为企业提供经济担保；

(4) 按承包经营合同规定维护承包方的合法权益。

第三十三条 承包方在生产经营范围内享有以下权利：

(1) 占有和使用企业资产，按国家和承包经营合同的规定接收投资、入股，并进行其他方式的集资；

(2) 在国家法律、法规、政策和承包合同的范围内，自主安排生产经营活动；

(3) 确定企业内部机构的设置和人员配备，依法招聘、辞退职工，并确定工资形式和奖惩办法；

(4) 依法自销产品并确定企业产品的价格或者服务收费标准；

(5) 依法自愿参加行业协会、产品评比和各种招标、投标活动；

(6) 依法对外开展经济技术合作，自主订立经济合同；

(7) 依法开发和利用自然资源；

(8) 拒绝和抵制摊派和非法罚款。

第三十四条 承包方应当履行下列义务：

(1) 贯彻执行国家法律、法规和政策；

(2) 全面履行承包经营合同规定各项任务；

(3) 建立健全企业规章制度，加强企业管理；

(4) 依法纳税，按规定上交利润并提足各项提留，按时清偿银行借款和其他债务，及时收回应收款；

(5) 搞好安全生产，做好劳动保护和资源、环境保护，防止和治理污染；

(6) 管好用好企业财产，不搞掠夺式经营；

(7) 推进技术进步，搞好职工培训，提高职工政治、文化、技术素质；

(8) 关心职工生活，保障职工合法权益，接受职工监督；

(9) 如实向发包者和有关部门提供企业情况，按期编报财务、统计报表。

第三十五条 发包方没有履行承包合同，影响合同完成的，应当承担违约责任，并视情节轻重，由上级乡镇企业主管部门或会同有关部门追究发包方直接责任者的行政责任和经济责任。

第三十六条 承包方不能全面完成承包经营合同任务的，应当承担违约责任，并视情节轻重，由上级乡镇企业主管部门或会同有关部门追究企业经营者的行政责任和经济责任。

第六章 管理与监督

第三十七条 承包经营企业应当建立健全职工代表大会制度，切实保障职工民主管理的权利，保护职工的合法权益。

第三十八条 承包经营企业应当建立健全内部经济责任制，加强内部经营管理：

(1) 实行风险抵押，建立交纳风险抵押金制度；

(2) 建立健全岗位责任制，以岗定人，以岗定责；

(3) 搞好内部承包，层层分解承包指标，健全内部承包考核体系；

(4) 贯彻按劳分配原则，确定合理的劳动报酬形式，积极推行联质、联耗、联效的浮动工资制度；

(5) 贯彻精简高效原则，优化组合行政管理人员和生产者。

(6) 严格执行农财两部颁发的财会制度，实行统一的账簿、科目和报表；

(7) 结合企业实际，运用现代管理方法，提高企业管理水平。

第三十九条 企业应依照国家规定，提足各项基金和提留。

企业的利润净额留给企业部分一般不少于60％，其中大部分用于企业的生产发展资金，少部分用于福利基金和奖励基金。

第四十条 发包方应当加强对企业内部审计监督，进行年终决算分配和经营者任期届满离任审计。

企业主管会计凭县级乡镇企业主管部门颁发的“会计人员合格证”上岗，由企业上级主管部门任免和调动，经营者不得随意调换。

第四十一条 实行承包经营的企业必须严格遵守国家物价政策，在国家政策允许的范围内，根据市场变化合理确定本企业产品的价格或服务收费标准。

第四十二条 各级乡镇企业主管部门是承包经营企业的主管部门，根据国家的法律、法规和政策，负责对企业进行指导、管理、监督、协调和服务。

第七章 附 则

第四十三条 本规定由农业部负责解释。

第四十四条 各省、自治区、直辖市乡镇企业主管部门可根据本规定制定实施办法。

第四十五条 本规定自颁发之日起施行。

农 业 部

关于坚决制止并纠正改变乡镇企业所有制性质和隶属关系的通知

[1990]农（企）字第7号

各省、自治区、直辖市、计划单列市乡镇企业局：

近年来，一些地方不断发生随意平调乡镇企业财产、改变乡镇企业所有制性质和隶属关系事件。目前，一些部门趁乡镇企业发展遇到暂时困难之机，以治理整顿和行业管理为借口划走、平调乡镇企业，改变所有制性质和隶属关系的情况更加严重。这不仅严重侵害了农民的合法权益，极大地挫伤了广大乡镇企业干部职工的积极性，同时也违背了国家对保护乡镇企业财产所有权的法律、法规和政策。尤其是损害了党和国家与广大农民群众的血肉联系，破坏了党和国家对农村政策的稳定性和连续性，不利于农村、农业和农民的稳定，也不利于我国政治、经济和社会的稳定。

乡镇企业是农民兴办的企业。它包括乡(镇)、村集体企业、联户企业（包括农民股份合作企业）和户办企业（包括私营企业)。企业的财产所有权属于兴办该企业的农民所有。这是党和国家制定的法律、法规、政策中一再明确了的。《中华人民共和国宪法》明确规定：“社会主义的公共财产神圣不可侵犯。”“国家保护城乡集体经济组织的合法的权利和利益，”“国家保护个体经济的合法的权利和利益。”“禁止任何组织或者个人利用任何手段侵占或者破坏国家和集体的财产。”中共中央、国务院针对一些地方出现的平调乡镇企业财产、擅自改变企业隶属关系的问题，曾在有关法规、政策中作了明令规定。1979年国务院颁发的《关于发展社队企业若干问题的规定》明确肯定了“社队企业是社会主义集体所有制经济”，对其经济往来“要实行等价交换。任何单位和个人，不得无偿调用社队企业的资金、产品、设备、原材料”，1984年《中共中央、国务院转发农牧渔业部〈关于开创社队企业新局面的报告〉的通知》，又一次明确规定：社队企业是社会主义集体所有制经济，在行业管理中，一定要保障社队企业的财产所有权、经营权不受侵犯，隶属于社队企业管理部门的关系不得改变。强调“社队企业即公社、大队企业，是全公社、全大队社员集体所有的企业，政社分设以后，所有制不得变更”。近年来，中共中央、国务院在有关文件中又反复重申了这些政策和规定。

目前，各地正在积极贯彻执行党的十三届五中、六中全会精神。乡镇企业的发展，为支援农业、解决就业、繁荣经济、增加收入和出口创汇作出了重要贡献，为实现城乡一体化，工农一体化，巩固工农联盟，建设具有中国特色的社会主义“四化”强国，走出了新路子，它是实现农业以至农村现代化的必由之路，是实现我国工业化的必由之路，也是增强国家经济实力的必由之路。因此，保证乡镇企业持续、协调、健康地发展，对稳定农村、农业、农民乃至整个国家的经济、政治和社会具有举足轻重的作用。一些部门无视国家法律、法规、政策规定和中央的三令五申，继续平调、划走乡镇企业财产，改变其所有制性质和隶属关系，影响了企业正常的生产经营及其管理，扰乱了正常的社会经济秩序，这种做法必须坚决制止和纠正。

一、要依法保护乡镇企业的所有权、经营权不受侵犯。坚决禁止任何部门或个人以任何借口改变乡镇企业的所有制性质、隶属关系和利润上交渠道。对于已经平调、划走的乡镇企业，要立即退回。

二、根据国务院行政职权的划分，各级人民政府乡镇企业管理部门是乡镇企业的行政主管部门，肩负着乡镇企业的综合管理和与行业部门协调的双重任务，应该加强对乡镇企业的指导、管理、监督、协调和服务。

三、各级人民政府行业管理部门根据国家明文规定，负责制定行业发展规划、研究行业内重大经济技术政策，组织信息交流，人才培训以及技术开发等工作。

四、任何单位和个人不得在国家法律、法规、政策规定之外，向乡镇企业乱摊派、乱收费、乱罚款。根据财政部、农业部关于《乡镇企业管理费提取、解交和管理办法》的规定，各级乡镇企业管理局是乡镇企业的主管部门，除此之外，其他任何部门都不得向乡镇企业征收乡镇企业管理费。

五、乡村集体企业和农民股份合作企业实行承包、租赁经营责任制、试行股份制等，其集体所有制性质不变。

六、禁止任何单位和个人将集体企业改变为个体企业或将个体工商户、私营企业挂靠集体，领取集体企业营业执照，或平调、上升为集体所有制。违者，要追究当事人和主管单位、审批机关的责任。

七、对擅自改变乡镇企业所有制性质和隶属关系的部门和个人，依法追究行政责任；对不符合国家法律、法规和政策规定的乱摊派、乱收费行为，依照《禁止向企业摊派暂行条例》的规定处理，情节严重的，要追究有关人员的行政、刑事责任；对非法摊派和收费，乡镇企业有权予以抵制，并向上一级管理部门或审计、行政监察、司法机关揭发检举。

1990年5月3日

农业部、中国农业银行

关于清理乡镇企业“三角债”的通知

[1990]农（企）字第14号

各省、自治区、直辖市及计划单列市乡镇企业局、农业银行分行：

为了认真贯彻执行国务院《关于在全国范围内开展清理“三角债”工作的通知》精神，切实抓好乡镇企业“三角债”的清理工作，保证全国范围内清欠工作的顺利完成，为乡镇企业的发展创造一个良好的经济环境，根据国务院通知精神，结合乡镇企业的具体情况，特作如下通知：

一、进一步提高清欠工作必要性和紧迫性的认识。当前，乡镇企业“三角债”已成为制约乡镇企业健康发展的关键问题。截止到1989年末，全国乡村集体企业应收销货款379亿元，占全部应收款的49.3%；应付购货款305亿元，占全部应付款的41.1%，分别比上年增加88亿元和49亿元，增长30.1%和19.1%。拖欠货款大量增加，造成生产资金奇缺，严重影响乡镇企业生产的正常进行。乡镇企业“三角债”是全国各种企业之间“三角债”中的一部分，约占28%。如不清理，不仅影响乡镇企业本身生产的正常进行，也影响到国营工商企业“三角债”的清理和生产经营的正常进行。因此，各级主管部门和企业要高度重视，并摆到重要的议事日程。要把清理“三角债”作为启动生产，搞活流通，稳定经济，贯彻产业政策，调整产业、产品结构，促进企业加强资金管理制度建设的重要措施来抓。

二、清欠工作的原则。乡镇企业清欠工作必须与促进生产相结合，与清仓挖潜、改善经营管理相结合，与提高信贷资金使用效益相结合，与建立健全企业资金管理制度相结合。

三、清理“三角债”的范围。凡乡镇企业之间和乡镇企业与国营、集体工商企业之间拖欠的货款都应列入清理范围。重点清理超过正常结算时间形成的拖欠，以及长期无理拖欠的货款。金额起点每笔3万元或一个企业应收应付累计10万元以上的货款。

下列情况一般不列入本次清理范围：

（一）赊销、预付货款或代销的货款；

（二）有交易纠纷的货款；

（三）有正当理由拒付的货款。

四、方法和步骤。清欠要抓住重点，本着先易后难，先系统内后系统外，先本地后外埠的步骤进行。要选准连环拖欠的重点，一层一层清理，一环一环解扣，使资金最终流入生产企业。各地可根据本地实际情况，制定清欠办法，要做到：

（一）摸清拖欠底数。要对企业的应收、应付帐款进行一次全面的清查核对工作，做到债有主，数不错，债帐相符。对一些确实无法收回的“坏帐”损失，或已收已付未核销的错帐，均应按财务制度规定进行全面彻底的处理，不留尾巴。

（二）制定清欠方案。各地根据上述原则和范围，制定本地区乡镇企业系统清欠方案，明确清欠重点、范围和实施步骤，并报当地政府主管清欠机构备案。

（三）清欠方式可以多种多样。可以采用付方启动，也可采用收方点收；可以采用银行承兑汇票结算方式，也可以采用银行其它结算方式。银行要根据结算制度规定和信贷管理办法，帮助企业选择合适的清欠方式。

（四）各地农业银行要加强相互协作与配合，积极、主动创造条件帮助和督促企业及时清付。凡是有跨地区（包括跨省区）的拖欠货款，拖欠单位开户银行应积极、主动协助对方企业、银行将所欠货款及时清付，不得压票、退票。凡是涉及在其他银行开户企业拖欠的货款，农业银行要会同主管部门商请当地人民银行和有关专业银行协商清付。

（五）要积极争取各级政府对清欠工作的领导和支持。各级乡镇企业主管部门要主动向当地政府主管清欠的机构汇报清欠进展情况，以及存在的困难和问题，请其协调解决。

（六）认真总结经验。各层次清欠工作结束都要有书面总结。各地要及时将本地区乡镇企业清欠工作总结报农业部和中国农业银行。

五、筹集部分清欠启动资金。清欠启动资金按多方筹集原则进行。各级主管部门要督促企业筹集一部分清欠启动资金。企业结付拖欠货款的资金，原则上由企业自筹解决。对确有困难、又符合贷款条件的，可以在省、地、县区内统筹解决。也可以在有贷款规模的情况下，采取临时向结付货款企业给予贷款解决。因此各级农业银行要集中一定的清欠启动贷款规模和资金。清理跨系统拖欠时，所需启动资金应报告人民银行，请其协调安排解决。

六、防止前清后欠。为解决前清后欠问题，要监督企业信守合同，严格执行财务结算纪律，应收销货款及其它应收款要及时催收，应付购货款要按合同规定按期支付。要帮助企业推行使用商业票据，变口头信用为票据信用。从文到之日起，凡拖欠货款的企业，银行要按有关规定监督付款单位给收款单位支付日息3‰的延付赔偿金。

在有条件的地区，银行应根据结算制度的规定对符合产业、产品政策和信用较好的乡镇企业恢复托收承付结算办法，以严格货款结算秩序。

七、乡镇企业内部职工个人欠款和其它单位的欠款，也应结合这次清欠工作进行彻底清理。要继续抓好中国农业银行、农业部农银发（1989）114号文件的贯彻、落实。

八、清欠工作实行分级负责制。各级乡镇企业主管部门负责抓好本地区本系统清欠工作，主要领导要亲自抓，并成立相应的领导小组和办事机构。对系统内跨地区的拖欠报请上一级主管部门解决；对跨地区跨系统的拖欠商请上一级政府协调清理。大区系统内的清欠，按国务院指定牵头省的主管部门负责，并密切配合大区内跨系统的清欠工作。各级乡镇企业主管部门要与农业银行密切配合，相互沟通情况，协调工作步骤，切实抓好清欠工作。

各地区乡镇企业主管部门和农业银行要切实按照以上要求，做好清理乡镇企业“三角债”工作，以保证乡镇企业在治理、整顿中得到持续、协调、健康发展。

1990年5月25日

农　业　部

关于印发《乡镇工业调整的若干意见》的通知

[1990]农（企）字第3号

各省、自治区、直辖市、计划单列市乡镇企业局：

为了贯彻党的十三届五中全会确定的关于乡镇企业“调整、整顿、改造、提高”的方针，加强对乡镇工业调整的指导，促进其健康发展特拟定《乡镇工业调整的若干意见》，现发给你们，望结合本地实际贯彻落实。

乡镇工业的调整是各级乡镇企业主管部门在治理整顿期间的一项重要工作，要切实加强领导，指定工作机构，认真抓好。在工作中遇到的问题，望及时向人民政府请示汇报，并报告我部。

附件：乡镇工业调整的若干意见

1990年5月31日

乡镇工业调整的若干意见

乡镇企业在我国十年改革开放中“异军突起”，已经成为农村经济的重要支柱和国民经济的重要组成部分。乡镇企业的发展引发了农村的产业革命，带来了全社会产业结构和劳动力结构的重大变化，加快了农村经济的振兴和国家工业化的进程。乡镇工业是乡镇企业的主体，从总体上看经过多年调整，其内部结构日趋合理。但是在一些地方不同程度地存在着某些低水平重复建设和浪费能源、原材料等问题。因此，认真进行调整，不但是克服当前市场疲软、资金紧缺等困难的有效措施而且将有力地促进乡镇工业持续、协调、健康发展。

一、明确调整的指导思想和原则

我国乡镇工业具有农村经济和工业经济的双重特性，具有经济效益和社会效益的双重功能。因此指导乡镇工业的产业结构调整，必须根据国家产业政策和市场需求，从发展农村经济的实际出发，明确调整工作的指导思想和原则。

1．正确处理调整与发展的关系。调整是手段，健康发展是目的。继续坚定不移地贯彻执行中央制定的对乡镇企业“积极扶持，合理规划，正确引导，加强管理”的总方针和治理整顿期间乡镇企业“调整、整顿、改造、提高”的方针，通过积极调整，使乡镇工业得到更加健康的发展。

2．正确处理计划经济与市场调节的关系。在加强对乡镇企业宏观调控和计划指导的同时，继续重视运用乡镇企业具有活力的市场调节机制，进而使这种调节变得更加自觉、主动。

3．正确处理有保有压，重点和一般的关系。对不同行业、企业和产品按照市场需要、技术进步、创汇作用、经济效益、产业关联、安排劳动力等因素实行分类指导，重点支持生产能源、原材料、农副产品加工、为大工业配套、出口创汇、城乡人民生活需要的紧缺商品、支农产品和名特优产品的企业，扶持乡村集体企业；重点限制消耗高、质量差、污染严重而效益又很差的企业。

4．正确处理集中统一和发挥地区优势的关系。在国家产业政策指导下，分类指导、因地制宜地制定调整规划和实施方案，使之既符合资源宏观配置的要求，又有利于地区优势的发挥和地区经济的发展。

5．正确处理技术结构高中低和企业结构大中小的关系。既要坚持优化原则，积极发展先进技术，集约化生产和适度规模经济，又要实事求是地看待经济发展的阶段性及地区发展的不平衡性，发展满足社会多层次需求的适用技术，不能一概否定中低层次技术；要按行业、产品性质和当地社会经济技术条件来考虑企业规模，宜大则大，宜小则小，不能笼统地否定小企业的作用。

6．正确处理积极调整和保持稳定的关系。在保持农村经济稳定发展和社会安定的前提下，实行“微调产业、慢调行业、快调产品”，当前重点是调整产品结构。对需要关停并转的企业，除必须关停的以外，尽可能采取改造或并转的措施。

7．正确处理乡镇企业与农业的关系。要在大力发展农业的前提下，积极发展乡镇企业，统筹安排农业与乡镇企业的劳动力。要指导乡镇企业在继续积累资金“补农建农”的同时，积极发展农副产品加工业、支农工业等关联产业，开拓支农的新领域，促进农村经济中农业与非农产业的一体化发展。

8．正确处理乡镇工业与城市工业的关系。城乡工业要联合协作，向一体化方向发展。要逐步形成合理的产业分工，并以此进行资源配置，提供相应的保障措施。

二、认真抓好重点行业的发展、优化、提高工作

1．农副产品加工业。要坚决贯彻中央历来强调的关于支持乡镇企业发展农副产品加工的政策，按照经济合理的原则，凡适于在农村加工的农副产品应放在农村加工，国家不在城市增加生产能力。要合理配置加工原料，凡未经国务院批准实行专营的农副产品不得垄断经营、关闭市场或设卡阻截。国务院规定实行专营的农副产品要完成上交基数；要保护农民生产积极性，允许乡镇企业进行加工。

农副产品加工业要大力发展“种、养、加”一条龙的生产体系。妥善解决好种养和加工的利益共享，实行“工、农俱兴”，“工商结合”，既保证加工业生产的连续与均衡，又避免农业生产大起大落，挫伤农民的生产积极性。鼓励工业企业建立原材料基地，开展农业与加工业相配套的多种形式联合，逐步解决资源的分散与加工生产相对集中的矛盾。凡乡镇加工企业投资兴建的原材料基地产出的农副产品，应优先满足乡镇加工企业的需要，除国务院规定实行专营的产品外，任何单位不得强行收购。

2．能源、原材料工业。要坚定不移地贯彻“放开、搞活、管好”的开发矿产资源的方针，对乡镇矿业整顿和扶持两手抓。在整顿中要有堵有疏，积极扶持乡村集体企业，从严管理和改造个体、私营企业，打击、取缔不法分子的非法活动。对乡村集体企业，要在统筹规划的基础上依法划分保持发展后劲的必要资源，支持其技术改造和安全补欠。鼓励发展联合办矿，统一规划矿、电、路、站，实行适度的集约经营。在加强计划管理的同时，要保障企业的合法权益，尊重企业经营自主权。要认真清理整顿矿产品流通领域，坚决抵制中间环节的层层盘剥。督促企业提足用好维简费等各项生产建设基金，增强企业的自我积累、自我改造能力。

乡镇建材工业要根据城乡建设的需求调整产品总量和产品结构，切实抓好节能、节地，提高产品质量。水泥行业要淘汰蛋窑，逐步改造普立窑为机立窑；砖瓦行业要推广节能高效窑炉和节能工艺，广泛开辟非粘土原料，综合利用工业废渣。要有计划地发展新型节能墙体材料和其他适销对路的新型建材，逐步形成适应城乡不同层次需求的高、中、低档配套的建材生产体系。

3．支农工业。要适应全国大办农业的需要，积极增产各类中小农具，提高产品质量，增加产品品种。要认真贯彻落实国务院及有关部门制定的发展中小农具生产的一系列政策规定，落实农业部(1989)农(企)字第20号文《关于在调整中继续发展中小农具生产的意见》。要切实保证中小农具生产使用原材料的计划供应。继续放开中小农具的产销价格，落实有关减免税费的扶持政策。要实行适度集中，统一布局，对适用性强、使用面广的产品，要计划布点，组织批量生产。要在促进传统产品生产的同时，积极开发适用的新产品。大力推广小红炉等节能降耗先进的适用技术，加快设备工艺的更新改造。

在整顿土法生产农药、普通过磷酸钙企业的同时，对生产工艺、企业管理、产品质量符合规定要求的化肥、农药企业，要在贷款、原材料供应、产品运销等方面予以积极支持。

4．出口产品。要按照国际市场的需求，调整出口产品结构，在继续发展劳动密集型产品和传统工艺产品出口的同时，不断提高工业制成品和附加价值高的产品的出口比重，努力扩大机电产品出口，提高纺织出口产品的加工深度和档次，有条件的企业要积极发展高技术产品的出口。要在高质量、多品种、新款式、小批量上下功夫。要努力改善投资环境，积极扩大对外经济技术合作，发展“两头在外”、“三来一补”和“三资企业”。要进一步抓好出口商品生产基地建设，继续组织好“贸工农”出口基地，机电产品扩权、基地企业和轻纺、农副产品加工出口项目的申报、投标工作，对已经中标的企业要积极扶持，加强管理，按期完成建设任务，提高出口能力，发挥创汇效益。要认真落实国家制定的对乡镇出口创汇企业的各项优惠政策，清理和解决截留企业外汇留成、拖欠货款等问题，保护企业创汇积极性。

5．与大工业配套的产品。在城乡经济一体化的目标下，有计划、有组织地发展与城市大工业的专业化协作生产。鼓励乡镇企业与国营企业，以及乡镇企业之间，在自愿互利的基础上开展多种形式的横向联合，组成企业集团、企业群体。乡镇企业选择合作项目要根据国家产业政策和市场预测充分论证，不能接受耗能高、污染严重的工序和产品以及没有发展前途的产品。

6．市场需求的短线产品和名特优产品。要发挥乡镇企业经营灵活的优势，拾遗补缺，积极发展城乡人民生活需求的小商品，增加市场的有效供给，不断开发适销对路的新产品，努力扩大名特优产品的生产，提高市场覆盖率。要继续实行小商品价格放开，随行就市的政策和鼓励名优产品生产的政策，对生产微利产品的企业要在物资、信贷、税收等方面予以扶持。

三、因地制宜地进行调整，发挥地区优势

根据我国自然资源分布和社会经济发展不平衡的状况，西部地带的乡镇企业宜以资源产业和资源加工型产业为主，发展与当地各类资源相适应的加工业，逐步改变产业结构过于单一的状况；东部地带的乡镇企业要发展低能耗、低物耗产业，支持高技术水平加工业，控制一般水平加工业，积极发展新兴产业，逐步建立技术密集型与技术劳动密集型的产业结构；中部地带的乡镇企业介于上述两种地区产业类型之间，应发挥综合经济优势，建立合理、均衡、协调的产业结构体系。

要在乡镇企业区划指导下，正确选择不同经济类型地区的产业方向和主导产业。农业地区，乡镇企业的发展应建立在粮食、经济作物及其他农副产品资源的优势上，积极发展农副产品加工和综合利用等相关工业。畜牧业地区，应以畜产加工业为主导，并积极开展畜产品的综合利用。山区和丘陵地区，要在统筹规划下合理开发矿产品和各类山林资源，发展林、特、矿产品的加工，沿海地区，要在适应国内市场的同时，努力开拓国际市场，积极发展以轻纺、机电等工业为重点的外向型经济，逐步开发、建设对外加工出口经济区。邻近大中城市的地区，应以城市为依托，积极发展为大工业配套的加工制造业及为城市人民生活和建设服务的行业，逐步形成城乡工业协作、配套、互补的一体化经济。少数民族地区，要注重发展民族特需品、民族工艺品和旅游产品，促进少数民族工业的发展。

由于同一地带同一省内社会经济发展不均衡，各地应从实际出发，因地制宜地进行调整。

四、认真整顿消耗高、质量差、污染严重的企业

对这类企业的整顿工作政策性强，既要态度坚决，又必须慎重稳妥。

当前要抓好以下重点行业和企业的整顿工作：

1．无证开采的煤矿、有色金属矿、化学矿等。具备办矿条件，经统筹规划、合理划定矿界后，应尽快办理领证手续；对布点合理但不具备起码安全生产条件的，应限期停产整顿，整顿合格并领证后恢复生产；对布点不合理，危及其它矿山安全或者自身不具备起码安全生产条件而又无力改造的应予关闭。

2．土法炼焦（不包括改良型炉炼焦）。在煤炭资源丰富的地区，改土法炼焦为各种改良型炉和小机焦，无法改造的个体土法炼焦应当关闭。煤炭资源不丰富的地区应停止土法炼焦。

3．马蹄窑烧砖。除边远贫困地区及少量非商品性生产的可以保留外，其它应有计划地改造为节能型立窑或轮窑；立窑和轮窑生产能力已经过剩的地区，现有马蹄窑应停止生产。

4．小棉纺。要严格控制新增生产能力。对现有小棉纺厂的整顿，必须统筹安排大、中、小企业以及中央和地方（特别是产棉区）的经济利益，以利于调动农民种棉的积极性。要提高技术和管理水平，提高产品质量，逐步发展规模经营，通过市场竞争淘汰质量差、效益低的小企业。

5．小造纸、土法加工硫磺、土法冶炼等，要认真执行国务院环委会（88）国环字第015号文等有关文件的规定，积极进行污染治理，限期达到规定的标准。

五、强化调控措施

1．实行倾斜政策。要综合发挥各有关方面倾斜政策对乡镇工业调整的导向作用。各级乡镇企业主管部门要在地方人民政府统一组织协调下，主动与计划、金融、税收、物资等有关部门配合协调，使各方面的倾斜政策与乡镇企业的调整衔接起来。对重点支持发展的行业，要逐步增加流动资金和技术改造贷款；优先安排物资电力供应和运输。

2．加强规划指导。各地要对资源、市场等地区经济技术状况和乡镇企业各个行业、产品、企业进行调查研究，按照国家产业政策总的原则，参照区域规划进行分类排队，提出调整目标实施步骤和保障措施，把政策原则和调整规划或方案结合起来。调整规划或方案要注意重点与一般相结合，重点放在国家产业政策积极支持和严格限制的行业，以及当地的主要行业和骨干企业；近期与长远相结合，以近期调整为主，并与“八五”计划的制定和实施密切结合起来。要自上而下，逐级加细，重视搞好县级调整规划或方案。

3．严格项目审批制度。乡镇企业新上基建项目必须经乡镇企业主管部门审批，未经乡镇企业主管部门审批的有关部门不予立项、贷款和工商登记注册。应根据分级管理的原则明确各级的审批权限。项目审批要严格以产业政策和调整规划为依据，保证新增固定资产投向产业政策支持的行业。要指导企业认真做好项目的可行性论证。要加强与各有关部门的协作或成立地方政府领导下的工作机构，把项目审批与土地征用、银行贷款、工商登记等协调起来。

4．促进资产存量合理调整。鼓励企业采取多种方式实行兼并，促使资产从劣势企业向优势企业转移，最大限度地减少企业关停给国家和集体造成的损失。对实行兼并而资金有困难的企业，通过信贷给予必要的支持。继续试行以公有制为主体的股份合作经营制，促进资产突破社区界限合理集中。要重视做好关停并转企业的资金审计工作，按照有关规定妥善处理债权债务。

5．加强服务工作。乡镇企业主管部门要为企业的调整积极开展各项服务工作。今后各级乡镇企业主管部门有关培训、质量监督、供销、信息等服务体系的建设和工作安排，优质产品评比，质量管理奖、科技进步奖等奖励活动以及企业升级、新技术、新产品鉴定等工作都要在国家产业政策的指导下进行，以利于重点支持的产业、行业、产品发展提高。

6．坚持发挥乡镇企业主管部门的职能作用。乡镇企业主管部门是乡镇企业的行政主管部门，也是农民开办的二、三产业的综合管理部门，肩负着乡镇企业综合管理及对乡镇企业各行业进行指导的双重任务。在乡镇企业产业结构调整中，乡镇企业主管部门要认真履行各级政府授予的职能，对乡镇企业各产业、行业进行统筹安排；并积极参与行业规划、行业经济技术政策的制定及各种许可证、质量认证等项工作。行业管理部门的职责，中央明文规定为：制定行业发展规划，研究行业内重大经济技术政策，组织信息交流，人才培训，技术开发等工作。乡镇企业主管部门与行业部门应在各司其职的基础上协商办事，使发展乡镇企业的各项政策与行业政策协调起来。要防止把部门管理的办法移植到行业管理上来，或以行业部门管理取代乡镇企业主管部门的职能。要坚决反对借行业管理之名划走、平调乡镇企业，改变企业所有制性质、行政隶属关系和财税上缴渠道，侵犯企业产供销经营自主权等错误做法。如有上述情况发生，必须坚决予以制止和纠正。

中华人民共和国国务院令

第59号

《中华人民共和国乡村集体所有制企业条例》已经1990年5月11日国务院第59次常务会议通过，现予发布，自1990年7月1日起施行。

总理　**李　鹏**

1990年6月3日

中华人民共和国
乡村集体所有制企业条例

第一章　总　　则

第一条　为了保障乡村集体所有制企业的合法权益，引导其健康发展，制定本条例。

第二条　本条例适用于由乡(含镇，下同)村（含村民小组，下同）农民集体举办的企业。

农业生产合作社、农村供销合作社、农村信用社不适用本条例。

第三条　乡村集体所有制企业是我国社会主义公有制经济的组成部分。

国家对乡村集体所有制企业实行积极扶持，合理规划，正确引导，加强管理的方针。

第四条　乡村集体所有制企业的主要任务是：发展商品生产和服务业，满足社会日益增长的物质和文化生活的需要；调整农村产业结构，合理利用农村劳动力；支援农业生产和农村建设，增加国家财政和农民的收入；积极发展出口创汇生产；为大工业配套和服务。

第五条　国家保护乡村集体所有制企业的合法权益，禁止任何组织和个人侵犯其财产。

第六条　乡村集体所有制企业实行自主经营，独立核算，自负盈亏。

乡村集体所有制企业实行多种形式的经营责任制。

乡村集体所有制企业可以在不改变集体所有制性质的前提下，吸收投资入股。

第七条　国家鼓励和扶持乡村集体所有制企业采用先进适用的科学技术和经营管理方法，加速企业现代化。

第八条　国家鼓励和保护乡村集体所有制企业依照平等互利、自愿协商、等价有偿的原则，进行多种形式的经济技术合作。

第九条 国家鼓励和支持乡村集体所有制企业依法利用自然资源，因地制宜发展符合国家产业政策和市场需要的产业和产品，增加社会有效供给。

第十条 乡村集体所有制企业经依法审查，具备法人条件的，登记后取得法人资格，厂长（经理）为企业的法定代表人。

第十一条 乡村集体所有制企业职工有返回其所属的农民集体经济组织从事农业生产的权利。

第十二条 国务院乡镇企业行政主管部门主管全国乡村集体所有制企业。地方人民政府乡镇企业行政主管部门主管本行政区域内的乡村集体所有制企业（以下简称企业）。

第二章 企业的设立、变更和终止

第十三条 设立企业应当具备下列条件：

（1）产品和提供的服务为社会所需要，并符合国家法律、法规和政策规定；

（2）有自己的名称、组织机构和生产经营场所；

（3）有确定的经营范围；

（4）有与生产经营和服务规模相适应的资金、设备、从业人员和必要的原材料条件；

（5）有必要的劳动卫生、安全生产条件和环境保护措施；

（6）符合当地乡村建设规划，合理利用土地。

第十四条 设立企业必须依照法律、法规，经乡级人民政府审核后，报请县级人民政府乡镇企业主管部门以及法律、法规规定的有关部门批准，持有关批准文件向企业所在地工商行政管理机关办理登记，经核准领取《企业法人营业执照》或者《营业执照》后始得营业，并向税务机关办理税务登记。

企业应当在核准登记的经营范围内从事生产经营活动。

第十五条 企业分立、合并、迁移、停业、终止以及改变名称、经营范围等，须经原批准企业设立的机关核准，向当地工商行政管理机关和税务机关办理变更或者注销登记，并通知开户银行。

第十六条 企业分立、合并、停业或者终止时，必须保护其财产，依法清理债权、债务。

第十七条 企业破产应当进行破产清算，法人以企业的财产对企业债权人清偿债务。

第三章 企业的所有者和经营者

第十八条 企业财产属于举办该企业的乡或者村范围内的全体农民集体所有，由乡或者村的农民大会（农民代表会议）或者代表全体农民的集体经济组织行使企业财产的所有权。

企业实行承包、租赁制或者与其他所有制企业联营的，企业财产的所有权不变。

第十九条 企业所有者依法决定企业的经营方向、经营形式、厂长（经理）人选或者选聘方式，依法决定企业税后利润在其与企业之间的具体分配比例，有权作出关于企业分立、合并、迁移、停业、终止、申请请破产等决议。

企业所有者应当为企业的生产、供应、销售提供服务，并尊重企业的自主权。

第二十条 实行承包或者租赁制的企业，企业所有者应当采取公开招标方式确定经营者，不具备条件的，也可以采取招聘、推荐等方式选用经营者。

招标可以在企业内部或者企业外部进行。投标者可以是经营集团或者个人。经营集团中标后，必须确定企业经营者。

企业所有者应当对投标者全面评审，择优选定。

第二十一条 实行承包或者租赁制的企业，企业经营者应当具备下列条件：

（1）坚持四项基本原则和改革开放，遵纪守法；

（2）必要的文化知识和专业技术知识；

（3）必要的企业经营管理能力；

（4）提供必要的财产担保或者保证人；

（5）企业所有者提出的其他合法条件。

第二十二条 企业经营者是企业的厂长(经理)。企业实行厂长（经理）负责制。厂长（经理）对企业全面负责，代表企业行使职权。

第二十三条 实行承包或者租赁制的企业，订立承包或者租赁合同时，应当坚持平等、自愿、协商的原则，兼顾国家、集体和个人的利益。

第四章 企业的权利和义务

第二十四条 企业在生产经营活动中享有下列权利；

（1）占有和使用企业资产，依照国家规定筹集资金；

（2）在核准登记的范围内自主安排生产经营活动；

（3）确定企业内部机构设置和人员配备；依法招聘、辞退职工，并确定工资形式和奖惩办法；

（4）有权自行销售本企业的产品，但国务院另有规定的除外；

（5）有权自行确定本企业的产品价格、劳务价格，但国务院规定由物价部门和有关主管部门控制价格的除外；

（6）自愿参加行业协会和产品评比；

（7）依照国家规定自愿参加各种招标、投标活动，申请产品定点生产，取得生产许可证；

（8）自主订立经济合同，开展经济技术合作；

（9）依法开发和利用自然资源；

（10）依法利用外资、引进先进技术和设备，开展进出口贸易等涉外经济活动，并依照国家规定提留企业的外汇收入；

（11）拒绝摊派和非法罚款，但法律、法规规定应当提供财力、物力、人力的除外。

第二十五条 企业在生产经营活动中应当履行下列义务：

（1）依法缴纳税金；

（2）依照国家以及省、自治区、直辖市人民政府的规定，上缴支农资金和管理费；

（3）依法建立健全财务会计、审计、统计等制度，按期编报财务、统计报表；

（4）保护自然资源和环境，防止和治理污染；

（5）努力降低原材料和能源消耗，发展符合国家产业政策的产品；

（6）做好劳动保护工作，实行安全生产；

（7）保证产品质量和服务质量；

（8）依法履行合同；

（9）对职工进行政治思想、科学文化、技术业务和职业道德等方面的教育；

（10）遵守法律、法规和政策的其他规定。

第五章 企业的管理

第二十六条 企业职工有参加企业民主管理，对厂长（经理）和其他管理人员提出批评和控告的权利。

企业职工大会或者职工代表大会有权对企业经营管理中的问题提出意见和建议，评议、监督厂长（经理）和其他管理人员，维护职工的合法权益。

第二十七条 企业应当兼顾国家、集体和个人的利益，合理安排积累与消费的比例，对职工实行各尽所能、按劳分配的原则。

男工与女工应当同工同酬。

第二十八条 企业招用职工应当依法签订劳动合同，实行灵活的用工形式和办法。

对技术要求高的企业，应当逐步形成专业化的技术职工队伍。

第二十九条 企业不得招用未满十六周岁的童工。

第三十条 企业对从事高度危险作业的职工，必须依照国家规定向保险公司投保。

有条件的企业，应当参照国家有关规定实行职工社会保险。

第三十一条 企业发生劳动争议，可以参照《国营企业劳动争议处理暂行规定》处理。

第三十二条 企业税后利润，留给企业的部分不应低于60%，由企业自主安排，主要用作增加生产发展基金，进行技术改造和扩大再生产，适当增加福利基金和奖励基金。

企业税后利润交给企业所有者的部分，主要用于扶持农业基本建设、农业技术服务、农村公益事业、企业更新改造或者发展新企业。

第三十三条 企业应当根据国家有关规定，加强本企业的各项基础管理和合同管理。

第六章 企业与政府有关部门的关系

第三十四条 各级人民政府乡镇企业行政主管部门根据国家的法律、法规和政策，加强对企业的指导、管理、监督、协调和服务：

（1）监督检查企业执行国家法律、法规和政策；

（2）制订企业发展规划，协同有关部门制定农村剩余劳动力就业规划；

（3）会同有关部门指导企业的计划、统计、财务、审计、价格、物资、质量、设备、技术、劳动、安全生产、环境保护等管理工作；

（4）组织和指导企业的技术进步、职工教育和培训；

（5）向企业提供经济、技术咨询和信息服务；

（6）协调企业与有关方面的关系，帮助企业开展经济技术合作；

（7）总结推广企业发展的经验；

（8）组织和指导企业的思想政治工作，促进企业的社会主义精神文明建设。

第三十五条 各级人民政府有关行业管理部门应当根据国家的产业政策和行业发展规划，对企业的发展方向进行指导和监督；对企业开展技术指导、人才培训和经济、技术信息服务；指导、帮助和监督企业开展劳动保护、环境保护等工作。

第三十六条 政府有关部门应当为符合国家产业政策，经济和社会效益好的企业创造发展条件：

（1）对企业所需的能源、原材料、资金等，计划、物资、金融等部门应当积极帮助解决；生产纳入国家指令性计划的产品所需的能源、原材料等，由安排生产任务的部门和单位组织供应；

（2）根据国家有关规定，对生产名、优产品和出口创汇产品的企业，应当在信贷、能源、原材料和运输等方面给予扶持；

（3）为企业培训、招用专业技术人才和引进先进技术创造条件。

第七章 奖励与处罚

第三十七条 对在企业经营管理、科技进步、劳动保护、环境保护和思想政治工作等方面作出显著成绩的企业和个人，由人民政府给予奖励。

第三十八条 企业产品质量达不到国家规定标准的，企业所有者和企业主管部门应当责令其限期整顿，经整顿无效者，应当责令其停产或者转产，直至建议有关机关撤销生产许可证，吊销营业执照。

企业因生产、销售前款所指的产品，给用户和消费者造成财产损失、人身损害的，应当承担赔偿责任；构成犯罪的，依法追究刑事责任。

第三十九条 企业厂长（经理）侵犯职工合法权益，情节严重的，由企业所有者给予行政处分；构成犯罪的，依法追究刑事责任。

第四十条 对向企业摊派的单位和个人，企业可以向审计机关或者其他有关部门控告、检举。经审计机关确认是摊派行为的，由审计机关通知摊派单位停止摊派行为，限期退回摊派财物；对摊派单位的负责人和直接责任人员，监察机关或者有关主管部门可以根据情节轻重，给予行政处分。

第四十一条 政府部门的工作人员玩忽职守、滥用职权，使企业合法权益遭受损害的，由其所在单位或者上级主管机关给予行政处分；构成犯罪的，依法追究刑事责任。

第四十二条 企业违反财政、税收、劳动、工商行政、价格、资源、环境保护等法律、法规的，依照有关法律、法规处理。

第八章　附　　则

第四十三条 本条例由国务院乡镇企业行政主管部门负责解释，并组织实施。

第四十四条 省、自治区、直辖市人民政府可以根据本条例制定实施办法。

第四十五条 本条例自1990年7月1日起施行。

农　业　部

关于贯彻实施《中华人民共和国乡村集体所有制企业条例》的通知

[1990]农（企）字第11号

各省、自治区、直辖市及计划单列市乡镇企业局：

《中华人民共和国乡村集体所有制企业条例》（以下简称《条例》），已由国务院第59次常务会议通过，李鹏总理于1990年6月3日以中华人民共和国国务院第59号令发布，并于6月11日《人民日报》正式公布，自7月1日起实施。

为了切实做好《条例》贯彻实施工作，保障乡村集体所有制企业的合法权益，促进和引导其健康发展，特作如下通知：

一、要充分认识实施《条例》的重要意义。《条例》是国务院制定的第一部乡镇企业的综合性重要行政法规，是我国法制建设和农村经济体制改革的一件大事，是乡镇企业发展史上的重要里程碑。

国务院从我国经济和社会发展的实际出发，经过法定程序，把党的十一届三中全会以来党和国家关于发展乡镇企业的方针政策以法规的形式加以肯定。《条例》体现了党在社会主义初级阶段的基本路线，以经济建设为中心，坚持四项基本原则，坚持改革开放的基本精神，从而进一步体现了国家和人民的意志，成为办好乡镇企业的准则，也是各有关部门扶持和指导乡镇企业的依据。《条例》的诞生，既是十多年来在改革开放中发展乡镇企业实践经验的高度概括和科学总结，又是我国农村经济体制改革和法制建设的新发展，更是我们党把马克思主义原理运用于建设具有中国特色的社会主义实践的一个重大成果。

《条例》的颁布施行，充分证明了党和国家对发展乡镇企业方针政策的一贯性、坚定性和稳定性。《条例》确立了乡（含镇，下同）村（含村民小组，下同）集体所有制企业的法律地位，对调整和理顺企业内部和外部的各种经济关系，对如何扶持、保护、引导和管理等方面都作了具体规定，为乡村集体所有制企业稳定、健康发展提供了法律保障，同时符合党和国家治理整顿、深化改革的总体要求和企业发展的客观需要。这对于稳定政策、稳定人心、稳定发展，从而稳定农村、稳定全局，都具有极其重要的现实意义和极为深远的历史意义。各级乡镇企业主管部门和企业必须坚决贯彻执行。

二、迅速掀起学习、宣传、贯彻《条例》的高潮。各级人民政府乡镇企业行政主管部门和乡村集体所有制企业，要把学习、宣传和贯彻《条例》作为当前和今后相当长时期的重要任务，列入重要议事日程。各地要集中时间和精力，组织干部职工学习《条例》条文及我部与国务院法制局共同编写的《条例学习指导》和《条例释义》，正确理解、深刻领会，统一思想，提高认识。各省、自治区、直辖市要充分利用报刊、杂志、广播、电视等各种新闻媒介宣传《条例》的条文内容及意义，主动解答疑难问题，使社会各界正确认识和评价乡镇企业在我国政治、经济和社会生活中的重要地位和作用，为乡镇企业持续、稳定发展创造一个良好的舆论和外部环境。为了全面正确地理解《条例》，我部拟组织各省、自治区、直辖市及计划单列市乡镇企业局有关负责人举办学习班。各级人民政府乡镇企业行政主管部门也应层层办学习班。总之，要广泛开展《条例》的学习、宣传、贯彻活动，使《条例》家喻户晓，并把学习、宣传和贯彻引向深入。

三、坚决维护企业的合法权益。《条例》第五条规定，“国家保护乡村集体所有制企业的合法权益，禁止任何组织和个人侵犯其财产。”各地、各企业要通过学习好和贯彻好《条例》，学会运用法律武器保护企业的合法权益。对于与《条例》规定相违背、侵犯企业和职工合法权益的行为，特别是平调乡村集体所有制企业财产，改变企业所有制性质和隶属关系，向企业乱摊派、乱收费，非法罚款，随意干涉企业经营自主权等错误做法，要坚决依法予以制止和纠正。

四、依法规范企业的行为。各地、各企业要把学习、宣传、贯彻《条例》与普及法律常识，对企业干部职工进行遵纪守法教育，增强法制观念紧密结合起来；同时要与当前正在进行的“管理年”活动，深化企业改革，强化管理紧密结合起来。要用法律手段规范企业的生产、经营和管理活动。引导企业自觉履行《条例》规定的十项义务，同时正确行使《条例》规定的十一项权利，使企业各项工作逐步走上法制轨道，做到学法用法，守法经营，依法治厂（企业），进一步提高企业整体素质。

五、要强化乡镇企业行政主管部门的职能。各级人民政府乡镇企业行政主管部门，即各级乡镇企业管理局，要依照《条例》赋予的八项职能，加强自身建设，充实管理力量，切实肩负起对乡镇企业的综合管理与行业部门协调的双重任务，根据国家法律、法规和政策，加强对企业的指导、管理、监督、协调和服务。同时要理顺和协调好与行业管理部门的关系，欢迎行业管理部门依照《条例》第三十五条的规定，“根据国家的产业政策和行业发展规划，对企业的发展方向进行指导和监督；对企业开展技术指导、人才培训和经济、技术信息服务；指导、帮助和监督企业开展劳动保护、环境保护等工作”。但不能取代主管部门的职能，直接管理企业。

六、尽快制定实施办法和配套法规。根据《条例》附则规定，“省、自治区、直辖市人民政府可以根据本条例制定实施办法。”对于已经制定了关于发展乡镇企业地方性法规、规章或政策性文件的，要根据《条例》认真地进行一次清理和检查，凡与《条例》相抵触的，要予以修改或废止，不完善的地方要进一步补充完善。各省、区、市还应根据实际情况，制定相应配套法规，将乡镇企业的法规建设推向一个新阶段。

各级乡镇企业行政主管部门要深入实际，调查研究，监督检查《条例》的贯彻落实，及时总结贯彻实施《条例》的新经验，反映新情况，解决新问题。希望各地积极行动起来，认真组织乡镇企业广大职工学习好、宣传好、贯彻落实好《条例》。我们相信，随着《条例》的贯彻实施，我国乡村集体所有制企业将从此依照《条例》的规定，走上更加健康发展的新阶段，必将对建设有中国特色的社会主义作出新的更大的贡献。

1990年6月17日

中华人民共和国农业部令

第17号

《乡镇企业系统内部审计暂行规定》，已于1990年6月18日经农业部部长常务会议通过，现予发布施行。

部长 **何 康**

1990年6月18日

乡镇企业系统内部审计暂行规定

第一条 为了加强乡镇企业系统内部管理和监督，维护财经法规，提高经济效益，根据《中华人民共和国审计条例》、《中华人民共和国乡村集体所有制企业条例》、《审计署关于内部审计工作的规定》，制定本暂行规定。

第二条 乡镇企业系统内部审计是指依法在乡镇企业系统设立内部审计机构或者审计工作人员，在本部门、本单位主要负责人的直接领导下，依照国家法律、法规和政策，对本单位及主管的企事业单位的财务收支及其经济效益进行内部监督、评价，独立行使内部监督职权，对本部门、本单位领导人负责并报告工作。

第三条 本暂行规定适用于乡镇企业、各级乡镇企业主管部门及其所属企事业单位。

第四条 乡镇企业系统内部审计是乡镇企业系统内部管理工作的一项重要内容，是国家审计体系的组成部分。乡镇企业系统应建立健全内部审计制度。

第五条 各级乡镇企业主管部门要设立内部审计机构，配备审计人员。企事业单位可根据实际情况设立专职或兼职内部审计人员。

第六条 乡镇企业系统内部审计机构或审计工作人员应当接受同级国家审计机关和上级内部审计机构的业务指导。

第七条 内部审计机构对审计范围内的下列事项进行内部审计监督：

1．财务计划或者单位预算的执行和决算。

2．与财务收支有关的经济活动及其经济效益。

3．国家和单位的资产的管理情况。

4．专项资金的提取和使用。

5．国家财经法纪的执行情况。

6．企业实现的利税等经济指标情况。

7．企业财务决算及利润分配情况。

8．社会各方面的摊派、收费和罚没款项。

9．承包、租赁经营的有关审计事项。

10．厂长（经理）离任经济责任审计。

11．对与境内、外经济组织兴办合资、合作经营企业以及合作项目所投入资金、财产的使用及其效益，进行内部审计监督。

12．部门领导人交办或国家审计机关、上级内审机构委托的其它审计事项。

第八条 内部审计机构根据所在单位的规定，可以对有关经济活动实行审签制度。

第九条 被审计单位应当根据内部审计的需要，按时向其主管的内部审计机构报送有关的计划、预算、决算、报表和文件、资料等。

第十条 内部审计机构的主要职权是：

1．检查凭证、帐表、决算、资金和财产，查阅有关的文件和资料。

2．参加有关的会议。

3．对审计中的有关事项，进行调查并索取证明材料。

4．对正在进行的严重违反财经法纪、严重损失浪费行为，作出临时的制止决定。

5．对阻挠、破坏审计工作以及拒绝提供有关资料的，经单位领导人批准，可以采取必要的临时措施，并提出追究有关人员的责任的建议。

6．提出改进管理、提高效益的建议以及纠正、处理违反财经纪律行为的意见。

7．对严重违反财经纪律和造成严重损失浪费的人员，提出追究责任的建议。

8．对审计工作中的重大事项，向对其进行指导的上级内部审计机构和国家审计机关反映。

9．部门和单位领导可以在管理权限范围内，授予内部审计机构经济处理、处罚的权限。

10．对遵守和维护财经法纪、经济效益显著的单位和个人，提出通报表扬和奖励。

第十一条 内部审计工作的主要程序是：

1．根据上级部署和本系统、本单位的具体情况，拟定审计项目计划，经本部门、本单位领导人批准后实施。

2．实施审计时，应当事前通知被审计单位。

3．对审计中发现的问题，可随时向有关单位和人员提出改进意见。审计终结，提出审计报告，征求被审计单位意见后，报送本部门、本单位领导人。经批准的审计结论和决定，被审计单位必须执行。

4．被审计单位对审计结论和决定如有异议，可以向内部审计机构所在单位领导人提出申诉。该领导人应该及时处理。

第十二条 乡镇企业系统内部审计机构应依照国家法律、法规和政策进行审计，其审计依据是：

1．《中华人民共和国审计条例》、《中华人民共和国乡村集体所有制企业条例》、《审计署关于内部审计工作的规定》。

2．《乡镇企业财务制度》、《乡镇企业会计制度》、《关于乡镇企业成本开支范围的规定》、《乡镇企业承包经营责任制规定》及地方补充规定。

3．省、自治区、直辖市、计划单列市人民政府制定的发展乡镇企业的各项政策、规定。

4．地方依法制定的地方性法规和行政措施。

5．国家其他的法律、法规和政策。

第十三条 内部审计机构对办理的审计事项，必须建立审计档案，按照规定管理。

第十四条 各级乡镇企业系统内部审计机构应保持合理的人员结构，提高审计人员的素质。凡有条件的部门和单位，应配备一定数量的审计师、会计师、经济师、工程师和高级职称的专业人员。

第十五条 各级内部审计机构的负责人员，按照干部管理权限的规定任免，并应事前征求对其进行指导的上一级主管部门的意见。

第十六条 乡镇企业系统各部门、各单位可按国家的有关规定，评定内部审计人员的专业技术任职资格，聘任内部审计人员。

第十七条 内部审计人员应坚持四项基本原则和改革开放，认真贯彻党和国家的方针、政策，全心全意为人民服务，积极钻研业务和有关专业知识。

第十八条 内部审计人员要依法审计、忠于职守、客观公正、廉洁奉公、保守秘密。不得滥用职权、徇私舞弊、泄漏机密、玩忽职守。

内部审计人员依法行使职权受国家法律的保护，任何单位和个人不得打击报复。

第十九条 对违反本暂行规定的单位和个人，由其主管部门根据情节轻重，给予行政处分、经济处罚或者提请有关部门处理。

第二十条 各省、自治区、直辖市及计划单列市乡镇企业主管部门可根据本暂行规定制定实施细则。

第二十一条 本规定由农业部负责解释。

第二十二条 本规定自发布之日起施行。

国家工商行政管理局、农业部
关于发布《乡村集体所有制企业审批和登记管理暂行规定》的通知

工商［1990］199号

各省、自治区、直辖市、计划单列市工商行政管理局、乡镇企业局：

现将国家工商行政管理局、农业部制定的《乡村集体所有制企业审批和登记管理暂行规定》予以发布，请认真贯彻实施。

附件：乡村集体所有制企业审批和登记管理暂行规定

1990年7月20日

乡村集体所有制企业审批和登记管理暂行规定

一、为了明确乡村集体所有制企业的经济性质和财产关系，保护其合法权益，加强审批和登记管理，促进多种形式的集体所有制企业的健康发展，根据《中华人民共和国乡村集体所有制企业条例》和《中华人民共和国企业法人登记管理条例》，制定本暂行规定。

二、本规定适用于乡（含镇，下同）村（含村民小组，下同）农民举办的集体企业，包括企业财产属于乡或村的全体农民集体所有以及企业财产属于举办该企业的全体劳动群众集体所有的各种形式的企业。

三、农民群众集资开办财产属于举办该企业的劳动群众集体所有的企业，实行自主经营，自负盈亏，民主管理，共同劳动，按劳分配为主、适当分红的原则，并有公共积累，应按集体所有制企业登记注册。

四、乡村集体所有制企业可以实行股份制，吸收投资入股。集体的资产（包括集体积累）占企业的注册资金50％以上（含50％），个人投资入股占50％以下，实行集体企业管理制度的企业，其集体所有制性质不变。按股分红的比例或数额按国家有关规定执行。

五、乡村农民举办集体企业，应当具备《中华人民共和国乡村集体所有制企业条例》第十三条规定的条件。申请企业法人登记应当具备《中华人民共和国

企业法人登记管理条例》第七条规定的条件。企业法人的章程内容应按《中华人民共和国企业法人登记管理条例》施行细则第十九条的要求规范。

六、乡村农民举办集体企业，经乡级人民政府审核后，报县级人民政府乡镇企业主管部门审批（包括审批企业章程）。根据法律、法规规定特殊行业的企业，还应经有关部门审查同意。在有关审批文件、证件齐备后，向企业所在地县级人民政府工商行政管理机关申请办理登记，经核准登记注册，核发《企业法人营业执照》或者《营业执照》后始得营业。未经审批和核准登记注册，不得从事经营活动。

七、根据《中华人民共和国企业法人登记管理条例》的有关规定，乡村集体所有制企业应申请办理变更登记的，应首先经乡级人民政府审核后，报原批准企业设立机关审批，最后持有关文件、证件向原登记主管机关申请办理变更登记。

八、乡村集体所有制企业歇业、被撤销、宣告破产或因其他原因终止，应按《中华人民共和国乡村集体所有制企业条例》和《中华人民共和国企业法人登记管理条例》的有关规定办理注销登记。有债权债务需要进行清理或清算的，在办理注销登记时，应提交原批准设立企业的主管机关或者清理清算组织出具的负责清理或清算债权债务的文件或者清理债务完结的证明。企业法人破产，以企业的财产独立承担民事责任，对企业债权人清偿债务。

九、对于资产构成复杂，资金来源多样，管理制度尚不健全，经济性质有待于明确的乡村农民举办的集体企业应按以下原则妥善处理。

1．集体所有的资产（包括集体的积累）在企业资产中所占比例超过50%，实行集体所有制企业管理制度，按集体企业纳税的企业，应登记注册为集体所有制企业。其中，个人投资部分可以偿还或作为股金，根据协议按股分红。

2．集体所有的资产（包括集体的积累）在企业资产中所占比例超过50%，但没有实行集体所有制企业管理制度，或者集体所有的资产（包括集体的积累）在企业资产中所占比例不足50%，而实行集体所有制企业管理制度的企业，仍可登记注册为集体所有制企业，但必须完善集体所有制企业的条件。个人投资部分可以偿还或作为股金，根据协议按股分红。

3．个人投资在企业资产中所占比例超过50%，集体所有资产（包括集体的积累）在企业资产中所占比例不足50%，没有实行集体所有制企业管理制度的企业，但已登记注册为集体所有制企业的，如果投资人自愿改为私营企业、个人合伙或个体工商户，可以清理资产改为私营企业、个人合伙或个体工商户。如果投资人自愿集资继续开办集体所有制企业，应签订书面协议，履行公证或鉴证手续。凡达到集体所有制企业条件的，经过所在地县级人民政府乡镇企业主管机关审批，向所在地县级人民政府工商行政管理机关申请登记，经核准登记注册后，可以继续按集体所有制企业从事经营活动。

十、乡村集体所有制企业实行承包、租赁制或与其他所有制企业联营的，企业财产的所有权不变。

十一、对乡村集体所有制企业应认真进行审批和核准登记，正确地执行国家有关法律、法规和政策。既不应把集体财产归个人所有，也不应将属于个人所有的合法财产并入集体财产，必须做到公私分明。

十二、本规定自发布之日起施行。

国家税务局、农业部

关于《乡镇企业承包经营责任制规定》中有关税收问题的通知

国税发[1990]090号

各省、自治区、直辖市税务局、乡镇企业局，各计划单列市税务局、乡镇企业局：

农业部1990年第16号令《乡镇企业承包经营责任制规定》（以下简称《规定》）发布后，有的地区对《规定》第九条“包税收和利润上缴”的内容出现不同的理解，来电来函请示，要求予以明确。经农业部和国家税务局研究，现通知如下：

《规定》是调整企业所有者与经营者之间关系的，不涉及国家与企业之间的关系。因此，《规定》第九条“包税收和利润上缴”，是指发包方（企业所有者）对承包方（企业）明确的一项责任。不是承包方（企业）向国家“包税”。纳税是承包方（企业）向国家应尽的义务，要按《规定》第三十四条的规定严格履行“依法纳税”的义务，即按照规定的税种、税率向国家缴纳各项税金。

国务院国发[1987]29号《关于严肃税收法纪加强税收工作的决定》指出：“试行各种形式的经营责任制时，包括实行租赁和承包在内，都要坚持依法纳税的原则，不能搞税收包干”。国务院1990年第59号令发布的《中华人民共和国乡村集体所有制企业条例》第二十五条规定乡村集体企业要履行“依法缴纳税金”的义务。《规定》与国务院发布的《条例》、《决定》的精神是完全一致的。各地在贯彻农业部《规定》第九条时，不应理解为企业向国家实行“包税”。凡是搞了“包税”的，应予纠正。

1990年8月13日

农　业　部

印发《关于命名全国乡镇企业系统先进企业的试行办法》的通知

[1990]农（企）字第21号

各省、自治区、直辖市、计划单列市乡镇企业局：

为了促进乡镇企业不断加强管理，全面提高企业素质，提高产品质量和经济效益，根据国务院《关于加强工业企业管理若干问题的决定》，结合乡镇企业的实际情况，我部制定了《关于命名全国乡镇企业系统先进企业的试行办法》，现印发给你们。在试行中遇到什么问题，请及时报告我部。

附件：一、关于命名全国乡镇企业系统先进企业的试行办法
　　　二、全国乡镇企业系统先进企业申报表
　　　三、申报材料

1990年10月18日

附件一

关于命名全国乡镇企业系统先进企业的试行办法

第一章　总　则

第一条　为贯彻落实“积极扶持，合理规划，正确引导，加强管理”发展乡镇企业的方针，促进乡镇企业加强管理，提高产品质量和经济效益，全面提高企业素质，根据国务院《关于加强工业企业管理若干问题的决定》精神，结合乡镇企业的实际情况，特制定本办法。

第二条　全国乡镇企业系统先进企业（简称先进企业，下同）应以国家产业政策为导向，以提高产品质量、降低物质消耗、提高经济效益为目标，抓好物质文明和精神文明建设。

第三条　考评先进企业，必须实事求是，不搞形式，坚持标准，从严把关。

第四条　乡（镇）、村集体所有制企业和农民股份合作企业为晋升先进企业的重点。

第五条　先进企业必须是具备一定规模、产品适销对路、生产经营稳定、经济技术指标、企业管理水平达到国家二级企业标准，产值在500万元以上的省级先进企业或达到省级先进企业标准的乡镇企业。

第二章　考评标准

第六条　先进企业必须以国家各有关部门统一制订的最新的国家二级企业产品质量、物质消耗、经济效益指标为依据，执行统一规定的统计口径、计算方法和公式，进行考评。安全生产按劳动部、国务院企业管理指导委员会颁发的劳安字（1990）11号《关于企业升级中使用统一的安全生产考核表的通知》考评。企业管理工作按照本试行办法第三章进行考评。

第七条　经济效益以考核年度的财务决算、财务台帐和有关资料为依据。对生产出口产品的企业，其出口产品外贸收购价低于内销价的差价部分，视同实现利润，与帐面实现利润合并计算。

第八条　乡镇企业管理费，在计算经济效益时，视同实现利润，与帐面实现利润合并计算。

第九条　资金利税率的考核，可将原农牧渔业部和财政部颁发的乡镇企业会计报表中的“发出商品”从定额流动资金中剔除计算。

第十条　考核资金利税率时，对列入县以上技术改造计划项目所增加的企业固定资产，自验收转入固定资产时算起，分三至五年记入固定资产。在填报换算资金利税率时，应同时填报未经换算的资金利税率。

第十一条　对个别产品在行业中占优势，产品达到国内先进水平，又无升级标准的，省级乡镇企业主管部门可根据国家经委颁发的《关于制订标准的原则》，在征得有关制定标准部门意见的基础上，提出该产品标准，报农业部审定。

第三章　管理工作考评

第十二条　领导班子素质

1．坚持四项基本原则，坚持改革开放，坚持社会主义方向。

2．结构合理，相对稳定，分工明确，团结协作。

3．遵纪守法，从严治厂，厂级负责人无违法乱纪行为。

第十三条　企业内部改革

1．实行集体承包厂长负责制和厂长任期目标制，有任期总目标和分年度目标值，任期目标中有较完整的加强企业管理、增强企业发展能力和后劲的指标。

2．企业内部经济责任制健全，指标分层落实，考核严格，奖惩合理。

第十四条　企业管理基础工作

1．标准化、计量、定额管理、信息、规章制度、基础教育、班组建设等七项基础管理工作健全。

2．企业标准化工作和计量等级达到规定要求。

第十五条　质量保证和监督

1．推行全面质量管理，达标验收合格，有完整的质量保证体系。

2．质量指标在工资、奖金分配上具有否决权。

3．主导产品获国家优质产品奖，或者获得省及省以上质量管理奖的企业，质量管理工作免于考核。

第十六条　节能降耗

1．企业有健全有效的节能降耗保证措施。

2．积极采用节能降耗的新设备、新技术、新工艺。不使用任何国家公布淘汰或超能耗标准的设备。

3．有健全的物资管理制度。

第十七条　财务管理和经济核算

1．严格执行原农牧渔业部、财政部制定的乡镇企业财务会计制度。

2．企业内部有完整的财务管理和经济核算制度。

3．会计主管人员和出纳人员持有“乡镇企业会计证”。

4．会计工作达标升级要达到“三级”，尚未开展会计达标升级工作的地区，会计工作要达到“三级”考评标准。

5．定期进行经济活动分析。

6．无严重违反财经纪律和制度的行为。

7．流动资金自有率达到40％。

第十八条　安全生产和环境保护

1．具有健全、有效的安全生产保证体系。

2．工人的工作环境良好、厂容厂貌整齐清洁。

3．严格执行环境保护法规；积极治理“三废”，治理达到规定要求。

第十九条　现代化管理

有推行现代化管理的规划和措施，积极采用现代化管理方法和手段，取得一定成效。

第二十条　技术进步

1．积极采用新技术、新设备、新材料、新工艺并取得成效。

2．新产品开发能做到生产一代、储备一代、研制一代、构思一代。

3．有多层次培训工程技术人员和企业管理人员的规划和措施，并取得成效。

4．具有专业职称的人员占职工总数的3％以上。

第二十一条　精神文明建设

1．坚持社会主义方向，重视思想政治工作。

2．有本企业独特风格的企业精神。

3．考核年度和申报期间无严重违法乱纪现象发生。

第四章　申报、考核、审定程序

第二十二条　申报先进企业的程序是：由企业向县乡镇企业管理局提出申请，并填写《全国乡镇企业系统先进企业申报表》（见附件二）；县（市、区）、地（市）乡镇企业局填写意见，报省、自治区、直辖市和计划单列市乡镇企业局考评组进行考评，于次年六月底前将考评结果(申报表一式三份，其他附件材料一份)报农业部乡镇企业司。

第二十三条 对上报的先进企业，由评定委员会进行审查和评定，每年于八月评定结束，九月由农业部公布命名和颁发证书。

第五章 组织领导

第二十四条 为使这一活动制度化、规范化，各省、自治区、直辖市、计划单列市建立相对固定的考评组，考评组成员可采取聘任形式，由相关单位具有中、高级职称的人员组成。考评组建成后报农业部乡镇企业司备案。

第二十五条 农业部成立乡镇企业系统先进企业评定委员会，由部领导、乡镇企业司、质量标准司、乡镇企业服务中心和审核组负责人参加。

第二十六条 在评定委员会下设审核组，聘请各方面有中、高级职称的人员参加，其中高级职称要有三分之一以上，审核组受评定委员会委托，对各地申报并经考核的企业进行复核、审查。

第二十七条 考评组和审核组成员条件：

1．具有中级以上职称。
2．对某一方面有专长。
3．办事公正。
4．工作认真负责。
5．不徇私。

第六章 对先进企业的管理

第二十八条 对已获批准的先进企业，不搞终身制。应加强管理，定期进行复查。经复查如发现问题，限期整顿，逾期仍达不到要求，注销先进企业称号。

第二十九条 建立先进企业档案，掌握企业发展变化情况。每年企业应按照升级标准进行自查，并将自查情况材料报农业部乡镇企业司一份。

第三十条 先进企业自批准之日起每三年复查一次。

第七章 附 则

第三十一条 先进企业考评要严格遵守全国加强企业管理领导小组《企业升级考核审定纪律》及有关规定。

第三十二条 被批准的先进企业可以享受略高于省级企业的有关奖励待遇。

第三十三条 本办法由农业部负责解释。

第三十四条 本办法自发布之日起施行。

附件二

全国乡镇企业系统先进企业申报表

企业名称________________（盖章）

厂长姓名________________（盖章）

报送日期____年____月____日

农 业 部 印 制

一、企业基本情况

企业名称		建厂时间	
详细地址		企业规模	
电话		邮政编码	
企业已定等级		批准日期	
____年完成 总产值 不变价（万元）		____年实现利税（万元）	
____年完成 总产值 现行价（万元）			
____年完成 净产值（万元）		____年实现创汇（万美元）	
上年完成 总产值（万元）		上年实现利税（万元）	
上年完成 净产值（万元）		上年实现创汇（万美元）	
____年完成销售税金（万元）		____年定额资金平均占用（万元）	
上年完成销售税金（万元）		上年定额资金平均占用（万元）	
固定资产 原值（万元）		职工人数（人） 年末在册	
固定资产 净值平均占用额（万元）		职工人数（人） 全年平均	
近年来获国家级荣誉称号：			
考核标准	按　　　部门　　　行业制定的标准考核		
	批准文号：		

二、三项主要指标考核情况

(一) 主 要 产 品

产品名称	产 量	产值(万元)	占总产值%	获优情况		
				级别	时间	期限
总计						

(二) 产 品 质 量

(表 1)

产品名称	考核标准		企业自检达到水平	检测机构检测结果	考核结果	考核单位、考核人
	考核项目	______级标准				
企业质量主管负责人签名:						
考核意见	质量考核总负责人签名(注明所在单位):					

产 品 质 量:

(主要产品由近期引进生产线或引进主要设备生产的企业填写下表)

(表 2)

产品名称	考核项目	引进时设计值	企业自检达到水平	考核结果	考核单位、考核人

(三) 物　质　消　耗

(表 1)

考　核　项　目	______级标准	企业自检达到水平	考　核　结　果	考核单位、考核人
占全厂总物耗价值量的　%				
企业物耗主管负责人签名：				
考核意见	物耗考核总负责人签名（注明所在单位）：			

物　质　消　耗

（主要产品由近期引进生产线或引进主要设备生产的企业填写下表）

(表 2)

考　核　项　目	引进时设计值	企业自检达到值	考　核　结　果	考核单位、考核人

(四) 经、济 效 益

指 标 名 称	______级标准	企业自检达到水平	考 核 结 果	考核单位、考核人
企业财务主管负责人签名：				
考核意见	考核总负责人签名（注明所在单位）：			

(五) 安 全 生 产

死 亡 人 数		死亡事故次数		万元经济损失总计	
考 核 年 度	申 报 年 度	考 核 年 度	申 报 年 度	考 核 年 度	申 报 年 度
重 伤 人 数		重伤事故次数		万元经济损失次数	
考 核 年 度	申 报 年 度	考 核 年 度	申 报 年 度	考 核 年 度	申 报 年 度

项 目	______级标准	企业自查达到水平
千人死亡率		
千人重伤率		
说明		企业负责人签名（盖章） 年 月 日
省、自治区、直辖市、计划单列市劳动部门劳动安全监察机构 意 见		（盖章） 年 月 日

三、企业管理工作考查情况

企业自查情况：   厂长签名（盖章）

对管理工作的综合评价：   企业主管部门：　　　　（盖章） 负　责　人：　　　　（签字）

四、上级部门推荐和审核意见

省、自治区、直辖市、计划单列市乡镇企业主管部门考评推荐意见	（盖章） 年　月　日
部乡镇企业系统先进企业评定委员会审定意见	（盖章） 年　月　日

附件三

申　报　材　料

一、本行业国家级企业标准。

二、先进企业自查报告，包括专题报告和综合报告。

三、各专项指标考核的计算依据及计算报告。

四、全国乡镇企业系统先进企业考评组意见，包括专项意见和综合意见。

五、其他附件。

农　业　部

关于加强各级乡镇企业行政主管部门组织建设和管理工作的通知

〔1990〕农（企）字第24号

各省、自治区、直辖市、计划单列市乡镇企业局：

为了认真贯彻《中华人民共和国乡村集体所有制企业条例》的规定，全面落实党和国家对乡镇企业"积极扶持、合理规划、正确引导、加强管理"的指导方针，保证和促进乡镇企业健康发展，现就加强各级乡镇企业行政主管部门组织建设和管理工作的若干问题通知如下：

一、充分认识加强各级乡镇企业行政主管部门组织建设和管理工作的重要性和紧迫性

党的十一届三中全会以来，乡镇企业蓬勃发展，取得了举世瞩目的成绩，已经成为国民经济的重要组成部分，我国工业化的重要一翼，振兴农村经济的必由之路。乡镇企业的持续、稳定、协调发展，与各级乡镇企业行政主管部门积极贯彻中央的方针政策，对企业加强指导、管理、监督、协调和服务分不开的。目前全国乡镇企业单位数达1 800多万个，职工 9 300多万人；总产值占全国社会总产值和农村社会总产值的四分之一和60%。乡镇企业行业众多，涉及面广，管理工作十分繁重、艰巨，为此，迫切需要强有力的管理机构。但是，目前一些地方的乡镇企业行政管理机构还很不健全，管理力量薄弱，工作条件差，职能与权利相脱节，难以适应艰巨而繁重的管理任务。为此，各地要切实加强各级乡镇企业行政管理部门的组织建设。管理工作只能加强，不能削弱。

二、积极发挥各级乡镇企业行政主管部门的职能作用

各级乡镇企业行政主管部门要依照《中华人民共和国乡村集体所有制企业条例》的规定，加强对企业的指导、管理、监督、协调和服务：①监督检查企业执行国家法律、法规和政策；②制订企业发展规划，协同有关部门制定农村剩余劳动力就业规划；③会同有关部门指导企业的计划、统计、财务、审计、价格、物资、质量、设备、技术、劳动、安全生产、环境保护等管理工作；④组织和指导企业的技术进步、职工教育和培训；⑤向企业提供经济、技术咨询和信息服务；⑥协调企业与有关方面的关系，帮助企业开展经济技术合作；⑦总结推广企业发展的经验；⑧组织和指导企业的思想政治工作，促进企业的社会主义精神文明建设。各级乡镇企业行政管理部门要把上述职能进一步具体化，根据当地的实际情况，确立和健全相应的内部机构，明确职责，充实人员，层层落实，不断增加宏观管理和调控手段，切实承担起《条例》赋予的各项职能。

三、依法建立健全各级乡镇企业管理机构

各级乡镇企业行政主管部门是各级人民政府主管乡镇企业的综合职能部门。早在1979年国务院颁发的《关于发展社队企业若干问题的规定》（试行草案）就明确指出："社队企业有广阔的发展前途，涉及面又很广，必须有强有力的管理机构"。"省县两级设人民公社企业管理局。地区设相应的机构。"1984年中共中央、国务院联合发出四号文件，决定将社队企业改称乡镇企业，包括乡（含镇）办、村（含村民小组）办、其它形式合作（含农民股份合作）办、户（含个人合伙、私人）办企业，并要求"各级管理机构的名称也应作相应改变"。今年6月 3 日李鹏总理签发国务院59号令，颁发的《中华人民共和国乡村集体所有制企业条例》明确规定"国务院乡镇企业行政主管部门主管全国乡村集体所有制企业。地方人民政府乡镇企业行政主管部门主管本行政区域内的乡村集体所有制企业"。

各地要在当地党委、政府的领导下，认真贯彻执行《中华人民共和国乡村集体所有制企业条例》和中共中央、国务院有关文件的精神，切实加强各级乡镇企业管理机构，列入各级政府行政序列，充实与职能相适应的行政编制，与政府其他行政人员一样划给行政经费。

四、继续强化县级乡镇企业行政主管部门职能

县级乡镇企业行政主管部门在乡镇企业管理中起着承上启下的作用。根据《中华人民共和国乡村集体所有制企业条例》有关规定和其特殊地位，除了承担条例规定的八项主要职能外，还承担着下列职能：①对设立乡村集体企业、农民合作企业、乡镇联营和乡镇三资企业进行审批；②对以上企业的分立、合并、迁移、停业、歇业、年检以及改变名称、经营范围进行核准；③审定、申报企业参加全国或省、地区企业升级，新产品鉴定、产品评优，先进集体、先进个人评比，招标投标等活动；④根据上级部署，组织本县乡镇企业各种统计、财务汇总工作，并进行综合分析，按期上报；⑤对乡级乡镇企业管理委员会(办公室)的管理人员和专业技术人员进行教育、培训、考评，对他们的调换进行审批；⑥对乡镇企业财务进行监督，开展内部审计；⑦对企业基建和技改计划进行审批和监督；⑧按规定收取乡镇企业管理费，除按规定上交外，留县部分要按农、财两部的有关规定管好、用好；⑨对各级授予荣誉称号的乡镇企业家进行教育和管理。各地要按中央、国务院的有关规定，强化县级乡镇企业行政主管部门的职能，并赋予相应的权力，充分发挥政府职能部门的作用。

五、切实加强乡级乡镇企业行政管理工作

乡级乡镇企业管理机构是乡、镇人民政府管理乡镇企业的职能部门，也是乡镇企业主管部门最基层的管理机构，直接承担着对乡镇企业进行指导、管理、监督、协调和服务的工作。它主要具体承担下列职能：①认真贯彻执行党和国家关于发展乡镇企业的政策、法规，制定本乡乡镇企业的发展、调整、技术、生产等的计划和长期规划；②如实、及时地向乡镇和县(市)乡镇企业局反映情况和问题，提供统计、财务报表及经济分析资料；③具体指导和帮助企业开展各项经营管理工作；④指导企业正确处理国家、集体、个人三者关系，并运用审计、财务互审、清产核资、利润分配、劳动工资审核等办法，对乡镇企业进行监督；⑤监督、督促企业依法签订合同和履行合同，对企业制定目标管理责任制进行审定；⑥对设立乡村集体企业和农民合作企业进行审核，对设立户办企业进行审批，对企业分立、合并、迁移、停业、终止以及改变名称、经营范围进行审核；⑦组织企业间评比、表彰和总结推广经验；⑧组织、帮助企业参加全国或地区性的企业升级、产品评优、新产品鉴定、投标、生产许可证的申报工作；⑨积极为企业生产经营提供多方面服务，努力帮助企业解决实际问题，维护企业的合法权益；⑩对企业负责人进行培训、考察、监督；⑪指导企业管理、技术人员和职工的技术职称和职务评聘；⑫规划、组织企业管理人员和职工的职业教育；⑬负责收取管理费，并按规定完成上交任务，对留用管理费要按规定用于为企业的各项服务；⑭目前尚未建立经济组织的乡镇，可接受企业所有者的委托，作为发包、出租方与承包、承租方签订合同；⑮搞好企业的精神文明建设和职工的思想政治教育工作。

加强乡级乡镇企业管理机构建设，妥善解决其人员定编及工资、福利待遇、工作条件等问题，对于促进乡镇企业稳定、健康发展有着极其重要的作用。各地应根据《条例》第十二条的规定将乡级乡镇企业行政管理机构，列入行政编制，经费要列入财政预算，管理人员的各种待遇要与其他政府职能部门一视同仁。同时要采取有效措施保证管理干部特别是主任和财务、会计、统计等专业人员的相对稳定，对他们的调换必须征得县级乡镇企业局的同意。

六、努力提高各级乡镇企业行政管理干部的素质

加强乡镇企业的行政管理工作，归根结底要有一支高水平的管理干部队伍，因此，各级乡镇企业行政主管部门要大力加强自身建设，认真抓好乡镇企业管理干部的政治思想、业务技术和职业道德等方面的教育和培训，不断进行知识更新，提高他们的政策法规、科学文化、经济管理和政治思想水平。要搞好技术职称和职务评聘等工作，努力为他们创造良好的工作条件，切实稳定干部队伍，并充分发挥其积极性和创造性。

1990年11月30日

农　业　部

关于农村个体企业管理和管理费问题的答复

〔1990〕农(企)函字第32号

广东省、浙江省、广西壮族自治区、成都市乡镇企业局：

你们关于对农村个体企业管理和管理费问题的请示报告收悉。经研究，现答复如下：

一、关于乡镇企业的管理机构和管理范围问题

早在1979年国务院《关于发展社队企业若干问题的规定》中，就明确规定：各级社队企业管理局的职责是“贯彻执行党和国家发展社队企业的路线、方针、政策，制定和执行年度计划及长远规划，管好归口产品和分配给社队企业的物资、资金，协调同有关部门的关系，疏通产供销渠道，帮助企业改善经营管理，推广新技术，总结交流经验。”1984年中共中央、国务院联合发出中发（1984）4号文件，决定将社队企业名称改为乡镇企业，并明确规定乡镇企业的范围包括“社(乡)、队（村）举办的企业、部分社员联营的合作企业、其他形式的合作工业和个体企业”。同时授权各省、自治区、直辖市人民政府乡镇企业管理局要“对部分社员联营的合作企业、分散生产联合供销的家庭工业和个体企业，也应热情支持，积极引导和管理，使其健康发展。”中央所以做出这个规定，是由于农村经济是一个整体，乡镇企业（包括不同所有制形式的企业）是不可分割的组成部分，由乡镇企业主管部门统一管理，有利于“积极扶持，合理规划，正确引导，加强管理”方针的贯彻和执行。1984年中共中央办公厅1号文件转发万里同志在全国农村工作会议上的讲话中指出：“为了乡镇企业的进一步发展，还有些认识上、政策上和工作上的问题需要认真研究解决。”首先“是对乡镇企业的概念认识不全面。只把原来在乡、村、队范围群众办的集体所有制合作企业算作乡镇企业，不把后来农民自办或集资联办的企业看作乡镇企业，有的甚至加以歧视，这是不对的。”1987年中共中央、国务院联合发布的中发（1987）5号文件重申：发展乡镇企业“要鼓励‘四轮驱动’，即乡办、村办、户办和联户办一起上。”今年1月24日李鹏总理在江苏省党政军干部大会的讲话中，强调指出：乡镇企业有集体的，有个体的，有合伙的，有各种各样的形式。在今年3月20日七届全国人大第三次会议上，李鹏总理在《政府工作报告》中又进一步强调：“各地区要根据生产力的不同发展水平和国家产业政策的要求，因地制宜地发展各种形式的乡镇企业。”李鹏总理今年6月3日签发国务院第59号令颁布的《中华人民共和国乡村集体所有制企业条例》，明确规定各级人民政府乡镇企业行政主管部门具有对企业进行指导、管理、监督、协调和服务的职能。

根据上述党中央、国务院一系列政策、法规的规定，关于乡镇企业的范围及其管理机构是明确的。需要特别指出的是，中共中央、国务院关于乡镇企业管理部门对乡镇企业的职能以及乡镇企业包括的范围至今没有改变。在实践中得到了全国各地党委、政府的热烈拥护和认真的贯彻执行，积极扶持和促进乡镇企业（包括集体企业、个体企业和股份合作企业等）的持续、稳定、协调发展。但是，有某些部门对中共中央、国务院的这些规定随意解释，否认乡镇企业管理部门的职能，造成对乡镇企业管理的混乱，是违背中央一贯的指示精神的。各省、自治区、直辖市人民政府为贯彻中共中央、国务院有关法规规定，在职权范围内，结合本地情况，明确规定由乡镇企业主管部门对农村中个体企业进行指导、管理、监督、协调和服务是合法的，是有依据的。

二、关于收取乡镇企业管理费的问题

根据中共中央、国务院对乡镇企业管理的有关政策法规规定，1986年财政部、农业部共同制定并颁发的《乡镇企业财务制度》，明确规定了乡镇企业向主管部门交纳管理费的条款。为贯彻落实乡镇企业财务制度，1988年财、农两部又制定了《乡镇企业管理费提取、解交和管理办法》，明确规定“凡乡镇企业的工业企业、商业企业、建筑安装企业、交通运输企业、饮食服务企业均应交纳乡镇企业管理费”。“管理费的使用，应本着节约的原则，主要用于补助乡镇企业主管部门未列入行政编制人员经费开支；补助乡镇企业培训、技术推广、新产品试制失败损失；必要的检测仪器购置和有关费用；展览及样品费用的不足等。”上述“乡镇企业”的概念包括乡村集体所有制企业、户办企业、联户办企业和农民股份合作企业。对于农村个体企业进行管理和收取管理费一直是按照中共中央、国务院有关规定和财、农两部规定执行的。需要说明的是：1988年10月我部会同国家工商行政管理局发布《关于做好农村个体工商户、个人合伙和私营企业管理工作几个问题的通知》中，我部主要是从支持个体劳动者协会开展工作的角度出发，同意由工商行政管理部门代个体劳动者协会向个体工商户收取一定的管理费。这也说明农业部是负责农村经济，包括乡镇企业在内的综合管理的部门。然而，在这个文件中，并没有涉及由工商行政管理部门向个体企业收取管理费的问题。个体企业指的是由个人投资举办，生产资料归投资者个人所有，有固定的生产经营组织、生产场所、生产设备和固定的从事生产经营人员；有核算制度（设有单独帐目、能够计算出收入、支出、盈亏情况）；常年从事生产经营活动或从事季节生产经营，全年开工时间在三个月以上；在当地工商行政管理部门领有“营业执照”的企业。多年来，对个体企业的统计，一直是按农业部与国家统计局共同制定的上述标准执行的，也是符合法定程序的。因此，各级乡镇企业行政主管部门作为各级人民政府主管乡镇企业的职能部门按规定向乡镇企业（包括乡村集体企业、联户企业和个体企业）收取管理费，取之于企业，用之于企业，更好地实施对企业的指导、管理、监督、协调和服务的职

能，是符合党和国家有关政策、法规的，也是合理合法的。

希望你们继续贯彻执行党中央、国务院对发展乡镇企业的各项方针政策，既要发展乡村集体企业，又要发展个体企业、联户企业、股份合作企业，自觉维护党和国家对发展乡镇企业政策的连续性、稳定性和严肃性。同时希望你们在当地党委和政府的领导下，从有利于整个农村经济发展出发，妥善解决好与有关部门的关系，依法行使职权，加强管理，热情支持，积极引导农村个体企业、联户企业和股份合作企业的健康发展，为稳定农村、稳定大局继续作出贡献。

1990年12月5日

1990年乡镇企业之最

乡镇企业发电电量最大的省(市、区) 是广东省，全省乡镇企业年发电量为24.12亿度，占全国乡镇企业总量的17.9%。

乡镇企业原煤产量最高的省(市、区) 是山西省，全省乡镇企业年产原煤1.18亿吨，占全国乡镇企业总量的32.9%。

乡镇企业铁矿石产量最高的省(市、区) 是河北省，全省乡镇企业年产铁矿石1 699万吨，占全国乡镇企业总量的32.3%。

乡镇企业农用化肥产量最高的省(市、区) 是湖北省，全省乡镇企业年产农用化肥（标准肥）10.93万吨，占全国乡镇企业总量的25.1%。

乡镇企业中小农县产量最高的省(市、区) 是河南省，全省乡镇企业年产中小农县13 761 万件，占全国乡镇企业总量的16.3%。

乡镇企业水泥产量最高的省(市、区) 是广东省，全省乡镇企业年产水泥712万吨，占全国乡镇企业总量的12.4%.

乡镇企业砖瓦产量最高的省(市、区) 是河南省，全省乡镇企业年产砖瓦558.2亿块，占全国乡镇企业总量的13.4%。

乡镇企业丝织品产量最高的省(市、区) 是江苏省，全省乡镇企业丝织品年产量24 835 万米，占全国乡镇企业总量的31.1%。

乡镇企业皮革制品产量最高的省(市、区) 是广东省，全省乡镇企业年产皮革制品16 844 万件。占全国乡镇企业总量的25.1%。

乡镇企业服装产量最高的省(市、区) 是广东省，全省乡镇企业年产服装72 633 万件，占全国乡镇企业总量的28.9%。

乡镇企业机制纸及纸板产量最高的省(市、区) 是河南省，全省乡镇企业年产机制纸及纸板115万吨，占全国乡镇企业总量的22.0%。

乡镇企业电风扇产量最高的省(市、区) 是广东省，全省乡镇企业年产电风扇2 204 万台，占全国乡镇企业总量的89.2%。

乡镇企业饮料酒产量最高的省(市、区) 是四川省，全省乡镇企业年产饮料酒34.42万吨，占全国乡镇企业总量的13.2%。

乡镇企业罐头食品产量最高的省(市、区) 是山东省，全省乡镇企业罐头食品年产量10.66万吨，占全国乡镇企业总量的17.3%。

乡镇企业配合饲料产量最高的省(市、区) 是湖北省，全省乡镇企业年产配合饲料1 119万吨，占全国乡镇企业总量的60.0%。

统 计 资 料

历年乡镇企业基本情况

1990年各地乡镇企业基本概况

1990年计划单列市乡镇企业概况

1990年各地乡镇工业企业概况

1990年乡村工业行业概况

1990年计划单列市乡镇工业概况

1990年各地乡镇企业主要产品产量

1990年各地乡镇企业出口产品情况

1990年乡村企业固定资产投资

1990年乡村企业主要财务指标

一、历年乡镇企业基本情况

项目	单位	1978年	1980年	1985年		1989年		1990年		1990年比1989年增长%	
				合计	其中：乡村	合计	其中：乡村	合计	其中：乡村	合计：	其中：乡村
一、企业单位数	万个	152.4	142.5	1 222.5	156.9	1 868.6	153.5	1 850.4	145.4	−0.97	−5.28
二、企业职工人数	万人	2 826.6	2 999.7	6 979.0	4 152.1	9 366.8	4 720.1	9 264.8	4 592.4	−1.09	−2.70
占全社会劳动力比重	%	7.0	7.1	14.0	8.3	16.9	8.5	16.4	8.1		
占农村劳动力比重	%	9.2	9.4	18.8	11.2	22.9	11.5	22.1	11.0		
三、企业总产值	亿元	493.1	669.5	2 752.5	2 011.9	8 402.8	5 583.2	9 581.1	6 253.8	13.91	11.81
占全社会总产值比重	%	7.2	7.8	16.6	12.1	24.3	16.1	24.6	16.0		
占农村社会总产值比重	%	24.2	24.0	43.4	31.7	58.0	38.6	59.1	38.6		
四、出口产品总额	亿元				39.0		371.4		462.3		24.47
五、企业利税总额	亿元	110.1	144.0	424.8	279.9	967.9	546.2	1 012.1	540.5	5.99	1.38
其中：上交国家税金	亿元	22.0	25.6	137.4	108.6	364.6	272.5	391.6	275.4	11.37	6.14
企业利润	亿元	88.1	118.4	287.4	171.3	569.8	240.1	588.0	232.7	3.20	−3.10
六、乡村企业利润使用											
其中：企业用于扩大再生产	亿元	30.9	47.0		79.4		127.1		128.1		0.74
用于支援农村各项建设	亿元	30.9	48.7		83.1		91.4		105.4		15.34
七、乡镇企业以工补农建农	亿元	26.3	22.7		30.0		70.6		77.8		10.14
八、企业固定资产原值	亿元	229.6	326.3	910.0	750.4	2 499.6	1 920.7	2 857.1	2 202.0	15.00	15.56
九、企业定额流动资金	亿元	95.0	177.2	770.0	590.1	1 446.7	1 113.2	1 684.0	1 296.7	17.96	18.51
十、银行贷款余额	亿元	21.2	53.0	352.4	188.0	960.2	420.3	1 162.9	462.2	21.11	9.97
十一、企业工资总额	亿元	86.7	119.4	472.1	301.4	1 054.9	580.7	1 129.6	606.8	8.35	6.77
十二、企业全员劳动生产率	元	1 744	2 232	4 243	4 956	9 460	11990	10 893	13 791	15.15	15.02
十三、百元固定资产原值实现利税	元	48.0	44.1	46.7	37.3	38.7	28.4	35.4	24.5	−7.40	−11.53
十四、百元固定资产原值实现产值	元	214.8	205.2	302.5	268.1	336.2	290.7	335.3	284.0	0.86	−0.54
十五、乡村企业亏损个数	万个	1.1	1.7		6.5		7.9		8.6		9.30
十六、乡村企业亏损金额	亿元	1.0	1.5		8.5		37.9		47.4		25.08

注：①本表按当年价格计算。②企业利税总额中包括税前列支10%用于农村各项事业开支。③支援农村各项建设资金，仅为乡村企业税后利润用于农村各项建设开支。④乡镇企业以工补农建农资金，1980年以前为乡村企业税后支农资金，1985年以后为企业各项支农资金。⑤1980年以前各项指标为乡村集体企业数。

（一）按国民经济部门分

1. 企 业 单 位 数

单位：万个

年 份	合 计	农 业	工 业	建筑业	交通运输业	商、饮、服务业
1978	152.42	49.46	79.40	4.67	6.51	12.38
1979	148.04	44.39	76.71	4.97	8.21	13.76
1980	142.46	37.83	75.78	5.08	8.94	14.83
1981	133.75	31.90	72.54	4.83	8.89	15.59
1982	136.18	29.29	74.93	5.37	9.58	17.01
1983	134.64	26.98	74.40	5.70	9.16	18.40
1984	606.57	24.84	481.23	8.04	12.96	79.50
1985	1 221.46	22.42	493.04	73.15	208.13	424.73
1986	1 515.30	23.97	635.50	89.25	261.98	504.60
1987	1 750.31	23.13	708.28	90.26	325.24	603.40
1988	1 888.14	23.28	773.52	95.58	372.55	623.20
1989	1 868.63	22.68	736.47	96.55	379.88	637.05
1990	1 850.44	22.36	732.04	90.47	389.37	634.30

企 业 单 位 构 成

单位：%

年 份	农 业	工 业	建筑业	交通运输业	商、饮、服务业
1978	32.5	52.1	3.1	4.3	8.1
1979	30.0	51.8	3.4	5.5	9.3
1980	26.6	53.2	3.6	6.3	10.4
1981	23.9	54.2	3.6	6.6	11.7
1982	21.5	55.0	3.9	7.0	12.5
1983	20.0	55.3	4.2	6.8	13.7
1984	4.1	79.3	1.3	2.1	13.1
1985	1.8	40.4	6.0	17.0	34.8
1986	1.6	41.9	5.9	17.3	33.3
1987	1.3	40.5	5.2	18.6	34.5
1988	1.2	41.0	5.1	19.7	33.0
1989	1.2	39.5	5.2	20.4	34.1
1990	1.2	39.2	4.8	20.8	33.9

2. 企业职工人数

单位：万人

年　份	合　计	农　业	工　业	建筑业	交通运输业	商、饮、服务业
1978	2 826.56	608.42	1 734.36	235.61	103.83	144.33
1979	2 909.34	533.00	1 814.38	298.45	116.90	146.61
1980	2 999.67	456.07	1 942.30	334.67	113.56	153.07
1981	2 969.56	379.94	1 980.80	348.83	107.38	152.61
1982	3 112.91	344.00	2 072.81	421.29	112.94	161.87
1983	3 235.64	309.22	2 168.14	482.72	109.71	165.85
1984	5 208.11	283.93	3 656.07	683.49	129.30	455.32
1985	7 692.21	252.38	4 136.70	1 170.17	447.13	1 685.82
1986	7 937.13	240.80	4 761.96	1 270.37	541.26	1 122.75
1987	8 805.18	244.18	5 266.69	1 373.98	623.14	1 297.19
1988	9 545.46	249.99	5 703.39	1 484.81	684.16	1 423.11
1989	9 366.90	239.30	5 624.10	1 403.73	699.37	1 400.40
1990	9 264.83	236.06	5 571.69	1 346.84	711.22	1 399.01

企业职工构成

单位：%

年　份	农　业	工　业	建筑业	交通运输业	商、饮、服务业
1978	21.5	61.4	8.3	3.7	5.1
1979	18.3	62.4	10.3	4.0	5.0
1980	15.2	64.8	11.2	3.8	5.1
1981	12.8	66.7	11.7	3.6	5.1
1982	11.1	66.6	13.5	3.6	5.2
1983	9.6	67.0	14.9	3.4	5.1
1984	5.5	70.2	13.1	2.5	8.7
1985	3.3	53.8	15.2	5.8	21.9
1986	3.0	60.0	16.0	6.8	14.1
1987	2.8	59.8	15.6	7.1	14.7
1988	2.6	59.7	15.6	7.2	14.9
1989	2.6	60.0	15.0	7.5	15.0
1990	2.5	60.1	14.5	7.7	15.1

3. 企 业 总 产 值

单位：亿元

年 份	合 计	农 业	工 业	建筑业	交通运输业	商、饮业
1978	493.07	36.19	385.26	34.80	18.77	18.05
1979	548.41	38.46	423.52	46.77	23.06	16.60
1980	656.90	39.38	509.41	60.05	24.52	23.54
1981	745.30	38.97	579.34	70.28	25.05	31.66
1982	853.08	40.06	646.02	100.38	29.27	37.35
1983	1 016.83	43.72	757.09	136.20	32.73	47.09
1984	1 709.89	52.91	1 245.35	216.54	47.31	147.78
1985	2 728.39	58.70	1 827.19	310.00	49.99	482.51
1986	3 540.87	68.87	2 413.40	522.73	255.93	279.94
1987	4 764.26	88.72	3 243.88	650.96	360.83	419.87
1988	6 495.66	115.27	4 529.38	827.70	473.46	549.85
1989	7 428.38	126.03	5 244.11	886.46	578.82	592.96
1990	8 461.64	141.80	6 050.25	952.37	647.94	669.27

注：本表按1980年不变价格计算

企 业 总 产 值 构 成

单位：%

年 份	合 计	农 业	工 业	建筑业	交通运输业	商、饮业
1978	100.00	7.34	78.13	7.06	3.81	3.66
1979	100.00	7.01	77.23	8.53	4.20	3.03
1980	100.00	5.99	77.55	9.14	3.73	3.58
1981	100.00	5.23	77.73	9.43	3.36	4.25
1982	100.00	4.70	75.73	11.77	3.43	4.38
1983	100.00	4.30	74.46	13.39	3.22	4.63
1984	100.00	3.09	72.83	12.66	2.77	8.64
1985	100.00	2.15	66.97	11.36	1.83	17.68
1986	100.00	1.95	68.16	14.76	7.23	7.91
1987	100.00	1.86	68.09	13.66	7.57	8.81
1988	100.00	1.77	69.73	12.74	7.29	8.46
1989	100.00	1.70	70.60	11.93	7.79	7.98
1990	100.00	1.68	71.50	11.26	7.66	7.91

（二）按经济类型分

1. 企业单位数

单位：万个

年份	合计	乡办	村办	联办	个体
1978	152.42	31.97	120.45		
1979	148.04	32.05	115.99		
1980	142.46	33.74	108.72		
1981	133.75	33.53	100.22		
1982	136.17	33.78	102.39		
1983	134.64	33.81	100.83		
1984	606.52	40.15	146.15	90.63	329.59
1985	1 222.45	41.95	143.04	112.11	925.35
1986	1 515.31	42.55	130.22	109.34	1 233.20
1987	1 750.10	42.01	116.27	118.75	1 473.07
1988	1 888.16	42.35	116.65	119.99	1 609.17
1989	1 868.63	40.57	113.00	106.94	1 608.12
1990	1 850.44	38.78	106.61	97.88	1 630.17

企业单位构成

单位：%

年份	合计	乡办	村办	联办	个体
1978	100.00	20.97	79.03	0.00	0.00
1979	100.00	21.65	78.35	0.00	0.00
1980	100.00	23.68	76.32	0.00	0.00
1981	100.00	25.07	74.93	0.00	0.00
1982	100.00	24.81	75.19	0.00	0.00
1983	100.00	25.11	74.89	0.00	0.00
1984	100.00	6.62	24.10	14.94	54.34
1985	100.00	3.43	11.70	9.17	75.70
1986	100.00	2.81	8.59	7.22	81.38
1987	100.00	2.40	6.64	6.79	84.17
1988	100.00	2.24	6.18	6.35	85.22
1989	100.00	2.17	6.05	5.72	86.06
1990	100.00	2.07	5.69	5.22	87.01

2. 企业职工人数

单位：万人

年份	合计	乡办	村办	联办	个体
1978	2 826.56	1 257.62	1 568.94		
1979	2 909.34	1 314.44	1 594.90		
1980	2 999.67	1 393.81	1 605.86		
1981	2 969.56	1 417.55	1 552.01		
1982	3 112.91	1 495.00	1 617.91		
1983	3 234.64	1 566.95	1 667.69		
1984	5 208.11	1 879.16	2 103.00	523.91	702.04
1985	6 979.03	2 111.36	2 215.69	771.42	1 880.56
1986	7 937.14	2 274.88	2 266.40	834.10	2 561.76
1987	8 805.18	2 397.45	2 320.78	923.62	3 163.32
1988	9 545.46	2 490.42	2 403.52	976.59	3 674.93
1989	9 366.78	2 383.57	2 336.57	883.75	3 762.90
1990	9 264.75	2 333.24	2 259.21	814.34	3 857.96

企业职工构成

单位：%

年份	合计	乡办	村办	联办	个体
1978	100.00	44.49	55.51	0.00	0.00
1979	100.00	45.18	54.82	0.00	0.00
1980	100.00	46.47	53.53	0.00	0.00
1981	100.00	47.74	52.26	0.00	0.00
1982	100.00	48.03	51.97	0.00	0.00
1983	100.00	48.44	51.56	0.00	0.00
1984	100.00	36.08	40.38	10.06	13.48
1985	100.00	30.25	31.75	11.05	26.95
1986	100.00	28.66	28.55	10.51	32.28
1987	100.00	27.23	26.36	10.49	35.93
1988	100.00	26.09	25.18	10.23	38.50
1989	100.00	25.45	24.95	9.43	40.17
1990	100.00	25.18	24.39	8.79	41.64

3. 企业总产值

单位：亿元

年份	合计	乡办	村办	联办	个体
1978	493.07	281.13	211.94		
1979	548.41	307.43	240.98		
1980	656.90	369.44	287.46		
1981	745.30	428.98	316.32		
1982	853.08	492.29	360.80		
1983	1 016.83	591.05	425.78		
1984	1 709.89	817.51	648.38	126.54	117.47
1985	2 728.39	1 138.95	910.54	245.00	433.90
1986	3 540.87	1 413.85	1 102.56	310.06	714.40
1987	4 764.26	1 825.85	1 411.55	424.82	1 102.04
1988	6 495.66	2 438.51	1 924.19	560.98	1 571.93
1989	7 428.38	2 672.85	2 182.73	614.23	1 958.57
1990	8 461.64	2 987.38	2 441.81	653.70	2 378.76

注：本表按1980年不变价格计算

企业总产值构成

单位：%

年份	合计	乡办	村办	联办	个体
1978	100.00	57.02	42.98	0.00	0.00
1979	100.00	56.06	43.94	0.00	0.00
1980	100.00	56.24	43.76	0.00	0.00
1981	100.00	57.56	42.44	0.00	0.00
1982	100.00	57.71	42.29	0.00	0.00
1983	100.00	58.13	41.87	0.00	0.00
1984	100.00	47.81	37.92	7.40	6.87
1985	100.00	41.74	33.37	8.98	15.90
1986	100.00	39.93	31.14	8.76	20.18
1987	100.00	38.32	29.63	8.92	23.13
1988	100.00	37.54	29.62	8.64	24.20
1989	100.00	35.98	29.38	8.27	26.37
1990	100.00	35.30	28.86	7.73	28.11

二、1990 年各地乡镇企业基本概况

（一）企业单位数、人数和总产值

地区＼项目	企业单位数（个）	企业人数（人）	总产值（现行价，万元）	总产值（不变价，万元）	工业总产值（现行价，万元）	出口交货总值（人民币，万元）
全国总计	18 504 397	92 647 539	95 811 072	84 616 434	60 502 496	4 856 331
北京	103 785	1 088 152	2 266 742	2 204 733	1 651 813	131 037
天津	48 280	886 934	2 199 456	2 096 857	1 999 122	233 150
河北	1 369 527	6 412 175	6 046 395	5 514 294	3 755 109	189 329
山西	406 961	2 404 172	2 062 940	1 945 751	1 363 226	35 129
内蒙古	298 389	976 219	561 774	507 397	209 456	4 412
辽宁	542 813	3 050 859	4 569 532	3 863 894	2 916 763	218 617
吉林	464 568	1 552 591	1 525 378	1 356 063	670 323	17 842
黑龙江	518 492	1 622 084	1 497 855	1 418 321	773 403	13 863
上海	16 366	1 515 842	2 907 141	2 416 914	2 416 914	557 204
江苏	1 058 369	8 961 689	14 471 645	12 804 096	11 313 177	1 065 105
浙江	494 047	4 954 944	7 724 794	7 284 527	6 640 976	654 503
安徽	823 869	4 622 940	3 146 001	2 810 965	1 552 646	37 219
福建	471 993	2 791 569	2 661 596	2 429 055	1 477 697	310 153
江西	711 640	2 326 931	1 563 806	1 428 591	902 459	30 251
山东	1 435 943	9 439 035	11 961 477	10 122 356	7 561 085	443 155
河南	1 913 563	8 818 784	6 663 170	5 620 850	2 957 428	93 223
湖北	1 053 526	3 889 816	3 677 424	3 241 674	1 920 309	72 587
湖南	1 102 214	4 183 578	2 897 688	2 547 872	1 372 226	83 561
广东	1 196 522	6 583 298	7 403 233	6 287 131	4 328 830	506 715
广西	753 906	1 991 063	916 081	742 507	373 315	24 055
海南	86 497	244 554	137 760	123 009	39 093	639
四川	1 911 146	7 057 444	4 746 025	4 202 049	2 368 602	84 843
贵州	382 885	1 069 461	444 890	382 331	217 101	7 535
云南	464 385	1 484 400	961 107	685 177	386 314	14 185
西藏	8 249	43 897	15 117	15 117	5 414	0
陕西	617 686	2 535 312	1 603 557	1 509 351	853 684	8 619
甘肃	211 451	1 293 648	723 354	648 938	293 232	7 219
青海	41 433	146 792	64 108	55 413	26 042	3 909
宁夏	81 611	235 329	137 877	128 983	57 870	3 756
新疆	144 281	464 027	253 149	222 218	98 867	4 516

（二）资 金 状 况

单位：万元

项目 地区	总收入	费用支出	上缴税金（应交）	纯利润	工资总额	固定资产投资（完成额）	固定资产原值
全国总计	**86 136 066**	**74 738 884**	**3 916 553**	**5 880 275**	**11 296 353**	**2 063 123**	**28 570 699**
北京	2 024 751	1 696 453	129 734	183 048	191 529	59 658	706 138
天津	1 499 770	1 279 395	100 325	97 286	126 101	76 122	502 883
河北	5 744 606	4 862 679	177 008	678 134	903 211	28 476	1 646 670
山西	1 798 128	1 439 685	112 995	228 811	320 070	61 007	906 685
内蒙古	639 846	540 092	24 797	66 895	113 317	17 144	271 034
辽宁	4 329 221	3 682 396	251 475	340 220	451 471	57 142	1 295 255
吉林	1 710 025	1 508 401	69 302	131 861	229 786	17 510	446 225
黑龙江	1 450 681	1 299 769	45 440	100 867	229 470	31 793	518 295
上海	2 699 793	2 353 379	207 339	70 708	234 122	183 954	1 150 473
江苏	11 280 387	9 160 562	489 877	244 996	875 817	312 747	3 407 155
浙江	6 701 484	6 023 008	431 237	205 384	732 509	179 050	2 034 732
安徽	2 977 624	2 643 173	97 621	232 757	464 026	36 192	814 275
福建	2 604 511	2 311 053	113 695	179 763	453 621	43 851	787 960
江西	1 456 660	1 284 563	61 203	110 894	239 518	22 699	444 291
山东	9 830 771	8 638 870	410 703	727 797	997 227	283 563	3 369 021
河南	5 558 833	4 763 072	135 921	649 527	821 191	76 164	1 739 771
湖北	2 890 436	2 606 000	106 769	176 395	383 238	47 981	1 027 043
湖南	3 097 259	2 761 176	128 043	206 241	494 758	30 290	931 096
广东	7 853 863	6 989 093	293 949	547 321	1 392 626	331 225	3 063 216
广西	1 049 917	916 111	52 258	70 271	197 439	13 996	367 195
海南	149 615	128 102	5 109	16 432	39 486	1 236	78 454
四川	4 738 963	4 356 448	173 508	209 007	657 360	77 817	1 343 895
贵州	505 014	428 835	25 433	51 047	125 849	9 892	188 900
云南	774 465	681 593	38 051	51 963	154 804	927	409 356
西藏	17 500	0	0		0	0	0
陕西	1 676 550	1 459 654	64 240	152 656	251 546	23 377	562 656
甘肃	622 908	540 367	25 228	53 054	127 198	14 904	278 192
青海	61 037	53 771	3 232	3 439	15 617	1 692	45 973
宁夏	141 542	119 752	7 011	13 440	22 152	3 770	79 688
新疆	249 906	211 432	14 050	24 061	51 294	18 944	154 172

（三）企业单位数和

地区 \ 项目	企业单位数（个）			
	合计	乡办	村办	联办
全国总计	18 734 397	387 830	1 066 095	978 752
北京	103 785	4 155	14 143	2 307
天津	48 280	2 467	9 055	5 776
河北	1 369 527	18 549	51 040	156 366
山西	406 961	7 515	41 560	12 131
内蒙古	298 389	5 455	5 245	3 459
辽宁	542 813	12 461	34 931	6 913
吉林	464 568	7 266	13 227	8 670
黑龙江	518 492	8 255	16 006	6 371
上海	16 366	4 198	9 376	2 792
江苏	1 058 369	35 018	78 141	49 292
浙江	494 047	34 527	50 812	32 274
安徽	823 869	22 356	29 929	74 176
福建	471 993	12 003	41 861	40 003
江西	711 640	17 417	37 196	52 021
山东	1 435 943	23 343	130 898	119 936
河南	1 913 563	14 171	55 392	148 669
湖北	1 053 526	19 287	106 512	35 347
湖南	1 102 214	24 697	77 473	25 958
广东	1 196 522	23 851	89 611	58 830
广西	753 906	8 804	14 884	29 228
海南	86 497	1 356	923	3 449
四川	1 911 146	44 677	92 854	56 652
贵州	382 885	5 519	2 612	10 938
云南	464 385	5 738	21 497	10 541
西藏	8 249	328	123	329
陕西	617 686	11 115	30 106	15 114
甘肃	211 451	6 700	6 315	9 554
青海	41 433	821	766	181
宁夏	81 611	1 398	1 184	1 257
新疆	144 281	4 383	2 423	218

企业人数组成

	企业人数（人）				
个体	合计	乡办	村办	联办	个体
16 301 720	**92 647 539**	**23 332 370**	**22 592 109**	**8 143 420**	**38 579 640**
83 180	1 088 152	346 988	538 314	23 694	179 156
30 982	886 934	228 930	512 610	60 809	84 585
1 143 572	6 412 175	940 354	1 319 023	1 275 499	2 877 299
345 755	2 404 172	429 574	830 409	112 450	1 031 739
284 230	976 219	189 397	106 911	39 183	640 728
488 508	3 050 859	839 847	958 454	64 973	1 187 585
435 405	1 552 591	298 659	268 799	55 216	929 917
487 860	1 622 084	343 454	241 600	34 629	1 002 401
0	1 515 842	784 146	665 307	66 389	0
895 918	8 961 689	3 816 915	2 912 413	261 898	1 970 463
376 434	4 954 944	2 088 923	1 434 648	402 041	1 029 332
697 408	4 622 940	1 102 034	588 639	529 701	2 402 566
378 126	2 791 569	652 159	745 047	408 705	985 658
605 006	2 326 931	578 368	400 784	282 379	1 065 400
1 161 766	9 439 035	2 057 630	3 335 201	913 931	3 132 273
1 695 331	8 818 784	935 197	1 595 933	1 492 425	4 795 229
802 380	3 889 816	1 002 327	1 019 597	210 516	1 657 376
974 086	4 183 578	1 200 442	897 047	177 664	1 908 425
1 024 230	6 583 298	1 548 606	1 827 696	560 233	2 646 763
700 990	1 991 063	343 671	166 744	211 718	1 268 930
80 769	244 554	55 317	12 129	23 992	153 116
1 716 963	7 057 444	2 004 320	1 027 058	390 044	3 636 022
363 816	1 069 461	202 904	50 491	94 053	722 013
426 609	1 484 400	334 776	364 947	84 787	699 890
7 469	43 897	15 983	5 185	3 848	18 881
561 351	2 535 312	404 138	518 434	196 907	1 415 833
188 882	1 293 648	335 707	170 062	145 865	642 014
39 665	146 792	39 789	22 553	5 837	78 613
77 772	235 329	60 575	18 452	10 369	145 933
137 257	464 027	151 240	37 622	3 665	271 500

（四）企业总产值组成

单位：万元

地区 \ 项目	不变价 合计	不变价 乡办	不变价 村办	不变价 联办	不变价 个体	现价 合计	现价 乡办	现价 村办	现价 联办	现价 个体
全国总计	**86 416 434**	**29 873 796**	**24 418 078**	**6 536 999**	**23 787 561**	**95 811 072**	**34 316 139**	**28 221 538**	**7 266 171**	**26 007 224**
北京	2 204 733	854 439	1 075 328	29 152	245 814	2 266 742	896 976	1 094 800	29 152	245 814
天津	2 096 857	559 299	1 246 936	150 282	140 340	2 199 456	605 125	1 303 709	150 282	140 340
河北	5 514 294	987 210	1 271 051	1 212 714	2 052 319	6 046 395	1 136 679	1 403 815	1 325 455	2 180 446
山西	1 945 751	434 553	663 203	130 437	717 558	2 062 940	521 822	743 167	118 317	679 634
内蒙古	507 397	115 787	59 811	19 350	312 449	561 774	143 047	73 605	21 519	323 603
辽宁	3 863 894	1 007 325	1 327 674	126 946	1 401 949	4 569 532	1 202 439	1 563 278	151 929	1 651 886
吉林	1 356 063	286 203	250 116	46 956	772 788	1 525 378	326 614	290 633	52 120	856 011
黑龙江	1 418 321	356 124	270 963	32 251	758 983	1 497 855	412 106	290 126	32 226	763 397
上海	2 416 914	1 434 889	919 890	62 135	0	2 907 141	1 765 252	1 069 639	72 250	0
江苏	12 804 096	6 846 318	4 105 865	297 769	1 554 144	14 471 645	7 673 235	4 942 985	295 494	1 559 931
浙江	7 284 527	3 586 758	2 057 700	545 034	1 095 035	7 724 794	3 962 095	2 122 630	545 034	1 095 035
安徽	2 810 965	864 765	376 449	326 895	1 242 856	3 146 001	1 008 673	438 713	360 287	1 338 328
福建	2 429 055	691 511	667 438	350 509	719 597	2 661 596	774 183	734 356	379 390	773 667
江西	1 428 591	439 035	295 508	162 385	531 663	1 563 806	499 359	325 551	176 173	562 723
山东	10 122 356	3 315 507	4 147 287	672 115	1 987 447	11 961 477	3 806 315	5 011 203	793 315	2 350 644
河南	5 620 850	750 846	1 241 256	1 009 494	2 619 254	6 663 170	892 044	1 592 841	1 193 778	2 984 507
湖北	3 241 674	1 178 404	938 030	170 053	955 187	3 677 424	1 305 070	1 096 212	198 587	1 077 555
湖南	2 547 872	871 627	511 513	102 024	1 062 708	2 897 688	1 015 596	608 643	118 547	1 154 902
广东	6 287 131	2 571 115	1 519 265	499 522	1 697 229	7 403 233	3 084 243	1 821 535	587 464	1 909 991
广西	742 507	211 565	64 716	76 272	389 954	916 081	267 981	85 319	100 592	462 189
海南	123 009	32 205	5 122	14 703	70 979	137 760	35 897	6 006	16 195	79 662
四川	4 202 049	1 534 042	674 405	230 458	1 763 144	4 746 025	1 854 748	781 060	250 698	1 859 519
贵州	382 331	110 870	23 241	25 970	222 250	444 890	144 883	29 107	29 054	241 846
云南	685 177	188 363	196 606	20 780	279 428	961 107	226 446	234 712	25 062	474 887
西藏	15 117	5 840	1 105	1 667	6 505	15 117	5 840	1 105	1 667	6 505
陕西	1 509 351	282 798	372 291	139 710	714 552	1 603 557	318 945	403 346	146 353	734 913
甘肃	648 938	203 022	93 902	73 368	278 646	723 354	229 075	105 858	86 703	301 718
青海	55 413	17 061	8 960	2 370	27 022	64 108	21 275	10 771	2 660	29 402
宁夏	128 983	43 502	10 368	3 635	71 478	137 877	51 258	10 911	3 825	71 883
新疆	222 218	101 813	22 079	2 043	96 283	253 149	128 918	25 902	2 043	96 286

（五）农业企业组成和人数

地区 \ 项目	企业单位数（个）					企业人数（人）				
	合计	乡办	村办	联办	个体	合计	乡办	村办	联办	个体
全国总计	**223 643**	**27 331**	**196 312**			**2 360 648**	**571 564**	**1 789 084**		
北京	574	240	334			17 000	8 942	8 058		
天津	47	24	23			1 216	851	365		
河北	8 718	564	8 154			107 563	7 170	100 393		
山西	7 553	548	7 005			61 486	5 654	55 832		
内蒙古	2 051	521	1 530			13 098	6 063	7 035		
辽宁	3 489	592	2 897			82 769	20 266	62 503		
吉林	6 186	1 150	5 036			73 568	26 559	47 009		
黑龙江	3 434	520	2 914			32 361	9 368	22 993		
上海	0	0	0			0	0	0		
江苏	878	392	486			23 477	12 153	11 324		
浙江	2 199	591	1 608			31 092	8 962	22 130		
安徽	5 462	1 264	4 198			61 061	21 520	39 541		
福建	13 267	1 405	11 862			204 075	39 597	164 478		
江西	6 527	2 163	4 364			67 767	34 633	33 134		
山东	23 775	725	23 050			342 594	30 050	312 544		
河南	12 222	934	11 288			116 497	22 371	94 126		
湖北	31 359	2 340	29 019			231 115	64 557	166 558		
湖南	36 524	4 183	32 341			366 306	94 356	271 950		
广东	19 021	1 956	17 065			135 674	37 070	98 604		
广西	6 766	883	5 883			47 193	13 785	33 408		
海南	843	374	469			29 107	22 407	6 700		
四川	13 140	2 604	10 536			156 260	35 171	121 089		
贵州	1 577	710	867			13 302	7 455	5 847		
云南	5 380	520	4 860			52 835	13 043	39 792		
西藏	47	32	15			845	604	241		
陕西	8 821	1 142	7 679			58 410	13 002	45 408		
甘肃	1 931	366	1 565			14 893	4 059	10 834		
青海	224	78	146			1 681	914	767		
宁夏	552	152	400			4 681	2 043	2 638		
新疆	1 076	358	718			12 722	8 939	3 783		

（六）农业企业总产值组成

单位：万元

地区＼项目	不变价 合计	不变价 乡办	不变价 村办	不变价 联办	不变价 个体	现价 合计	现价 乡办	现价 村办	现价 联办	现价 个体
全国总计	**1 418 014**	**437 524**	**980 490**			**1 512 569**	**467 102**	**1 045 467**		
北京	50 718	22 444	28 274			52 652	23 504	29 148		
天津	2 087	1 551	536			2 087	1 551	536		
河北	49 281	6 554	42 727			52 133	6 979	45 154		
山西	21 381	3 069	18 312			21 463	3 018	18 445		
内蒙古	7 647	4 037	3 610			8 620	4 590	4 030		
辽宁	105 759	33 547	72 212			119 105	39 314	79 791		
吉林	75 109	29 135	45 974			64 851	23 623	41 228		
黑龙江	33 820	11 424	22 396			33 820	11 424	22 396		
上海	0	0	0			0	0	0		
江苏	18 825	10 154	8 671			21 314	11 591	9 723		
浙江	15 140	8 087	7 053			15 407	8 126	7 281		
安徽	35 583	13 802	21 781			37 622	14 446	23 176		
福建	157 291	40 738	116 553			169 858	43 622	126 236		
江西	22 487	12 638	9 849			24 790	13 911	10 879		
山东	270 453	69 585	200 868			280 274	70 255	210 019		
河南	58 966	9 846	49 120			59 814	10 003	49 811		
湖北	142 202	40 206	101 996			151 323	44 061	107 262		
湖南	120 999	35 458	85 541			143 752	42 181	101 571		
广东	109 124	40 036	69 088			120 642	45 275	75 367		
广西	15 256	5 390	9 866			18 001	6 205	11 796		
海南	5 517	3 505	2 012			6 814	4 332	2 482		
四川	44 266	16 421	27 845			45 163	16 780	28 383		
贵州	6 989	4 305	2 684			7 852	4 819	3 033		
云南	13 457	3 716	9 741			15 510	4 156	11 354		
西藏	291	271	20			291	271	20		
陕西	22 638	6 106	16 532			25 806	6 771	19 035		
甘肃	6 397	1 370	5 027			6 486	1 450	5 036		
青海	590	381	209			867	623	244		
宁夏	2 192	1 061	1 131			2 208	1 073	1 135		
新疆	3 549	2 687	862			4 044	3 148	896		

（七）工业企业组成及人数

项目 / 地区	企业单位数（个）					企业人数（人）				
	合计	乡办	村办	联办	个体	合计	乡办	村办	联办	个体
全国总计	**7 220 357**	**255 848**	**679 552**	**547 212**	**5 737 745**	**55 716 921**	**16 317 982**	**17 690 220**	**4 979 511**	**16 729 208**
北京	26 305	2 715	10 652	488	12 450	723 409	252 656	418 134	11 974	40 645
天津	28 168	1 951	8 050	4 380	13 787	778 472	195 274	477 681	55 047	50 470
河北	545 695	12 444	34 034	88 445	410 772	3 757 000	644 600	1 063 319	796 346	1 252 735
山西	120 840	5 398	29 103	5 090	81 249	1 488 057	346 026	684 730	71 909	385 392
内蒙古	81 000	3 334	2 581	2 011	73 074	431 023	134 783	80 279	27 746	188 215
辽宁	216 240	8 797	26 362	5 099	175 982	1 955 540	603 079	777 771	53 610	521 080
吉林	153 828	4 312	6 475	2 958	140 083	731 418	211 371	191 057	20 805	308 185
黑龙江	139 578	5 213	9 977	2 616	121 772	745 214	255 234	188 869	13 279	287 832
上海	16 366	4 198	9 376	2 792	0	1 515 842	784 146	665 307	66 389	0
江苏	591 241	29 448	70 435	32 913	458 445	7 177 020	3 118 754	2 762 443	173 811	1 122 012
浙江	303 035	29 219	46 696	30 017	197 103	4 243 124	1 750 080	1 340 651	392 101	760 292
安徽	351 541	14 393	20 602	37 507	279 039	2 530 575	714 668	421 165	285 750	1 108 992
福建	175 789	7 357	24 770	21 225	122 437	1 577 168	381 694	505 166	277 684	412 624
江西	339 226	9 895	26 286	33 645	269 400	1 421 090	365 967	303 083	207 950	544 090
山东	572 479	15 682	72 264	51 823	432 710	5 595 487	1 389 727	2 354 816	395 412	1 455 532
河南	779 523	9 016	32 309	67 104	671 094	4 602 259	580 441	1 130 777	708 246	2 182 795
湖北	408 057	12 007	48 254	17 581	330 215	2 100 473	683 532	629 275	114 073	673 593
湖南	408 027	12 932	33 353	16 686	345 056	2 159 055	672 564	517 066	137 540	831 885
广东	388 547	14 654	57 423	33 939	282 531	4 171 461	1 136 590	1 551 720	394 344	1 088 807
广西	254 360	5 129	5 205	18 022	226 004	984 875	187 422	111 952	147 977	537 524
海南	18 084	484	284	1 393	15 923	63 400	11 871	3 325	10 199	38 005
四川	735 144	26 843	67 126	38 082	603 093	3 495 629	1 091 078	735 811	249 686	1 419 054
贵州	149 394	3 807	1 516	8 726	135 345	931 949	145 641	37 702	73 834	374 772
云南	164 459	2 865	14 005	8 950	138 639	714 415	133 463	217 135	72 675	291 142
西藏	819	111	50	52	606	13 399	8 561	2 005	707	2 126
陕西	207 791	6 387	17 087	8 586	175 731	1 217 290	227 791	365 193	119 794	504 512
甘肃	76 121	3 687	3 182	6 292	62 960	546 799	154 617	97 536	89 663	204 983
青海	14 204	455	433	95	13 221	63 094	20 412	16 939	2 155	23 588
宁夏	22 446	870	572	515	20 489	94 943	34 312	12 245	5 353	43 033
新疆	32 050	2 245	1 090	180	28 535	187 441	81 628	27 068	3 452	75 293

（八）工业企业总产值组成

单位：万元

项目 / 地区	不变价					现价				
	合计	乡办	村办	联办	个体	合计	乡办	村办	联办	个体
全国总计	**60 502 496**	**23 809 680**	**20 680 906**	**4 491 627**	**11 520 283**	**70 970 498**	**28 083 250**	**24 322 645**	**5 173 309**	**13 391 294**
北京	1 651 813	675 898	872 211	23 244	80 460	1 711 133	716 668	890 761	23 244	80 460
天津	1 999 122	520 462	1 212 737	144 572	121 351	2 101 721	566 288	1 269 510	144 572	121 351
河北	3 755 109	760 188	1 095 437	858 557	1 040 927	4 235 537	909 689	1 221 427	959 330	1 145 091
山西	1 363 226	368 937	566 705	99 277	328 307	1 480 333	456 257	646 536	87 157	290 383
内蒙古	209 456	70 284	41 518	13 449	84 205	262 860	96 991	54 892	15 618	95 359
辽宁	2 916 763	780 876	1 116 909	113 320	905 658	3 457 994	929 261	1 315 514	136 067	1 077 152
吉林	670 323	203 679	169 606	16 410	280 628	837 215	249 602	214 881	21 574	351 158
黑龙江	773 403	256 467	210 470	16 695	289 771	852 233	314 082	229 500	16 616	292 035
上海	2 416 914	1 434 889	919 890	62 135	0	297 141	1 765 252	1 069 639	72 250	0
江苏	11 313 177	6 081 495	3 957 869	230 835	1 042 978	12 979 285	6 910 348	4 794 081	229 762	1 045 094
浙江	6 640 976	3 189 673	1 982 788	534 140	934 375	7 077 604	3 562 407	2 046 682	534 140	934 375
安徽	1 552 646	590 174	264 707	174 484	523 281	1 885 643	733 438	325 576	207 876	618 753
福建	1 477 697	456 368	483 966	253 903	283 460	1 662 127	529 250	537 291	277 665	317 921
江西	902 459	292 009	235 620	115 957	258 873	1 022 988	347 914	263 688	127 998	283 388
山东	7 561 085	2 606 058	3 295 069	420 359	1 239 599	9 309 627	3 078 605	4 123 756	532 158	1 575 108
河南	2 957 428	522 172	948 723	498 450	988 083	3 998 900	663 213	1 299 617	682 734	1 353 336
湖北	1 920 309	850 485	613 037	95 822	360 965	2 285 162	858 525	751 116	120 641	454 880
湖南	1 372 226	525 176	347 687	74 887	424 476	1 673 528	655 711	427 032	91 866	498 919
广东	4 328 830	1 999 109	1 239 177	358 246	732 298	5 282 819	2 473 399	1 521 908	432 528	854 984
广西	373 315	135 712	46 167	52 843	140 593	516 808	183 766	64 007	76 262	192 773
海南	39 093	9 079	1 987	9 563	18 464	43 759	10 930	2 272	10 480	20 077
四川	2 368 602	918 849	535 043	143 652	71 058	2 902 470	1 239 303	641 025	164 158	857 984
贵州	217 101	80 406	17 372	20 492	98 831	278 780	113 972	22 889	23 576	118 343
云南	386 314	84 497	132 035	17 451	152 331	660 191	122 140	168 528	21 733	347 790
西藏	5 414	3 788	491	280	855	5 414	3 788	491	280	855
陕西	853 684	191 506	282 022	96 327	283 829	944 722	226 988	310 574	102 970	304 190
甘肃	293 232	109 638	60 705	41 207	81 682	367 559	135 611	72 652	54 542	104 754
青海	26 042	9 574	6 786	1 348	8 334	32 357	12 863	8 420	1 600	9 474
宁夏	57 870	28 153	7 126	1 775	20 816	66 747	35 609	7 664	1 965	21 509
新疆	98 867	56 079	17 046	1 947	23 795	127 841	81 380	20 716	1 947	23 798

（九）建筑业企业组成及人数

地区＼项目	企业单位数（个）					企业人数（人）				
	合计	乡办	村办	联办	个体	合计	乡办	村办	联办	个体
全国总计	**904 665**	**29 622**	**31 196**	**137 592**	**706 255**	**13 468 447**	**5 273 091**	**1 787 117**	**2 013 170**	**4 395 069**
北京	4 118	356	862	69	2 831	154 893	58 160	61 725	1 147	33 861
天津	1 037	115	228	66	628	49 303	23 491	18 165	2 169	5 478
河北	46 303	1 276	1 121	14 167	29 739	951 704	229 584	70 206	283 678	368 236
山西	14 222	413	1 322	1 435	11 052	281 698	53 958	51 084	22 064	154 592
内蒙古	10 227	339	154	633	9 101	150 029	35 169	11 096	7 955	95 809
辽宁	16 933	943	874	396	14 720	385 228	183 127	72 299	6 081	123 721
吉林	32 241	472	321	2 548	28 900	252 172	47 564	79 372	22 475	162 761
黑龙江	22 527	633	437	993	20 464	230 124	56 804	12 132	12 254	148 934
上海										
江苏	71 961	1 492	1 441	5 950	63 078	917 559	562 114	69 877	55 565	230 003
浙江	5 236	1 626	562	162	2 886	327 965	277 828	34 871	2 644	12 622
安徽	57 459	1 827	1 033	14 618	39 981	695 225	268 207	70 737	158 729	197 552
福建	23 402	938	658	3 530	18 276	376 568	188 934	31 831	53 241	102 562
江西	63 493	1 401	847	4 383	56 862	308 479	137 866	28 840	30 315	111 458
山东	62 201	2 249	7 332	23 039	29 581	1 598 074	540 777	429 438	350 825	277 034
河南	114 878	1 517	4 325	35 581	73 455	1 854 323	274 736	286 754	596 929	695 904
湖北	73 789	1 298	3 342	4 598	64 551	552 505	190 879	101 013	49 093	211 520
湖南	54 114	2 184	1 048	1 963	48 919	627 711	373 140	45 925	18 150	190 496
广东	66 107	1 520	1 074	6 750	56 763	751 028	279 850	56 423	83 105	331 650
广西	17 476	687	79	3 449	13 261	231 276	118 100	4 654	40 829	67 693
海南	3 138	146	44	643	2 305	41 403	18 511	1 440	8 751	12 701
四川	78 751	3 798	1 165	5 572	68 216	1 268 755	752 163	79 319	77 618	359 655
贵州	11 667	388	72	1 737	9 470	129 011	42 464	4 658	18 727	63 162
云南	8 285	848	848	908	5 681	308 155	167 692	86 515	9 292	44 656
西藏	345	50	19	72	204	10 090	4 564	2 353	1 485	1 688
陕西	29 882	1 026	1 148	2 708	25 000	507 584	137 929	74 501	57 265	237 889
甘肃	7 719	1 260	636	1 412	4 411	353 357	159 111	52 912	36 216	105 118
青海	392	127	64	64	137	38 021	17 265	3 451	3 441	13 864
宁夏	2 426	161	40	130	2 095	45 302	21 810	2 293	2 991	18 208
新疆	4 336	532	100	16	3 688	70 905	51 294	3 233	136	16 242

(十) 建筑企业总产值组成

单位：万元

地区＼项目	不变价 合计	不变价 乡办	不变价 村办	不变价 联办	不变价 个体	现价 合计	现价 乡办	现价 村办	现价 联办	现价 个体
全国总计	**9 523 744**	**4 367 674**	**1 522 168**	**1 059 019**	**2 574 883**	**9 738 136**	**4 462 118**	**1 563 461**	**1 080 332**	**2 632 225**
北京	215 287	97 610	84 508	1 180	31 989	215 786	98 081	84 536	1 180	31 989
天津	47 491	23 702	18 933	1 547	3 309	47 491	23 702	18 933	1 547	3 309
河北	549 987	146 006	52 620	152 033	199 328	573 882	153 850	56 489	158 566	204 977
山西	158 128	38 532	40 046	9 197	70 353	158 128	38 532	40 046	9 197	70 353
内蒙古	104 088	32 571	10 182	3 921	57 414	104 088	32 571	10 182	3 921	57 414
辽宁	311 144	150 425	78 808	3 595	78 316	373 381	182 600	94 554	4 414	91 813
吉林	207 863	40 160	20 331	19 694	127 678	207 851	40 160	20 319	19 694	127 678
黑龙江	215 418	66 578	17 301	7 409	124 130	214 032	65 061	17 300	7 400	124 271
上海										
江苏	854 236	620 414	62 103	37 220	134 499	847 601	615 429	60 604	36 336	135 232
浙江	411 391	297 512	34 397	2 645	76 837	413 731	299 311	34 938	2 645	76 837
安徽	465 573	182 863	45 261	93 761	143 688	465 573	182 863	45 261	93 761	143 688
福建	251 598	133 287	25 448	31 246	61 617	261 817	137 658	26 795	32 853	64 511
江西	183 659	97 535	21 664	14 713	49 747	187 787	99 977	21 890	15 126	50 794
山东	1 254 275	522 934	424 929	138 296	168 116	1 282 039	533 500	435 387	143 452	169 700
河南	993 629	174 149	158 432	316 147	344 901	993 629	174 149	158 432	316 147	344 901
湖北	507 315	214 659	102 889	34 644	155 123	529 950	223 240	107 755	36 318	162 637
湖南	404 643	252 226	35 217	11 621	105 579	412 833	257 369	35 708	11 843	107 913
广东	675 307	365 104	81 830	49 523	178 850	729 105	388 228	86 686	54 847	199 344
广西	92 141	58 259	1 804	13 117	18 961	98 445	62 607	2 010	13 558	20 270
海南	26 288	17 467	659	3 149	5 013	28 248	18 231	786	3 523	5 708
四川	867 952	524 056	69 968	59 396	214 532	864 275	521 445	69 857	59 009	213 964
贵州	48 639	21 358	2 622	4 665	19 994	48 656	21 291	2 622	4 665	20 078
云南	145 911	86 710	47 000	2 723	9 478	145 911	86 710	47 000	2 723	9 478
西藏	3 495	1 320	515	979	681	3 495	1 320	515	979	681
陕西	295 806	71 431	56 203	29 431	138 741	295 806	71 431	56 203	29 431	138 741
甘肃	148 109	74 948	22 359	15 360	35 442	148 109	74 948	22 359	15 360	35 442
青海	12 551	6 568	1 563	902	3 718	13 530	6 994	1 663	932	3 941
宁夏	25 389	12 322	1 407	888	10 772	25 389	12 610	1 407	888	10 484
新疆	46 431	37 168	3 169	17	6 077	47 568	38 250	3 224	17	6 077

（十一）交通运输业组成及人数

项目 / 地区	企业单位数（个）					企业人数（人）				
	合计	乡办	村办	联办	个体	合计	乡办	村办	联办	个体
全国总计	**3 893 725**	**13 214**	**30 425**	**129 606**	**3 720 480**	**7 112 152**	**502 537**	**399 022**	**463 847**	**5 746 746**
北京	29 900	187	643	495	28 575	81 755	8 304	23 737	7 282	42 432
天津	6 881	73	94	541	6 173	20 416	4 411	4 687	1 524	9 794
河北	310 730	662	887	24 237	284 944	536 215	21 912	16 623	72 876	424 804
山西	162 159	364	1 656	4 452	155 687	329 796	11 465	16 967	14 032	287 332
内蒙古	94 003	140	317	400	93 146	149 428	2 880	1 873	1 535	143 140
辽宁	119 461	179	680	667	117 935	245 638	7 709	10 627	2 673	224 629
吉林	120 792	140	383	2 009	118 260	212 843	2 852	2 945	6 803	200 243
黑龙江	165 557	138	832	1 696	162 891	270 514	3 661	6 359	4 598	255 896
上海										
江苏	176 589	1 251	1 419	5 385	168 534	396 264	83 708	30 993	16 882	264 681
浙江	77 173	575	363	927	75 308	144 251	23 674	15 643	3 671	101 263
安徽	136 172	747	664	8 920	125 841	401 801	51 121	22 731	29 127	298 822
福建	93 429	401	1 079	7 212	84 737	214 662	21 724	15 410	36 318	141 210
江西	95 817	1 087	1 334	7 044	86 352	159 995	18 802	11 819	20 690	108 684
山东	282 694	869	6 797	18 975	256 053	606 034	37 323	62 091	64 594	442 026
河南	432 874	524	1 777	22 686	407 887	871 078	31 660	33 784	82 316	723 318
湖北	182 459	866	5 074	4 168	172 351	284 596	28 309	29 620	11 919	214 748
湖南	212 117	920	1 097	2 767	207 333	302 918	24 925	14 609	9 092	254 292
广东	245 342	712	1 406	6 578	236 646	397 301	25 664	22 248	23 332	326 057
广西	159 760	292	217	2 640	156 611	205 250	9 773	2 944	8 902	183 631
海南	21 580	28	11	468	21 073	27 892	383	29	1 485	25 995
四川	227 460	1 631	2 270	4 267	219 292	388 879	49 208	30 678	19 649	289 344
贵州	78 255	230	73	195	77 757	95 354	4 104	1 070	719	89 461
云南	141 175	204	280	175	140 516	167 029	8 635	7 324	567	150 503
西藏	5 068			63	5 005	8 243			209	8 034
陕西	166 431	334	550	1 231	164 316	281 191	7 418	9 256	6 702	257 815
甘肃	54 484	363	170	817	53 134	172 484	10 939	3 825	14 431	143 289
青海	14 172	32	1	4	14 135	22 632	256	2	78	22 296
宁夏	40 398	46	71	577	39 704	60 914	1 027	369	1 819	57 699
新疆	40 793	219	280	10	40 284	56 779	690	759	22	55 308

（十二）交通运输业总产值组成

单位：万元

地区＼项目	不变价 合计	不变价 乡办	不变价 村办	不变价 联办	不变价 个体	现价 合计	现价 乡办	现价 村办	现价 联办	现价 个体
全国总计	**6 479 444**	**423 324**	**444 965**	**544 221**	**5 066 934**	**6 588 519**	**431 612**	**454 473**	**555 968**	**5 146 466**
北京	123 505	12 719	34 129	1 193	74 744	123 547	12 746	34 144	1 913	74 744
天津	29 791	9 940	7 240	3 258	9 353	29 791	9 940	7 240	3 258	9 353
河北	552 303	20 787	19 019	112 536	399 961	565 085	21 477	19 330	115 892	408 386
山西	288 218	14 003	21 135	19 071	234 009	288 218	14 003	21 135	19 071	234 009
内蒙古	110 831	2 542	1 108	1 195	105 986	110 831	2 542	1 108	1 195	105 986
辽宁	240 929	4 832	12 957	4 131	219 008	282 736	6 301	15 444	4 831	256 160
吉林	218 187	2 345	4 220	7 616	204 006	230 880	2 345	4 220	7 616	216 699
黑龙江	238 176	3 386	10 488	5 630	218 672	238 176	3 386	10 488	5 630	218 672
上海										
江苏	291 383	52 731	32 153	16 711	198 788	293 956	53 484	32 353	16 593	191 526
浙江	47 190	24 420	11 762	3 638	7 370	47 260	24 422	11 830	3 638	7 370
安徽	344 224	30 302	15 295	27 661	270 966	344 224	30 302	15 295	27 661	270 966
福建	250 872	26 912	13 970	35 428	174 562	261 479	27 484	14 637	37 021	182 337
江西	148 782	14 869	8 597	18 678	106 638	152 447	15 074	8 798	19 134	109 441
山东	592 340	50 314	111 783	73 660	356 583	608 329	51 888	113 986	76 078	366 377
河南	805 504	16 167	31 941	112 873	644 523	805 504	16 167	31 941	112 873	644 523
湖北	328 879	32 728	42 145	20 832	233 174	281 098	33 485	42 923	21 676	183 014
湖南	297 338	15 899	8 823	8 497	264 119	303 456	16 156	9 054	7 906	270 340
广东	409 312	25 021	26 691	26 851	330 749	447 264	26 724	28 941	29 800	361 799
广西	122 369	3 851	2 120	5 198	111 200	131 681	4 190	2 170	5 214	120 107
海南	20 918	722	14	751	19 431	24 366	753	14	873	22 726
四川	467 950	33 714	16 516	16 027	401 693	467 122	33 643	16 517	16 028	400 934
贵州	64 103	2 980	347	654	60 122	64 103	2 980	347	654	60 122
云南	89 028	6 393	3 178	240	79 217	89 028	6 393	3 178	240	79 217
西藏	3 121			85	3 036	3 121			85	3 036
陕西	209 907	5 225	6 038	7 842	190 802	209 907	5 225	6 038	7 842	190 802
甘肃	110 398	8 535	2 675	12 444	86 744	110 398	8 535	2 675	12 444	86 744
青海	9 936	293	1	22	9 620	10 481	239	1	23	10 218
宁夏	29 614	873	194	750	27 797	29 614	873	194	750	27 797
新疆	34 336	820	426	29	33 061	34 417	855	472	29	33 061

（十三）商业、饮食业组成及人数

项目 地区	企业单位数（个）					企业人数(人)				
	合计	乡办	村办	联办	个体	合计	乡办	村办	联办	个体
全国总计	**4 500 752**	**45 190**	**87 143**	**109 592**	**4 258 827**	**9 295 786**	**445 153**	**572 256**	**433 960**	**7 844 417**
北京	30 471	483	1 350	867	27 771	70 859	9 609	16 472	2 272	42 506
天津	9 727	259	492	658	8 318	27 463	3 346	7 356	1 749	15 012
河北	325 239	2 498	4 636	19 730	298 375	713 474	25 282	46 074	78 533	563 585
山西	82 400	637	1 717	908	79 138	177 493	6 557	13 673	3 381	153 882
内蒙古	77 220	824	433	241	75 722	140 791	7 767	3 850	1 176	127 998
辽宁	149 398	1 665	3 362	500	143 871	298 068	20 058	26 111	1 787	250 112
吉林	133 272	1 065	951	1 135	130 121	255 757	9 606	7 867	4 863	233 421
黑龙江	106 937	1 328	822	606	104 181	194 114	13 143	5 564	1 985	173 422
上海										
江苏	161 874	1 968	3 640	4 138	152 128	327 116	28 260	29 286	13 046	256 524
浙江	92 386	2 255	1 321	1 001	87 809	176 639	24 067	13 718	3 136	135 718
安徽	171 704	3 154	2 668	8 410	157 472	614 328	32 718	23 259	34 372	523 979
福建	129 708	1 316	2 339	5 153	120 900	299 821	11 923	16 769	23 978	247 151
江西	154 676	2 039	3 373	4 509	144 755	272 976	14 788	15 272	14 332	228 584
山东	349 546	2 699	14 991	16 959	314 897	875 814	40 604	116 527	61 309	657 374
河南	467 170	1 857	4 633	19 038	441 592	1 103 060	20 258	37 970	84 553	960 279
湖北	200 031	1 941	12 456	4 108	181 526	378 677	22 634	49 150	15 171	291 722
湖南	285 817	3 471	7 505	3 188	271 653	509 246	25 096	30 649	8 148	445 353
广东	347 916	3 434	8 644	7 998	327 840	758 912	42 159	55 449	41 680	619 624
广西	239 038	1 158	2 089	3 079	232 712	372 466	7 099	7 079	8 892	349 396
海南	32 701	241	91	503	31 866	61 949	1 563	455	1 959	57 972
四川	497 477	6 845	5 386	3 708	463 538	811 379	45 209	23 619	12 586	729 965
贵州	112 446	248	38	238	111 922	149 355	1 790	363	601	146 601
云南	108 163	707	846	192	106 418	168 425	6 807	7 566	1 083	152 969
西藏	1 327	96	21	96	1 114	6 009	1 632	332	784	3 261
陕西	135 245	1 617	2 566	1 792	129 270	280 216	12 168	14 278	8 257	245 513
甘肃	56 312	733	493	778	54 308	137 800	5 351	1 895	3 946	126 608
青海	11 053	97	67	17	10 872	18 038	656	326	159	16 897
宁夏	12 147	129	63	31	11 924	22 189	1 136	459	183	20 321
新疆	37 351	426	100	11	36 814	73 352	3 867	778	39	68 668

（十四）商业、饮食业总产值组成

单位：万元

地区＼项目	不变价 合计	不变价 乡办	不变价 村办	不变价 联办	不变价 个体	现价 合计	现价 乡办	现价 村办	现价 联办	现价 个体
全国总计	6 692 736	835 594	789 549	442 132	4 625 461	7 001 350	872 057	835 492	456 562	4 837 239
北京	163 410	45 768	56 206	2 815	58 621	163 624	45 977	56 211	2 815	58 621
天津	18 366	3 644	7 490	905	6 327	18 366	3 644	7 490	905	6 327
河北	607 614	44 675	61 248	89 588	412 103	619 758	44 684	61 415	91 667	421 992
山西	114 798	10 012	17 005	2 892	84 889	114 798	10 012	17 005	2 892	84 889
内蒙古	75 375	6 353	3 393	785	64 844	75 375	6 353	3 393	785	64 844
辽宁	289 299	37 644	46 788	5 900	198 967	336 316	44 963	57 975	6 617	226 761
吉林	184 581	10 884	9 985	3 236	160 476	184 581	10 884	9 985	3 236	160 476
黑龙江	157 504	18 269	10 308	2 517	126 410	159 594	18 153	10 442	2 580	128 419
上海	326 475	81 524	45 069	13 003	186 879	329 489	82 383	46 224	12 803	188 079
江苏	169 830	67 066	21 700	4 611	76 453	170 792	67 829	21 899	4 611	76 453
浙江	412 939	47 624	29 405	30 989	304 921	412 939	47 624	29 405	30 989	304 921
安徽	291 597	34 206	27 501	29 932	199 958	306 315	36 169	29 397	31 851	208 898
福建	171 204	21 984	19 778	13 037	116 405	175 794	22 483	20 296	13 915	119 100
江西	444 203	66 616	114 638	39 800	223 149	481 208	72 067	128 055	41 627	239 459
山东	805 323	28 512	53 040	82 024	641 747	805 323	28 512	53 040	82 024	641 747
河南	342 969	40 326	77 963	18 755	205 925	429 891	45 759	87 156	19 952	277 024
湖北	352 666	42 868	34 245	7 019	268 534	364 119	44 179	35 278	6 932	277 730
湖南	764 558	141 845	102 479	64 902	455 332	823 403	150 617	108 633	70 289	493 864
广东	139 426	10 353	4 759	5 114	119 200	151 146	11 213	5 336	5 558	129 039
广西	31 193	1 432	450	1 240	28 071	34 573	1 651	452	1 319	31 151
海南	453 279	41 002	25 033	11 383	375 861	466 995	43 577	25 278	11 503	386 637
四川	45 499	1 821	216	159	43 303	45 499	1 821	216	159	43 303
贵州	50 467	7 047	4 652	366	38 402	50 467	7 047	4 652	366	38 402
云南	2 796	461	79	323	1 933	2 796	461	79	323	1 933
西藏	127 316	8 530	11 496	6 110	101 180	127 316	8 530	11 496	6 110	101 180
陕西	90 802	8 531	3 136	4 357	74 778	90 802	8 531	3 136	4 357	74 778
甘肃	6 294	445	401	98	5 350	6 873	556	443	105	5 769
青海	13 918	1 093	510	222	12 093	13 919	1 093	511	222	12 093
宁夏	39 035	5 059	576	50	33 350	39 279	5 285	594	50	33 350
新疆										

1. 饮食业企业组成及人数

项目 地区	企业单位数（个）					企业人数（人）				
	合计	乡办	村办	联办	个体	合计	乡办	村办	联办	个体
全国总计	**866 882**	**7 916**	**18 773**	**26 317**	**813 876**	**2 266 314**	**68 285**	**147 110**	**103 321**	**1 947 598**
北京	5 263	76	348	222	4 617	18 091	1 663	5 157	465	10 806
天津	1 783	35	99	221	1 428	6 102	417	1 343	592	3 750
河北	57 827	380	879	4 529	52 039	146 842	2 674	8 814	17 252	118 102
山西	16 176	102	406	247	15 421	46 412	707	3 971	927	40 807
内蒙古	11 286	175	93	63	10 955	30 564	1 631	983	300	27 650
辽宁	27 474	212	543	173	26 546	70 571	1 733	4 615	656	63 567
吉林	21 393	304	204	229	20 656	64 537	2 155	2 034	980	59 368
黑龙江	15 829	289	194	135	15 211	43 073	2 083	1 248	429	39 313
上海										
江苏	29 544	293	758	828	27 665	70 461	4 029	6 148	2 767	57 517
浙江	16 274	304	273	113	15 584	37 645	3 075	3 182	760	30 628
安徽	40 440	619	612	2 051	37 158	155 597	5 556	6 266	8 536	135 239
福建	22 008	173	358	1 067	20 410	57 501	1 105	2 325	3 486	50 585
江西	33 631	613	1 031	1 389	30 598	76 050	3 940	5 991	4 347	61 772
山东	70 671	358	3 488	4 607	62 218	221 523	5 829	31 698	17 905	166 091
河南	102 337	308	1 378	4 694	95 957	286 359	2 182	11 312	19 560	253 305
湖北	43 646	412	2 899	985	39 350	93 735	3 440	12 072	3 613	74 610
湖南	39 263	622	885	584	37 172	87 882	4 127	6 268	1 865	75 622
广东	44 677	422	1 305	1 295	41 655	154 757	7 885	14 507	7 430	124 935
广西	39 746	206	348	502	38 690	80 333	950	1 500	1 443	76 440
海南	4 972	35	87	143	4 707	18 179	315	630	897	16 337
四川	97 720	1 205	1 694	1 132	93 689	228 077	6 631	9 285	4 238	207 923
贵州	24 433	56	13	119	24 245	40 847	281	217	251	40 098
云南	25 452	141	270	89	24 952	50 757	1 344	2 421	315	46 677
西藏	353	70	12	56	215	2 302	898	177	540	687
陕西	41 493	211	461	673	40 148	100 151	1 499	4 123	2 998	91 531
甘肃	15 339	119	57	143	15 020	38 751	749	305	586	37 111
青海	2 356	21	19	7	2 309	4 857	104	75	70	4 608
宁夏	3 027	23	11	19	2 974	7 233	164	144	95	6 830
新疆	12 469	132	48	2	12 287	27 125	1 119	299	18	25 689

2. 饮食业总产值组成

单位：万元

地区 \ 项目	不变价 合计	不变价 乡办	不变价 村办	不变价 联办	不变价 个体	现价 合计	现价 乡办	现价 村办	现价 联办	现价 个体
全国总计	**1 882 930**	**92 761**	**193 463**	**102 920**	**1 493 786**	**1 933 131**	**94 872**	**198 805**	**105 372**	**1 534 082**
北京	32 721	4 455	13 464	400	14 402	32 723	4 455	13 466	400	14 402
天津	5 314	688	1 461	523	2 642	5 314	688	1 461	523	2 642
河北	122 585	4 459	9 710	17 211	91 205	125 064	4 548	9 940	17 672	92 904
山西	34 360	590	4 457	734	28 579	34 360	590	4 457	734	28 579
内蒙古	26 514	1 543	1 243	262	23 466	26 514	1 543	1 243	262	23 466
辽宁	86 504	3 048	8 624	603	74 229	95 936	3 358	9 954	547	82 077
吉林	82 547	3 298	3 196	1 297	74 756	82 547	3 298	3 196	1 297	74 756
黑龙江	70 279	4 251	2 857	1 193	61 978	70 279	4 251	2 857	1 193	61 978
上海										
江苏	64 316	6 913	8 755	2 436	46 212	64 789	7 073	8 776	2 367	46 573
浙江	27 395	2 870	3 309	387	20 829	27 441	2 870	3 355	387	20 829
安徽	137 526	6 406	6 757	9 247	115 116	137 526	6 406	6 757	9 247	115 116
福建	57 171	1 473	3 217	4 560	47 921	63 253	1 524	3 271	4 707	53 751
江西	45 499	3 582	5 903	2 797	33 217	46 764	3 795	5 792	2 888	34 289
山东	149 496	7 819	49 104	11 805	80 768	154 162	8 144	50 704	12 106	83 208
河南	274 355	3 954	15 621	25 400	229 380	274 355	3 954	15 621	25 400	229 380
湖北										
湖南	98 336	5 516	10 176	2 037	80 607	102 004	5 719	10 621	2 050	83 614
广东	168 625	20 691	23 847	10 902	113 185	185 964	21 266	25 505	12 356	126 837
广西	40 150	795	1 022	1 078	37 255	42 932	861	1 068	1 141	39 862
海南	8 770	288	41	681	7 760	10 177	307	41	738	9 091
四川	192 814	5 589	11 534	4 725	170 966	193 148	5 597	11 547	4 715	171 289
贵州	17 298	247	76	73	16 902	17 298	247	76	73	16 902
云南	24 949	1 067	1 951	197	21 734	24 949	1 067	1 951	197	21 734
西藏	774	241	69	181	283	774	241	69	181	283
陕西	69 472	1 315	5 914	3 502	58 741	69 472	1 315	5 914	3 502	58 741
甘肃	24 570	767	852	502	22 449	24 570	767	852	502	22 449
青海	3 037	74	48	39	2 876	3 213	124	48	39	3 002
宁夏	5 619	223	134	114	5 148	5 619	223	134	114	5 148
新疆	11 934	599	121	34	11 180	11 984	641	129	34	11 180

（十五）服务业组成及人数

地区 \ 项目	企业单位数(个) 合计	乡办	村办	联办	个体	企业人数(人) 合计	乡办	村办	联办	个体
全国总计	1 196 646	11 083	25 670	27 845	1 132 048	2 640 053	124 416	222 698	118 445	2 174 494
北京	4 809	107	232	176	4 294	21 230	6 484	7 755	325	6 666
天津	2 370	26	137	131	2 076	7 691	449	3 091	320	3 831
河北	67 243	561	1 344	4 331	61 007	148 012	4 777	12 460	16 176	114 599
山西	16 647	137	634	194	15 682	52 200	5 476	6 669	807	39 248
内蒙古	23 862	243	151	107	23 361	46 701	1 543	1 493	367	43 298
辽宁	25 649	200	521	174	24 754	52 247	3 213	6 115	478	42 441
吉林	18 064	123	61	20	17 860	26 600	699	549	270	25 082
黑龙江	41 019	309	592	232	39 886	78 787	2 770	3 714	1 477	70 826
上海										
江苏	35 823	272	462	619	34 470	71 631	6 145	6 488	1 726	57 272
浙江	10 817	228	231	114	10 244	25 327	3 622	7 265	220	14 220
安徽	46 280	626	474	2 220	42 960	149 367	8 840	6 873	9 506	124 148
福建	25 277	385	661	1 141	23 090	71 394	5 139	6 613	5 852	53 790
江西	47 601	812	793	1 832	44 164	84 165	5 585	7 087	7 140	64 353
山东	85 612	771	3 754	4 882	76 205	230 735	7 114	33 375	19 607	170 639
河南	59 873	198	628	2 167	56 880	134 755	1 554	8 451	9 537	115 213
湖北	76 670	491	4 289	2 089	69 701	150 946	6 223	18 857	8 383	117 483
湖南	100 880	924	1 989	1 282	96 685	199 445	9 512	15 492	4 592	169 849
广东	65 215	739	1 945	1 581	60 950	149 021	8 245	21 279	6 855	112 642
广西	53 843	521	934	709	51 679	89 885	5 926	4 282	2 469	77 208
海南	5 697	59	15	66	5 557	10 080	395	105	272	9 308
四川	263 143	1 737	4 148	3 000	254 258	595 087	18 074	26 219	18 531	532 263
贵州	21 008	102	33	37	20 836	35 421	712	660	114	33 935
云南	23 771	406	446	93	22 826	42 504	3 455	5 372	377	33 300
西藏	209	32	18	17	142	1 257	441	254	93	469
陕西	43 890	441	792	386	42 271	89 684	3 935	7 035	2 170	76 544
甘肃	10 898	214	227	140	10 317	33 356	1 089	2 430	756	29 081
青海	1 331	30	41	1	1 259	3 259	279	1 049	4	1 927
宁夏	2 815	34	37	3	2 741	5 669	210	353	5	5 101
新疆	16 330	355	81	1	15 893	33 597	2 510	1 313	16	29 758

（十六）其他行业组成及人数

项目 地区	企业单位数(个) 合计	乡办	村办	联办	个体	企业人数(人) 合计	乡办	村办	联办	个体
全国总计	694 609	5 542	15 797	26 905	646 365	2 053 532	97 627	131 712	134 487	1 689 706
北京	7 608	67	70	212	7 259	19 006	2 833	2 433	694	13 046
天津	50	19	31			2 373	1 108	1 265		
河北	65 599	544	864	5 456	58 735	198 207	7 029	9 948	27 890	153 340
山西	3 140	18	123	52	2 947	13 442	438	1 454	257	11 293
内蒙古	10 026	54	79	67	9 826	45 149	1 192	1 285	404	42 268
辽宁	11 643	85	235	77	11 246	31 369	2 395	3 028	344	25 602
吉林	185	4			181	233	8			225
黑龙江	39 440	114	432	228	38 666	70 970	2 474	1 969	1 036	65 491
上海										
江苏	20 003	195	258	287	19 263	48 622	5 781	2 002	868	39 971
浙江	3 201	33	31	53	3 084	6 546	690	370	269	5 217
安徽	55 251	345	290	2 501	52 115	170 583	4 960	4 333	12 217	149 073
福建	11 121	201	492	1 742	8 686	47 881	3 148	4 780	11 632	28 321
江西	4 300	20	199	608	3 473	12 459	727	1 549	1 952	8 231
山东	59 636	348	2 710	4 258	52 320	190 297	12 035	26 410	23 184	129 668
河南	47 023	125	382	2 093	44 423	136 812	4 177	4 071	10 844	117 720
湖北	81 161	344	4 078	2 703	74 036	191 504	6 193	25 124	11 877	148 310
湖南	4 735	83	140	72	4 440	18 897	849	1 356	142	16 550
广东	64 374	836	2 054	1 984	59 500	219 901	19 028	21 973	10 917	167 983
广西	22 663	134	477	1 329	20 723	60 118	1 566	2 425	2 649	53 478
海南	4 454	24	9	376	4 045	10 723	187	75	1 326	9 135
四川	114 031	1 219	2 223	2 023	108 566	341 455	13 417	10 323	11 974	305 741
贵州	8 538	34	13	5	8 486	15 069	738	191	58	14 082
云南	13 152	188	212	223	12 529	31 037	1 681	1 243	793	27 320
西藏	434	7		29	398	4 054	181		570	3 303
陕西	25 626	168	284	411	24 763	100 937	1 895	2 763	2 719	93 560
甘肃	3 986	77	42	115	3 752	34 959	541	630	853	32 935
青海	57	2	14		41	67	7	19		41
宁夏	827	6	1	1	819	1 631	37	5	18	1 571
新疆	12 345	248	54		12 043	29 231	2 312	688		26 231

三、1990年计划单列市乡镇企业概况

（一）基本情况

项目 地区	企业单位数（个）	职工人数（人）	总产值（现价万元）	总收入（万元）	利税总额（万元）	国家税金（万元）	纯利润（万元）	工资总额（万元）	固定资产原值（万元）
合计	**1 170 228**	**7 836 363**	**10 613 071**	**9 550 037**	**1 185 622**	**469 276**	**539 046**	**1 065 941**	**2 852 240**
重庆	242 330	1 226 355	856 388	871 138	148 483	37 371	40 540	120 661	209 813
西安	107 172	580 650	532 982	573 649	66 387	19 101	47 286	61 831	146 918
武汉	86 284	485 158	691 934	540 463	56 579	22 905	33 674	56 783	137 350
广州	61 324	534 097	828 554	968 773	111 005	37 476	71 721	155 405	370 354
沈阳	60 543	432 929	876 073	761 497	107 611	42 262	54 665	58 069	156 925
大连	53 300	617 978	1 170 799	1 027 487	166 312	61 421	64 684	116 295	442 874
哈尔滨	30 341	170 998	184 721	172 718	12 210	6 497	5 435	15 368	56 841
青岛	104 906	996 334	1 818 631	1 408 498	158 555	61 574	90 037	129 416	415 032
南京	38 743	477 181	512 098	434 382	30 631	21 453	9 178	38 135	151 206
宁波	44 531	836 785	1 545 823	1 234 381	190 403	100 699	45 925	128 180	383 726
成都	196 860	912 890	1 044 138	955 591	70 662	33 968	33 917	105 188	251 310
厦门	16 436	73 128	66 522	67 790	8 066	3 210	4 856	13 722	24 761
长春	127 458	491 880	484 408	533 670	58 718	21 339	37 128	66 888	105 130

（二）五大行业总产值

（现行价）

单位：万元

地区＼行业	合计	农业	工业	建筑业	交通运输业	商业、饮食业
合计	10 613 071	197 651	8 061 305	1 126 972	556 191	670 952
重庆	856 388	8 125	483 842	200 590	78 954	84 877
西安	532 982	3 365	345 877	82 704	59 291	41 745
武汉	691 934	15 120	439 476	115 784	42 222	79 242
广州	828 554	11 532	580 655	93 957	56 522	85 888
沈阳	876 073	554	780 513	34 064	30 246	30 696
大连	1 170 799	85 913	831 558	139 650	45 800	67 878
哈尔滨	184 721	3 056	119 644	22 086	22 085	17 850
青岛	1 818 631	36 365	1 547 554	137 745	52 907	44 060
南京	512 098	4 446	426 814	46 969	15 939	17 930
宁波	1 545 823		1 482 830	32 590	7 298	23 105
成都	1 044 138	7 927	696 834	148 978	78 743	111 656
厦门	66 522	4 885	34 176	7 837	8 463	11 161
长春	484 408	16 273	291 532	64 018	57 721	54 864

（三）五大行业构成

单位：%

地区＼行业	农业	工业	建筑业	交通运输业	商业、饮食业
合计	1.86	75.96	10.62	5.24	6.32
重庆	0.95	56.50	23.42	9.22	9.91
西安	0.64	64.89	15.52	11.12	7.83
武汉	2.19	63.51	16.73	6.10	11.47
广州	1.39	70.08	11.34	6.82	10.37
沈阳	0.07	89.09	3.89	3.45	3.50
大连	7.34	71.02	11.93	3.91	5.80
哈尔滨	1.65	64.77	11.96	11.96	9.66
青岛	2.00	85.09	7.57	2.91	2.43
南京	0.87	83.35	9.17	3.11	3.50
宁波		95.92	2.11	0.48	1.49
成都	0.76	66.74	14.27	7.54	10.69
厦门	7.34	51.38	11.78	12.72	16.78
长春	3.36	60.18	13.22	11.92	11.32

四、1990年各地乡镇工业企业概况

项目 地区	企业单位数（万个）	企业人数（万人）	总产值(现价)（万元）	总收入（万元）	利税总额（万元）	纯利润（万元）	固定资产原值（万元）	工资总额（万元）
全国总计	7 320 357	55 716 921	70 970 498	56 799 829	6 398 994	3 229 180	21 916 181	7 035 246
北京	26 305	723 409	1 711 133	1 384 923	223 020	113 186	510 963	117 513
天津	28 168	778 472	2 101 721	1 338 727	191 186	82 509	456 978	108 095
河北	545 695	3 757 000	4 235 537	3 674 865	543 984	400 461	1 232 327	556 156
山西	120 840	1 488 057	1 480 333	1 152 366	209 365	123 809	651 567	202 797
内蒙古	81 000	431 023	262 860	229 294	39 310	26 563	129 978	47 987
辽宁	216 240	1 955 540	3 457 994	2 827 060	394 665	187 163	932 676	281 218
吉林	153 828	731 418	837 215	647 973	89 843	52 176	280 398	99 874
黑龙江	139 578	745 214	852 233	620 258	69 983	40 552	320 951	107 498
上海	16 366	1 515 842	2 907 141	2 699 793	392 605	70 708	1 150 473	234 122
江苏	591 241	7 177 020	12 979 285	9 895 435	734 873	244 996	3 407 155	875 817
浙江	303 035	4 243 124	7 077 604	5 796 842	607 270	169 122	1 847 865	612 002
安徽	351 541	2 530 575	1 885 643	1 544 746	173 311	113 014	539 274	237 804
福建	175 789	1 577 168	1 662 127	1 550 893	172 974	100 026	531 047	245 588
江西	339 226	1 421 090	1 022 988	902 195	106 945	65 030	313 499	148 129
山东	572 479	5 595 487	9 309 627	6 497 043	777 524	445 088	2 496 088	608 306
河南	779 523	4 602 259	3 998 900	2 919 847	397 767	314 303	1 141 078	426 503
湖北	408 057	2 100 473	2 285 162	1 657 369	113 023	45 329	721 768	203 107
湖南	408 027	2 159 055	1 673 528	1 552 111	159 764	83 747	597 047	247 482
广东	388 547	4 171 461	5 282 819	5 134 578	496 748	286 705	2 372 923	910 099
广西	254 360	984 875	516 808	488 994	56 295	26 871	220 093	86 445
海南	18 084	63 400	43 759	43 486	6 904	4 375	34 909	10 946
四川	735 144	3 495 629	2 902 470	2 340 982	199 466	89 795	976 813	318 302
贵州	149 394	631 949	278 780	242 258	39 655	25 202	133 132	61 802
云南	164 459	714 415	660 191	359 215	40 609	19 599	243 955	76 639
西藏	819	13 399	5 414	5 414				
陕西	207 791	1 217 290	944 722	835 078	99 810	63 634	354 945	121 838
甘肃	76 121	546 799	367 559	261 074	34 227	20 336	157 348	51 244
青海	14 204	63 094	32 357	26 271	2 891	1 111	25 189	6 108
宁夏	22 446	94 943	66 747	58 979	8 647	4 856	43 323	9 297
新疆	32 050	187 441	127 841	111 760	16 330	8 914	92 419	22 528

五、1990年乡村工业行业概况

(一) 企业单位数及企业人数

项　　目	企业单位数(个)			企业人数(人)		
	合计	乡办	村办	合计	乡办	村办
合　　计	935 239	255 737	679 502	33 997 636	16 309 422	17 688 214
一、1. 轻工业	524 972	131 343	393 629	16 084 192	7 913 048	8 171 144
以农产品为原料	355 028	78 544	276 484	9 091 420	4 727 577	4 363 843
以非农产品为原料	169 944	52 799	117 145	6 992 772	3 185 471	3 807 301
2. 重工业	410 267	124 394	285 873	17 913 444	8 396 374	9 517 070
采掘工业	77 110	22 943	54 167	3 775 755	1 810 212	1 965 543
原料工业	52 433	22 423	30 010	2 204 660	1 295 499	909 161
加工工业	280 724	79 028	201 696	11 933 029	5 290 663	6 642 366
二、1. 煤炭采选业	23 145	8 663	14 482	1 688 660	890 438	798 222
其中：煤炭开采业	21 515	8 035	13 480	1 600 196	853 971	746 225
2. 石油和天然气开采业	8	5	3	321	244	77
3. 黑色金属采选业	3 488	1 305	2 183	194 356	108 605	85 751
其中：铁矿采选业	2 504	843	1 661	131 895	70 530	61 365
4. 有色金属采选业	3 634	1 989	1 645	221 806	153 736	68 070
其中：铅锌矿采选业	753	489	264	43 528	34 895	8 633
金矿采选业	1 113	550	563	81 672	53 214	28 458
5. 建材及其它非金属矿采选业	41 130	9 551	31 579	1 493 948	574 448	919 500
其中：采石业	25 355	4 955	20 400	901 140	305 572	595 568
耐火土石开采业	1 337	373	964	56 789	26 392	30 397
化学矿采选业	587	227	360	32 791	17 063	15 728
硫矿采选业	443	207	236	24 560	14 887	9 673
磷矿采选业	554	247	307	33 756	17 603	16 153
其他非金属矿采选业	6 572	2 247	4 325	259 954	129 621	130 333
6. 采盐业	1 088	457	631	59 792	35 019	24 773
7. 其它矿采选业	872	329	543	33 014	17 137	15 877
8. 木材及竹材采选业	4 717	811	3 906	91 694	30 903	60 791
9. 自来水生产及供应业	2 844	1 683	1 161	22 674	18 172	4 502
10. 食品制造业	215 600	24 216	191 384	1 772 163	641 907	1 130 256
其中：粮食加工业	160 267	9 742	150 525	741 524	143 985	597 539
植物油加工业	27 517	5 893	21 624	271 863	118 019	153 844
乳品加工业	383	245	138	16 004	11 992	4 012
水产品加工业	1 878	701	1 177	77 593	37 387	40 206
罐头食品制造业	3 461	1 784	1 677	158 550	97 192	61 358
制糖业	774	246	528	22 190	10 818	11 372
屠宰及肉类加工业	2 235	702	1 533	62 048	34 733	27 315

（续）

项　　目	企业单位数(个)			企业人数(人)		
	合　计	乡　办	村　办	合　计	乡　办	村　办
11．饮料制造业	20 218	8 979	11 239	463 677	259 950	203 727
其中：白酒制造业	4 782	2 110	2 672	87 008	53 873	33 135
黄酒制造业	591	290	301	16 947	9 575	7 372
啤酒制造业	257	173	84	45 246	33 327	11 919
汽水制造业	2 266	1 023	1 243	69 649	34 234	35 415
制茶业	6 812	2 139	4 673	138 258	66 721	71 537
12．烟草加工业	74	26	48	2 153	914	1 239
13．饲料工业	5 873	1 856	4 017	75 472	34 503	40 969
其中：配混合饲料制造业	2 746	1 141	1 605	44 315	21 914	22 401
14．纺织工业	29 061	12 443	16 618	3 043 998	1 990 358	1 053 640
其中：棉纺织业	8 717	3 852	4 865	1 017 347	686 305	331 042
棉纺业	1 768	923	845	256 104	193 102	63 002
毛纺织业	2 320	1 171	1 149	336 157	222 242	113 915
毛纺业	795	444	351	117 014	77 655	39 359
针织品业	7 397	3 143	4 254	588 839	355 736	233 103
15．缝纫业	24 018	8 259	15 759	1 555 641	779 178	776 463
其中：服装业	17 081	5 939	11 142	1 170 484	605 545	564 939
制帽业	245	87	158	18 915	9 914	9 001
制鞋业	3 354	957	2 397	201 606	93 060	108 546
16．皮革皮毛制品业	9 312	3 613	5 699	557 465	285 680	271 785
其中：皮革制品业	5 948	2 186	3 762	380 854	191 637	189 217
17．木材加工及竹藤棕草编织业	26 164	9 393	16 771	519 656	253 434	266 222
18．家具制造业	14 541	5 094	9 447	321 451	147 243	174 208
19．造纸及纸制品工业	17 403	5 807	11 596	902 712	397 547	505 165
其中：造纸业	7 664	2 650	5 014	458 098	211 425	246 673
20．印刷业	9 659	3 732	5 927	331 253	137 251	194 002
21．文教体育用品制造业	4 173	1 580	2 593	343 724	178 783	164 941
其中：玩具制造业	1 484	534	950	183 979	105 165	78 814
22．工艺美术品制造业	22 230	7 623	14 607	1 470 387	735 093	735 294
其中：雕塑工艺品制造业	1 051	524	527	61 203	38 197	23 006
竹藤棕草工艺品业	1 771	703	1 068	129 467	68 472	60 995
抽纱刺绣工艺品制造业	3 403	1 112	2 291	260 080	135 982	124 098
地毯制造业	5 545	1 758	3 787	336 083	161 660	174 423
陶瓷工艺品制造业	694	190	504	29 176	10 311	18 865
烟花鞭炮制造业	4 047	1 563	2 484	320 988	184 533	136 455

（续）

项　　目	企业单位数(个)			企业人数(人)		
	合　计	乡　办	村　办	合　计	乡　办	村　办
23．电力、蒸气热水生产供应业	16 343	8 736	7 607	163 090	130 889	32 201
其中：水力发电	13 401	7 065	6 336	127 846	101 567	26 279
24．石油加工业	969	435	534	32 165	16 854	15 311
25．炼焦、煤气及煤制品业	4 135	1 526	2 609	110 144	51 542	58 602
26．化学工业	23 775	9 977	13 798	1 033 738	548 779	484 959
其中：化肥制造业	1 938	1 232	706	85 225	63 242	21 983
化学农药制造业	450	269	181	28 685	21 367	7 318
日用化学品制造业	3 921	1 586	2 335	138 471	66 512	71 959
化妆品制造业	482	227	255	22 753	12 206	10 547
27．医药工业	1 425	809	616	97 409	63 164	34 245
28．化学纤维工业	547	281	266	55 746	41 340	14 406
29．橡胶制品业	4 371	1 629	2 742	260 002	144 200	115 802
其中：日用橡胶制品业	662	272	390	42 022	26 879	15 143
30．塑料制品业	24 952	7 731	17 221	1 034 694	444 813	589 881
31．建材及其他非金属矿制品业	176 092	41 348	134 744	7 756 135	3 289 148	4 466 987
其中：水泥制造业	4 434	2 899	1 535	640 359	497 984	142 375
水泥预制件制造业	24 912	8 202	16 710	575 056	241 223	333 833
砖瓦制造业	100 510	18 650	81 860	4 793 865	1 861 807	2 932 058
建筑用石加工业	5 823	1 569	4 254	190 004	73 263	116 741
轻质建材制品业	3 989	1 165	2 824	132 285	54 611	77 674
日用玻璃制造业	974	437	537	91 601	57 215	34 386
制镜业	362	141	221	17 835	7 237	10 598
建筑、卫生陶瓷制品业	1 949	717	1 232	108 793	61 301	47 492
32．黑色金属冶炼及压延工业	6 293	2 411	3 882	418 385	231 025	187 360
33．有色金属冶炼及压延工业	4 397	1 712	2 685	224 424	121 311	103 113
34．金属制品业	44 879	16 368	28 511	1 766 095	801 886	964 209
35．机械工业	60 584	22 733	37 851	2 760 769	1 425 991	1 334 778
其中：农牧渔业机械制造修理业	4 696	2 424	2 272	160 071	110 489	49 582
36．交通设备制造业	7 239	3 017	4 222	357 606	199 310	158 296
37．电器机械及器材制造业	10 977	4 597	6 380	695 277	382 987	312 290
38．电子及通讯设备制造业	3 596	1 492	2 104	312 891	169 503	143 388
39．仪器仪表及其他计量工具制造业	2 150	959	1 191	102 973	58 239	44 734
40．其他工业	63 263	12 562	50 701	1 650 076	517 898	1 132 178

（二）总　产　值

单位：万元

项　目	1990年不变价			现　价		
	合　计	乡　办	村　办	合　计	乡　办	村　办
合　计	53 486 855	28 848 818	24 638 037	52 401 616	28 079 462	24 322 154
一、1. 轻工业	28 688 225	16 110 877	12 577 348	28 216 697	15 689 713	12 526 984
以农产品为原料	17 239 143	10 246 922	6 992 221	16 910 892	9 981 144	6 929 748
以非农产品为原料	11 449 082	5 863 955	5 585 127	11 305 805	5 708 569	5 597 236
2. 重工业	24 798 630	12 737 941	12 060 689	24 184 919	12 389 749	11 795 170
采掘工业	3 662 916	1 826 559	1 836 357	3 285 787	1 616 349	1 669 438
原料工业	4 617 417	2 881 682	1 735 735	4 713 014	2 989 007	1 724 007
加工工业	16 518 297	8 029 700	8 488 597	16 186 118	7 784 393	8 401 725
二、1. 煤炭采选业	1 540 680	816 053	724 627	1 283 790	682 868	600 922
其中：煤炭开采业	1 435 105	772 151	662 954	1 194 447	644 687	549 760
2. 石油和天然气开采业	124	79	45	192	141	51
3. 黑色金属采选业	198 025	111 899	86 126	184 217	104 341	79 876
其中：铁矿采选业	143 406	81 730	61 676	132 856	76 402	56 454
4. 有色金属采选业	291 793	207 003	84 790	284 928	197 677	87 251
其中：铅锌矿采选业	63 895	52 402	11 493	56 597	46 152	10 445
金矿采选业	107 972	64 183	43 789	116 941	66 429	50 512
5. 建材及其它非金属矿采选业	1 413 655	570 108	843 547	1 312 629	506 834	805 795
其中：采石业	763 103	255 442	507 661	706 919	223 157	483 762
耐火土石开采业	59 967	26 414	33 553	59 805	26 424	33 378
化学矿采选业	39 241	24 383	14 858	24 127	14 767	9 360
硫矿采选业	22 202	13 008	9 194	16 569	10 854	5 715
磷矿采选业	53 597	36 706	16 891	34 446	23 054	11 392
其他非金属矿采选业	270 170	145 949	124 221	257 246	131 365	125 881
6. 采盐业	52 366	37 983	14 383	58 603	43 058	15 545
7. 其它矿采选业	29 777	18 919	10 858	26 988	17 200	9 788
8. 木材及竹材采选业	78 025	32 003	46 022	76 559	30 913	45 646
9. 自来水生产及供应业	33 027	28 303	4 724	35 429	30 444	4 985
10. 食品制造业	3 544 433	1 615 177	1 929 256	3 578 435	1 636 862	1 941 573
其中：粮食加工业	1 138 587	287 499	851 088	1 125 013	279 489	845 524
植物油加工业	643 228	350 441	292 787	684 924	376 628	308 296
乳品加工业	55 406	38 976	16 430	54 114	37 660	16 454
水产品加工业	368 607	189 766	178 841	376 150	195 359	180 791
罐头食品制造业	238 608	149 708	88 900	242 460	151 755	90 705
制糖业	25 579	16 469	9 110	25 673	16 450	9 223
屠宰及肉类加工业	272 786	160 047	112 739	274 694	160 754	113 940

（续）

项目	1990年不变价			现价		
	合计	乡办	村办	合计	乡办	村办
11．饮料制造业	819 457	521 207	298 250	797 019	502 280	294 739
其中：白酒制造业	151 502	98 314	53 188	149 301	95 412	53 889
黄酒制造业	35 523	24 872	10 651	33 619	22 431	11 188
啤酒制造业	108 999	79 951	29 048	112 995	83 341	29 654
汽水制造业	119 504	69 350	50 154	118 649	67 422	51 227
制茶业	183 882	112 067	71 815	169 212	103 375	65 837
12．烟草加工业	2 320	1 387	933	2 264	1 345	919
13．饲料工业	269 949	146 502	123 447	269 640	146 545	123 095
其中：配混合饲料制造业	155 394	85 704	69 690	168 375	97 803	70 572
14．纺织工业	7 364 775	4 962 749	2 402 026	7 037 809	4 726 703	2 311 106
其中：棉纺织业	2 500 641	1 715 994	784 647	2 458 791	1 687 114	771 669
棉纺业	567 215	458 168	109 047	573 526	462 315	111 211
毛纺织业	889 109	615 922	273 187	849 346	579 476	269 870
毛纺业	324 034	209 673	114 361	311 663	195 978	115 685
针织品业	1 073 019	707 980	365 039	1 021 281	658 726	362 555
15．缝纫业	2 334 570	1 411 087	923 483	2 292 536	1 361 476	931 060
其中：服装业	1 771 979	1 104 324	667 655	1 768 902	1 089 771	679 131
制帽业	22 921	14 473	8 448	22 140	13 576	8 564
制鞋业	317 251	180 355	136 896	310 882	174 203	136 679
16．皮革皮毛制品业	983 442	565 258	418 184	973 215	557 427	415 788
其中：皮革制品业	574 988	307 657	267 331	598 877	335 136	263 741
17．木材加工及竹藤棕草编织业	679 873	335 906	343 967	681 999	329 531	352 468
18．家具制造业	488 197	220 873	267 324	490 844	219 264	271 580
19．造纸及纸制品工业	1 477 529	727 451	750 078	1 459 190	711 688	747 502
其中：造纸业	699 432	358 734	340 698	686 102	349 079	337 023
20．印刷业	494 233	211 820	282 413	494 770	211 058	283 712
21．文教体育用品制造业	383 642	216 084	167 558	381 081	213 881	167 200
其中：玩具制造业	171 806	109 469	62 337	172 725	110 848	61 877
22．工艺美术品制造业	1 108 534	613 934	494 600	1 109 688	613 775	495 913
其中：雕塑工艺品制造业	53 785	35 283	18 502	53 245	34 559	18 686
竹藤棕草工艺品业	70 295	40 164	30 131	70 057	39 948	30 109
抽纱刺绣工艺品制造业	172 906	123 068	49 838	172 618	121 035	51 583
地毯制造业	232 229	111 248	120 981	225 723	108 521	117 202
陶瓷工艺品制造业	25 854	7 002	18 852	25 812	7 049	18 763
烟花鞭炮制造业	199 502	123 900	75 602	200 872	123 286	77 586

（续）

项　　目	1990年不变价			现　　价		
	合　计	乡　办	村　办	合　计	乡　办	村　办
23．电力、蒸气热水生产供应业	149 676	122 347	27 329	183 272	154 575	28 697
其中：水力发电	103 963	85 818	18 145	112 910	93 768	19 142
24．石油加工业	120 517	65 305	55 212	142 154	84 074	58 080
25．炼焦、煤气及煤制品业	253 736	118 457	135 279	234 450	109 378	125 072
26．化学工业	2 846 111	1 638 475	1 207 636	2 809 254	1 605 548	1 203 706
其中：化肥制造业	186 751	142 510	44 241	189 572	144 581	44 991
化学农药制造业	124 829	104 718	20 111	125 565	105 266	20 299
日用化学品制造业	379 982	191 640	188 342	376 883	188 113	188 770
化妆品制造业	123 956	70 443	53 513	104 307	67 696	36 611
27．医药工业	275 333	187 029	88 304	270 847	182 798	88 049
28．化学纤维工业	224 739	195 036	29 703	222 400	192 203	30 197
29．橡胶制品业	569 299	345 239	224 060	539 855	321 051	218 804
其中：日用橡胶制品业	90 183	65 783	24 400	84 573	61 499	23 074
30．塑料制品业	2 006 970	1 048 911	958 059	1 944 141	993 428	950 713
31．建材及其他非金属矿制品业	7 076 837	3 212 079	3 864 758	6 882 742	3 124 466	3 758 276
其中：水泥制造业	840 381	662 406	177 975	903 452	728 543	174 909
水泥预制件制造业	810 761	359 381	451 380	755 983	328 599	427 384
砖瓦制造业	3 198 445	1 222 115	1 976 330	3 042 014	1 133 272	1 908 742
建筑用石加工业	212 990	89 359	123 631	202 879	82 573	120 306
轻质建材制品业	176 780	79 045	97 735	173 308	75 849	97 459
日用玻璃制造业	124 821	81 153	43 668	123 679	81 015	42 664
制镜业	26 199	12 626	13 573	25 624	11 706	13 918
建筑、卫生陶瓷制品业	113 587	70 739	42 848	108 846	66 748	42 098
32．黑色金属冶炼及压延工业	1 298 665	788 566	510 099	1 356 515	839 775	516 740
33．有色金属冶炼及压延工业	967 170	591 939	375 231	948 020	578 651	369 369
34．金属制品业	3 210 307	1 533 837	1 676 470	3 221 472	1 530 955	1 690 517
35．机械工业	4 972 995	2 593 294	2 379 701	4 949 250	2 564 354	2 384 896
其中：农牧渔业机械制造修理业	261 263	158 563	102 700	263 686	157 957	105 729
36．交通设备制造业	711 845	438 031	273 814	705 655	431 168	274 487
37．电器机械及器材制造业	1 967 416	1 262 188	705 228	1 923 244	1 214 684	708 560
38．电子及通讯设备制造业	657 354	423 756	233 598	626 153	395 967	230 186
39．仪器仪表及其他计量工具制造业	182 424	109 541	72 883	174 803	103 231	71 572
40．其他工业	2 407 035	803 003	1 604 032	2 435 564	807 845	1 627 719

六、1990年计划单列市乡镇工业概况

(一)基本情况

项目 地区	企业单位数（个）	职工人数（人）	总产值（现价，万元）	销售收入（万元）	利税总额（万元）	国家税金（万元）	纯利润（万元）	工资总额（万元）	固定资产原值（万元）
合计	**441 353**	**4 893 104**	**8 061 305**	**6 295 045**	**648 751**	**366 144**	**318 996**	**671 081**	**2 197 108**
重庆	88 400	592 962	483 842	392 327	34 675	22 311	16 069	57 134	151 797
西安	33 928	298 347	345 877	313 217	32 352	12 051	21 172	32 696	95 409
武汉	29 895	291 516	439 476	323 229	30 116	15 170	18 222	31 541	99 295
广州	13 076	340 346	580 655	573 523	60 185	23 762	33 751	94 227	258 511
沈阳	33 263	334 653	780 513	641 370	81 344	35 563	42 955	46 317	131 779
大连	21 525	383 655	831 558	644 139	102 800	45 163	32 183	65 514	292 622
哈尔滨	8 497	98 437	119 644	98 265	5 299	5 592	4 230	11 699	50 086
青岛	45 922	661 674	1 547 554	1 052 608	106 886	49 548	63 420	83 713	327 068
南京	14 076	345 861	426 814	339 796	15 087	21 453	9 178	38 135	151 206
宁波	36 809	790 488	1 482 830	1 143 350	103 969	97 270	43 567	119 657	371 450
成都	68 532	499 828	696 834	538 535	28 836	23 917	16 557	55 318	191 298
厦门	2 864	27 354	34 176	33 460	3 110	1 996	1 647	5 660	15 073
长春	44 566	227 983	291 532	201 226	25 649	12 348	16 045	29 470	61 514

（二）总 产 值

（现行价）

单位：万元

地区＼项目	合计	乡办	村办	联办	个体
合计	10 613 071	3 800 272	3 627 733	465 140	2 719 926
重庆	856 388	316 681	183 094	36 162	320 451
西安	532 982	92 361	142 452	57 847	240 322
武汉	691 934	234 257	235 187	36 434	186 056
广州	828 554	342 280	278 615	58 601	149 058
沈阳	876 073	168 770	299 775	84 637	322 891
大连	1 170 799	374 427	580 174	0	216 198
哈尔滨	184 721	61 101	51 247	825	71 548
青岛	1 818 631	553 632	787 303	54 071	423 625
南京	512 098	277 999	185 159	5 563	43 377
宁波	1 545 823	852 455	464 101	78 449	150 818
成都	1 044 138	418 186	264 590	21 823	339 539
厦门	66 522	23 599	17 325	4 162	21 436
长春	484 408	84 524	138 711	26 566	234 607

（三）总产值构成

单位：%

地区＼项目	乡办	村办	联办	个体
合计	35.81	34.18	4.38	25.63
重庆	36.98	21.38	4.22	37.42
西安	17.33	26.73	10.85	45.09
武汉	33.86	33.99	5.27	26.89
广州	41.31	33.63	7.07	17.99
沈阳	19.26	34.22	9.66	36.86
大连	31.98	49.55	0.00	18.47
哈尔滨	33.08	27.74	0.45	38.73
青岛	30.44	43.29	2.97	23.29
南京	54.29	36.16	1.09	8.47
宁波	55.15	30.02	5.07	9.76
成都	40.05	25.34	2.09	32.52
厦门	35.48	26.04	6.26	32.22
长春	17.45	28.64	5.48	48.43

七、1990年 各地

地区	发电量（万度）	原煤（万吨）		磷肥（吨）	
全国总计	1 350 985	35 773		2 115 352	62 067
北京	3 797	382		11 227	26 100
天津	0	0		4 534	0
河北	6 640	1 429		131 753	25 500
山西	7 254	11 774		22 230	0
内蒙古	318	1 044		0	0
辽宁	6 285	709		11 888	56
吉林	8 411	553		5 400	0
黑龙江	6 316	781		0	0
上海	0	0		26 983	0
江苏	69 125	273		135 852	4 601
浙江	97 215	13		16	0
安徽	9 743	283		318 805	1 688
福建	226 963	424		4 562	3 477
江西	59 208	913		79 133	0
山东	38 641	1 206		170 348	0
河南	41 795	3 178		74 869	40
湖北	67 009	612		607 437	0
湖南	85 216	2 020		38 927	0
广东	241 164	416		3 277	0
广西	27 870	355		15 052	0
海南	1 505	0		134	215
四川	234 620	3 201		100 419	0
贵州	34 464	2 280		23 942	0
云南	57 018	1 218		95 818	0
西藏	0	0		0	0
陕西	8 685	1 326		196 375	0
甘肃	3 854	566		30 318	390
青海	1 084	60		0	0
宁夏	0	83		3 953	0
新疆	6 785	674		2 100	0
合计	99 926	645	151	115 313	56
重庆	15 499	458	0	3 966	0
西安	332	0	0	35 173	0
武汉	1 749	0	0	8 872	0
广州	10 768	0	0	0	0
沈阳	529	1	0	5 399	0
大连	11	8	132	892	56
哈尔滨	0	0	0	0	0
青岛	5 737	0	0	4 154	0
南京	0	0	19	24 011	0
宁波	8 505	0	0	25 932	0
成都	56 355	167	0	6 914	0
厦门	414	0	0	0	0
长春	27	11	0	0	0

乡镇企业主要产品产量

铁制农具（万件）	木制农具（万件）	竹制农具（万件）	塑料农具（万件）	大理石板材（立方米）	石膏板（立方米）	卫生陶瓷（万件）
53 224	**18 833**	**9 766**	**2 344**	**5 068 255**	**3 399 822**	**8 848**
1 539	3 204	0	0	0	0	0
965	0	0	0	424	0	0
1 912	594	12	1	299 061	565 166	207
631	336	0	0	56 348	0	8
440	158	0	0	8 479	31 400	0
999	124	7	175	22 088	63 400	33
1 549	0	0	0	29 691	65 475	1
715	272	0	0	0	0	0
12	3	1	9	2 553	0	0
2 239	163	56	5	336 857	11 339	0
1 287	77	81	64	150 328	7 149	3 597
2 019	1 329	279	80	741 617	32 800	7
742	253	1 345	187	31 245	0	4 449
816	473	377	10	45 068	978	0
10 098	1 519	67	0	1 317 757	0	3
7 394	5 487	497	383	327 051	217 000	48
2 563	892	577	31	110 987	48 475	78
4 929	529	894	221	45 413	522 694	0
1 542	377	1 230	356	1 080 000	0	278
825	197	549	748	93 976	50 800	23
133	717	26	0	0	0	0
4 911	663	2 644	0	180 308	1 322 225	0
1 902	302	471	0	149 000	0	0
789	33	153	0	0	0	0
0	0	0	0	0	0	0
1 643	786	375	73	32 098	55 575	30
538	290	125	1	2 496	126 400	30
14	9	0	0	3 430	3 000	0
31	14	0	0	959	150 020	56
47	32	0	0	1 021	125 926	0
3 161	**517**	**1 013**	**284**	**417 651**	**505 033**	**6**
602	29	399	26	10 564	0	0
142	34	27	31	3 800	8 700	3
522	146	200	0	0	0	0
163	10	34	60	0	0	0
345	4	3	164	78 500	50 000	2
36	0	0	1	84 312	0	0
2	0	0	0	0	0	0
683	140	0	0	188 080	0	0
155	19	7	0	467	0	0
43	0	1	0	2 356	0	0
233	77	336	0	35 872	380 858	0
11	2	6	2	0	0	0
224	56	0	0	13 700	65 475	1

1990年 各 地 乡 镇 企 业

地区＼项目	竹藤棕草制品（万件）	工艺美术品（万元）	配合饲料（万吨）	房屋竣工面积（万平方米）	运输量（万吨）
全国总计	**139 717**	**757 893**	**2 000**	**88 787**	**1 341 274**
北京	0	28 248	0	685	6 521
天津	1 543	4 866	3	250	678
河北	2 552	60 978	36	18 241	54 043
山西	0	2 590	1	7 316	41 578
内蒙古	249	1 831	21	474	19 633
辽宁	4 263	15 226	109	1 963	30 306
吉林	133	913	21	803	10 269
黑龙江	0	460	11	191	211
上海	993	18 842	3	0	0
江苏	12 015	125 865	13	3 854	14 952
浙江	20 019	83 532	16	818	0
安徽	8 380	8 703	250	2 623	13 438
福建	7 309	49 557	23	8 225	8 474
江西	3 128	5 789	7	1 771	27 939
山东	6 954	130 356	26	6 794	453 656
河南	14 315	36 684	1	6 048	59 689
湖北	5 168	7 245	1 119	2 388	130 981
湖南	10 386	8 002	10	2 928	60 349
广东	22 908	142 961	40	15 024	194 218
广西	9 246	2 877	0	582	6 744
海南	89	213	142	1 220	642
四川	4 646	10 920	17	3 201	156 614
贵州	346	295	1	249	3 862
云南	0	0	0	0	0
西藏	0	0	0	0	0
陕西	4 485	7 478	97	1 724	28 293
甘肃	511	457	19	1 026	9 464
青海	0	71	0	37	404
宁夏	76	547	1	130	0
新疆	3	2 387	13	222	8 316
合计	**15 771**	**60 749**	**5 341**	**3 997**	**108 928**
重庆	1 139	20	1	801	6 488
西安	1 707	1 554	1	391	6 820
武汉	6	1 354	5 300	258	19 750
广州	729	7 000	0	263	10 725
沈阳	3 471	8 038	13	94	7 074
大连	7	1 989	10	597	10 091
哈尔滨	0	1	0	3	0
青岛	0	27 668	3	492	19 647
南京	178	1 269	0	239	460
宁波	8 201	10 274	0	65	0
成都	316	1 124	6	470	24 697
厦门	0	85	0	11	176
长春	17	373	7	313	3 000

主 要 产 品 产 量 （续）

电风扇（台）	服 装（万件）	日用陶瓷（万件）	玻璃钢冷却塔（件）	暖气片（万片）	原 盐（吨）	糖（吨）
26 951 548	**251 234**	**211 496**	**11 695**	**7 148**	**2 887 205**	**91 851**
0	7 026	0	0	803	0	0
10 360	12 426	243	0	0	1 228	0
0	11 590	7 075	8 516	1 420	182 962	5 961
4 400	1 326	5 817	0	1 313	0	0
0	537	152	0	35	5 555	159
0	8 276	14	17	285	52 726	269
0	942	34	0	218	0	242
0	331	105	0	0	0	0
136 900	19 009	0	58	0	0	0
3 111 675	16 797	175	1 615	183	163 925	205
1 088 796	16 953	3 854	913	0	223 466	4 409
15 535	3 961	9 635	8	0	15 000	855
104 946	9 398	22 905	4	0	351 962	4 553
12 417	2 541	6 813	0	0	65 028	900
394 747	13 807	12 917	0	296	1 205 363	0
3 400	22 899	16 226	184	2 443	0	0
12 751	9 039	1 640	356	1	7 859	138
15 621	1 581	13 594	24	0	2 701	939
22 040 000	72 633	85 603	0	0	127 813	40 532
0	2 094	15 415	0	0	4 765	2 574
0	385	94	0	0	11 115	240
0	10 219	7 481	0	0	271 179	22 108
0	1 935	1 007	0	0	0	4 781
0	0	0	0	0	0	0
0	0	0	0	0	0	0
0	3 778	668	0	47	17 448	442
0	1 138	26	0	84	31 880	389
0	11	0	0	0	5 200	10
0	106	0	0	1	200	0
0	496	3	0	19	139 830	2 145
1 272 306	**34 242**	**2 253**	**646**	**320**	**209 774**	**8 851**
22 785	1 702	1 146	0	0	0	1 200
0	1 029	6	0	9	0	0
0	1 147	83	356	1	0	0
380 000	9 291	379	0	0	0	3 848
0	2 559	0	17	43	0	175
0	2 115	14	0	60	46 717	0
0	38	0	0	0	0	0
3 185	6 206	84	0	55	7 146	0
332 626	1 552	0	0	0	0	0
533 710	6 048	0	137	0	104 282	0
0	2 107	527	136	0	0	544
0	182	11	0	0	51 629	3 084
0	266	3	0	152	0	0

1990年 各 地 乡 镇 企 业

项目 地区	水泥（万吨）	石灰（万吨）	砖（万块）	水泥制件（立方米）	大理石（立方米）
全国总计	**5 767**	**16 320**	**41 737 141**	**60 511 091**	**1 809 302**
北京	66	160	511 082	497 704	87 886
天津	8	0	318	51	0
河北	300	1 114	3 817 847	6 282 236	153 024
山西	122	903	1 737 900	2 150 800	2 280
内蒙古	16	41	445 352	300 432	1 240
辽宁	161	278	1 168 741	1 680 167	524 054
吉林	28	93	952 665	115 985	42 694
黑龙江	8	0	996 459	0	5 100
上海	26	26	269 647	170 331	0
江苏	617	199	4 717 503	5 570 000	30 556
浙江	701	305	1 920 539	2 642 275	24 999
安徽	279	1 571	2 485 807	2 927 574	65 259
福建	128	104	906 271	204 582	165 098
江西	60	193	698 420	680 355	7 641
山东	699	1 368	5 390 950	1 225 500	273 827
河南	319	3 009	5 582 069	11 515 720	75 635
湖北	335	750	1 985 997	8 617 000	15 900
湖南	309	550	1 075 530	2 931 410	12 416
广东	712	651	2 083 225	7 481	180 000
广西	94	128	454 226	763 716	48 295
海南	0	2 284	55 044	12 574	0
四川	375	1 260	1 890 000	9 689 000	13 321
贵州	47	201	207 975	0	26 872
云南	112	66	0	0	0
西藏	0	0	0	0	0
陕西	146	964	1 624 591	2 182 565	47 118
甘肃	85	76	390 859	202 566	5 100
青海	5	6	67 445	32 992	0
宁夏	0	14	98 141	0	959
新疆	9	6	202 538	108 075	28
合计	**408**	**457**	**3 044 505**	**5 232 274**	**48 422**
重庆	64	83	245 488	507 375	767
西安	7	5	432 542	637 240	180
武汉	1	84	239 106	1 290 000	0
广州	128	10	171 294	0	0
沈阳	3	10	232 458	214 067	870
大连	55	55	97 758	62 622	7 761
哈尔滨	0	1	150 789	30 175	0
青岛	41	93	322 189	821 100	38 387
南京	56	0	303 112	20	0
宁波	5	6	183 767	304 280	0
成都	46	101	368 000	1 313 000	457
厦门	2	0	22 921	17 479	0
长春	0	9	275 081	34 916	0

主 要 产 品 产 量（续）

花岗石（立方米）	丝（吨）	丝织品（万米）	棉布（万米）	呢绒（万米）	机制纸及纸板（吨）	皮革制品（万件）
22 217 134	**27 155**	**79 834**	**404 362**	**8 047**	**5 235 569**	**65 131**
5 697	451	360	5 704	178	92 106	202
0	0	0	8 686	33	58 635	872
1 041 529	4 025	16 148	23 403	313	580 908	2 976
1 230	83	72	0	0	240 729	53
96 150	0	0	0	0	22 631	39
3 992 699	1 859	707	4 885	2	113 197	217
300 984	32	12	740	0	53 045	81
397	0	0	0	0	31 852	16
0	0	4 855	35 291	550	139 771	2 265
986 931	6 410	24 835	124 765	5 034	318 829	6 761
63 164	6 662	17 537	26 830	1 664	372 856	7 571
91 326	766	522	6 780	22	107 060	491
4 138 312	52	881	0	0	131 536	7 446
518 348	0	259	987	1	38 299	118
6 373 881	488	4 352	85 420	151	635 171	9 462
19 150	41	2 343	9 611	0	1 150 442	3 621
110 630	25	1 638	31 778	10	95 125	1 381
1 066 880	49	51	4 084	0	116 523	3 612
1 750 000	1 419	2 698	19 202	18	204 169	16 844
41 603	94	11	292	0	109 074	358
10 100	0	0	0	0	452	2
25 859	4 670	2 441	9 703	0	253 679	0
0	0	0	0	0	14 302	73
0	0	0	0	0	0	0
0	0	0	0	0	0	0
790 832	9	56	3 052	10	278 122	581
790 832	1	56	3 052	10	52 693	18
0	0	0	0	0	1 761	14
0	0	0	0	0	9 281	14
600	19	0	97	51	13 321	43
3 775 437	**1 418**	**1 628**	**62 365**	**632**	**378 558**	**66 340**
0	1 127	375	6 123	28	28 635	60 192
751 500	0	52	588	0	95 568	373
0	0	0	8 561	0	2 512	310
0	0	56	2 317	18	35 022	4 606
88 000	0	0	8	2	19 044	40
1 382 438	192	159	1 979	0	15 895	0
384 000	0	0	173	0	7 164	5
1 057 236	0	6	13 523	46	42 750	380
0	59	175	1 219	23	16 530	212
1 305	0	397	27 760	515	47 004	201
10 485	40	408	0	0	42 509	0
100 473	0	0	0	0	8 220	0
0	0	0	114	0	17 705	21

1990年 各 地 乡 镇 企 业

地区 \ 项目	饮料酒（吨）	其中 白酒	啤酒	黄酒	食用植物油（吨）
全国总计	**2 607 741**	**931 538**	**953 691**	**209 110**	**2 724 592**
北京	12 683	3 559	7 320	0	755
天津	4 280	26	4 041	213	6 761
河北	208 274	25 022	151 621	15	727 093
山西	46 453	31 870	12 461	0	43 881
内蒙古	17 892	2 982	12 227	5	38 323
辽宁	297 096	28 807	78 714	0	43 848
吉林	138 287	21 584	110 915	230	49 713
黑龙江	59 534	18 097	39 174	0	72 330
上海	70 987	12 212	25 209	31 450	15 913
江苏	175 292	44 121	51 588	33 446	119 004
浙江	333 905	32 231	98 006	118 564	19 663
安徽	30 503	18 933	328	5 123	198 627
福建	39 870	738	9 895	612	20 901
江西	31 942	13 837	2 712	9 444	73 391
山东	270 214	27 820	161 088	6 532	392 892
河南	112 874	19 672	77 154	916	158 883
湖北	110 762	84 828	9 362	1 112	125 135
湖南	62 689	45 606	5 817	43	156 528
广东	71 368	33 059	31 340	498	75 231
广西	115 747	107 328	1 839	0	48 064
海南	758	701	0	57	755
四川	344 206	256 032	37 021	0	171 263
贵州	0	89 557	0	78	18 904
云南	0	0	0	0	0
西藏	0	0	0	0	0
陕西	20 780	10 325	2 059	702	31 218
甘肃	27 074	1 540	23 004	70	39 473
青海	684	265	0	0	11 556
宁夏	271	171	100	0	24 389
新疆	3 316	615	696	0	40 098
合计	**437 234**	**118 298**	**164 756**	**36 123**	**164 370**
重庆	21 930	14 400	6 868	0	4 887
西安	1 095	132	0	55	3 174
武汉	880	500	0	0	9 404
广州	7 810	1 632	6 031	150	8 872
沈阳	83 447	9 311	24 477	0	2 334
大连	60 281	5 889	27 135	0	13 095
哈尔滨	21 804	2 460	13 873	0	2 047
青岛	83 019	1 143	45 628	4 893	39 482
南京	1 994	0	0	0	7 139
宁波	57 054	9 908	15 948	31 025	1 706
成都	72 654	66 775	5 731	0	52 059
厦门	407	407	0	0	1 809
长春	24 859	5 741	19 065	0	18 362

主 要 产 品 产 量（续）

粮食加工（万吨）	其中：大米	其中：面粉	罐头食品（吨）	其中：水果罐头	乳品（吨）
16 681	**9 783**	**4 472**	**614 457**	**350 439**	**57 735**
11	0	9	3 626	3 417	0
17	0	17	9 226	3 980	634
1 126	28	671	107 543	75 222	2 060
220	0	103	12 882	7 594	2 843
413	5	119	3 459	2 089	5 096
1 467	313	51	32 261	14 241	34
439	119	31	3 598	1 728	6 565
131	4 144	50	2 363	1 236	5 544
4	4	0	7 264	0	162
665	296	327	17 025	4 462	12 273
234	182	22	81 404	31 865	3 641
1 223	582	426	28 299	14 356	1 828
435	351	23	41 604	13 211	85
420	342	3	7 783	999	268
1 207	4	744	106 570	80 767	7 496
1 248	146	738	71 919	55 898	878
430	291	79	9 579	4 733	0
1 078	848	2	3 969	1 515	12
1 247	757	0	18 792	748	0
584	372	5	6 966	4 707	0
113	81	0	0	0	25
2 414	632	33	13 713	8 885	0
289	175	40	518	371	0
0	0	0	0	0	0
0	0	0	0	0	0
584	81	430	9 841	6 233	4 720
361	2	277	6 647	6 078	260
45	0	36	988	986	228
73	20	45	382	260	1 343
203	8	191	6 236	4 858	1 740
1 834	**685**	**427**	**59 173**	**18 242**	**21 359**
390	293	39	195	124	0
104	4	96	2 409	1 542	2 418
43	23	4	527	0	0
417	111	0	180	0	0
53	33	6	8 192	36	0
97	21	23	14 285	5 627	13 059
3	0	0	941	941	600
98	0	30	5 375	3 337	861
169	9	160	140	0	0
2	1	0	22 175	4 512	221
228	150	67	3 751	1 317	0
8	7	1	60	20	0
222	33	1	943	786	4 200

八、1990年 各 地 乡 镇

地区 \ 项目	合计 小计	合计 直接出口	合计 其中外贸	合计 间接出口	其中: 小计
全国总计	4 856 331	3 644 095	3 009 619	1 212 236	246 974
北京	131 037	86 261	58 282	44 776	308
天津	233 150	184 698	177 548	48 452	17 804
河北	189 329	119 165	99 857	70 164	19 322
山西	35 129	22 732	16 646	12 397	3 851
内蒙古	4 412	2 468	1 669	1 944	0
辽宁	218 617	170 863	157 616	47 754	6 890
吉林	17 842	12 561	8 423	5 281	2 258
黑龙江	13 863	8 853	7 175	5 010	292
上海	557 204	358 994	358 994	198 210	12 150
江苏	1 065 105	831 467	761 817	233 638	82 560
浙江	654 503	517 874	475 226	136 629	15 478
安徽	37 219	17 186	10 384	20 033	1 522
福建	310 153	310 153	132 911	0	3 708
江西	30 251	18 278	17 415	11 973	1 153
山东	443 155	315 619	260 055	127 536	31 506
河南	93 223	51 540	47 277	41 683	6 944
湖北	72 587	47 204	40 585	25 383	7 270
湖南	83 561	63 937	42 721	19 624	12 189
广东	506 715	393 367	233 843	113 348	6 048
广西	24 055	17 404	15 556	6 651	3 211
海南	639	397	102	242	4
四川	84 843	60 742	56 228	24 101	6 131
贵州	7 535	3 274	2 968	4 261	614
云南	14 185	8 837	8 559	5 348	1 376
西藏	0	0	0	0	0
陕西	8 619	5 903	5 349	2 716	1 323
甘肃	7 219	5 965	5 431	1 254	593
青海	3 909	2 483	1 124	1 426	0
宁夏	3 756	3 101	3 089	655	46
新疆	4 516	2 769	2 769	1 747	2 423
合计	396 814	286 303	340 751	110 511	22 390
重庆	30 185	21 894	20 186	8 291	2 975
西安	1 531	364	342	1 167	93
武汉	11 927	8 278	7 778	3 649	1 331
广州	33 448	30 185	27 936	3 263	120
沈阳	11 816	10 101	8 791	1 715	442
大连	26 419	9 598	96 794	16 821	1 706
哈尔滨	1 186	244	244	942	0
青岛	125 905	81 839	72 068	44 066	10 171
南京	17 089	10 664	9 362	6 425	2 044
宁波	113 688	93 173	84 151	20 515	2 433
成都	7 965	5 197	5 197	2 768	1 019
厦门	11 178	11 178	4 345	0	26
长春	4 477	3 588	3 557	889	30

企业出口产品情况

单位：万元

1. 化工			2. 机械			
直接出口	其中外贸	间接出口	小计	直接出口	其中外贸	间接出口
200 330	**166 644**	**46 644**	**263 947**	**203 099**	**171 667**	**60 848**
104	103	204	4 456	1 549	295	2 907
15 641	13 001	2 163	6 774	6 435	6 435	339
14 985	13 366	4 337	14 696	10 843	8 626	3 853
3 679	2 131	172	2 806	2 024	1 910	782
0	0	0	535	15	0	520
4 656	3 585	2 234	18 310	15 853	13 706	2 457
2 228	1 913	30	1 490	1 123	1 136	367
218	218	74	1 793	1 002	870	791
7 790	7 790	4 360	11 144	7 180	7 180	3 964
69 036	56 942	13 524	85 607	68 121	59 397	17 486
13 369	12 276	2 109	44 534	35 397	31 835	9 137
1 326	844	196	1 635	734	635	901
3 708	2 556	0	2 096	2 096	738	0
437	437	716	0	0	0	0
30 011	26 963	1 495	36 274	32 931	25 332	3 343
4 842	3 450	2 102	5 822	4 037	3 887	1 785
5 444	4 950	1 826	3 734	2 543	2 473	1 191
9 311	7 524	2 878	2 546	2 033	288	513
5 275	1 464	773	15 277	7 776	5 517	7 501
2 354	2 354	857	13	13	13	0
4	0	0	0	0	0	0
3 100	2 112	3 031	1 876	1 384	1 384	492
202	155	412	1 652	0	0	1 652
135	35	1 241	729	0	0	729
0	0	0	0	0	0	0
890	890	433	142	4	4	138
543	543	50	0	0	0	0
0	0	0	0	0	0	0
46	46	0	6	6	6	0
996	996	1 427	0	0	0	0
16 904	**15 303**	**5 486**	**32 987**	**26 577**	**26 954**	**6 410**
1 253	265	1 722	689	397	397	292
0	0	93	75	4	4	71
555	175	776	1 944	1 165	1 165	779
120	120	0	1 852	1 852	1 675	0
427	427	15	1 938	1 757	975	181
1 071	1 787	635	2 624	1 044	9 689	1 580
0	0	0	891	100	100	791
9 782	8 833	389	12 337	11 598	5 446	739
644	644	1 400	319	291	291	28
2 194	2 194	239	8 247	6 795	5 638	1 452
802	802	217	751	621	621	130
26	26	0	0	0	0	0
30	30	0	1 320	953	953	367

1990年 各 地 乡 镇 企 业

地区 \ 项目	3. 矿产 小计	3. 矿产 直接出口	3. 矿产 其中外贸	3. 矿产 间接出口	4. 轻工 小计	4. 轻工 直接出口	4. 轻工 其中外贸	4. 轻工 间接出口
全国总计	**244 996**	**159 229**	**141 389**	**85 767**	**635 158**	**512 612**	**357 557**	**122 546**
北京	548	425	255	123	11 400	4 834	2 172	6 566
天津	18 352	16 256	15 906	2 096	34 651	21 446	20 358	13 205
河北	3 764	2 877	1 534	887	25 185	14 506	12 377	10 679
山西	12 976	5 810	2 386	7 166	482	464	461	18
内蒙古	1 396	1 213	815	183	0	0	0	0
辽宁	32 951	14 581	12 810	18 370	10 670	7 911	5 435	2 759
吉林	925	431	181	494	2 260	1 652	1 355	608
黑龙江	1 949	1 517	1 517	432	1 514	1 359	889	155
上海	31 745	20 447	20 447	11 298	54 721	35 296	35 296	19 425
江苏	5 972	5 967	5 769	5	133 416	107 499	94 740	25 917
浙江	26 909	22 185	21 666	4 724	46 134	39 414	36 454	6 720
安徽	933	375	346	558	3 005	1 297	863	1 708
福建	9 565	9 565	7 150	0	96 950	96 950	33 057	0
江西	3 687	764	570	2 923	3 307	2 468	2 468	839
山东	40 595	21 099	18 461	19 496	34 252	28 921	27 875	5 331
河南	8 448	4 765	4 681	3 683	4 924	3 019	2 994	1 905
湖北	3 211	2 832	2 749	379	4 554	2 852	2 707	1 702
湖南	11 424	8 525	6 369	2 899	9 376	8 927	1 044	449
广东	5 497	2 705	1 485	2 792	154 253	131 854	75 262	22 399
广西	3 579	2 423	2 123	1 156	903	424	407	479
海南	174	13	0	161	25	25	25	0
四川	1 890	194	194	1 696	1 469	597	458	872
贵州	4 371	2 462	2 267	1 909	90	54	54	36
云南	7 529	5 637	5 637	1 892	503	417	385	86
西藏	0	0	0	0	0	0	0	0
陕西	3 380	3 280	3 190	100	697	176	176	521
甘肃	375	340	340	35	179	122	117	57
青海	0	0	0	0	0	0	0	0
宁夏	2 268	1 958	1 958	310	128	128	128	0
新疆	583	583	583	0	110	0	0	110
合计	**43 101**	**21 687**	**21 724**	**21 414**	**39 846**	**31 147**	**30 162**	**8 699**
重庆	1 734	194	194	1 540	871	161	161	710
西安	0	0	0	0	118	42	42	76
武汉	1 758	1 758	1 758	0	1 252	717	597	535
广州	16	16	16	0	9 131	9 053	8 420	78
沈阳	264	264	264	0	964	493	493	471
大连	157	0	520	157	3 793	2 476	2 917	1 317
哈尔滨	26	0	0	26	21	0	0	21
青岛	31 175	13 228	12 745	17 947	12 826	9 469	11 438	3 357
南京	0	0	0	0	2 426	1 654	833	772
宁波	6 779	5 035	5 035	1 744	7 662	6 388	5 207	1 274
成都	0	0	0	0	29	29	29	0
厦门	1 185	1 185	1 185	0	649	649	9	0
长春	7	7	7	0	104	16	16	88

出 口 产 品 情 况（续）

单位：万元

5. 食品				6. 土产			
小计	直接出口	其中外贸	间接出口	小计	直接出口	其中外贸	间接出口
418 619	**340 768**	**282 922**	**77 851**	**70 168**	**55 370**	**49 422**	**14 798**
1 426	884	138	542	60	0	0	60
13 016	12 827	11 272	189	4 067	2 621	2 621	1 446
21 659	18 398	17 418	3 261	3 738	2 674	1 910	1 064
893	889	643	4	528	506	506	22
45	42	0	3	107	27	20	80
73 996	63 675	60 671	10 321	7 923	7 662	7 625	261
5 442	3 802	2 015	1 640	1 449	532	532	917
2 845	2 024	1 651	821	608	239	0	369
33 706	21 813	21 813	11 893	5 552	3 570	3 570	1 982
35 294	29 911	29 112	5 383	3 304	3 199	3 073	105
41 607	34 235	33 653	7 372	12 039	10 732	10 483	1 307
6 282	3 733	1 351	2 549	2 565	496	348	2 069
33 361	33 361	18 719	0	5 298	5 298	3 840	0
3 430	2 850	2 843	580	1 142	290	267	852
96 044	75 099	57 176	20 945	5 522	5 047	3 414	475
3 521	2 023	1 916	1 498	1 331	863	843	468
3 203	1 779	1 514	1 424	1 896	1 096	898	800
8 553	6 483	3 649	2 070	3 562	2 765	2 329	797
20 137	17 036	8 711	3 101	6 574	5 409	4 817	1 165
1 285	920	897	365	593	465	448	128
38	38	38	0	46	0	0	46
8 327	5 752	4 648	2 575	790	611	611	179
148	101	101	47	0	0	0	0
1 918	1 021	923	897	334	334	334	0
0	0	0	0	0	0	0	0
374	287	265	87	29	29	28	0
1 639	1 489	1 489	150	603	533	533	70
0	0	0	0	0	0	0	0
386	252	252	134	508	372	372	136
44	44	44	0	0	0	0	0
47 807	**32 838**	**64 383**	**14 969**	**4 562**	**4 081**	**10 323**	**481**
2 705	1 904	1 184	801	583	423	423	160
50	50	28	0	29	29	29	0
1 218	972	972	246	239	239	239	0
383	353	353	30	488	488	488	0
1 361	1 361	1 361	0	384	384	384	0
13 154	2 970	42 244	10 184	192	37	6 932	155
0	0	0	0	0	0	0	0
15 091	11 827	10 105	3 264	0	0	0	0
10	10	10	0	0	0	0	0
6 242	6 068	5 673	174	1 994	1 828	1 828	166
434	264	264	170	0	0	0	0
5 224	5 224	354	0	653	653	0	0
1 935	1 835	1 835	100	0	0	0	0

1990年 各地乡镇企业

地区	7. 畜产				8. 纺	
	小计	直接出口	其中外贸	间接出口	小计	直接出口
全国总计	**177 250**	**132 014**	**106 554**	**45 236**	**809 277**	**626 147**
北京	1 254	452	310	802	15 762	13 043
天津	8 187	8 032	8 032	155	24 468	19 433
河北	17 482	9 932	7 721	7 550	4 176	2 361
山西	1 575	78	78	1 497	751	167
内蒙古	391	360	131	31	14	0
辽宁	8 535	7 278	7 239	1 257	7 286	5 170
吉林	675	598	598	77	111	51
黑龙江	976	761	761	215	2 060	767
上海	10 018	6 450	6 450	3 568	78 600	50 652
江苏	16 422	13 995	10 202	2 427	348 565	274 976
浙江	30 679	25 801	24 591	4 878	159 967	137 728
安徽	3 525	962	834	2 563	3 692	2 495
福建	2 665	2 665	2 665	0	6 368	6 368
江西	467	274	274	193	3 579	1 366
山东	20 268	15 718	14 623	4 550	45 687	29 281
河南	11 703	3 680	3 511	8 023	4 687	2 765
湖北	2 505	2 013	1 886	492	14 103	4 944
湖南	605	362	14	243	1 657	1 030
广东	28 616	24 824	9 643	3 792	43 530	38 400
广西	828	650	260	178	411	112
海南	0	0	0	0	19	19
四川	7 724	5 384	5 384	2 340	43 045	34 458
贵州	129	129	73	0	9	6
云南	0	0	0	0	175	0
西藏	0	0	0	0	0	0
陕西	663	470	470	193	0	0
甘肃	928	830	488	98	50	50
青海	67	28	28	39	0	0
宁夏	292	217	217	75	0	0
新疆	71	71	71	0	505	505
合计	**11 658**	**7 884**	**10 430**	**3 774**	**69 102**	**54 351**
重庆	841	818	818	23	16 867	13 985
西安	309	237	237	72	0	0
武汉	1 086	893	893	193	1 100	800
广州	244	96	96	148	1 545	1 545
沈阳	362	362	362	0	285	238
大连	0	0	2 554	0	168	53
哈尔滨	40	0	0	40	0	0
青岛	1 393	18	18	1 375	15 302	8 423
南京	11	11	3	0	691	588
宁波	1 979	1 886	1 886	93	33 033	28 668
成都	4 812	3 059	3 059	1 753	0	0
厦门	0	0	0	0	0	0
长春	581	504	504	77	111	51

出 口 产 品 情 况（续）

单位：万元

织		9. 丝 织			
其中外贸	间接出口	小　计	直接出口	其中外贸	间接出口
573 905	**183 130**	**290 801**	**203 879**	**195 360**	**86 922**
8 895	2 719	47	35	35	12
19 433	5 035	1 559	1 449	1 450	110
1 347	1 815	387	143	70	244
167	584	0	0	0	0
0	14	38	38	38	0
4 929	2 116	3 198	2 355	1 669	843
35	60	83	83	83	0
767	1 293	0	0	0	0
50 652	27 948	115 498	74 469	74 469	41 029
260 298	73 589	86 571	74 216	71 785	12 355
129 426	22 239	64 742	38 686	35 565	26 056
1 680	1 197	3 331	997	997	2 334
2 929	0	345	345	0	0
1 306	2 213	14	14	14	0
25 062	16 406	2 649	2 179	596	470
2 725	1 922	863	637	543	226
4 935	9 159	326	269	269	57
106	627	483	373	293	110
26 260	5 130	1 347	1 203	1 203	144
93	299	612	0	0	612
19	0	0	0	0	0
32 285	8 587	7 414	5 111	5 004	2 303
1	3	0	0	0	0
0	175	1 058	1 058	1 058	0
0	0	0	0	0	0
0	0	0	0	0	0
50	0	17	0	0	17
0	0	0	0	0	0
0	0	0	0	0	0
505	0	219	219	219	0
51 357	**14 751**	**6 132**	**5 787**	**6 700**	**345**
13 985	2 882	1 006	1 006	1 006	0
0	0	0	0	0	0
800	300	35	0	0	35
1 545	0	0	0	0	0
50	47	0	0	0	0
3 232	115	686	686	1 599	0
0	0	0	0	0	0
5 989	6 879	124	124	124	0
434	103	1 181	1 007	1 007	174
25 287	4 365	3 100	2 964	2 964	136
0	0	0	0	0	0
0	0	0	0	0	0
35	60	0	0	0	0

1990年 各地乡镇企业

地区＼项目	10. 服装 小计	10. 服装 直接出口	10. 服装 其中外贸	10. 服装 间接出口	11. 工 小计	11. 工 直接出口
全国总计	**638 180**	**462 780**	**368 877**	**175 400**	**613 817**	**414 181**
北京	53 226	38 387	29 035	14 839	33 319	20 939
天津	64 652	51 509	51 209	13 143	19 675	12 537
河北	12 479	8 703	7 453	3 776	46 760	20 698
山西	512	512	512	0	550	350
内蒙古	0	0	0	0	1 338	328
辽宁	30 780	28 789	27 579	1 991	5 137	4 195
吉林	285	180	180	105	425	244
黑龙江	120	0	0	120	503	300
上海	121 971	78 563	78 563	43 408	57 513	37 098
江苏	108 458	63 842	57 959	44 616	89 048	65 849
浙江	74 366	49 762	44 121	24 604	87 792	74 923
安徽	1 876	928	928	948	5 153	2 632
福建	45 139	45 139	11 157	0	35 708	35 708
江西	727	727	468	0	8 220	7 133
山东	19 663	13 029	9 094	6 634	72 259	33 174
河南	3 468	2 983	2 570	485	30 811	18 029
湖北	20 138	16 690	11 715	3 448	4 826	3 269
湖南	447	107	46	340	24 707	20 172
广东	79 020	62 796	36 154	16 224	74 221	45 064
广西	55	32	32	23	9 787	8 036
海南	0	0	0	0	15	0
四川	700	62	62	638	1 327	1 069
贵州	0	0	0	0	9	9
云南	0	0	0	0	155	155
西藏	0	0	0	0	0	0
陕西	58	0	0	58	1 860	767
甘肃	40	40	40	0	1 626	912
青海	0	0	0	0	760	228
宁夏	0	0	0	0	12	12
新疆	0	0	0	0	351	351
合计	**44 926**	**33 531**	**48 700**	**11 395**	**35 064**	**21 238**
重庆	59	42	42	17	11	8
西安	24	0	0	24	804	2
武汉	199	199	199	0	266	140
广州	11 864	10 704	10 544	1 160	3 091	1 696
沈阳	3 280	3 023	2 996	257	845	576
大连	2 280	1 183	19 705	1 097	88	0
哈尔滨	0	0	0	0	64	0
青岛	4 592	3 893	3 893	699	15 333	7 247
南京	7 253	3 721	3 564	3 532	1 477	1 355
宁波	14 669	10 065	7 649	4 604	12 496	9 791
成都	0	0	0	0	135	106
厦门	605	605	12	0	287	287
长春	101	96	96	5	167	30

出 口 产 品 情 况（续）

单位：万元

艺品		12. 其它				附报，"三来一补"工缴费
其中外贸	间接出口	小计	直接出口	其中外贸	间接出口	
347 224	**199 636**	**447 144**	**333 686**	**248 098**	**113 458**	**803 435**
16 153	12 380	9 231	5 609	891	3 622	1 625
11 334	7 138	19 945	16 512	16 497	3 433	13 021
17 286	26 062	19 681	13 045	10 749	6 636	2 518
313	150	10 255	8 253	7 539	2 002	73
285	1 010	548	445	380	103	0
4 146	942	12 941	8 738	8 222	4 203	128
190	181	2 439	1 637	205	802	1 597
274	203	1 203	666	228	537	98
37 098	20 415	24 586	15 666	15 666	8 920	0
60 240	23 199	69 888	54 856	52 300	15 032	837
61 815	12 869	50 256	35 642	33 341	14 614	1 548
1 147	2 521	3 700	1 211	411	2 489	323
22 659	0	68 950	68 950	27 441	0	8 126
6 971	1 087	4 525	1 955	1 797	2 570	32
27 472	39 085	38 436	29 130	23 987	9 306	757
16 399	12 782	10 701	3 897	3 758	6 804	3 931
3 105	1 557	6 821	3 473	3 384	3 348	408
18 850	4 535	8 012	3 849	2 209	4 163	258
30 050	29 157	72 195	51 025	32 377	21 170	767 930
7 987	1 751	2 778	1 975	1 442	803	86
0	15	318	298	20	20	0
1 069	258	4 150	3 020	3 017	1 130	52
9	0	513	311	308	[illegible]	0
155	0	408	80	32	[illegible]	0
0	0	0	0	0	[illegible]	0
326	1 093	93	0	0	[illegible]	0
912	714	1 169	1 106	919	[illegible]	0
228	532	3 082	2 227	868	[illegible]	87
0	0	110	110	110	0	0
351	0	210	0	0	210	0
21 252	**13 826**	**39 239**	**30 278**	**33 463**	**8 961**	**116 756**
8	3	1 844	1 703	1 703	141	0
2	802	29	0	0	29	0
140	126	1 499	840	840	659	160
1 696	1 395	4 714	4 262	2 983	452	115 322
576	269	1 691	1 216	903	475	0
477	88	1 571	78	5 138	1 493	43
0	64	144	144	144	0	0
7 247	8 086	7 561	6 230	6 230	1 331	0
1 253	122	1 677	1 383	1 323	294	1
9 522	2 705	15 054	11 491	11 268	3 563	0
106	29	785	316	316	469	1 027
210	0	2 549	2 549	2 549	0	0
15	137	121	66	66	55	200

九、1990年 乡 村 企 业

地区 \ 项目	一、建设项目数			1. 新建			2.
	合计	乡办	村办	合计	乡办	村办	合计
全国总计	**75 297**	**43 698**	**31 599**	**26 276**	**13 742**	**12 534**	**21 863**
北京	2 171	1 105	1 066	826	450	376	461
天津	2 180	627	1 553	703	195	508	714
河北	940	465	475	387	164	223	257
山西	1 792	758	1 034	630	243	387	609
内蒙古	877	609	268	277	190	87	298
辽宁	3 007	1 405	1 602	1 400	616	784	765
吉林	627	457	170	172	119	53	137
黑龙江	1 136	747	389	425	268	157	356
上海	4 180	2 139	2 041	1 104	558	546	1 430
江苏	12 003	7 289	4 714	4 119	2 355	1 764	3 221
浙江	6 946	4 686	2 260	1 132	677	455	2 778
安徽	2 338	1 744	594	796	563	233	849
福建	1 668	1 007	661	715	414	301	429
江西	2 300	1 461	839	740	383	357	714
山东	9 179	4 790	4 389	3 219	1 305	1 914	2 395
河南	4 286	1 842	2 444	1 730	631	1 099	1 216
湖北	3 311	2 268	1 043	1 116	740	376	998
湖南	1 778	1 413	365	717	525	192	518
广东	8 040	4 223	3 817	3 802	1 810	1 992	1 787
广西	415	353	62	150	129	21	134
海南	56	52	4	26	23	3	20
四川	3 562	2 397	1 165	1 168	734	434	1 020
贵州	151	143	8	46	44	2	32
云南	[illegible]37	132	5	41	40	1	7
西藏	[illegible]0	0	0	0	0	0	0
陕西	[illegible]2	572	340	276	151	125	321
甘肃	[illegible]34	513	221	283	180	103	236
青海	[illegible]60	36	24	40	23	17	10
宁夏	94	80	14	48	38	10	31
新疆	417	385	32	188	174	14	120
合计	**8 836**	**5 058**	**3 778**	**3 262**	**1 701**	**1 561**	**2 486**
重庆	475	367	108	156	115	41	120
西安	206	130	76	69	39	30	74
武汉	558	332	226	195	110	85	148
广州	1 443	922	521	914	582	332	226
沈阳	624	263	361	240	115	125	146
大连	927	243	684	424	102	322	290
哈尔滨	132	76	56	30	24	6	48
青岛	1 009	493	516	340	97	243	316
南京	1 010	645	365	319	203	116	249
宁波	1 510	1 006	504	289	146	143	616
成都	711	442	269	229	129	100	200
厦门	24	14	10	4	1	3	11
长春	207	125	82	53	38	15	42

固定资产投资

单位：个

扩建		3. 技改			4. 其他		
乡办	村办	合计	乡办	村办	合计	乡办	村办
12 693	**9 170**	**19 389**	**12 737**	**6 652**	**7 769**	**4 526**	**3 243**
262	199	584	256	328	300	137	163
205	509	429	148	281	334	79	255
152	105	257	134	123	39	15	24
272	337	442	217	225	111	26	85
190	108	156	111	45	146	118	28
340	425	495	282	213	347	167	180
100	37	260	200	60	58	38	20
265	91	269	163	106	86	51	35
711	719	782	432	350	864	438	426
1 818	1 403	3 680	2 457	1 223	983	659	324
1 829	949	2 470	1 775	695	566	405	161
645	204	484	386	98	209	150	59
250	179	355	235	120	169	108	61
490	224	617	453	164	229	135	94
1 200	1 195	2 772	1 807	965	793	478	315
567	649	965	496	469	375	148	227
667	331	809	589	220	388	272	116
434	84	429	365	64	114	89	25
915	872	1 345	870	475	1 106	628	478
112	22	111	95	16	20	17	3
20	0	4	4	0	6	5	1
687	333	1 159	863	296	215	113	102
29	3	38	36	2	35	34	1
5	2	4	2	2	85	85	0
0	0	0	0	0	0	0	0
213	108	225	157	68	90	51	39
175	61	151	111	40	64	47	17
6	4	7	4	3	3	3	0
27	4	12	12	0	3	3	0
107	13	78	77	1	31	27	4
1 386	**1 100**	**2 183**	**1 431**	**752**	**905**	**540**	**365**
96	24	184	147	37	15	9	6
45	29	42	32	10	21	14	7
89	59	149	95	54	66	38	28
123	103	93	58	35	210	159	51
58	88	130	53	77	108	37	71
66	224	110	42	68	103	33	70
28	20	27	16	11	27	8	19
181	135	306	193	113	47	22	25
144	105	318	208	110	124	90	34
413	203	500	368	132	105	79	26
114	86	225	164	61	57	35	22
8	3	8	4	4	1	1	0
21	21	91	51	40	21	15	6

1990年 乡村企业

项目 地区	二、预计投资总额			三、本年实际完成投资额			（一）按
	合计	乡办	村办	合计	乡办	村办	合计
全国总计	**2 618 512**	**1 825 990**	**792 522**	**2 063 123**	**1 396 054**	**667 069**	**72 043**
北京	67 429	47 112	20 317	59 658	41 179	18 479	1 997
天津	86 952	37 099	49 853	76 122	31 570	44 552	2 981
河北	37 837	20 682	17 155	28 476	14 926	13 550	456
山西	72 516	40 106	32 410	61 007	31 214	29 793	2 527
内蒙古	17 791	15 602	2 189	17 144	14 825	2 319	961
辽宁	69 672	38 069	31 603	57 142	32 020	25 122	1 861
吉林	19 466	14 666	4 800	17 510	12 732	4 778	1 264
黑龙江	34 313	27 330	6 983	31 793	25 630	6 163	1 090
上海	212 820	155 424	57 396	183 954	135 043	48 911	5 030
江苏	369 589	260 620	108 969	312 747	222 444	90 303	7 189
浙江	206 997	150 299	56 698	179 050	130 122	48 928	8 120
安徽	46 202	38 416	7 786	36 192	30 102	6 090	2 901
福建	49 741	32 512	17 229	43 851	29 784	14 067	1 987
江西	27 976	22 655	5 321	22 699	18 006	4 693	1 670
山东	339 550	216 946	122 604	283 563	182 389	101 174	6 543
河南	92 278	47 927	44 351	76 164	37 585	38 579	3 558
湖北	62 632	44 834	17 798	47 981	31 672	16 309	2 183
湖南	45 625	38 104	7 521	30 290	24 364	5 926	2 036
广东	372 654	245 557	127 097	331 225	214 873	116 352	6 589
广西	17 593	14 312	3 281	13 996	11 221	2 775	525
海南	1 526	1 492	34	1 236	1 215	21	85
四川	138 822	111 644	27 178	77 817	61 369	16 448	2 898
贵州	11 105	11 011	94	9 892	9 794	98	914
云南	136 925	127 676	9 249	927	927	0	6
西藏	0	0	0	0	0	0	0
陕西	31 932	22 731	9 201	23 377	16 310	7 067	1 898
甘肃	19 073	15 001	4 072	14 904	11 473	3 431	2 911
青海	2 397	1 841	556	1 692	1 262	430	588
宁夏	4 710	4 358	352	3 770	3 464	306	324
新疆	22 389	21 964	425	18 944	18 539	405	951
合计	**263 599**	**175 996**	**87 603**	**230 393**	**154 825**	**75 568**	**7 650**
重庆	10 993	9 103	1 890	10 268	8 496	1 772	415
西安	6 805	4 606	2 199	5 542	3 937	1 605	99
武汉	6 919	4 129	2 790	6 074	3 756	2 318	408
广州	48 426	31 328	17 098	44 774	29 626	15 148	340
沈阳	8 848	4 252	4 596	8 142	4 006	4 136	320
大连	25 501	9 079	16 422	24 072	8 689	15 383	106
哈尔滨	13 185	11 596	1 589	12 486	11 069	1 417	329
青岛	40 812	25 919	14 893	36 799	22 767	14 032	681
南京	15 156	11 948	3 208	13 355	10 827	2 528	649
宁波	46 197	33 514	12 683	39 745	29 535	10 210	3 878
成都	34 729	28 379	6 350	23 800	20 240	3 560	352
厦门	1 618	361	1 257	1 152	363	789	15
长春	4 410	1 782	2 628	4 184	1 514	2 670	58

固 定 资 产 投 资（续）

单位：万元

资金来源分 1．扶持资金		2．主管部门资金			3．银行贷款		
乡　办	村　办	合　计	乡　办	村　办	合　计	乡　办	村　办
53 061	**18 982**	**153 150**	**96 492**	**56 658**	**795 881**	**565 974**	**229 907**
1 133	864	7 647	4 438	3 209	25 672	18 388	7 284
837	2 144	8 341	1 467	6 874	31 910	13 930	17 980
372	84	958	762	196	16 273	7 246	9 027
2 167	360	3 503	1 719	1 784	26 178	13 870	12 308
917	44	1 433	956	477	4 796	4 036	760
1 429	432	6 170	3 269	2 901	24 889	15 114	9 775
1 151	113	1 647	705	942	7 661	5 901	1 760
916	174	1 660	1 148	512	16 197	14 207	1 990
2 801	2 229	33 210	24 036	9 174	75 147	58 817	16 330
5 473	1 716	13 670	8 828	4 842	102 494	77 863	24 631
6 430	1 690	7 624	4 059	3 565	60 842	46 255	14 587
2 538	363	4 164	3 385	779	11 830	9 819	2 011
1 544	443	3 585	2 350	1 235	10 475	8 072	2 403
1 426	244	1 629	1 197	432	10 005	8 350	1 655
4 895	1 648	13 965	7 477	6 488	117 172	83 094	34 078
2 043	1 515	4 784	2 238	2 546	30 882	15 421	15 461
1 629	554	3 065	2 024	1 041	23 110	14 559	8 551
1 810	226	3 059	2 412	647	11 103	8 939	2 164
4 251	2 338	21 679	14 544	7 135	128 469	92 044	36 425
496	29	703	614	89	6 848	5 066	1 782
85	0	42	42	0	346	326	20
2 298	600	5 937	4 882	1 055	23 617	18 979	4 638
914	0	108	96	12	3 172	3 138	34
5	1	30	10	20	9	9	0
0	0	0	0	0	0	0	0
1 300	598	1 353	885	468	10 581	7 929	2 652
2 385	526	939	788	151	4 506	3 492	1 014
543	45	45	15	30	426	277	149
324	0	411	372	39	1 782	1 557	225
949	2	1 789	1 774	15	9 489	9 276	213
5 686	**1 964**	**17 881**	**10 162**	**7 719**	**94 230**	**69 892**	**24 338**
353	62	390	324	66	3 837	3 261	576
58	41	477	336	141	2 620	2 180	440
105	303	640	135	505	1 771	1 366	405
222	118	4 004	2 413	1 591	18 159	14 191	3 968
78	242	675	302	373	4 060	2 326	1 734
45	61	3 234	1 113	2 121	10 714	4 702	6 012
286	43	301	245	56	7 807	7 695	112
354	327	547	369	178	17 343	12 874	4 469
571	78	1 313	905	408	5 533	4 774	759
3 271	607	2 453	1 249	1 204	14 174	10 450	3 724
270	82	2 725	2 526	199	6 665	5 399	1 266
15	0	75	57	18	666	72	594
58	0	1 047	188	859	881	602	279

1990 年乡村企业

地区 \ 项目	4. 引进资金			其中：利用外资			
	合计	乡办	村办	合计	乡办	村办	合计
全国总计	**473 808**	**299 675**	**174 133**	**223 464**	**88 376**	**135 088**	**631 559**
北京	3 746	3 152	594	149	49	100	18 356
天津	7 025	5 369	1 656	2 744	2 090	654	20 000
河北	4 078	2 995	1 083	91	0	91	5 257
山西	7 131	2 860	4 271	376	95	281	18 161
内蒙古	1 588	1 395	193	0	0	0	4 457
辽宁	5 289	2 796	2 493	894	543	351	15 083
吉林	1 799	852	947	136	136	0	3 596
黑龙江	1 984	1 461	523	72	72	0	9 844
上海	14 738	11 656	3 082	2 623	2 245	378	38 913
江苏	28 834	22 860	5 974	4 760	4 118	642	123 687
浙江	13 857	10 062	3 795	912	603	309	70 111
安徽	2 349	2 086	263	271	211	60	12 062
福建	15 145	10 211	4 934	13 134	8 419	4 715	10 686
江西	1 343	1 139	204	114	109	5	6 294
山东	19 480	14 878	4 602	10 306	9 184	1 122	96 412
河南	9 725	5 979	3 746	786	273	513	23 464
湖北	3 165	2 188	977	141	140	1	12 751
湖南	2 456	1 993	463	435	327	108	10 256
广东	66 647	45 043	21 604	47 166	29 795	17 371	84 594
广西	1 336	1 336	0	7	7	0	2 532
海南	597	597	0	60	60	0	151
四川	10 928	10 059	869	68	65	3	27 670
贵州	2 018	2 018	0	3	3	0	2 568
云南	242 597	132 100	110 497	137 421	29 043	108 378	123
西藏	0	0	0	0	0	0	0
陕西	1 912	981	931	319	313	6	5 808
甘肃	2 385	1 967	418	466	466	0	3 417
青海	50	40	10	0	0	0	354
宁夏	451	451	0	10	10	0	458
新疆	1 155	1 151	4	0	0	0	4 494
合计	**26 176**	**17 881**	**8 295**	**7 801**	**5 202**	**2 599**	**68 536**
重庆	536	467	69	10	10	0	4 494
西安	791	405	386	313	313	0	1 281
武汉	657	555	102	6	5	1	2 135
广州	8 606	6 553	2 053	5 990	4 081	1 909	10 617
沈阳	880	231	649	0	0	0	1 678
大连	1 923	493	1 430	451	133	318	7 167
哈尔滨	25	18	7	0	0	0	3 707
青岛	2 978	1 086	1 892	611	269	342	1 916
南京	795	738	57	61	61	0	3 755
宁波	2 157	1 708	449	339	315	24	13 759
成都	5 629	5 298	331	5	0	5	6 788
厦门	25	25	0	0	0	0	361
长春	1 174	304	870	15	15	0	878

固 定 资 产 投 资(续)

单位：万元

5. 自有资金		其中：群众集资			6. 其他资金		
乡　办	村　办	合　计	乡　办	村　办	合　计	乡　办	村　办
383 473	**248 086**	**65 778**	**38 256**	**27 522**	**178 520**	**128 587**	**49 933**
12 806	5 550	249	142	107	2 240	1 262	978
7 263	12 737	1 037	185	852	5 865	2 704	3 161
2 771	2 486	898	711	187	1 454	780	674
8 797	9 364	1 833	579	1 254	3 507	1 801	1 706
3 671	786	813	654	159	3 909	3 850	59
6 613	8 470	1 386	438	948	3 850	2 799	1 051
2 745	851	277	242	35	1 543	1 378	165
7 140	2 704	1 011	525	486	1 018	758	260
25 037	13 876	696	454	242	16 916	12 696	4 220
79 258	44 429	7 543	5 190	2 353	36 873	28 162	8 711
50 447	19 664	7 041	5 165	1 876	18 496	12 869	5 627
9 773	2 289	1 511	1 361	150	2 886	2 501	385
6 262	4 424	1 819	615	1 204	1 973	1 345	628
4 400	1 894	1 069	813	256	1 758	1 494	264
51 405	45 007	12 733	7 544	5 189	29 991	20 640	9 351
10 315	13 149	4 420	1 656	2 764	3 751	1 589	2 162
8 788	3 963	1 434	964	470	3 707	2 484	1 223
7 978	2 278	2 449	1 884	565	1 380	1 232	148
42 608	41 986	11 426	4 591	6 835	23 247	16 383	6 864
1 932	600	501	379	122	2 052	1 777	275
150	1	30	30	0	15	15	0
19 724	7 946	3 460	2 440	1 020	6 767	5 427	1 340
2 516	52	75	75	0	1 112	1 112	0
11	112	0	0	0	0	0	0
0	0	0	0	0	0	0	0
3 914	1 894	457	250	207	1 825	1 301	524
2 221	1 196	535	360	175	746	620	126
178	176	15	15	0	229	209	20
416	42	88	73	15	344	344	0
4 334	160	972	921	51	1 066	1 055	11
39 900	**28 636**	**6 745**	**2 841**	**3 904**	**15 920**	**11 304**	**4 616**
3 811	683	704	598	106	596	280	316
737	544	131	46	85	274	221	53
1 390	745	40	33	7	463	205	258
3 885	6 732	1 590	181	1 409	3 048	2 362	686
722	956	319	172	147	529	347	182
1 849	5 318	308	58	250	928	487	441
2 710	997	73	48	25	317	115	202
5 982	5 934	1 772	432	1 340	3 334	2 102	1 232
2 615	1 140	204	157	47	1 310	1 224	86
10 191	3 568	1 161	924	237	3 324	2 666	658
5 517	1 271	361	185	176	1 641	1 230	411
184	177	70	0	70	10	10	0
307	571	12	7	5	146	55	91

地区 \ 项目	(二)按建设性质分 1.新建 合计	乡办	村办	2.扩建 合计	乡办	村办	合计
全国总计	**978 378**	**637 270**	**341 108**	**560 470**	**387 273**	**173 197**	**404 053**
北京	27 717	19 735	7 982	12 172	8 283	3 889	15 642
天津	42 621	18 505	24 116	18 433	7 003	11 430	10 204
河北	14 635	7 054	7 581	7 967	4 375	3 592	3 578
山西	25 480	12 921	12 559	19 595	9 660	9 935	12 074
内蒙古	7 494	6 549	945	4 227	3 402	825	2 149
辽宁	27 089	15 643	11 446	17 894	10 167	7 727	7 949
吉林	8 186	5 530	2 656	3 853	3 147	706	3 784
黑龙江	17 720	14 561	3 159	8 336	6 858	1 478	5 049
上海	95 236	74 927	20 309	54 270	37 444	16 826	21 084
江苏	117 375	80 434	36 941	88 131	63 014	25 117	92 419
浙江	36 025	25 048	10 977	67 294	48 849	18 445	66 841
安徽	14 600	12 344	2 256	12 217	10 415	1 802	8 068
福建	26 346	16 619	9 727	9 186	7 171	2 015	5 140
江西	8 471	6 069	2 402	6 856	6 078	778	6 127
山东	130 514	78 462	52 052	71 565	46 708	24 857	68 813
河南	39 506	17 573	21 933	22 710	12 004	10 706	10 251
湖北	20 879	12 721	8 158	16 382	10 619	5 763	7 407
湖南	14 711	10 755	3 956	8 593	7 462	1 131	4 992
广东	221 039	134 923	86 116	66 596	48 463	18 133	22 787
广西	6 112	4 068	2 044	4 502	3 983	519	2 930
海南	523	523	0	561	540	21	116
四川	36 155	28 635	7 520	21 693	17 036	4 657	17 537
贵州	3 357	3 322	35	1 671	1 623	48	1 594
云南	0	0	0	0	0	0	0
西藏	0	0	0	0	0	0	0
陕西	9 432	6 010	3 422	8 199	6 518	1 681	4 323
甘肃	8 718	6 590	2 128	3 473	2 731	742	1 775
青海	1 387	1 056	331	183	131	52	72
宁夏	2 361	2 210	151	1 072	917	155	289
新疆	14 689	14 483	206	2 839	2 672	167	1 059
合计	**108 134**	**70 612**	**37 522**	**62 585**	**43 028**	**19 557**	**47 018**
重庆	4 047	3 257	790	2 288	1 942	346	3 641
西安	1 824	1 105	719	2 358	1 682	676	1 038
武汉	3 159	1 881	1 278	1 378	742	636	1 236
广州	30 212	19 109	11 103	9 220	6 691	2 529	1 474
沈阳	4 158	2 218	1 940	1 758	870	888	1 705
大连	11 018	4 546	6 472	8 246	2 551	5 695	3 001
哈尔滨	10 949	10 087	862	836	593	243	503
青岛	14 601	7 172	7 429	10 525	7 961	2 564	10 702
南京	4 285	3 303	982	5 898	5 048	850	2 850
宁波	7 375	5 036	2 339	13 775	10 127	3 648	15 535
成都	13 347	12 102	1 245	5 828	4 536	1 292	3 741
厦门	655	150	505	136	56	80	276
长春	2 504	646	1 858	339	229	110	1 316

固 定 资 产 投 资(续)

单位：万元

3. 技改		4. 其他			四、本年新增固定资产		
乡办	村办	合计	乡办	村办	合计	乡办	村办
293 541	**110 512**	**119 295**	**77 043**	**42 252**	**1 668 107**	**1 123 168**	**544 939**
10 834	4 808	4 127	2 327	1 800	54 184	30 520	23 664
4 639	5 565	4 864	1 423	3 441	59 013	26 442	32 571
2 471	1 107	2 296	1 026	1 270	11 920	6 531	5 389
7 823	4 251	3 858	810	3 048	40 444	19 826	20 618
1 954	195	3 274	2 920	354	13 060	10 616	2 444
4 261	3 688	4 210	1 949	2 261	45 359	22 569	22 790
2 513	1 271	1 687	1 542	145	12 765	10 509	2 256
3 795	1 254	688	416	272	24 996	20 037	4 959
14 979	6 105	13 364	7 693	5 671	155 059	113 220	41 839
68 131	24 288	14 822	10 865	3 957	253 149	182 160	70 989
49 436	17 405	8 890	6 789	2 101	159 531	115 576	43 955
6 216	1 852	1 307	1 127	180	28 959	24 351	4 608
3 839	1 301	3 179	2 155	1 024	34 812	23 282	11 530
4 821	1 306	1 245	1 038	207	17 309	12 370	4 939
49 966	18 847	12 671	7 253	5 418	228 687	145 481	83 206
5 883	4 368	3 697	2 125	1 572	60 242	29 441	30 801
6 229	1 178	3 313	2 103	1 210	35 680	23 091	12 589
4 477	515	1 994	1 670	324	23 774	18 137	5 637
16 809	5 978	20 803	14 678	6 125	270 299	176 160	94 139
2 758	172	452	412	40	10 648	9 075	1 573
116	0	36	36	0	962	940	22
14 256	3 281	2 432	1 442	990	74 010	58 448	15 562
1 589	5	3 270	3 260	10	7 832	7 769	63
0	0	0	0	0	0	0	0
0	0	0	0	0	0	0	0
3 089	1 234	1 423	693	730	15 706	10 902	4 804
1 294	481	938	858	80	12 168	9 244	2 924
25	47	50	50	0	1 114	627	487
289	0	48	48	0	2 729	2 438	291
1 049	10	357	335	22	13 696	13 406	290
32 561	**14 457**	**12 656**	**8 624**	**4 032**	**189 288**	**129 567**	**59 721**
3 069	572	292	228	64	10 694	8 955	1 739
912	126	322	238	84	3 739	2 729	1 010
887	349	301	246	55	4 502	2 527	1 975
849	625	3 868	2 977	891	30 606	21 322	9 284
762	943	521	156	365	6 973	3 478	3 495
843	2 158	1 807	749	1 058	17 068	6 517	10 551
342	161	198	47	151	12 486	11 069	1 417
6 987	3 715	971	647	324	34 305	20 895	13 410
2 238	612	322	238	84	9 822	7 854	1 968
11 900	3 635	3 060	2 472	588	34 415	25 193	9 222
3 086	655	884	516	368	20 824	17 483	3 341
72	204	85	85	0	1 012	223	789
614	702	25	25	0	2 842	1 322	1 520

十、1990 年 乡 村

地区＼项目	1. 费用支出 合计	1. 费用支出 其中：工业	其中：生产费 合计	其中：生产费 其中：工业	2. 销售税金（应交）合计	2. 销售税金（应交）其中：工业
全国总计	**46 119 789**	**37 042 315**	**39 427 352**	**32 726 492**	**2 128 548**	**1 830 228**
北京	1 456 990	1 082 688	1 288 810	971 771	66 432	54 535
天津	1 064 516	963 855	1 005 318	923 462	48 031	43 637
河北	1 937 737	1 570 099	1 570 126	1 286 008	76 104	63 434
山西	855 724	715 862	660 186	560 846	51 531	44 493
内蒙古	189 722	114 552	168 802	103 384	8 339	5 920
辽宁	2 099 757	1 542 104	1 855 421	1 391 339	114 196	95 488
吉林	466 220	300 994	369 813	248 685	26 920	20 810
黑龙江	524 798	346 704	439 306	297 862	21 271	16 827
上海	2 289 410	2 289 410	2 249 391	2 249 391	115 850	115 850
江苏	8 188 004	8 188 004	7 465 872	7 465 872	381 635	381 635
浙江	4 677 729	4 089 425	3 933 258	3 933 258	270 071	252 704
安徽	1 092 080	750 447	898 489	639 138	43 594	33 368
福建	1 265 748	871 531	1 034 979	722 938	60 339	44 641
江西	641 009	455 819	520 726	376 407	32 640	25 777
山东	6 076 006	4 366 917	5 203 166	3 799 846	249 452	194 502
河南	1 631 414	1 221 478	1 191 501	935 888	61 548	48 525
湖北	1 616 714	1 095 299	1 332 238	912 917	63 495	46 387
湖南	1 437 075	902 900	1 210 471	761 780	65 497	48 056
广东	4 632 192	3 565 737	3 746 641	2 951 125	176 710	145 709
广西	313 464	205 271	257 314	172 697	22 423	17 260
海南	33 330	11 462	25 963	9 167	1 215	355
四川	2 022 896	1 379 481	1 648 907	1 144 709	89 434	71 417
贵州	131 135	99 850	101 483	78 680	8 458	6 912
云南	432 228	234 385	337 127	189 064	22 208	14 876
西藏	0	0	0	0	0	0
陕西	616 770	423 929	552 060	384 176	28 253	21 012
甘肃	226 718	130 694	195 358	113 408	12 047	8 421
青海	25 864	15 650	21 127	12 682	1 584	1 109
宁夏	50 703	31 856	44 801	28 946	2 925	2 159
新疆	123 836	75 912	98 698	61 046	6 346	4 409
合计	**5 425 102**	**4 140 289**	**4 732 958**	**3 738 667**	**271 496**	**231 997**
重庆	358 953	234 067	320 412	210 062	19 440	14 560
西安	214 095	156 075	194 872	143 888	9 272	7 372
武汉	300 522	208 380	252 262	174 524	12 652	9 780
广州	637 338	433 811	534 504	375 049	23 500	17 349
沈阳	318 750	281 680	292 717	257 997	18 860	17 483
大连	711 493	454 725	634 626	420 110	37 423	29 639
哈尔滨	88 213	68 974	75 983	61 087	4 955	4 358
青岛	874 479	689 038	781 085	621 792	37 685	31 375
南京	288 581	288 581	268 777	268 777	15 673	15 673
宁波	928 615	852 443	815 456	815 456	61 976	60 211
成都	500 395	352 235	407 174	293 180	19 637	16 137
厦门	36 676	22 620	15 757	9 828	1 703	1 133
长春	166 992	97 660	139 333	86 917	8 720	6 927

企 业 主 要 财 务 指 标

单位：万元

3．利润总额		4．所得税		5．实交国家税金	
合　　计	其中：工业	合　　计	其中：工业	合　　计	其中：工业
3 184 700	**2 466 373**	**570 984**	**496 561**	**2 032 347**	**1 728 818**
192 184	151 781	45 479	37 738	78 232	63 635
127 160	116 209	37 026	34 634	57 810	51 024
260 874	204 315	22 320	19 100	82 685	68 053
129 573	107 235	25 023	22 470	55 942	48 520
17 913	12 835	2 122	1 879	7 645	5 598
189 032	143 403	55 711	46 795	121 454	102 112
39 025	26 160	7 779	6 282	25 401	20 421
38 482	27 649	5 138	4 304	22 520	18 121
222 283	222 283	40 906	40 906	156 756	156 756
200 141	200 141	63 397	63 397	295 354	295 354
197 821	181 933	75 032	70 753	274 425	253 612
76 178	53 402	13 814	11 034	32 965	23 956
89 688	59 817	8 153	6 053	63 082	46 475
43 872	30 552	4 948	3 885	29 791	23 559
542 383	386 663	70 348	52 640	215 983	163 611
182 498	131 220	9 015	7 623	57 754	44 954
80 344	48 122	7 984	6 134	51 006	36 338
81 806	42 111	10 358	7 749	61 643	43 565
282 735	201 476	32 573	26 644	166 939	133 269
13 027	6 565	1 739	1 215	22 423	17 098
3 533	1 134	130	14	1 352	365
62 138	41 739	14 755	12 303	79 457	62 328
13 398	10 327	1 931	1 572	7 383	5 906
17 354	8 974	3 294	2 488	20 164	13 097
0	0	0	0	0	0
44 284	28 691	6 162	4 750	24 422	17 805
20 549	11 810	3 147	2 134	10 619	7 211
1 543	727	298	244	1 477	1 016
4 172	2 643	669	548	2 457	1 719
10 710	6 456	1 733	1 273	5 206	3 340
373 153	**284 354**	**82 652**	**71 362**	**261 977**	**222 089**
10 458	5 761	2 522	1 817	16 994	12 447
13 551	10 069	2 654	2 047	7 476	5 806
18 282	12 714	2 800	2 204	10 524	7 995
46 285	27 571	4 275	2 707	25 663	18 811
28 252	26 421	6 340	5 972	20 832	19 417
59 913	36 172	13 407	10 454	38 211	30 014
6 636	5 536	1 315	1 173	5 308	4 706
74 117	57 643	13 439	11 482	36 511	30 147
11 316	11 316	4 210	4 210	12 931	12 931
69 412	67 238	23 707	22 945	59 845	57 603
16 756	12 115	4 077	3 354	17 792	14 383
2 308	1 171	220	147	1 894	1 258
15 867	10 627	3 686	2 850	7 996	6 571

项目 地区	6. 销售税金		7. 所得税金		8. 纯利润	
	合计	其中：工业	合计	其中：工业	合计	其中：工业
全国总计	1 671 341	1 419 045	355 307	306 117	2 297 083	1 692 486
北京	51 849	42 282	26 383	21 353	131 189	101 652
天津	37 815	33 421	19 995	17 603	72 218	64 050
河北	62 784	52 099	19 901	15 954	211 769	164 867
山西	38 101	32 611	17 841	15 909	97 080	79 567
内蒙古	6 261	4 396	1 384	1 202	13 451	9 570
辽宁	91 364	76 630	30 090	25 482	105 679	74 585
吉林	20 813	16 600	4 588	3 821	30 785	19 499
黑龙江	18 244	14 668	4 276	3 453	28 739	20 363
上海	115 850	115 850	40 906	40 906	66 819	66 819
江苏	262 501	262 501	32 853	32 853	136 744	136 744
浙江	223 007	206 017	51 418	47 595	82 733	73 135
安徽	28 938	20 965	4 027	2 991	62 364	42 368
福建	56 360	41 680	6 722	4 795	81 535	53 764
江西	27 026	21 391	2 765	2 168	38 924	26 667
山东	179 719	136 979	32 736	24 334	418 634	294 817
河南	52 981	40 906	4 773	4 048	173 494	123 585
湖北	45 316	32 025	4 156	3 180	71 088	41 228
湖南	54 532	38 443	6 957	5 045	70 211	33 451
广东	144 122	115 275	22 817	17 994	247 669	173 078
广西	21 093	16 219	1 330	879	11 137	5 237
海南	1 207	349	145	16	3 381	1 118
四川	70 054	54 786	9 403	7 542	47 383	29 436
贵州	6 554	5 260	829	646	11 767	9 079
云南	17 797	11 654	2 094	1 469	13 994	7 012
西藏	0	0	0	0	0	0
陕西	20 652	14 950	3 770	2 855	38 122	23 941
甘肃	8 785	5 975	1 834	1 236	17 040	9 403
青海	1 282	889	195	127	1 233	476
宁夏	2 100	1 471	322	218	3 287	2 002
新疆	4 234	2 753	797	443	8 614	4 973
合计	209 312	177 027	51 061	43 828	242 081	172 348
重庆	14 904	10 945	2 090	1 502	8 140	4 244
西安	6 161	4 786	1 315	1 020	10 897	8 022
武汉	8 026	5 973	1 120	905	15 482	10 510
广州	21 662	16 208	4 001	2 603	42 010	24 864
沈阳	15 511	14 434	5 321	4 983	13 559	12 398
大连	29 530	23 061	8 681	6 953	35 376	18 580
哈尔滨	4 518	3 988	790	718	5 043	4 140
青岛	29 451	24 216	6 971	5 871	53 734	41 132
南京	10 939	10 930	1 992	1 992	7 106	7 106
宁波	46 093	44 400	13 752	13 203	26 814	25 941
成都	14 663	11 914	3 020	2 418	9 902	6 826
厦门	1 674	1 111	220	147	2 088	1 024
长春	6 180	5 052	1 788	1 513	11 930	7 561

主 要 财 务 指 标（续）

单位：万元

其中：(1)上交乡村		(2) 企业留利		其中：用于再生产	
合计	其中：工业	合计	其中：工业	合计	其中：工业
876 579	655 523	1 481 472	1 109 197	1 035 221	777 857
56 411	44 727	74 778	56 925	37 650	28 579
24 620	21 140	47 754	42 911	29 910	27 588
71 507	55 632	143 646	112 577	94 083	74 653
38 369	31 771	55 335	44 794	39 450	32 072
6 422	4 942	8 555	5 991	6 916	4 724
46 322	33 543	63 806	45 457	44 597	30 512
11 213	7 020	20 678	13 615	16 304	10 616
8 246	5 974	20 580	14 344	16 330	11 304
28 945	28 945	34 501	34 501	30 398	30 398
54 108	54 108	82 636	82 636	57 667	57 667
32 235	28 855	91 820	84 470	57 978	53 363
23 278	15 946	39 086	26 422	30 782	20 568
34 338	20 813	48 008	33 049	36 345	25 830
18 090	12 623	20 834	14 044	14 402	10 183
127 220	88 562	274 624	195 288	189 878	136 470
57 682	42 566	110 134	77 100	79 222	56 590
28 996	17 396	45 270	28 209	33 637	21 082
34 291	17 108	46 295	26 305	33 653	18 925
122 661	89 281	134 220	95 016	104 722	75 557
4 670	2 477	10 322	6 127	6 935	3 938
695	217	2 688	901	1 758	587
15 737	11 098	37 052	26 726	23 580	17 005
2 271	1 789	8 565	6 488	6 489	5 000
4 541	2 987	9 917	5 051	7 523	3 835
0	0	0	0	0	0
15 210	10 498	26 901	17 291	17 013	11 280
3 392	2 285	13 522	7 078	11 273	5 646
352	195	1 159	458	889	348
1 337	858	2 165	1 359	1 625	992
3 420	2 167	6 621	4 064	4 212	2 545
91 782	64 645	155 502	114 304	104 708	75 125
3 725	2 267	6 422	4 206	4 254	2 970
4 472	3 425	7 781	5 800	4 575	3 387
4 489	3 128	10 390	7 115	7 204	4 942
22 883	13 742	19 483	11 564	13 178	7 878
3 589	3 205	8 540	8 014	4 980	4 617
13 530	7 279	22 548	11 765	18 104	9 017
1 114	924	3 929	3 216	2 971	2 423
17 369	13 648	32 109	24 353	22 116	16 725
2 996	2 996	4 110	4 110	2 978	2 978
8 868	8 577	23 833	23 008	13 359	12 935
3 704	2 569	7 410	5 486	4 288	3 125
1 301	601	793	423	580	302
3 742	2 284	8 154	5 244	6 121	3 826

1990年 乡 村 企

项目 / 地区	用于集体福利		用于教育事业		9．工资总额		10．固定
	合计	其中：工业	合计	其中：工业	合计	其中：工业	合计
全国总计	**171 117**	**128 503**	**73 490**	**54 853**	**6 067 512**	**4 652 155**	**22 020 013**
北京	3 467	2 717	1 450	1 139	153 956	109 921	644 449
天津	2 844	2 527	627	562	102 286	90 486	468 991
河北	14 021	10 847	6 270	4 944	339 298	263 020	1 031 723
山西	5 819	4 842	3 771	3 084	181 605	152 087	638 144
内蒙古	865	657	320	238	39 497	27 724	122 377
辽宁	8 879	6 816	2 990	2 471	264 984	190 885	1 017 395
吉林	2 535	1 804	1 219	884	75 743	52 557	257 625
黑龙江	2 497	1 861	947	671	86 007	63 620	302 014
上海	3 318	3 318	705	705	221 874	221 874	1 130 385
江苏	13 656	13 656	7 254	7 254	732 250	732 250	3 252 084
浙江	8 450	7 869	1 054	965	524 716	448 262	1 776 392
安徽	5 497	4 016	2 123	1 553	173 307	112 995	508 084
福建	5 371	3 526	3 860	2 276	225 459	144 815	558 489
江西	2 075	1 477	889	603	110 467	78 051	317 861
山东	41 877	28 855	19 353	13 563	643 031	440 687	2 813 889
河南	10 119	7 079	5 510	4 028	271 579	190 187	947 767
湖北	6 069	3 880	2 808	1 668	206 440	132 712	805 717
湖南	5 467	3 327	2 594	1 461	241 422	141 754	659 395
广东	15 966	11 419	5 865	4 273	809 397	650 034	2 427 117
广西	1 401	938	300	154	56 497	35 038	199 316
海南	176	70	87	37	8 927	2 876	34 436
四川	2 934	1 996	626	473	294 888	182 005	1 028 288
贵州	1 028	778	340	261	31 159	23 456	116 995
云南	900	518	375	204	83 139	48 460	283 296
西藏	0	0	0	0	0	0	0
陕西	3 104	1 990	1 074	740	95 443	63 944	344 546
甘肃	1 545	991	657	396	52 837	27 038	159 808
青海	203	81	39	22	6 840	4 132	28 454
宁夏	206	139	67	46	8 229	5 186	44 766
新疆	828	509	316	178	26 235	16 099	100 210
合计	**20 259**	**15 334**	**5 765**	**4 412**	**680 884**	**494 431**	**2 413 934**
重庆	852	508	74	37	67 888	36 844	176 190
西安	843	621	287	224	22 405	16 764	90 968
武汉	1 426	998	521	350	34 410	22 601	107 779
广州	2 098	1 275	386	320	107 177	78 572	315 921
沈阳	2 078	1 978	371	346	33 331	28 315	118 481
大连	2 865	1 806	842	603	91 201	53 340	405 031
哈尔滨	795	672	163	121	14 576	11 473	55 768
青岛	5 000	3 741	1 954	1 513	84 740	59 930	364 084
南京	830	830	302	302	34 409	34 409	147 022
宁波	1 887	1 809	100	96	103 292	97 114	350 634
成都	376	284	84	57	56 807	34 977	208 663
厦门	81	40	81	50	7 712	4 095	16 971
长春	1 128	772	600	393	22 936	15 997	56 422

业主要财务指标（续）

单位：万元

资产原值 其中：工业	11．本年提取折旧基金 合计	其中：工业	12．固定资产净值 合计	其中：工业	13．年末占用流动资金 合计	其中：工业
19 070 936	1 746 097	1 514 011	16 686 619	14 456 044	22 446 516	19 589 074
494 226	49 237	38 907	484 778	368 708	626 186	528 370
435 129	43 268	40 298	356 688	333 865	527 351	501 716
893 618	94 981	82 813	812 005	702 588	788 680	689 426
566 139	53 705	47 752	510 014	453 308	345 415	313 070
95 842	6 919	5 460	97 679	76 460	107 324	83 164
816 003	83 943	67 568	791 440	634 927	1 185 632	982 008
217 318	19 112	16 266	196 639	166 416	198 013	171 997
253 948	23 983	19 741	236 626	198 932	254 065	211 073
1 130 385	75 058	75 058	838 200	838 200	1 495 772	1 495 772
3 252 084	244 383	244 383	2 433 426	2 433 426	4 705 991	4 705 991
1 653 959	139 790	130 592	1 272 167	1 185 061	2 816 866	2 522 836
410 882	45 052	36 313	373 701	300 517	356 143	278 266
414 205	43 919	32 572	431 184	321 877	331 339	232 807
254 221	21 429	17 278	237 366	190 829	232 959	180 976
2 244 771	251 020	198 937	2 153 302	1 728 636	2 896 285	2 231 973
813 549	74 129	63 706	736 366	634 974	563 945	498 519
637 892	61 339	48 594	592 295	466 596	678 591	545 205
520 032	48 339	38 532	480 899	377 226	502 317	377 947
2 094 801	189 437	166 328	1 921 754	1 660 416	1 886 934	1 511 692
155 489	14 291	11 541	161 328	125 227	121 364	98 988
17 776	1 516	581	27 168	14 172	9 481	1 862
846 723	77 919	64 226	712 797	586 808	1 105 000	875 800
103 741	7 431	6 451	90 783	80 312	38 635	34 708
211 518	20 758	15 757	212 112	157 741	127 882	88 633
0	0	0	0	0	0	0
281 297	24 122	19 681	263 392	217 752	332 227	259 421
119 879	12 058	9 150	128 254	96 423	104 956	80 919
20 642	2 479	1 809	20 678	14 798	14 773	11 621
36 118	3 076	2 441	35 260	28 655	24 846	20 622
78 749	13 404	11 276	78 318	61 194	67 544	53 692
1 990 142	191 011	158 273	1 793 668	1 475 269	2 945 540	2 455 323
139 411	13 427	10 577	116 626	91 603	200 324	153 365
73 304	6 712	5 460	67 786	56 362	105 255	81 613
89 570	8 857	7 393	74 892	61 882	109 922	84 313
235 799	25 948	21 324	251 558	187 220	273 675	194 038
107 601	9 710	8 650	92 063	83 651	179 737	166 524
279 011	36 171	25 115	310 827	213 774	434 130	320 228
49 637	3 919	3 410	43 407	38 598	36 185	31 888
299 156	28 588	23 481	274 390	226 813	411 950	336 061
147 022	10 216	10 216	105 208	105 208	181 868	181 868
340 093	26 402	25 657	255 339	247 340	671 919	643 117
172 467	15 565	12 855	145 258	119 109	284 838	214 260
10 907	1 446	877	14 189	9 058	5 975	3 301
46 164	4 050	3 258	42 125	34 651	49 762	44 747

项目 地区	14. 定额流动资金		15. 自有流动资金		16. 本年银行贷款总额		17. 本年
	合计	其中：工业	合计	其中：工业	合计	其中：工业	合计
全国总计	12 966 998	11 326 071	4 779 101	4 025 169	12 481 346	11 432 761	10 560 597
北京	380 272	326 511	181 149	149 399	228 048	197 375	310 360
天津	290 109	277 457	139 948	130 513	313 985	302 125	295 051
河北	504 183	446 139	299 736	257 749	441 365	402 739	471 787
山西	205 391	186 157	158 592	140 383	234 645	215 597	251 817
内蒙古	47 495	35 023	21 119	15 050	27 781	22 423	43 421
辽宁	659 072	550 805	154 020	116 079	520 844	436 112	514 472
吉林	124 689	107 066	42 861	30 751	95 580	84 541	138 532
黑龙江	152 687	128 251	62 801	51 965	86 188	77 345	130 228
上海	695 414	695 414	276 250	276 250	943 949	943 949	535 506
江苏	2 783 512	2 783 512	727 370	727 370	2 493 758	2 493 758	1 533 786
浙江	1 650 062	1 476 802	451 456	410 382	2 467 659	2 322 533	1 033 372
安徽	209 540	165 032	109 570	85 509	155 119	129 979	196 045
福建	215 575	146 613	150 131	113 645	170 145	134 645	156 631
江西	141 397	112 237	62 237	46 629	98 588	84 466	150 267
山东	1 787 325	1 387 234	533 487	394 957	1 105 353	927 948	1 265 565
河南	414 296	364 222	217 834	189 337	299 380	267 979	320 065
湖北	395 765	317 386	156 375	115 315	157 023	130 750	379 099
湖南	305 999	230 305	140 597	98 575	228 747	192 169	310 533
广东	1 002 933	808 703	494 579	384 791	1 608 001	1 371 357	1 451 467
广西	67 100	55 667	35 533	25 285	67 765	58 180	92 340
海南	6 076	1 337	5 663	1 625	4 799	2 646	11 791
四川	561 832	442 772	190 192	141 685	417 419	369 374	555 555
贵州	17 721	15 924	15 458	12 934	19 291	17 740	26 482
云南	68 916	47 639	41 171	27 200	87 208	67 713	97 097
西藏	0	0	0	0	0	0	0
陕西	162 056	126 594	50 501	37 349	110 422	93 985	168 698
甘肃	60 790	46 904	31 670	23 129	41 818	34 534	53 387
青海	6 376	4 760	3 739	2 878	5 026	4 366	8 799
宁夏	16 080	12 755	7 380	5 331	14 705	12 162	9 955
新疆	34 335	26 850	17 682	13 104	36 735	34 271	48 489
合计	1 631 909	1 376 200	547 764	450 141	1 541 224	1 375 663	1 258 496
重庆	98 161	73 557	24 442	17 441	56 259	47 130	86 019
西安	52 244	42 349	19 336	13 728	25 178	22 016	42 219
武汉	64 278	51 287	39 954	32 430	25 758	21 612	46 877
广州	139 115	99 516	48 280	38 364	140 299	111 186	152 749
沈阳	80 800	74 612	21 659	17 948	47 306	44 231	39 867
大连	227 526	173 933	47 531	28 122	238 407	183 103	232 553
哈尔滨	25 318	22 342	15 902	14 537	16 200	15 129	14 083
青岛	253 075	205 357	82 539	65 994	197 940	176 858	192 528
南京	102 877	102 877	36 266	36 266	85 487	85 487	70 009
宁波	392 810	377 376	139 469	133 762	521 456	501 324	223 819
成都	157 702	121 986	55 389	38 916	159 563	143 088	129 464
厦门	5 110	2 325	3 237	2 388	6 359	4 987	4 275
长春	32 893	28 683	13 760	10 245	21 012	19 512	24 034

主 要 财 务 指 标（续）

单位：万元

银行贷款余额	18．利息支出		19．亏损企业（个）		20．亏损金额	
其中：工业	合　　计	其中：工业	合　　计	其中：工业	合　　计	其中：工业
9 567 023	1 383 540	1 262 559	86 335	75 011	473 634	434 877
267 744	33 545	29 515	1 195	903	6 966	5 571
287 319	1 952	1 132	8 213	8 104	271	0
437 224	65 164	60 982	2 084	1 806	8 013	7 209
237 329	32 508	30 234	1 334	1 220	7 257	6 797
35 698	4 956	4 006	407	330	1 762	1 566
431 796	66 007	55 785	3 752	3 214	24 401	20 018
120 806	19 253	17 249	877	596	5 457	3 679
117 616	18 234	16 089	687	541	4 469	3 831
535 506	62 921	62 921	1 753	1 753	22 007	22 007
1 533 786	242 763	242 763	14 813	14 813	97 481	97 481
987 679	169 675	162 595	12 095	10 982	61 632	59 131
172 063	25 994	22 579	2 854	2 167	9 269	8 273
124 661	20 232	15 794	1 458	1 113	8 705	6 242
132 357	17 957	15 702	2 002	1 521	7 185	6 415
1 094 129	159 037	136 430	4 422	3 338	32 381	26 416
297 203	47 708	44 098	1 937	1 710	7 794	7 227
326 523	41 859	34 604	4 790	3 682	18 142	16 172
266 578	41 192	35 319	3 615	2 858	19 718	18 171
1 211 979	189 933	166 131	3 792	3 005	68 031	62 035
82 728	10 650	9 486	1 290	984	7 108	6 267
3 719	824	406	32	19	163	140
500 292	64 126	58 034	7 927	6 502	33 691	31 205
25 084	2 866	2 710	398	349	1 591	1 516
79 945	9 439	7 614	2 118	1 513	8 670	7 154
0	0	0	0	0	0	0
149 726	20 391	17 715	1 619	1 257	6 828	6 180
46 406	6 548	5 569	318	277	1 582	1 494
7 365	782	664	150	115	633	511
8 679	2 606	2 365	91	75	690	661
45 083	4 418	4 068	312	264	1 73	1 508
1 102 113	157 712	139 863	8 612	7 438	51 030	44 588
75 671	10 502	9 222	1 700	1 446	7 412	6 769
37 827	4 996	4 341	435	343	2 054	1 764
40 47	4 967	4 259	411	352	1 647	1 522
119 58	18 374	14 586	455	356	6 738	5 857
37 339	6 282	5 818	821	761	2 396	2 256
174 809	25 592	19 318	857	655	9 825	6 628
12 777	3 404	3 296	45	42	186	177
174 609	21 567	19 678	344	270	3 552	3 106
70 009	7 381	7 381	769	769	4 306	4 306
217 074	34 758	33 771	1 610	1 486	7 149	6 887
116 156	16 179	14 798	1 060	874	5 434	5 043
3 338	510	389	35	23	168	125
22 445	3 200	3 006	70	61	163	148

1990年乡镇企业之最

乡村两级企业最多的省(市、区) 是山东省,全省有乡村企业15.42万个，占全国乡村企业总数的10.6%。

乡村两级企业职工人数最多的省(市、区) 是江苏省，全省乡镇企业职工672.93万人，占全国乡村企业职工总人数的14.7%。

乡村两级企业拥有大专以上文化程度的职工人数最多的省（市、区） 是江苏省，全省乡村企业拥有大专以上文化程度的职工为3.1万人，占全国乡村企业拥有大专以上文化程度的职工总人数的17.7%。

乡村两级企业具有高中文化程度的职工人数最多的省(市、区) 是山东省，全省乡村企业具有高中文化程度的职工112.5万人，占全国乡村企业具有高中文化程度职工总人数的13.7%。

乡村两级企业拥有中级以上技术职称的职工人数最多的省（市、区） 是山东省，全省乡村企业拥有中级以上技术职称的职工3.19万人，占全国乡村企业拥有中级以上技术职称的职工总人数的17.1%。

乡村两级企业拥有一般（初级）技术职称的职工人数最多的省（市、区） 是山东省,全省乡村企业拥有一般（初级）技术职称的职工有15.54万人，占全国乡村企业拥有一般（初级）技术职称的职工总人数的15.3%。

平均每个乡镇企业职工创造产值最高的省(市、区) 是天津市，全市乡镇企业职工平均每人年创产值24 779.9元。

平均每个乡镇企业职工创利税最高的省(市、区) 是北京市，全市乡镇企业职工平均每人年创利税3 017.5元。

平均每个乡镇企业职工向国家缴纳税金最多的省(市、区) 是上海市，全市乡镇企业职工平均每人向国家缴纳税金1 367元。

平均每个乡镇企业职工工资最高的省(市、区) 是广东省，全省乡镇企业职工平均年工资2 115.3元。

每百元固定资产原值实现乡镇最高的省(市、区) 是天津市，全市乡镇企业每百元固定资原值实现产值437.4元。

每百元固定资产原值实现税金最多的省(市、区) 是浙江省，全省乡镇企业每百元固定资产原值实现税金21.2元。

经 营 管 理

总结经验　兴利除弊　积极推行第二轮承包经营
——1990年乡镇企业承包经营责任制发展概况

乡镇企业升级工作概况

1990年全国乡村企业财务决算情况

1990年全国乡村集体企业主要经济效益指标与国营工业企业对比情况

总结经验 兴利除弊 积极推行第二轮承包经营

——1990年乡镇企业承包经营责任制发展概况

刘 建 水

“七五”期间，乡镇企业承包经营责任制的推行和深入发展，对提高企业素质，促进乡镇企业持续、稳定、健康发展产生了积极的作用。全国乡镇企业已形成了以承包制为主线的多种管理方式并存的格局，培养和造就了一大批勇于开拓、善经营、会管理的企业家和科技队伍，建立起具有乡镇企业特色的充满活力的灵活经营机制，促进了乡镇企业的巨大发展。

为发展和完善乡镇企业承包经营责任制，深化企业改革，增强企业活力，1990年4月13日，农业部颁发了《乡镇企业承包经营责任制规定》(以下简称《责任制规定》)，为解决“七五”期间推行承包经营责任制出现的问题和在“八五”期间开始第二轮承包，制定了新的方法和措施，提供了政策性、法律性的保证，给乡镇企业进一步发展注入了新的活力。文件下发以后，各地按照《责任制规定》的要求，结合本地实际，都制定了坚持和完善乡镇企业承包经营责任制的意见，乡镇企业承包经营责任制得到进一步发展和完善。截止到1990年底，全国乡镇企业第二轮承包面已经达到了95%。

与“七五”第一轮承包相比，1990年开始推行的第二轮承包经营责任制，有以下显著特点和经验：

一、多种方法、多种方式选拔和培养承包者

企业承包者是承包经营责任制的中心。第二轮承包开始，全国各地把选拔和培养承包者作为不断完善承包经营责任制的根本来抓，普遍突破了用“一律公开招标”来选拔企业承包者的单一形式，根据1990年国务院颁发的《中华人民共和国乡村集体所有制企业条例》和其它有关规定，从本地实际出发，从企业现状出发，不拘一格地选拔和培养企业承包者。

1．实行联届承包，启用第一轮承包者，稳定企业干部队伍。在确定承包人时，实行“大稳定、小调整”的方针，凡完成了承包指标，企业生产稳定，受到群众拥护的，可以继续承包，保持相对稳定，一般不随意更换。如江苏南通市海安县角斜镇，从稳定企业、稳定人心出发，在组织落实第二轮承包班子时，对在第一轮承包中，经营管理较好的经营者，一般采用民主推荐和召开职代会投票，经组织考核，上级续聘为主，避免大起大落。

2．实行公开招标，全面评审，组织考察，上级聘任的办法，选择经营者。这种方法虽然和第一轮承包选择承包者时采用的方式相似，但在运用范围、组织形式上有很大的区别。主要用于第一轮承包中少数经营管理不善，造成企业完不成承包任务甚至亏损，问题较多，职工意见较大的企业。在一定范围内公开招标，引进竞争机制，避免承包中“一对一的谈判”和“讨价还价”，激发经营者奋发向上，努力进取。对选中的经营者从业务素质和政治素质全方位考核。副厂长的聘任经民主推荐，厂长提名，组织考察，上级批准。

3．招聘引进承包者。对本地机关、科研单位和国营企业的专业技术人员以及外地一些会经营、懂管理的管理人员和技术人员，经过考察，招聘引进企业，弥补乡镇企业经营管理人才不足。山东省泰安市委、市政府制定了《关于鼓励专业技术人员支援乡镇企业的试行规定》，并召开了全市有线广播大会，鼓励有志之士到农村承包领办乡镇企业。各县市也制定了许多引进人才的优惠政策。全市造成了不拘一格选拔人才的小气候，1990年泰安市乡镇企业共招聘引进承包者500多人，推动了承包经营责任制的落实。

4．从当地选拔优秀承包者。树立新的用人标准，凡坚持四项基本原则，具有商品意识和开拓精神，有真才实学和优良作风的优秀人才，选拔和培养他们走上承包岗位，大显身手。

二、承包经营责任制的内容趋于完善，承包的形式和方式灵活多样

1．根据“七五”实践，完善承包的指标考核体系。第二轮承包，主管部门和发包方确定承包指标时，以提高经济效益和正确处理国家、企业、个人三者利益为中心，坚持企业承包与企业管理相结合，企业承包与发展相结合；建立健全四个考核指标体系，即以利润、税收、提留、上交组成的综合指标体系，以技改投入、固定资产增值、自有资金增加、新产品开发、人才培训组成发展指标体系，以企业升级、产品创优、产品质量、物质消耗、安全生产、文明生产组成管理指标体系，计划生育、综合治理等组成精神文明建设指标体系。这些指标，列入承包合同，年度考核和承包期末考核相结合，不仅在承包期结束时进行考察，

而且在承包期内逐年也进行考核。承包指标内容的科学性、全面性，较好地解决了上届承包因目标单一而产生的问题。

2. 承包形式和方式更加灵活多样。新一轮承包不再强调个人或合伙承包的形式，过渡到了集体承包或全员承包，形成了大中型企业集体承包为主，小型、微利、亏损企业多种承包形式为辅的混合承包格局，主要是"厂长牵头、集团承包"或"厂长负责，全员承包"。企业实行厂长负责，厂长作为承包集体代表在承包合同上签字，对小、微、亏企业或人数较少的企业，实行个人承包、合伙承包、租赁经营等多种形式。

承包企业实行层层承包、分级核算，建立和完善内部承包责任制。企业内部承包是外部承包的基础，新一轮承包，在企业内部全面推行分级核算，每一级都制定了明确的目标，使承包责任制有效传递。从一些地区来看，大部分企业实行二级核算制，把指标、任务分解到车间；对于一些管理基础好的企业采用三级或四级核算的方法，把产量、质量、消耗、报酬、费用等指标分解到科室、车间、班组直至岗位，形成一级包一级，一级保一级，逐级考核验收，保证了各项指标、任务的实现。如为摆脱市场疲软，推行"销售承包责任制"，销售采用一包背的承包办法；为促进产品开发、技术改造、产品质量，推行"技术承包责任制"；为加强整体配合，采用"分线承包制"，实行科研一条线，生产一条线，经营一条线，供应一条线，四线承包，企业进行"块块"控制，各线实行"条条"控制，有统有分，统分结合，把经济责任和经营风险落到每个职工肩上，使经济责任、经济成果、经济利益有机结合起来，做到职责分明、好坏分明、奖罚分明，调动起企业整体积极性，提高承包企业的活力。

3. 承包期延长，分配逐步合理。企业承包厂长的任期一般由原来的一定三年延长到五年，以便稳定政策，稳定人心，使企业的各项目标与乡镇企业"八五"发展战略目标一致。企业将五年的承包指标再逐年进行分解，制订年度考核方案，做到五年目标，分年实施，逐年兑现，从而使企业能够制订出较为可行的长短期发展规划。这样调动了承包者的积极性，有力地克服了承包人的行为短期化，巩固了企业的供销关系，使产品开发和管理工作具有连续性。

为规范企业内部各类人员的分配关系，农业部在《关于进一步完善乡村集体企业承包经营责任制的若干规定》中指出：承包者的收入，可以高于职工的收入，但一般不得高出职工平均工资的五倍。各地也相应对厂长（经理）的收入作了规定，本着"按劳分配"的原则，积极推行工资总额同经济效益挂钩的办法，使经营者与生产者的分配(主要是工资和奖金收入)既要拉开差距，又不能悬殊过大，明确规定承包人报酬一般最高不超过工人平均工资的3倍，对个别企业产利增长较快、技改投入、新产品开发、企业升级、产品创优等成绩特别突出的，经批准，承包者可享受特殊贡献奖，但不得超过工人平均工资的5倍。江苏省泰兴县在利益分配上严格实行了"四联三控"制度。四联，即：承包集体联利、联绩计酬；生产工人联产、联质、联耗计酬；供销人员联业务量、联资金回笼计酬；管理人员和服务人员联系岗位责任制考核分数计酬。三控，即：一控承包厂长的收入总额，一般为本企业职工的2～3倍，特殊贡献不超过5倍，其它承包集体成员是厂长的4～8折；二控利润分配，乡村企业的年终利润分配方案，都必须填制申报表，经乡审批；三控企业职工的工资奖金，一般相当于2～3个月的计税工资额的年终奖金，亏损企业的干部一律不发奖金，承包集体成员不计算浮动工资。

对报酬分配的限制，控制了企业消费基金过快增长，缩短了承包者和职工收入之间的差距，企业积累与分配相协调，改变了利益分配"两头实中间空"的情况，做到实收、实支、实留、实分，消除了承包者与职工在个人收入上的对立，消除了社会震荡，促进了企业生产顺利发展。

三、承包基数日趋先进、科学和合理

承包基数，一般是指乡镇企业实现的利润和上交的利润，它是乡镇企业承包经营责任制的核心。各地运用多种方法和方式，对企业清产核资，调查摸底，分类排队，本着"鼓励先进、鞭策落后"，"优先发展、重点扶植"，"大稳定、小调整"的原则，以及兼顾国家、企业、职工三者利益的原则，综合企业发展前景、企业产品平均寿命、市场竞争能力、市场覆盖面、企业扩大再生产条件、新产品开发、企业技术水平和管理水平，来测算承包基数，使承包指标既不高不可攀，又不轻而易取，做到既先进科学，又合理可行。科学地测算承包基数，促进了企业增产增收，为企业承包经营责任制的完善和发展，奠定了坚实的基础。

从山东、浙江、江苏、天津、陕西、成都等地的调查来看，第二轮承包，乡镇企业确定承包基数，采用了这样几种方法：

1. 企业平均利润率确定法。沿用"七五"期间第一轮承包中采用的一个企业一个承包比例的经营承包办法，以"七五"期间该企业的平均利润率乘以企业现有资产存量，确定企业承包的实现利润基数。实际利润在基数以内的部分，按一定比例上交；超基数部分按比例分成或全部留给企业；欠交数由企业的自有资金补足。但考虑到乡镇企业以市场调节为主，国家进行产业结构和产品结构调整，对乡镇企业进行调整、整顿、改造、提高的实际情况，不少地方在确定承包基数时，制定了一个上、下调节的幅度，即根据国家的产业政策和市场变化的影响，允许企业要求发包方对承包基数进行上或下调整一定的比例。这样就处理好静态基数与动态基数的关系，做到“死基数、活调节”。

2．行业平均成本利润率和产品平均成本利润率确定法。在一个县或一个乡的范围内，以社会平均利润率为基数，这又分为两种，一种是以本地区的行业平均成本利润率和资金利润率，作为确定企业承包基数的依据；另一种是以本地区同一种产品的所有企业的成本利润率和资金利润率作为确定企业承包基数的依据。

3．竞争确定法。主要在规定一定的基数以后，由承包人投标竞争而确定。为防止承包人为了竞争夺标，脱离实际把指标抬得过高，发包方和行政主管部门适度掌握、控制竞争结果，注意指标的可行性和可靠性。确定了承包人以后，对企业经营成果，利用审计手段，逐月、逐年进行考核。

4．模式确定法。以市级先进企业、省级先进企业或国家二级企业的资金利税率标准确定承包利润基数。这种方法确定的基数一般比较高，主要适用于经济效益较好的大中型企业。

5．上轮承包基数与企业实际完成利润相结合确定基数利润法。用第一轮承包基数和承包期间实际完成数，加权平均后确定。这种方法克服了原基数高、实际完成低和原基数低、实际完成高的情况，既考虑到企业前几年因素，又考虑到承包后企业发挥积极性、实际能达到的水平，计算方便，实用性强。

四、进一步完善了承包主体的责、权、利关系，正确解决了负亏问题

《承包责任制规定》指出：“承包经营企业，应当建立健全内部经济责任制，加强内部经营管理；实行风险抵押，建立交纳风险抵押金制度”。根据《承包责任制规定》的要求，各地在开始新一轮承包时，重新划定承包者的权利和经济利益，强调承包者在负亏问题上，为有限责任，并写在承包合同上，同时赋于承包者较大的经营管理权力。有些省市针对负亏问题，引进风险机制，积极推行了集体抵押承包或全员抵押承包，把承包者、职工的切身利益和企业的经营状况更密切地挂起钩来。如成都市规定：“企业承包人必须按承包企业的资产净值或自有资金的比例向发包方交纳抵押金，由发包方管理。经职代会同意，企业职工按责任大小、职务高低，分等级交纳风险金，留企业作为流动资金使用。抵押风险金按银行储存基准率计息，进入生产成本年终付息。承包期满后，根据决算结果决定是否退还本金。企业因经营不善造成亏损或完不成承包利润基数的，以抵押风险金弥补，企业经营者承担主要经济赔偿责任，具体办法应在合同中明确。”徐州市实行厂长牵头、集体承包的企业占承包企业总数的60％，共收风险抵押金4 900万元，既增加了厂长职工的积极性，又缓解了资金的困难。江苏沛县推行全员抵押承包，“抵押承包，基数招标，厂长招聘，鼓励竞争，包死基数，保证上缴，超额全留，欠收自补”。根据企业规模大小和任务多少，把企业分为五个类型，厂长、一般干部、工人三个档次，共15个级差，每人最多交纳抵押金3 000元，最少300元，其中30％镇经联委存查，70％本单位留用。

一些地方还试行了“资产有偿使用、风险抵押承包”的资产有偿使用经营承包责任制，基本做法是：企业承包者对企业自有资产使用承担一定的义务，从税收利润中首先提取一定比例的资产有偿费，用于企业技术改造、新产品开发、扩大再生产。这种方法增强了企业承包者投入产出意识，制约了承包者的盲目投入，克服了企业短期行为，控制了消费资金过快增长。

五、完善了约束机制，遏制企业及企业承包者的短期行为

承包人的短期行为和企业约束机制弱化的问题，在“七五”期间一些地方比较突出。乡镇企业第二轮承包开始，就注意完善约束机制，在职能分解的前提下，分别加强所有者约束和政府行政约束职能。村委会和乡政府注意对企业承包人的全方位考核，在考核企业的经营状况时，注意对企业多项指标的考核，乡镇企业各级主管部门，加强对企业“三计”即统计、会计、审计的管理。从全国看，规范企业经济行为的约束机制主要有六种形式。

1．责任约束。从承包开始，建立与承包期同步的厂长目标责任制，明确规定任期内所要达到的奋斗目标，为实现目标所采取的相应对策与措施。奋斗目标一般由生产经营任务、税收和利润、企业提留、产品质量、技术改造、安全生产、固定资产、流动资金的增值等指标组成，现在有的地方把社会主义精神文明建设指标也纳入承包者所要达到的奋斗目标之中，注意从物质文明和精神文明来规范承包者的行为。

2．职能约束。根据《中华人民共和国乡村集体所有制企业条例》、《承包责任制规定》以及其它的有关条例、规定，对承包者的职能作出明确规定。

3．利益约束。实行承包工效挂钩办法，把国家、企业和职工三者责任和利益紧密联系在一起，在保证完成承包指标的前提下，企业多留，职工多得。

4．制度约束。主要指厂内各级各类人员的岗位责任制和五项专业管理、七项基础管理制度，对各项制度的执行情况，定期进行检查考核，奖优罚劣，用制度和纪律来保证党和国家的方针政策在企业得到正确

贯彻落实。

5. **程序约束**。主要是建立议事规则和办事程序，强化民主管理的意识和措施，使企业有秩序、有规则地开展生产经营活动。如承包经营企业建立健全职工代表大会制度，切实保障职工民主管理的权利，保护职工的合法权益。同时，建立民主测评制度，经营者定期报告，重大生产经营决策审议，收入分配公开，职工举报，监督承包人的经营管理活动，保证企业稳定、健康发展。

6. **审计监督约束**。审计是乡镇企业管理的一个重要方面，是承包企业约束机制的主要组成部分。1990年农业部发布实施了《乡镇企业系统内部审计暂行规定》，各级乡镇企业主管部门建立了多种形式的内部审计机构，初步形成了一支乡镇企业的内审队伍。全国省级乡镇企业主管部门建立内审组织的有24个，其中建立独立内审机构的有17个，大部分省市都配备了内审人员，建立健全企业、主管部门和审计部门的三级审计体系，充分发挥内部审计在经营承包中的服务作用。围绕“加强企业管理，提高经济效益”这个中心，从经济监督入手，通过乡镇企业财会审计中的委托审计、跟踪审计、帐表审计、效益审计和专项审计等审计方式，做好企业承包期前审计，期中审计，期末终结审计和承包离任审计工作，扭转了内控制度不健全、基础管理跟不上，财务帐目混乱、物资进出漏洞多，损失浪费严重、资金使用不合理、企业经济效益差的现象，较好地防止了个别企业偷税漏税、投机倒把等违反制度和国家法纪的现象；帮助企业完善了财务管理制度，加强了企业基础管理，使企业依法经营，合理使用资金，提高了经济效益。

乡镇企业升级工作概况

陈福桂　李峰红

1990年全国乡镇企业普遍抓了企业升级工作，取得了显著的成绩，对乡镇企业发展起到了促进作用。

一、取得的成绩和升级企业的特点

（一）首家乡镇企业晋升为国家一级企业

全国乡镇企业首家晋升为国家二级企业的浙江省杭州万向节厂，1990年又首家晋升为国家一级企业。由农业部、浙江省加强企业管理领导小组办公室、浙江省乡镇企业局、浙江省机械厅等单位组成的杭州万向节厂国家一级企业考评组于1990年8月对该厂的考评结果表明：①产品质量。1988、1989两年（考核年度，下同）均达到汽车工业国家级企业等级标准规定的优等品要求；与国际先进国家同类产品水平对比，杭州万向节厂的产品水平和制造精度均达到（或优于）美国、日本先进国家水平；磨损寿命试验结果，杭州万向节厂十字轴总成已达到日本同类产品先进水平。②物质消耗。国家一级企业标准规定的钢材利用率为57%，杭州万向节厂1988年为57.27%，1989年为57.31%；国家一级企业规定的万元产值综合能耗为2.2吨标煤/万元，杭州万向节厂1988年为2.15吨标煤/万元，1989年为1.79吨标煤/万元。③经济效益。国家一级企业标准规定的资金利税率为40%，杭州万向节厂1988年为45.39%，1989年为56.76%；国家一级企业标准规定的人均创利税为3 595元/人·年，杭州万向节厂1988年为8 953元/人·年，1989年为10 332元/人·年，分别是国家一级企业标准的2.49倍和2.87倍；国家一级企业标准规定的净产值全员劳动生产率为6 000/元人·年，杭州万向节厂1988年为14 238元/人·年，1989年为18 498元/人·年，分别是国家一级企业标准的2.37倍和3.08倍。④企业管理工作。杭州万向节厂自晋升为国家二级企业，通过国家一级企业预考评后，不断强化管理意识，在高标准、严要求上下功夫，在完善、配套、优化上求提高，形成了具有本企业特色的质量、消耗、效益、安全、思想政治工作保证体系。随着企业整体素质的不断提高，目前已成为我国生产万向节规格品种最多、产品质量最好、生产能力最大、经济效益最高的骨干企业。企业主要经济技术指标连续六年居全国同行业之首。产品远销18个国家和地区。

山东省威海市木工机械厂后来者居上，在不到三年的时间内，研制了五大系列三十多个品种的新产品，实现了生产一代，研制一代，储备一代，构思一代的经营战略。于1990年顺利通过国家一级企业预考评。

（二）国家二级企业的队伍有所壮大

1990年共有51个乡村两级集体工业企业进入国家二级企业行列，占“七五”期间晋升为国家二级企业的乡镇企业总数（不含从别的行业晋升的国家二级企业，下同）的43.6%。这些企业分属煤炭采选、食品、饮料、饲料、纺织、缝纫、造纸、工艺美术、日用化工、建筑材料、金属制造、机械制造、电气机械器材、电子通讯等15个行业。51个企业中，产值在1亿元以上的有1个企业，7 000万元～1亿元的有2个企业，2 000～5 000万元的有15个企业，1 000～2 000万元的有23个企业，1 000万元以下的有10个企业。其中产值在1 000万元以上的企业占80.4%。

51个国家二级企业，在153万个乡村集体企业中仅占0.03‰。而固定资产原值、利税总额则分别占全国乡村集体企业总数的2.4‰和4.3‰。与其它乡镇企业比较，这些企业具有如下特点：

1. 产品质量优。51个企业共有2个产品获中国食品博览会金奖，2个产品分别获银奖、铜奖；有1个产品获国家银质奖；有1个产品获国家保健产品“金鹤杯”奖；有40个产品获农业部优质产品奖；有11个产品获其它部优质产品奖；有2个产品相当于部优；有39个产品获省（自治区、直辖市，下同）级优质产品奖。还有5个产品获国家实用新型发明专利。

2. 物质消耗低。这些企业认真抓节能降耗工作，瞄准国内和国际先进水平，制定自己的消耗定额标准。大力采用新工艺、新技术，提高原材料、能源的有效利用率。考核年度实际物耗都低于国家二级企业标准规定的消耗值，有的还达到国家一级企业的标准。

3. 经济效益高。考核年度内，51个企业的产值之和为13.2亿元（以1980年不变价计算），平均每个企业产值为2 581.9万元，为全国乡村集体企业同期平均产值的70.9倍；固定资产原值为4.0亿元，平均每个企业固定资产原值为784.3万元，为同期乡村集体企业平均固定资产原值的107.4倍；实现利税2.4亿元，平均每个企业实现利税462.4万元，为同期乡村集体企业人均利税的128.4倍；人均实现利税8 545.2元，为同期乡村集体企业人均利税的7.4倍。同时还为国家积累了大量的外汇收入。

4. 管理工作扎实。这些企业都有一套切合本企业实际的经营之道和管理办法，概括起来有以下几点：①有一个强有力的领导班子，能充分发挥厂内各级领导、技术人员的作用，调动广大工人群众的积极性。②有一个以赶超国际先进水平为主要内容的经营战略目标，并有相应的配套措施。③新产品开发快，应变能力强，企业有活力。④有一套严密的管理办法，七项管理基础工作扎实，各项专业管理工作健全。⑤两个文明一起抓，思想政治工作抓得紧，注意以人为中心的管理，在实践中形成具有本企业特色的企业精神，企业的凝聚力强。

（三）全国乡镇企业系统先进企业脱颖而出

根据乡镇企业面广量大、国家二级企业名额少、而要求升级并已达到国家级企业标准的企业数量大的实际情况，农业部决定在乡镇企业系统设立先进企业。1990年农业部制定了《关于命名全国乡镇企业系统先进企业的试行办法》，并首次命名32个全国乡镇企业系统先进企业。这些企业全部是经过国家二级企业正式考评并达到各项要求的。

（四）省（自治区、直辖市，下同）级先进企业不断涌现

1990年乡镇企业晋升为省级先进企业的共652个，占“七五”期间晋升省级先进企业总数的49%。这些企业都是规模较大、生产经营稳定的骨干企业，是各省乡镇企业（甚至是行业）的排头兵。提高它们的经营管理水平，对稳定大局，带动面上企业，很有好处。

（五）企业升级逐步形成体系

除了国家和农业部规定的企业升级等级外，绝大部分省都根据当地的实际情况，分别设立了省级先进企业预备（即省乡镇企业系统）级先进企业、地(市)、县级企业和地(市)、县级乡镇企业系统先进企业以及基础级企业。这样，从基础级到国家级，逐级上升，标准清楚，目标明确，使乡镇企业形成一个“宝塔型”格局，级别越高，数量越少，但企业的素质、管理水平却越上越高。

二、企业升级的作用

1. 增强了各级主管部门的管理意识，明确了乡镇企业的管理方向和目标。我国工业企业技术落后，管理更落后。乡镇工业企业这方面的问题更突出。尽管有一大批企业的技术、管理水平较高，但总体上是比较落后的。如果管理工作跟不上，产品质量差，物质消耗高，经济效益低，就会把乡镇企业经营灵活、劳动力低廉等优势抵销，就有被淘汰的危险。而只有正视不足，迎头赶上，努力提高企业素质，才能在激烈的竞争中站稳脚跟。在我国乡镇企业主管部门无宏观调控手段的情况下，抓企业升级无疑是各级主管部门搞管理的一条得力措施。经过升级实践，各级主管部门和企业的管理意识得到增强，并初步在一定范围内造成了重视管理、注重内涵发展的气氛和声势。同时，也使各级主管部门明确了当前乡镇企业管理工作的方向，这就是全面提高企业素质，实现安全、优质、低耗、高效益。从升级的角度讲就是要达到省级先进企业和国家级企业的标准。

2. 提高了乡镇企业的社会地位，增强了企业的竞

争能力。过去，乡镇企业在社会上知名度不高，有些企业的产品虽然在国外市场上享有盛誉，但许多人却不相信这是乡镇企业的产品。现在，这种现象已有明显变化。经过严格考核得到社会公认的升级企业，以良好的企业素质树立了乡镇企业应有的形象。通过命名、表彰、登报公布后，提高了企业的信誉和社会地位，引起社会各界的强烈反响，不少客商（其中一批是外商）慕名上门定货或要求合作，从而提高了企业的竞争能力。

3. **培养了一批管理人才。**企业升级工作是学习管理知识的好机会。在进行企业升级的过程中，各级主管部门和企业已初步培养了一批比较熟悉管理业务的人才，这对于加强乡镇企业管理队伍的建设，继续提高乡镇企业素质和企业管理水平，有不可低估的作用。

4. **促使乡镇企业从外延扩大再生产转为内涵扩大再生产，为企业发展增添了后劲。**通过企业升级，促使一批企业深化内部的配套改革，加强企业的各项管理基础工作，健全质量、物耗、效益、安全四大保证体系，加快管理思想、组织、手段、方法、人才的现代化步伐，推动技术进步，调整产品结构，扩大出口创汇，从而增强了发展后劲和竞争能力。

5. **企业升级与深化改革相结合，有利于调动各方面的积极性。**不少地方把企业升级纳入厂长(经理)的任期目标和企业的方针目标，与正在推行的各种承包责任制结合起来，并把升级指标作为内部经济责任制指标层层分解下去，把责、权、利紧密结合起来，使企业由粗放式的经营逐步转向集约化经营，为进一步完善、发展承包责任制、增强企业活力和调动经营者、生产者的积极性产生了巨大的动力。

6. **融洽了乡镇企业在行业中的关系。**由于种种原因，乡镇企业在行业上曾一度受歧视。企业升级工作以三大指标和各项管理要求为尺度，使一批在行业上排头的企业旗帜鲜明地从行业中站了出来，为乡镇企业正了名，树立了榜样。同时，也使行业主管部门不得不重视它们的存在，不得不重新认识它们。

7. **促使乡镇企业取长补短，有利于自身的进一步调整。**乡镇企业比较重视生产后期的管理，注重生产的成果，而对整个生产过程管理不够。升级使得企业必须加强设备管理、物资管理、全面质量管理、全面经济核算和各项管理基础工作，有利于乡镇企业逐步正规化。通过企业升级工作，将广大乡镇企业分层次、分等级地逐个排队，使得乡镇企业的进一步调整明确了方向，各级乡镇企业管理部门清楚了哪些行业应保，哪些行业应压，做到应保的保，应压的压，有利于深化改革的顺利进行，促使乡镇企业群体素质的提高，为乡镇企业的进一步腾飞打下了基础。

三、主要经验

1. **落实组织领导，形成保证体系。**乡镇企业升级是一项新的工作，是一项系统工程。各省、自治区、直辖市和计划单列市（以下简称各省市）的党政领导都十分重视乡镇企业的发展，有的省市的各级政府，都把乡镇企业工作纳入了政府的目标管理，区、县和乡镇党政领导把开展企业升级作为促进乡镇企业提高和发展的一条重要经验，在本地推广；有的省市为充分调动广大乡镇企业抓管理，上等级的积极性，制定了具体的优惠政策，对晋升的国家级、省级先进企业分别给予相应的奖励；有的省市政府成立了由省市经委、乡镇企业局、加强企业管理办公室、财政、税务、标准、计量、生产技术、公安局和农业银行分行等有关领导人员组成的领导小组，下设办公室，在省市乡镇企业局办公。各区、县人民政府也建立了相应的机构，对乡镇企业的升级工作加强领导，使企业升级工作有了可靠的组织保证体系。

2. **升级带管理，管理促升级。**各省市对升级企业坚持标准，严格要求，使之认真整改完善。并把升级工作与其它各项管理工作紧密结合，促使企业整体优化。这是坚持升级工作的正确方向，也是提高升级工作质量的重要保证。同时，各级主管部门和企业将升级工作与人员培训、深化企业改革、产品创优、节能升级、应用现代化手段管理等工作紧密结合起来，有效地提高了经济效益和企业素质。许多主管部门在企业升级后仍继续指导企业进一步加强管理，提高企业管理水平。这样，避免了套指标升级的现象发生，企业升级后也得到巩固和提高。

3. **以点带面，点面结合。**大部分省市把企业升级与面上的企业管理工作紧密结合起来，组织面上的企业学习、推广升级企业的先进经验，采取措施动员更多的企业投入企业升级工作，这样，通过提高面上企业管理水平，为今后分期分批升级创造了条件。

四、存在的问题

1. **升级指标少，矛盾突出。**由于企业升级受名额的限制，把这项本应以数据和材料说话的工作，带进了人为的因素，从而使企业升级存在着一定的主观随意性。1990年各省上报要求晋升国家二级的企业155个，因受指标限制，仅批准了51个国家二级企业，占上报数的33%。"七五"期间，乡镇企业系统共晋升117个国家二级企业，占13 000个骨干企业的0.9%，占乡村两级集体企业的0.008%；而全国"七五"期间审定工业企业的国家二级企业已占预算内工业企业总数的8%。目前乡镇企业升级的积极性很高，但需要与可能之间的差距太大。

2. **地区之间发展不平衡。**到目前为止，国家级企业仅在沿海发达地区比重较大，有些边远地区还是空白，甚至连省级先进企业都没有。浙江、江苏、山东、广东、天津、上海等省市乡镇企业已晋升国家级企业占全国乡镇企业系统国家级企业的70.9%，省级先进企业占全国乡镇企业已晋升省级先进企业的55.8%。

3. 各种搭车现象严重。企业升级的过程，也是抓管理、找差距的过程。各级主管部门和企业在升级工作中与人员培训、深化改革、产品创优、节能升级、应用现代化管理等紧密结合起来，有效地提高了经济效益和企业素质。但有些部门片面地强调单相升级，不免发生套指标升级的现象。

4. 受外部条件的制约。在现行的行业标准中，对于省以上优质产品强调很严格，这有利于促使企业提高产品质量，但是乡镇工业产品的创优常受到指标少和所有制性质不同的限制，有的企业产品质量经检测中心检测或行业评比名列前茅，也不能评上省优，因而限制了企业升级。

5. 升级标准不全面。乡镇工业企业中有一部分企业生产的主要产品是拾遗补缺，甚至是独家生产的，这些产品有一定的市场覆盖面，信誉较好，企业的升级意识也很强，就是苦于没有升级标准，致使企业升级的愿望不能实现。

1990年全国乡村企业财务决算情况

王庆玲　刘建水

一、基 本 情 况

从全国乡村企业财务汇总（西藏自治区未参加汇总）的情况看，乡村企业个数、职工人数有所减少，特别是通过近几年的不断调整和整顿，企业组织结构提高，经济规模增加，乡村企业产值稳定增加。

1. 企业个数。全国应汇总乡村企业1 271 276个，比上年减少34 039个，下降2.61%。其中乡办企业359 083个，比上年减少16 573个，下降4.41%；村办企业912 193个，比上年减少17 466个，下降1.88%。实际汇总乡村企业1 227 836个，比上年减少42 886个，下降3.37%。其中乡办企业347 237个，比上年减少16 486个，下降4.53%；村办企业880 599个，比上年减少26 400个，下降2.91%。汇总面为96.58%，比上年下降0.77个百分点。其中乡办企业汇总面96.70%，比上年下降0.12个百分点；村办企业汇总面96.54%，比上年下降1.02个百分点。与上年相比，应汇企业数减少幅度有所减缓；实汇企业数减少幅度有所增加。

2. 企业人数。全国乡村企业年末人数40 966 379人，比上年减少2 823 642人，下降6.45%。其中乡办企业年末人数20 905 761人，比上年减少72 083人，下降0.34%；村办企业年末人数20 060 618人，比上年减少2 751 559人，下降12.06%。

全年企业平均人数39 995 686人，比上年减少533 807人，下降1.32%。其中乡办企业20 405 020人，比上年下降1.86%；村办企业19 590 666人，比上年下降0.74%。

3. 总产值。在企业个数、职工人数均有不同程度下降的情况下，乡村企业总产值（按现行价计算）稳定增加。全国乡村企业总产值56 538 596万元，比上年增加7 549 389万元，增长15.41%（未剔除物价指数上升因素，下同）。其中乡办企业31 435 030万元，比上年增长13.75%；村办企业26 103 566万元，比上年增长22.24%。村办企业增长速度高于乡办企业增长速度。企业经济规模不断扩大，平均每个乡村企业实现总产值46.05万元，比上年增加7.5万元。平均每个乡办企业实现总产值90.53万元，比上年增加14.55万元；平均每个村办企业实现总产值29.64万元，比上年增加6.10万元。

4. 全员劳动生产率。随着乡村企业技术进步、设备更新，加强管理，企业的劳动生产率不断提高。乡村企业1990全员劳动生产率14 136元/人·年，比上年增加2 049元，提高16.95%。其中乡办企业全员劳动生产率15 406元/人·年，比上年增加2 115元，提高15.91%；村办企业全员劳动生产率13 324元/人·年，比上年增加2 504元，提高23.14%。

二、有关经济指标完成情况

从汇总情况分析，全国乡村企业随着生产持续发展，销售收入增加，继续对国家作出应有的贡献，职工工资水平有所提高。但是受客观经济环境的制约，经济效益状况不佳，利润总额下降，亏损大量增加。

1. 销售收入。全国乡村企业实现销售收入46 809 028万元，比上年增长9.36%，增长幅度比上年回落4.7个百分点。其中乡办企业销售收入25 788 000万元，比上年增长7.58%；村办企业销售收入21 021 028

万元，比上年增长11.63%。在销售收入中，农业企业收入1 137 571万元，比上增长11.31%，占总收入的比重由上年的2.39%上升到2.43%，基本持平。工业企业收入38 139 166万元，比上年增长10.36%，占总收入的比重由上年的80.74%上升到81.48%，增长0.74个百分点。商业企业收入2 191 483万元，比上年增长2.86%，占总收入的比重由上年的4.97%下降到4.68%，减少0.29个百分点。建筑安装企业收入3 884 070万元，比上年增长2.91%，占总收入的比重由上年的8.82%下降到8.30%，减少0.52个百分点。交通运输企业收入675 495万元，比上年增长7.29%，占总收入的比重由1.47%下降到1.44%，基本持平。饮食服务企业收入781 243万元，比上年增长13.94%，占总收入的比重由上年的1.60%上升到1.67%，基本持平。

2. 利润总额。1990年全国乡村企业实现利润总额在上年下降的基础上继续下滑，但下降的幅度有所减缓。全国乡村企业利润总额2 655 383万元，比上年下降4.52%，下降幅度比上年减缓0.82个百分点。其中乡办企业利润总额1 040 958万元，比上年下降14.19%；村办企业利润总额1 614 425万元，比上年增长2.96%。在乡村企业六类企业中，农业、交通运输、饮食服务企业的利润总额有不同程度增长，工业、商业和建筑安装企业的利润总额则不同程度下降，尤其是工业企业利润总额下降幅度大于平均下降幅度。农业企业利润总额146 367万元，比上年增长5.25%，在利润总额中占比重为5.51%，比上年增加0.51个百分点。工业企业利润总额2 095 406万元，比上年下降5.64%，所占比重为78.91%，比上年减少0.94个百分点。商业企业利润总额96 725万元，比上年下降3.98%，所占比重为3.64%，与上年基本持平。建筑安装企业利润总额191 862万元，比上年下降4.5%，所占比重为7.23%，与上年基本持平。交通运输企业利润总额59 237万元，比上年增长0.64%，所占比重为2.23%，比上年增加0.12个百分点。饮食服务企业利润总额65 786万元，比上年增长8.51%，所占比重为2.48%，比上年增加0.29个百分点。

3. 交纳国家税金。1990年全国乡村企业交纳国家税金2 465 183万元，比上年增长6.82%。其中交纳销售税金1 984 565万元，比上年增长8.77%；交纳所得税480 618万元，比上年下降0.56%。人均交纳税金由上年的569元上升到616元，比上年增长8.26%。

4. 工资总额。1990年全国乡村企业工资总额5 520 985万元，比上年增长8.52%，略低于销售收入的增长幅度，远远高于利润总额的增长幅度。其中奖金额225 930万元，比上年增长3.09%，奖金额占工资总额的比重4.09%，比上年下降0.22个百分点。人均年工资由上年的1 255元上升到1 380元，增长9.96%。其中人均年奖金由上年的54元上升到56元，增长3.70%。工资总额和人均年工资虽然增长较快，与利润总额等有关经济指标增长不同步，但对于稳定职工队伍，调动干部职工积极性，克服生产经营中的困难，安定农村社会，增加农民收入等都起了积极作用。

5. 亏损企业及亏损金额。与上年比较，全国乡村企业亏损情况有明显改善，亏损企业、亏损金额的增加量大幅度减少。1990年全国乡村企业亏损企业为92 503个，比上年增长7.54%；亏损金额501 122万元，比上年增长36.44%。亏损企业和亏损金额分别比上年少增加12 691个和47 671万元，增长幅度分别回落21.14个百分点和61.27个百分点。乡村企业亏损面由上年的6.77%上升到7.53%，增长0.76个百分点。平均每个企业的亏损金额5.42万元，比上年增加1.15万元。

6. 销售成本。1990年全国乡村企业销售成本41 919 607万元，比上年增长10.68%，高于同期销售收入增长9.36%的幅度。销售成本占销售收入的比重由上年88.49%上升到89.55%，增加1.06个百分点。销售成本上升是影响经济效益改善的重要原因。

7. 百元销售收入实现利润总额。1990年全国乡村企业百元销售收入实现利润总额5.67元，比上年的6.50元，减少0.83元。

8. 百元产值实现销售收入。1990年全国乡村企业百元产值实现销售收入82.79元，比上年减少4.58元。市场疲软，使乡村企业销售形势没有全面好转，企业产成品积压的情况仍很严重。

三、资金增减变化情况

1990年全国乡村企业年末实际占用资金总额44 863 315万元，比上年增长17.61%。有关资金变化情况如下：

1. 固定资产原值。1990年全国乡村企业固定资产原值20 565 186万元，比上年增长17.78%。固定资产购建支出1 969 656万元，比上年增长1.21%。当年乡村企业固定资产投资为3 742 015万元，比上年下降2.75%。其中新增固定资产投资1 772 359万元，比上年下降6.47%；期末在建工程1 969 656万元，比上年增长1.21%。

2. 定额流动资产。1990年全国乡村企业年末定额流动资产占用13 994 415万元，比上年增加2 091 658万元，增长17.57%。定额流动资产全年平均占用额13 379 722万元，比上年增长20.54%；周转天数为102.90天，比上年延缓了9.54天。在定额流动资产占用中，产成品4 864 513万元，比上年增长19.68%；发出商品1 383 319万元，比上年增长36.96%。两项合计占定额流动资产的比重为44.65%，比上年增加2.02个百分点。

3. **应收款**。1990年全国乡村企业应收款9 241 856万元，比上年增加1 548 291万元，增长20.12%。其中应收销售款4 893 996万元，比上年增加1 099 204万元，增长28.97%。乡镇企业“三角债”仍很严重，但大部分是其他国营工商企业和外贸企业拖欠货款。

4. **投资基金**。1990年全国乡村企业投资基金14 676 371万元，比上年增加1 987 755万元，增长15.67%。其中乡村投资基金6 833 089万元，比上年增长12.81%；外来投资资金1 967 420万元，比上年增长22.24%；国家扶持基金1 716 913万元，比上年增长30.95%；企业积累基金4 158 949万元，比上年增长12.08%。在全部投资基金中，乡村投资基金所占比重为46.56%，比上年减少1.18个百分点；外来投资基金所占比重13.41%，比上年增加0.73个百分点；国家扶持基金所占比重11.70%，比上年增加1.37个百分点；企业积累基金所占比重28.34%，比上年减少0.90个百分点。

5. **借入资金**。1990年全国乡村企业资金占用总额中，借入资金为14 190 074万元，比上年增加2 429 273万元，增长20.66%。其中银行借款10 979 265万元，比上年增加2 046 627万元，增长22.91%；其它借款3 210 809万元，比上年增加 382 646万元，增长13.53%。

6. **应付款**。1990年全国乡村企业应付款为8 751 457万元，比上年增加3 803 177万元，增长76.86%。其中应付购货款3 867 051万元，比上年增加815 960万元，增长26.74%。

7. **自有流动资金**。1990年全国乡村企业自有流动资金2 743 710万元，比上年增加612 277万元，增长29.27%。自有流动资金占定额流动资金的比重由上年的17.83%上升到19.61%，增长1.78个百分点；乡村企业资金自有率仍很低，有待采取各项措施提高。

8. **专用基金**。1990年全国乡村企业专用基金3 858 756万元，比上年增加619 803万元，增长19.14%。其中发展基金1 690 590万元，比上年增加249 889万元，增长17.34%。发展基金占专用基金的比重为43.81%，比上年的44.48%减少0.67个百分点。

从上述资金增减情况分析，在全国乡村企业新增加的资金占用额中，依靠乡村投资增加775 715万元，占11.55%；依靠外来投资增加357 969万元，占5.33%；依靠国家扶持（主要是减免税收）增加405 769万元，占6.04%；依靠企业自我积累1 068 105万元，占15.9%；依靠借入和负债增加4 110 859万元，占61.19%。由此可见，乡村企业仍然主要依靠负债经营。1990年全国乡村企业负债率为61.81%，比上年增长0.65个百分点。

四、利润分配情况

1990年全国乡村企业税前参加分配的利润3 165 458万元（盈利企业利润3 156 504 万元，加分进的投资利润8 954万元），比上年可参加分配的利润3 164 296万元，增长0.04%。

从1990年乡村企业利润分配看，乡村企业上交国家所得税480 618万元，能源交通重点建设基金51 070万元，提交预算调节基金51 524万元，三项合计为583 212万元，占可分配利润的18.48%，比上年减少11 249万元，下降1.89%。

上交乡镇企业主管部门的扶助基金为10 342万元，比上年增加672万元，增长6.95%，占税后利润1 910 529万元的0.54%，比上年提高0.03个百分点，但与财务制度规定计提1%的规定，还有较大差距。

乡镇企业补助社会性支出191 931万元，占可分配利润的6.06%，比上年增加28 135万元，增长17.18%。说明乡村企业继续对农村社会作贡献，同时也说明农村的社会性负担继续加大。

税前分出投资利润99 607万元，占可分配利润的3.15%，比上年减少440万元，下降0.44%，税前分出投资利润有所减少。

企业各项留利（提取企业基金、“三废”产品留利、其他按规定提留利润、应减免所得税、弥补以前年度亏损、企业留利等项）为1 574 469万元，比上年减少6 674万元，下降0.42%，占可分配利润49.74%。所占比重比上年下降0.22个百分点。

其它各项分配（技术转让费、成本工资与实际工资差异等）为16 760万元，比上年增加1 033万元，占可分配利润的0.53%。

1990年乡村企业盈余分配利润1 808 494万元，比上年增加38 813万元，增长2.19%，占可分配利润的比重为57.13%，比上年提高1.20个百分点。其中上交乡村利润636 785万元，占盈余分配利润的35.21%，比上年减少1.19个百分点。比上年的644 125万元，减少7 340万元，下降1.14%。企业留利1 171 709万元，占盈余分配利润的64.79%，比上年增加46 153万元，增长4.10%。

从企业留利内部分配看，乡村企业留利1 171 709万元中，增加企业发展基金810 877万元，比上年增长3.59%，占69.20%。增加福利基金159 555万元，比上年增长13.32%，占13.62%。增加奖励基金201 277万元，比上年减少0.34%，占17.25%。

从上述分析看出：乡村企业可分配利润中，国家所得基本持平，社会性支出增加较快，企业留用利润有所下降。但地方党政重视乡镇企业的发展，1990年乡村企业上交乡村利润636 785万元，同期乡村投资基金增加775 715万元，超过企业上交乡村利润数额。企业与乡村的利润分配比例关系基本达到财务会计制度的要求。企业留利的内部分配主要用于生产发展，同时兼顾了职工的集体福利和个人奖励。

五、存在的主要问题

1. **亏损企业连年增加，亏损金额继续上升。**尽管1990年乡村企业的亏损企业个数、亏损金额的增加量比上年有所减少，亏损情况有明显改善，但形势不容乐观。造成亏损的重要原因，一是产品成本上升。按前面分析，如按照1989年度销售成本计算，1990年可节省成本开支498 298万元。在销售成本中，销售费用的比重下降，反过来说明物化劳动和活劳动费用所占比重增大。工资总额和人均年工资增长幅度显然偏高。二是由于市场长期疲软，许多企业生产不正常，产品积压，削价推销产品，导致固定费用增大，减利因素加大。三是一部分企业产品质量不高，浪费损失较大。扭转乡村企业亏损状况是一项重要而艰巨的任务。

2. **资金使用效果下降，周转缓慢。**1990年全国乡村企业资金平均余额为27 762 530万元，比上年增长19.42%，同期利税总额4 639 948万元，比上年上升0.75%。资金利税率由上年19.81%下降到16.71%，减少3.10个百分点。百元固定资产净值创利为18.45元，比上年减少4.44元。由于固定资产净值创利水平降低，固定资金占用增加598 059万元。由于定额流动资产周转缓慢而多占用资金1 240 583万元。两项合计浪费使用资金达1 838 642万元。

3. **固定资产投资规模得到进一步控制，自有流动资金补充速度缓慢。**1990年全国乡村企业固定资产投资3 742 015万元，比上年下降2.75%。个别地方固定资产投资已显不足，项目出现断层，影响企业发展后劲。尽管投资规模缩小，但仍然存在较大资金缺口。从资金来源看，投资基金增加1 987 755万元，发展基金增加249 889万元，银行设备借款增加411 965万元，长期借款增加116 192万元，上述四项合计2 765 801万元，与固定资产投资额比较，仍有资金缺口362 948万元，挤占了流动资金，加剧生产资金紧张的矛盾，制约了自有流动资金增长的速度。企业自有流动资金占定额流动资金的比例19.61%，比上年增加1.78个百分点，远远低于银行贷款对于企业自有流动资金占定额流动资金比例的要求。

4. **资金占用不合理。**产成品、发出商品、应收款等三项资金居高不下，总额达15 489 688万元，比上年增长21.32%，大于销售收入的增长。产品积压比较严重，发出商品货款不能及时回笼，应收款额巨大。其中乡村企业应收款9 241 856万元，比上年增加1 548 291万元，增长20.12%。应收款应付款相抵还有应收款净额490 399万元。清理"三角债"的工作复杂艰巨，全国性的清理"三角债"活动，对乡村企业收效甚微。城市大中型企业、外贸企业拖欠乡村企业货款情况依然十分严重，约占全部应收销货款的2/3。另外应弥补亏损数额加大。1990年乡村企业应弥补亏损金额达1 264 044万元，比上年增加497 505万元，增长64.90%。还有待处理的固定、流动资产损失余额286 534万元，比上年增长44.63%。数额越来越大，且得不到及时处理，挤占大量资金。

5. **企业短期行为不同程度存在。**乡村企业实行承包经营以来，由于缺乏比较有效的制约手段，使承包者的短期行为在许多地方不同程度地存在。表现为该提的费用不提或少提，影响企业积累和发展。全国乡村企业提取固定资产折旧1 447 882万元，占本年固定资产原值平均余额18 781 376万元的7.71%，比上年度折旧率8.09%减少了0.38个百分点。仅此一项，全国乡村企业1990年比上年要少提折旧71 531万元。少提折旧帐面上可多反映一些利润，但都会使固定资产周转速度放慢，延长固定资产投资回收时间，影响企业设备更新和技术进步，另外也将不该分配的资金作了分配，使集体财产遭受一定损失。在生产资金严重短缺情况下，更需要提足折旧，来弥补资金的不足，缓解资金紧张的状况。

1990年全国乡村集体企业主要经济效益指标与国营工业企业对比情况

王庆玲　刘建水

1990年全国乡村集体企业认真贯彻党中央和国务院治理整顿和深化改革的方针，深入开展"企业管理年"活动，强化企业管理，推进技术进步，调整产品结构，发挥机制灵活的优势，经受住了资金、能源、原材料紧缺、市场疲软的严峻考验，利润总额首次超过国营工业企业7.93%。乡村集体企业在生产发展速度、开拓市场销售、提高劳动生产效率等方面都取得了显著成绩。为国民经济、农村经济发展和社会稳定作出了重大贡献。

1. 乡村集体企业利润总额首次超过国营工业企业。1990年全国乡村集体企业实现利润总额2 655 383万元，比国营工业企业2 460 200万元，超过7.93%。国营工业企业利润比上年下降58.05%，而乡村集体企业仅下降4.52%。充分说明全国乡村集体企业重视内部管理，注意开拓市场，为国家抑制经济滑坡做出了显著成绩。

2. 乡村集体企业生产发展速度高于国营工业企业13.88个百分点。1990年全国乡村集体企业工业总产值达5 653.86亿元，比上年增长15.41%；而国营工业总产值为6 553.01亿元，比上年仅增长1.53%。乡村集体企业生产增长速度比国营工业企业高13.88个百分点。同时，乡村集体企业与国营工业企业工业总产值差距在逐年缩小，1988年降低32.24%；1989年降低24.09%；1990年降低13.72%。近二年来，增长速度差距，1989年比1988年缩小8.15个百分点，1990年比1989年又缩小10.37个百分点。说明乡村集体企业保持着适度发展。

3. 销售利润率比国营工业企业高3.07个百分点。1990年乡村集体企业销售利润率为5.67%，比国营工业企业的2.6%高3.07个百分点。在同样销售规模下，乡村集体企业比国营工业企业多创利润143.70亿元，相当于国营工业企业1990年利润总额的58.41%。然而，应该看到，乡村集体企业销售利润率比国营工业企业高，不是由于成本低的原因，因为1990年成本比上年上升1.06个百分点，使盈利减少49.62亿元。我们应该充分认识到，乡村集体企业盈利率高于国营工业企业是劳动成本低廉的原因。因为，乡村集体企业的职工人均年收入仅为1 380元，如果按2 000元计算，则全年利润仅为17.54亿元，有90%以上乡村集体企业将处于亏损状态。因此，不能盲目乐观。

4. 利税总额近二年来年年有所增长。全国乡村集体企业利税总额1989年比上年增长1.34%，1990年达463.99亿元，比上年又增长0.75%，而国营工业企业1990年比上年却下降18.49%。1990年乡村集体企业上交国家销售税金198.46亿元，比上年增长8.77%，而国营工业企业仅增长5.35%。这进一步说明乡村集体企业上交国家税金成为财政收入重要组成部分。

5. 亏损面、亏损额低于国营工业企业。1990年乡村集体企业亏损面7.53%，国营工业企业亏损面达31%，乡村集体企业亏损面比国营工业企业亏损面低27.47个百分点。1990年乡村集体企业亏损面比上年提高0.76个百分点。而国营工业企业却提高15个百分点，乡村集体企业亏损面增幅比国营工业企业低14.24个百分点。从亏损总额看，1990年乡村集体企业亏损50.11亿元，比上年增长36.44%，而国营工业企业亏损额高达286.03亿元，比上年增加1.28倍。乡村集体企业亏损比国营工业企业亏损少235.92亿元，仅为国营工业企业亏损额的17.52%。同时，亏损额增长幅度乡村集体企业比国营工业企业低91.38个百分点。

6. 定额流动资金周转率比国营工业企业快23.7天。1990年乡村集体企业流动资金周转一次需要102.9天，比国营工业企业126.6天快23.7天，比国营工业企业相对节约资金308.16亿元。1990年乡村集体企业资金周转比上年延缓9.5天，而国营工业企业却延缓17.4天，乡村集体企业在同样大气候下，延缓时间比国营工业企业少7.9天。

7. 全员劳动生产率提高幅度高于国营工业企业16.12个百分点。1990年乡村集体企业全员劳动生产率14 136元/人·年，比上年提高2 049元/人·年，增长16.95%；而国营工业企业全员劳动生产率18 917元/人·年，比上年提高155元，增长0.83%。1990年乡村集体企业全员劳动生产率提高额为国营工业企业的13.21倍，而且全员劳动生产率差距缩短10.31个百分点。

1990年乡村集体企业全员劳动生产率由于比上年提高16.95%，相对节约劳动力677.95万人，节约工资支出93.56亿元，占1990年工资支出总额的16.95%。

劳动生产率提高，说明乡村集体企业的职工劳动素质进一步提高，依靠科技兴工，向管理要效益取得了成效。

8. 产值资金率明显高于国营工业企业。1990年乡村集体企业每百元产值占用定额流动资金仅为23.66元，比国营工业企业的53.91元，低56.11%。如果1990年全国国营工业企业的资金产出效益达到乡村集体企业的水平，则可相对节约资金1 982.29亿元，相当于当年国营工业企业资金占用数的56.11%。当然，乡村集体企业的产品结构、行业结构不同于国营工业企业，加上乡村集体企业积累率较低，资金来源渠道不畅，资金投入相对较少也是一个原因。

然而，乡村集体企业要得到持续、健康发展，必须有较大投入，进而依靠科技、依托大城市、面向国际市场，以及加强管理基础工作强化财务管理工作，完善经济效益保证体系，提高人员素质，才能使自己的效益达到最佳状态。

综上所述，1990年全国乡村集体企业在治理整顿中得到了稳步发展，又保持了适当的发展速度。说明乡村集体企业有较强的应变能力，能在严峻的经济形势下，发挥灵活的机制优势。

乡村集体企业在前进的道路上有不少困难，要抓紧调整产业、行业和产品结构，努力提高经营管理水平和技术水平，提高企业积累比例，保证乡村集体企业持续、稳定地向前发展。

表 1　各省、直辖市、自治区乡村集体企

项目 地区	工业总产值（万元）					销售收入总额（万元）				
	乡村集体企业		国营工业企业		比国营工业企业±%	乡村集体企业		国营工业企业		比国营工业企业±%
	1990年实绩	比上年±%	1990年实绩	比上年±%		1990年实绩	比上年±%	1990年实绩	比上年±%	
合计	**56 538 596**	**15.41**	**65 530 100**	**1.5**	**−13.72**	**46 809 028**	**9.36**	**94 452 400**	**3.5**	**−50.44**
北京	1 378 732	26.29	1 859 000	−2.4	−25.83	1 219 587	15.06	2 677 500	7.3	−54.45
天津	1 785 792	16.91	1 920 200	−3.0	− 7.00	1 088 212	13.99	2 567 300	0.2	−57.61
河北	2 326 196	15.38	1 965 200	−0.4	18.37	2 097 759	10.11	2 913 500	− 0.7	−28.00
山西	946 705	43.13	1 064 100	−0.8	−11.03	647 640	17.82	1 557 500	− 3.3	−58.42
内蒙古	204 433	10.27	694 100	4.4	−70.55	205 110	6.40	1 133 900	9.6	−81.91
辽宁	2 588 590	4.14	3 760 300	−1.7	−31.16	2 333 836	− 0.1	4 980 900	− 6.2	−53.14
吉林	578 060	15.61	1 264 000	−1.4	−54.27	414 868	− 5.44	1 788 800	− 1.1	−76.81
黑龙江	643 735	26.82	1 415 100	0.2	−54.51	504 878	4.56	1 818 200	− 3.5	−72.23
上海	2 507 276	13.76	4 959 800	−2.5	−49.45	2 457 983	7.74	7 250 300	1.5	−66.10
江苏	11 370 271	12.00	4 273 900	4.1	1.66倍	8 850 973	6.32	5 620 200	3.9	57.49
浙江	5 927 861	7.43	1 829 000	1.8	2.24倍	5 070 676	4.16	2 790 400	5.1	81.72
安徽	1 328 876	7.32	1 350 600	1.8	−1.61	1 091 891	7.01	1 859 700	− 0.6	41.29
福建	1 073 849	14.25	998 600	−0.8	7.54	949 130	12.82	1 462 200	−2.7	−35.09
江西	720 251	17.74	958 800	0.8	−24.88	630 532	8.54	1 301 800	−1.5	−51.56
山东	8 221 299	26.04	3 022 000	3.6	1.72倍	6 270 151	15.72	4 010 000	2.1	56.36
河南	1 955 970	14.74	2 061 800	2.0	−5.13	1 418 063	6.39	2 993 500	0.7	−52.63
湖北	2 248 911	11.06	2 292 600	−3.8	−1.91	1 573 144	6.83	2 900 100	−3.8	−45.76
湖南	1 519 665	9.36	1 470 700	0.9	7.41	1 528 302	5.85	1 909 000	−10.4	−19.94
广东	4 499 936	22.69	2 646 700	4.8	10.01	4 513 948	20.61	3 818 500	3.6	18.21
广西	330 392	26.51	1 006 900	4.4	−67.19	303 331	7.07	1 467 300	3.5	−79.33
海南	35 855	−22.91	91 300	4.2	−60.73	35 029	−22.78	162 200	6.3	−78.40
四川	2 531 755	22.36	2 707 400	1.7	−6.49	2 011 787	9.85	3 862 300	2.9	−47.91
贵州	113 363	21.93	452	7.0	7.2	105 795	−74.96	579 700	22.96	3.6
云南	354 864	23.26	631 800	8.4	−43.83	373 058	17.03	1 010 400	10.8	−63.08
陕西	722 293	9.52	1 187 100	2.6	−39.15	644 507	7.94	1 415 000	3.7	−54.45
甘肃	322 713	8.54	555 400	2.3	−41.90	249 844	11.12	690 400	−5.7	−63.81
青海	25 616	3.41	157 700	−0.5	−83.76	23 831	8.22	216 000	1.7	−88.97
宁夏	60 227	0.81	148 100	2.0	−59.33	57 726	3.7	197 100	−1.3	−70.71
新疆	155 110	24.47	256 800	1.6	−39.60	137 437	19.66	398 400	9.9	−65.50

业与国营工业企业经济效益指标对比表

百元产值销售率（%）					利润总额（万元）				
乡村集体企业		国营工业企业		比国营工业企业±%	乡村集体企业		国营工业企业		比国营工业企业±%
1990年实绩	比上年±%	1990年实绩	比上年±%		1990年实绩	比上年±%	1990年实绩	比上年±%	
82.79	**−4.58**	**1.44倍**	**4**	**−61.21**	**2 655 383**	**−4.52**	**2 460 200**	**−58.0**	**7.93**
88.46	−8.48	1.44倍	13	−55.54	122 705	1.58	234 900	−28.3	−47.76
60.94	−1.56	1.34倍	6	−73.06	118 029	13.59	111 300	−36.0	6.05
90.18	−4.31	1.48倍	1	−57.82	219 290	−0.3	85 600	−67.5	1.56倍
68.41	−14.69	1.46倍	−2	−77.59	58 955	−9.09	74 800	−42.7	−21.18
100.33	−3.64	1.63倍	10	−62.67	16 357	−77.2	57 300	−32.7	−71.45
90.16	−3.85	1.32倍	−5	−41.84	183 745	−16.68	59 300	−85.2	2.10倍
71.77	−15.97	1.42倍	2	−70.23	25 171	−24.7	64 300	−56.7	−60.85
78.43	−16.69	1.28倍	−3	−49.57	36 086	−4.6	29 700	−71.0	21.50
98.03	−5.49	1.46倍	7	−47.97	209 204	−13.73	428 700	−34.4	−51.20
77.84	−4.16	1.32倍	2	−54.16	172 795	−17.33	148 400	−50.8	16.44
85.54	−2.26	1.53倍	6	−67.46	194 874	−7.33	101 600	−45.0	91.81
82.17	−0.23	1.38倍	−4	−55.83	65 145	−1.34	41 600	−62.3	56.60
88.39	−1.11	1.46倍	−4	−57.61	47 983	−0.9	81 600	−39.3	−41.20
87.54	−7.42	1.36倍	−5	−48.46	34 729	5.16	16 300	−79.6	1.13倍
76.27	−6.80	1.33倍	−1	−56.73	487 133	3.79	128 200	−54.2	2.8 倍
72.50	−4.82	1.45倍	−2	−72.5	109 052	−4.17	147 000	−34.4	−25.81
69.95	−9.81	1.26倍		−56.05	67 606	−8.02	138 400	−48.0	−51.15
96.75	−3.2	1.30倍	−14	−33.25	76 780	−9.4	45 700	−71.1	68.01
100.31	−1.73	1.44倍	−3	−43.69	251 351	10.81	72 100	−64.4	2.49倍
91.81	−16.66	1.46倍	1	−54.19	8 355	−92.63	61 800	−41.6	−86.48
97.70	0.17	1.78倍	−5	−80.3	3 156	−31.44	4 000	−73.5	−21.1
79.46	−8.97	1.43倍	3	−63.54	59 536	−19.73	118 900	−60.8	−49.93
81.75	93.32	0.79倍	−1	−27.09	5 002	−2.27	24 700	−49.7	−79.75
105.15	−5.55	1.60倍	9	−34.29	4 369	−58.36	65 200	−30.3	−93.30
89.23	−1.31	1.19倍	3	−25.02	44 284	−1.55	66 900	−44.1	−33.81
77.42	1.80	1.24倍	−7	−37.56	18 221	0.9	31 200	−50.0	−41.60
93.03	4.13	1.37倍	8	−32.09	1 215	−3.65	−3 400	−1.3倍	135.74
95.85	2.67	1.33倍	−3	−27.93	4 229	−20.58	−8 600	−49.8	−50.83
88.61	3.56	1.55倍	14	−66.39	10 026	4.89	20 500	−39.0	−51.09

各省、直辖市、自治区乡村集体企业与国营

项目 地区	销售收入利润率（%）					税金（万元）				
	乡村集体企业		国营工业企业		比国营工业企业±%	乡村集体企业		国营工业企业		比国营工业企业±%
	1990年实绩	比上年±%	1990年实绩	比上年±%		1990年实绩	比上年±%	1990年实绩	比上年±%	
合计	**5.67**	**−0.83**	**2.60%**	**−3.75**	**3.07**	**1 984 565**	**8.77**	**10 247 400**	**5.4**	**−80.63**
北京	10.06	−1.34	8.77	−4.41	1.29	84 952	9.70	220 400	11.9	−61.46
天津	10.85	−0.035	4.34	−0.89	6.51	64 796	8.01	159 800	−8.5	−59.45
河北	10.45	−1.11	2.94	−6.1	7.51	96 532	− 1.72	182 500	−3.0	−47.11
内蒙古	7.96	−29.26	5.05	−3.15	2.91	10 308	7.7	108 600	7.9	−90.51
辽宁	7.87	−1.57	1.19	−5.56	6.68	153 475	− 3.06	413 900	−11.4	−62.92
吉林	6.07	−1.55	3.59	−4.54	2.48	29 398	− 1.08	154 400	−6.4	−80.96
黑龙江	7.17	−0.69	1.63	−3.68	5.51	23 350	1.31	147 300	−2.3	−84.15
上海	8.51	−2.12	5.91	−3.07	2.6	142 793	− 2.63	491 700	1.0	−70.96
江苏	1.95	−0.56	2.64	−2.88	−0.69	419 544	2.91	295 400	5.1	42.03
浙江	3.83	−0.51	3.64	−3.24	0.19	318 192	+ 2.80	175 500	3.1	81.31
安徽	5.97	−1.41	2.24	−3.9	3.73	52 308	9.93	190 800	25.6	−72.58
福建	5.06	−2.70	5.58	−3.75	−0.52	48 776	+12.29	104 900	−0.7	−53.50
江西	5.51	−0.18	1.25	−4.77	4.26	33 305	4.68	92 700	−5.4	−64.07
山东	7.77	−4.36	3.20	−4.09	4.57	619 009	14.79	283 400	−5.6	12.56
河南	7.69	−0.85	4.91	−2.79	2.78	65 268	5.59	220 300	0.9	−70.47
湖北	4.29	−0.70	4.77	−4.10	−0.48	67 706	4.08	248 700	1.7	−72.78
湖南	5.02	−0.85	2.39	−5.24	2.63	73 404	−2.82	130 200	−15.5	−43.62
广东	5.51	−0.49	1.89	−3.62	3.68	192 832	21.80	300 400	7.9	−35.81
广西	2.75	−1.27	4.21	−3.72	−1.46	22 381	14.51	122 800	1.0	−81.77
海南	9.01	−1.14	2.47	−8.45	6.54	1 220	−33.84	8 200	24.5	−85.12
四川	2.96	−1.09	3.08	−5.00	−0.12	113 299	22.65	254 300	3.8	−55.45
贵州	4.73	−1.22	4.26	−5.04	0.47	6 598	12.61	54 000	10.2	−87.78
云南	1.17	−2.12	6.45	−4.42	−5.28	19 844	19.93	102 000	20.9	−80.55
陕西	6.87	−0.66	4.73	−4.01	2.14	34 415	2.90	99 700	3.0	−65.48
甘肃	7.29	−0.73	4.52	−2.94	2.77	14 451	13.65	52 800	−7.7	−72.63
青海	5.09	−0.64	−1.57	−6.13	6.66	1 532	7.89	18 900	−4.1	−91.89
宁夏	7.33	−2.24	4.36	−4.07	2.97	3 374	−8.81	15 300	−4.8	−77.95
新疆	15.70	−7.38	5.15	−3.84	10.55	7 612	14.21	32 700	10.0	−76.72

工业企业经济效益指标对比表（续）

利润和税金合计（万元）					销售收入利税率（%）				
乡村集体企业		国营工业企业		比国营工业企业±%	乡村集体企业		国营工业企业		比国营工业企业±%
1990年实绩	比上年±%	1990年实绩	比上年±%		1990年实绩	比上年±%	1990年实绩	比上年±%	
4 639 948	**0.75**	**12 707 600**	**−18.5**	**−63.49**	**9.94**	**−0.85**	**13.45**	**−3.82**	**3.54**
175 810	4.72	455 300	−13.2	−61.39	14.42	−1.38	17.00	−4.39	−2.58
161 880	10.62	271 100	−22.2	−40.29	14.87	−0.29	10.56	−1.71	4.31
292 639	1.27	268 000	−40.6	9.19	13.95	−1.22	9.20	−6.51	4.75
2 615	0.53	165 900	−10.7	−85.16	12.00	−29.03	14.63	−3.43	−2.63
294 467	−12.82	473 200	−45.5	−37.77	12.62	−1.6	9.50	−7.26	3.12
48 217	−16.79	218 600	−30.2	−77.94	11.62	−1.22	12.22	−5.17	−0.6
54 110	−2.53	176 900	−30.1	−69.41	10.72	−0.77	9.73	−3.81	0.99
312 419	−9.89	920 400	−19.3	−66.06	12.71	−2.34	12.69	−3.53	0.02
551 943	−4.21	443 800	−23.8	24.37	6.24	−0.67	7.90	−3.65	−1.66
460 717	−0.98	277 100	−21.9	66.26	9.09	−0.51	9.93	−3.51	−0.84
105 050	2.16	232 500	−11.4	−54.82	9.61	−0.46	12.50	−1.39	−2.89
90 350	5.30	186 500	−22.3	−51.55	9.52	−0.65	12.75	−13.17	−3.23
63 521	5.67	108 900	−38.8	−41.67	10.07	−2.24	8.37	−5.10	1.7
715 601	6.76	411 500	−29.0	73.90	11.41	−0.71	10.26	−4.81	1.15
211 264	23.53	367 300	−17.0	−42.48	11.29	0.83	12.27	−2.48	−0.98
124 814	−1.92	387 200	−24.2	−67.76	7.93	−0.69	13.35	−3.65	−5.42
140 234	−3.11	175 900	−43.7	−20.28	9.18	−0.83	9.21	−6.04	−0.03
416 564	12.82	372 400	−22.5	11.86	9.22	−0.48	9.75	−3.37	−0.53
29 160	−0.54	184 700	−18.8	−84.21	9.61	5.02	12.59	−4.00	−2.98
4 255	−46.77	12 200	−43.9	−65.12	12.15	1.62	7.52	−8.38	4.63
160 800	4.26	373 200	−31.9	−56.91	7.99	−0.15	9.66	−6.36	−1.67
10 659	10.19	78 700	−19.7	−86.46	10.08	−1.16	13.58	−4.77	−3.5
22 487	−11.74	197 200	−6.1	−86.55	6.03	−1.87	16.55	−3.91	−10.52
72 537	0.83	166 500	−23.0	−56.43	11.25	−0.8	11.77	−4.53	−0.52
29 938	5.79	83 900	−29.7	−64.32	11.98	−0.61	12.15	−3.86	−0.17
2 461	−2.42	15 500	−48.8	−84.12	10.33	−1.12	7.18	−7.04	3.15
1 011	−12.77	23 900	−27.9	−70.67	12.15	−2.29	12.13	−5.14	0.02
16 064	6.62	53 200	−16.0	−69.80	11.69	−1.43	13.35	−3.92	−1.66

各省、直辖市、自治区乡村集体企业与国营

项目 地区	产值利税率（%）					亏	
	乡村集体企业		国营工业企业		比国营工业企业±%	乡村集体企业	
	1990年实绩	比上年±%	1990年实绩	比上年±%		1990年实绩	比上年±%
合　计	**8.21**	**－1.19**	**19.39**	**－4.76**	**－11.18**	**501 122**	**36.44**
北　京	12.75	－2.57	24.49	－3.05	－11.74	9 372	1.35倍
天　津	9.06	－0.41	14.12	－3.50	－5.06	9 442	36.74
河　北	12.58	－1.75	13.64	－9.25	－1.06	13 342	34.82
山　西	9.66	－3.89	20.65	－3.16	－10.99	8 180	1.44倍
内蒙古	12.04	－30.62	23.60	－4.03	－11.56	1 764	1.25倍
辽　宁	11.38	－1.93	12.59	－10.13	－1.21	24 824	71.65
吉　林	8.31	－2.95	17.30	－7.14	－8.99	8 331	56.75
黑龙江	8.41	－2.52	12.50	－5.41	－4.09	3 733	79.38
上　海	12.46	－3.12	18.56	－3.85	－6.1	17 686	95.45
江　苏	4.85	－0.82	10.38	－3.80	－5.53	98 781	10.39
浙　江	7.77	－0.66	15.15	－4.61	－7.38	61 089	8.67
安　徽	7.91	－0.39	17.21	－2.57	－9.3	9 860	5.73
福　建	8.41	－0.73	18.68	－5.18	－10.27	10 304	67.06
江　西	8.82	－0.98	11.36	－7.33	－2.54	－7 867	8.18
山　东	8.70	－1.53	13.62	－6.27	－1.02	33 132	48.18
河　南	8.19	－1.29	17.82	－4.06	－9.63	15 089	－27.05
湖　北	5.55	－0.72	16.89	－4.55	－11.34	19 805	30.50
湖　南	8.88	－1.13	11.96	－9.46	－3.08	19 926	24.69
广　东	9.26	－0.62	14.07	－4.96	－4.81	65 609	78.47
广　西	8.83	－41.45	18.34	－5.24	－9.51	6 870	60.59
海　南	11.87	－1.56	13.44	－11.49	－1.53	164	－33.06
四　川	6.35	－1.09	13.79	－6.82	－7.44	33 063	52.62
贵　州	9.40	－1	17.81	－5.84	－7.98	2 462	60.60
云　南	6.34	－2.51	26.46	－4.09	－20.12	9 309	74.82
陕　西	10.04	－0.87	14.03	－4.67	－3.99	6 829	19.58
甘　肃	9.28	－0.24	15.11	－6.88	－5.83	1 452	23.05
青　海	9.61	－0.57	9.85	－9.28	－0.22	506	52.41
宁　夏	14.61	－1.81	16.13	－6.69	－4.49	721	62.75
新　疆	10.36	－1.73	20.73	－4.33	－10.37	1 310	22.06

工业企业经济效益指标对比表（续）

损额（万元）			全员劳动生产率（元/人·年）				
国营工业企业		比国营工业企业±%	乡村集体企业		国营工业企业		比国营工业企业±%
1990年实绩	比上年±%		1990年实绩	比上年±%	1990年实绩	比上年±%	
2 860 300	**1.3倍**	**−82.48**	**14 136**	**16.95**	**18 917**	**8.0**	**−25.27**
33 100	9倍	−71.69	18 281	16.98	27 676	0.2	−33.95
18 700	92.4	−49.51	27 866	19.49	26 688	−0.7	4.41
78 600	3.6倍	−83.06	11 719	20.36	15 623	1.5	−25.00
28 200	2倍	−71.00	11 028	30.97	12 218	0.1	− 9.74
20 500	1.8倍	−91.40	7 483	8.92	11 461	0.4	−34.71
173 100	2.5倍	−85.66	15 034	13.09	18 501	−2.5	−18.74
56 800	2.1倍	−85.33	12 172	35.95	14 932	−1.8	−18.48
58 700	1.7倍	−93.64	11 851	33.41	14 098	−2.0	−15.94
57 400	13.5倍	−69.19	17 616	5.51	33 624	−0.6	−47.61
84 200	1.6倍	17.32	19 541	16.47	25 268	6.4	−22.67
49 200	1.7倍	24.16	17 896	12.48	22 161	2.8	−19.25
45 600	2倍	−78.38	8 647	9.91	17 206	1.1	−49.74
18 700	1.9倍	−44.90	11 460	16.14	17 820	−0.1	−35.69
46 300	2.4倍	−83.01	8 453	17.66	13 715	0.3	−38.37
65 800	3.9倍	−49.65	17 426	23.57	22 068	2.0	−21.03
3 900	2.6倍	−61.51	10 291	19.34	15 372	1.1	−33.05
69 600	3.8倍	−65.62	12 449	17.69	20 165	−3.1	−38.26
59 400	2倍	−66.45	7 958	11.19	16 050	0.7	−50.42
96 300	3.4倍	−31.87	14 716	11.83	29 521	8.9	−50.15
28 100	91.0	−75.55	8 168	28.67	17 357	5.2	−52.94
6 400	2.1倍	−97.43	5 948	20.85	15 143	15.8	−60.72
106 700	2.5倍	−69.01	9 516	25.71	14 561	−0.8	−34.65
1 800	1.3倍	−77.20	7 084	−6.13	15 152	3.3	−53.25
17 800	1.3倍	−77.20	7 084	−6.13	15 152	3.3	−53.25
25 600	2.2倍	−73.32	8 065	15.51	15 512	−0.3	−48.01
10 800	2.7倍	−85.56	7 087	7.28	16 952	2.2	−58.19
12 900	3倍	−96.08	6 823	14.83	14 860	3.5	−54.08
3 100	5倍	76.77	8 000	6.34	14 306	4.3	−44.10
9 100	2.5倍	−82.31	8 431	19.37	15 962	1.4	−44.18

表 2 全国乡村集体企业与国营

指 标 项 目	计量单位	1989年		
		乡村集体企业	国营工业企业	比国营工业企业 ± %
工业总产值	万 元	48 989 207	64 541 500	−24.09
销售收入总额	万 元	42 801 641	91 284 500	−53.11
利润总额	万 元	2 781 097	5 864 200	−52.57
销售收入利润率	%	6.50	6.42	0.08个百分点
销售税金	万 元	1 824 473	9 726 600	−81.24
利润和税金合计	万 元	4 605 570	15 590 800	−70.46
销售收入利税率	%	10.76	17.08	−6.32个百分点
产值利税率	%	9.40	24.16	−14.71个百分点
亏损企业户数	个	86 021	6 299	—
亏损面	%	6.77	16	−9.23个百分点
亏损额	万 元	367 283	1 255 500	−70.75
百元产值占用定额流动资产	元	22.66	48.65	−53.42
定额流动资产周转率	天	93.36	109.20	−14.51
全员劳动生产率	元/人·年	12 087	18 762	−35.58

工业企业主要经济指标对比表

1990年			1990年比1989年 ± %	
乡村集体企业	国营工业企业	比国营工业企业 ± %	乡村集体企业	国营工业企业
56 538 596	65 530 100	−13.72	15.41	1.53
46 809 028	94 452 400	−50.44	9.36	3.47
2 655 383	2 460 200	7.93	−4.52	−58.05
5.67	2.60	3.07个百分点	−0.83个百分点	−3.82个百分点
1 984 565	10 247 400	−80.63	8.77	5.35
4 639 948	12 700 600	−63.49	0.75	−18.49
9.91	13.45	−3.45个百分点	−0.85个百分点	−3.63个百分点
8.21	19.39	−11.18个百分点	−1.19个百分点	−4.77个百分点
92 503	11 898	—	7.54	92.00
7.53	31	−23.47个百分点	0.76个百分点	15个百分点
501 122	2 860 300	−82.48	36.44	127.82
23.66	53.91	−56.11	4.41	10.81
102.9	126.6	−18.72	延缓9.54	延缓17.4
14 136	18 917	−25.27	16.95	0.83

河北省三河县乡镇企业发展概况

肖 启 泰

1990年，是三河县乡镇企业面临困难最多、处境最为艰难的一年，也是乡镇企业发展最快、效益最好的一年。

1．速度和效益同步增长，总体规模和水平进一步提高。到1990年底，乡镇四级企业已发展到15 385个，从业人员80 152人；乡镇企业总收入128 817万元，比上年增长15.3%；实现利润19 650万元，比上年增长15.7%。上缴国家税金达到2 411万元，比上年增长8%，在全县财政收入中几乎占了一半。随着乡镇企业规模的扩大，全县涌现出了4个亿元乡镇，比上年增加了2个，有12个乡镇的总收入超过5 000万元，比上年增加了4个。

2．乡村集体企业跃升主导地位，实力明显增强。在乡镇四级企业总收入、总利润中，乡村两级集体企业所占比重已上升到60%以上，上缴国家税金达到70%，比上年分别提高了12个百分点和17个百分点。在全县16个利税超百万元的大户企业中，集体企业就占了15个；年收入100万元以上的企业中，集体企业占98%；年收入50万元以上的企业中，集体企业占81%。

3．外向型企业发展迅速，创汇能力有新的提高。1990年，外向型企业已增加到120个，投入劳力4 000余人，初步形成了以乐器、家俱、工艺品三大行业、70多种产品为主体的创汇产业结构，年创汇额达1 065万美元，比上年增加了近1/4。

4．产业产品结构在调整中得到优化，优势产品比重增加。1990年三河县乡镇企业以国家产业政策和国内外市场为导向，以提高经济效益为中心，以扩张、开发短线产品和名优畅销产品为重点，先易后难，保压兼施，分类指导，对乡镇企业产业产品结构进行了深层调整。通过调整，多年积累下来的建材产品结构畸重的状况有所改观，名优特新产品比重有较大增加。与此同时，对一些经营不景气、产品不对路的企业进行了关、停、并、转。到1990年底，全县各种类型的企业集团发展到11个，经营项目97个，产品319个，其中76%为名特优新产品。

总的来说，上述成绩是令人鼓舞的，也是来之不易的。主要经验集中体现在以下四个方面：

第一，正视面临困难，奋力拼搏进取。1990年全县各级党委、政府和企业厂长、经理科学地分析形势，积极从困难中寻找机遇，在逆境中寻求发展，鼓舞士气，负重爬坡，使乡镇企业迅速打破了一度出现的徘徊甚至滑坡的局面，生产形势很快好转。

第二，加强组织领导，强化服务职能。1990年全县各级各有关部门，在工作实践中狠抓了对乡镇企业的领导和服务，实现了三个转变：一是转变工作中心。各乡镇充分认识乡镇企业在农村经济中的主导地位和支柱作用，把乡镇企业作为头等大事来抓。二是转变工作作风。各级领导特别是乡镇的领导同志深入基层，深入企业，扎扎实实地开展调查研究，与职工一起出主意，想办法，积极为企业排忧解难。三是转变工作职能。企业主管部门和其它职能部门牢固树立服务观念，强化参与意识，变管理型为服务型，在资金、税收、供电、物资、计量、工商管理等方面为企业解除了许多燃眉之急。

第三，坚持保压结合，调整产品结构。针对全县乡镇企业产品产业结构不尽合理，企业状况相差悬殊的情况，根据保优限劣、保压结合的原则，进行了有计划的调整和整顿。首先是以市场为导向，按着少关停多并转的方针，对58家产品滞销、经营亏损的企业进行了整顿。其中，25家企业通过联合或协作转产新产品，23个企业被效益好的大户企业兼并，10个企业停业整顿。其次是保骨干行业和大户企业。第三是积极创办新企业，开发适销对路的新产品。1990年全县共新办企业60个，开发异型轴、防冻剂等新产品20余种，新增产值3 160万元，利润591万元，进一步优化了产品结构。

第四，苦练企业内功，提高企业素质。一是进行技术改造，各乡镇对所有设备陈旧、工艺落后、耗能高、效益低的乡村两级集体企业分期分批地进行了技术改造，总投资2 100多万元，占全部固定资产投资的60%，更新设备620台件，改造设备240台件，改革工艺117项，新上工艺29项，其中大的技改项目57个。这些企业当年新增产值5 225万元，利润534万元。二是狠抓企业管理，促进企业升级，产品创优。全县先后涌现出2个省级先进企业，5个市一级企业；有6家企业取得了省局颁发的全面质量管理合格证书，有7家企业取得了三级计量合格证书；有25种产品通过了国家、部、省、市级鉴定，有47种产品被评为部、省、市级优质产品，有67种名优产品打入了国际市场，有100多种拳头产品畅销全国。

（本卷年鉴的编纂工作得到三河县政府和县科委的大力支持，在此表示感谢）

企 业 管 理 年

1990年乡镇企业“企业管理年”活动概况

“企业管理年”活动先进单位表彰名单

部分省、直辖市、自治区、计划单列市开展“企业管理年”活动概况

北京市

河北省

山西省

内蒙古自治区

吉林省

黑龙江省

浙江省

安徽省

山东省

河南省

湖北省

湖南省

海南省

甘肃省

宁夏回族自治区

大连市

青岛市

南京市

宁波市

成都市

1990年乡镇企业“企业管理年”活动概况

陈　剑　波

为促进乡镇企业加强企业管理，提高产品质量，降低物质消耗，提高经济效益，1990年3月农业部作出了《关于全国乡镇企业开展“企业管理年”活动的决定》(以下称《决定》)。《决定》发出后，极大地调动了各级领导和乡镇企业广大干部职工抓管理、上等级的积极性，在全国范围内迅速形成了一个开展“企业管理年”活动的热潮，开创了乡镇企业集中力量抓管理的新局面。为了促进这一活动搞得卓有成效，扎扎实实地达到预期目的，乡镇企业司又于7月发出了《关于深入开展“企业管理年”活动的通知》,并按地区分成九组，以组为单位，历时近一个月，进行“互检互学互促”活动，全国共检查了62个地(市、州),139个县（市、区),205个乡(镇),342个企业，把“企业管理年”活动推向深入。9月中旬在北京召开了互检组长汇报会，与会代表一致认为：农业部提出开展“企业管理年”活动很适时，非常必要，符合商品经济发展规律，符合治理整顿要求，符合企业工作实际，反映了企业的愿望。

一、为了深入开展“企业管理年”活动，各地做了大量的工作

（一）启动思想，转变观念，广泛宣传动员

为了打开局面，各地普遍从转变观念、启动思想入手，采取多种形式，组织干部群众学习《决定》。利用广播、电视、报刊、板报等宣传工具，宣传开展“企业管理年”和加强企业管理的重要意义，通过彩车游乡、召开动员大会、进行管理年活动知识竞赛等方法，充分动员群众，大造声势，形成“企业管理年”活动的热烈气氛和良好环境，使“企业管理年”活动成为乡镇企业有史以来管理工作喊得最响、宣传面最广、影响最大的一次活动，成为1990年引人注目的重大事件。据被检县、乡统计,“企业管理年”活动的宣传覆盖面在乡办企业中达到100%,村办企业中达到80%以上，基本做到有组织领导、有安排布署、有实际行动的乡村集体企业占到同类企业的80%以上，创造了“企业管理年”活动的良好开端。

（二）争取支持，加强领导，建立健全机构

各级乡镇企业主管部门采取积极主动的态度,向当地党政领导汇报工作，争取对管理年活动的理解和支持，使管理年活动列入了绝大多数县、乡政府部门的重要议事日程，成立了由党政部门负责同志担任组长、有乡镇企业主管部门和其他兄弟部门参加的“企业管理年”活动领导小组，形成了党政部门牵头抓、主管部门全力抓、兄弟部门配合抓的齐抓共管局面。据被检县、乡统计，管理年活动领导机构健全率占80%左右，其中一半以上由当地党政部门的负责人牵头，使“企业管理年”活动远远超出了乡镇企业的范围。在“企业管理年”活动领导小组的支持推动下，各地迅速作出了开展活动的安排意见，制订了规划，采取分级负责、分片包干的办法把管理年活动落实到各个企业。有的地方还抽调了足够的人力组成工作组，深入到企业进行具体指导，使“企业管理年”活动有组织、有领导、有计划地普遍推开。

（三）突出重点，分类指导，精心组织实施

各地在进行认真调查研究的基础上，普遍采取分类排队、突出重点的办法实行分类指导。具体的实施办法大致有四种：

1．选择不同类型的乡、村和企业进行试点，摸索经验，培养典型，通过召开现场会、建立联系指导点等办法，把点上的经验逐步推广。通过示范，以点带面，指导不同类型的企业开展活动。

2．进行大面积分类排队,按照企业规模、管理水平等不同标准分开档次，分类指导，全面铺开。比较普遍的情况是大型骨干企业和管理基础工作好的企业以规范化、科学化、现代化管理为目标，以企业升级为重点，抓全面提高企业素质；中型企业和管理基础工作较好的企业，以健全完善管理制度、提高管理基础工作和专项管理水平为目标，以单项达标上等级为重点抓巩固提高；小型企业和管理基础工作较差的企业，以提高产品质量、加强财务管理、建立基本的管理制度为目标，以产品创优和提高效益为重点，抓管理基础工作。

3．集中力量抓重点。地区之间以乡镇企业实力雄厚的地方为重点，首先稳定大局；“四个轮子”中以乡、村集体企业为重点，保持行业优势；不同档次的企业中，以骨干企业为重点，继续强化龙头。

4．一手抓发展，一手抓提高。认真做好新建企业的管理基础工作，和亏损企业的扭亏转盈与复活转化工作，提高到正常生产企业的管理水平。

具体组织时，采取分级负责、分片包干的办法进行落实。企业内部一般只突出一二个重点，任务分解，责任到人，集中力量，重点突破，保证分类指导的顺利进行。

（四）建立标准，认真考核，开展检查评比

"企业管理年"活动目标明确、时效性强、内容相对比较集中。根据活动特点，一些地方在开展管理年活动的过程中，陆续制定出了七项管理基础工作健全标准、专项管理水平达标标准等；一些地方结合管理年活动规划所要达到的目标任务，制定了管理年活动的考核、评比、奖励标准，在管理年活动开展的过程中，根据标准进行考核、检查和评比。大多数乡、村和地、县通过次数不等的检查评比，总结、推广了经验，树立了一批典型，促进了管理年活动的发展。各省、市、自治区组织的检查评比和农业部乡镇企业司组织的全国性互查、互促、互学活动，则把"企业管理年"活动的考核、检查推进到一个新的阶段。

二、"企业管理年"活动的顺利健康开展，为我们提供了不少有益的经验

（一）领导重视、正确引导、充分发动群众，是"企业管理年"活动迅速推开的基础

"企业管理年"活动，以其明显的紧迫性、必要性、重要性，受到各级党政领导和各级企业主管部门的高度重视，把它作为贯彻落实中央"调整、整顿、改革、提高"方针和治理、整顿工作的一个组成部分，列入了重要议事日程。通过大张旗鼓地深入广泛宣传和正确引导，调动起了广大企业和职工的积极性，使领导的积极性和群众的积极性紧密结合，企业管理已融入了日常工作之中，这种融合使工作安排与客观需要相结合，产生了巨大效果。这是管理年活动迅速推开、很快落实的基础。

（二）方法正确、措施有力、工作重点突出是速见成效的关键

乡镇企业从其管理工作薄弱、管理水平差距悬殊的特点出发，在"企业管理年"活动中始终坚持实事求是的原则，引导企业紧紧围绕提高企业素质和经济效益这个中心，结合实际，确定活动内容和工作重点，抓住管理工作中最薄弱的环节，重点突破，带动和促进其他各项管理工作。从各地情况看，多数是从加强管理基础工作、提高专项管理水平、开展企业升级等方面，选择一二项作为重点，采取长计划、短安排、全年有目标、月月有重点的方法，制定切实可行的措施，逐步把管理年活动引向深入。因此，时间短、见效快、效果好。

（三）统筹安排、稳定大局、理顺关系是管理年活动健康发展的基本条件

"企业管理年"活动是乡镇企业1990年的一项重要工作，但不是唯一的工作。因此，在开展管理年活动的过程中，坚持统筹安排，注意摆正位置，使管理年活动与其他各项工作有机结合。一是与治理、整顿结合，配合全局创建良好的经济环境。二是与当地的经济结构调整结合，根据国家的产业政策和市场需求搞好行业结构、产业结构、产品结构调整，建立地方优势。三是与贯彻《中华人民共和国乡村集体所有制企业条例》和《乡镇企业承包经营责任制规定》结合，进一步理顺三者之间的关系。在企业内部的关系方面，一是与深化企业内部的配套改革结合，进一步完善经营承包责任制，健全经营机制，优化整体结构。二是与搞好企业的整体素质结合，搞好职工技术培训，强化管理基础工作和专项管理，促进管理规范化。三是与企业的经济目标结合，加强成本核算，开展双增双节，促进产品创优，提高经济效益。同时注意稳定政策、稳定队伍、稳定企业，使"企业管理年"活动在大局稳定的情况下，成为整体工作的组成部分，使管理年活动协调健康发展。

为了振兴企业，北京华联时装公司提出"要创优质品，先做优质人"的口号

（四）加强思想教育，树立企业精神，是"企业管理年"活动不断深入，和进一步巩固管理成果的基本保证

各地在开展"企业管理年"活动的过程中，把加强职工的思想教育、建设精神文明和树立企业精神作为管理年活动的一项重要内容和措施。一是进行爱国家、爱集体、爱社会主义的思想教育，树立正确的政治观点。二是加强民主建设，增强主人翁精神。三是以"厂兴我荣、厂衰我耻"等旗帜鲜明的标语口号激励工人的群体意识。四是把搞好管理制度和优化组合相结合，增强自我约束能力。五是完善奖罚制度，理顺分配关系，增强企业凝聚力。

三、由于各级领导高度重视，指导思想明确，主攻方向正确，工作措施得力，“企业管理年”活动取得了明显成绩

（一）初步摸索出了一套适合乡镇企业发展的管理路子

在“企业管理年”活动中，各地认真回顾，普遍认为乡镇企业通过农民型管理、经验型管理、制度型管理三个阶段的实践，针对乡镇企业既受国家计划制约，又有市场调节为主的特点，逐步摸索出了适合乡镇企业发展的管理路子，即乡镇企业管理应逐步从制度型管理，向贯彻落实“条例”的法制型管理过渡，依法治厂；接受社会主义计划经济指导，充分发挥市场调节的优势；实行集体承包、厂长负责、目标管理的路子；建立健全风险机制，走自我发展的路子；学习国营企业先进的管理经验，促进企业向规范化管理迈进。

（二）增强了管理意识

“企业管理年”活动使一大批党政领导通过亲自参加活动，增强了管理意识，把指导思想从强调发展速度转移到了加强企业管理上来，实现了管理工作升格上位；使企业广大职工初步确立了向管理要效益、靠管理求发展的思想，开始自觉参加各项管理活动。一大批企业陆续建立、健全了强化管理的保证体系，完善了各类规章制度，初步实现了管理工作细化、量化、具体化，可操作性增强，为今后深层次、高水平的规范化管理奠定了基础。

（三）提高了乡镇企业的整体素质

职工队伍素质明显增强。据天津、北京、河北、山西四省市统计，仅“企业管理年”活动以来，就先后培训各类人员26万人次，评定初级以上技术职称26 500余人。

1．基础管理和专项管理水平有所提高。一大批县、乡陆续制定了基础管理和专项管理达标标准，并通过千分制考核，使部分企业升级上等；企业的现代化管理开始起步。

2．企业的质量意识得到强化。各地树立了一批ＴＱＣ先进企业，ＱＣ小组活动普遍展开；创出了一批新的国优、部优、省优产品和开发了一批名、优、新、特产品；“质量是企业的生命线”的思想进一步确立，质量保证体系普遍加强。

3．企业升级工作全面展开。一些地方设立了基础级企业、县级先进企业、地级先进企业和省系统先进企业，与省级先进企业、全国乡镇企业系统级先进企业和国家二级企业配套，完善了升级序列，形成了“宝塔型”的升级格局，升级覆盖面进一步扩大。

4．自我发展能力增强。通过开展财务整顿、清收外欠资金、建立厂内银行、加强成本核算、开展双增双节等活动，提高了资金周转率和使用效果。

5．承包经营责任制进一步完善。乡、村集体企业承包覆盖面达到95％以上，其中集体承包已成为承包制的主要形式，内部层层承包、优化组合等改革的配套措施相对加强，整体管理水平有所提高。

（四）促进了乡镇企业发展

“企业管理年”活动产生的积极作用，缓解了市场疲软，克服了宏观控制带来的暂时困难，使乡镇企业继续保持良好的发展势头。与1989年比，1990年全国乡镇企业总产值增长了13.91％，乡镇工业总产值增长了15.37％；乡镇企业总收入增长了10.98％，乡镇工业销售收入增长了11.69％；乡镇企业利税总额增长了2.68％，乡镇工业税总额增长了3.17％；乡镇企业纯利润增长了2.22％，乡镇工业纯利润增长了0.72％；乡镇企业固定资产原值增长了14.30％，乡镇工业固定资产原值增长了16.27％。

“企业管理年”活动先进单位表彰名单

北京市

通县乡镇企业局

平谷县乡镇企业局

海淀区四季青乡农工商总公司

大兴县凤河营乡工业总公司

朝阳区楼梓庄乡隆昌工业公司

顺义县龙湾屯乡企业公司

丰台区南苑乡工业公司

天津市

武清县经济委员会
北郊区乡镇企业经济委员会
武清县汉沽港乡企业经济委员会
西郊区西营门乡工业公司
大港区中塘乡乡镇企业经济委员会
汉沽区后沽乡工业公司
蓟县下仓乡乡镇企业经济委员会

河北省

唐山市开平区乡镇企业局
石家庄地区辛集市工业管理局
衡水地区枣强县乡镇企业局
沧州地区黄骅市乡镇企业局
邯郸市武安市乡镇企业局
唐山市遵化县第二经济委员会
秦皇岛市抚宁县乡镇企业局
廊坊市文安县乡镇企业局
保定地区徐水县乡镇企业管理委员会
石家庄市获鹿县大河乡企管办
保定市南市区南大园乡经委
张家口市桥东区老鸦庄乡经委
唐山市丰南县胥各庄镇工业公司
邢台地区南宫市明化镇企管办
承德地区平泉县平泉镇经委
沧州市青县城关镇企管办
唐山市滦南县柏各庄镇经联社
张家口地区万全县孔家庄乡企管会
石家庄地区藁城市廉州镇工商企业公司
沧州地区肃宁县师素乡企管办
衡水地区冀县冀州镇企管办

山西省

太原市清徐县乡镇企业局
晋中区榆次市乡镇企业局
长治市潞城县乡镇企业局
阳泉市平定县乡镇企业局
临汾区襄汾县乡镇企业局
朔城区乡镇企业局
汾阳县杏花村镇政府
运城市车盘乡企业办
大同市南郊区城关乡经济委员会
太原北郊小井裕乡政府
榆次市郭家堡乡政府
晋城市阳城县城关乡经联委
阳泉市郊区平坦乡政府
运城区稷山县翟店镇企业办公室
洪洞县赵城镇政府
忻州市豆罗镇政府
大同县许堡乡党委、政府

内蒙古自治区

赤峰市红山区乡镇企业局
呼和浩特市郊区乡镇企业管理局
通辽市乡镇企业管理局
赤峰市郊区乡镇企业管理局
满洲里市扎赉诺尔矿区乡镇企业科
赤峰市红山区城郊乡人民政府
丰镇县城关镇乡镇企业经济管理委员会
呼和浩特市郊区西菜园乡人民政府
喀喇沁旗乃林镇人民政府
哲里木盟木里图镇乡镇企业管理委员会
赤峰市元宝山区平庄镇人民政府
赤峰市元宝山区山前乡企业办公室
赤峰市红山区红庙子镇企业公司
临河市新丰乡人民政府

辽宁省

阜新市细河区乡镇企业管理局
东沟县乡镇企业管理局
海城市乡镇企业委员会
营口县乡镇企业管理局
营口市老边区路南乡工业公司
营口县官屯乡工业公司
阜新市细河区韩家店乡经济委员会
东沟县前阳乡企业总公司
海城市腾鳌镇经济委员会
灯塔县张台子镇企业办公室
鞍山市旧堡区沙河乡企业公司
抚顺市顺城区碾盘乡工业公司
锦县娘娘宫乡工业公司
阜新蒙古族自治县东梁乡工业公司

吉林省

梅河口市乡镇企业管理局
永吉县乡镇企业管理局
白城市乡镇企业管理局
东丰县乡镇企业管理局
延吉市乡镇企业管理局
公主岭市乡镇企业管理局
八道江区乡镇企业管理局
永吉县缸窑镇企业总公司
梅河口市福民乡乡镇企业委员会
白城市保平乡经济委员会
公主岭市苇子沟乡经济委员会
东丰县东丰镇工业办公室
汪清县天桥岭镇企业公司

三岔子区石岭镇企业办公室
扶余市新城乡乡镇企业委员会
吉林市郊区龙潭乡企业总公司
东辽县热闹乡工业公司
四平市铁东区城东乡经济委员会

黑龙江省

五常县乡镇企业管理局
佳木斯市郊区乡镇企业管理局
东宁县乡镇企业管理局
望奎县乡镇企业管理局
集贤县乡镇企业管理局
五常县五常镇企业办公室
汤原县莲江口镇企业公司
齐齐哈尔市富拉尔基区长青乡企业公司
牡丹江市郊区兴隆镇企业公司
密山市和平朝鲜族乡企业公司
宁安县宁安镇企业公司
大庆市喇嘛甸镇企业公司
望奎县先锋乡企业公司
勃利县勃利镇企业公司
肇东市新城乡企业公司

上海市

上海县乡镇企业局
嘉定县乡镇企业局
川沙县乡镇企业局
上海县虹桥乡工业公司
嘉定县曹王乡工业公司
川沙县严桥乡工业公司
宝山县彭浦乡工业公司
崇明县大新乡工业公司
青浦县凤溪乡工业公司

江苏省

吴江县乡镇企业局
宜兴市乡镇企业局
海门县乡镇企业管理局
东台市乡镇企业管理局
泰兴县地方工业局
铜山县乡镇企业管理局
丹阳市乡镇工业局
淮安市乡镇企业管理局
常州市郊区工业公司
赣榆县乡镇企业管理局
张家港市塘桥镇经委
昆山市玉山镇工业公司
江阴市青阳镇工业总公司
无锡县洛社实业总公司
启东市少直乡工业办公室
南县观音山镇工业管理办公室
大丰县西团镇工业管理办公室
阜宁县益林镇企业管理办公室
靖江县东兴乡工业公司
邗江县沙头工业公司
徐州市郊区朱庄乡工业公司
扬中县新坝镇工业公司
金湖县闵桥镇工业公司
溧阳县城南乡工业公司
连云港市云台区朝阳乡经济联合委员会

浙江省

萧山市乡镇企业局
绍兴县乡镇企业局
上虞县乡镇企业局
德清县乡镇企业局
兰溪市乡镇企业局
舟山市定海区乡镇企业局
龙游县乡镇企业局
温岭县乡镇企业局
杭州市江干区乡镇企业局
余杭县五杭镇工办
萧山市西兴镇工办
嘉善县汾玉乡工业公司
东阳市横店镇企业集团公司
永嘉县瓯北镇工业委员会
温州市鹿城区城郊乡政府
湖州市南浔镇工办
江山市城关镇工办
上虞县娥江乡经委
绍兴县华舍镇党委、人民政府
富阳县常安镇工业办公室
玉环县坎门镇工办
舟山市定海区城关镇办事处

安徽省

桐城县乡镇企业局
天长县乡镇企业局
宁国县乡镇企业局
合肥市郊区乡镇企业局
淮北市杜集区乡镇企业局
合肥市郊区城东乡经济开发公司
天长县铜城镇工业办公室
淮南市八公山镇经委
繁昌县获港镇经委
广德县四合乡经委

蒙城县城关镇经委
怀宁县万桥乡经委
萧县龙城镇企业办公室
蚌埠市郊区雪华乡经委
当涂县龙山桥镇工业企业办公室

福建省

泉州市鲤城区乡镇企业局
永安市乡镇企业局
莆田县乡镇企业局
闽清县乡镇企业局
柘荣县乡镇企业局
龙海县乡镇企业局
上杭县乡镇企业局
武夷山市乡镇企业局
南平市西芹镇经委
福州市洪山乡企业办
莆田县梧塘镇企业办
龙溪县爱前乡企业站
建瓯县南雅镇企业办
南安县洪濑镇企业办
龙岩市红坊镇经联委
永安市曹远乡企业办
漳州市芗城区芝山乡企业办
柘荣县双城镇企业办
同安县大同镇企业办

江西省

南昌市郊区乡镇企业局
高安县乡镇企业局
湖口县乡镇企业局
临川县乡镇企业局
婺源县乡镇企业局
景德镇市昌江区乡镇企业局
赣州市水东乡企业办公室
瑞金县象湖镇企业办公室
进贤县温家圳镇企业办公室
南昌市郊区湖坊乡企业办公室
永新县三湾乡企业办公室
高安县新街乡企业办公室
新余市渝水区沙土乡企业办公室
九江市庐山区十里乡企业办公室
余江县邓埠乡企业办公室
萍乡市湘东区下埠乡企业办公室
丰城县河洲乡企业办公室

山东省

济南市章丘县乡镇企业局
淄博市淄川区乡镇企业局
烟台市芝罘区乡镇企业局
潍坊市青州市乡镇企业局
威海市荣成市乡镇企业局
德州地区陵县乡镇企业局
临沂地区临沂市乡镇企业局
聊城地区茌平县乡镇企业局
济宁市邹县乡镇企业局
菏泽地区定陶县乡镇企业局
烟台市龙口市乡镇企业局
济南市天桥区北园镇政府
淄博市博山区八陡镇政府
烟台市蓬莱县北沟镇政府
潍坊市高密县高密镇政府
威海市文登市苘山镇政府
烟台市龙口市北马镇政府
临沂地区临沂市罗庄镇政府
潍坊市安丘县安丘镇政府
东营市广饶县大王镇政府
济宁市郊区唐口镇政府
菏泽地区菏泽市沙土集镇政府
泰安市郊区山口镇政府
枣庄市台庄区台儿庄镇政府
惠民地区邹平县城关镇政府
日照市石臼办事处
淄博市周村区周村镇政府

河南省

巩县乡镇企业管理委员会
长葛县乡镇企业管理局
镇平县乡镇企业管理局
博爱县乡镇企业管理局
偃师县乡镇企业管理局
尉氏县蔡庄乡企业委员会
项城县秣陵镇企业管理委员会
洛北乡企业办公室
辉县市孟庄镇政府
南召县云阳镇企业办公室
驻马店市老街乡企业管理办公室
汝州市寄料镇乡镇企业管理委员会
灵宝县阳店乡企业委员会
密县牛店乡镇企业办公室
焦作市孟县谷旦乡政府

湖北省

谷城县乡镇企业局
武穴市乡镇企业局
仙桃市乡镇企业局

孝感市乡镇企业局
宜昌县乡镇企业局
襄阳县太平店镇经济委员会
黄梅县濯港镇企业管理委员会
十堰市张湾区经委
大冶县保安镇企业办公室
鄂州市华容镇企业管理委员会
沙市市立新乡党委、政府
随州市北郊区办事处
荆门市后港镇人民政府
应城市陈河镇企业管理委员会
潜江市浩口镇政府

湖南省

岳阳县乡镇企业经济委员会
浏阳县乡镇企业委员会
长沙县乡镇企业委员会
平江县乡镇企业委员会
安乡县乡镇企业经济委员会
鼎城区蔡家岗乡党委、政府
汨罗市城郊乡政府
娄底市万宝乡企业办
株洲市郊区荷塘铺乡企业办
长沙县果园乡企业办
湘潭市郊区霞城乡人民政府
邵东县杨桥乡政府
沅江市团山乡人民政府、企业办
黔阳县托口镇政府
临湘县五里牌乡人民政府
衡阳市郊区湘江乡人民政府

广东省

汕头市澄海县乡镇企业管理局
湛江市坡头区乡镇企业管理局
茂名市化州县乡镇企业管理局
中山市乡镇企业管理局
顺德县乡镇企业管理局
佛山市石湾区乡镇企业管理局
东莞市石碣镇工交办公室
新会县会城镇工业公司
江门市郊区外海镇实业总公司
潮州市枫溪镇工交建办公室
吴川县塘㙍镇企业办公室
茂名市茂南区公馆镇经济发展总公司
中山市沙溪镇经济发展总公司
顺德县容奇镇经济发展总公司
南海县九江镇经济发展总公司
南海县大沥镇经济发展总公司
罗定县素龙镇经济发展总公司

广西壮族自治区

玉林市乡镇企业委员会
合浦县乡镇企业委员会
浦北县乡镇企业管理局
贺县乡镇企业管理局
平乐县乡镇企业管理局
玉林市玉林镇经济委员会
贵港市贵城镇经济委员会
荔浦县荔城镇经济委员会
平乐县平乐镇经济委员会
灵山县灵城镇企业办公室
浦北县张黄镇企业办公室
钦州市小董镇企业办公室
邕宁县浦庙镇企业办公室
永福县永福镇企业办公室
陆川县温泉乡企业办公室

海南省

三亚市农业局
海口市海秀乡农工商联合总公司
文昌县会文镇企业办
三亚市南海办事处
琼海县石壁镇经济管理委员会

四川省

绵阳市市中区乡镇企业管理局
德阳市市中区乡镇企业管理局
巴中县乡镇企业管理局
简阳县乡镇企业管理局
南川县乡镇企业管理局
江油市三合乡企业办
三台县三元镇乡镇企业办公室
广汉市向阳镇工业经济委员会
巴中县宕梁区企业办事处
简阳县乡镇企业局养马区办公室
岳池县排楼乡乡镇企业联合公司
南川县文凤乡企业办公室
遂宁市蓬溪县蓬莱镇计经委
荣县过水乡企业办公室
梁平县屏锦镇乡镇企业办公室

贵州省

遵义县乡镇企业局
贵阳市花溪区乡镇企业管理局
遵义县新舟镇企管站
德江县姜司镇企管站

贵阳市花溪区花溪乡企业办
龙里县龙山镇经委
盘县特区火铺镇乡镇企业办公室

云南省

官渡区人民政府
晋宁县人民政府
玉溪市人民政府
普洱县乡镇企业管理局
禄丰县人民政府
玉溪市大营街镇人民政府
文山县德厚乡人民政府
禄丰县干海资办事处
曲靖市环城乡保度村公所
禄丰县金山镇企业办公室
昆明市福保办事处
官渡区前卫镇人民政府
牟定县新甸乡善花村办事处

陕西省

耀县乡镇企业管理局
宝鸡县乡镇企业管理局
武功县乡镇企业管理局
南郑县乡镇企业管理局
蒲城县乡镇企业管理局
商州市乡镇企业管理局
蒲城县荆姚镇企业办
岐山县蔡家坡镇企业办
眉县莹头乡企业办
渭城区北杜乡企业办
兴平县冉庄乡企业办
耀县城关镇企业办
南郑县汉山区企业办
府谷县高石崖乡企业办
汉中市石马乡企业办
丹凤县商镇企业服务中心

甘肃省

平凉县乡镇企业局
天水市秦城区乡镇企业局
榆中县乡镇企业管理局
敦煌市乡镇企业管理局
天水市北道区南河川乡经委
皋兰县西岔乡经联委
张掖市乌江乡经委
金昌市永昌县河西堡镇政府
兰州市城关区雁滩乡经联委
镇原县上肖乡经委
徽县嘉陵镇经委
靖远县北湾乡经委

青海省

大通回族土族自治县乡镇企业管理局
互助土族自治县乡镇企业局
民和县川口镇企业办公室
平安县平安镇经委会
西宁市城北区马坊乡企业管理科
西宁市城西区沈家寨乡经委

宁夏回族自治区

中卫县乡镇企业局
吴忠市乡镇企业局
固原县乡镇企业局
中卫县常乐乡人民政府
永宁县李俊镇人民政府
吴忠市金积镇人民政府
平罗县前进乡企办

新疆维吾尔族自治区

乌鲁木齐县乡镇企业局
昌吉市乡镇企业局
米泉县乡镇企业局
库尔勒市乡镇企业局
尉梨县乡镇企业局
乌鲁木齐县二工乡企业办
米泉县古牧地镇企业办

重庆市

江北县乡镇企业管理局
九龙坡区乡镇企业管理局
九龙坡区花溪乡企业办公室
九龙坡区华岩乡企业办公室
沙坪坝区覃家岗乡企业办公室
沙坪坝区歌乐山乡企业办公室
北碚区转龙乡企业办公室

武汉市

黄陂县企业管理局
洪山区和平乡企业管理委员会
武昌县郑店镇企业办公室
汉阳县大集镇企业管理委员会
新洲县方杨乡企业管理委员会

沈阳市

沈阳市苏家屯区乡镇工业管理局
沈阳市于洪区北陵乡企业公司

沈阳市苏家屯区沙河铺镇企业公司
沈阳市东陵区长白乡企业公司

大连市
大连市金州区乡镇工业局
大连市甘井子区乡镇工业局
大连市甘井子区南关岭农工商总公司工业办公室
大连市金州区得胜乡工业办公室
庄河县黑岛镇工业办公室
新金县杨树房镇工业办公室

广州市
番禺县乡镇企业管理局
花县乡镇企业管理局
番禺县市桥工业总公司
番禺县南村镇经济发展总公司
花县新华镇经济总公司
珠海区新滘镇经济管理委员会
白云区石井镇经济总公司

哈尔滨市
阿城市乡镇企业管理局
哈尔滨市团结企业公司
哈尔滨市跃进企业公司
阿城市蜚克图企业公司

西安市
未央区乡镇企业管理局
长安县乡镇企业管理局
雁塔区丈八乡人民政府
蓝田县蓝关镇企管委
户县草堂镇企业办
灞桥区席王乡企业办

青岛市
崂山区乡镇企业局
胶南县乡镇企业局
平度市乡镇企业局
平度市田庄镇政府
胶南县灵山卫镇政府
黄岛区薛家岛镇政府
沧口区楼山乡政府
莱西县望城镇政府

宁波市
余姚市乡镇企业局
鄞县乡镇企业局
余姚市余姚镇工业办公室
宁海县城关镇工业办公室
北仑区大矸镇工业办公室
镇海区骆驼镇工业办公室

长春市
南关区乡镇企业管理局
宽城区乡镇企业管理局
二道河子区英俊乡政府
朝阳区双德乡企委
双阳县双阳镇政府

南京市
六合县乡镇企业管理局
雨花台区计划经济委员会
雨花台区江东乡工业公司
江宁县周岗乡工业公司
溧水县洪蓝镇工业公司
栖霞区迈皋桥乡人民政府

成都市
金牛区乡镇企业局
彭县乡镇企业局
双流县集投镇工业公司
金牛区营门口乡企业管理办公室

新疆兵团　农八师148团乡镇企业科
农七师131团乡镇企业科

部分省、直辖市、自治区、计划单列市开展“企业管理年”活动概况

北京市

在开展“企业管理年”活动中，北京市提出的指导思想是：以提高效益为中心，以提质降耗为重点，以深化改革为动力，努力实现从速度效益型向管理效益型的转变，从经验管理向科学管理的转变。采取广泛宣传，制订规划，抓好重点，分类指导，召开现场会等方法，引导企业处理好发展与管理、质量与数量、面上整顿与点上验收的关系。市里规定，凡晋升为国家二级企业和市级先进的企业，计税工资在原有基础上增加15%，县区也相继制订了一些引导加强管理的鼓励政策，调动了企业开展“管理年”活动的积极性，促进了这项工作的开展。

围绕管理年活动，北京市重点抓了五项工作，取得了一定成效。

1. **深化改革，不断完善承包经营责任制**。积极巩固集体经济，整顿控制个人承包，纠正名为集体实为个体的承包方式，把各项基础管理工作纳入承包指标体系，与个人收入挂勾，调动了干部职工抓管理的积极性，变“上边催着抓”为“自己要求抓”，变“厂长一人喊”为“职工大家抓”，促进了各项管理工作的深入广泛开展。

2. **加强质量管理，提高产品质量**。在乡办企业和重点村办企业中，推行全面质量管理，制订了《推行全面质量管理验收细则》；并在重点企业中开展了评选质量管理奖活动，坚持产品每季抽查评比公布制度，促进了产品质量的提高。1990年，共创部优8项，市优40项，部级、市级质量管理奖各1项，丰台制桶厂200升钢桶荣获国家银质奖，实现了北京乡镇企业创国优上“零”的突破。

3. **以企业定级、升级为突破口，全面提高企业素质**。市、县(区)、乡各级主管部门都成立了领导小组，制订工作规划、奖励政策和考核细则，坚持“提高质量、控制数量、突出管理、动态升级”方针，使一大批企业通过定级、升级工作在整体素质上登上一个新的台阶。1990年两个企业晋升为国家二级企业，1[illegible]企业晋升为部级先进企业；33个企业通过市级先进[illegible]业考评，比上年增加了1倍多。

4. **加强资金和物资管理，努力节支降耗**。配合“[illegible]增双节”活动，特别注意了加强成本核算、建立健[illegible]消耗定额、限额领发料制度。层层举办“厂内银行[illegible]成本核算和节能降耗培训班，宣讲基本知识，培养[illegible]会和物资管理人员。很多企业在外部条件极为困难[illegible]情况下，仍然取得了较好的经济效益。

5. **狠抓技术改造，推动技术进步**。对投资在100[illegible]元以上的技术改造项目在调查研究基础上全部列入[illegible]经委计划，市里给予贷款贴息，全部建成后可新增[illegible]值14亿元；1990年开发新产品306项，新增产值4[illegible]元；评选科技型优秀企业73家。科技进步工作的开[illegible]使一大批企业的技术、管理水平得到明显的提高。

（董　征）

河北省

1990年以来，河北省乡镇企业系统广泛开展了[illegible]加强企业管理，提高企业素质和经济效益为中心的[illegible]业管理年”活动。这项活动得到了各级党政领导和[illegible]大乡镇企业干部职工的支持和响应，其活动的规模[illegible]范围和声势都比较大，取得了明显效果。

1. **管理意识普遍提高**。“企业管理年”活动一[illegible]始，各地就从强化管理意识入手，通过学习培训，[illegible]高对加强企业管理重要意义的认识。全省有近百个[illegible]市、县区的党政领导亲自参与和过问“企业管理年[illegible]动，80%的乡村集体企业把加强管理纳入企业发展[illegible]划，开始由经验型的粗放式管理向科学化、规范化[illegible]理转变。

2．**企业管理基础工作有了明显改善**。在“企业管理年”活动中，全省有3万多家乡村集体企业完善了“七基”工作，制定各种办法、标准、规定达5万多个。000多家企业列入各级基础管理达标计划，其中60余家已通过省级达标。1990年，全省乡镇企业共有577个企业通过了计量定级验收，其中二级20个，三级257个，单项合格300个。全省乡村集体企业的标准覆盖率达到90%以上，基本上消灭了无标生产。

3．**企业上等级的活动普遍展开**。1990年全省有800个乡镇企业晋等升级，其中国家二级企业2家，部级先进企业3家，省级先进企业31家，系统内省级先进企业50家，地、市级先进企业132家，县、区级先进企业2 557家。

4．**产品质量有了明显提高**。1990年全省乡镇企业产品抽检合格率达到85%，比上年提高了3.5个百分点。全年乡镇企业共创地、市以上优质产品529项，其中部级优质产品25项，省级优质产品54项，分别比上年增加30%和18%，获省系统内优秀产品100项，地、市级优质产品350项，分别比上年增加5%和%。

5．**经济效益明显提高**。据重点调查测算，1990年全省乡镇企业人均实现利税1 432元，比上年增加14%，人员劳动生产率达到8 648元，比上年提高18%。

6．**推进了企业技术进步**。1990年全省共完成技改项目3 200项，完成投资5.2亿元，这些技改项目，可增加产值近10亿元，年增利税5 400多万元。全省乡村集体企业共引进新技术324项，开发地、市级以上新产品470种，这些新技术和新项目可年增产值1亿元，增利税1 500万元。

通过开展“企业管理年”活动，强化了企业管理，提高了企业素质，促进了全省乡镇企业的发展。1990年全省乡镇企业共完成总产值550亿元，总收入560亿元，分别比1989年增长11.3%和8.6%；实现利润.5亿元，上缴国家税金16.6亿元，分别增长6.5%和%。

（赵金平）

山西省

1990年，山西省乡镇企业管理局，根据农业部《关于全国乡镇企业开展“企业管理年”活动的决定》，结合本省实际情况，在全省乡镇企业系统深入开展了以深化企业改革为动力，以提高经济效益为中心，以提高产品质量和降低物耗为重点的“企业管理年”活动。

1．**加强组织领导，确定活动内容要点**。1990年管理年活动的内容要点是：①健全管理基础工作。主要是指导企业加强七项基础管理工作。年终合格率要求达到35%以上。合格企业的基本条件是：按标准生产，达标率达到95%以上；计量器具定期检测，验收合格；规章制度健全，信息有人抓，基础教育和班组建设有人管；并做到经常化，制度化。②加强质量管理。要求各级管理部门健全质量管理机构，严格标准、计量，搞好原始记录，推行全面质量管理，健全质量保证体系。稳定生产合格品，争创名优产品。③设备管理。要求建立设备台帐和档案，抓好生产现场管理，做好维修保养，使设备完好率达到85%以上。④安全环保。从上到下签订消防安全责任书，实行安全目标责任制。控制重大事故，各类事故起数要比上年降低6%。治污要求年底消灭土焦生产；新建企业坚持“三同时”，改扩企业执行率达到60%。⑤企业升级。在乡村两级企业中，开展多层次升级活动。设立省、地、县三级企业升级制度，使企业都能按照各自的管理水平，上档升级逐级攀登。⑥人才培训。全省建立省、地(市)、县、乡、企业五级培训网。省抓县以上管理部门领导岗位培训，地(市)抓县乡管理人员和重点行业专项培训；县以下抓好企管员培训，全年完成6～7万人的培训任务。⑦财务管理。要求全面贯彻农、财两部制定的财会制度。抓好企业利润分配审批工作，对集体企业和20万元以上村办企业，全部进行审批。在企业内部，健全财务制度，加强成本核算和资金管理。

2．**分类指导，突出重点，讲求实效**。①以主要行业为重点，开展管理年活动。②以骨干企业为重点，抓企业整顿验收。

3．**制定配套办法，充实活动内容**。省局制订了先进企业评审管理，产品结构调整，职工岗位培训，质量管理验收，环保治污，企业内部审计，优秀产品评审等七个配套文件，推动管理年活动的深入发展。

4．**抓检查落实，抓重点地市，抓骨干企业**。省、地、县三级管理部门领导带队，分片分点，多次深入企业检查，特别注重重点地市和骨干企业的生产情况和经验交流。

由于各项工作开展的比较扎实，一年来“企业管理年”活动，取得了明显的效果①增强了企业活力，保持了持续稳定发展。1990年全省乡镇企业总产值完成185.3亿元，比上年增长14.7%，总收入完成179.8亿元，增长14.2%，实现纯利润22.9亿元，增长6.0%。②增强了管理意识。一是增强了市场意识，二是增强了竞争意识，三是增强了人才意识。③企业基础管理不断加强，提高了管理水平。④财务管理进一步加强，各级管理部门把开展利润分配审批同财务大检查，健全财务管理制度，培养财会人员紧密结合起来，强化了财务管理工作。通过审批增加资金积累2.79亿元。⑤推动企业技术进步有了新的进展。主要抓了职称评定工作，全省乡镇企业共评出1.83万人，其中高级职称6人，中级4 711人，初级13 600人，培训各类人员6.5万人(次)，开发新产品123项。⑥企业升级普遍开展，有一个企业晋升为国家二级企业；10个企业晋升为省先进企业；16个企业晋升为省系统先进企业。

(戎昌谦　张　波)

内蒙古自治区

1990年，区乡镇企业局按照农业部部署和自治区党委、政府的指示精神，开展了“企业管理年”活动。

首先，由一名局长挂帅任组长，成立了“企业管理年”领导小组。二是，召开了会议，由自治区副主席布置了管理年活动的内容和目标。三是，制定了具体措施和要求，即“四抓”、“四结合”、“二提高”。

“四抓”是，通过企业整顿验收后，对验收完毕的大型企业抓升级；对基本上符合验收条件的企业，狠抓基础管理和专项管理，早日通过验收；对不符合验收条件的企业抓整改；对亏损企业实行关、停、并、转。全区已有两家企业评为自治区先进企业。

“四结合”是，“企业管理年”活动和深化企业改革，完善承包经营责任制相结合；“企业管理年活动”和调整产业结构、产品结构相结合，仅包头市就并转了小硅铁、小火碱、炭素等50多个企业，关停了污染严重安全生产条件差的小土焦、小煤窑160个企业，经过调整，工业总产值比上年增长了13%；“企业管理年”活动和双增双节运动、清理应收款相结合，赤峰市重点抓了117个100万元以上的企业，清理回收欠款7 075万元，辽林镇床单厂，严格了定额管理，节约棉纱1.5吨，其他材料款8万多元；“企业管理年”活动与改善机关的工作作风、搞好有效服务相结合，临河市乡镇企业局加强了信息服务，收集信息204条，在电台、报刊、杂志刊登127条，印刷发行信息刊物13期，总产值比上年增长15%。

“二提高”是，企业的总体素质有了很大提高；基础管理和专项管理工作有了很大提高。标准覆盖率由上年的60～70%，提高到70～80%，三级计量定级的企业由上年的70个增加到110个，二级计量定级企业由上年的2个增加到7个。经过一年的评优创优活动，有21个产品获自治区优质产品，有一项获得部优产品，包头市皮领带厂的纳铂革及产品获自治区新产品证书，通辽市钢丝厂的镀锌钢丝获自治区科技进步三等奖。有14个单位获农业部颁发的“全国乡镇企业管理年活动先进单位”称号。

(内蒙古自治区乡镇企业局)

吉林省

为贯彻落实农业部《关于全国乡镇企业开展“企业管理年”活动的决定》，促使乡镇企业炼好内功，提高效益，强化企业管理，于1990年初提出了吉林省乡镇企业开展“企业管理年”的实施方案。明确提出“企业管理年”活动的指导思想，要以深化企业改革为动力，以企业升级为导向，以提高企业素质、提高经济效益为中心，以提高产品质量和降低物质消耗为重点，以科技进步为手段，从多方面强化企业的管理工作，逐步使全省乡镇企业的管理工作走上制度化、科学化、规范化。运用自我积累、自主经营、自负盈亏、自我调节、自我约束的灵活机制，增强竞争能力，实现持续、协调、健康的发展。突出抓了以下几项工作。

1. 搞好思想发动。从“企业管理年”活动一开始，就采取了思想发动，舆论宣传，并充分利用报刊、电台、电视台等新闻手段，大张旗鼓地进行宣传，注重从正面宣传“企业管理年”活动的目的和重要意义，提高加强企业管理必要性的认识，增强紧迫感。《吉林乡镇企业》杂志还专门编辑出版了“企业管理年”活动专辑，局内编辑的简报也以报道企业管理为主要内容。许多市、县还采取一些别开生面的形式进行广泛的宣传。梅河口市拟定了标语口号，张贴上墙，并把开展“企业管理年”活动和振兴贸易开发区做贡献结合起来，出现了“管理热”的小气候。永吉县组织了电视大奖赛，让社会更多地了解乡镇企业，收到了较好的效果。在全省范围内已经形成了广泛的社会舆论和热烈的工作气氛，使“企业管理年”活动既扎扎实实，又有声有色地开展起来。

2. 加强领导。按照省政府的要求，各级政府都建立了“管理年”活动领导小组，由各级政府领导同志担任组长，并吸收有关部门负责同志参加层层建立起组织领导保证体系。形成了政府领导直接抓，主管部门主动抓，有关部门配合抓的齐抓共管的新局面。

3. 以典型引路，实行分类指导。针对乡镇企业点多面广，企业素质参差不齐的特点，坚持从实际出发，结合兴农服务，在永吉县缸窑镇进行试点，初步探索出适合乡镇企业特点的分类指导，分步实施，滚动式推进的工作步骤。对现有企业进行分类排队，然后按照类别提出管理工作的目标和要求。一类是有适度规模，生比较稳定,效益较好的企业,在抓好基础管理和专项管理的基础上,集中力量对号达标,抓企业升级,引导他们抓厂内科室、车间的目标管理,定量管理,量、本、利分析,线性规划等现代化管理方法,达到从局部优化到整体优化;二类是虽具有规模,但管理一般化,基础工作比较薄弱的企业,要以升级为导向,集中力量抓七项基础工作和专项管理,逐步完成单项升级,为以后企业升级打基础;三类是"边、小、微、亏",没多少固定资产的小企业,从保生存、保效益、保发展出发,实行财务和质量管理"双整改"。及时把试点的作法通过召开经验交流会的形式在全省进行推广。

4.抓好组织落实,明确目标责任。为了不使"企业管理年"活动走过场,流于形式,及时建立了目标责任制。把"企业管理年"活动列入各级政府的重要日程,有的市、县还在落实工作目标责任制中签订包保合同,做为考核政绩的条件之一,对完成任务的给予奖励,对完成任务不好的通报批评。

5.建立管理队伍,提高企业整体素质。针对大多数领导和企业厂长,没受过专业训练,企业管理的基本功有待于迅速提高的实际情况,采取引进和培养同步进行。一方面通过优惠政策,从各部门挖、从国营大厂和科研单位聘、从大中专院校毕业学生中招、从当地的能人堆里选。通过"挖、聘、招、选",全省乡镇企业各级管理骨干队伍达1.5万多人。对于这些人才,政治上关心,工作上大胆使用,生活上体贴照顾,为他们施展才能创造条件。另一方面根据乡村企业职工文化结构状况,以提高企业管理水平为目的,开展了有计划、有针对性、时效性、广泛性的教育培训工作。一是结合中心工作,有的放矢地开展职工培训。省局组织编写了一套以管理基础工作为主要内容的培训教材,全省各级主管部门及重点企业共举办了以企业管理为主要内容的培训班1 228期,参加培训人员56 773人次。二是采取请进来,走出去学习的方法,积极开展职工岗位培训。三是组织职工积极参加函授、电大、业大学习,选派青年职工到大、中专院校学习深造,提高职工的文化技术水平,1990年,全省乡镇企业1 818名职工参加大、中专证书教育,有839人分别参加了函大、电大学习,有314人被选派到大、中专院校学习深造。

6.以企业升级为导向,带动了全方位的管理。在开展"企业管理年"活动中,紧紧抓住企业升级这个中心环节不放,采取全面发动、分类指导的办法,把乡村集体企业全部纳入双轨升级的轨道。为了提高企业升级质量,下发了《乡镇企业管理基础工作百分考核细则》、《乡镇企业评估定等实施办法》,制定了全省乡镇企业进等升级规划。全省已经建立起乡镇企业双轨升级标准等级体系,从县二级到国家二级,标准清楚、目标明确,出现了升级意识强,升级企业多,升级档次高,并且突破了单轨升级,实现了双轨运行的局面,使企业升级工作真正落到了实处。1990年全省有一户企业晋升为国家二级企业,有一户晋升为农业部级先进企业,有15户晋升为省级先进企业,有63户晋升为省预备级企业,有136户晋升为市一级企业,还有2 015户晋升为县级企业。

(吉林省乡镇企业局)

黑龙江省

1990年,我省按照农业部的统一部署,积极开展了"企业管理年"活动,有效地提高了企业管理水平和自身素质,促进了全省乡镇企业稳定、健康发展。

一年来,经过广大干部职工的共同努力,"企业管理年"活动取得了显著的效益,全省已有90%以上乡村骨干企业实行了集体承包;标准覆盖率已达80%以上,计量定级已取得证书的企业达到265户,优质产品的生产率明显上升;乡村集体企业执行农财两部财会制度的达到90%,企业建帐率达98%;统计建台帐率,乡镇办工业企业达到90%,村办重点工业达到70%;有3户企业跨入"省级先进企业"行列,10户企业已达到升入同级验收标准,有100户乡村企业被评为"省级先进乡镇企业"。在"企业管理年"活动中,全省共有5 359户乡镇级集体企业开展了以加强"七项"管理基础建设和"五项"专项管理为主要内容的评估定等工作。其中,经验收合格批准转入进等升级阶段的企业约4 000多户,占开展企业数的75%,达到一等企业标准的1 283户,占24%;二等企业1 644户,占31%;三等企业1 732户,占32%;四等企业7 00户,占13%。在开展"企业管理年"活动中,有65个先进集体、47名先进工作者受到了表彰。同时,有5个县、10个乡镇获得农业部"企业管理年"活动先进集体的殊荣。

在"企业管理年"活动中,主要做了以下几个方面工作:

1.提高认识,统一思想。首先提高了各级领导的管理意识;二是走出去"取经","移植稼接"外地有益经验,全省共组织1 500人次参观学习;三是全省有8个市、县召开理论研讨会,从理论与实践结合上阐明加强企业管理的重要性和迫切性;四是利用新闻媒介,为管理年活动大造舆论。

2.结合实际,全面规划。 省局明确提出以坚持"调整、整顿、改造、提高"为指针,以乡村集体企业为重点,以提高经济效益为中心,以提高企业素质为目的，以加强“七项”管理基础建设和“五项”专项管理为主要内容，以企业升级为导向，以企业整顿为突破口，从调查研究、制定方案，开展企业评估定等、进等升级，总结经验、找出差距等多渠道、多方位开展工作。

3．培训骨干，提高素质。全省共举办各级领导、厂长（经理）培训班150余次，培训近万人，占应培训人数的70％以上，同时还在全省500多户骨干企业开展了岗位培训；各市、县结合该项工作共举办标准、计量、财务、会计、审计专业学习班300多期，参加人员近1.5万人次，在全省上下形成了学管理、讲管理、抓管理的风气。

4．突出重点，分类指导，逐步推进。在具体抓法上，省局重点抓80户年产值在500万元以上骨干企业，地市重点抓100万元以上企业，县重点抓50万元以上企业，并根据实际，采取一类企业抓升级、二类企业抓管理、三类企业抓“整顿”的措施。

5．培养典型，以点带面。

6．主动争取各级党政领导和部门支持。

（冯　永）

浙江省

1990年，我省乡镇企业为实现“从大发展转向大提高”这一战略目标，从抓指导思想转变入手，深入开展“管理年”活动。树立“四个转变”意识，即：从经验管理向科学管理转变；从外延扩大再生产向内涵扩大再生产转变；从速度效益型向管理效益型转变；从管物为中心向管人为中心转变。在具体工作中，坚持以深化企业配套改革为动力，以强化管理基础工作为基础，以企业升级为导向，以提高产品质量、降低消耗为重点，以提高经济效益为目的，以推进人为中心的整体优化为目标，重点做好以下两项工作。

1．普及基础管理工作。在措施上，首先抓好三个重点，实现“三个一批”。抓重点行业、重点企业、重点内容。管理基础好的企业，实现升级一批；一般的企业，验收领证一批；差的企业，尽快转化一批。其次，采取试点做样，典型引路，把各项管理工作任务列入经济责任制，层层分解考核，定期检查，做到月有例会，季有检查，半年有交流，全年有表彰。第三，大力开展培训工作，提高全员素质。全省参加各类基础管理等方面的培训人员达8万人次。在普及的基础上，1990年全省乡镇企业管理基础工作验收面达20％以上（含标准化、计量领证），标准覆盖面达95％以上，基本消灭了无标生产，企业的整体素质有所提高。全省已有国家一级企业1家，国家二级企业14家，省部级先进企业121家，市(地)级先进企业380余家。

2．以现场管理、财务管理为突破口，带动和促进管理工作向纵深开展。现场管理，全省积极推广了杭州定时器厂“三强三优”的经验：强化工艺、操作规程，优化质量现场管理；强化革新挖潜，优化物料现场管理；强化文明生产，优化现场环境管理。1990年该厂在开展现场管理工作中，创造了“合龙门”式的物耗管理，杜绝了浪费和不必要的消耗。尽管增本减利因素增大，但各项物耗指标和经济效益指标都达到了较好的水平。财务管理，重点开展了目标成本管理活动，算好“六笔帐”，挖掘“三个潜力”。六笔帐是：增产节约的潜力帐，增收节支的效益帐、质量好差的对比帐、资金周转的利息帐，企业开支的负担帐，浪费高耗的漏洞帐。三个潜力是：挖掘设备利用潜力、质量潜力，工时利用潜力。1990年，绍兴县603家企业在开展目标成本管理活动中，有307家节支2 360万元。上虞县麻纺织厂在全国同行业普遍亏损的情况下，靠此盈利达100多万元。开展“管理年”活动，全省不少企业积极采用方针目标管理、量本利分析、ABC分类法、价值工程、决策技术、市场预测、物流技术、微机管理等，使企业管理功能进一步增强。

（李保家　陆　刚）

安徽省

1．宣传发动，制定方案。我省及时转发了农业部文件，运用多种形式广泛宣传开展“企业管理年活动”的意义，各地都成立了领导小组，省局提出了五条具体意见：①重点：解决管理中的突出问题。②时间：以1990年5月～1991年5月为一个活动年度。③突破口：质量管理、财务管理和企业升级。④保证措施：广泛进行职工培训，建立和健全企业各项管理制度。⑤主要目标：百家“明星企业”在1990年底全部完成“七基”验收；百元产值乡村企业在1991年5月底以前有三分之一通过验收；骨干企业抓好五个专项管理；实现创优和升级计划；加强内部审计，开展财务达标，完善统计体系。

2．分级落实，以点带面。省局负责国家级、省级先进企业和省“明星企业”的管理工作，地、市局负责地、市级先进企业和地、市“明星企业”的管理工作，县局负责县级先进企业的管理工作。按产值划分，省局抓500万元产值以上的企业，地、市抓200万～300

万元产值的企业，县局抓 50万～100 万元产值的企业。这样各级都有了自己的服务对象。

另外，还以已获国家级企业称号的企业为典型，组织参观学习；同时，还为县局如何抓管理树立了榜样，要求学习桐城县局和天长县局。

3．选准突破口，向纵深发展。乡镇企业差异大，抓管理也应区别对待。如芜湖市局以生产许可证和产品创优工作为突破口，抓全面质量管理、计量定级和监督检验；天长县以企业升级为突破口，选择47家企业为试点，突出抓：规章制度、“双增双节”和领证、升级。有的地区以建材行业节能降耗为突破口，有的以机械行业、设备管理、仓库管理为突破口，有的规模小的企业，以财务管理、完善承包为突破口。

4．互学互促，共同提高。1990年下半年，全省十六个地市分为四片，进行相互检查，评出了15个报部表彰和43个省内表彰的“企业管理年”活动先进单位。通过互学互促，加强了各地的相互了解，同时也找出了差距，明确了今后的奋斗目标。

“企业管理年”活动时间虽然不长，但已收到了明显的效果。最深刻的变化就是管理意识增强，管理水平提高，管理工作摆上了位置。据统计，1990年全省有1家企业获国家二级企业称号，有2家和5家企业分别获部、省先进企业称号。有1项产品获国优，10项获部优，30项获省优。“七基”合格企业过百家，全质达标企业累计达500家，标准化覆盖率超过80%，当年职工培训面已达20%，一个学管理、讲管理、抓管理、求效益的气候，正在全省乡镇企业系统形成。

（汪建国）

山东省

1990年，山东乡镇企业遵照农业部的有关决定，在全系统开展了“企业管理年”活动。突出抓了四项工作：

1．加强基础管理和各项专业管理工作。在开展“企业管理年”活动中，省局重新修订了“山东省乡村工业企业管理工作基本要求”，各市地根据省局要求和当地实际情况，制定规划，制定管理工作达标细则，力争在较短时间内完成村办以上骨干企业的管理达标工作，并率先在省系统级以上先进企业中开展了这一工作。

2．单项升级达标工作全面展开。在“企业管理年”活动中，结合企业管理升级活动，着重抓了单项升级达标工作。在全面质量管理方面，省局与省经委多次协调，将乡镇企业的全面质量管理达标工作列入省计划，并结合农业部在山东进行全面质量管理工作试点，在全省乡镇企业系统开展了全质管理“双达标”活动，1990年有140个企业验收合格。在财务会计达标方面，省局与省财政厅共同制订了《山东省乡镇工业企业会计工作达标升级试行办法》，目前，已有5 245个企业开展了达标活动，占应达标企业的55%，其中验收合格的340个，升级的32个。与此同时，设备管理开始起步，按照省统一制定的《工业企业设备管理升级实施细则》，已有130个企业晋升为三级设备管理单位，有6个企业获省设备综合管理优秀奖。此外，1990年全省乡村骨干企业中有1 900余个企业通过了省级标准化工作验收，1 047个企业获得计量合格证书，其中三级275个，二级28个；还有一大批企业获得了省、市级安全生产和档案管理先进单位。

3．充分利用企业升级机制，促进企业管理水平的提高。在企业升级中，强调和坚持“县级、市级、省系统级、省级、国家级”的企业升级体系，严格坚持企业升级工作的方法步骤，从严考核，提高透明度，同时把考核作为咨询的一种特殊形式。省局还认真做好对各级先进企业的复查工作，把复查工作作为企业升级中的重要环节，扎扎实实地抓，全省系统级以上先进企业现已基本复查一遍。

4．积极推行现代化管理。省局规定省系统级先进企业必须推行三种以上现代化管理方法，省级以上先进企业必须推行五种以上现代化管理方法，并将有无现代化管理成果，作为企业升级和复查企业管理工作是否合格的条件之一。1990年省局和各市（地）局都先后举办了现代化管理培训班，共培训约5 000人次，还培训了一批各方面的专业人才。现在全省乡镇企业系统有部级全质管理诊断师4名，省级设备管理评审员3名，还有一大批市地级的诊断师、评审员。

（王裕章　宋秋玲）

河南省

为了进一步提高产品质量，降低物质消耗，提高经济效益，实现从外延扩大再生产向内涵扩大再生产的转变，以建设效益型向管理效益型、经验管理型向科学管理型转变为目的，按照农业部的部署，1990年，在全省深入开展了乡镇企业“企业管理年”活动。

1．深入广泛宣传，强化管理意识。首先在全省干部职工中狠抓了“四个引导”：一是引导大家学习上级关于治理整顿和加强企业管理的有关文件，吃透精神，认清管理的重要性；二是引导大家冷静地分析和看待全省乡镇企业的现状，认清管理的必要性；三是引导大家正确处理好管理与发展的关系，掌握管理的主动性；四是引导大家学习外地经验，增强管理的把握性。各市、地、县（区）成立开展“企业管理年”活动领导小组150多个，出板报5 000多期，书写标语1万多条，利用各种宣传途径举办问答和知识讲座400多次。

2. 通过各种形式，推广管理经验。省乡镇企业管理局在偃师县召开了企业管理现场会，会上推广了该县活塞环厂狠抓培训工作，提高职工素质，实施标准细则，以企业升级为动力，推动企业现代化管理，提高产品质量的经验。介绍了南召县云阳镇健全财会机构，稳定财会队伍、加强会计辅导，提高财会人员的素质和开展成本分析、提高资金使用率、促进“双增双节”方面的体会。然后组织各市、地和有关企业从事企业管理的人员相互之间开展“互检、互学、互促”活动。巩县孝义镇是河南乡镇企业的明星镇，在全省开展的“企业管理年”活动中，还召开了“百家企业联姻大会”，邀请了全国15个省市的76家科研单位和大专院校、大中型企业的153名专家、学者，为该镇骨干企业的管理工作会诊，解决在提高管理和经济效益方面存在的问题。

3. 突出重点，抓出实效。在开展“企业管理年”活动中，省乡镇企业局要求全省乡村工业企业都要建立健全以产品标准为主体，包括工作标准和管理标准在内的企业标准化体系，逐步消灭无标生产，提高标准覆盖率。制定了《河南省乡村工业企业管理工作达标升级试行办法》共9大项、100条，总分600分。企业达到400～450分的可晋升为管理工作基础级，450～500分的晋升为管理工作二级，500分以上晋升为管理工作一级。要求全省乡村集体工业企业在管理基础工作方面逐渐达到标准化、程序化、科学化，用4年时间，使年产值在100万元以上的工业企业，全部达到管理工作二级以上的水平。同时在企业中还广泛开展了群众性的QC小组活动，其中已有8个成果获奖，150种产品列入省优计划，106种产品填补了国内空白，3个企业通过了省全面质量管理验收，30个企业通过省局全面质量管理验收，聘用了136人为河南省乡镇企业质量管理评审员，为今后河南乡镇企业全面开展企业管理效益年活动，打下了良好的基础。

（河南省乡镇企业管理局）

湖北省

1990年，湖北省乡镇企业在“企业管理年”活动中，从企业基础工作入手，紧紧牵住企业升级这个“牛鼻子”，把管理年活动不断引向深入，取得了明显成效。全省乡镇企业有226项产品评为省级优良以上产品，4个QC小组评为部、省优秀小组，26个企业升为省级先进企业，97家企业评为省级先进乡镇企业，2 000多家企业进入县级以上先进企业。

在开展“企业管理年”活动中，从省到乡镇，普遍加强了领导，健全了组织机构，配备充实了管理人员，制定了企业升级、产品创优、统计规范、财务达标、安全生产等管理目标。以企业升级为龙头，以人、财、物的管理为重点，从企业的各项基础管理和专项管理工作抓起。在升级活动中，各地在国家级、省级、省系统级以外，又设立了地县各个等级，使企业逐级攀登，滚动升级，调动了企业升级的积极性。

企业升级工作的普遍展开，带动了各项基础工作和管理工作的加强。

1. 标准化工作有了较大进展。省局对没有国家、省级标准的民用炉灶、快餐面、电冰箱搁架等产品，组织企业自行制订并经省升级领导小组审核，发布省级先进企业产品标准3个，弥补了省内空白。全省一批企业逐步建立和完善了以产品标准化为主体，包括工作标准和管理标准在内的企业标准化体系，有70家企业通过了标准化水平考核，50多项产品采用国际标准或参照采用国外先进工业标准，有1 300多家乡镇企业取得计量验收合格证书。

2. 定额管理逐步进入正轨。省级以上的先进乡镇企业已普遍建立了劳动、物资、资金、费用等定额管理，定额覆盖面约占全部生产工人的50%以上，10家乡镇企业被评为省级节能先进企业。

3. 规章制度进一步完善。企业普遍建立了规章制度，有50%乡村工业企业实行了“会计帐簿、凭证、报表、档案”四统一的财务制度，发会计证1 500多个，统计证1 877个。

4. 全面质量管理全面展开。全质管理的企业已达1 300多家。

5. 人才培训有了新的突破。举办各类培训班培训职工达26万人次，其中领导干部岗位培训1 100多人，“一长三师”3.4万人，技术工人等级培训1.6万人，省局还举办了8期1 145名财会人员参加的“资金最优运转法”培训班。

6. 承包经营责任制进一步完善配套。已形成了经济、效益、后劲三大类的承包指标体系。

7. 安全生产出现好势头。全省26个重点县市设置安全股，852个乡镇配备了专职安全员，全省乡镇企业获安全合格级的企业248家，6家被评为安全级，发生事故起数比上年下降19.5%，死亡人数下降4.6%，重伤人数下降47.8%。

“企业管理年”活动的深入开展，促进了全省乡镇企业的稳步发展，1990年，全省乡镇企业完成总产值

324亿元，比上年增长11.4%。

（葛天平）

湖南省

1990年，湖南省各级乡镇企业主管部门，按照农业部的部署，结合湖南的实际情况，组织全省乡镇企业开展了以加强企业管理，提高企业经济效益和整体素质为中心的“企业管理年”活动，已取得了明显效果。

1．管理意识增强。省乡镇企业局局长文午谷、副局长匡又成亲自抓，并带领两个调查组分别赴长沙县、望城县进行了为期半个月的“解剖麻雀”。各地、州、市、县局的主要负责同志都积极行动，亲自带队办管理试点235个。同时，各级主管部门还狠抓了管理队伍建设，新增管理机构300多个，充实管理力量1 200人。从而使全省80%以上的乡村集体企业认识到加强企业管理，提高企业素质的重要性和紧迫性，并把加强管理作为发展企业的头等大事来抓。

2．管理基础工作正在改善。全省有1万多家乡村集体企业完善了标准、计量、定额、信息、基础教育、班组建设、规章制度等项管理基础工作。全省实行“甩手大包干”的企业由1988年的38%减少到18%。全省已有5 000多家企业会计工作达标验收合格，其中会计三级单位24个，会计二级单位3个。

3．企业升级、产品创优工作有成效。通过加强内部管理，企业上等级、产品创优工作迈上了新台阶。1990年，全省乡镇企业晋升为国家二级企业1个，部级先进企业1个，省级先进企业23家。被评为部优产品22项，省优产品37项。全省乡镇企业的产品质量抽检合格率达89.3%，优质产品产值率达8.21%，都比上年有所提高。

4．企业职工教育培训工作有新进展。1990年，各地普遍重视了人的素质的提高，重视人才培训工作。据不完全统计，全省全年共举办县、市乡镇企业局长、分管乡镇企业的乡镇长和厂长（经理）岗位培训及各种专业、基础管理培训班850期，共培训各类管理和技术人员48 360人，其中参加大中专学历教育的2 500人，岗位培训13 360人，专业技术人员教育6 000多人，各种短训班26 500人。通过培训，使乡镇企业干部职工的素质有了较大提高。到1990年底，全省乡镇企业职工已有大专以上学历的5 971人，比上年增加1 502人，每万名职工拥有大专以上学历的人数由上年的21人增加到28人；已有各种专业技术人员80 800人，比上年增加1 957人，每万名职工中拥有专业技术人员由上年的367人增加到389人。

（湖南省乡镇企业局）

海南省

1．活动步骤和措施。①各市县、乡镇的乡镇企业主管部门，一方面运用各种宣传工具，宣传开展“企业管理年”活动的意义，召开座谈会、举办学习班，学习农业部关于开展“企业管理年”活动的决定和中国乡镇企业报的两篇评论员文章。一方面组织管理业务专题讲座和学习班，聘请质检、计量和工业管理等部门的科技人员讲授“七项”基础管理和“五项”专题管理的基本知识。在全省掀起宣传管理、学习管理的热潮。②各市县、乡镇普遍成立“企业管理年”活动领导小组加强领导，一些市县主管部门的干部和乡镇党委、政府的领导还分片包干到乡镇或企业，一抓到底，抓出成效。③着力办点，总结典型，以点带面。全省共组织干部995名，办点319个，做到工作有实践，手中有典型。④检查评比，互评互学，互相促进。省农业厅制订了五条评比条件，定期派出力量下到各市县检查；各市县每月一次组织乡镇长到现场进行交叉检查评比。11月4日省农业厅在三亚市召开全省“乡镇企业管理年”检查评比会议。通过检查评比，共评选出三亚市、海口市海秀乡、三亚市南海办事处、文昌县会文镇、琼海县石壁镇为“企业管理年”活动先进单位，受到农业部的表彰，促进活动深入发展。⑤把贯彻《中华人民共和国乡村集体所有制企业条例》和开展“管理年”活动结合起来，以《条例》为动力，鼓舞企业职工奋发向上，增强深化改革、办好企业、提高效益的信心和决心，推动“管理年”活动扎扎实实地开展。

2．成绩与不足。海南省乡镇企业开展“管理年”活动，虽只有半年多时间，但已取得明显效果：①增强管理意识，克服了只抓生产、忽视管理的倾向，培植全企业上下，人人关心管理、人人抓管理、人人关心企业、人人抓效益的良好风气。②出现三个转变：从粗放管理逐步向科学管理转变、从外延扩大再生产为主向以内涵扩大再生产为主转变、从初加工向深层次高层次加工转变。做到生产有计量，产品有标准，销售有目标，加强生产经营控制技能，深挖内部潜力，走自我改造、自我完善、自我积累、自我发展的道路。③完成全省乡村两级集体所有制企业的普查、造册、登记、立档工作。建立健全各项规章制度，促进各项管理的协调、配套。特别是完善承包经营责任制，克服以包代管、以权代包、垄断承包、掠夺性生产等偏向和弊端，增强企业活力，促进生产发展。④企业素质、产品质量提高，一批企业升级。经有关部门严格考核、企业职工中评定为工程师、机械师、经济师、会计师等专业技术职称650余人；大部分建筑队跨进技术等级行列，其中海口市第二建筑工程公司等13个公司核定晋升为国家二级技术建筑工程企业。粟胶、淀粉等产品超过国家规定的质量指标；琼脂、橡胶木等被评定为出口免检商品。⑤增强经营活力，提高效益，摆脱了滑坡颓势。但是，由于诸多原因，活动发展很不平衡，特别在企业发展缓慢的地区还有死角；企业所有权问题未彻底解决；乡镇企业的概念、范畴和管理权限认识未统一，关系理不顺，信息网络、服务体系未形成。

（刘滨寄）

甘肃省

在1990年的“企业管理年”活动中，甘肃省按照农业部的统一部署，针对企业管理工作薄弱的问题，紧紧抓住一个“中心”，努力做到“三个结合”，即抓住强化管理，提高企业素质和经济效益，做到开展管理年活动同治理整顿相结合，同工作重心转移相结合，同乡镇企业渡过难关相结合。从省、地、县、乡四级主管部门到乡、村、联、户四类企业层层抓落实，整个活动有声势、有特色、有收效。

1．抓发动，促企业管理。各地在管理年活动中，除发文布置、开会动员外，还利用新闻渠道广泛宣传，出动宣传车流动宣传，派出工作队巡回宣传，刊出墙报和板报定期宣传，使全省乡镇企业的管理观念、市场观念、质量观念和效益观念有了较大转变，扭转了重建设、轻管理，重外延、轻内涵，重速度、轻效益的“三重三轻”的思想，普遍形成了有利于管理水平提高的一套管理办法和制度，使全省企业内部管理开始走向制度化、规范化和科学化。

2．抓基础，保企业管理。根据国家有关规定，制定了基础管理工作达标准则和验收细则，将“七基”管理工作按百分考核，以标准化和计量工作为重点，帮助指导乡村两级工业企业建立和完善标准化体系，鼓励骨干企业积极采用国际标准，加强定额管理，提高定额水平，在此基础上采取分类指导、典型引路的方法，将全省乡村两级企业分成三类，对进入省一、二级的企业，在完善基础管理的同时，提高专业管理水平；对进入省局A、B级和“明星”企业，落实“七基”工作，夯实基础；对规模小，管理未上路的企业，建立健全规章制度，从最基础的工作抓起，并实行省、地、县、乡四级管理。

3．抓升级，带企业管理。省局把升级和管理融合在一起，把上等升级延伸到各项基础工作中，引导企业把功夫下在管理上，把目的放在提高质量和效益上，把目标放在赶超水平上，走“治本达标”之路。具体工作中，分成省地县乡四个层次抓，根据不同企业，按不同级别抓落实。县乡抓企业晋升局系统B级；地州市抓晋升局系统A级和省级单项指标；省局抓骨干企业晋升省、部级。在企业升级的带动下，管理工作升格入位，基础管理工作普遍加强。全省1990年进入省一级企业1个，省二级企业19个，省局系统A级企业188个。

4．抓创优，推企业管理。在开展管理年活动中，甘肃各地普遍重视创优工作和技术进步。着重抓了以下几个方面的工作：对职工进行质量意识教育；按行业和产品制定创优计划；促企业按标组织生产；完善质量检测手段；建立质检队伍；采取专检、自检、互检三结合的质检管理办法；实行质量与报酬挂钩的责任书。从而有效地提高了产品质量，推动了企业管理工作的开展。全省乡镇企业主要工业产品的标准化覆盖面达到60％以上，主要工业的采标率达90％以上，创部优产品1个，省优产品8个，省局优产品108个；获农业部质量优胜、良好企业称号52个，获省局系统质量优胜企业称号67个。

（李德新）

宁夏回族自治区

根据农业部1990年在全国乡镇企业中开展“企业管理年”活动的决定，我区各级乡镇企业管理部门都成立了“企业管理年”活动领导班子，在深入调查研究的基础上，制定规划、目标和实施方案，对企业分类排队，分别指导，主要抓了以下几个方面的工作：

1．以企业升级为中心，强化企业基础管理，促进企业上质量、上水平、上等级。通过管理年活动，使企业管理工作向制度化、系统化、科学化、规范化发展。

2．加强专项管理，重点抓好全面质量管理、财务管理、安全生产管理。狠抓了企业采标、达标、按标准化生产。建立健全全面质量管理体系，完善检测设施和手段，使产品质量普遍提高。开展财务达标工作，严格执行财务人员持证上岗，积极清理“三角债”，加快资金周转。推行安全目标管理，明确了安全生产第一责任者，严格执行各项安全检查制度，有效地防止和减少了伤亡事故。

3．深化改革，进一步完善承包经营责任制。制定了《新一轮承包责任制意见》、《承包经济合同》、《承包经营者责任制终结考评表》，对承包形式、期限、承包基数、考核指标、企业经营者的条件、民主管理和监督，以及承包程序等方面都做了具体规定。

4．结合“企业管理年”活动，对全区乡、村两级重点企业进行全面整顿。

“企业管理年”活动的开展，加强了企业管理，提高了产品质量和企业素质，增强了企业后劲和市场竞争能力。同时，也树立了一批上管理增效益的先进典型，有12个单位受农业部表彰，8个单位受自治区表彰，获部优产品1项，获自治区优质产品2项。

（梁国俊）

大连市

1990年，农业部在全国乡镇企业系统开展了“企业管理年”活动（以下简称“企管年”）。通过一年的实践，我们认为“企管年”活动对乡镇企业加强基础管理起到了巨大的推动作用，一个以治本达标，强化企业管理为内容的热潮正在逐步形成，具体表现在：

1．企业普遍提高了强化管理的意识。通过“企管年”活动，企业普遍提高了强化管理的意识，明确认识到：强化管理是乡镇企业长期发展的需要，是发展外向型经济的需要，是乡镇企业发展过程中历史的必然选择。

2．初步总结出抓管理的做法和思路。“企管年”活动应以企业升级为突破口，重点抓好七项基础工作和五项专项管理。大连市的基本思路是：抓管理要从基础工作抓起；抓质量要从采标工作抓起；抓物耗要从完善定额抓起；抓效益要从成本核算抓起；抓安全要从预防为主抓起；抓升级要从班组抓起，自下而上地全面提高企业素质。对企业的基础管理和专业管理工作，我们分解出25项考评细则，采用千分制的办法逐项考评打分，操作性强，取得较好效果。

3．结合完善经营承包责任制抓好企业管理。

4．坚定了继续强化管理的信心和决心。“企管年”活动首战告捷，鼓舞人心。大连市乡镇企业的厂长对“企业管理年”活动是这样评价的。他们说：“回头看，不白干，成绩来自苦和汗；朝前看，继续干，丰硕成果几年看”。“企业管理年”活动坚持数年，必有好处。

（金尺麟）

青岛市

1990年，农业部审时度势地作出了在全国乡镇企业开展“企业管理年”活动的决定。一年来，青岛市乡镇企业认真贯彻农业部的工作部署，积极开展了以夯实管理基础工作为重点，以企业升级达标为突破口，以全面提高企业素质为目标的活动。通过“企业管理年”活动，使全市乡镇企业的整体管理水平有了显著提高，促进了乡镇企业的健康稳步发展。

1．切实加强对“企业管理年”活动的组织领导。我市各级党委、政府和乡镇企业管理部门都把这项工作摆到重要位置，切实加强组织领导。从市乡镇企业局到12个县（市、区）局及164个乡（镇）经委，都成立了管理年活动领导小组，主要领导亲自抓，分管领导靠上抓，专门班子具体抓，层层制定了活动方案，明确目标任务，狠抓具体落实，在全市形成了齐抓共管的局面。全市把4月份定为“企业管理年”宣传月，充分利用各种新闻媒介，大张旗鼓地宣传开展管理年活动的重大意义，掀起人人学管理、人人讲管理、人人是管理者的活动热潮。平度市于6月和12月两次对企业管理年活动情况进行大检查，组织20多名机关干部和45名乡（镇）经委主任，分成16个组，按照企业管理年活动的目标、措施和落实程度，分10项内容逐条检查和验收。崂山区适时召开经验交流会，总结交流了8个乡（镇）和企业开展管理年活动的典型经验，莱西县望城镇在企业中，围绕面临的严峻形势和管理工作现状，广泛开展了“三看三查三制定”活动。市、县、乡三级统一部署，分头实施，整个企业管理年活动有声有色。

2．以升级达标为突破口，全面强化企业管理。在企业管理年活动中，我市坚持根据企业管理水平的不同层次，采取“先进企业升级，一般企业入轨，后进企业上路”的办法，因厂而异、对号入座，抓点带面、分类指导。在省级和市级先进企业以下，增设了县级先进企业和县基础级先进企业，全面推动乡镇企业以现有管理水平为起点向更高一级攀登。针对多数企业特别是村办企业管理水平普遍较低的实际，开展了以强化企业七项基础管理为重点的单项达标活动，为下一步企业升级奠定基础。广大企业的管理意识进一步增强，普遍地建立健全各种规章制度，自觉地采取措施，加强内部管理。很多企业还把职工培训作为突出工作来抓，厂办学校如雨后春笋，使全市乡镇企业的整体素质有了明显提高。

3．企业管理年取得丰硕成果。“企业管理年”活动的深入开展，大大提高了青岛市乡镇企业的管理水平和产品档次，一年中，有3个企业晋升为国家二级企业，9个企业晋升为省级先进企业，110个企业被评定为省系统级或市级先进企业；有6个企业分别获得部、省、市质量管理奖776个企业年内实现企业管理单项达标，有17种产品新荣获“部优”，58种产品获“省优”或“市优”；全市乡镇企业市级以上先进企业累计已达287个，“市优”以上产品累计已达251种，乡村工业优质产品产值率已达14.8%。

（青岛市乡镇企业局）

南京市

1990年，南京市乡镇企业认真贯彻农业部和市政府关于开展“企业管理年”活动的要求，加强组织领导，明确重点，实施分类指导，促进了全市乡镇企业管理水平的提高。

1．高度重视，大张旗鼓进行宣传发动。全市乡镇企业管理年活动在“学西纺，学晒图，认认真真抓管理，扎扎实实练内功”的口号中拉开序幕。全市各乡镇充分利用文件、广播、标语、黑板报、宣传栏等形式广泛宣传发动，把管理年活动的精神传达到每个企业。

2．着重普及，狠抓基础管理工作。 在管理年活动中，我们首先抓了普及教育和重点帮促。全市共举办各类培训班，196期，培训人数达4 500人。组织力量上门帮促，帮助企业排问题，找差距，提出整改方案，取得了良好的效果。二是在全市范围，开展了管理知识大赛。三是根据全市乡镇的不同特点，加强分类指导。在乡办企业和部分村办企业中强化“七基”管理，提高普及率，为专业管理打好基础；对管理较差的企业，重点放在财务整顿和建立“两簿”、“六制度”、“八种帐”上。年底，全市有138家企业达到“七基”一级管理水平，大多数乡办企业达到“七基”二、三级管理水平，使这些企业做到了生产有标准，计量有手段，消耗有定额，管理水平有很大提高。

3．树立典型、以点带面。为了推动管理年活动深入开展，全市设立了20个管理优秀奖，20个质量管理奖，20个示范企业优秀奖和10个行业排头兵奖，在普及的基础上重点抓好先进企业，使这些企业的管理水平向国营同类型企业看齐。南京晒图纸厂，南京西善桥纺织厂，南京电缆一厂，兴华电子注塑厂等典型的出现，带动了其它企业管理水平的提高。

4．促进管理工作向系统化、科学化、规范化迈进。据统计，全市乡镇企业在管理年活动中，有40家企业通过全面质量管理验收，又有18家企业采用国际标准生产，60家企业达到三级计量单位，西善桥纺织厂已成为全市乡镇企业第一家国家二级计量单位，全市乡镇企业又有4个产品获部优，1个产品获省优，39个产品获市优，南京教学模型厂成为我市乡镇企业第一个荣获国家银奖的企业。这些，标志着我市乡镇企业的管理开始迈上了一个新的台阶。

（南京市乡镇企业管理局）

宁波市

宁波市乡镇企业系统在“企业管理年”活动中，认真贯彻农业部[1990]2号文件，落实全市乡镇企业管理工作会议精神，切实加强企业管理工作，取得了较好成绩。一年里，全市乡镇企业通过标准化验收140家，计量定级合格167家，全面质量管理验收合格110家；创优质产品89项，其中国家银质奖1项、部优44项（农业部19项、省优23项、市优21项；企业升级56家，其中国家二级3家，全国乡镇企业系统先进企业3家，省级先进企业11家，市级先进企业39家。一年来，我们主要做了以下几方面的工作。

1．领导重视，组织落实。1990年，是抓乡镇企业管理工作最突出的一年。各级党委和政府都把企业管理工作列入了重要议事日程，做到领导亲自宣传发动，亲自抓点树样，亲自考察学习，亲自检查落实。全市的各县（市、区）、区、乡（镇）主管部门都普遍加强了企业管理工作机构的建设和力量的配置。许多地方建立了企业管理领导小组，或成立了“企业管理年”活动领导小组，加强了对开展“企业管理年”活动的指导。

2．突出重点，分类指导，全面促进。各地根据企业规模大小和管理水平高低的不同状况，选择各自开展管理工作的重点，制定实施计划，提出分类要求，突破一点，带动全面。市乡镇企业局制定了5个单项管理的意见和办法，即《宁波市乡镇企业七项管理基础工作的意见》、《宁波市〈乡镇企业工业产品质量管理办法〉实施细则》、《宁波市乡镇企业安全生产管理办法》、《宁波市乡镇企业设备管理实施办法》、《关于加强宁波市乡镇企业财务队伍、财会工作管理的意见》。鄞县乡镇企业局狠抓155家重点骨干企业的管理基础工作，有69家企业通过标准化验收，74家企业通过三级计量定级验收，46家企业通过全面质量管理验收。同时，进一步完善定额、信息、规章制度等管理基础工作。慈溪市乡镇企业局组织了22名骨干企业厂长到4家国家二级企业参观学习，并请浙江大学的教授讲授行为科学、公共关系学、企业管理等课程，使厂长们受到了一次深刻的教育，拓宽了思路，看到了差距，增强了抓管理、上等级、全面提高企业素质的决心和信心。余姚市几年来十分重视产品创优和企业升级工作，乡镇企业产品已获国家银质奖1项、创部优8项、省优14项、市优4项，并已有国家二级企业2家，省级先进企业2家，市级先进企业1家。同时，还积极做好微型计算机的应用和普及工作，在全市11个县（市、区）乡镇企业局中，已有8个单位配备了微型计算机，先后2次组织培训班，促进各县（市、区）乡镇企业局和骨干企业搞好计算机的应用工作。

3．把企业管理工作列入各级主管部门的工作目标责任制考核内容。市乡镇企业局对各县（市、区）主管部门制定了《一九九〇年工作目标管理考核办法》，将标准化、计量、全面质量管理、企业升级、安全生产、设备管理、教育培训等管理工作列为主要考核项目。不少县（市、区）乡镇企业局和区、乡(镇)工业办公室用制度的形式把各项管理工作任务与目标责任制挂起钩来，定期检查和考核，年终总结评比。如余姚市乡镇企业局专门发文，将“企业管理年”活动的指标落实到局机关的每个部门和岗位，同时明确对基层各乡（镇）工办实行七项管理基础工作达标、企业升级、档案管理、产品创优、安全生产等指标进行定量百分考核，年终由余姚市乡镇企业局评议。各乡（镇）工办再将这些指标分解落实到企业，与承包经营责任制挂钩，进行考核。这些做法，改变了过去企业管理工作抓与不抓一个样的状况，有效地调动了各级主管部门搞好企业管理工作的积极性。

4．抓好教育培训工作。在“企业管理年”活动中，各级乡镇企业主管部门进一步完善培训计划和具体措施，开展多种形式培训工作。据统计，全市各县(市、区)以上主管部门已举办有关升级、创优、质量管理、安全、环保、财会、统计、档案等各类培训班300期，培训人员达27 595人。如余姚市在1990年“管理年活动”中培训了5 000多人次。通过培训，不仅使广大管理人员和职工增强了管理意识，而且也掌握了企业管理工作的基本业务知识，为提高乡镇企业的整体管理水平，打下了一定基础。

此外，我们还根据农业部关于开展“企业管理年”活动的有关要求，布置各县（市、区）乡镇企业局开展互检、互评、互学活动。在各县（市、区）检查评比的基础上，推荐余姚市、鄞县乡镇企业局为农业部“企业管理年”活动先进县（市）局，推荐余姚市余姚镇、宁海县城关镇、北仑区大矸镇和镇海区骆驼镇工业办公室为农业部“企业管理年”活动先进乡（镇）工业办公室。

在开展“企业管理年”活动中，我市虽做了不少工作，但也存在一些薄弱环节，主要有：“企业管理年”活动开展不够平衡，个别地方领导不够重视，行动缓慢；有些地方的企业缺乏达标动力，企业管理基础工作抓得不够扎实；现场管理还没有引起各级领导部门和企业的高度重视；现代化管理手段和管理方法的应用，仅仅在少数骨干企业中起步，多数企业仍未摆脱传统管理的方式。

（宁波市乡镇企业局）

成都市

1990年，按照国务院在全国开展“企业管理年”活动的要求，成都市乡镇企业系统广泛地开展了以提高经济效益为中心，提高产品质量和降低物资消耗为重点，上等级、全面提高企业素质为目的的“企业管理年”活动。一是强化“企业管理年”活动的组织领导。市、区(市)县政府分管乡镇企业的领导亲自抓，乡镇企业主管部门的主要领导亲自负责，并把“企业管理年”活动作为考核内容之一与目标管理挂钩。市、区（市）、县乡镇企业管理局和部分乡（镇）的企业管理办公室建立领导小组，其余乡（镇）和产值100万元以上的工业企业建立活动小组，分级负责，层层落实。二是制订实施方案，培训管理人员。成都市乡镇企业管理局制订了《关于开展“企业管理年”活动的意见》，提出了奋斗目标。采取以会代训或举办培训班，对区（市）县乡镇企业管理局分管局长和产值100万元以上的工业企业厂长（经理）分期分批地进行培训，使他们增强了管理意识，把工作重点转移到加强企业管理上来。三是分类指导。经过调查研究，把乡(镇)和企业进行分类排队，按规模与发展状况分为重点和一般，按规模与素质状况分骨干和一般。对产值亿元以上的乡（镇）和500万元以上的企业开展“企业管理年”活动内容的层次更高一些，企业管理工作要求更严格；产值10亿元以上的区县，采取同行业以条条组织开展活动；5亿元以上的区（市）县采取条块结合，其余区县则以块块组织开展活动。

“企业管理年”活动的重点是从抓基础管理入手：一是坚持全面抓好管理基础工作，在加强标准化管理、定额管理和班组建设上下功夫；二是坚持建立健全产品质量、物资消耗、经济效益、安全生产和思想政治工作五个保证体系，在提高产品质量、降低物资消耗上下功夫；三是坚持推进管理现代化，在加强现场管理上下功夫；四是坚持开展企业升级工作，在提高升级企业的质量上下功夫；五是坚持开展企业全员培训，在提高企业人员素质上下功夫；六是坚持开展“双增双节”活动，在劳动竞赛和群众性合理化建议上下功夫。成都市乡镇企业通过开展“企业管理年”活动，取得了显著成果：彭县乡镇企业管理局、金牛区乡镇企业管理局、双流县机投乡乡镇企业管理办公室和金牛区营门口乡乡镇企业管理办公室4个单位开展“企业管理年”活动成绩突出，受到农业部表彰。

一批企业进入先进行列。成都金牛玻璃钢厂晋升为国家二级企业；5家企业获四川省先进企业称号；21家企业获得成都市先进企业称号。还有一批企业受到表彰。

全面质量管理进一步普及深入，群众性的QC小组活动进一步发展。1990年，有40家工业企业通过了市技术监督局、市质量管理协会组织的“达标”验收，获得“全面质量管理达标企业”称号。注册登记的QC小组149个，参加人员1 261人，取得QC成果66项，成果率达44.30%；其中，成都石材磨具厂成型车间QC小组获得农业部优秀QC小组称号，成都保健用品厂机修攻关QC小组获得四川省优秀QC小组称号。

1990年，成都市乡镇企业考核的32种重点产品，质量稳定提高率为86.9%，比1989年提高6.9个百分点。创部、省、市优质产品72个，比1989年增加19个。

（余视荣）

质量管理

“七五”期间乡镇企业质量工作成就

全国乡镇企业质量管理工作概况

江苏省乡镇企业质量管理工作概况

山东省乡镇企业质量管理工作特点

乡镇企业产品创优

生产许可证工作

“七五”期间乡镇企业质量工作成就

陈　耀　邦

一、乡镇企业的发展已从重产值增长转向注重产品质量和效益；从传统小生产经营管理转向科学的现代化管理

在1987年全国乡镇企业工作会议的报告中明确提出：乡镇企业必须实现五个转变，其中强调要从重产值转向重产品质量；从传统小生产经营管理转向科学的现代化经营管理。在这个指导思想下，各级乡镇企业管理部门的质量工作逐步得到加强，配备了专人和建立了专门机构负责质量工作。一些地方，如北京市和江苏省武进县还抓了乡（镇）一级质量机构和队伍的建设，使管理机构不断健全、完善。到1989年底，乡镇企业管理部门的质量管理干部已达 2 000 余人，基本形成了一支专职管理队伍。同时，通过多层次，多种形式的培训，普及了质量管理知识，提高了这支队伍的素质。在已经开展的产品创优、评优活动和推行全面质量管理的基础上，把标准化、计量和生产许可证等项工作进一步推开、深化，使工作面逐步拓展。此外，还根据国家的质量政策，结合实际，与有关部门配合共同制定了《关于加强乡镇企业工业产品质量管理工作的意见》和《乡镇企业工业产品质量管理办法》等文件。通过一系列的工作和努力，乡镇企业正在向重产品质量、重企业管理的方向发展。

二、标准化和计量工作发展较快，在乡、村两级企业中消灭了无标生产

1987年，原国家标准局和农业部联合颁发了《关于加强乡镇企业标准化工作的若干规定》，使标准化工作在乡镇企业普遍得到重视，各级乡镇企业管理部门进一步加强了标准化管理，与标准化管理部门结合，帮助和指导企业引标、制标、制定企业标准和地方标准约 2 000 多个；同时，查找国外先进标准，促进基础好的企业按国外先进标准组织生产，提高了企业的标准化水平。据统计，全国乡村两级企业的标准覆盖率由1985年的50%以下提高到1989年的85%以上，在乡村两级企业中消灭了无标生产，取得了可喜的成绩。经各工业部门和地方标准部门验收合格，取得双采证书的产品有1 200余项，还有一些企业的内控标准水平处于全国同行业领先地位。

为促进乡镇企业提高计量管理水平，1987年 9 月，原国家计量局和农业部乡镇企业局共同组织召开了20省市乡镇企业质量工作座谈会，并联合发布了《关于加强乡镇企业计量工作若干问题的规定》等文件，推动了乡镇企业计量工作的发展，加快了计量定级、升级的工作速度。1985年以前，计量定级、升级合格的企业只有150家左右，到1989年底统计，已达到14 000余家，其中获二级计量合格证书的约 330 家，获三级计量合格证书的8 400家左右，有些企业的计量、检验室具有相当的水平，被地方或国家的计量部门认可并作为地方计量中心或国家级计量中心。

三、推行全面质量管理初见成效

乡镇企业重视推行全面质量管理，积极学习国营企业和国外企业的先进经验，采取走出去、请进来的办法培训骨干人才，在乡村两级有一定规模的工业企业中，基本上都建立了质量管理机构，普遍开展了全面质量管理基础知识教育，广泛开展群众性质量管理小组活动，并注意发挥乡镇企业的特点和优势，认真贯彻质量责任制，行使质量否决权，推行全面质量管理。

据不完全统计，已有注册登记的质量管理小组约 6 万多个，成果率达30%左右，获经济效益约 4.5 亿元以上。1988年到1989年共获农业部优秀质量管理小组奖45个，有 4 个获国家级优秀小组奖。质量管理小组活动提高了广大职工的质量意识，充分发挥和调动了群众的智慧和自觉管理企业的积极性。全国有近万个乡镇企业推行全面质量管理，并积极开展创质量管理奖活动，1987年以来，已有近 300 个企业获省（市）质量管理奖；有30个企业获农业部质量管理奖；还有浙江省上虞风机厂作为乡镇企业第一家经中国质协验收，批准为1990年国家质量管理奖预评企业。云南、安徽、陕西等省和青岛市还成立了乡镇企业质量管理协会，在组织和推进全面质量管理中发挥了积极作用。

四、积极开展创优评优活动，加强了企业的基础工作，提高了产品质量

至1989年底，乡镇企业已有国家优质产品奖41项，其中获金质奖1项，银质奖40项；部优产品奖2 113项，其中获农业部优质产品奖1 992项，获其它部门优质产品奖121项，有一些产品的质量在全国同行业中处于领先水平，达到或接近国际先进水平，产品打入了国际市场，还有20余项产品在国际上获奖，受到了同行专家们的好评，为国家争得了荣誉。各级乡镇企业管理部门在评优工作中注意贯彻国家的有关政策，促进企业的技术进步，加强基础工作，从而对提高企业的管理水平，提高产品质量收到了明显的效果。

五、产品质量监督工作已经起步，质量监督服务体系逐步建立

各地着重抓了企业的质量检验工作。已有一批企业设置了检验机构，建立了试验室，配备了一定数量的检验、试验人员，不断加强检测能力，提高检测水平，能够按标准要求对所生产的产品进行工序检验和产品出厂验收，保证合格产品投放市场，一些企业检测仪器的水平和检测能力已可以和同行业中的先进企业媲美。在资金不足、手段缺乏的困难情况下，一些地区的乡镇企业管理部门想方设法开展产品质量监督工作，制定了产品质量监督管理办法，建立质量监督员制度，并与地方技术监督部门配合，有计划、有重点地对乡镇企业的产品质量进行抽查。北京市丰台区开展这项工作已两年多，收到了明显效果。上海、南京还对一批骨干企业的产品质量进行定期考核，掌握本地区的质量动态，发现问题及时处理，质量监督工作已开始在乡镇企业落实。为了建立健全乡镇企业的质量监督服务体系，从1986年开始，农业部已与地方联合投资3 000多万元，建立29个产品质量检测站，已有6个经计量认证和验收合格，正式投入使用，其中有3个验测站承担发放生产许可证的产品质量检测任务，一些地区也根据本地的产品结构和自身能力，在标准部门的指导和帮助下建立起本地区的乡镇企业产品质量检测机构，并利用一些条件好的企业的试验室作为分站，初步形成了地区的检测网络，这方面的工作辽宁和福建两省开展的较好，为加强产品质量监督打下了良好的基础。

六、生产许可证管理工作不断加强，企业取证逐步展开

为加强乡镇企业生产许可证管理，加速企业取证工作的进展，农业部乡镇企业司先后两次召开了部分省市生产许可证工作座谈会，强调了生产许可证工作的重要性，要求各地提高认识、加强管理、积极组织和帮助企业取证，同时，起草了《乡镇企业生产许可证管理若干问题的规定》报国家技术监督局（待批）。在各级乡镇企业管理部门的积极努力下，企业取证有了新的进展，天津和浙江等地在这方面的工作都有很好的经验。到1989年底，已有近20个省(市)成立了“乡镇企业生产许可证办公室”,积极主动地参与地方的生产许可证管理工作。据统计，已有6 000多个企业取得生产许可证7 000余张，约占全国取证总数的三分之一。通过取证，对改善企业生产条件、建立健全质量保证体系、生产合格产品发挥了有效作用。国家技术监督局对乡镇企业十分重视，对我们的工作非常关心，在有关部门的支持和配合下，乡镇企业生产许可证工作中阻力大、困难多的局面有所缓解，取证速度相应加快。实践证明，只要充分发挥行业部门和乡镇企业主管部门两个积极性，就能做到既有利于生产许可证工作的深入开展，又有利于乡镇企业的发展。

（摘自1990年4月12日在“全国乡镇企业系统质量工作会议”上的报告）

全国乡镇企业质量管理工作概况

姜　倩

1990年乡镇企业的质量管理工作向新的领域开拓，向纵深发展，出现了一个新局面。

一、主要工作和特点

1. 全面质量管理达标试点工作进展顺利。为了加强企业的基础管理工作，在1990年4月召开的“全国乡镇企业系统质量工作会议”上决定在乡、村两级主要工业企业中，强制开展全面质量管理达标活动，并确定先在江苏、山东两省试点，取得经验后，全面推开。江苏、山东两省乡镇企业局对这项工作十分重视，组织重点市、县进行认真研究，专题讨论企业达标的条件，并在实际推行的基础上写出了详细的工作总结，为达标工作的全面开展提供了可贵的经验。他们认为：通过开展达标使企业的基础工作加强了，从而提高了企业的整体素质。

2．开拓了强化质量管理工作的新领域。面对乡镇企业点多面广，行业、产品结构复杂，质量工作难度大的情况，各地乡镇企业主管部门利用现有条件和手段，积极主动开展工作，创造了不少行之有效的新方法。四川、成都、江苏、南京、上海等地对重点行业、重点企业或产品开展了质量考核和统计。江苏省四季度对全省重点企业进行了产品质量大检查。福建省在对质量问题较多的产品进行监督抽查的同时，对部分主导行业的产品组织评比，从正反两个方面促进企业提高产品质量。云南省"乡镇企业质量管理协会"筹备了乡镇企业质量管理知识竞赛，创办了全国乡镇企业第一份《质量管理》杂志。江西、广东等省也成立了"乡镇企业质量管理协会"。陕西省抓先进县的经验推广。全省召开地、市、县及部分重点企业会议，并以武功县推行全面质量管理的经验推动全省的质量管理工作，天津市提出抓创优必须同时抓全面质量管理，要通过产品创优进一步带动企业的质量管理工作，并推广了武清县举办乡经委副主任的质量管理培训班，以督促企业的质量管理工作的经验。

3．进一步协调与有关部门的工作关系。农业部乡镇企业司及不少省、区、市乡镇企业局，注意与各级质量管理综合部门及行业管理部门协调配合，相互支持，立足于各自的职能，发挥了各自的优势，努力为乡镇企业创造一个比较良好的外部环境。各级技术监督部门、质量协会以及一些行业管理部门对乡镇企业的质量工作越来越重视，把它放到越来越重要的位置。

4．对申报部质量管理奖的企业进行统一评审，提高了创奖企业的水平。从1990年开始，组织了乡镇企业系统的部级质量管理"诊断师"，对申报部质量管理奖的企业进行统一评审。这项工作使企业受益匪浅，他们感到评审组不仅是对企业创奖资格进行评审，而且是对企业质量管理工作一次有益的咨询，对企业的发展起到一定的促进作用。参加评审的"诊断师"，通过参加评审工作学到了各地的好经验，找到了各地区工作的不足。统一评审不仅统一了评审标准，同时对各地区间的相互学习也起到了一定的促进作用。1990年度共有22个企业获部质量管理奖；浙江省上虞风机厂获得国家质量管理奖。

二、质 量 教 育

质量教育是质量管理工作的一项重要基础工作，因此，各地十分重视这项工作，积极开展各种形式、不同层次的培训。据统计，1990年共举办质量管理方面的培训班约200期，接受培训约2万人次。许多地区还组织乡镇企业职工参加全国TQC电视讲座的学习，"七五"期间，约有200万职工参加TQC电讲学习。为了建立一支骨干队伍，农业部乡镇企业司在常州举办了质量管理咨询、诊断培训班，来自全国近三十个省（市、区）72名学员参加了学习，通过考试和实习，有42人被聘为农业部全面质量管理诊断师，从而壮大了骨干队伍。

三、QC小组活动

群众性的QC小组活动是质量管理的重要组成部分。它不仅是提高产品质量的有效手段，同时也提高了广大职工参与企业管理的意识，增强了职工的主人翁感，使职工与企业同呼吸、共命运。近年来，QC小组活动愈来愈广泛，也愈来愈被企业的领导者接受，这主要是QC小组的成果解决了生产技术中的难题，给企业带来了效益，使厂长(经理)认识了QC小组的重要作用。因此，一般工厂都设立了QC小组成果奖励基金，奖励那些参与获奖成果工作QC小组成员。据12个省、市统计，1990年有QC小组共28 848个，成果率38.61%，取得直接经济效益10.5亿元。1990年乡镇企业系统有41个QC小组成果获农业部优秀QC小组成果奖，其中一等奖9个、二等奖14个、三等奖18个，获得国家优秀QC小组成果奖2个。

江苏省乡镇企业质量管理工作概况

一、基 本 特 点

江苏省乡镇企业质量管理工作，认真贯彻"全国乡镇企业系统质量工作会议"精神，继续在"三上两创一高"上下功夫，在前几年的基础上又有新的发展和提高。

1．巩固与开拓同时并举。为了使质量管理工作不断适应乡镇企业发展的需要，从江苏省的实际情况出发，一手抓已有阵地的巩固提高，一手抓新领域的开拓创新。在继续做好产品创优、QC小组成果发表、质量管理创奖、推行全面质量管理等工作的同时，又开展了乡镇工业主要产品的质量考核季报工作，重点考核六个行业的188个产品，认真开展农业部全面质量管理"达标"试点工作，并从1990年第三季度开始，进行了全省性的声势浩大的产品质量大检查活动。

2. 普及与提高相互并重。"七五"期间，江苏省十分注重各项基础工作，以坚实的基础奠定发展提高之路。1990年全省有5 823家企业通过了七项基础工作验收，累计通过验收的企业达15 129家，约占乡村工业企业总数的15.2%；30万元产值以上产品的标准化覆盖率达88%，采用国际标准的企业252家，累计856家；1990年通过计量验收的企业2 132家（其中二级56家，三级1 222家，计量验收合格企业854家），累计为7 058家，占全省验收合格企业总数的61.7%。在夯实基础工作的同时，注重在提高上下功夫，全省获市以上科技成果奖208项，省以上科技成果奖58项，国际奖6项，有39项产品列入国家级重大新产品试制计划。全省乡村企业QC小组注册数达8 923个，获省级以上成果41个，省优秀QC小组46个。以全面质量管理为中心，积极推行现代化管理，累计获各项现代化管理成果奖1 100项。

3. 创优与创奖共同突破。全省做好产品创优工作，促进乡镇企业的产品沿着市优、省优、部优、国优的台阶逐级攀登。全年创市优965个，省优281个，部优179个（其中农业部部优85个），国家银质奖（百花奖）6个，是历年来最多的。推行全面质量管理的企业数达7 597家，其中已经市局验收合格的企业1 068家。在此基础上，相继有10个市开展了质量管理奖评审活动，1990年计有91家企业获市局级质量管理奖，有22家企业获省局级质量管理奖（另有5家企业获行业厅局奖），4家企业获部质量管理奖。

4. 管理与监督相得益彰。通过认真学习贯彻《中华人民共和国乡村集体所有制企业条例》，切实担负起国务院赋予各级政府行政主管部门的八项职能。明确会同有关部门指导企业的质量管理是乡镇企业主管部门应尽的职责。各级乡镇企业主管部门在人手少、编制紧的情况下，都明确了专人或建立起专门机构负责质量管理工作，省、市、县、乡、企业已初步形成了质量管理网络，不仅抓质量保证、产品创优，也抓质量监督、质量否决，抓"锦上添花"不忘"雪中送炭"。各级乡镇企业的质量管理人员主动会同计经委、技术监督部门和行业部门，协调关系，疏通渠道，初步探索出一条乡镇企业主管部门质量管理工作的路子。

二、主 要 工 作

1. 加强培训，充实队伍，完善网络。1990年全省共开办了118期以市、县、乡主管部门管理人员为主要对象的培训班 参加人数7 782人次，培训了大批质量管理骨干。省乡镇企业局为了加快质量管理骨干队伍的建设，在举办省全面质量管理咨询诊断培训班的基础上，制订了《江苏省乡镇企业质量管理咨询诊断师聘任暂行办法》，1990年5月首批聘任了53名省局级质量诊断师。这些同志在企业诊断、TQC评审、产品创优中发挥了积极的作用。

2. 宣传典型，总结经验，全面推开。近年来，江苏省在抓质量管理工作中，注重宣传和培育典型，不断总结经验，促进面上全面推开。国家二级企业南通江海电容器厂是全省乡镇企业中推行全面质量管理较早的企业，该厂先后有6个产品分别获省、部优和全国评比一等奖，企业主要经济技术指标连续多年跨入全国同行业"四强"之列。1990年7月省乡镇企业局在南通召开全省双增双节现场会，推广宣传江海电容器厂的经验，全省乡镇企业的各项管理竞赛开展得有声有色。此外，在建材、化工、机械、冶金、轻工等行业分别树立了江阴月城水泥厂、武进化工防腐材料厂、张家港医疗器械厂、吴县铝加工厂、泰县丝毯总厂等一批质量管理典型，使企业学有榜样，赶有方向。

3. 深入开展产品质量大检查。为了进一步贯彻国务院《工业产品质量责任条例》，加强各级乡镇企业主管部门对产品质量的严格管理和监督，1990年8月在全省开展了一次声势浩大的产品质量大检查。经过动员发动企业自查整改，县、市逐级抽查，省级检查验收等四个阶段，历时4个月，于12月中旬结束，取得了预期效果。据统计汇总，县、市局两级抽查了2 585个企业，占全省乡、村工业企业总数的2.49%，所查2 850个产品，按标准生产的有2 508个产品，标准覆盖率为88%。有34.9%的企业通过了计量验收，95%的企业建立检验机构，检验人员占所查企业总人数的3.9%。有27%的企业开展了全面质量管理，约有1%的企业产品不合格或还在生产国家已公布淘汰的产品。

4. 认真做好"达标"试点工作。根据农业部乡镇企业司要求，全省开展了全面质量管理部级"达标"的试点工作。试点主要在无锡、南通等七市进行，这些地区推行TQC工作较早，技术基础工作较好。达标试点分"计划、评审、总结"三个阶段进行，共有173家企业通过了部级"达标"验收。基本做法和经验是：①"达标"工作要纳入质量管理工作计划。②"达标"的关键是要掌握好标准。③"达标"验收要有一支懂质量、有水平的队伍。④做好"套标"、"靠标"工作。

（姜　倩供稿）

山东省乡镇企业质量管理工作特点

山东省通过抓好强化质量意识，增强法制观念；强化基础工作；开展创优活动；推进技术进步等工作，使全省的质量管理工作取得了一定成效。

1990年，山东省质量管理工作主要有四个特点：

1．质量工作开展范围广。1990年全省产品质量管理监督性抽查，乡镇企业抽查329个企业，335个产品，比1989年增加56个企业，41个产品，占全省抽查数的四分之一以上。产品创优涉及到15个大行业，荣获优质产品涉及到72个县，分别比1989年增加2个大行业和4个县。全质管省达标涉及到76个县，比1989年增加23个县。

2．产品质量稳定提高。1990年全省乡镇企业产品质量进一步提高，据对294种产品进行质量监督性抽查，合格率达到84.85%，比1989年提高3.38个百分点，其中机制尖锨项次合格率为91.33%，机制农锨为90.36%；优质产品数量明显增多，1990年全省乡镇企业有369项产品获省局以上优质品称号，其中部优94项，比1989年增加15项，省优116项，比1989年增加11项；省局优良159项，比1989年增加69项，优质产品覆盖面不断扩大，乡村工业优质产品产值率已达到6.9%，比1989年提高1.23个百分点。优质产品稳定提高率为98%以上，比1989年提高3个百分点。

3．质量基础工作得到加强。1990年标准化工作又有新的突破，乡村工业标准覆盖率达到88%，比1989年提高3个百分点；标准化函授6 000余人，其中5 800人经考试合格，取得结业证书。计量工作取得新的进展，有1 047个企业，获得计量合格证；其中28个企业取得二级计量证书，275个企业取得三级计量证书；744个企业验收合格。全面质量管理工作获得丰硕成果，有4个企业获部质量管理奖，有10个企业获省局质量管理奖，省级质量管理达标企业预计140个企业，比1989年增加17个，部级ＴＱＣ达标试点，初审合格98个企业，比1989年增加95个，获国家级优秀ＱＣ小组1个，获部优秀ＱＣ小组10个，获省优秀ＱＣ小组6个，评选省局优秀ＱＣ小组70个。

4．质量管理工作成果位次前移。1990年，全省乡村工业创部优数占全国乡镇企业系统的17.4%，继续保持了领先的位次；创省优数占全省省优总数的13.1%，在各厅局中由1989年的第三位跃居第二位；标准化函授人数占全国标准化总人数10.2%，继续保持了领先水平，部质量管理奖和部达标，保持了领先水平，国家优秀ＱＣ小组实现了零的突破。

（姜　倩供稿）

乡镇企业产品创优

肖　雪　峰

一、基本情况

1990年全国乡镇企业的产品获国家金质奖1项，银质奖13项，获农业部优质产品奖541项，是历年创优成绩最好的一年。到1990年底为止，全国乡镇企业已有国家优质产品53项，其中获金质奖2项，银质奖51项；农业部优质产品2 532项，获其它部门优质产品奖的有300多项。有一些产品的质量在全国同行业中处于领先水平，达到或接近国际先进水平，并在国际市场上享有盛誉。还有20多项产品在国际上获奖，受到了同行专家的好评，为国家争得了荣誉。各级乡镇企业主管部门在评优工作中注意贯彻了国家有关政策，促进了企业的技术进步，加强了基础工作，从而对提高企业的管理水平，提高产品质量收到了明显的效果。

二、特　　点

1．加强了创优工作的领导和管理。各级乡镇企业主管部门的领导对创优工作普遍重视，认识到产品质量是企业的生命，只有走质量效益型道路才能使乡镇企业永远立于不败之地，而创优工作又是质量工作的一部分。因此，各地乡镇企业主管部门加强了对创优工作的领导和管理，落实了机构和人员，加强了组织和培训工作。上海、江苏、山东、广东、河南、青岛、南京、长春等地区都举办了各种不同形式的创优培训班和研讨会，取得了明显的效果，提高了创优工作的有效性，逐步做到了科学化、程序化、规范化。

2．部优产品的结构和水平有了新的提高。1990年的部优产品经国家级、部级、省级产品质量检测中心检测，基本上都达到了国内同行业的先进水平，还有部分产品在全国同行业评比中名列前茅。国优产品中，BLS-100型低噪音玻璃钢冷却塔、XTQ-70B、XTZ-140全自动洗涤脱水机、LZB-4～100(液体)玻璃转子流量计、O型橡胶密封圈、柔性集装袋、光敏变色眼镜片等产品在1990年的国优评比中荣获第一名，产品质量达到了国际先进水平。

3．疏通渠道，加强部门间的横向联系。乡镇企业系统的产品申报创国家优质产品奖涉及到各个行业部门，要取得有关部门的支持，就必须加强协调，沟通与有关部门的联系，使其对乡镇企业的产品有一个正确的认识和了解。通过协调，得到了国家技术监督局、机电部、化工部、冶金部、建设部等部门对乡镇企业创优工作的支持，逐步解决指标少、列项难等问题，使创优工作得以顺利开展。

三、经　验

1．抓创优、促管理，提高企业素质。几年来，乡镇企业狠抓了产品创优工作。以创优为手段、为动力，推动企业的全面质量管理、标准化、计量等各项基础管理工作的开展，从而提高产品质量和企业的素质，使企业不断的上质量、上水平、上品种、上档次。形成了一批具有较高水平的骨干企业和拳头产品，提高了经济效益和社会效益。

2．依靠科技进步，是产品创优的可靠保证。产品质量是技术和管理的综合成果。科技进步是乡镇企业产品质量创优的原动力。立足现有条件，选择能够创造最佳经济效益并居于领先地位的技术，是保证和提高产品质量的重要途径。通过技术开发，采用新技术、新工艺、先进标准，加强质量控制，才能推出高质量的新产品；通过技术改造，引进先进设备，淘汰落后设备，才能稳定提高产品质量，扩大适销对路产品和优质产品的生产能力；通过技术攻关，始终保持设计、生产等环节的先进性，才能把产品质量提高到一个新水平。

3．强化质量意识，提高产品质量。近年来乡镇企业始终把产品质量放到重要的位置上来抓，在全国乡镇企业范围内开展了强化质量意识的教育，认真贯彻“质量第一”这个经济工作中的重大政策。产品质量是产品竞争的基本要素和内在动力，已被越来越多的企业所认识，以质量求生存、求发展已成为绝大多数乡镇企业的生产准则。从而促进了整个乡镇企业产品质量的提高。

生产许可证工作

袁　冰　飞

生产许可证工作是乡镇企业质量工作不可忽视的一个方面。1990年乡镇企业的许可证取得了明显的成绩，工作有新的进展。

1．继续提高对许可证工作的认识，进一步落实组织机构的建设。各级乡镇企业主管部门都进一步认识到了生产许可证是关系到企业存亡的大事，因此都把这项工作放到重要的地位，成立专门机构和设立专人管理。到1990年已有近20个省市的乡镇企业局成立了生产许可证办公室，并建立了一支专业工作队伍，使许可证工作从组织上得到保障。

2．加强与行业部门的协调，积极参与发证工作。乡镇企业主管部门在许可证工作中的参与意识增强，工作中加强了与行业部门的协调，逐步理顺与一些行业部门的关系。继与国家建材局成立水泥发证的联合办公室后，1990年又在电风扇、复混肥、低压电器、木质渔船等产品的发证上，与轻工、化工、机电等行业归口部门配合，在企业取证前期工作中发挥主管部门作用，在调查摸底、办培训班、文件细则的宣传贯彻、企业初审等方面做了大量的工作。例如在木质渔船的发证工作中，农业部乡镇企业司专门与船检局在秦皇岛联合召开了部分省市船检部门和乡镇企业主管部门参加的座谈会，对木质渔船发证的工作程序和验收细则等进行了协调和讨论，有利于取证工作的顺利展开；广东省乡镇企业局在电风扇发证中与行业部门联合组织审查组对企业进行审查；还有浙江省乡镇企业局在每种产品的发证中都要先组织企业认真宣传有关文件等等。1990年，全国乡镇企业系统取得生产许可证约3 000多张，累计取证总数达到一万余张，占全国发证总数的四分之一左右。

3．通过抓生产许可证管理，帮助企业提高素质。

取得生产许可证是手段，使企业产品质量得到保证、管理素质得到提高是工作的根本目的。针对乡镇企业点多面广、产品种类繁多而设备差、素质低等特点，1990年农业部乡镇企业司组织编写了《乡镇企业系统生产许可证培训教材》，旨在帮助企业在取证过程中整体素质的提高。

事实证明，通过取证，确实使企业增强了质量意识，提高了产品质量。经调查，一些地区的取证企业在监督抽查中合格率普遍提高。同时，取证还促进了企业的技术进步。例如天津市宁河县岳龙水泥厂，为取证投入资金370万元进行技术改造，用3万元培训工人，掌握微机控制生产线的操作技能，使生料指数合格率提高了一倍，产品品种增加了425号、525号两种高标号水泥，产品质量稳定合格。取证后的企业普遍增强了竞争能力，提高了经济效益。如江苏省扬州美容化妆品厂、泰兴上海华光日用化学品厂、泰兴中华日化研究所以及泰兴上海中华日化厂等四个生产化妆品的乡镇企业，取证后形成了该地区乡镇企业的拳头产品，在1990年市场疲软、化妆品行业竞争激烈的形势下，保持了优质、高速的增长势头。四个厂的总产值由1986年的3 000万元增加到1亿元，上交国家税金676万元，产品销往全国二十多个省市。这些例子都说明了数以万计的乡镇企业在生产许可证工作的推动下，几乎都在较短的时间内发生了显著的变化。

乡镇企业在生产许可证工作中取得的这些成绩是可喜的，但同时也应看到在这项工作中所存在的问题，尤其是企业主管部门与行业部门之间的协调，仍是一个大问题，需要在生产许可证的法规性文件中进一步明确企业主管部门在许可证工作中的职能和作用。部分产品的发证中，主管部门参与不够，造成情况不明、信息不灵、获证企业所占比例不大，使在无证产品的查处中难度很大。

《中国乡镇企业会计》创刊

《中国乡镇企业会计》于1990年6月创刊，由农业部乡镇企业司主办。主编：包维和，副主编：王庆玲、蔡无佃，为双月刊，逢单月出版，全年共六期。她是在全国乡镇企业开展“企业管理年”活动，在“企业管理年”中强化财务管理，提高经济效益中应时而生的。她集针对性、知识性、实用性于一体，是一本普及乡镇企业财务会计专业知识的刊物，以宣传乡镇企业财务会计的政策法规、理论基础知识、业务技能、工作方法、实践经验、工作部署相关的业务知识等为主要内容。对完善乡镇企业财务、会计制度，开拓财务会计人员视野，提高会计人员素质十分必要，将成为乡镇企业财务会计人员的良师益友。

乡镇企业会计是随着乡镇企业的发展而发展，而不断壮大的，她的每一发展阶段，既为加强乡镇企业经济管理，促进乡镇企业经济发展，提供了服务，作出了贡献，又使自己在发展中进一步充实、完善、提高和发展。目前已形成400万乡镇企业财务会计队伍，遍及全国各地乡、镇、村，默默地为乡镇企业的管理服务着，在乡镇企业蓬勃发展的今天，作为乡镇企业经营管理重要手段之一的会计人员，在工作上需要支持，在改革中需要指导，在学习上需要辅导，在遇到困难时需要帮助解决。在这方面《中国乡镇企业会计》将成为他们之间联系的纽带，使乡镇企业财务人员团结在一起，为发展乡镇企业、繁荣经济作出新的贡献。

（余　葵）

《中国乡镇企业报》创刊十周年

《中国乡镇企业报》是中华人民共和国农业部主办的全国性专业报。原名《中国社队企业报》。该报1980年8月创刊。1981年1月24日正式出版。1984年5月1日，根据中共中央、国务院转发农牧渔业部《关于开创社队企业新局面的报告》的通知精神(中发〈1984年〉4号文件)，改名《中国乡镇企业报》。1985年1月，每周出版一期改为二期，1987年发展为每周出版三期。该报为对开四版，彩色胶印，报头由书法家舒同题写。

1990年《中国乡镇企业报》遵循办报宗旨，重点宣传了党的十三届五中全会精神，以及国务院、农业部和有关部门关于发展乡镇企业的政策，贯彻调整、整顿、改造、提高的八字方针，引导乡镇企业健康发展。报纸还着力宣传了乡镇企业在农村经济及整个国民经济中的地位和作用；介绍各地制订一系列措施，扶持乡镇企业发展的做法；报道乡镇企业在深化农村改革，进行治理整顿，调整产业、产品结构，发展外向型经济，依靠科技进步，提高企业素质和经济效益等方面取得的成就和经验。报纸还宣传和介绍了各地乡镇企业加强思想政治工作，进行社会主义精神文明建设、物质文明建设，以及涌现出来的一大批农民企业家的先进事迹；并且交流了乡镇企业在开展“企业管理年”活动中，苦练内功，使产品创优，企业升级，克服“疲软”带来的困扰，发展商品生产，为城市和大工业配套服务等方面取得的成就和经验。与此同时，报纸还开辟多种栏目，为乡镇企业提供信息和法律保护。

根据中央宣传部和新闻出版署的有关规定，1990年，报社还对编辑部及驻省记者进行了核发记者证的工作；并对记者站进行了整顿和重新登记。已有14个记者站经省级新闻出版主管部门批准登记。经过这次整顿，报社整体素质得到提高，管理工作得到加强。

《中国乡镇企业报》创刊10年多来，为乡镇企业做了大量的宣传报道工作，还发起组织了多种形式的、有意义的社会活动，因而报纸深受读者喜爱，发行份数不断增加，最高年份达32万份。1983年，还通过中国国际书店，向日本、美国、英国等9个国家发行。

《中国乡镇企业报》现实行党委领导下的社长负责制。报社有职工115人，其中编辑、记者66人。机构设置有总编室、要闻部、经济部、理论部、科教部、摄影部、经理部、财务部等。

《中国乡镇企业报》自创办之日起，在经济上就实行独立核算，自负盈亏，这在全国新闻单位属第一家。

（李志勇）

科技·教育

全国乡镇企业系统教育培训概况

乡镇企业系统领导干部岗位培训

乡镇企业职工教育的特点和出路

全国乡镇企业培训中心（学校）名录

依靠技术进步和先进管理　促进乡镇企业健康发展

全国乡镇企业系统教育培训概况

刘　祖　荫

1990年，全国乡镇企业系统在教育培训方面做了大量的工作，取得了可喜的成绩。

一、抓好全国乡镇企业系统领导干部岗位培训工作

提高乡镇企业的整体素质，首先要提高领导干部的素质。1990年根据农业部的统一布署，各地乡镇企业主管部门迅速着手开展了领导干部岗位培训工作。湖南、湖北、安徽、黑龙江、新疆、山东、内蒙古、辽宁、天津、福建、广西、西藏、河北、广东、宁夏、吉林、浙江、江苏、贵州、江西、陕西、云南、上海、大连、武汉、成都、沈阳、青岛、重庆、宁波等30多个省（市、区）、计划单列市都制定了乡镇企业领导干部岗位培训规划、实施办法及措施，其中大部分都是和人事、组织、教育部门联合发文。安徽、贵州等省由农、教、人、财、组织、乡镇企业等六委局联合发文。据不完全统计，1990年全国各级乡镇企业领导干部岗位培训班举办150期，培训1万多人。

二、多形式、多层次、多渠道开展乡镇企业各级各类岗位培训

1．开展乡村骨干企业厂长（经理）岗位职务培训，实行厂长（经理）岗位培训合格证书制。农业部1989年17号文《关于实施乡镇企业领导干部岗位培训的规定》中，要求各地乡镇企业主管部门参照国家体改委、国家教委、人事部联合印发的《关于坚持和改进大中型企业领导干部岗位职务培训工作的意见》，积极开展乡镇企业厂长（经理）的岗位培训，由三委一部联合下发的《乡镇企业技术进步战略实施大纲》，要求乡村骨干企业要配齐具有大专以上学历的厂长（经理）。两年来，这项工作已经在全国乡镇企业系统开展起来。陕西、天津、辽宁、安徽、河北、湖北、湖南、上海等20多个省、市都制定了《乡镇企业厂长（经理）岗位规范》、《乡镇企业厂长（经理）岗位培训指导性教学计划》，组织编写出版了厂长（经理）岗位培训的教材，并将岗位培训工作和企业升级挂钩。厂长（经理）岗位培训工作的一系列配套措施正在逐渐完善。

2．开展专业技术人员岗位培训，实行专业技术人员任职资格证书制。“七五”期间，农业部和中国质协联合举办了全国乡镇企业全面质量管理电视讲座，和国家标准局联合举办了全国乡镇企业标准化电视函授讲座。各地乡镇企业主管部门和本地人事部门密切配合，开展了乡镇企业专业技术人员职称评聘工作。在评审过程中，坚持从申报到评委会的组建，以及报批程序，都与国营企业相同，评审合格的专业技术人员，由地方人事部门（科委）和乡镇企业局颁发本地区统一的《专业技术人员任职资格证书》。对于不具备学历的专业技术人员坚持先培训后评聘，对于已经获得技术职称、但不具备相应学历的人员，限期获得相应的学历。“七五”期间，全国乡镇企业系统各级各类培训，每年达300万人次，五年累计培训1 500万人次。截至1990年底，全国乡村企业已拥有专业技术人员130万人，比1985年增加了225％，占职工总数的2.8％，而“六五”末时，该项指标不足1％；初中以上文化程度占职工总数的70％，而5年前这一指标不足40％；“七五”期间，乡镇企业专业技术人员的数量以平均每年45％的速度增长，远远高于其经济增长速度。

3．搞好技术工人的岗位培训，实行技术工人等级证书制。乡镇企业9 200万职工中，大部分没有经过专业技术等级培训，一线工人的理论水平和实际操作能力偏低，直接影响着产品质量和能源、物料的消耗。为了提高工人的技术素质，从“七五”后期开始，全国乡镇企业系统开始进行以初级工为重点的技术工人定级考核培训。技术工人按国家有关部门规定的标准进行培训。在农业部乡镇企业司的统一组织下，天津、辽宁、河北、内蒙古、黑龙江、山西、河南、湖北、北京、大连等地联合编写了乡镇企业初中级技术人员培训教材，其中有《数学》、《机械基础》、《机械制图》、《机械制造工艺概论》、《车工工艺学》、《钳工工艺学》、《铣工工艺学》、《磨工工艺学》、《铸造工艺学》、《锻造工艺学》、《刨工工艺学》、《冲压工艺学》、《焊工工艺学》、《机械制图习题集》、《基础课习题集》等15种书。在培训过程中，坚持“面向企业、面向生产、以提高经济效益为中心”的原则，坚持按需施教，学用结合，灵活多样，注重实际能力的培养与提高，培训后参加各地区统一组织的“应知应会”考试，合格者颁发技术工人等级证书。

三、积极地、有计划、有组织地开展大中专学历教育

“七五”期间，乡镇企业的人才开发逐渐从单纯引进转向引进、聘用高级人才与自己培养初、中级人才并重的道路。

首先是政策支持。为了解决乡镇企业教育经费问题，农业部和财政部联合下文规定：“乡镇企业职工教育经费按职工工资总额的1.5％计提。”积极支持和鼓励地方政府和各级乡镇企业主管部门向乡镇企业教育倾斜，为乡镇企业大中专学历教育开辟渠道。

其次，为了给培养高层次的具有大中专学历的乡镇企业人才创造条件。农业部将南京农业大学农业工程学院更名为南京农业工程乡镇企业学院；农业部农村经济管理干部学院增设并加强乡镇企业系；农村经济研究所改名为乡镇企业研究所；山东省人民政府与国家教委联系后批准成立了青岛大学乡镇企业管理学院；泰安市人民政府批准成立了泰山乡镇企业学院；西安市成立了西安乡镇企业大学（民办）。河南、江苏、辽宁、湖北、山西、浙江、广西、河北等省市，在当地政府和教育部门的支持下，相继建立了一批乡镇企业中专和大专层次的职工教育院校（或班）。“七五”期间，乡镇企业已初步形成一批培养具有大中专学历人才的教育基地。

第三，创造条件，鼓励大中专院校异地办学。全国乡镇企业系统积极支持大中专院校走出校门，把班办到乡镇企业中，学员采取脱产、半脱产或业余方式学习，修满所学课程，经过严格考试后获得国家承认的毕业证书。据不完全统计，“七五”期间，约有400多所大中专院校走向农村，为乡镇企业培养人才。仅天津一个市就有40多所大中专院校把班办到乡镇企业中。

第四，鼓励企业从长远利益出发，有计划地选送有前途的职工到大中专院校学习。

“七五”期间，乡镇企业职工文化结构有了可喜的变化。到1990年底，全国乡村两级企业中具有大专以上学历的人才达12万人，比1985年增加了240％，占职工总数的0.27％。

四、乡镇企业的培训基地建设

“七五”期间，全国乡镇企业培训基地从无到有，稳步发展。到1990年底，全国共建省级、计划单列市级乡镇企业培训中心41个，总投资约为6 000万元，全国省、地（市）、县、乡四级培训基地已达4 000多个，初步形成了乡镇企业自己培训基地网络。

乡镇企业系统领导干部岗位培训

朱　立　英

1990年全国乡镇企业系统开展了“企业管理年”活动，为了配合管理年活动的开展，促进企业现代化管理，推动企业整体素质的提高，乡镇企业系统在1990年狠抓了人才开发和科技进步工作。

为有效地发挥各级乡镇企业领导部门作用，1990年乡镇企业主管部门加强了对领导干部教育培训工作的宏观管理，制定长期规划和中短期计划，使教育培训工作组织严密，工作规范化。根据农业部（1989）农（教）字第11号《关于实施领导干部岗位培训的意见》（试行）文件精神，全国乡镇企业主管部门，结合实际情况，制定了《关于实施乡镇企业系统领导干部岗位培训的规定》（试行）（以下简称《规定》）。《规定》明确提出了培训目标，培训对象，统一规划，分类指导的原则；明确了承担教学任务的单位和具体实施方法；明确了“乡镇企业局处（科、股）长岗位规范”、“地（市）乡镇企业局长岗位规范”、“县（市、区）乡镇企业局长岗位规范”“乡（区、镇）工业办公室（经济委员会）主任岗位规范”及这几个层次的指导性教学计划。规定五门必修课、专修课和专题讲座课的基本内容和培训时间、培训形式。

根据《规定》，乡镇企业主管部门组织中央党校、农业部农村经济管理干部学院有经验的教授、讲师编写了《马克思主义基本原理》、《社会主义初级阶段经济理论》、《乡镇企业经济管理》、《领导学基础》、《经济法基本知识》五门必修课教材。教材以马列主义毛泽东思想为指导，并根据乡镇企业领导干部培训特点，力求阐述各门课程的基本原理、基本技能和基本知识。在必修课教材统一的前提下，为了统一教学要求，保证教学质量，农业部乡镇企业司分别在司培训中心和农业部农村经济管理干部学院举办了五期乡镇企业岗位培训师资培训班。培训对象系各省承担岗位培训的师资和辅导员。通过导师的引导和部分省参加学习的同志上讲台试讲，提高了岗位培训师资队伍的水平，促进了师资队伍的建设，在总结师资班的经验体会时，

很多同志深有体会地说，像这样的师资培训班今后应该多组织一些，一方面加强各省教学工作者之间的交流，一方面提高师资的自身水平，这种宏观指导教学的方法，对于提高乡镇企业素质，提高教学质量有重要的意义。

为加强领导，全面指导与检查乡镇企业系统领导干部的培训工作，总结交流经验，提高培训质量，成立了“乡镇企业系统领导干部岗位培训指导小组”。指导小组于1990年9月21日召开了第一次工作会议，就岗位培训中存在的“岗位培训与公务员培训关系”、“乡一级企业干部队伍的稳定问题”、“干部培训的资金来源”等问题进行了讨论，提出了解决的办法。

根据领导小组提出的乡镇企业系统岗位培训工作按照统一规划、分级培训、分类指导的原则，农业部乡镇企业司负责制定各级领导干部的岗位规范、指导性教学计划，并负责组织省、自治区、直辖市乡镇企业局业务处长，计划单列市、地（市）乡镇企业局局长以及计划单列市县的乡镇企业局长的岗位培训。并于1990年举办了第一期省(区)、直辖市、计划单列市、地（县）局长的培训班，检验了统编教材、教学大纲、教学指导计划和教学方法。为广泛、大规模开展培训工作积累了经验。

与此同时，全国乡镇企业系统为了落实农业部《规定》，先后行动起来，采取生动、活泼形式，有组织、有领导、有计划、有步骤地开展了岗位培训工作。为贯彻《规定》，各省召集了不同类型的会议，传达、部署有关工作，邀请人事、组织、教育、财政、职教办、农经委等部门共商培养人才大计。据不完全统计，广东、安徽、云南、福建、广西、湖北、山东、河北、贵州、内蒙古、江西、天津、武汉等十三个地区同人事、组织等部门联合下发了“领导干部岗位培训实施办法或实施意见”。陕西省还以省人民政府的名义下发了《陕西省乡镇企业职工岗位培训办法的通知》，文件发至乡（镇）人民政府，从组织上给予保障。湖南、辽宁、江苏、新疆、西藏、天津、大连、成都和新疆兵团乡镇企业局转发了农业部《关于实施乡镇企业领导干部岗位培训的规定》(试行)，并拟定了实施细则，特别是西藏自治区乡镇企业局，见到部发文后，根据西藏自治区的特点，制定了贯彻《规定》的具体意见。新疆兵团乡镇企业局在分析了兵团的状况以后，下发了培训计划并上报了要求参加农业部组织的地（市）局长、处长等培训班。这是1990年开展岗位培训的第一个特点。

第二个特点是领导重视，各省均成立了以省乡镇企业局局长为组长，党委、人事、计财处领导参加的岗位培训领导小组。

第三个特点是，许多省大量投资，新疆区政府安排专款，为乡镇企业系统购买领导干部培训教材；湖南省政府下达了35万元的专项资金，开展乡镇企业系统岗位培训工作，在省政府的直接领导和指导下，湖南省的岗位培训工作开展得生动活泼，1990年参加领导干部岗位培训人员达2 102人；参加厂长（经理）岗位培训的达8 343人。为了检验一年岗位培训的工作效果，湖南省乡镇企业局同湖南省电视台在省局培训中心联合举办了“岗位培训知识竞赛”，全省十四个地、州、市组队参赛。赛题包括管理、法律、政策、科技等方面的内容。获得竞赛第一名的常州市乡镇企业局，仅1990年市、县两级组织的各种培训班达8 000人次之多，同时还采取每季一次科技调度会，开展科技示范企业评选活动的方式，促进岗位培训。

浙江、江苏两省在抓硬件的同时，大抓软件工作。为扎扎实实搞好领导干部岗位培训工作，对本省的培训情况和接受岗位培训的人员进行了深入的调查。江苏省对全省9个市进行调查统计，接受岗位培训人数达73 914人。浙江省组织14人，分5个组，到8个地区、10个县（区）、5个乡镇，47个企业调查研究，掌握了几个层次干部的基本素质、建议、要求等第一手材料，对各层次的参训人数、学历、年龄状况，一清二楚，对搞好岗位培训工作提供了依据。在这个基础上制定了乡工办主任，分管乡镇企业的乡（镇）长、厂长（经理)、党委书记的岗位培训意见。

江西省乡镇企业局为了搞好教育培训工作，同省职工教育管理委员会，联合印发了《江西省乡镇企业教育培训工作暂行规定》，明确了总的教育原则，教育培训的基本要求，教育培训的管理、奖励和惩罚等，以法的形式保证和促进教育培训工作的开展。

乡镇企业职工教育的特点和出路

孙　继　业

乡镇企业是农民创办的综合产业，农民是乡镇企业的主体。因此，乡镇企业的职工教育，说到底，是一个农民教育问题。我国是一个农业人口占80%的国家，由于历史的原因，农村经济薄弱，农民科技文化水平较低，这是导致农村经济效益提高缓慢的两个原因。因此，加强农民教育，是提高全民族科技文化素质，加快农村发展的重大课题之一。马克思曾指出，人口的技术程度，始终是生产的先决条件，也是社会财富的主要积累形式。毛泽东同志在建国前夕就指出："严重的问题是教育农民"。加强农民教育的重要性和紧迫性是不言而喻的。党的十一届三中全会以来，农村改革的大潮，使数千万的农民从农业进入了乡镇企业，现代化的社会大生产与科技文化素质相对偏低的农民产业大军，形成了突出矛盾，解决这个矛盾必须开展乡镇企业职工教育。因此，乡镇企业职工教育和乡镇企业自身发展一样，已成为历史的必然。事实上，乡镇企业职工教育，不仅是农民教育的重要组成部分和主要渠道，而且是农民成为产业工人后的一次再教育，是农村经济发展新形势下农民教育的扩展和延伸。众所周知，农村经济的发展，离不开乡镇企业的支柱作用，而乡镇企业的职工教育和人才培养，是它生存发展的根本基础。农业发展"一靠政策，二靠科技，三靠投入"，三大要素之中的"科技"有赖于农民最终成为科学技术的载体，有赖于农民教育的进一步深化，同时客观地对乡镇企业教育提出了新的课题。乡镇企业职工教育有其突出的特点：

1．因为乡镇企业是"异军突起"，广大农民在文化技术方面缺乏必要的准备，因此这种补课教育更具有紧迫性。

2．发展二三产业所需要的技术和管理知识，与传统农业知识相比，要求更高，知识更新更快，因此，乡镇企业职工教育的内容时效性更强，与现代经济的关系更密切。

3．建国后特别是十一届三中全会以来，农村的文化教育事业有了较大发展，各种农业技术学校也发展较快，但是由农民兴办的乡镇企业，从事的主要是社会化的工业生产，农业院校毕业的专业技术干部，既分不到乡镇企业生产第一线，专业也不对口，乡镇企业职工教育的专业化更强、知识划分更细。

4．乡镇企业职工教育着重于学本事、长才干，培养有能力有真本领的实用人才，而不是单纯以追求"文凭"和"学历"为目标。这种独特的"学历"观和"文凭"观也是乡镇企业职工教育的一大特色。

5．乡镇企业职工教育可以按需施教，对口育人。泰山乡镇企业学院就是按照泰安市乡镇企业的实际需要，设置了机械制造、工民建、财会、机电、统计、食品、造纸、工艺美术、包装装潢等专业；在办学形式上，既有长期班，又有短期班；既有校内班，也有校外班；既有脱产班，又有函授班；还有学一段，回去工作实践一段，再回来学习的培训班。在招生中不仅看一次入学成绩，更注重全面综合考查，不拘一格，所以表面看来，学生入学成绩参差不齐，但毕业成绩大多优秀。

6．城市中的大中专毕业生很少分到农村和乡镇企业第一线，即使分得去，也很难留得住，而乡镇企业教育是为自己培养人才，从农村中来，回到农村去，从第一线来，回到第一线去，他们只是有了较高的知识和才干，成为"有社会主义觉悟，有文化的劳动者"，这样培养的人才是"永久牌"，而不是"飞鸽牌"。

7．乡镇企业职工教育走的是企业办学、社会办学、联合办学之路，乡镇企业人员素质的提高又带动了农民整体科技文化素质的提高，这既是乡镇企业职工教育的一个特点，也是它对于农民教育和整个农村精神文明建设的贡献之一。

8．乡镇企业职工教育的领导，不仅企业重视，市、县、乡、村的乡镇企业主管部门都作为一件重要工作来抓，在招生、分配中可以借助行政力量来推动。泰山乡镇企业学院，不仅学院领导负责，市局和县、乡的有关负责同志也参加学院管理委员会的领导，大家齐抓共管，工作难题不难迎刃而解。

9．乡镇企业面广量大，需要各方面的大量人才，乡镇企业的继续发展和自身特点对人才、知识的特定需求，使乡镇企业职工教育有不可替代的作用。特别是在现阶段乡镇企业求才若渴的情况下，如果长时期得不到缓解，农民发展商品生产的积极性将会受到挫折，乡镇企业的继续发展是很难实现的。解决这个问题的最好出路就是加快乡镇企业职工教育的发展。事实已经证明，乡镇企业职工教育是整个农民教育的重要方面军，是整个教育事业的一翼，是尽快提高农民科技文化素质，推动农村经济发展的有效途径。

乡镇企业职工教育的出路何在？近几年来，我们在创办泰山乡镇企业学院，为农村输送人才方面作出了成功的尝试，走出了一条自己的办学路子。对我们走出的这条办学路子，从中央到地方，从教育部门到乡镇企业系统的主管部门，都给予了充分的肯定。称赞我们这个学院，"学校牌子不大，教学质量不低"，"泰山脚下的这个别致、特殊的高等院校，填补了乡镇企业和国家兴办的高等院校之间的空白，受到了泰安市10多万家乡镇企业的普遍欢迎。泰安市委、市政府带领乡镇企业局，一手抓生产、一手抓教育，鼓励乡镇企业领导人当好乡镇企业局和教育局两个'局长'的做法，虽然见效慢、费劲大、花钱多，但是，终究能见大成效，终能解决大问题，是发展乡镇企业的百年大计"。

泰山乡镇企业学院建立以来，坚持面向农村，为乡镇企业培养了各类人才，即：①开拓创业型人才。②综合管理型人才。③科技工程型人才。④专业管理型人才。⑤师资型人才。⑥供销经营型人才。⑦政治工作型人才。

全国乡镇企业培训中心(学校)名录

单位名称	地址	电话	邮政编码
北　京			
延庆县建筑总公司培训中心	延庆县火车站北	4229	102100
门头沟区乡镇企业人才培训中心	门头沟区永定镇石门营	9842263	102300
丰台区乡镇企业职工学校	丰台区卢沟桥小井	372715	100071
通县乡镇企业职工培训学校	通县新华大街140号	9522470	101100
平谷县职业教育中心	平谷县东高村	9901561	101200
密云县乡镇企业局培训站	密云县新西大桥北	9924328	101500
天　津			
天津市乡镇企业培训中心	天津市王顶递堤复康路延长线公路立交桥西路北	341979	300381
东郊区培训中心	天津市东郊区张贵庄外环线津塘公路立交桥东南	493540	300300
西郊区乡镇企业培训中心	天津市西郊区扬柳青新华路	791562	300380
大港区乡镇企业局培训中心	大港区板桥路北侧	991974	300270
宝坻县乡镇企业经委职业学校	宝坻县火车站以北	922602	301800
宁河县乡镇企业局培训中心	宁河县蓟运河大桥北侧100米处	952944	301500
静海县乡镇企业培训中心	静海县东环路2号	942341	301600
河　北			
易县乡镇企业经济委员会培训中心	易县城北转盘北路西	县直拨	074200
徐水县乡镇企业管理委员会培训中心	徐水县企管委院内	县直拨	072550
涞源县乡镇企业管理局培训中心	涞源县企业局院内	县直拨	102900
定兴县乡镇企业经济委员会培训中心	定兴县乡企经委院内	县直拨	072650
定州市乡镇企业管理局培训中心	定州市乡企局院内	县直拨	072250
唐县乡镇企业管理局培训中心	唐县乡企局院内	县直拨	072350
望都县乡镇企业管理局培训中心	望都县乡企局院内	县直拨	071450
涞水县乡镇企业管理委员会培训中心	涞水县乡企局院内	县直拨	074100
高阳县乡镇企业管理局培训中心	高阳县乡企局院内	县直拨	071500
雄县乡镇企业局培训中心	雄县乡企局院内	县直拨	071800
容城县乡镇企业管理局培训中心	容城县乡企局院内	县直拨	071700
新城县乡镇企业管理局培训中心	新城县高碑店镇团结路	县直拨	074000
定州市乡镇企业局培训中心	定州市工人文化宫	市直拨	073000
博野县乡镇企业管理局培训中心	博野县乡企局院内	县直拨	071300
保定地区农村经济干部培训中心	保定地区新城县高碑店镇	23917	071004
衡水市第二工业局职工学校	衡水市报社街民生胡同57号	3113	053000
隆化县乡镇企业培训中心	隆化县苔山镇	63863	068150
丰宁县乡镇企业培训中心	丰宁县大阁镇	2956	068350
平泉县乡镇企业培训中心	平泉县平泉镇东方街	2950	067500
兴隆县乡镇企业培训中心	兴隆县乡企局院内	2428	067300
邯郸地区乡镇企业培训中心	邯郸市光明北大街78号	24598	056002
磁县乡镇企业培训中心	磁县磁州镇建设大街71号	2110	056500

单位名称	地址	电话	邮政编码
魏县乡镇企业培训中心	魏县魏城镇陵园街49号	469	056800
大名县乡镇企业培训中心	大名县北关大名府路114号	2750	056900
永年县乡镇企业培训中心	永年县	621483	057150
涉县乡镇企业培训中心	涉县城关振兴路514号	2563	056400
临漳县乡镇企业培训中心	临漳城内东街21号	364	056600
肥乡县乡镇企业培训中心	肥乡镇建设大街123号	2290	057550
广平县乡镇企业培训中心	广平县广平镇人民路东段	921	057650
成安县乡镇企业培训中心	成安县北城墙路路北	452	056700
馆陶县乡镇企业培训中心	馆陶县馆陶镇工农街76号	273	057750
曲周县乡镇企业培训中心	曲周县光明路南头路东	32	057250
邱县乡镇企业培训中心	邱县马头镇北朝阳街07号	395	057450
鸡泽县乡镇企业培训中心	鸡泽镇中长路114号	384	057350
抚宁县乡镇企业培训中心	抚宁县建设路商业街	612698	066300
三河县高楼农业中专学校分校	三河县李旗庄乡	直　呼	101600
南宫市乡镇企业培训中心	南宫市陵园路72号	2235	051830
威县乡镇企业培训中心	威县东关 4 号	2459	054700
临城县乡镇企业培训中心	临城县城县乡镇企业局	县总机转	054300
平乡县乡镇企业培训中心	平乡县城西师资培训学校	359	054500
隆尧县乡镇企业培训中心	隆尧县城内乡镇工业局	353	055350
南和县乡镇企业培训中心	南和县北关商业街文化服务楼	287	054400
柏乡县乡镇企业培训中心	柏乡县东街	573	055450
宁晋县乡镇企业培训中心	宁晋县城北环路11号	352	051630
广宗县乡镇企业培训中心	广宗县城内水泥袋厂	县总机转	054600
清河县乡镇企业培训中心	清河县城内乡镇工业局	17	054800
邯郸市职工中专学校	邯郸市	27263	056001
内蒙古			
锡林郭勒盟乡镇企业民族职业学校	锡林浩特市	5201	026000
哲里木盟乡镇企业培训中心	哲盟通辽市（盟处楼上）	35950	028000
呼伦贝尔盟乡镇企业培训中心	海拉尔市	33390	021008
赤峰市乡镇企业局培训中心	赤峰市钢铁街	34966	024000
辽　宁			
铁岭市乡镇企业培训学校	铁岭市铁西街	31661	112000
沈阳市乡镇企业教育中心	沈阳市市府大路 4 段40号	472490	110013
大连市乡镇企业培训中心	大连市天津街70号	233582	116001
辽阳市乡镇企业技术培训中心	辽阳市卫国路	23083	111000
大连金州区乡镇企业人才培训中心	大连市金州区斯大林路687号	3518	116100
甘井子区乡镇企业人才培训中心	大连市甘井子区周水子前	553804	116033
新金县乡镇企业培训中心	新金县普兰店镇	2361	116200
瓦房店市乡镇企业培训中心	瓦房店市西长春路	2441	116300
旧堡区乡镇企业培训中心	鞍山市鞍海路30号	57386	114041
灯塔县乡镇企业人才培训中心	灯塔县灯塔镇	2605	111300
庄河县乡镇企业技术学校	庄河县庄河镇向阳路	814716	116400
东沟县乡镇企业培训中心	东沟县大沟镇	22741	118300
凤城县乡镇企业培训学校	凤城县凤城镇公安路	2985	118100
沈阳苏家屯区乡镇企业培训中心	沈阳市苏家屯区	984822	110101
彰武县乡镇企业培训中心	彰武县彰武镇解放大街	3979	123200

单位名称	地址	电话	邮政编码
辽中县乡镇企业培训中心	辽中县辽中镇东门街	3462	110200
于洪区乡镇企业技工学校	沈阳市于洪区黄海路	63294	110141
新民县乡镇企业培训中心	新民县新民镇人民政府院内	3489	110300
东陵区乡镇企业培训中心	沈阳市东陵区长春街3段1号	483541	110015
黑山县乡镇企业干校	黑山县黑山镇中央路	3598	121400
昌图县乡镇企业职工学校	昌图县昌图镇北街	2562	112500
吉　林			
长春市乡镇企业培训中心	长春市西郊路42号	72480	130062
延边朝鲜族自治州乡镇企业局干部训练班	延吉市延西街35号	513244	133002
吉林市乡镇企业职工学校	吉林市河南街174号	224829	132011
浑江市乡镇企业技术培训中心	浑江市八道江区浑江大街53号	3402	134300
辽源市乡镇企业局人才培训中心	辽源市龙山大街54号	27702	136200
四平市乡镇企业职工训练班	四平市平东大路49号	85390	136000
永吉县乡镇企业委员会	永吉县口前镇	2472	132200
公主岭市乡镇企业干部学校	公主岭市	5635	136100
梨树县乡镇企业职工学校	梨树县梨树镇	3298	136500
扶余市乡镇企业科技培训中心	扶余市	4450	131200
黑龙江			
绥化地区乡镇企业干部培训中心	绥化市中直北路70号		152000
肇庆市乡镇企业培训中心	肇庆市正阳公道街		151100
绥化市乡镇企业技术培训中心	绥化市中直北路		152000
兰西县乡企干校	兰西县乡镇企业局		151500
庆安县乡镇企业职工学校	庆安县庆安镇中央大街		152400
延寿县乡镇企业职工培训学校	延寿县乡镇企业局		150700
五常县乡镇企业培训中心	五常县五常镇大十街南		150200
巴彦县乡镇企业人才培训中心	巴彦县城镇内、县人大东侧		151800
阿城市乡镇企业局教育培训中心	阿城市解放大街		150300
牡丹江市乡镇企业职工教育指导站	牡丹江市大安路		157600
林口县乡镇企业管理局教育培训中心	林口县林口镇站前大街西段		157600
宁安县乡镇企业培训中心	宁安县乡镇企业管理局		157400
海林县乡镇企业培训中心	海林县		157100
桦南县乡镇企业局职工学校	桦南县		154400
佳木斯市郊区乡镇企业教育培训中心	佳木斯市乡镇企业局		154004
汤原县乡镇企业职工培训学校	汤原县乡镇企业局		154700
富锦市人才技术培训中心	富锦市乡镇企业管理局		156100
桦川县乡镇企业局培训中心	桦川县悦来镇		154300
依兰县乡镇企业培训中心	依兰县城内		154800
集贤县乡镇企业职工培训	集贤县福利镇		154900
绥滨县乡镇企业局培训中心	绥滨县绥滨镇		156200
鸡乐县乡镇企业局培训中心	鸡乐县乡镇企业局		158200
杜尔伯特蒙古族自治县乡镇企业职工学校	杜蒙自治县泰康镇南街		162203
依安县乡镇企业职工学校	依安县西大街路北		161500
龙江县乡镇企业职工学校	龙江县龙江镇内正阳路西		161100
讷河县乡镇企业职工学校	讷河县讷河镇东北二道街		161300

单位名称	地址	电话	邮政编码
克山县乡镇企业职工学校	克山县第四建筑公司		161600
铁力市乡镇企业局培训中心	铁力市乡镇企业局		152500
黑河行署乡镇企业管理局培训中心	黑河市迎恩路19号		164300
北安市乡镇企业管理局培训中心	北安市中央路五道街		164000
上　海			
上海嘉定县乡镇工业局干部培训学校	嘉定县梅园路240号	9532674	201800
宝山区乡镇工业局职工培训中心	宝山县前街11号	6692128	201900
川沙县乡镇工业局培训中心	川沙县城厢镇川环南路	8984839	201200
南汇县乡镇工业局培训中心	南汇县惠南镇南门	8018365	201300
松江县乡镇工业局培训中心	松江城厢续长桥南街46号	7813204	201600
崇明县干部学校	崇明城桥镇东门路25号	9613046	202150
江　苏			
溧水县乡镇企业职工学校	江苏省溧水县在城镇中大街7号	2839	211200
常熟市乡镇工业管理干部学校	常熟市大东门泰安新村	621849	215500
昆山市广播电视职工大学	昆山市环城北路16号	3429	215300
太仓县经委工业干校	太仓城厢镇县府东路计经委大院内	514356	215400
苏州广播电视大学吴江县分校	吴江县松陵镇西门外	423909	215200
市乡镇局培训中心	新浦解放路解放桥西	53026	222001
东海县培训中心	东海县斗山镇	2813	222300
连云港市锦屏职业中学	连云港市海州区锦屏镇	51163	222001
连云港市连云区大港职业中学	连云港市连云区墟沟镇	23480	222043
东海县电视大学专科班	东海县牛山镇	2813	222300
盐城市乡镇企业职工培训中心	盐城市榆洋路18号	23957	224002
盐城市郊区乡镇企业职工学校	盐城市南洋路36号	25137	224002
盐城市城区城郊经济管理干部学校	盐城市大庆中路150号	25743	224001
大丰县乡镇企业职工学校	大丰县健康西路17号	3707	224100
东台市乡镇企业职工学校	东台市区南门大桥下	3793	224200
射阳县乡镇企业职工学校	射阳县合闸路12号	2069	224300
淮阴市乡镇企业干部学校	淮阴市北京路	32743	223001
淮安市乡镇企业职工学校	淮安市建淮乡	无	223200
宿迁市乡镇企业干部学校	宿迁市宿城镇		223800
盱眙县乡镇企业职工培训中心	盱眙县盱城镇	2051	211700
金湖县乡镇企业培训中心	金湖县黎城镇	2709	211600
泗阳县乡镇企业干部学校	泗阳县众兴镇	2148	223700
全国乡镇企业家培训中心暨无锡市乡镇工业干部学校	无锡市清扬路6号桥五星新村51号	553838	214023
扬州市乡镇工业干部学校	扬州市念泗桥路15号	44200	225000
泰县地方工业职工学校	泰县姜堰镇东大街56号	3481	225500
武进县地方工业局干部学校	常州市南门外中凉亭	常州51081	213161
常州市郊区工业职工学校	常州市南门外中凉亭	51829	213014
江苏省乡镇企业家常州培训研究中心	常州市常锡路	33304	213003
扬中县乡镇企业局职工培训学校	扬中县三茅镇江洲东路扬中乡镇局内	823913	212200
扬中县乡镇企业第一职工技术学校	扬中县丰裕乡工业公司	823452	212200
扬中县乡镇企业第二职工技术学校	扬中县兴隆镇工业公司	823048	212200
扬中县乡镇企业第三职工技术学校	扬中县八桥镇工业公司	854939	212200
丹阳市乡镇工业职工学校	丹阳市云阳镇新民东路丹阳乡镇局内	522404	212300

单位名称	地址	电话	邮政编码
南通市乡镇企业培训中心	南通市青年西路	南通0513—510686	226006
启东市乡镇工业职工中等专业学校	启东市汇龙镇	05232—3786	226200
南通县乡镇企业干部培训中心	南通县金沙镇	05233—614853	226300
徐州市乡镇企业教育中心	徐州市南郊两山口	22415	221009
新沂市乡镇企业职工培训中心	新沂市新安镇	2486	221400
邳县乡镇企业职工学校	邳县运河镇	22317	221300
铜山县乡镇企业教育中心	徐州市和平路	28634	221009
睢宁县乡镇企业培训中心	睢宁县睢城镇	22654	221200
浙　江			
鄞县乡镇企业培训学校	宁波江东潜龙路12号	33685	315040
慈溪市乡镇企业培训站	慈溪市寿山路	2064	315300
慈溪市成人中等专业学校	慈溪市新汽车站后		
余姚市乡镇企业培训站	余姚市人民西路19号	22317	315400
奉化市乡镇企业局技术培训中心	奉化市南山路61号	23966	315500
宁海县乡镇企业培训中心	宁海县城关北大街75号	23396	315600
象山县乡镇企业培训中心	象山县丹城大白象西首	22615	315700
镇海区乡镇企业职工培训中心	镇海进江路11号	74417	315200
北仑区干部培训中心	紫桥区委	直　达	315809
海曙区乡镇企业局培训中心	宁波市西河街124号	64019	315000
绍兴县乡镇企业干部技术学校	绍兴县	34750	312000
越城区工业企业经济管理干部学校	绍兴东街307号	34003	312000
上虞县工业干部培训学校	上虞县人民路159号	23198	312300
峰县乡镇企业干部培训中心	峰县城关镇医院路45号	21214	312400
浙江省平湖县乡镇企业干部学校	平湖县建国南路71号	3564	314200
浙江省海盐县乡镇企业局培训班	海盐县朝阳路72号	22852	314300
浙江省桐乡县乡镇企业职工学校	桐乡县梧桐镇北门吊桥43号	21770	314500
嘉兴市郊区乡镇企业干部进修学校	嘉兴市中山西路桥塊乡镇企业大厦	83846	314000
湖州市乡镇企业教育培训中心	湖州市东门茅安前28号	25003	313000
金华市乡镇企业培训中心	金华市乡镇企业局机关内	25056	321000
衢州市乡镇企业培训中心	衢州市荷花新区10号楼	23975	324002
杭州萧山市乡镇工业学校	萧山市城关镇		
安　徽			
安徽省乡镇企业培训中心	合肥市宣城路25号	251295	230001
六安地区乡镇企业培训中心	六安市梅山路59号	2651	237002
金寨县乡镇企业培训中心	金寨县梅山镇		237300
霍山县乡镇企业培训中心	霍山县城关镇		237200
霍邱县乡镇企业培训中心	霍邱县城关镇		237400
六安县乡镇企业培训中心	六安市解放路		237003
舒城县乡镇企业培训中心	舒城县城关镇		231300
阜阳地区乡镇企业人才培训中心	阜阳城颖西镇		236015
淮南市乡镇企业干部学校	淮南市洞山朝阳路	44746	232001
贵池市乡镇企业培训中心	贵池市南湖路	3293	247100
宣州市乡镇企业培训中心	宣州市鳌峰大街	3501	242000
泗县乡镇企业培训中心	泗县县城国防路116号	555	234300
萧县乡镇企业职工教育培训中心	萧县县城龙湖路357号	357	235200
凤阳县乡镇企业培训中心	凤阳县培训中心		233100

单位名称	地址	电话	邮政编码
含山县乡镇企业培训中心	含山县环峰镇	233	238100
福　建			
三明市乡镇企业干部培训中心	三明市	23743	365000
永安市乡镇企业职工培训中心	永安市新西路	24054	366000
沙县乡镇企业培训中心	沙县种子公司三楼	22391	365500
将乐县乡镇企业培训中心	将乐县建新路3号	22827	353300
尤溪县乡镇企业技术管理培训站	尤溪县城关解放路59号	23294	365100
福安市乡镇企业培训中心	福安市乡镇企业局	33835	355000
霞浦县乡镇企业培训中心	霞浦县乡镇企业局	23979	355100
泉州市乡镇企业函授教育培训中心	泉州市政府大院1号楼	225233	362000
漳州市乡镇企业人才培训服务中心	漳州市延安北路乡镇企业大厦	227740	363000
江　西			
萍乡市乡镇企业管理局培训站	萍乡市萍栗路11号	333190	333700
吉安地区乡镇企业管理局培训中心	吉安市	3314	343000
信丰县乡镇企业局培训站	信丰县	县总机转	341600
南昌市乡镇企业局培训中心	南昌市民德路市政府内	51380	330008
新建县乡镇企业职工教育学校	新建县乡镇企业局内	2524	330100
九江市乡镇局培训中心	九江市	225142	332000
永修县乡镇企业局培训中心	永修县	总机转	330300
宜春地区乡镇局培训中心	宜春市园山六道	4073	336000
樟树市乡镇企业局培训中心	樟树市	32515	331200
丰城市乡镇企业局培训中心	丰城市	县总机转	331100
宜春市乡镇企业局培训站	宜春市	3485	336000
上高县乡镇企业局培训站	上高县	县总机转	336300
宜丰县乡镇企业局培训站	宜丰县	县总机转	336400
铜鼓县乡镇企业局培训站	铜鼓县	县总机转	336200
靖安县乡镇企业局培训站	靖安县	县总机转	330600
奉新县乡镇企业局培训站	奉新县	县总机转	330700
高安县乡镇企业局培训站	高安县	07056	330800
万载县乡镇企业局培训站	万载县	县总机转	336100
山　东			
济南市乡镇企业人才培训中心	济南市	553872	250022
山东省乡镇企业职工中专历城分校	济南市	43921—847	250100
章丘县乡镇企业职工学校	章丘县		250200
青岛市乡镇企业培训中心	青岛市	285168	266001
平度市乡镇企业学校	平度市	762496	262800
胶州市乡镇企业学校	胶州市	2518	266300
胶南县乡镇企业学校	胶南县		266400
即墨市乡镇企业学校	即墨市		266200
山东省乡镇企业职工中专枣庄分校	枣庄市	223371	277100
潍坊市乡镇企业局培训中心	潍坊市	227057	261000
寿光乡镇企业培训中心	寿光县		262700
山东省乡镇企业职工中专安丘分校	安丘县	521359	262100
山东省乡镇企业职工中专青州分校	青州市	22637	262500
诸城市乡企职工学校	诸城市		262200
昌乐乡镇企业培训学校	昌乐县		262400

单位名称	地址	电话	邮政编码
高密乡镇企业培训中心	高密县		261500
德州地区乡企局培训中心	德州市	22400	253000
山东省乡镇企业职工中专陵县分校	陵　县		253500
山东省乡镇企业职工中专临沂地区分校	临沂市	26549	276000
临沂市乡镇企业培训中心	临沂市	26419	276000
莱芜市乡镇企业职工培训中心	莱芜市		271100
山东省乡镇企业职工中专肥城分校	肥城新城		271600
泰安市郊区乡镇企业职工培训中心	泰安市		271000
泰安市乡镇企业职工中专	泰安市	4980	270000
山东省乡镇企业职工中专威海分校	乳山县	621206	264500
山东省乡镇企业职工中专聊城地区分校	聊城市	223116	252000
聊城市乡镇企业培训中心	聊城市		252000
淄博市乡镇企业职工培训中心	淄博市	210558	255000
惠民地区乡镇企业培训中心	滨州市	22455	256600
山东省乡镇企业职工中专菏泽地区分校	菏泽市	22731	274000
东营市乡镇企业培训中心	东营市	222016	257000
济宁市乡镇企业职工中等专业学校	济宁市	216849	272100
梁山县乡镇企业培训中心	梁山县		274800
河　南			
鹤壁市乡镇企业教育培训中心	鹤壁长风路	3177	456650
鹤壁市郊区乡镇企业教育培训中心	鹤壁春雷路	3031	456650
浚县乡镇企业教育培训中心	浚县城东关	县总机转乡镇局	456250
淇县乡镇企业教育培训中心	淇县城	县总机转经联社	456650
信阳地区乡镇企业干部培训学校	信阳市新华西路123号	221469	464000
信阳市乡镇企业培训学校	信阳市工区路93号		464000
信阳县乡镇企业培训学校	信阳县平桥镇		464100
罗山县乡镇企业培训学校	罗山县庙仙乡		444222
开封市郊区经委培训中心	开封市经委办公楼	24270	475002
尉氏县乡镇委培训中心	尉氏县城	县总机转	452170
开封县乡镇委培训中心	开封县城	62550	475100
通许县乡镇委培训中心	通许县城	县总机转	452270
洛阳市伊川县农民致富技术学校	洛阳市杜康大道	2691	471300
偃师县乡镇企业职工干部学校	偃师县兴隆东街	2559　2961	471900
漯河市源江区乡镇企业职工学校	漯河市解放路131号	23968	462000
河南省乡镇企业成人中等专业学校	郑州市泰山路电大院		462000
三门峡市乡镇企业培训中心	三门峡市六峰路中段	21495	472000
新乡市乡镇企业培训中心	新乡市	53686	453003
新乡市郊区培训辅导站	新乡市	52690	453002
新乡市北站区培训辅导站	新乡市	56375	453011
辉县市培训辅导站	辉县市局	辉县市局转	453600
卫辉市培训辅导站	卫辉市局	卫辉市局转	453100
新乡县培训辅导站	新乡市	31212	453731
延津县培训辅导站	延津县乡镇企业局	县局转	453200
封邱县培训辅导站	封邱县乡镇企业局	县局转	453300
长垣县培训辅导站	长垣县城	343	453400
原阳县培训辅导站	原阳县乡镇企业局	县局转	453500

单位名称	地址	电话	邮政编码
获嘉县培训辅导站	获嘉县乡镇企业局	县局转	453800
灵宝县乡镇企业人才培训中心	灵宝县友谊路	2754	472500
卢氏县乡镇委技术开发培训科	卢氏县东大街	2446	472200
渑池县乡镇委技术开发培训科	渑池县仰绍大街	2623	472400
义马市乡镇委技术开发培训科	义马市新市区	32672	472300
内乡县乡镇企业培训中心	内乡县县城	223	474350
西峡县乡镇企业培训中心	西峡县县城	498	474500
方城县乡镇企业培训中心	方城县县城	668	473200
湖　南			
湖南湘西自治市乡镇企业培训中心	吉首市		416000
湖南岳阳市乡镇企业局培训中心	岳阳市		414000
湖南娄底地区乡镇企业局培训中心	娄底市		417000
湖南邵阳市乡镇企业局培训中心	邵阳市		422000
湖南零陵地区乡镇企业局培训中心	永州市		425000
湖南常德市乡镇企业局培训中心	武陵区		415000
广　东			
肇庆市乡镇企业培训中心	肇庆市星湖北岭	225020	526040
肇庆市高要县乡镇企业培训中心	肇庆市高要县南岸镇引桥西路	392432	526100
肇庆市鼎湖区乡镇企业培训中心	肇庆市鼎湖区坑口	232021—33	526070
肇庆市罗定县乡镇企业培训中心	肇庆市罗定县罗城镇人民南路	22511	527200
肇庆市新兴县乡镇企业培训中心	肇庆市新兴县新城镇城南路	884228	527400
肇庆市云浮县乡镇企业培训中心	肇庆市云浮县云城镇星岩路	82236	527300
肇庆市德庆县乡镇企业培训中心	肇庆市德庆县德城镇解放路	762149	526600
肇庆市广宁县乡镇企业培训中心	肇庆市广宁县南街镇环城东路	32832	526300
肇庆市四会县乡镇企业培训中心	肇庆市四会县会城镇城中路	324357	526200
肇庆市郁南县乡镇企业培训中心	肇庆市郁南县郁城镇中山路	2169	527100
肇庆市怀集县乡镇企业培训中心	肇庆市怀集县怀城镇解放中路	523621	526400
肇庆市端洲区乡镇企业培训中心	肇庆市工农北路55号	227361	526040
湛江市乡镇企业人才培训中心	湛江市霞赤六路18号之一	333355	524033
梅州市乡镇企业技术骨干培训中心	梅州市江南梅新路9号	232971	514021
梅州市平远县乡镇企业培训中心	梅州市平远县大柘镇平城中路2号	824474	514600
梅州市五华县乡镇企业培训中心	梅州市五华县水寨镇华兴北路15号	43155	514400
梅州市蕉岭县乡镇企业培训中心	梅州市蕉岭县蕉城镇谢城桥三圳电器厂内	872868	514100
佛山市澜石工业技术学校	佛山市澜石镇北区路3号	271327	528041
茂名市信宜县乡镇企业培训中心	茂名市信宜县幸福路14号	882088	525300
韶关市乐昌县乡镇企业培训中心	韶关市乐昌县城人民路8号	34784	512200
广州市番禺县乡镇企业培训中心	广州市番禺县市桥镇东城中街11幢6号	22030	511400
广　西			
广西壮族自治区乡镇企业培训中心	南宁市星湖路	42655	530022
南宁市乡镇企业培训中心	南宁市友爱北路	32731	530001
玉林地区乡镇企业培训中心	玉林市城站路	4655	537001
玉林市乡镇企业职工学校	玉林市城站路	4154	537001
灵山县乡镇企业培训中心	灵山县	2131	535400
四　川			
成都市乡镇企业干部学校	成都市人民北路省家村	331685	610081
新都县乡镇企业培训中心	新都县乡镇企业局内	372238	610500

单位名称	地址	电话	邮政编码
郫县乡镇企业培训中心	郫县乡镇企业局内		611730
双流县乡镇企业培训中心	双流县华阳镇	21461	610213
崇庆县乡镇企业培训中心	崇庆县乡镇企业局内	556	611230
邛崃县乡镇企业培训中心	临邛镇善恶坝	791964	611530
大邑县乡镇企业煤矿培训学校	大邑县晋原镇北门	2224	611330
彭县乡镇企业培训中心	彭县天彭镇星火巷3号	871082	611930
重庆市乡镇企业干部学校	重庆市江北区金紫山	790250	630020
綦江县乡镇企业培训中心	綦江县文龙乡二队	2006	631420
合川县乡镇企业培训中心	合川县南津街36号	3672	631520
璧山县乡镇企业常设职工培训班	璧山县保健街90号	424	632760
巴县乡镇企业科技中心	巴县鱼洞镇	2609	631320
重庆市江北区乡镇企业培训基地	重庆市江北区塔源84号	750817	630020
什邡县乡镇企业培训学校	什邡县西顺城大街85号	22182	618400
德阳市市中区乡镇企业培训学校	德阳市泰山北路190号	222738	618000
德阳市乡镇企业管理干部培训中心	德阳市长江中路78号	222509	618000
绵竹县乡镇企业培训中心	绵竹县明阳街53号	22447	618200
内江市乡镇企业技术开发培训中心	内江市市中区新华路	22317	641000
简阳县乡镇企业职工培训学校	简阳县城关镇	22702	641400
威远县乡镇企业培训中心	威远县县城	353	642450
万县地区乡镇企业干部学校	万县市豆芽棚78号	22183	634000
万县乡镇企业管理干部学校	万县沙河镇杨家花园左侧	52553	634100
开县乡镇企业职工学校	开县汉丰镇体育场居委会113号	22105	634400
奉节县乡镇企业技术管理培训中心	奉节县永安镇内		634600
南充地区乡镇企业培训中心	南充市文化路8号	22815	637000
蓬安县乡镇工业学校	蓬安县乡镇企业局内		
阆中县乡镇企业培训中心	阆中县乡镇企业局内		
南充市乡镇企业常设培训班	南充市乡镇企业局内		
贵　州			
贵州省遵义县乡镇企业局培训中心	遵义县南面镇	2197	563100
铜仁地区乡镇企业培训中心	铜仁市向阳路4号	2507	554300
陕　西			
渭南市乡镇企业培训中心	渭南市东风大街西段	2660	714000
宝鸡市乡镇企业干训班	宝鸡市工交大院	2931—215	721000
安康地区乡镇企业技术培训中心	安康市巴山东路82号	3578	725000
榆林地区乡镇企业科技培训中心	榆林市西沙职中院内	2453	719000
凤翔县乡镇企业培训学校	凤翔县县城	县乡企局转	721400
白河县乡镇企业培训中心	白河县县城	2174	725800
勉县乡镇企业学校	勉县县城	县总机转	724200
洋县乡镇企业培训学校	洋县县城	县总机转	723300
城固县乡镇企业技术培训学校	城固县城小东门外	县总机转	723200
汉中市乡镇企业技术培训	汉中市东关	4107	723001
西乡县乡镇企业培训学校	西乡县城关火车站路	县总机转	723500
眉县乡镇企业中山会计函授学校	眉县城乡企局院内	县总机转	722300
扶风县乡镇企业培训股	扶风县城乡企局院内	县总机转	722200
石泉县农机化学校	石泉县县城火车站	478	725200
旬阳县乡镇企业培训中心	旬阳县县城菜湾	县总机转	725700

单位名称	地址	电话	邮政编码
镇坪县乡镇企业培训中心	镇坪县县城	县总机转	725600
留坝县食用菌培训学校	留坝县县城城关	县总机转	724100
武功县乡镇企业会计函授辅导站	武功县县城	2442	712200
泾阳县乡镇企业培训学校	泾阳县县城城关	县总机转	713700
咸阳市乡镇企业技术培训学校	咸阳市西兰路	2890—17	712000
商州市乡镇企业培训中心	商州市北新街8号	3262	726000
略阳县矿业学校	略阳县县城	县总机转	724300
陕西省乡镇企业职工培训中心	西安市西影路	52284	710054
甘　肃			
酒泉地区乡镇企业职工培训中心	酒泉市南环北路20号	2597	735000
宁　夏			
区乡企局培训中心	银川市		
固原行署乡企局培训中心	固原县中山街中心路68号	22832	756000
吴忠市乡企局培训中心	吴忠市裕民东街	2694	751100
中卫县乡企局培训中心	中卫县北大街	2635	751700
同心县乡企局培训中心		22542	751300
西吉县乡企局培训中心	西吉县东大街		756200
盐池县乡企局培训中心	盐池县县城南门外	2461	751500
重　庆			
合川县乡镇企业培训中心	合川县南津街36号	3672	631520
九龙坡区乡镇企业人才培训中心	重庆市杨家坪西郊路27号	23505	630050
璧山县乡镇企业常设职工培训班	璧山县保健街90号	424	632760
巴县乡镇企业培训基地	巴县鱼洞镇	2604	631320
綦江县乡镇企业培训中心	綦江县文龙乡二队	2006	631420
江北区乡镇企业人才培训基地	重庆市江北区塔坪84号	750817	630020
南桐矿区乡镇企业培训中心	重庆市南桐万盛	71881	630800
长寿县乡镇企业培训基地	长寿县三担石	4571	631220
江北县乡镇企业培训中心	江北县两路镇北大街	31727	631120
重庆市乡镇企业干部学校	重庆市江北区金紫山	753438	630020
武　汉			
武汉市乡镇企业培训中心	武汉市汉口开明路	516326	430022
武汉市黄陂县乡镇企业职工培训中心	黄陂县城关镇前川街17号	32698	432200
武汉市新洲县乡镇企业培训中心	新洲县城关镇邾城大道98号	21331	431400
武汉市汉阳县乡镇企业成人教育学校	汉阳县蔡甸镇五层街142号	42464	430100
武汉市武昌县乡镇企业培训中心	武昌县纸坊镇新街7号	53411	430200
武汉市洪山区工业技术学校	武汉市洪山区珞瑜路384号	713987	430070
广　州			
广州市番石县乡镇企业培训中心	番石县桥镇东城中街一幢6号	22030转	511400
成　都			
成都市乡镇企业干部学校	成都市人民北路肖家村	331685	610081
新都县乡镇企业专业技术培训中心	新都县乡镇企业局内	372238	610500
郫县乡镇企业人才培训中心	郫县乡镇企业局内	县局转	611730
双流县乡镇企业培训中心	双流县华阳镇	21461	610231
崇庆县乡镇企业培训中心	崇庆县乡镇企业局内	556	611230
邛崃县乡镇企业培训中心	邛崃县临邛镇善恶坝	791964	611530
大邑县乡镇企业煤矿培训学校	大邑县晋原镇北门	2224	611330

单位名称	地址	电话	邮政编码
宁波			
鄞县乡镇企业培训学校	宁波江东潜龙路12号	33685	315040
慈溪市乡镇企业培训站	慈溪市寺山路	2064	315300
慈溪市成人中等专业学校	慈溪市新汽车站后		
余姚市乡镇企业培训站	余姚市人民西站路19号	22317	315400
奉化市乡镇企业局技术培训中心	奉化市南山路61号	23966	315500
宁海县乡镇企业培训中心	宁海县城关北大街75号	23396	315600
象山县乡镇企业培训中心	象山丹城大白象西首	22615	315700
镇海区乡镇企业职工培训中心	镇海进江路11号	74417	315200
北仑区干部培训中心	宁波市紫桥区委	直达	315809
海曙区乡镇企业局培训中心	宁波市西河街124号	64019	315000
长春			
长春市乡镇企业培训中心	长春市西郊路42号	72480	130062

依靠技术进步和先进管理促进乡镇企业健康发展

吴虞 史孝宏

在治理整顿中，特别是在全国工业处于滑坡、银根抽紧的情况下，乡镇企业能不能健康地发展，这不仅是乡镇企业广大职工关心的大事，也是各级领导和全国人民关注的大事。究竟怎样使乡镇企业实现稳定健康的发展？带着这个问题，我们调查了南通县的江海电容器厂。江海电容器厂，在国内具有较高的知名度，是全国铝电解电容器行业中的“四强”之一（其余三家均为国营企业），1988年在全省乡镇企业中第一个进入国家二级企业的行列，1989年又列入国家一级企业的试评审计划。该厂自1978年以来固定资产、工业总产量、总产值和销售总收入、全员劳动生产率及利润等平均增长速度分别为47.68％、69.23％、34.59％、44.46％、11.09％、35.53％，目前拥有固定资产2100万元，为1958年建厂初期的700倍。产品质量、物资消耗和经济效益等10项指标均已达到和超过国家一级企业的标准。这里，我们着重介绍江海电容器厂依靠技术进步和先进管理促进企业健康发展的调查情况。

一、依靠技术进步，推动乡镇企业健康发展

1．**大力开发培养技术人才，这是技术进步的根本所在。**江海电容器厂通过精心培养、正确使用、严格考核，造就了一大批既懂管理又勇于实践的工程技术人员。现在这个厂有各类技术人员182人，占全厂职工的19.2%，其中中级技术职称的13名，高级的2名，这个比例在全省骨干乡镇企业中居首位。

2．**积极采用新设备、新工艺，这是技术进步的重要手段。**江海电容器厂的设备一是新，二是先进。该厂的主要设备有从日本引进的，有国产的，这些设备组成多条自动生产线，具有年生产大型铝电解电容器500万只、小型铝电解电容器1亿只的生产能力，目前该厂的工业总产值居全国同行业之第三位。

3．**狠抓技术改造，是技术进步的重要内容。**几年来，他们围绕节能、降耗、上质量、上批量、增效益等，进行了一系列技术改造，促进了产品质量上水平和经济效益的大提高。1989年在资金十分空缺的情况下，江海电容器厂又用650万美元，从法国引进具有八十年代先进水平的7台套赋能腐蚀设备，增强前道工序的生产能力。投产后，不仅完全可以使用国产铝薄，节约外汇，还可以进一步增强工厂的竞争能力。

4．**采用先进标准和提高测试水平，是技术进步的重要手段。**江海电容器厂十分重视采用先进标准组织生产，现有8个系列产品中，已有5个通过了“采标”验收，主产品“采标”覆盖率达100％，生产铝电解电容器用的各种测试仪器齐全，人员素质有保证。1985年这个厂在全市乡镇企业中第一个通过了二级计量验收。

5．**不断开发新产品，这是技术进步的重要标志。**他们始终把研制新产品作为技术进步的主要工作来

抓，做到有组织、有计划、有目标、有措施、有检查，保证新产品开发计划的实现，增强了工厂的后劲。充分发挥工厂技术力量的优势，在开发新产品中坚持向高层次目标攀登，以新争优，增强产品声誉。

6．积极开展产品创优，是推动技术进步的重要途径。这些企业深刻体会到，产品创优不仅可以提高产品质量，更可以促进技术进步。所以工厂领导十分重视领导分管，落实专人，技术部门和管理部门共同负责，因而在产品创优工作上都取得显著成绩。江海电器厂优质产品率达到81.5％。

二、依靠先进管理，保证乡镇企业健康发展

1．企业管理突出了质量管理。TQC是当代国内外公认的科学管理，江海电容器厂在实践中深刻认识到，TQC不仅是管理技术、管理方法的现代化，更是一场深刻的思想变革，是一项系统工程，是企业管理的中心环节，是提高产品质量和经济效益的有效途径。因此，工厂自1978年以来，坚信不移地在厂内大力推行。首先从人力、物力和财力等方面给予保证；其次是在全厂职工中有计划、分层次开展质量管理教育，不断增强干部、工人的质量意识，牢固树立“质量第一”的思想；三是狠抓各项基础工作和生产过程中的质量控制，保证工序控制处于受控状态，使TQC取得了显著的成效。1987年工厂获得了南通市质量管理奖，1989年又在全市乡镇企业中第一个被列入农业部质量管理奖的评审计划。

2．努力使管理具有科学性和先进性。江海电容器厂的经济责任制，1983年首先在全市和全国同行业中独创了联质（量）、联（台）时、联（成）本、全额浮动的“计效”工资制，使经济责任制充分体现了质量否决权，把职工的劳动报酬与其所创造的经济效益密切挂起钩，彻底砸掉了大锅饭和铁饭碗，实现了多劳多得、少劳少得、不劳不得的按劳分配的原则。在处理国家、集体、个人三者利益的关系中，保证了国家增收得大头、企业多留得中头、个人致富得小头，正确地解决了工厂内干部、知识分子与工人之间，新老工人之间，一线工人与辅助生产工人之间，技术和复杂工种与一般工种之间等各个层次和不同岗位的分配问题，最大限度地调动了全厂职工的社会主义劳动积极性。

3．积极开展方针目标管理，是管理进步的第三个表现。江海电容器厂在实行方针目标管理中，一不搞形式，二不搞少数人关门造车，在有效性上狠下功夫。从确定问题点入手，以提高产品质量和经济效益、保证工厂健康发展为主线，以强化企业管理和技术改造为手段，以企业上水平为目标，来确定工厂的总方针和总目标。认真做好自上而下的层层展开和自下而上的层层保证，做到横向到边、纵向到底，事事有人问，项项有人抓；狠抓实施，措施具体，计划落实，做到重点突出；坚持PDCA循环，做好月检查、季分析、半年一总结，使方针、目标和措施三位一体。把方针目标的制订和实施作为发动和组织全厂广大职工和企业各个部门实现工厂计划、任务的重要手段，保证全厂上下心往一处想，劲往一处使，从而使工厂各项工作和任务都能顺利和提前完成。

4．管理工作的制度化、规范化，是管理进步的第四个表现。江海电容器厂在深化改革、强化管理中，建立健全了各个部门和各类人员的管理标准和工作标准，使各项管理工作制度化和规范化，更加符合有效性，从而克服了以往由于职责不明、程序不清而产生的扯皮、推诿和打乱仗的现象。现在这个厂凡事有人管，办事有标准，结果有考核，使职能部门和各类管理人员的工作成效与经济责任制密切联系，有效地实现了每个职工对自己工作的自我保证、自我负责和自我控制。

5．努力运用现代化管理方法，积极推动工厂管理进步。江海电容器厂认识到，企业管理要上水平，必须采用现代化管理方法，使之为生产和管理工作服务。几年来，这个厂先后有104人参加了《现代化管理十八法》的学习，其中78％取得结业证书，并积极注意在实际工作中加以应用和推广。

三、管理技术与专业技术的并重和密切配合，是实现乡镇企业健康发展的决定性因素

企业的发展，离不开专业技术，没有现代化科学技术知识，没有较强的专业技术队伍，采用新工艺、新设备，在生产中实现自动化，开发具有国际先进水平的新产品，都将是一句空话。所以，江海电容器厂十分重视抓好专业技术队伍的建设，实现技术进步。企业不可没有管理技术，管理技术的重要作用是实现专业技术的可靠保证。为了实现管理技术与专业技术的并重，并使这两个轮子同步运转，一是厂长带头学技术、学管理，摆正两者位置的关系，使二者不是分离，而是更好的结合。在推行TQC中，厂长始终是决策者、指挥者和带头人，因而能使TQC不断深入和提高。二是培养人才并重。三是在使用上并重。四是在待遇上一视同仁。

我们调查的这些企业持续健康发展的事实证明：第一，企业要健康发展，必须建立起两支骨干队伍，必须依靠技术进步和管理进步，必须充分发挥二者的积极作用，忽视和偏废任何一个方面都将不利于企业的健康发展。第二，管理进步和技术进步的出发点和归宿必须是产品质量，满足用户需要，适应市场竞争，保证和稳定提高产品质量。这两个进步的标志，也是乡镇企业健康发展的生命线。

出 口 创 汇

“七五”期间乡镇企业出口创汇成绩显著

1990年乡镇企业外向型经济发展情况

1990年全国乡镇企业出口产品交货额5亿元以上的县(市)和2亿元以上的乡(镇)名单

“七五”期间乡镇机电产品出口特点

乡镇企业出口创汇额占全国比重（图示）

1990年乡镇企业出口创汇之最

1990年乡镇企业各行业出口创汇之最

“七五”期间乡镇企业出口创汇成绩显著

周　涵　达

“七五”是我国国民经济和外贸出口发展的重要时期，也是乡镇企业取得全面发展和外向型经济蓬勃发展的时期。乡镇企业外向型经济的迅速发展，成绩显著，已充分显示出乡镇企业的生力军作用，已成为我国扩大外贸出口的一支不可忽视的重要力量（附表如后）。对此，党中央、国务院给予了高度评价。

1．**出口创汇大幅度增长，提前超额完成“七五”计划末创汇80亿美元的目标**。到1990年，全国乡镇企业出口创汇130亿美元，比1985年40亿美元增长了2.25倍，年均增长26.6%。“七五”期间，乡镇企业共为国家创汇409亿美元，其中，出口产品交货额1 387亿元人民币，“三来一补”工缴费收入190亿元人民币。乡镇企业出口交货值占全国外贸出口收购值的比重从“六五”期末不到15%，“七五”期末上升到24.4%。在许多大宗制成品出口中，如服装、工艺品、轻工业品、化工产品等，乡镇企业在全国同类产品中已占举足轻重的地位。

2．**出口企业迅速增多，规模不断扩大，已形成大中小结合的强大生力军**。到“七五”期末全国生产出口产品的乡镇企业已发展到5.78万家，比1985年的8 300家增长6倍，从业人员达530万。近三千家出口企业超过100万美元，成为出口的骨干群体。在沿海地区出现一批出口加工区和出口企业群体。如广东顺德的家用电器，东莞的玩具，江苏吴江的丝织品，北京顺义和辽宁大连的服装，福建莆田的制鞋等。

创汇大户北京顺义张镇服装厂

3．**出口生产基地建设已初具规模**。“七五”期间，经国家有关部门批准，在乡镇企业中建立和命名的各类出口基地企业累计达352家，其中国务院机电产品扩权出口基地企业150家，“贸工农”出口生产基地企业192家，轻纺出口基地技改中标企业106家。这些企业，通过程度不同的技术改造，已形成出口创汇的骨干力量，在国际市场已具有一定的竞争能力。

4．**出口产品对国际市场适应性不断增强，档次不断上升，产品质量和包装逐步得到改善和提高，并赢得了良好声誉**。“七五”初期乡镇企业出口产品仅限于传统的劳动密集型产品和初加工产品，技术水平低，创汇能力弱。到1990年，乡镇企业通过引进、技改，技术装备不断提高，传统出口产品不断改进，初加工产品已向精加工和高、中档制成品发展。高中档家用电器出口，已由过去占全国5～6%上升到20%以上。此外，还开发了许多新产品，填补了国内空白，成为国家的替代进口产品。有35项出口产品荣获各种国际金、银奖和优质奖。

5．**引进外资，引进国外适用先进设备取得了可喜进展**。到1990年底，全国乡镇企业同外商兴办合资、合作企业累计共6 987家，加上“三来一补”，共引进外资34亿美元，为乡镇企业提高水平打下了良好的基础。乡镇企业三资、“三来一补”企业，主要集中在沿海广东、福建、江苏、浙江等省，他们发挥了地理优势、华侨优势、经济优势，通过各种形式、各种渠道吸引外商、华侨、台湾和港澳同胞来华和回内地办厂。所有这些企业，设备先进，技术先进，产品档次高，他们的建成既增强了出口后劲，又带动了技术进步，既引进了技术，也引进了管理，这对于提高乡镇企业水平，发挥了示范作用。

6．**乡镇企业还利用自己特殊优势出国办厂，已迈出可喜的第一步**。据不完全统计，乡镇企业出国办厂已有近15家，分布在发达和发展中国家。目前这类企业虽然为数不多，规模较小，但它说明乡镇企业已开始走出了国门，走向了国际市场。为今后创造更多的外汇走出了一条新路。

“七五”期间，乡镇企业出口创汇工作成绩的取得来之不易。它是在党的正确方针、政策的指导下，在各级党政领导的重视、关怀和有关部门的扶持、配合下，经过广大乡镇企业职工共同努力的结果；是加强工贸结合，开创乡镇企业出口工作新局面，取得的重大进展。

7．**乡镇企业外向型经济的发展，对提高乡镇企业**

整体素质和社会效益起到了巨大的推动作用。首先，它改变了人们对乡镇企业的传统认识，如今乡镇企业已不是过去“三就地”的地区经济，而是有一定实力，成为参与国际经济大循环的一员。第二，提高了乡镇企业技术水平和管理水平,改变了和改变着过去技术、管理落后的面貌。“七五”期间，乡镇企业系统有117个企业升入国家二级企业，2个企业成为国家一级企业，其中62家是出口创汇骨干企业。第三，推动了乡镇企业人才的成长，培养了一大批既懂技术又懂外贸的专业人才。第四，在国民经济进行治理整顿期间，外向型经济的发展为乡镇企业的产业结构调整提供了条件，使一大批企业转向国际市场，两头在外，有利于乡镇企业产业结构调整和布局的调整。这一切都表明了乡镇企业外向型经济的发展，对进一步推进和引导乡镇企业持续健康发展有着十分重要的意义。

“七五”期间乡镇企业出口创汇基本情况

1. 乡镇出口企业数（个）：

年份	产品80%以上出口企业数	产品50%以上出口企业数	合计
1986	4 100	6 000	10 100
1987	7 800	9 700	17 500
1988	14 300	10 700	25 000
1989	20 800	24 200	45 000
1990	23 200	34 600	57 800

2. 乡镇企业商品出口交货额：

年份	年供货额（亿元）	增长(%)	占全国外贸商品收购额(%)
1986	99.5		11.1
1987	162.0	62.8	14.9
1988	268.7	65.9	19.1
1989	371.4	27.7	21.9
1990	485.6	30.7	24.37

3. 乡镇企业“三来一补”工缴费：

年份	工缴费（亿元）	增长（%）
1986	10.6	
1987	24.3	56.4
1988	29.4	17.3
1989	51.2	42.6
1990	80.3	88.4

4. 乡镇企业合资、合作企业发展情况：

年份	企业个数	增长（%）
1986	2 405	
1987	2 996	24.6
1988	4 762	58.9
1989	5 915	19.5
1990	6 987	18.2

5. 乡镇企业供应出口商品按类别占全国外贸收购额比重：

类别	1988年交货额（亿元）	占全国比例（%）	1989年交货额（亿元）	占全国比例（%）	1990年交货额（亿元）	占全国比例（%）
服装	30.2	49.6	48.9	65.2	63.8	72.03
工艺品	37.9	39.04	48.3	43.1	61.3	45.00
化工	15	23.6	20.8	36.3	24.7	27.29
丝绸	13	21.4	19.6	25.1	29.01	24.27
轻工	28.7	19.3	38.5	22.8	63.5	28.50
纺织	42.9	16.4	61.1	19.2	80.9	21.88
机械	11.2	16.2	17.8	19.6	26.39	21.81

类　别	1988年交货额（亿元）	占全国比例（%）	1989年交货额（亿元）	占全国比例（%）	1990年交货额（亿元）	占全国比例（%）
食　品	27.1	12.9	34.9	19.3	41.86	15.52
矿　产	13.6	12.5	19.2	15.9	24.5	15.78
土畜产	16.3	8.3	21.6	9.2	24.7	10.40
其　它	32.7	25.2	40.9	61.1	44.7	24.5

注：乡镇企业供货额中在许多情况下还不包括间接出口的供货额，有许多国营企业在乡镇企业加工的出口产品，只计算了加工费。

1990年乡镇企业外向型经济发展情况

张　健

一、概　况

1990年，乡镇企业的外向型经济在持续增长的基础上再登新台阶，发展速度高于全国乡镇企业平均发展速度二十个百分点，全年实现出口创汇130亿美元，提前并超额完成了原定"七五"期末出口创汇80亿美元的目标，成为我国出口创汇的一支不可忽视的重要力量。

1990年全国乡镇企业出口创汇总额按人民币计算达到566亿元，比1989年增长了33.9%，其中，出口产品交货总额为486亿元，比1989年增长30.7%，占全国外贸出口商品收购总额的比重由1989年的21.9%上升到24.4%；"三来一补"工缴费收入80亿元，比1989年增长57%。乡镇企业的纺织、服装、轻工、工艺品的出口交货额超过360亿元；广东、江苏、上海、浙江、山东、福建、天津、辽宁、河北等9省市的乡镇企业出口交货额超过了20亿元，其中，广东、江苏超过100亿元。

二、特　点

1. 外向型企业数量迅速增加，规模不断扩大。 1990年，全国生产出口产品的外向型乡镇企业已发展到5.78万家，从业人员达到530万人。有2 800多家乡镇企业年出口创汇超过100万美元，其中，750家超过300万美元，59家超过1 000万美元。同时，涌现出一批出口创汇的大县（市）、大乡（镇）。上海市川沙县等17个县（市）的乡镇企业出口产品交货额超过5亿元，其中，广东的顺德、上海的川沙、南汇三县超过10亿元。这些县（市）的乡镇企业出口交货额之和，占全国乡镇企业出口交货额的28%。广东省顺德县北滘镇等8个乡（镇）的出口产品交货额超过2亿元。乡镇企业与外商、台湾和港澳同胞合资合作企业发展到6 987家。

2. 出口产品结构逐步优化，质量、档次不断提高。 "七五"初期，乡镇企业出口的产品主要是传统的劳动密集型产品和初加工产品，档次低，创汇能力弱。到1990年，劳动技术密集型和技术密集型出口产品大力发展，并成为出口产品的发展趋势。机电产品出口平均每年以50%的速度增长，其中，家用电器、汽车配件、手工具、标准件等都已成为大宗出口产品，精密仪器、电子元件、小型成套机械设备等也开始批量出口。服装、工艺品等占全国出口绝对优势的产品，也不断向高、中档产品发展，产品附加值逐步提高。服装、工艺品、轻工、化工、丝绸、纺织、机械等产品的出口交货额已占全国外贸收购额的20%以上，其

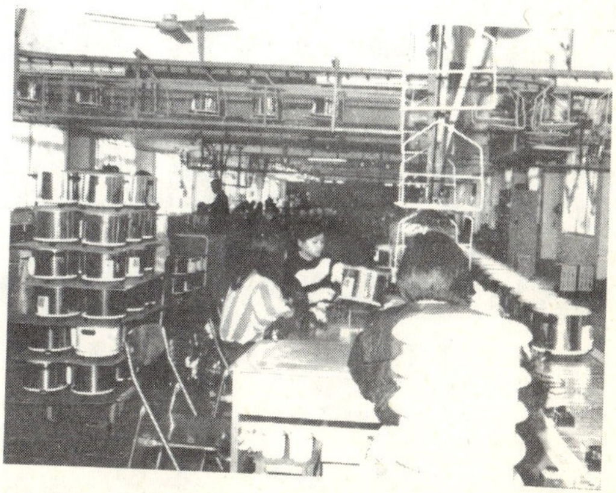

广东省顺德县电饭锅厂

中服装占72%，工艺品占45%，轻工占29%，化工占27%。一批出口产品在国际市场上享有良好的声誉，如上海北蔡绣衣厂的真丝绣衣，广东顺德的裕华牌电扇、三角牌电饭煲等。

三、优　　势

1. 乡镇企业的灵活经营机制非常适合国际市场的竞争形势。乡镇企业自诞生之日起，就以适应市场的变化作为自我生存、自我发展的条件，原材料采购靠市场，产品销售靠市场，生产调节靠市场，技术引进靠市场，人才聘请也要靠市场。所以它非常适应当前国际市场对产品要求品种多、批量小、款式新、周期短、交货快、成本低等千变万化的条件，并能通过自身良好的经营机制，消化吸收因高价使用原材料、能源、信息而加大的生产成本，从而提高产品在国际市场上的竞争能力。

2. 乡镇企业具有劳动力和资源优势。农村二亿多剩余劳动力为乡镇企业提供了充足的劳动力资源，使乡镇企业的发展具备了坚强的后备力量。现在，出口型的乡镇企业里绝大部门职工都是青壮年，他们不仅有知识、有文化，而且富于开拓性，精力充沛，易于接受现代化的管理和掌握先进的生产技术，使企业能够按照国际市场的需求组织生产。

乡镇企业靠近原料产地，可以利用当地资源，就地开发就地加工，大大降低了产品成本。如利用草、藤、竹和作物秸秆制作的各类工艺品、"榻榻米"席垫、草柳编筐等，以玉米芯为原料加工糠醛、糖醇等。

3. 乡镇企业行业多、产品门类齐全。从南到北，由东至西，乡镇企业外向型经济形成了较合理的产业布局。沿海地区的加工型企业，产品以制成品为主，并逐步向技术密集型和劳动技术密集型发展；内地的资源型经济，利用丰富的物产资源，发展传统出口产品的生产，并向精深加工的方向发展。出口行业既包括了电子、仪器、机械、化工等高技术产业，又有农副产品加工、矿产、手工艺品等传统产业。产品更是应有尽有，大到成套设备，小到手工编织，产品门类齐全。所以乡镇企业能适应不同国家和地区客户的各种需求，大到批量生产，小到单件订单，特别是那些要货急的产品，乡镇企业都能按时保质保量地完成，这是其他行业不能比拟的。

4. 工贸联系紧密，相互配合，共同开发国际市场。乡镇企业有以销定产、自主经营、自负盈亏、自我发展、自我约束的灵活机制，外贸系统掌握国际市场信息和出口渠道，两者的结合，形成了我国外贸出口的独特优势。为此，国务院批准建立了"贸工农"联合出口商品生产体系，来充分发展工贸联合的力量。

四、几 项 工 作

1. 开展乡镇企业外向型经济的调查。1990年5月，由国务院研究室牵头，与国家计委、农业部、经贸部、财政部、人民银行等单位组成联合调查组，分期分批赴山东、江苏等11个沿海及毗邻省市，调查乡镇企业外向型经济的发展及问题。对调查收集的内容，国务院研究室组织各有关部门起草了"关于'八五'期间进一步发展乡镇企业出口创汇的对策与建议"，田纪云副总理批示："乡镇企业在出口创汇中已成为一支不可忽视的力量"，指示经贸部、农业部对报告中所提问题，给予重视。

2. 检查出口服装企业的生产。1990年10月，农业部、经贸部、国家商检局组成联合检查组，按照《出口服装质量许可证考核评分办法（试行）》，对北京、天津等8省(市)38家乡镇企业出口服装厂的工厂条件和产品质量进行了检查。发现优秀工厂的特点是：①生产、技术、质量管理机构健全，职责清楚；各项管理制度完善，且执行较严格。②各级检验部门能严格按照合同、标准进行检验，产品质量较高。③重视对工人的技术培训，人员素质较高。④文明生产和劳动纪律好。检查中，发现的问题是：一些工厂只重经济效益，忽视工厂管理，规章制度不全、工厂内部分机构职责不清，记录不全，文明生产差；一些工厂不重视职工素质的提高，无培训计划，工人技术水平不高；还有一些工厂对服装的"四害"问题（线头、污渍、缝制不良、整烫不良）没有采取应有的措施，各工序检验把关不严，不合格品漏验多等。

3. "贸工农"出口商品生产体系建设。1990年，国家计委、农业部、经贸部、财政部、人民银行、农业银行共同批准了154个"贸工农"联合出口商品生产基地技术改造项目，共计总投资23 021万元，安排贴息贷款1亿元，预计这些项目建成后可新增创汇22 046万美元。到1990年，累计批准"贸工农"联合出口商品生产基地技术改造项目438个。

1990年全国乡镇企业出口产品交货额5亿元以上的县（市）和2亿元以上的乡（镇）名单

5亿元以上的单位	金额（万元）
上海市川沙县	120 894
上海市南汇县	100 700
上海市上海县	70 213
上海市嘉定县	80 088
上海市金山县	53 381
上海市松江县	61 622
上海市青浦县	54 500
江苏省无锡县	80 678
江苏省张家港市	86 111
江苏省昆山市	56 131
江苏省吴江县	60 841
江苏省吴县	70 641
江苏省江阴市	68 925
广东省顺德县	172 000
广东省南海县	70 000
广东省宝安县	73 000
浙江省绍兴县	83 000

2亿元以上的单位	金额（万元）
广东省顺德县桂洲镇	45 000
广东省顺德县北滘镇	75 000
广东省海南县官窑镇	37 000
广东省中山市小榄镇	41 000
广东省中山市沙溪镇	31 000
广东省中山市张家边镇	25 000
江苏省江阴市祝塘镇	20 179
江苏省无锡县前洲镇	26 505

“七五”期间乡镇机电产品出口特点

王　德　福

乡镇机电工业是乡镇企业中的骨干行业，已成为我国机电产品出口生产体系中的重要力量。1990年全国乡村两级机电企业已发展到12.93 万个，职工599.6万人，创产值 1 160 亿元。1990年乡镇机电企业克服资金紧张，国内市场疲软等困难，努力开拓国际市场，出口创汇达10亿美元以上，比1985年增长了10倍。

“七五”期间乡镇企业机电产品出口的特点和优势主要表现在：

1．**出口企业数增长，创汇额增多。**乡镇企业从事机电产品出口的已有 4 500 多家，1990年出口交货额达40多亿元，“三来一补”工缴费收入超过15亿元。在国家机电产品出口生产体系中乡镇企业已有出口基地企业（年创汇超过 300 万美元）32家，扩大外贸自主权企业（年创汇在 100 万美元）130家，占全国同类企业的十分之一以上。到1990年乡镇企业机电产品出口交货额超过 300 万元以上的企业已有 400 多家，比“七五”初期增加了300多家。

2．**具有一批骨干企业和重点产品。**在国家确定的重点出口产品种类中，乡镇企业几乎都有出口，其中家用电器、五金制品、手工具、标准件、机械基础件等类产品，已成为乡镇企业出口的拳头产品，在全国同类出口商品中占重要地位。广东省顺德县已有年出口电风扇超过500万美元以上的厂家5家，其中美的家用电器公司1990年电风扇出口达到 1 380万美元。

由国家专项贷款进行技术改造的广州市番禺海鸥电筒工业公司、浙江萧山五金工具厂、青岛隐珠车辆厂、石家庄华北蓄电池厂等一批外向型企业都已成为全国出口量最大的厂家之一，有的已开始了自营进出口业务。

3．企业经营管理水平提高，技术及设备已进入国际市场。到1990年，在全国 117 户乡镇国家二级企业中，机电企业占72个。在“七五”期间 201 家全国机电产品创汇先进单位中，乡镇企业占24家。由于经营管理水平的提高和技术进步，一批企业已成功地将生产设备打入国际市场，如河南的小造纸设备、北京的打火机生产设备。广东顺德华星电扇厂的电风扇生产设备及技术，1990年已在大洋彼岸的古巴安家落户，建成了一家年产十万台风扇的工厂。

4．工贸联营利用外资有了新的发展。近几年，乡镇与外贸部门联营的机电企业已发展到 300 多家；中外合资合作企业发展到 200多家。乡镇出口企业有了稳定的外销渠道，掌握了国际市场信息，外贸部门有了稳定的货源。

5．投资少、见效快、经营灵活、管理费用低。几年来国家对20多个乡镇出口企业给予了技术改造专项贷款，使出口创汇明显增长。华北蓄电池厂由技改前的年创汇 180 万美元增长到 540 万美元。河北省香河县鲢口汽车千斤顶厂，年产15万台千斤顶，每台管理费用平均仅 4 元左右。乡镇企业灵活的经营机制吸引了国外投资合作者。港商、台商、日商、南朝鲜商人在我国广东、福建、山东等地区投资日益增加。他们认为中国最好的投资合作者是乡镇企业。

6．在巩固传统出口产品的同时，努力采用新技术，使出口产品档次提高。广东顺德桂洲第一风扇厂新开发的高级豪华吊扇，每台比一般豪华吊扇高10多美元，外商纷纷要求订货。乡镇企业生产的“神州”牌燃气热水器、“容声”牌电冰箱，不仅国内家喻户晓，而且大批地进入了国际市场。据调查，国内专利约有50%被乡镇企业利用，扩大了出口创汇，并形成一批替代进口产品和具有出口潜力的产品。

7．以骨干企业为龙头组成出口群体和集团，增强出口竞争能力。针对国内外贸体制和国际市场特点，乡镇企业机电出口厂家近年来已形成一批出口群体和出口集团。宁波慈溪微型轴承总厂，不仅兼并联合了国内近30家集体、国营企业，而且同港商合资扩大了外销渠道，成为国内微型轴承出口量最大的厂家之一。

乡镇企业出口创汇额占全国比重

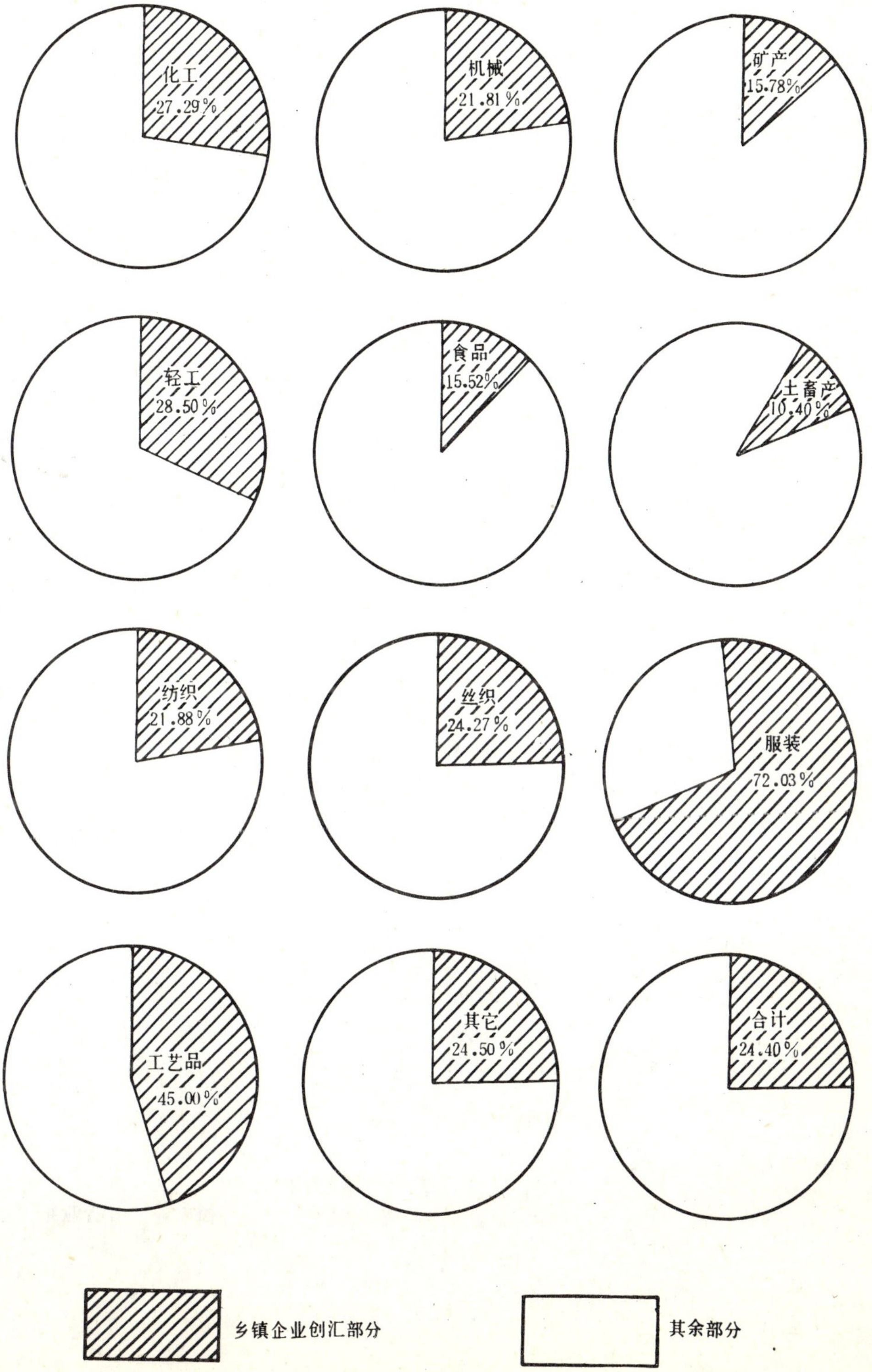

1990年乡镇企业出口创汇之最

出口创汇最高的省是广东省，全省乡镇企业年出口创汇总额为26亿美元，占全国乡镇企业出口创汇总额的22.5％。

出口产品交货额最高的省是江苏省，全省乡镇企业年出口产品交货额达106.5亿元人民币，占全国乡镇企业出口产品交货总额的18.8％。

“三来一补”工缴费收入最高的省是广东省，全省乡镇企业全年“三来一补”工缴费收入达9.2亿美元。

出口创汇最多的县是广东省顺德县，全年出口创汇达到3亿美元。

出口创汇最多的乡（镇）是广东省顺德县北滘镇，全年出口产品交货额达7.5亿元人民币。

出口创汇最多的企业是广东省顺德蚬华电风扇厂，全年出口产品交货额达3.58亿元人民币。

出口产品交货额超过5亿元的县最多的省(市)是上海市，有川沙县、南汇县、上海县、松江县、金山县、青浦县、嘉定县7个县。

出口产品交货额超过2亿元的乡(镇)最多的省是广东省，有顺德县北滘镇、桂洲镇，南海县官窑镇，中山市小榄镇、沙溪镇、张家边镇6个镇。

1990年乡镇企业各行业出口创汇之最

化工 乡镇企业化工行业出口产品交货额最多的省是江苏省，全省乡镇企业化工行业年出口产品交货额为8.26亿元，占全国乡镇企业化工行业出口产品交货总额的31.6％。

机械 乡镇企业机械行业出口产品交货额最多的省是江苏省，全省乡镇企业机械行业年出口产品交货额为8.58亿元，占全国乡镇企业机械行业出口产品交货总额的31.2％。

矿产 乡镇企业矿产行业出口产品交货额最多的省是山东省，全省乡镇企业矿产行业年出口产品交货额为4.06亿元，占全国乡镇企业矿产行业出口产品交货总额的16.5％。

轻工 乡镇企业轻工行业出口产品交货额最多的省是广东省，全省乡镇企业轻工行业年出口产品交货额为43.21亿元，占全国乡镇企业轻工行业出口产品交货总额的47.1％。

食品 乡镇企业食品行业出口产品交货额最多的省是山东省，全省乡镇企业食品行业年出口产品交货额为9.60亿元，占全国乡镇企业食品行业出口产品交货总额的22.5％。

土产 乡镇企业土产行业出口产品交货额最多的省是浙江省，全省乡镇企业土产行业年出口产品交货额为1.20亿元，占全国乡镇企业土产行业出口产品交货总额的16.9％。

畜产 乡镇企业畜产行业出口产品交货额最多的省是广东省，全省乡镇企业畜产行业年出口产品交货额为4.11亿元，占全国乡镇企业畜产行业出口产品交货总额的21.4％。

纺织 乡镇企业纺织行业出口产品交货额最多的省是江苏省，全省乡镇企业纺织行业年出口产品交货额为34.87亿元，占全国乡镇企业纺织行业出口产品交货总额的38.3％。

丝织 乡镇企业丝织行业出口产品交货额最多的省（市）是上海市，全市乡镇企业丝织行业年出口产品交货额为11.55亿元，占全国乡镇企业丝织行业出口产品交货总额的39.6％。

服装 乡镇企业服装行业出口产品交货额最多的省是广东省，全省乡镇企业服装行业年出口产品交货额为26.73亿元，占全国乡镇企业服装行业出口产品交货总额的32.1％。

工艺 乡镇企业工艺品行业出口产品交货额最多的省是广东省，全省乡镇企业工艺品行业年出口产品交货额为11.75亿元，占全国乡镇企业工艺品行业出口产品交货总额的17.7％。

专 题 文 章

乡镇企业与国民经济的协调发展

统一认识，总结推广乡镇企业新经验

乡镇企业发展与我国工业化的道路

话说企业机制的自我完善

乡镇企业如何加强党建工作

科技进步,乡镇企业走出困境的抉择

成规模乡镇企业创办与发展的基本特征

广东乡镇企业集团化发展初探

1990年乡镇企业专题文章（部分）索引

乡镇企业与国民经济的协调发展

国务院研究室农村经济组
中国社科院农村发展所

0.1　10年改革，农村经济生活最引人注目的变化之一就是乡镇企业的异军突起，蓬勃发展。1988年，乡镇企业创造的总产值已达6 495.66亿元，占当年全国社会总产值的24％；乡镇工业创造的总产值达4 529.38亿元，占当年全国工业总产值的27.6％。乡镇企业在中国大地上的生成发展有其深刻的历史和国情根源，人们将它称颂为“草根工业”，野火烧不尽，春风吹又生。

0.2　然而，乡镇企业发展速度最快的1985～1988年（这4年乡镇企业总产值年平均递增速度高达39.6％），我国出现了建国后罕见的幅度最高、持续时期最长的通货膨胀问题。这种持续高涨的通货膨胀率与乡镇企业超高速发展的重合，使得近年来对乡镇企业的责难之声日甚，以至中央在1988年作出对经济进行治理整顿的决定时，把坚决压缩乡镇企业发展速度，关、停、并、转一部分乡镇企业作为一项重要内容提了出来。

0.3　1989年是令人难忘的一年。在坚决执行货币的紧缩政策，大力压缩基建规模之后，通货膨胀逐步回落，过热的经济增长势头得到控制。1989年2月份通货膨胀率曾高达27.9％，到12月份已降到6.4％，同时工业增长速度由上年的21％降到8％，下降了13个百分点。然而，经济中却出现了市场疲软，工业生产滑坡，企业经济效益下降和失业待业率上升，百万农民工大流动的问题。在这些问题中，大量工厂停工、大量工人待业、大批农民工流动，已成为直接影响社会安定的突出问题。按照国家统计局公布的数字，1989年城镇待业率由上年的2％上升到3％左右。实际上，农村中就业问题的压力更为突出。中国经济生活中出现了明显的菲利普斯曲线效应——失业率与通货膨胀率的替代关系。

0.4　中国乡镇企业崛起和发展的历史必然性是什么，其意义何在；乡镇企业发展与整个国民经济的关系如何，其矛盾何在；乡镇企业发展自身的问题表现在哪些方面，它如何克服这些弱点，与国民经济全局的发展相协调；这是本文所探讨和研究的主要问题。

一、夹缝中生成的中国农村乡镇企业（文略）

二、工业化新生长点与经济发展旧格局的矛盾（文略）

三、中国工业化新阶段的战略目标（文略）

四、乡镇企业发展与农业的协调

乡镇企业发展与农业关系的三个阶段

4.1　如前所述，中国工业化发生发展一百多年来一个最重要教训，就是未能带动传统农业改造；工业发展未能获得稳定提高的农业劳动生产率的支持。因此，孱弱的传统农业与高速推进的工业化之间的矛盾，成为整个工业化、现代化历史进程中的一个基本矛盾。

4.2　从1979年起，以家庭联产承包责任制为中心的农村改革带来农业的大发展，是乡镇企业能够迅速崛起的最深厚基础。乡镇企业是从农业里土生土长出来的，农业是乡镇企业的母体，而乡镇企业的发展，首先又通过与农业之间的后向联系，带动了农民收入的提高，推动着传统农业的改造。正是在这个意义上，我们说乡镇企业发展为实现我国二元经济结构的转换架起了桥梁。

4.3　但问题的另一方面是，乡镇企业在其发展初期，还不得不靠农业积累的支持，如果乡镇企业发展速度过快，就会和孱弱的传统农业发生矛盾。因此，协调乡镇企业发展与农业的关系，就成为整个国民经济宏观协调的一个极其重要方面。

4.4　根据我国乡镇企业发展的特点和对未来趋

势的判断，我们将乡镇企业与农业发展的关系划分为三个阶段：初级阶段、中级阶段和高级阶段。

4.5　乡镇企业初级阶段与农业的关系。这一阶段乡镇企业与农业的关系的基本特征是：乡镇企业的兴起和成长主要依靠本社区农业的积累。包括：费用极其低廉的企业用地，农民劳动积累，本社区居民手中的经济剩余（含源于农村居民储蓄的贷款），闲置的原生产队队部、仓库、低廉的农产原料等。在没有其它就业机会可寻的农业剩余劳动力压力下，由本社区行政组织的统筹安排，实现了办非农产业所必须的最低限度的要素组合。在这一阶段，政府对乡镇企业采取的低税（包括80年代后对不发达地区发展乡镇企业采取的减免税政策）和低息贷款政策对其发展也有积极作用。从乡镇企业方面看，对农业的支持主要表现为吸收农业中的剩余劳动力；另外，乡镇企业的部分收益上交乡村行政组织作为干部补贴和社会性开支，以替代或减少从农业中的提留，从而间接支持农业。这一阶段的农业产值和农业人口要远远高于农村非农业产值和就业人口。

4.6　乡镇企业中级阶段与农业的关系。这一阶段乡镇企业与农业关系的基本特征是：除企业占地外，农业一般不再为乡镇企业提供资本积累，农业的积累用于农业自身的发展（不包括以价格“剪刀差”的形式为城市大工业提供积累）；乡镇企业的进一步发展则主要依靠其自身的积累；两大产业之间的联系一方面要通过产品的平等交换来实现，另一方面，乡镇企业必需以其所获利润的一部分用以补偿农业，它包括：(1) 微观以工补农。在这一阶段上由于经营农业（主要是粮棉）的机会成本已经很高，为了完成国家粮棉合同定购任务，稳定土地生产率，必须使农业生产者与从事非农业的劳动者的成果收益不相上下，因而这些地方的乡村社区行政组织要抽取乡镇集体企业的部分利益，用于补贴农业（包括投入品和产出品）。在现有价格体系下，没有微观的以工补农，在乡镇企业较发达地区就必然会出现粮棉生产大幅度下降的局面。(2) 为农业剩余劳动力提供就业机会。如前所述，国家工业化战略选择和特殊的历史条件决定中国只能把发展乡镇企业，作为改造传统农业、实现工业化和现代化的必经之路。在这一阶段上，农村较大范围内的剩余劳动力开始向乡镇企业较发达的农村社区流动。(3) 为国家和各级地方政府增加农业投入提供财政收入。在这一阶段上地方财政收入（主要是县一级地方财政）将主要来自乡镇企业，因此乡镇企业发展的好坏会直接影响到地方政府对农业投入增加的多少。乡镇企业发展对农业的这种间接支持是这一阶段乡镇企业与农业关系的重要内容之一。

这一阶段乡镇企业产值将大大高于农业产值，在乡镇企业中就业的劳动力大致在40％以上。

4.7　乡镇企业高级阶段与农业的关系。这一阶段乡镇企业与农业关系的基本特征是：传统农业已成为现代产业部门之一；乡镇企业发展突破社区的封闭性局限，大多集中在工业小区或中小城市中；要素市场充分发育，资源在两大产业间配置主要取决于竞争性的市场供求关系；“乡镇企业”这个城乡分割条件下产生的概念已没有意义，而应为“中小企业”这一国际规范性称谓所取代。

4.8　从乡镇企业与农业关系目前发展的实绩看：(一)多数地区乡镇企业发展仍处于初级阶段，即乡镇企业发展尚不能给予农业有力的资金支持，相反，还要从农业中汲取生产要素。这一阶段乡镇企业发展一方面打破了传统农业内部数千年来形成的旧格局，但另一方面却也和孱弱的传统农业形成尖锐矛盾。(二) 在部分沿海发达地区，大中城市以及工矿区周围乡镇企业发展已处于中级阶段。这些地区乡镇企业必需也正在通过以工补农、以工建农的方式回流一部分企业利润补偿农业生产，促进农业劳动生产率提高。(三) 乡镇企业与农业关系走向高级阶段还要经过相当长的时间。尽管从个别地区来看本社区内部的农业剩余劳动力早已吸收完毕；工业发展已具有相当的规模和水平，一些工业小区已经建立起来；乡镇企业发展正在走向开放的城市化道路。但是要走向高级阶段，还有赖于全国性统一市场的建立，实现生产要素在全国范围内的充分流动；有赖于这些地区乡镇企业自身微观运行机制的进一步完善；更根本的是，有赖于这些地区的传统农业真正变成独立的现代产业。显然，上述目标的实现绝不是在短期内可以一蹴而就的，也不是仅靠个别地区的经济实力所能实现的。

不同地区乡镇企业与农业发展关系协调的政策选择

4.9　鉴于以上认识和判断，我们认为当前协调乡镇企业与农业发展的关系，应该在政策上对处于上述不同发展阶段的地区有所区别。对那些乡镇企业刚刚起步，尚需靠农业进行积累的地区，协调乡镇企业与农业关系的重点，应放在稳定现有的家庭联产承包责任制上。稳定家庭承包制的具体工作内容又包括：(1) 明确家庭承包制长期不变的政策，增强农民对党的农村政策稳定性、连续性的信心。(2)下大力量狠狠刹住对农民乱摊派的歪风。现在农民反映，一税轻（指国家农业税），二税重（指社区集体提留），三税是个无底洞（指各种乱摊派）。(3) 适当减免国家定购任务。(4) 开放粮、棉等大宗农副产品市场，允许集体和个人参与农产品流通。(5)积极鼓励农民增加对农业投资、投劳。对那些增加向土地投资取得农业生产稳定增长的农户应给予一定的物质鼓励。

对这一类地区乡镇企业发展的资金信贷政策，应当和那里的农业生产增长情况相联系。凡是农业稳定发展的地区，可以适当放宽对乡镇企业贷款的条件，凡是以牺牲农业增长为代价高速发展乡镇企业的地区，则需从严掌握对乡镇企业的贷款条件。同时，对那些大量占用耕地，严重污染环境，给农业生态造成破坏的乡镇企业，也必须严格限制发展。积极鼓励那些投资少、占地少、劳动密集的企业发展。

4.10　在那些乡镇企业发展已经具有相当雄厚基础，其与农业关系已步入第二阶段的沿海发达地区，协调二者之间关系的重点应放在促进企业利润向农业回流，通过以工补农，以工建农等方式改造传统农业，使其向现代农业转化。应当承认，当前靠社区政府的行政性力量迫使乡镇企业拿出一部分利润来弥补农业之不足，尽管不是一种理想的工、农业两大部门平衡发展方式，但在国家投资不足，家庭承包的农户又无力解决土地长期投资的现实条件下，这又是一种合理而自然的选择。现在国家要向农民征收税款，收购粮食，还要控制农村人口增长，这三件事被农民概括为“要钱、要粮、要命”，另一方面农户又要通过国营商业部门要化肥、要柴油、要农机等农用生产资料。在农户与国家之间，社区政府是联系二者的重要纽带。要平衡它们之间的矛盾，社区政府就必须握有一定的财力。因而，社区政府利用其权威，把行政手段与经济手段相结合，通过举办各类乡镇企业来获取资金，就是至关重要的一步棋，舍此社区政府就寸步难行。例如，在江苏省乡镇企业发达的吴县，近年来每年乡镇企业用于农村社会建设事业的总支出达3 000多万元。当计划生育、粮食征购、农用生产资料供应、道路修建、教育设施改善、文化设施新建、征兵等工作落实到基层干部身上并因此而与农民发生矛盾时，乡镇企业带来的财富在其中发挥了很好的润滑作用，农民从中感受到了政府的好处，干部也从中获得了群众的称道。一位县委书记说，没有乡镇企业，政府就没有号召力，群众就没有凝聚力。

1988年，全国乡村两级企业用于以工补农的资金达11.68亿元，用于农村集体福利事业的资金达25.32亿元，用于农村各项事业建设的资金达56.82亿元。三者合计，占当年乡、村两级企业纯利润的36.2%。显然，如果没有社区型乡镇企业在其中的作用，中国农村的社会经济就无法得到全面协调的发展。

当然，从长期来看由社区政府运用行政手段迫使乡镇企业拿出一部分利润以工补农，其弊端也是明显的。第一，这种方式不利于企业的自我积累和发展；第二，它强化了社区政府对企业的行政干预；第三，它不利于稀缺的社会资源、资金与土地的社会共享；第四，它不利于培养经营农业的家庭农户奋发进取的精神和独立竞争、抵御风险的能力。因此我们说，目前这种由乡镇企业以工补农的方式并不能代表乡镇企业与农业发展长期协调的方向。

4.11　未来乡镇企业与农业协调发展的根本出路，还在于通过深化改革改变目前农业发展所面对的不利的宏观政策环境，改变各产业之间收入分配结构的扭曲状态。这就需要通过要素市场的发育，逐步放开农产品价格，最终使农业成为能够自立的、有利可图的产业。

4.12　在已步入第二阶段的沿海发达地区，在家庭联产承包制基础上积极稳步地推进土地适度规模经营，也是协调乡镇企业发展与农业关系的一项极其重要内容。同时，更重要的是推进乡镇企业的合理布局，使之有计划有步骤地集中到工业小区，并且在小城镇加速规化居民住宅建设，使乡镇企业职工及其家属的居住向小城镇集中，逐步脱离农村的自然村落，由此形成乡镇企业职工自愿交出承包地的态势，进而促进土地的规模经营。但是，推进土地的规模经营，促使一部分已获得较稳定的非农就业机会的农户放弃承包土地，在总体上不宜采用强迫命令形式，而应采取法律的、经济的手段。行政手段尽管可以收到暂时的效果，但它动摇了农民对政府关于家庭承包制稳定不变承诺的信心，从全局看不利于党的农村政策的执行。广东省一些发达地区实行对农民征收土地承包费的办法，收到比较好的效果。今后可以逐步将土地承包费及国家定购任务结合起来改为土地税，将更有利于政策的连贯性和稳定性，也利于土地的适当集中。

另外，还可以在部分发达地区试行土地的股份制，在不改变土地集体所有制前提下，通过土地股票的流动来促进土地的适当集中。

总之，只要政策再放得开一些，允许农民在实践中大胆探索，中国亿万农民的创造定会找到适合我国国情的社会主义土地规模经营之路。

五、乡镇企业与城市大工业宏观协调的模式及政策选译

乡镇企业与城市大工业宏观协调模式的选择

5.1　保持乡镇企业与国民经济主体部分的城市大工业的协调发展，并进而保持整个国民经济的协调发展是我们的目标。但采取什么样的协调模式达到此目标，人们的看法并不完全一致，值得我们讨论。

5.2　在高度集中的计划经济体制中，从经济运行的方式看，经济是同质的，整个经济体系可以通过

计划控制的方式，保持各个经济部门之间的协调运转。

在设计乡镇企业与国民经济主体之间的协调模式时，如果采用传统的协调模式，那就必须把与国民经济主体部分异质的乡镇企业改造成与国民经济主体是同质的。换言之，即是由计划体制统一了整个国民经济的运行，乡镇企业的运转机制已被计划机制取代了。这样的选择遇到的两个无法逾越的障碍是：

——用计划机制统一天下与我们采取的计划经济与市场调节相结合的经济运行机制相悖。

——如果用计划机制代替乡镇企业的运转机制，那就意味着取消乡镇企业存在和发展的资格。因为在计划体制的内部没有乡镇企业存在和发展的空间和可能性。乡镇企业的存在和发展过去是，现在是，将来还是依赖于市场机制。如果为了保证协调而剥夺乡镇企业存在和发展，由此带来的风险是社会所无法承受的。

5.3 因此，乡镇企业与国民经济主体之间的协调只能是保持乡镇企业运行机制基础上的协调。这就决定了这种协调不是传统的，在同质的经济基础上的“单轨”协调模式，只能是“并行的双轨”。“轨距”的大小即是对乡镇企业与国民经济主体部分偏差的容忍度。不同的经济发展时期轨距不同。在社会所能接受的轨距内的乡镇企业的运行都处于常态。当乡镇企业的发展超出了特定的社会的容忍度的情况下，就成为政府政策干预的对象。这就决定了政府在处理乡镇企业与国民经济主体部分的城市大工业的关系时所采取的政策是一种“偏差协调”政策，而非“偏差消除”政策。

5.4 允许乡镇企业的发展与国民经济的主体部分存在一定的偏差即意味着二者在一定范围、一定程度上存在着一些摩擦和冲突是“合法”的。社会对其应采取容忍态度。如果社会不能忍受由乡镇企业与国民经济主体部分的不协调所带来的一些摩擦和冲突，便无法享受由乡镇企业的发展所带来的财富。

5.5 在社会主义有计划的商品经济条件下，强调乡镇企业与国民经济主体部分的协调并不意味着取消竞争，恰恰相反，协调离不开竞争。只有建立在竞争基础上的协调才是真正有效的协调，才不致重蹈过去不要竞争，以巨大的效率损失为代价的强制性协调的覆辙。当然竞争是在特定范围内有限度的竞争，不能是以资源损失为代价的“过度竞争”。

5.6 乡镇企业与国民经济主体部分的协调必须是全方位的，仅仅某一侧面或层次的协调不能达到使二者协调的目的。这种全方位协调包括：

（一）运行机制的协调

运行机制的协调是乡镇企业与国民经济主体协调的基础。

乡镇企业与国民经济主体部分的协调不仅是必要的，也是可能的。乡镇企业在“看不见的手”的作用下，其运行机制固然有运转灵活的一面，但其并非是纯理性的“经济人”，也有其盲目发展的一面，造成资源的巨大浪费，迫切需要计划的指导。而作为国民经济的主体部分的国营企业在计划杠杆的作用下尽管减少了发展的盲目性，但其结构僵化，运转不灵活，内在动力不足，需要市场力量的推动和刺激。同时，国家的计划也需要建立在把握市场需求状况和对市场发展趋势进行科学预测的基础上，通过市场检验和校正计划，使计划的准确性、可行性得以提高。这样以市场机制导向的乡镇企业计划性的增强与以计划机制导向的国营企业市场性的增强，使乡镇企业与国营企业运行机制的差异度大大减少，为二者在经济上的契合，建立新型的协调机制奠定了基础。

（二）动力机制的协调

乡镇企业与国民经济主体部分的动力机制协调主要是强化国营企业的内在动力，弱化乡镇企业某些动力。国营企业必须深化企业改革，硬化企业约束，在国家计划指导下逐步成为具有独立经营的商品生产者，增强其内在的发展动力。乡镇企业应通过体制改革，规范其财产关系，弱化来自于社区的发展动力。

（三）信息机制的协调

乡镇企业要在保持其现有的、以横向价格信息为主的信息机制基础上，增强纵向的信息来源，重视国家产业政策导向，形成纵横交错的、完备的信息网络和机制。国营企业应在保持以纵向的数量信号为主的信息机制基础上，更多地利用横向的市场信息。这样乡镇企业与国营企业的信息机制就互相接近。

（四）增长速度的协调

近几年整个经济增长速度有些过快，超过了社会的承受能力，不得不进行调整，降低过快的增长速度。党的十三届五中全会决定在着力提高经济效益、经济素质和科技水平的基础上，保持适度的经济增长，争取国民生产总值平均每年增长5％至6％。根据国民生产总值与工业产值增长的比率关系，全国工业总产值平均每年需要增长7％至8％。这样工业增长速度不到1984～1988年间年均增长速度17.6％的一半。为了保持与国营企业增长的协调，前一时期乡镇企业过高的增长速度必须降到一个合适的水平。确定乡镇企业的增长速度必须兼顾劳动力转移、经济发展的需要和资源的约束程度。综合几方面的因素分析，乡镇企业的增长速度宜保持在12％左右。当然，全国情况差别比较大，乡镇企业发展速度不能一刀切。在乡镇企业不发达地区可争取较高一点的增长速度。但从全国来说，要切实改变乡镇企业发展过程中片面追求高速度的倾向，把重点放到促进技术进步，提高经济效益方面来。

（五）产业结构的协调

乡镇企业与国民经济主体部分产业结构协调的目的是根据社会需要，改变产业结构的同构现象。要达到这一目的，关键是搞好乡镇企业与国营企业的分工，调整现有的资源配置格局，加速基础产业的发展。

1. 促进国营经济产业结构高度化。发挥国营企业技术、资金、设备力量雄厚的优势，大力发展新兴产业，逐步从传统产业中退出来，为乡镇企业提供空间，减少二者在层次上的过度竞争。

2. 根据社会效益和经济效益兼顾的原则，搞好城乡工业分工，合理划分乡镇企业与国营企业资源的利用范围和利用层次。一般说来，劳动密集型的产业和资源初级加工型的产业主要应由乡镇企业来搞。国营企业主要应从事技术密集、资本密集型的产业，大力进行深加工，提高资源的附加价值。这里遇到的一个很重要的问题是农副产品的加工问题。近几年为了防止乡镇企业与国营大工业争原料，国家多次强调乡镇企业应主要发展农副产品加工业，但并没有采取相应的措施，在资源方面给乡镇企业适当的份额，可用于加工的大部分农副产品都被国家收购走了，从粗加工到精加工均由国营企业来搞。这样一来既使乡镇企业农副产品加工业失去了原料来源，又使国营工业因大量牵制于资源的粗加工而无法提高技术水平，并且加剧了乡镇企业与国营企业在资源利用方面的摩擦与冲突。因此对目前乡镇企业与国营企业争原料问题，不能统统归咎于乡镇企业，有些是国营企业的问题，有些则是国家政策不配套造成的。要解决这一问题，除去要加快农副产品的生产外，要采取全面的措施，不能仅仅卡乡镇企业。从未来的发展看，应逐步调整目前农副产品的加工格局。一是逐步减少国营企业农副产品的加工份额，增加乡镇企业的比例；二是搞好分工，乡镇企业主要搞农副产品的初加工，国营企业搞精加工。

3. 加速基础产业的发展。乡镇企业与国营企业之间的不协调很大程度上是由于基础产业发展滞后、资源供给不足造成的。相对于需求并不过剩的生产能力由于受制于资源的短缺而闲置，造成乡镇企业与国营企业之间的冲突和摩擦。因此目前应加快基础产业的发展速度，增加资源的供给，使乡镇企业与国营工业通过增量协调最后达到总量协调的目标。

4. 乡镇企业内部应调整结构，降低第一二产业的发展速度，加速第三产业的发展。

（六）产品结构的协调

根据市场的需求状况和相应的技术要求，乡镇企业与国营企业在产品的生产方面应做些分工。国营企业技术水平高，主要应搞好产品的更新换代，提高产品档次，搞好进口替代，生产高、精、尖的产品，满足高档次的需要；乡镇企业应主要生产一般性的产品、大众化产品，满足人们的日常性需要。

协调手段与政策的选择

5.7 为了实现乡镇企业与国民经济协调发展的目标，政府必须运用各种政策工具，相互配合。这些政策包括：

（一）政府的产业政策

正确划定国营企业与乡镇企业可进入的产业领域是进行合理协调的基础。

政府应根据国民经济发展的需要和国营企业、乡镇企业的发展水平，制订有关的产业政策，指导乡镇企业与国营企业的合理分工，明确规定哪些领域和产业宜由国营企业来搞，哪些宜由乡镇企业来搞，哪些领域和产业宜由二者共同参与，互相竞争。由此来判定在目前乡镇企业从事的领域中，哪些应积极鼓励，哪些应限制生产，哪些应立即停止生产。考虑到我国农村巨大的就业压力，产业政策制定的基准应该是：在保护资源和生态环境的前提下，凡是乡镇企业的技术水平和管理水平能够胜任，并且经济效益不低的产业和产品都应尽可能的由乡镇企业来搞。在国营企业和乡镇企业目前都参与的领域，只要乡镇企业能替代国营企业，并能提高其自有资金的比重和资金利用率，也应主要由乡镇企业来搞。

（二）资源分配政策

目前我们国家资源稀缺，协调乡镇企业与国营企业发展的重要政策手段就是稀缺资源的分配。

为了有效地促进国民经济的增长和经济效率的提高，资源在乡镇企业与国营企业之间的分配要根据效益原则择优分配，但在现实的经济生活中资源的分配以所有制划线，遵循先国营、后集体的原则，在国家的综合平衡计划中所划定的乡镇企业资源配额过小，远低于乡镇企业在国民经济中的产值份额和就业份额，也低于乡镇企业的常规增长所需要的资源份额。在这种情况下，乡镇企业为了存在与发展，不得不采取包括一些不正当的手段来取得稀缺资源，以至于乡镇企业的实际增长常突破国家限定的资源配额和发展速度。因此要协调乡镇企业与国民经济的发展，必须从经济运转流程起点即从资源的分配开始协调。原则上应给予乡镇企业与其规模相称的资源份额，但应区别对待。对符合政府产业政策的多给，不符合的少给或不给。具体的分配方式，既可以在计划盘子里划出一块逐层下达至企业，也可以通过市场调节，或者采用二者兼顾的方式使乡镇企业有一个相对稳定的资源来源，减少对国家计划的冲击，减轻乡镇企业与国营企业在能源、原材料方面的摩擦和不协调。对那些符合国家产业政策要求、经济效益好的企业，出口创汇企业，资源的分配应当优先。

（三）信贷政策

乡镇企业主要以负债经营为主。乡村两级工业企业负债率大体在60%左右，因此国家的信贷政策对乡镇企业有较强的影响力。要保持乡镇企业与国营企业的协调发展，必须根据产业政策的要求，制定相应的信贷调节政策。

在治理整顿期间，为了把乡镇企业过快的增长速度降到正常水平，采取适当降低乡镇企业信贷的增长速度甚至对某些行业实行零增长的措施都是必要的。一旦乡镇企业的发展恢复到正常水平，信贷资金也应适度增长。根据乡镇企业发展与信贷资金之间的关系推算，信贷资金的增长速度应略低于乡镇企业的增长速度。如果在以后乡镇企业的增长速度保持在12%左右，那么信贷资金的增长速度大体保持在10%。这样既能满足乡镇企业正常发展的基本需要，又能促进乡镇企业和国民经济主体部分的协调发展。

（四）税收政策

税收是调节宏观经济活动的最重要杠杆之一。协调乡镇企业与城市大工业发展的关系，应包括以下两种税收政策。

1．规范税收，统一税负，创造平等竞争环境

目前，我们的税制是一种不规范的软性税制。在乡镇企业与国营企业之间税收政策不一致，税负不均衡，畸轻畸重，很不公平。比如国营企业享受的优惠是税前还贷，而乡镇企业则是税后还贷；地方政府保护乡镇企业，大量减免税收，使乡镇企业的实际税负低于国营企业，但乡镇企业税外负担重。

为了保证乡镇企业与国营企业在保持高效率基础上的协调发展，首先应从公平税负出发，建立均等的竞争环境。要做到这一点，必须改革目前的税收制度，实现税收的规范化和统一性。即国营企业与乡镇企业要实行统一的税收尺度。这里需要解决的是乡镇企业的税外负担问题。但乡镇企业的税外负担问题比较复杂，一下子取消不可能，必须采取过渡性的措施。比较现实的办法是先使乡镇企业的税外负担规范化、固定化，防止乱摊派，然后使之逐渐向地方税演化。

2．实行差别税收政策

为了鼓励或限制某些行业的发展，应根据国家产业政策的要求和乡镇企业结构调整的方向，采取灵活的差别税收政策，通过减免加税的方式达到目的。为了防止滥用这些权力，税收更改的管理权限应适当集中。

统一认识，总结推广乡镇企业新经验

陈　耀　邦

一

治理整顿以来，一些同志产生疑问：我国发展乡镇企业的方向究竟对不对？这个问题如果不从理论与实践相结合的高度作出肯定的回答，就不仅会动摇一些乡镇企业克服困难、走出困境的信心和决心，而且会影响乡镇企业进一步搞好治理整顿，进入稳定、健康发展的新阶段。

我们认为，实践已经充分证明，发展乡镇企业是实现我国农业现代化、繁荣农村经济的必由之路。我国的基本国情是人多耕地少，还是一个发展中国家。而经济不发达的一个重要原因就是11亿人口，8.7亿人在农村，农村大量剩余劳动力转移不出来，造成劳动生产率低下，人均国民生产总值很低。目前我国5.37亿社会劳动者中，农村劳动力3.97亿，占73.9%，农村按劳动力平均只有3.7亩耕地。耕种这么少的土地，除个别种植特种经济作物的外，对广大的种植粮食、棉花、油料、糖料的农民来说，是很难富起来的，也不可能从种植业中取得大量收益以增加对农业现代技术和装备的投入。因此，要使我国人均国民生产总值到本世纪末达到800至1 000美元，人民生活达到小康水平，要实现四个现代化，摆在我们面前的一个重要课题是，必须解决农业剩余劳力的转移问题。乡镇企业的发展，正是在社会主义制度下创造出来的一条转移农业剩余劳力，振兴农村经济，推进农业现代化的具体道路。

乡镇企业是靠农业哺育发展起来的，它的起步产业，很多是农副产品加工业，目前它还实行亦工亦农的劳动制度。随着农业劳动生产率的提高，会为乡镇企业提供越来越多的劳动力，这是压力，又是发展的条件。从这个意义上说，没有农业的发展也就不会有乡镇企业。但乡镇企业发展了，反过来又极大地促进

了农业的发展。到1989年，乡镇企业已吸收农村剩余劳动力9 200万人；乡镇企业总产值占农村社会总产值的比重已由1978年的31%上升到60%，成了农村经济的主体；10年来乡镇企业用于农村各项事业建设的投资达684亿元，其中直接用于补农建农的资金162.8亿元，相当于国家同期对农业投资的34%。不少乡村正是由于发展乡镇企业，壮大了集体经济，才有可能组织起对农户生产的系列化服务，从而进一步完善了家庭联产承包责任制和双层经营结构，促进了科学技术的普及和农业产量的提高。一些经济发达地区和城市郊区也正是由于乡镇企业的发展，使农业剩余劳力找到出路，同时又以乡镇企业的利润大量用于农业基本建设和用机械等现代化装备武装农业，推进了耕地的规模经营，使农业走上现代化大生产的轨道。同时，由于乡镇企业的发展，农民收入增加了。10年来，乡镇企业职工工资和利润用于农民分配的达3 838亿元，占农民净增收入的25%，近几年农民净增收入的一半以上来自乡镇企业。乡镇企业的发展还促进了小城镇的建设，支持了农村文化教育事业，提高了农民的科学文化水平，造就了一代具有较强商品经济意识的新型农民。

发展乡镇企业也是实现我国工业化的必由之路。我们是社会主义国家，不能像西方一些国家那样，用使农民破产和向外掠夺的办法来实现工业化；同时又因为国家财力有限，光靠国家投资来实现工业化也是不可能的。解决这一重大社会经济问题，十分重要的一点，就是靠调动亿万农民的积极性和创造性，在向农业的深度和广度进军，保障农业发展的同时，大力发展乡镇企业，走离土不离乡、就业不进城的道路。而且，对一个国家来说，合理的工业企业结构，应是大中小结合。在当今世界经济发展中，小企业不单是一种补充经济，而是与大工业同等重要的、同步发展的、相互依存的一种企业形态和经济要素。我国乡镇企业同城市工业之间的联合与互补作用，完全证明了实行城乡一体、工农一体、工贸一体是一条具有中国特色的实现工业化的道路。乡镇企业不仅为国家提供了大量的商品，增加了社会有效供给，富裕了农民，而且为国家提供了大量的税收和外汇。1989年，乡镇企业给国家纳税360亿元，创汇100亿美元，占国家税收和外汇收入的相当比重。近几年税收、外汇增长的总额中，乡镇企业部分增长的比例越来越大，这都有力地促进了我国的工业化事业。

因此，乡镇企业的发展是我国历史发展的必然，是符合国情的选择。从现实来看，在动荡的国际环境中，要保持我国社会主义建设事业的稳定发展，8亿多人口的农村首先要稳定。所以，在治理整顿中，对待乡镇企业一定要注意全面贯彻“积极扶持，合理规划，正确引导，加强管理”和“调整、整顿、改造、提高”的方针，按照国家产业政策，积极扶持和引导乡镇企业健康地发展。

二

目前，乡镇企业面临前所未有的困难，全体干部和职工从大局出发，勇于分担国家的困难，继续向国家多做贡献，与国营企业协力渡过难关，基本上稳住了阵脚。这一成绩是应当充分肯定的。

根据各地的反映，有几个问题需要加以明确和澄清。主要是：

1.正确认识治理整顿与发展乡镇企业的关系。治理整顿的根本目的是要为我国的经济发展创造良好的环境和秩序，同时也给乡镇企业创造良好的提高与发展的条件，两者不是对立的，而是相辅相成的。治理整顿是针对整个国民经济出现的问题提出的，不是仅仅针对乡镇企业的。但乡镇企业作为国民经济的重要组成部分，也必须随之进行治理整顿，才能与整个国民经济发展相协调。同时，我们应当清醒地看到，乡镇企业发展过程中存在着产业结构不够合理，一些企业产品质量差，许多企业管理水平落后，技术力量薄弱，经济效益低等问题，只有有计划、有步骤地调整、整顿、改造和提高，才能求得健康发展。因此，治理整顿和“八字方针”既是党和国家对乡镇企业提出的要求，也是乡镇企业自身发展提高的需要。针对目前思想认识上的主要倾向，要努力做到“五克服，五树立”，即克服求富心切，急于求成的倾向，树立长期持续、稳定、协调发展的思想；克服怕犯错误、怕政策变的顾虑，树立坚定不移搞好治理整顿，深化改革的信心；克服“避风头、等机会”的思想，树立真心实意搞好结构调整的决心；克服消极畏难、无所作为的思想，树立克服困难、共渡难关的精神；克服重经济轻思想政治工作的倾向，树立两个文明一齐抓的思想。同时，要特别注意划清政策、法律界限，重申党和政府发展乡镇企业的有关基本政策没有改变。

治理整顿以来，社会上对乡镇企业的议论比较多，如“乡镇企业发展影响农业”、“乡镇企业是不廉之源”、“治理整顿就是要砍乡镇企业”等等。对此，我们一定要有正确的态度。一方面，要多宣传乡镇企业的战略地位和作用，引导人们转变观念，肯定乡镇企业的发展主流，并经常与有关部门的同志交换意见，和他们一起深入基层进行实际调查，使他们了解、支持乡镇企业，消除存在的一些误解和偏见，对乡镇企业有一个公正、客观的评价；另一方面我们必须正视乡镇企业的许多不足和缺点，把社会各界的批评意见看作是对我们工作的监督和鞭策，主动解决存在的问题。在乡镇企业发达的地区，要充分利用技术优势、资金优势和集体企业优势，把农业搞得更好一些。对那些浪费能源和原材料，占用资金多，经济效益差，产品没有销路的企业，要坚决采取措施，“关、停、并、转”一批；而对那些耗能低、效益高，产品市场销路好，已形成一定规模的骨干企业，则要加以巩固和提高；特别是对那些利用本地原材料和农副产品资源，生产市场短缺产品，耗能低、见效快，尤其是产品在国际市场上有竞争能力的外向型企业，一定要积极扶持，使其不断发展壮大。总之，要利用治理整顿的有利时机，有保有压，使乡镇企业在总体素质和水平上真正有一个提高。

2．深刻认识稳定发展乡镇企业与稳定大局的关系。当前稳定是压倒一切的任务，也是全国人民的最高利益。要有全国稳定，必须有农村、农业、农民的稳定。邓小平同志早在1984年就深刻指出：从中国的实际出发，中国有80％的人口住在农村，中国稳定不稳定首先要看这80％稳定不稳定。农村、农业、农民的稳定，又必须有乡镇企业的稳定。因为今天的中国农村，不仅无农不稳，而且已经形成无工则农业也不稳的局面。目前乡镇企业总产值已占农村社会总产值的60％，占全国社会总产值的1/4，乡镇工业产值占全国工业总产值的30％，从业人员已占农村总劳动力的24％。如果乡镇企业垮下来，对农村经济，对国民经济全局将会产生多么大的影响！当然，我们在研究采取措施稳定发展乡镇企业时，也一定要从大局出发，动员全国乡镇企业职工为我国政治、经济和社会的稳定作出新的更大的贡献。

3．正确认识乡镇企业在巩固与发展社会主义公有制经济中的重要作用。在目前乡镇企业总产值中，乡村集体企业占67％，联户企业占9％，户办企业只占24％。这充分说明，乡镇企业是以集体企业为主体的经济组织，是社会主义公有制经济的重要力量。特别是在农村，乡村企业已成为社区性的集体所有制经济的一种主要形式。它的发展有利于缩小“三大差别”，巩固工农联盟。乡镇企业中以自己的劳动为主的联户办企业，特别是农民以自己劳动为主的股份合作企业，是社会主义性质的合作经济，也是一种新的集体经济。我们要以积极热情的态度，对农民这种发展社会主义公有制经济的积极性给以肯定、鼓励。对于个体经济、私营企业，作为社会主义公有制的补充，国家政策是合法经营要保护，非法经营要限制、取缔。我们要大胆地开展各种指导和服务工作。

4．正确认识乡镇企业的灵活机制。我们所说的乡镇企业灵活机制，是在发展我国有计划商品经济中形成的自我积累、自我发展、自主经营、自负盈亏、自我调节、自我约束的动力、压力和活力机制。这一机制是广大农民在商品生产实践中的伟大创造，充分发挥这一机制的作用，是企业战胜困境的法宝。至于一些乡镇企业在经营活动中存在这样那样的问题，要靠国家采取综合政策措施，进行综合治理。乡镇企业自己也要自觉地遵纪守法，努力克服自身存在的不足。但一定要认清，这些问题与不足，同乡镇企业的灵活机制完全是两回事。我们决不可因一些同志对乡镇企业机制产生了误解就不坚持了。今后困难的克服，企业经营的搞活，还是要靠进一步发挥这一灵活机制的优势，并不断地加以完善。

三

1989年，乡镇企业在能源、原材料大幅度涨价，市场疲软，资金紧张等严重困难的情况下，在国家加强宏观调控，采取重点向国营企业倾斜的政策下，仍然稳定发展，实现了产值与效益的稳定增长。对此，许多同志迷惑不解。客观地总结这些宝贵经验，不仅可以解除一些同志的疑惑，更重要的是今后引导乡镇企业持续、稳定、协调发展的需要。这些经验，从宏观的角度来看，主要是党中央、国务院和各级地方党政领导的关怀、重视，保持了乡镇企业政策的连续性和稳定性；继续发挥了乡镇企业灵活机制的优势；积极调整、优化结构，强化管理，搞活了经营，等等。从乡镇企业自身的角度来说，以下几方面的经验是值得认真加以总结的。

第一，建设一支与企业共存亡的中坚队伍。乡镇企业是在困难环境中求生存、求发展的。这一环境造就了一批企业家，他们成为农村近亿非农产业大军的带头人，有着较高的建设有中国特色的社会主义的觉悟。他们中有许多人本来就是我们党的优秀分子，对中国实现“四化”的难度有清楚的认识，有高度的历史责任感和使命感，知难而进，拼搏进取，善于利用有利条件，转化不利因素，抓住新的机遇，克服重重困难。正是他们，在党的领导下，团结和带领了千百万职工，树立了“厂兴我荣，厂衰我耻”的强烈意识，形成了一支中坚队伍。这是企业战胜困难，得以生存和发展的最重要的保证。企业领导与职工团结一致，为企业生存发展而同呼吸、共命运，互相理解，互相支持，这是克服任何困难的强大力量。

第二，审时度势，争取主动。许多企业注重掌握和研究国家宏观经济政策及市场经济动态，及时自觉地调整企业发展方向和产品结构，使之符合国家产业政策和国内外市场的需要。这是企业在困难中变被动为主动的重要策略。如湖北武汉市许多企业调整单一产品为系列产品、精加工产品，调整一般产品为名、优、特和出口创汇产品的作法；江苏扬州美容化妆品厂面对千变万化的市场，坚持做到增加适销对路产品，发展多品种生产，扩大特色产品，拿出紧紧牵住“牛鼻子”的好产品，以适应市场的变化的作法，都是很好的经验。“船小好掉头”对于许多企业来说，仍不失为克服困难的一大法宝。市场竞争必然会给小企业留下生存的空隙，各地乡镇企业都注意发挥拾遗补缺，瞄准市场的空子和缺口进行生产。在市场疲软的情况下，许多小企业以小（小产品）、快（快转产）来迅速占领市场，在竞争中取胜。

第三，依靠科学技术开发新产品和提高产品质量。在资金紧缺不能扩大外延再生产情况下，许多企业把着眼点放在依靠技术进步上。他们千方百计捕捉科技信息，引进技术，引进新工艺，引进科研成果，开发新产品。这是投资少、见效快的一条捷径。许多企业的经验表明，市场疲软并不是所有商品都疲软，而是疲中有俏，这就要及时收集国内外市场信息，不断改进和创新，再以新产品开发带动市场开发，做到投产一批、研制一批、储备一批，作为企业经营的"主旋律"。江苏省张家港市杨舍镇腈纶纺织厂在市场呢绒产品销售不畅的情况下，从国外收集了几十种国际流行样品，组织本厂技术人员日夜不停地开发，使企业平均每月有2至3种新产品投放市场。由于他们开发的新产品多，用户选择余地大，做到始终保持着有3种以上的新产品在市场上热销。

第四，练好内功，不断提高企业素质。许多企业认识到在商品竞争中能否取胜，取决于企业的素质，而企业素质的高低，取决于人的素质。因此，许多企业把职工素质的提高作为渡过难关的基础工作来抓。如浙江上虞风机厂先后投资了80多万元，为本厂培养人才300多人，目前经过教育培训的人员已占全厂职工总数的70%以上。几年来企业一直稳步发展，1988年被评为国家二级企业。

第五，找靠山，寻依托。为了适应市场激烈竞争的新形势，许多乡镇企业主动与城市大企业和科研、技术部门、外贸部门接上轨，争取挂、靠、联。在发展横向联合中，甘当配角，乐于让名、让利、让权。让名，就是借助城市大中企业的商标名牌搞联营；让利，就是合作中要有不怕吃亏的姿态，让点利，吃点亏，可以赢得长期发展的依托；让权，就是必要时请外面的人来当厂长、经理，提高企业管理水平。采取这些措施收到了很好的效果。天津市1989年有1 000多家乡镇企业关停并转，但依托城市工业、科研单位的乡镇企业却稳步发展。上海市联营企业1 446家，无一家关停，而且还有新的发展，产值、利税增长率平均在20%左右。

第六，立足内部挖潜，开展双增双节。如江苏省塘桥镇在开展双增双节运动中，总结出10条内部挖潜的经验：(1)开发市场适销产品，在调整产品结构上挖潜；(2)降低原辅材料消耗，在降低产品成本上挖潜；(3)加强计量管理工作，在堵塞进出漏洞上挖潜；(4)加紧催收应收货款，在提高资金利用上挖潜；(5)严格控制费用开支，在实现目标成本上挖潜；(6)比质比价择优选购，在降低原料成本上挖潜；(7)开拓经营一专多副，在充分利用设备上挖潜；(8)重视技术小改小革，在改进工艺技术上挖潜；(9)提高质量开发品种，在产品自身增值上挖潜；(10)多层次调动积极性，在提高劳动生产率上挖潜。

第七，不断增强企业自我造血机能。去年流动资金严重短缺，但一些乡镇企业仍然保持了正常的生产经营。其原因，一方面是多年来一些企业注重不断扩大自有流动资金积累，做到流动资金不贷款或少贷款，银行银根抽紧对它们影响不大。另一方面是千方百计盘活资金，如甘肃宁县一些企业，概括了8条作法："集资入股，零钱整用；缓发工资，私钱公用；横向联合，他钱我用；清仓利库，死钱活用；加快周转，现钱快用；增收节支，小钱大用；回收外欠，闲钱忙用；节约开支，一钱多用。"

此外，许多企业在经营过程中坚持"用户至上"的原则，对用户以诚相待，注重信誉，在品种上"开小灶"，在质量上"信得过"，在交货上"开快车"，在求援上"开绿灯"；大生意认真做好，小生意认真接待；靠优质的售后服务赢得用户。这是以我为主创造外部有利环境的办法。

上面概括的一些办好企业的经验，我们认为都是值得各地借鉴的。当然，各地还有自己的很多好经验，而且还不断创造出新的经验，都要十分重视，加以总结推广。

乡镇企业发展与我国工业化的道路

张　毅

自从毛泽东同志1951年首次提出："我国必须有步骤地解决这个国家工业化问题"，至今已有39年了；自从毛主席1957年首次提出："在我国建立一个现代化的工业基础"，至今也已有33年了。在这期间，世界许多发达国家在新技术革命推动下，完成了工业现代化向信息社会逼进；一些发展中国家利用发达国家的产业结构调整的机遇，不失时机地实现了工业化；我国为了实现工业化和工业现代化，在社会主义道路上经受了多次挫折，虽然已经建立起独立的、门类比较齐全的工业体系，工业产值已占工农业总产值75.7%，但至今经济还比较落后，还未能实现国家工业化和工业现代化。为了使我国工业今后少走弯路，能持续、稳定、健康的发展，很有必要探索符合中国国情，具有中国特色的工业化道路，实现邓小平同志提出的三部曲。

一、世界发达国家工业化的道路

目前已实现了工业化的发达国家在实现工业化中基本上有两种模式。

一是以美国为代表的工业化——私有化——城市化的道路。美国在1775年独立战争爆发时，还是一个典型的农业国，全国97%的人口在农村。1865年南北战争为美国产业革命扫清了障碍，到1877年在全国范围完成了产业革命，工业产值占工农业总产值40%左右，从事二、三产业的劳力占总劳力50%左右，城市人口占总人口25%左右，从农业国过渡到农业——工业国；1884年，工业产值占工农业总产值53%，从事二、三产业劳力占总劳力55%左右，城市人口占总人口35%左右，由农业——工业国发展为工业国。1894年美国工业产值超过英国，居世界第一位，而后随着工业在工农业总产值中比重的提高，城市人口占全国总人口的比重也成正比的相应提高。

正如恩格斯所说：由于人口的集中，“于是村镇就变成小城市，而小城市又变成大城市。”这种城市人口的增加是一个变农业劳力、农村人口为工业工人、城市人口的过程。一般来说，一个国家工业化程度高低，决定该国城市化的规模大小。这时城市除了具有原来政治、文化中心外，又增加为工业、商业、金融、交通中心。工业化带来城市化，这是工业化发展的结果和普遍规律。

但西方国家的工业化，是资本主义工业化，它是建立在私有制的基础上，靠个人投资建厂，二次大战后，这些国家虽然也曾建立了一些国家企业，也是属于国家资本主义，并未改变资本主义私有制的性质。

二是以苏联为代表的工业化——国有化——城市化的道路。苏联十月革命胜利后，建立了以公有制为经济基础的社会主义政权。十月革命后的苏联，是一个农业——工业国，1917年农村人口占全国总人口82%，1928年从事农业的劳力占总劳力80%，农村人口占总人口78%。1956年苏联工业产值第一次超过农业产值，占工农业总产值54.7%，从事二、三产业的劳力占总劳力60%左右，实现了工业化。从此以后随着工业的不断发展，工业产值在工农业总产值中比重不断提高，农业剩余劳力大批向二、三产业转移，城市人口也在不断增加，见下表。

	工业产值占工农业总产值%	从事二、三产业劳力占总劳力%	城市人口占总人口%
1960年	66.7	61	49
1965年	72.2	69	53
1970年	77.5	75	56
1975年	81.9	77	60
1980年	83.5	80	62.8
1985年	85.6	80	64.2

苏联既不允许私人投资办厂，也不允许属于社会主义公有制的集体农庄办厂，而是由国家投资办全民所有制的国营工厂，让农村剩余劳动力进城当工人，使农民变为国家职工。据统计在苏联工业产值中，全民所有制成分1924年占76.3%，1928年增加到82.4%，1937年又增加到99.8%，1978年达到100%。又据1985年统计，在全国工业企业中，属中央集中管理的企业产值占工业总产值的56%，地方国营企业产值占44%。

从以上分析，使我们看到这两条工业化的道路，由于社会制度的不同，一个建立在私有制的基础上，一个建立在全民所有制的基础上。这种所有制上的根本区别，决定了企业的生产、管理、分配上的根本差异。但它们也有以下几个共同点，或称共同规律。

1. 工业化是建立在技术革命基础上，是依靠大量的资金投入和积累，只靠简单的劳动积累是实现不了的；2.工业化的过程也是城市人口大量集聚增加的城市化过程，这是农业剩余劳力向城市大量转移的结果；3.工业产值占工农业产值比重不断提高，从事二、三产业的劳力占总劳力的比重也相应增多；相反，农业产值在工农业总产中比重的下降，必然带来农业剩余劳动力减少，农业劳动力的减少，推动着农业的机械化；4.工、农业产值在工农业总产值中所占比重同从事农业和二、三产业劳力在总劳力中所占比重大体一致。

二、四十年来我国工业化走了一条城乡分割，企业国有化、工业城市化、人口农村化的道路

解放前，由于我国民族工业长期受帝国主义、封建主义、官僚资本主义摧残、压抑，加上战争破坏，工业基础相当薄弱。1949年全国工业总产值仅140亿元，其中国营工业占26.2%，集体工业占0.5%，公私合营工业占1.6%，私营工业占48.7%，个体工业占23%。当时比重不大的国营工业，是在没收帝国主

义、官僚资本的基础上建立的。工业产值仅占工农业总产值30%，农村人口占全国总人口89.7%。

在全国解放前夕，为了在我国建立独立的完整的工业体系和现代化工业，由落后的农业国变成先进的工业国。毛泽东同志《在中国共产党第七届中央委员会第二次全体会议上的报告》中提出恢复和发展生产，必须确定：第一是国营工业的生产，第二是私营工业的生产，第三是手工业生产。新中国成立后，在我国国民经济恢复时期，为了发展我国社会主义经济，毛泽东同志对我国工业化进行着设计。1951年他首次提出工业化问题。他说："没有农业社会化，就没有全部的巩固的社会主义，而欲农业社会化，必须发展以国有企业为主体的强大工业。人民民主专政的国家必须有步骤地解决这个国家工业化的问题"。随后在1953年毛泽东同志在中共中央政治局讲话中，系统地提出了党在过渡时期的总路线，他说："党在过渡时期的总路线和总任务，是要在十年到十五年或者更多一些时间内，基本上完成国家工业化和对农业、手工业、资本主义工商业的社会主义改造。"1957年毛主席在《1957年夏季的形势》中，又首次提出现代化，他说：要在我国建立一个现代化的工业基础和现代化的农业基础。1964年周恩来总理在全国人大第三届一次会议的政府工作报告中，对我国现代化作了完整的表述："今后发展国民经济的主要任务，就是要在不太长的历史时期内，把我国建设成为一个具有现代农业、现代工业、现代国防和现代科学技术的社会主义强国，赶上或超过世界先进水平。"在以毛主席为代表的老一辈国家领导人的设计和指导下，我国工业发展大体经历了三个阶段：

第一阶段，是社会主义改造时期，完成了从农业国向农业——工业国的过渡。通过社会主义改造，到1957年把私营工业和个体工业全部改造为公私合营工业和集体所有制工业，全民所有制工业得到大发展。据1957年统计，在全部工业总产值中，全民所有制工业占54%，集体所有制工业占19%，公私合营工业占26%。1956年工业总产值首次超过农业产值，占51.3%，1957年达到56.7%，但农业劳力仍占总劳力93.2%，农村人口仍占全国总人口84.6%。苏联第一个五年计划完成以后，大工业总产值占工农业总产值的70%，就宣布实现了工业化。我国即使达到了这个标准，也还不能说实现了工业化。因为我们还有五亿多农民从事农业生产。正如毛泽东主席所说，在长时期内，我们这个国家应该叫做工农业国。

第二阶段，是建成完整工业体系时期。1956年周恩来总理在八大报告中指出："我国社会主义工业化的主要要求，就是要在大约三个五年计划时期内，基本上建成一个完整的工业体系。这样的工业体系，能够生产各种主要的机器设备和原材料，基本上满足我国扩大再生产和国民经济技术改造的需要。同时，它也能够生产各种消费品，适当地满足人民生活水平不断提高的需要"。经过23年建设，1981年党的十一届六中全会在《关于建国以来党的若干历史问题的决议》中公布："在工业建设中取得重大成就，逐步建立了独立的比较完整的工业体系和国民经济体系。"在此期间，我国工业发展有这样几个显著特点：一是在越公越好思想指导下，一度不许社队办工业，原有公私合营企业转变为国营企业，城市集体所有制工业失去了它原有的合作化性质变成了"第二全民所有制"企业。所以，到1980年国营工业占工业总产值78.3%，城市集体工业占14.8%，人民公社工业占6.2%，其他占0.7%；二是大中型企业虽占全国企业总数1.3%，但产值占到43.2%；三是15个大城市工业产值占全国工业总产值36.2%；四是工业产值占工农业总产值虽达到75.4%，但从事农业的劳力仍占74.4%，农村人口仍占80.6%。

第三阶段，是建设具有中国特色的工业化和工业现代化探索时期。自从邓小平同志1979年在党的理论工作务虚会上提出："过去搞民主革命，要适合中国情况，走毛泽东同志开辟的农村包围城市的道路。现在搞建设，也要适合中国情况，走出一条中国式的现代化道路。"1982年邓小平同志在十二大开幕词中对这一思想作了完整表述："把马克思主义的普遍真理同我国的具体实际结合起来，走自己的道路，建设有中国特色的社会主义，这就是我们总结长期历史经验得出的基本结论"。同时，邓小平同志还为有中国特色的现代化建设设计了"三部曲"。在此期间，我们国家实行改革开放政策，在大力发展国营工业的同时，提出要"大力发展社队企业"、"开创乡镇企业新局面"，允许个体工业、私营工业发展，使我国工业有了较快发展。到1988年全国工业产值达到18 224亿元，比1980年增长2.5倍，其中国营大中型企业产值达7 423 亿元，占全国工业总产值40.7%。

乡镇工业产值虽已达4 529亿元，占全国工业总产值28%，相当于1979年全国工业总产值，但由于体制、观念上种种问题未得到解决，作为国家宏观计划的国家计划却未将这近1/3的经济纳入计划，不给位子。相反，在此期间，每当我国经济遇到困难，有些部门的同志总把乡镇工业作为国营工业的对立面和障碍因素，作为各种经济、社会问题的根源，诿之种种罪名，进行种种不公正的指责。另据1988年统计，全国434个不包括市辖县的城市，人口占全国总人口27.2%，占全国工业固定资产原值73%，占全国工业资金总额73.1%，集中了全国42.8%的工业企业，形成产值占全国71.1%。这种工业城市化，人口乡村化的不协调格局严重地阻碍着我国工业化的进程，使我国一直处在农业——工业国阶段。

回顾40年的历史，不难看出：1.我国工业化在社会主义初级阶段所走的是一条企业国有化、工业城市化、人口农村化的道路。2.出现与我国国情极不协调的严重倾斜，重城市工业、轻视和排挤农村工业，重城市劳动就业、忽视农村亿万潜在失业大军就业；重国家财政投资、轻视引导民间消费资金变为生产资金向工业投资。3.限制农村人口向城市转移。据统计，40年农村人口向城市转移有四个高峰期，21年共转移1亿多，但也出现了四次城市人口向农村逆转现象，18年共逆转6 000多万，这就是说，我国工业化城市40年只吸收农村人口4 000多万。4.由于农村人口亿万剩余劳力缩集在有限的农业资源上，虽然工业产值已占工农业总产值75.7%，农村人口仍占到总人口80%左右。这就是我国贫穷落后、尚未实现工业化的根源。

三、从我国国情出发探索我国工业化的道路

邓小平同志说："从中国的国情出发，中国有80%的人口住在农村，中国稳定不稳定首先要看这80%稳定不稳定。""中国经济能不能发展，首先要看农村能不能发展，农民生活是不是好起来。"正如毛主席所指出的那样，在我们这样一个国度建设社会主义，只有中国的工业发展了，中国在经济上不依赖外国了，才有全部的真正的独立。中国工业的发展，将来达到一半劳动力搞工业，这样我们的国家就象个样子了。

在我国实施工业化，最关键的是解决两个问题，一是农村数亿剩余劳动力如何安置，二是工业化所需资金如何筹集。

1952年我国农村有劳力1.8亿，耕地面积16亿亩，劳均负担耕地8.9亩。当时拥有农业机械总动力1.6亿瓦特，每瓦特负担耕地10亩；1988年实有耕地减少到14.3亿亩，农业劳力增加到4亿，劳均负担耕地降到3.6亩，减少了60%，农业机械总动力增加到2 657.5亿瓦特，185.8瓦特才负担一亩耕地，出现人力、机力两个剩余。如果不算农业机械使用对劳力的解放，仅按1952年一个劳力负担耕地为标准，农业目前只需1.6亿劳力，剩余2.4亿。如果除去多种经营开展对劳力的安置，保守估计目前农村也有两亿剩余劳力。如果我们走苏联国家投资办工业安置农业剩余劳力的道路，目前农业2亿剩余劳力，按国营企业每安置一人大约需3万元投资推算，就是6万亿元的投资，据预测到2000年农村剩余劳力约3亿，就需国家投资9万亿元。这是我国国力所不允许的。但走西方国家个人投资，走"私有化"道路，这不仅是我们国家社会主义制度所不允许，也是广大劳动人民不愿走的。因此，西方国家"私有化"的道路我们也走不通。如果我们把工业都集中城市，把农村剩余劳力象西方国家和苏联那样到城市就业，2000年农村3亿剩余劳力，每人带一个家属，就是6亿人，目前我国城市人口1.4亿，那就是说要再建设4.3倍相当目前434个城市规模的城市，这无论从那方面来说都是不可能的。仍然走我国已走的工业城市化、人口农村化老路，这不仅农村数亿剩余劳力安置不了，我国永远处于农业——工业国阶段，宝贵的劳力资源不能为国家创造更多财富，而且随着农村人口的自然增加，人均占有资源日益减少，邓小平同志提出的"三步曲"难以实现，更严重的是他们生计将难以维持，想维持安定、稳定的农村形势也难以实现，因此，老路也走不得。

在此国情、客观形势下，我们唯一的出路就是要丢弃旧模式、旧观念、旧习惯势力，从实际出发、走自己的路。我认为我国工业化的道路应该是城市工业化与农村工业化相结合，两个公有制（全民所有制与劳动人民集体所有制）同步发展；用农村城镇化缓解城市化的压力，国家有限资金用于关系国计民生的基础建设和科学教育事业，引导民间资金用于投资少的加工业、变消费资金为生产资金；全国一盘棋，统筹安排合理分工实现城乡一体化。近几年乡镇企业的蓬勃发展已为我们实现这一目标开辟了道路，并展示了无限光明的前景。

话说企业机制的自我完善

鲁　冠　球

在新的形势下，乡镇企业既经受了严峻的考验，也产生了不同程度的分化。一些产品质量低劣，原材料能源消耗大，靠借债过日子的企业，就入不敷出，叫苦连天。而一些产品创优、效益好、上水平的企业，却在困境中找到了机遇，在挑战中取得了发展。

"这是为什么呢?"我常常反思。乡镇企业的经营机

制还有哪些不足呢？如何来进行自我完善呢？最近，我们杭州万向节总厂以几种形式兼并了5家乡镇企业，使我们产生了对以承包责任制为核心的乡镇企业机制的再认识。

下面我想从四方面来谈谈对乡镇企业机制的再认识。

从实践中寻找不足——自我调整

乡镇企业是在贫瘠的土壤中诞生的，不可避免地带来“先天不足”，因此既要正视自己的不足，又要果断地自我调整。我们常说的挑战与机遇同在，意思就是要善于扬己之长，避己之短，随时抓住时机求发展。

自我完善、自我调整，有时是很痛苦的。就拿在职工思想上树立质量意识来说吧。1980年6月，我们从全国用户中背回3万套不合格产品，在召开全厂职工质量分析现场会后，忍痛牺牲送到废品商店作废钢卖掉。这样做，厂里虽然承受了43万元的损失，却教育了广大职工，促进了产品质量的全面提高。1984年产品获得省优；1985年获得部优；1987年获国家质量银质奖，被国务院机电出口办公室批准为中国唯一的万向节出口基地。

在经营承包中完善责任制——自我约束

企业实行经营承包责任制后，厂长的责任与权力明确了，确立了厂长在企业的中心位置，为企业的发展创造了较为宽松的环境和自主权。但是，厂长如何承担责任、使用权力，摆正自己的位置，就是值得研究的。

大概不少人都知道，我不拿44.9万元奖金的事。我是怎么想的呢？我想，自己搞承包之所以获得成功，主要是靠党的正确政策，是靠社会各界的支援，是靠全厂职工齐心协力，共同奋斗的结果。如果拿了奖金，就会把自己推到广大职工的对立面去，势必影响广大职工的积极性。于是，我将44.9万元的奖金作了这样的安排：33.7万元用于企业扩大再生产，10万元以企业的名义献给乡政府办教育；剩余的1.2万元购了国库券。

要加强责任，增加自我约束能力，必须做到依法经营。办企业必须赚钱，但是不能去赚损人利己的钱。这样赚来的钱是要断送企业后路的。承包以来，我们严格按国家税收法规上缴税款。在产值、利润增长的同时，上缴国家税款增长幅度更大，1982年为44万元，到1986年达到236万元，1988年超过300万元，比1984年增加了6倍多。

企业承包者对上确保国家和集体的责任，对内一定还要确保企业自身和职工群众的利益。如果个人私心膨胀，不能自我约束，就会造成“厂长发财，企业破产，集体损失，职工回家”的可悲局面。企业要象滚雪球一样，越滚越大，越滚越发展越兴旺，决不能象我们最近兼并的一家企业那样，办了四、五年，背了一屁股债，只好宣布破产。另一个方面，就是对职工要负责任，成为社会主义优越性的体现者。首先，每个职工都有基本工资，病、老、伤、休均有安排，使生活有保障。其次抓好工作安排和奖金分配工作，按职工贡献大小，分别给予不同的报酬。在正确处理好国家、集体和个人的关系前提下，使企业职工的收入随企业的效益增长，真正做到：奖优罚劣，奖勤罚懒、处事公平、一身正气。始终把握住社会主义方向，达到“包字请进门，家旺靠路正”的目的。

在企业经营管理中认真进行考核和审计——自我监督

再好的制度，再有效的方法，如果不去认真考核，只能流于形式，成为一纸空文。

先进的技术弥补不了落后的管理，先进的管理可以在一定程度上弥补落后的技术。管理靠的是严格执行制度，要用科学管理的方法，理顺各种关系和审批程序，使企业的各项工作均纳入规范化标准化管理的轨道，从而从根本上加强乡镇企业的自我监督机制。

制订了制度，还要通过目标管理的方法，将工厂的方针和每年的奋斗目标，层层分解条条落实到车间各科室。我厂是采用百分计奖的责任制考核，逐条对照，逐月检查，以各种数据和实际的执行情况为依据，以制度和考核条文为准绳，成立以党总支纪检委员为组长，有生产、财务企管、人保部门领导参加的厂部考核小组，每月末进行考核评分，排出名次，公布结果。做到既严肃认真，又增加透明度。除此，对厂内违纪违章的同志，特别是领导同志，进行严肃的处罚，这也是自我监督的重要方面。1988年某月，由于领导失误，没有完成生产计划，在认真反思后，决定扣发2名副厂长当月的全部奖金；去年春天，发现有一名科长参与一次赌博活动，厂部决定罚款并给予警告处分。只有对干部职工用思想教育、经济奖罚和纪律约束的三种手段，才能树立按章办事，遵纪守法的好风气，做到对坏事“不愿为、不敢为、不能为”，形成企业自我监督的机制。

另外，要加强企业内部的审计，形成一套监督检查体系。特别是对财务和各项经济活动的审计，是确保企业健康发展的重要一环。我们厂早就成立了内部审计小组，认真进行企业内部的审计工作。去年上半年审计组对各种合同结算、奖金分配、发票报销、材料领用等3000多张单据进行了审计，纠正金额达2万多元。

在借鉴经验针对问题中增实力求发展——自我完善

企业竞争的关键是实力的积累，通过自我完善自我积累的机制，达到企业人力、财力、物力的不断增加。企业有了实力，就有了活力，有了竞争力，就会在激烈的竞争中，立于不败之地。我们通过经营承包和企业管理实践，通过向国营企业学习和交流，通过去美国、挪威和日本等国的考察访问，本着一切从实际出发，不断改进自己不足的原则，针对各方面的问题，去不断完善。运用有效的科学管理是企业实力积累的前提。我们一方面通过企业升级，加强基础工作，上水平上等级，1987年晋升为国家二级企业，最近又通过了国家一级企业预评审，使管理工作受到了全面严格的检验和提高。

运用先进可靠的设备是企业积累实力的基础。我们研究了日本机械工业迅速振兴的经验，采取坚决措施进行技术设备更新。一方面撤销了建造厂房、宿舍、食堂的计划，把资金集中起来；另一方面报废和处理一些高耗低效设备，把资金利用起来。同时，对设备实行按实际使用时间7年快速折旧，折旧率为14.3%，仅1987年企业便可提取120万元用于设备更新改造。目前，企业90%以上是1983年以后新设备，新度系数高达80%左右，处于国内同行业领先地位。这样，不但保证了产品质量，而且提高了劳动生产率，全员劳动生产率由1982年的10 988元，上升到1988年的35 966元，成本也大幅度降低，企业的各种经济指标均居全国同行业首位。

拥有雄厚的知识和人才力量是积累实力的关键，开发智力、培养人才，尽管周期长，见效慢，一下子看不出直接的经济效益。但是，这是百年大计，是实现企业总目标的基本要素。在这方面，我们厂可以说是抛了血本的。要尊重人才，首先要尊重知识，带头学习。1983年，我在不影响企业生产和工作的前提下，挤出时间，去浙大管理系研究生班学习《工业企业管理学》课程，使自己的现代化管理水平首先得到提高。其次，在招工、培养和引进等各方面下功夫。数年来，我们厂花在智力投资上累计达50万元以上，目前全厂有大中专毕业生和具有各类技术职称的人员达114名，大大提高了职工队伍的文化素质，为开发新产品、提高质量、加强管理、振兴我厂经济起了重要作用。

乡镇企业如何加强党建工作

中共胶州市委组织部

胶州市现有乡镇企业15 920个。近几年，我们结合经济工作狠抓了乡镇企业党的建设，保证和推动了乡镇企业的发展。1990年，全市工农业总产值32亿元，比1980年翻了三番，其中乡镇企业产值22亿元，占全市工农业总产值的69%。我们在实践中体会到，加强乡镇企业党的建设，不仅是乡镇企业发展的组织保证，也是稳定胶州、振兴胶州的组织保证。

主要作法：

一、建立健全党的组织

党的十一届三中全会以来，乡镇企业迅猛发展。但很多乡镇企业没有及时建立党的组织，许多农村党员进入乡镇企业后，党的组织关系仍然在村支部，放松了对这部分党员的管理教育；许多乡镇企业的职工有入党愿望，但入党申请书无处递交，影响了他们政治上的进取心和党组织的正常发展；一些企业的思想政治工作缺乏党组织的领导，解决思想问题主要靠经济手段和行政手段，影响了职工群众的积极性。特别是影响了党的路线、方针、政策的贯彻执行。我们从1987年开始，根据《党章》有关规定，逐步在全市乡镇企业中建立健全了党的组织。252个乡镇办企业，13个建立了党总支，219个建立了党支部，党员人数较少的也与其他企业或乡直部门联合建立了支部，并单独设了党小组。南顶子、庄里头、大同等村办企业规模较大的村，都成立了村党总支，组建了企业党支部；规模较小、党员人数较少的村办企业，也都单独或联合组建了党小组。村以下企业中的党员，都把组织关系转到了附近企业的党组织，过上了正常的组织生活。

二、加强党建工作的领导

全市21个乡镇党委的党委书记，亲自主管乡镇企业党的建设，建立了定期讨论研究乡镇企业党建工作制度、党建工作联系点制度、乡镇企业党支部(总支)书记例会制度和党建工作的考核、检查、评比制度。在此基础上，1988年我们制订实施了《胶州市乡镇企业党组织工作条例》，明确了乡镇企业党组织的地位、作用，并陆续在乡镇办企业建立了工会和共青团组织，做到了厂级组织配套齐全。1989年以来，陆续在各乡镇工业经济委员会建立了党总支，主管乡镇企业党的建设，使乡镇业务部门增加了抓党的建设的职能。全面实行了乡镇企业党支部（总支）任期目标责任制和年度目标责任制，做到了党的建设目标与物质文明、精神文明建设目标同步制订、同步实施、同步检查考核。

三、培育坚强的领导班子

我们把建设坚强的领导班子，作为乡镇企业党建工作的一项重要任务，认真抓了乡镇企业领导干部的培养、选拔和领导班子的思想作风建设。

1987年以来，先后从乡镇机关和农村选调优秀党员干部136人到乡镇企业担任支部（总支）书记和厂长（经理）。并逐步健全落实了党支部（总支）政治学习制度、民主生活会制度和民主评议干部制度、领导干部双重组织生活制度、"两公开一监督"制度、党员议事会制度，有效地提高了乡镇企业领导班子的政治素质和工作能力。截止1990年底，158个乡镇企业党支部（总支）达到了先进和一类党支部（总支）标准，其中48个支部（总支）受到了市、乡两级党组织的表彰。

四、建设党员队伍

我们把建设一支特别能战斗的党员队伍，作为乡镇企业党的建设的基础性工作，通过加强管理教育，增强了乡镇企业党组织的战斗力，保证和推动了企业的发展。

乡镇企业党组织建立健全了"三会一课"、民主评议党员、表彰优秀党员、处置不合格党员等党员管理教育制度，创建党员活动室258个，使党员管理教育逐步得到了加强。全面实行了党员年度目标责任制，每名党员根据《党章》规定的权利、义务，结合本企业和所在岗位的实际，每年制定发挥先锋模范作用的目标和达标措施，经本人提出，小组讨论，支部审定后实施。党组织对党员的达标情况按季进行考核，结合民主评议党员半年初评，年终总评。根据总评结果，表彰优秀党员，处置不合格党员。1990年，乡镇企业党员合格率达99.8%。共有746名乡镇企业党员被市、乡两级党组织命名为优秀共产党员。同时，加强了对工人群众的思想政治教育和对入党积极分子的培养、教育、考察，建立了入党积极分子系统培训制度、组织党员谈话制度和发展党员工作程序。1987年以来，共有3928 名工人群众向党组织递交了入党申请书。截止1990年底，已有666名优秀工人被接收为共产党员。

乡镇企业党员队伍素质的提高，不仅使乡镇企业更好地发挥了农村经济发展的"龙头"作用，而且成为农村干部的一个重要来源。几年来，我们先后从乡镇企业选派68名优秀党员到乡镇机关和农村党支部任职，都较快地打开了工作局面，取得了比较明显的政绩。

科技进步，乡镇企业走出困境的抉择

杨　继　瑞

发展乡镇企业，是社会主义初级阶段的战略性选择。然而，异军突起的乡镇企业正面临资金、能源和原材料的"三缺"挑战和技术老化、落后的困境。就战略性的角度思考，提高生产技术水平，向科技进步要效益，是乡镇企业走出困境、增强发展后劲的抉择。

一、紧迫性：抓住治理整顿的契机

中国乡镇企业的发展在国民经济中的地位和作用是有目共睹的。但是，应该看到，在乡镇企业的发展过程中，确实存在着不少需要认真加以解决的问题。这些问题集中表现为经济效益低下。导致乡镇企业经济效益低下的原因是多方面的。其中技术老化、落后不能不说是其中的一个重要原因。造成了乡镇企业技术老化、落后的主要原因在于以下几个方面：

1. **先天不足**。乡镇企业的原始积累主要来自于农业。由于自给半自给占相当比重的传统农业封闭保守、劳动生产力水平低、农业自身积累十分有限，从而不可能抽出更多的资金来哺育乡镇企业，因此导致了乡镇企业启动中的原始积累先天不足。于是，为了生存和发展，乡镇企业不得不在低层次上“滚雪球”，因陋就简地选择低度的技术设备，搞“土法上马”。同时，在乡镇企业发展初期，城市企业“脱壳”了一些落后或旧的技术设备，甚至一些造成环境污染的落后淘汰工艺给乡镇企业，乡镇企业“饥不择食”地承接过来，背上了复制“古董”的沉重包袱。

2．后天失调。乡镇企业基础水平低，技术低度化，从而迫使其充分利用廉价非熟练劳动力的优势，搞产值速度型的外延扩张、粗放经营。正是由于乡镇企业外延扩张的速度过快过猛，从而使我国一些基础部门如能源、交通运输、重要原材料等原来潜在的“超负荷”状态产生高频震荡，导致经济发展中业已形成的“瓶颈”更加剧烈地收缩。这样，又反过来促使乡镇企业生存和发展的外部环境再度出现紧缩。几反几复的扩张和收缩，使乡镇企业无暇顾及技术进步，一些企业由此而大伤元气，对科技进步也是心有余而力不足。

3．短期行为。简单化地以承包租赁代替管理的方式，助长了乡镇企业急功近利的行为短期化倾向。在承包或租赁期内“拼设备”、“寅吃卯粮”，忽视对设备的养护和更新改造，致使设备“老化”，甚至成为一堆“破铜烂铁”。

4．摊派负担。据调查，部分社区政府视企业为附属物、“小钱柜”、“摇钱树”肆意宰割，并将一些不合理的社会负担强行转嫁到企业头上；随意扩大利润分配比例，硬性规定上缴利润指标；各种巧立名目的“赞助”、“评奖”、“检查评比”最终都要落到“钱”这个实质性的字眼上。各种各样的摊派使乡镇企业难以承受，简单再生产所需资金都难以维持，哪有更多的经济实力来提高企业的技术水平。

5．导向偏差。在舆论导向上，一度过分倡导了乡镇企业“船小好掉头”，承接城市工业“脱壳”产品或淘汰设备，因陋就简办企业的传统，淡化了乡镇企业利用科技进步“跳跃发展”的创新观念。在政策导向上，畸松畸紧。松的时候，“土法上马”；紧的时候，往往“一刀切”。对采用先进技术的企业也缺乏适当的鼓励，弱化了企业科技进步的冲动。

应该看到，治理整顿在给乡镇企业的发展带来困难的同时，也给乡镇企业的技术进步提供了机遇。如果乡镇企业能够借助治理整顿的机遇，按照国家产业政策，把发展的立足点放在内涵挖潜、技术进步上，就可不断提高企业经济效益，使之更加健康、稳步地发展。

二、同步性：科技进步的合力推进

乡镇企业的科技进步必须从企业长远的发展需要和现实的技术消化能力、经济承受能力所提供的可能两方面着眼，从企业改革和发展的方方面面通盘考虑，合力推进。

1．乡镇企业的科技进步应选择先进适用技术为主，多层次技术并举的混合路子。乡镇企业固然不能单纯地、过分地追求技术上的先进性，但并不等于说乡镇企业不具备选择先进技术的条件和可能性。先进技术并不一定都要花大投资，有的先进技术所花费的投资少、见效快、效益高，具有较强的适用性。而乡镇企业对这类先进适用技术的消化能力比较强，在经济实力上也能承受。事实上，只顾及技术的适用性，不重视技术的先进性，已经造成了一些乡镇企业技术水平的滞后，企业厂房虽然是新的，但设备技术都是旧的，未老先衰。

坚持优化原则，采用先进技术，又要实事求是地看待经济发展的阶段性、地区发展的不平衡性以及城乡企业技术选择上的差异性。不排斥采用满足社会多层次需求和劳动密集型的适用技术，允许保留和革新有价值的传统技术。同时，也不能一概否定中低层次技术对乡镇企业、特别是从事传统工艺产品生产的乡镇企业和落后地区乡镇企业的适用性。应该在以先进适用技术为主，多层次技术并举的总格局下，根据行业、产品性质和当地社会经济技术条件以及企业经济承受能力等来考虑技术层次。

2．乡镇企业的科技进步应同治理整顿与深化改革的战略措施衔接同步。

第一，科技进步与产业结构调整衔接同步。产业结构合理化是现阶段提高乡镇企业经济效益的关键调整环节，也是乡镇企业走向秩序化发展轨道的必由之路。目前，乡镇企业工业产值比重最大的是机械制造业，这是乡镇企业与城市工业竞争最激烈的部门。无论从原料还是从技术水平上讲，机械制造业都是乡镇企业的劣势所在。乡镇企业的优势或者说潜在优势在于，发展以农副产品为原料的加工工业。一般说来，农副加工产品属高收益弹性产品，市场需要量很大；这类产业的投资少、见效快、效益高，以食品工业为例，每百元固定资产创造产值比重工业高出2倍多，比整个轻工业也高出1/3；这类产业适宜中间技术推广，乡镇企业具有较强的消化潜力；这类产业劳动密集程度高，对转移和安排农业剩余劳动力有很大的现实意义；根据比较成本学说，这类产业布局在农村，更有利于节约运输费用，减少损耗，降低成本，从而有利于乡镇企业在与城市企业的竞争中获得比较利益；大力发展农副产品加工业，有助于开拓支农的新领域，逐步形成农村经济中农业与非农产业的一体化发展。同时，乡镇企业在为城市大工业配套，生产支农工业品，生产市场紧俏的名、优、特、新的产品，生产出口创汇产品方面，都具有一定的潜在优势。

乡镇企业的科技进步重点应放在以上几个方面，依托科技求发展，以现有企业的技术改造、技术更新和新产品开发为基础，实现“三上三创三提高”，即上技术、上管理、上质量，创优、创汇、创新，提高经济效益、社会效益、生态效益。同时，在科技进步的过程中，乡镇企业应做到“四个限制”，即限制与城市大工业争原料的“小工业”的扩产能力；限制无标准、低水平、市场拥挤的产品；限制耗能高、污染重的产品；限制质量劣、效益差的产品。这样才能使乡镇企业的科技进步在产业选择上与国家的产业政策相吻合，与治理整顿、深化改革的产业目标模式相适应；才能把有限的资金、原料、能源，集中到乡镇企业的科技进步项目上，以此发展高附加值、高效益、高创汇、低能耗、低物耗产品，提高产品档次、产品技术含量和市场竞争能力。只有这样，才能使乡镇企业的科技进步收到事半功倍的效果。

第二，科技进步与企业管理水平的提高衔接同步。科技进步有赖于企业管理水平的提高。先进适用的技术如果离开了科学的管理，就不能充分发挥出应有的效益。科技进步与企业管理的关系实质上是硬件和软件的关系，缺一不可。

为了使科技进步产生最大化的经济效益，必须努力提高企业的经营管理水平。其一，加强企业基础管理建设。各级乡镇企业主管部门要指导企业加强标准、计量、定额、信息等基础管理工作，建立必要的管理制度。其二，加强全面质量管理。严格把好产品质量关，树立信誉至上的经营观念。为此，必须加强企业领导者和职工的全员培训，提高领导者的经营决策能力和经营管理水平，提高职工的文化技术水平，保证先进科学技术的应用。其三，强化财务管理。要正确处理积累和消费的关系，留利要按照财务制度的有关规定充实自有资金，增强企业自我积累和自我发展的能力，提高“造血”功能。同时，乡镇企业要注意清理“三角债”，盘活沉淀资金，防止资金的“跑、冒、漏、滴”现象的发生。其四，建立健全审计制度，完善审计程序，强化监督机制。其五，做好统计工作，完善统计指标体系，提高统计工作质量。其六，加强成本、设备、物资等专项管理，逐步做到管理的系统化、科学化、规范化，以企业升级为导向，带动企业的科技进步和素质的提高。其七，乡镇企业在经营管理和科技进步方面，应虚心向国营企业、“三资企业”以及同行先进企业学习，取长补短。

第三，科技进步与企业规模经营的扩大衔接同步。片面性、绝对化地理解“离土不离乡”所形成的布局“满天星”、结构“一盘沙”的状况，造成了乡镇企业规模不经济的格局。这种规模不经济的格局，使科技进步的动因和对先进技术的吸收消化能力减弱，也使科技进步的潜力和功能得不到有效发挥。因此，乡镇企业必须实行适度规模经营，以拓宽科技进步的广度和发掘其深度，以科技进步的催化和张力来促进乡镇企业上规模，形成相得益彰的效应。

企业的经营规模有内外之分。乡镇企业大都是小企业，因而是内部规模的不经济。但是，乡镇企业完全可以通过一定的组织形式，以相互之间的分工协作，横向联合和经营参与，形成适度的外部规模经济的格局。以推进科技进步为契机，按照社会化、专业化分工协作的原则，发展多种形式的经济联合，正是乡镇企业寻求外部规模经济格局的有效途径。这些多种形式的经济联合主要有：产业内资源、初加工、深加工的联合，以及关联产业之间的联合；以骨干企业或名优产品生产企业为龙头的集团联合；生产与科研、教育的联合；生产与流通、供产销运的联合；地区间、城乡间，资源密集区与技术、资金密集区的联合；国内国际经济技术联合；乡镇企业与外贸单位的联合等。发展多种形式的经济联合有助于乡镇企业克服科技进步中所面临的资金缺乏、势单力薄等方面的困扰；有助于改善乡镇企业规模小而经不起风浪的弱点；有助于缓解企业间的过度竞争的局面。

第四，科技进步与企业经营责任制的完善衔接同步。科技进步必须要借助于经济责任制度约束力，才能更好地落到实处。因此，乡镇企业要进一步完善经营责任制，克服企业短期化行为，从而为科技进步扫清障碍，开辟通道。

乡镇企业的经营责任制，今后一般应以集体承包为主，适当延长承包期，鼓励连届承包。对联户企业、个体企业，要在自愿的基础上，试行股份合作制，并通过兼并、拍卖、转让等方式淘汰一批劣势企业。无论实行哪种形式的经营责任制，都应把技术进步的程度，人才培训的效果等与技术进步相关的指标列入责任制的内容，并同其它指标配套，从而设立起一套比较完整、科学、规范的指标体系和考核措施，把科技进步的近期目标与长远发展目标结合起来。同时，要把乡镇企业技术进步的程度作为考核各级乡镇企业部门工作成绩的一项内容。

三、配套性：科技进步的环境设置

乡镇企业的科技进步除了企业自身苦炼“内功”外，还必须通过环境设置来为乡镇企业的科技进步创造良好的外部条件。

1．舆论导向。在广泛宣传乡镇企业的地位和作用的同时，大力宣传科技进步对乡镇企业健康发展的积极作用；宣传乡镇企业科技进步方面的典型经验及其所产生的经济效益；介绍科技新项目，建立若干具有推广价值的示范性基地。通过正确的舆论导向，引导广大干部群众正确、全面理解中央的方针政策，正确认识科技进步对乡镇企业的促进功能，统一思想，消除疑虑，把科技进步化为广大乡镇企业干部和群众的共识和自觉行动。

2. 政策导向。党的十一届三中全会以来支持、引导乡镇企业健康发展以及鼓励其科技进步方面的政策、法规要继续执行，不得随意变动。对采用某些先进适用技术的项目和产品应在贷款、税收、定价等方面体现政策优惠。同时，还应在各项政策上对从事乡镇企业的人才培训、技术咨询、技术交流、技术转让等项服务性活动实行优惠和适当照顾。

要限制城市企业向乡镇企业转让落后、淘汰技术和"脱壳"市场饱和产品或劣质产品；限制城市企业向乡镇企业转移环境污染的项目以制止把城市的环境污染扩散到农村；要限制城市企业的技术垄断行为，防止技术联合中的不公平现象；禁止对乡镇企业进行非法摊派，以使企业具有进行技术改造、技术进步和设备更新的经济实力。这些限制性的"负强化"效应的实现，可以通过契约管理、税费征纳、法规禁止等途径来达到。因此，必须制定科技政策法规，以用经济的、行政的、法律的手段，将技术进步制度化、规范化、法律化。

3. 人才导向。乡镇企业的科技进步需要大批的科技人才。乡镇企业的科技人才的来源渠道无非是外部输入和内部培养，但主渠道应是内部培养。建议设立和健全乡镇科技管理职能机构，具体负责乡镇企业科技人才的选拔、培训、考核、技术职称评聘等方面的工作。乡镇企业的主管部门应建立乡镇企业正常的培训基地。乡镇企业不能满足于低层次的专业人才的培训，还要适应新形势的需要，培养较高层次的专业人才并向职业教育发展。乡镇企业的人才培训要结合"星火计划"的培训工作，有计划、有步骤、分期分批地开展。

4. 行业导向。乡镇企业应建立行业协会，以沟通科技进步方面的信息和渠道，加强和扩大专业技术交流，增强同行企业间的技术协作和技术竞争的机制。乡镇企业的行业协会应以本行业的大中型企业或名优产品企业为骨干，以同行业企业为会员，在主管部门或行业归口部门的指导下开展活动，籍以发挥乡镇企业的群体智慧和力量，解决技术难题，提高产品的竞争能力。与此同时，还应加强乡镇企业的行业管理，强化对企业的技术服务工作，积极扶持乡镇民办科技机构，为乡镇企业产品的更新换代储备技术。

5. 市场导向。为了促进乡镇企业的科技进步，必须建立技术市场，完善市场规范和健全市场秩序。

技术市场是进行技术成果交易的场所，是技术流通、交换的中间环节。在技术市场上，技术成果由买卖双方议价成交，在交换过程中充分实现其价值，完全改变了过去那种单纯依靠行政手段无偿转让或不等价转让的做法。技术市场为乡镇企业引进国外适用的先进技术和沿海城市的先进技术向内地乡镇企业的转移，开展区域间广泛的技术协作架起了桥梁；技术市场的存在，可以使大量的技术冲破行业、所有制界线向外扩散，这对科技人员相对短缺的乡镇企业十分有利。

针对目前技术市场上的无序现象和非规范行为，有关部门应制定和切实贯彻实施对技术市场的全国统一管理办法以及促进技术市场发展的一系列政策；加强对技术市场的立法工作。同时，国家应加强对技术市场的计划指导，籍以克服其中的盲目性。随着技术市场的发展，可逐步建立专门的技术市场管理机构，以便统一规划、统一规范，促进技术市场的健康发展。

6. 投资导向。从经济发展的要求看，投入与产出，科技进步与投入是连结在一起的。如果今后几年不搞新的投入，这不仅使乡镇企业在投入上会出现一个"断层"，而且在产出上也必然出现一个"空档"，即导致"滑波"。因此，在防止乡镇企业外延高速增长的治理整顿期间，不能从一个极端走到另一个极端，矫枉过正，过犹不及。

事实上，乡镇企业的投资关键在于选准投资方向，把投资与科技进步有机结合起来；不能把乡镇企业的投资片面地、绝对化地理解为铺新摊子，建新厂子。因此，对乡镇企业的投资应网开一面，以适度的投资作为"催化剂"和"粘结剂"，在国家产业政策的约束下，使生产要素存量与新投入(加上关停并转企业)的生产要素合理配置，进行企业的技术改造和设备更新，走出一条老企业内涵扩大再生产的路子。

成规模乡镇企业创办与发展的基本特征

——关于430家骨干乡镇企业数量调查的分析

王玉岭　刘晓莹

为制定安徽省乡镇企业产业选择与产业技术政策的需要，1988年12月至1989年3月，我们选定了分属不同地区、不同经济技术条件、不同乡镇企业发展水平和与大中城市有着不同联结程度的8个县级经济区域当涂、宁国、六安、全椒、休宁、蒙城县和合肥市郊区及宿州市，对成规模乡镇企业展开了一次较大规模的数量调查。

根据安徽省乡镇企业的整体发展水平，调查中，我们确定成规模乡镇企业的临界起点为年产值50万元，其中商业企业为进销差，建筑业企业为工程全价，运输业企业，饮食业企业为营业额。共发出调查表833份（包括问卷和数量两个部分、538个变量），实际收回498份，回收率为59.78％。剔除不规范表格68份，实际进入计算机加总运行、整合计算的共430家企业。

这430家样本企业平均年产值现价为149.6万元，其中工业企业现价为146.2万元，平均资产规模74万元，其中自有资产34.9万元，占47.2%，负债率为52.8%。平均资产规模中，固定资产原值32.5万元，净值24.6万元；创办时平均占用土地19.2亩，调查年份实际占用土地20.6亩，平均每亩土地创造产值为1980年不变价6.3万元；平均纯利润12.1万元，实缴税金8.9万元；平均职工人数123人。

根据调查中获得的样本企业各项数量综合指标，经过排队处理，我们初步认为安徽省成规模乡镇企业创办与发展，有如下一些基本特征：

1．成规模乡镇企业的所有制分布高度集中，大面积以集体经济为生长点。样本企业中，乡镇办251家，占58.4％；村办112家，占26％；户办联户办38家，占8.8％；私人企业10家，占2.3％；股份制企业5家，占1.2％；未标明所有制性质的14家，占3.3％。这表明，85％以上的成规模乡镇企业是乡村集体创办的；成规模乡镇企业的创办和成长，又必然推动了乡村集体经济的兴起与发展；同时，对全省乡镇企业的兴起与发展，也起到了不可估量的示范引导作用。

2．成规模乡镇企业的产业分布高度集中，大面积向工业倾斜。样本企业中，工业企业344家，占80％；建筑企业60家，占14％；运输企业9家，占2％；商业企业8家，占1.9％；服务业企业4家，占0.9％；农业企业3家，占0.7％；饮食业企业2家，占0.5％。这种产业分布的集中度，与全省乡镇企业和全省乡村两级企业的产业分布集中度差异较大。

这种差异主要表现在：样本企业产业分布的工业倾斜度分别比全省乡镇企业和乡村两级企业高出30.1和15.3个百分点；建筑行业的集中度分别比全省乡镇企业和乡村两级企业高出6.8和8.6个百分点；农业产业的集中度与全省乡镇企业基本持平，仅为乡村两级企业的6.4％；交通运输业分别为全省乡镇企业和乡村两级企业的11.17％和64.52％；商业、饮食服务业分别为全省乡镇企业和乡村两级企业的13.52％和20.89％。

3．成规模乡镇企业的资产形成能力强，经济扩张速度快。样本企业的平均创办年限为6.39年，平均投产年限为5.88年，平均建设周期为0.51年。创办时的平均资产规模为32.6万元，平均年产值为43.7万元，调查年份分别为74万元和129.2万元。成规模乡镇企业的资产形成和实力扩张，主要来自于有力的信用支持。这种支持的比例，占样本企业平均负债总额的60.4％。

4．成规模乡镇企业负责人素质比较高。一是年龄优势明显。其中40岁以下的占42.8％，41～55岁的占51.1％，56岁以上的占6.1％；二是文化程度优势明显。其中初中程度的占60.1％，高中程度的占19％，大专程度的占3.5％；三是技术水平优势明显。其中有43％的厂长（经理）在企业创办时就具有本行业生产经营的一定技术。

5．成规模乡镇企业创办时的产业选择的条件与约束：技术·市场·资源。样本企业的负责人在回答“你企业创办时为何选择现在的行业”时，有156人回答“自己有这方面的技术”，占首位；有120人回答“市场需要”，占27.9％；有99人回答“本地有资源优势”，占23％；有23人回答“有大厂家帮助”，占5.4％；有18人回答“周围有这种技术的人”，占4.2％；有13人回答“从事此行业的厂家少”，占3％；有1人回答“资金、交通条件的限制”，占0.2％。

6．成规模乡镇企业经营发展过程中的条件与约束：能源·原料·资金。在正常情况下，样本企业平均全年可开工（营业）302天，1988年实际开工261天，开工率为86.4％。企业负责人在回答“影响开工（营业）的主要因素”时，有41.3％认为是“停电限电”；其次是“原材料不足”，占23％；第三是“资金不足”，占16.6%;“产品滞销”仅为0.9%，位列第六。

7. 成规模乡镇工业企业的主要原材料主要采自于本省。样本企业原材料来源于本乡的占70.83%，占第一位；来源于本县的占1.57%，占第四位；来源于本省外县的占25.06%，占第二位；来源于外省的占2.4%，占第三位；来源于进口的占0.05%，占第五位。这表明，安徽乡镇骨干企业主要以资源开发型为主，而且依赖性强度不断加大。这证明，安徽省自1985年以来对乡镇企业固定资产投资管理的成效是积极有效的。

开工不足中原料不足的影响因素的重要程度为23%，恰与原材料来自外县外省的比例结构接近。由此可以假设，成规模乡镇企业原材料依赖于外县外省更容易受到市场供给弹性的控制。

8. 成规模乡镇企业的服务对象广泛本地化（本县范围内）。在回答你企业的产品主要销售（或服务对象）时，71.6%的厂长（经理）回答为本地农民和企业；26.1%的厂长（经理）回答为外县外省农民和企业;2.2%的厂长（经理）回答为其他。在数量调查中，有57.6%的企业的产品在本地占有销售量；在本地销售量占产品总量的71.2%，在本地销售的产品产值占产品总值的43.3%。这表明：部分成规模乡镇企业的产品市场半径极小，辐射能力过弱；在本地销售的产品附加价值偏低，销往外省的产品附加价值较高；拓宽市场，实现“大出”,就必须大力发展附加价值高的产品。

9. 成规模乡镇企业比较重视企业的技术进步，自我发展能力强。样本企业生产规模的扩大，有63%的企业是通过外延扩大实现的，有37%的企业是通过技术改造实现的。1988年进行技术改造的样本企业，平均技改投资为47.6万元；通过技改新增的产值平均为142万元，新增的利润平均为9.6万元，新增的税金平均为6万元，新增的职工人数平均为53人。投入产出比为1∶3。

在样本企业中，有64家企业引进了各层次的技术人员，148家企业开展了职工技术培训，有52.3%建立了质量保证体系，有40.1%建立了检测室，有28%领取了计量合格证书，有34.9%领取了企业整顿合格证书，有77.7%的企业实行了标准化生产。

10. 成规模乡镇企业的产品开发能力弱。样本企业中，有45家1988年开发了新产品，占10.5%。其中有33家开发的产品是本企业设计开发的，有19家是引进技术开发的，有2家是购买技术专利开发的。

45家中，有1家开发的新产品填补了国家空白，有7家填补了省内空白，有10家填补了本地（市）空白，有13家填补了本县空白。其中有3家开发的新产品获得科技成果奖，有3家开发的新产品已列为“星火计划”项目。

有419家企业对:“目前你企业所在的乡（镇）范围内，有没有和你企业生产同类产品的乡镇企业”作了回答，其中有255家企业说“有”,占60.9%;164家企业说“没有”,占39.1%，证明了乡镇企业产品生产经营的区域范围同构性。

在回答“你企业自创办以来，生产的主要产品有没有发生过变动”时，样本企业中，有19.2%的企业产品变更，共变更了374个主要产品，平均每1.6个月变换一个主要产品，变更的主要原因依次是:(1)生产同类产品的企业太多，竞争过于激烈(50)或碰到新的盈利性更大的产品（50);(2)产品销路虽然很好，但得不到原材料能源，同时资金也比较紧张(48);(3)原生产的产品利润太低或亏损（39);(4)无法提高产品的质量(7);(5)原联合（挂钩）的单位不景气或不愿再同本企业合作（3);(6）其它原因（1)。

11. 成规模乡镇企业的独立意识普遍较强，构成了发展企业集团的潜在思想障碍。样本企业中，只有5.7%表示愿意与同行业的其它乡镇企业合并。愿意合并的企业中，有66.7%是因为“对方企业规模比我们企业大，经营良好，合并或兼并后有靠山”。有20.8%是因为“本企业的产品发展有前途，但目前缺乏资金或厂地，只有合并”;有8.3%是因为“双方企业都很小，合起来可以加强实力，提高经济效益”;因为其它原因希望合并的占4.2%。不愿意合并的企业中，有37.2%是因为同类企业面临的困难都一样；有20.1%的企业是因为规模大了，产品不容易销出去，反而影响本企业的收入；有41.5%因为双方关系不好协调，还是自己干起来利索；有1.1%是因为其它原因。

12. 成规模乡镇企业的股份意识淡薄，知识严重不足，对扩股经营缺乏热情。在回答“是否希望你企业成为股份制企业”时，有23.7%的企业负责人表示“是”,76.3%表示“否”。在回答“企业发展资金不足时，您是否愿意向社会公开发行股票时?”有18.5%表示“愿意”,39.5%表示“不愿意”,42%表示“不清楚”。在回答“您是否愿意企业内部向职工发行股票解决资金不足的困难”时，23.2%的人表示愿意，38.7%的人表示不愿意，38.1%的人表示不清楚。

甚至在样本群中，有一个已是股份制的企业对上述六项也作了否定式的回答。这表明该企业创办时，之所以选择此种所有制形式可能是迫于无奈或政府强求。

13. 成规模乡镇企业的联营对象以国营企业为主，以本乡本县范围内企业为主，以产销联营和资金联营形式为主。430家样本企业中，有58家是联营企业。按联营的对象分，依次为：国营企业占46.7%，城镇集体企业占22.2%，乡镇企业和其它企业分别占15.6%。按联营形式分，依次为，产销联营和资金联营均为29.3%，生产联营为20.7%，技术联营为15.5%，其它为 5.2％。按联营的范围分，依次为：与本乡本县(市)范围内企业联营占58.7％，与外省企业联营占21.7％,与本省范围内的其它地市县企业联营占10.9％，与本地市范围内企业联营占8.7％。

14.成规模乡镇企业环境保护意识在逐步增强。 有87家企业的负责人认为本企业的生产产生污水（24家)、污气(44家)、污渍（19家),占样本总体的18.9％，其中有51.9％的企业已进行过治理，48.1％的未作治理。已作治理的情况依次是：投产后，知道国家有规定，主动治理的为46.5％；新建扩建项目时就同时采取了治理的配套措施的为41.9％；投产后，根据有关部门要求才予治理的为11.6％。这表明成规模乡镇企业的环保意识在逐步增强。

15.采购员是成规模乡镇企业拓展市场的主力军；成规模企业的生产经营对采购人员的依赖程度高 在回答“你企业是如何获得产品销路、原料和能源的供应、技术和经营等信息的”时，有54.3％的企业负责人填了“采购人员提供”,为第一，其中两户及私人企业高达78.4％。回答中“本人及企业职工的亲朋好友提供”占18.5％；回答电视、广播、报纸中提供的占4.6％；回答“政府的各种机构提供”为19.9％，说明了政府部门服务质量和服务水平对成规模乡镇企业兴起与发展的重要性。其中集体企业为21.6％，联户、户办及私人企业为5.9％，这表明，政府的部门行为(为企业服务)与自身的利益（对企业的支配权和部门及个人获得某些直接好处）相当有关。

16.成规模乡镇企业兴起与发展的地缘范围空间不大，通讯交通条件不甚理想 样本企业中，有38％位于村里，35％位于乡政府所在地，13％位于建制镇所在地，10％位于县城，其它4％。

样本企业平均距离本省省城184公里，邻省省城111公里,本县县城26.5公里，邻县县城50.4公里，本地较大集镇8.9公里,本乡（镇）政府所在地3公里；距离最近的公路19.5公里，最近的火车站34公里，最近的码头31.8公里，最近的中心城市50.5公里。

样本企业中，有32.1％本企业有电话，可直接挂长途；有37.3％在企业附近就有可拍发电报和挂长途电话的电信局（所);有30.2％距拍电报和挂长途电话处较远，平均距离为5.1公里；其它0.3％。

上述情况表明，企业投资环境欠佳，对企业进一步发展影响很大，急需改善投资环境。

广东乡镇企业集团化发展初探

龚联华　康　志

企业集团是企业生产经营发展到一定阶段的产物，是优化资源配置和提高企业生产经营水平、劳动生产率的客观要求。从现代经济发展过程看，企业集团的崛起是与商品经济发展进入较高阶段、生产社会化程度日趋提高紧密联系在一起的。企业集团这一概念最早流行于日本。50年代中期，日本对以大企业为核心而形成的企业群体，正式称为企业集团。在我国，企业集团产生于80年代初期，它为适应我国改革开放、发展社会主义有计划商品经济的要求，为搞活大中型企业，改善经营管理、增强企业发展后劲和市场竞争能力的选择。

面对国内外市场的日趋复杂化，广东乡镇企业应如何在已取得的成就和现有发展规模与水平的基础上，促使自身在“八五”期间特别是在本世纪末向更高层次发展，以增强出口创汇和经营发展能力?笔者认为，广东乡镇企业朝集团化方向迈进是其必由之路。

一、集团化发展势在必行

在当今，企业集团在经济发展中起着日益重要的作用。无论从宏观经济运行特征，还是从广东乡镇企业发展具体实际来看，朝集团化方向发展都有其客观必然性。

第一，从国际经济格局及其走势来看，只有实行集团化经营，才能提高乡镇企业外向型发展层次，增强出口创汇能力。90年代，西方工业国家产业结构调整和产品升级换代转向高科技、资金技术密集型产业将加速，大批低层次的劳动密集型产业将被淘汰，以及对劳动密集型产业、产品需求将主要通过进口途径获取。一些新兴的发达工业国家和地区，特别是亚洲“四小龙”也急于进行产业升级换代，将劳动密集型产业纷纷转移。而且，西方工业国家如美国、加拿大等，经济转入低速增长，人口老龄化倾向严重，对劳动密集型产品需求将进一步增加。这些无疑为乡镇企业外向型发展提供了良好契机。广东缘其特殊的人文地理环境，乡镇企业外向型发展更应瞄准国际市场。在机遇面前，只有借助集团化优势，才能有效占领和拓展市场空间，增加出口创汇。如顺德县桂洲镇属下的羽绒制品厂、华南毛纺厂、华丽服装公司、华美实业公司、毛纺有限公司，原来是“各自为战”，产销平平，出口量极少。1987年起，这5家企业携手合作，组成桂洲畜产品企业集团公司，并与外贸单位联营，生产羽毛、羽绒制品和皮革手袋，兔毛混纺纱等产品，以集团的优势进军国际市场，大大增强了出口创汇能力。1990年该集团公司产值超亿元，比成立集团前增长25%，创汇1000多万美元，增长80%。集团化的生产经营方式，已成为发达地区乡镇企业的一种发展趋势。

第二，从国内市场发展态势来看，乡镇企业集团化发展也是十分必要的。当前，我国经济发展和企业的生产经营愈来愈呈集团化趋势，以集团的优势在日趋复杂的市场竞争中取胜、获取最大限度的市场利益，扩展自己的范围。随着我国社会主义有计划商品经济的发展和各种经济力量的成长壮大，乡镇企业若仍以分散化的经营规模发展，在实力雄厚、具有国家倾斜扶持发展优势的国营工业集团面前，必将处于十分不利的境地，被优胜劣汰的市场运行规律无情地排挤出商品经济的竞技场。

第三，集团化经营是优化产业组织、推进结构调整，发挥规模效益和专业化协作生产、真正搞活企业的必然要求。从广东乡镇企业的大、中、小型企业分布状况来看，大型骨干企业占企业总数比重畸轻，分散的中小企业比重畸重。从专业化协作来看，一是各个企业“大而全，小而全”的现象较为严重。这突出表现在企业之间生产能力重复设置，企业中间产品自制率高，每个企业内部差不多都是一个较完整的生产生活系统；二是乡镇企业缺乏与大工业形成有效的配套协作关系。乡镇企业多年来形成的这种大而全、小而全的封闭式的生产经营方式，极大地排除了利用专业化协作生产所带来的规模效益的可能性，导致资源的综合开发利用能力较差，能耗物耗高，成本增大，效益远不理想；从产业产品结构来看，经济效益较好的、急需发展的基础性乡镇工业没有得到较好发展，而加工性的乡镇工业规模过小，且“遍地开花”。要扭转这种不合理状况，乡镇企业只有朝集团化方向发展，利用集团优势，提高资源配置效益和专业化协作水平。

第四，治理整顿以来，乡镇企业发展遇到的资金、原材料、技术、管理、人才等困难与问题十分突出。从资金来看，1990年全省乡镇企业计划投入资金100亿元发展新项目（包括新建、扩建、技改等项目），但实际完成投资仅占64%，缺口较大，而且企业流动资金占定额流动资金的比例也只有15～20%。造成该发展的项目无法发展，还有一批“半拉子工程”，企业生产经营失去后劲。在管理方面，大多数企业内部管理制度不健全、不完善，管理人员和职工素质不高等的矛盾十分突出。这些实际问题，只有依靠发展企业集团、集中利用或融通有限的资金，发挥大中型骨干企业在资金、技术、人才和管理方面的优势，才能摆脱困境。如番禺县化龙镇面对企业资金奇缺、市场疲软等严峻形势，先后组建了服装、手袋、机电三个企业集团公司，借助集团化经营优势，使该镇镇办工业竞争力大大增强。1990年全镇工业总产值达1.12亿元，销售收入近9000万元，实现利润250多万元，分别比组建集团前的1989年增长34.1%、26.2%和37.2%。

从广东乡镇企业现有条件和基础来看，朝集团化方向发展也是可行的。

其一，广东乡镇企业的10年发展，为企业集团化发展奠定了基础。到1990年，全省乡镇企业固定资产原值达306.32亿元，跨入省级先进企业行列的企业有232家、晋升为国家二级企业的15家、国家一级企业1家；引进技术设备达95.39万台（套）。在已形成的119.65万家企业中，生长成了为数不少的、具有较强经济实力开发生产名、优、新产品的大型骨干企业。1990年，全省乡镇企业总产值达1000万元以上的企业有611个，产值合计154.05亿元，占全省乡镇企业总产值的24.5%；年末固定资产原值54.89亿元，占全省乡镇企业固定资产原值总数的17.92%。其中顺德县拥有1000万元产值以上的企业134家，产值合计51.11亿元，占全县乡镇企业总产值的79.87%。在外向型经济中，广东乡镇企业年出口总值超过100万元的企业1845家，1990年出口值合计90.39亿元，占全省乡镇企业出口总值的70.92%。

其二，在10多年的发展中，乡镇企业集团已有一定程度的发育成长。如佛山市的乡镇企业早在1983年开始，就在原来开展横向联营、联合生产的基础上，逐步地形成了以经济利益为纽带的企业集团。目前，已形成了一批以家电、轻工、电子、纺织、玩具等行业为主的集团式企业。一些县、镇也组织了以骨干企业和名、优产品为龙头的企业集团。如北滘镇有意识地集中资金、人力和物力，在风扇、塑料、电容器、家俱、饲料、包装、农副产品加工等行业上，发展了一些生产规模较大、技术水平较先进、管理水平较高的企业集团。这些为广东乡镇企业集团化经营打下了坚实的基础。

总之，广东乡镇企业集团化经营时机已经成熟，集团式发展已显示出巨大的优越性，是本世纪末和21世纪发展的必然选择和趋势。

二、集团化发展模式设想

企业集团的生成、组建要受企业的发展现状、市场发育以及体制特征等多种因素制约。从广东乡镇企业的发展实际需要出发，其集团化发展的目标与模式应是建立多功能、多层次、多元化的格局，并努力朝规范化方向发展壮大。可采取的形式有：

第一种，以骨干企业为核心，或以名、优“拳头”产品为“龙头”，联合若干企业组成的集团形式。这种形式的集团组建可通过横向联合，实行生产经营一体化。我国最早生成的企业集团便是横向经济联合的产物。广东乡镇企业一些集团，大多是通过这种形式组建的。如规模较大的珠海华声实业集团公司，是以该公司下属的华声磁带厂为基础，与国家电子工业部第三研究所等单位广泛开展联合而组成。该公司发挥了集团的优势，开发出填补国内空白的 HCD 盒式测试带和力矩带，成为进口替代产品。目前该公司生产的50多种磁带、收录机、电话机、语言学习机等，均达到国内外同类产品的先进水平，产品畅销国内20多个省市和日本、美国等10多个国家和地区。

第二种，由同行业的若干个企业联合组成的集团形式。这种形式的企业集团可在行业较集中的地区进行，由同一行业中的各企业按照协议化的方式联合组织生产经营，形成集团式的组织。如湛江市华达实业集团，便是由生产糖酒机械、轻工机械设备的同行业的七家镇办企业组建起来的。

第三种，是资产一体化企业集团形式。这种形式的企业集团组建，主要采取由大型骨干企业自身裂变的方式，或采取股份制形式的办法来进行。如潮州市佳味食品厂，通过自身的不断发展壮大，以主体厂为核心，裂变成多个分厂（公司），从而组建佳味食品集团公司。可以说，在现有体制条件下，通过参股、控股的方式来组建、发展资产一体化企业集团，是广东乡镇企业最现实的和最佳的选择。各地方、各行业以及企业本身，均能通过参股、控股、实行股份化组织管理，迅速发展资产一体化企业集团，获取更好的经济效益。

从企业集团组织结构来看，第一种形式属半紧密型结构，集团的联合性较强，整体性略差。它主要是利用集团与企业成员之间的辐射与接受辐射的能力、优势，促进集团内资源的优化配置。第二种形式则属于松散型结构，主要表现在资产、经营关系上不明确，相互约束力弱，整体的协作、沟通任务一般由联合的功能来完成。第三种形式属于紧密结构型，其特点是以资产联合为纽带，集团内部各系统紧密啮合，并以集团核心层为基点来控制集团整体企业的人、财、物。至于产、供、销等生产经营活动，则可由下属各单位行使自主权，实行自负盈亏，自主经营。集团核心层可对下属单位的产品、质量、消耗、成本等主要指标实行考核承包，既强调集团的统一管理控制，又充分调动下属单位的积极性，放手经营，围绕集团整体目标而运行。

无疑，第三种形式是乡镇企业集团成长的方向，是企业集团较为规范化和发育较成熟的表现形式；第二种则是企业集团最初始、最不规范的组建方式，但它可随着企业集团发展、外部环境的完善而转型。同时，这种集团在联合协作过程中也会在其内部发育出核心层式的骨干主体企业，以此来啮合其他协作企业，并向资产经营一体化方向发展。而第一种形式可随着股份制的推广，体制改革的深入，逐渐向紧密型企业集团发展壮大。因此，企业集团的生成与组建，要根据现状特点分阶段、分层次“循序渐进”，走向发育成熟。在第一阶段上、广泛开展各种形式的横向经济联合，形成大量的松散型和半紧密型企业集团，资产一体化企业集团则处于萌芽状态。这在广东乡镇企业几年发展中表现较为突出。在第二阶段，松散型企业集团加速向半紧密型和紧密型结构转化，而半紧密型则进一步发展壮大，并向紧密型企业集团转化。第三阶段，紧密型企业集团成长壮大，日趋完善，并朝综合型集团公司发展。企业集团功能要在发展过程中不断增强，逐步形成一个功能齐全的投资中心、利润中心、成本中心，以改变依靠镇（乡）政府作为乡镇企业集团投资主体形式，减少行政方面干预。而乡镇企业集团要成为带动其他各层次经济成分发展、促进社会主义农村工业化的排头兵。

三、推动乡镇企业集团化发展对策建议

根据广东乡镇企业发展现状、现有经济条件和企业集团塑造和成长途径，建议采取如下对策：

1．对现有企业集团进行疏理、整顿。在这方面，本着“完善提高、发育成型”的原则，要重点扶持、完善、提高和扩大现有骨干企业集团，理顺集团成员之间的经济关系；要建立和健全集团内部的管理协作关系，按照“统分结合，分层经营”的办法，发展和完善多种形式的经济责任制，正确处理集团内部的分配关系，充分调动成员企业的积极性。同时，形成科学的民主决策机制，制订正确的企业集团经营发展战略。

2．进一步加强横向联合，并采取有效方式促进资产一体化企业集团的形成。在这方面，政府主管部门可对现有的企业进行甄别和归类，并采取相应政策措施，推进横向联合中的参股、控股、兼并等产权控制行为的形成与展开。显然，这就要求逐步突破“三不变”(即资产管理不变、隶属关系不变、利润上交渠道不变）的条块分割体制的束缚。

3．各级政府要为企业集团的发展创造一个宽松的外部环境，在原材料、能源、资金等多方面给予优

惠扶持；对那些在地方经济中起支柱作用的产业企业集团，要实行特殊倾斜政策，创造条件加快发展。

4．加强规划指导和宏观管理。结合具体实际，制定出企业集团各项行之有效的管理措施、制度（如可行性论证制度，审核、登记、统计、考核制度等），依据这些制度，加强对企业集团组建、运行的监督和控制。

5．金融部门应帮助、监督企业集团的财务部门，使之既能承担起成员企业之间的资金融通业务，又能促进集团投资机制的改善。

6．在外贸外经方面，应支持乡镇外向型企业集团的发展壮大；支持具有一定条件的企业集团在国外建立销售服务体系和投资设厂。同时，应简化出国人员审批程序及外汇结算方式，使外向型集团对国外市场作出快速反应。

在发展导向上，要坚持以产业导向、市场导向为主，并以规模导向为基点；在产业导向上，乡镇企业集团发展不仅要遵从国家有关产业政策，而且更要符合国家农业发展政策。在市场导向上，广东乡镇企业集团要把海外市场作为重要导向，把外向型乡镇企业的发展作为广东乡镇企业发展的重要内容和战略目标。要建立外向型的国际市场运行机制、供求机制，以便在市场竞争中立于不败之地；在组建规模上，要以规模效益作为导向基点，参照不同生产力层次水平、不同行业特点而确定规模大小，获取最大限度的规模效益。

1990年乡镇企业专题文章（部分）索引

深化改革

1．乡镇企业实行股份制经营的尝试
高华芳 《河北财会》 1990．1
2．我们是如何发展乡镇企业的
李英威 《学习与研究》 1990．1
3．股份合作制与乡镇企业改革的目标模式
高山 《中国农村经济》 1990．3
4．话说企业机制的自我完善
鲁冠球 《中国乡镇企业报》 1990．3
5．论农民股份合作制企业
张毅 《中国乡镇企业》 1990．4
6．乡镇企业集资入股的问题与对策
林信杨等 《发展研究》 1990．2
7．完善乡镇企业承包经营的浅见
李家庆 《经营与管理》 1990．4
8．乡镇企业承包经营中的主要问题
黎绍连等 《城市改革与发展》 1990．2
9．试论乡镇企业适度放权问题
单志能等 《中国乡镇企业报》 1990．5.11
10．以“行为科学”理论，推动乡镇企业管理改革
赵鸿举 《农经理论改革》 1990．3
11．实行利益双向流动与互补是乡镇企业稳步发展的有效途径
冠 军等 《中国乡镇企业》 1990．6
12．计划经济中应有乡镇企业的地位
施建伟 《南通社会科学》 1990．3
13．乡镇企业推行股份合作制经营的困境和出路
刘蕴章 《中国乡镇企业》 1990．7
14．当前乡村两级集体，企业承包中存在的问题及对策
钟 江等 《计划与市场探索》 1990．7
15．试论乡村企业承包中的两权关系问题
顾绍耕 《上海农村经济》 1990．4
16．上海郊区乡镇工业管理体制改革
方文进 《上海企业》 1990．8
17．恢复和完善乡镇企业的约束机制
滕永明 《沿海经济》 1990．6
18．乡镇企业发展与改革中的几个问题
杨中虎等 《农村经济》 1990．10
19．关于乡镇企业体制问题的思考
吕洪范 《中国经济体制改革》 1990．10
20．论依靠农民自我积累发展乡镇企业的新途径
乔金龙 《经济改革》 1990．5
21．对乡镇企业统计改革的探讨
王玉梅 《中国乡镇企业》 1990．11

调整·整顿

1．正确评价乡镇企业的作用
《农民日报》述评 1990．3．15
2．治理整顿中乡镇企业发展的几个问题
罗伟雄 王子军 《农业经济问题》 1990．1
3．投资紧缩时期的乡镇企业发展问题
张联雄 《经济体制改革》 1990．1
4．乡镇工业在紧缩中生存与发展的道路选择
潘宝才 《经济与管理研究》 1990．1

5. 自觉抓好乡镇企业的调整
金绍鼎 《理论学习》 1990.1
6. 乡镇企业发展面临的困境与对策
张 鸿 《陕西师大报》(社科版) 1990.1
7. 稳定思想、完善政策、促进乡镇企业健康发展
李瑞昌等 《经济论坛》 1990.1
8. 在治理整顿中坚持上管理增效益求发展
天津市北郊区乡镇企业经委 《中国乡镇企业》 1990.1
9. 引导乡镇企业健康发展
胡象生 《广州经济》 1990.1
10. 继续鼓励和引导乡镇企业健康发展
祁玉祥 《求知》 1990.1
11. 在稳定和调整中提高乡镇工业
韩本初 《唯实》 1990.1
12. 乡镇企业应在主动调整中求发展
韦章尧 《浙江经济》 1990.1
13. 积极引导乡镇企业调整、整顿、改造、提高
张 毅等 《农业经济问题》 1990.6
14. 深入治理整顿下乡镇企业的希望和出路
徐其耀 《农业经济问题》 1990.6
15. 引导和保持乡镇企业的适度增长
李炳坤 《农业经济问题》 1990.9
16. 论治理整顿中乡镇企业素质提高的紧迫性和措施
单继林等 《南开经济研究》 1990.2
17. 治理整顿中的乡镇企业
——当前乡镇企业存在的问题与治理整顿建议
中国社科院财经所"价格改革"课题组 《财贸经济》 1990.4
18. 统一认识，总结推广乡镇企业新经验
陈耀邦 《求是》 1990.5
19. 谈乡镇财政加强对乡镇企业的管理
谷华鲁 《温州论坛》 1990.3
20. 乡镇企业要在整治中稳步发展
李全生等 《农村研究》 1990.3
21. 紧缩条件下的乡镇企业宏观调节
刘国强 《农村经济》 1990.1
22. 乡镇企业面临的困境及其对策
孙万群等 《经营管理》 1990.7
23. 治理整顿中乡镇企业发展的对策
《乡镇企业发展研究》课题组 《南京大学学报》(社科版) 1990.4
24. 把握乡镇企业发展的"度"
佟世永 《奋斗》 1990.7
25. 试论乡镇企业的整顿与发展
焦国栋等 《学习论坛》 1990.9
26. 乡镇企业在治理整顿中如何健康发展
杨兴华 《技术经济与管理》 1990.3
27. 调整结构是乡镇企业走出困境的有效途径
朱远垠 《南通学刊》 1990.4
28. 领导和服务是乡镇企业健康发展的保证
林兆义 《中国乡镇企业报》 1990.12.21
29. 试论乡镇工业结构的调整
刘肖鼓 《中国工业经济研究》 1990.6
30. 乡镇企业走出低谷之对策
阙光凤 《广西党校学报》 1990.5

企业管理

1. 乡镇企业计划管理的特点
胡同恭 《光明日报》 1990.3.31
2. 加强企业管理，搞好企业升级
曹广明 《中国乡镇企业》 1990.1
3. 采取综合措施、强化企业管理，产值利润同步增长
葛德荣等 《中国乡镇企业》 1990.1
4. 乡镇集体企业收入分配问题与建议
浙江省乡镇企业局调查组 《浙江经济》
5. 强化乡镇企业管理的四项对策
陈广仁 《求知》 1990.2
6. 关于乡镇企业的利润分配问题
徐庆家 《银行与企业》 1990.2
7. 乡镇企业资金紧缺及对策
王庆玲 《中国乡镇企业》 1990.2
8. 乡镇企业思想政治工作应面对现状
刘 军 《科学社会主义研究》 1990.3
9. 乡镇企业的行为特征
覃由伟 《工厂管理》 1990.5
10. 对乡镇企业思想政治工作的调查和思考
李德新 《甘肃理论学刊》 1990.3
11. 乡镇企业分配不公的表现及对策
方育正 《工厂管理》 1990.5
12. 城郊乡镇企业积累与分配面临问题及对策
于庆生等 《理论与现代化》 1990.5
13. 提高乡镇企业的经营管理水平
计高成 《理论与实践》 1990.3
14. 加强乡村企业中党组织的建设
刘允南 《温州论坛》 1990.3
15. 关于乡镇企业利润分配问题的探索
韩克勇 《经济问题》 1990.8
16. 再论乡村企业的利润分配
陆喜宗 《上海农村经济》 1990.4
18. 乡镇企业：跃向新的高度
——来自乡镇企业管理年汇报会上的信息
李银堂 《人民日报》 1990.11.18
19. 强化企业管理是乡镇企业持续发展的正确选择

孙毛大 《江苏财会》 1990．11

20．乡镇企业财务管理亟待加强

袁 军 《中南财经大学湖北财政分校学报》 1990．3

技术进步

1．建立乡镇工业企业技术进步考核指标体系初探

张彦和 《中国乡镇企业报》 1990．3．12

2．依靠技术进步和先进管理促进乡镇企业健康发展

吴 虞等 《中国乡镇企业》 1990．1

3．乡镇企业技术人才紧缺的状况

张武容 《科技管理咨询》 1990．3

4．科技进步：乡镇企业走出困境的抉择

杨继瑞 《农业经济问题》 1990．10

5．乡镇企业依靠科技进步的对策

周 济 《科学技术与辩证法》 1990．3

6．对调整乡镇企业产业产品结构的思考

赵金平等 《农经理论研究》 1990．4

7．乡镇企业技术进步政策研究

陈文魁等 《山东经济》 1990．4

8．乡镇企业要依靠科技走内涵发展之路

王文玲 《华东科技管理》 1990．7

9．技工贸一体化经营是乡镇企业稳步发展的有效途径

赵 兴等 《中州学刊》 1990．5

10．试论乡镇企业发展与人才开发

姜文义等 《新职教》 1990．9

11．浅议乡镇企业科技管理

王国雄等 《中国乡镇企业报》 1990．9．14

12．以科技支撑、完善乡镇企业运行机制

徐仁璋等 《科学学与科学技术管理》 1990．10

外向型经济

1．引导乡镇企业在调整中发展出口创汇产品

崔祖瑛等 《安徽经济报》 1990．2

2．论沿海地区乡镇企业的外向型发展

廖建平、《华东经济管理》 1990．1

3．乡镇“三资”企业经营情况透视

李天甲 《江苏经济探讨》 1990．3

4．对乡镇企业发展外向型经济的再思考

杨志刚等 《对外经济贸易》 1990．2

5．乡镇企业外向化面临的困难与克服的办法

莫宗通 《城乡经济》 1990．9

探讨·研究

1．我国农村政办企业的行为分析

贾生华 《当代经济科学》 1990．1

2．村级经济的现状及发展思路

陈秀成 《湖湘论坛》 1990．1

3．乡镇企业经营机制浅析

商 舟 《经济体制改革》 1990．1

4．乡镇企业固定资产投资膨胀探源

陈树人 《江苏经济探讨》 1990．1

5．加强乡镇企业信息工作的思考

常志雄等 《决策探索》 1990．1

6．乡镇企业：问题与对策

高自民 《科学与管理》 1990．1

7．当前制约乡镇企业发展的主要因素分析

刘二俤等 《发展研究》 1990．3

8．乡镇企业政企不分的客观性

潘熙宁 《社会科学动态》 1990．1

9．企业利益共同体原则的实践

鲁冠球 《企业家报》 1990．4．2

10．乡镇企业纳入劳动计划管理之我见

赵正斌 《天津劳动》 1990．1

11．乡镇企业发展与我国工业化的道路

张 毅 《中国农村经济》 1990．2

12．走向协调：谈乡镇企业的产业政策

贺军伟 《中国农村经济》 1990．2

13．中国乡镇企业发展及其与国民经济的宏观协调

国务院研究室、中国社科院《乡镇企业研究》课题组 《中国农村经济》 1990.5，1990.6

14．当前乡镇企业利益分配中的问题及解决途径

田宏胜 《中国农村经济》 1990．10

15．论搞活与调控乡镇企业

顾松年 《农业经济问题》 1990．6

16．我国乡镇工业发展水平的区域差异及其启示

柯炳生 《农业经济问题》 1990．10

17．成规模乡镇企业创办与发展的基本特征——关于430家骨干乡镇企业数据调查的分析

王玉岭等 《农业经济问题》 1990．10

18．乡镇企业的增长与宏观管理

陈剑波 《经济参考报》 1990．5．8

19．乡镇企业私营化倾向问题

杨 华 《当代财经》 1990．4

20．乡镇企业行业管理机制研究报告

本研究报告课题组 《农村经济研究》 1990．1

21．乡镇企业组建工会之我见

卢松涛 《工人天地》 1990．1

22．关于乡镇企业的几个有争议的认识问题

蒋泰维 《浙江学刊》 1990．3

23．乡镇企业发展形势和前景展望

张锡山 《学习论坛》 1990．4

24．乡镇企业健康发展策略探讨

程守义 《湖北社科通讯》 1990．6

25．乡镇企业发展需要关注的几个问题

王品湖 《理论与实践》 1990．15

26．乡镇企业长期投资决策问题研究

方友利 《中国乡镇企业报》 1990.6．22

27．经济增长方式与经济效率

——乡镇企业效率变动趋势考察

万解秋 《苏州大学学报》 1990．3

28．关于乡镇企业上规模的若干思考

秦静莲 《河南财经学院学报》1990．3

29．资金问题与当前乡镇企业的发展

葛 林等 《南京大学学报》 1990．4

30．论乡镇企业微观布局的优化

方 承 《科学·经济·社会》 1990．4

31．论“龙西模式”

——发展齐嫩地区乡镇企业的必选择

胡绍增 《学术交流》 1990．4

32．论我国乡镇企业发展中的进入壁垒机制

瞿定祥 《经济研究》 1990．9

33．对乡镇企业如何实现规模经济效益的再思考

张 陆 《科学·经济·社会》 1990．5

34．甘肃省乡镇企业资源配置效益分析

张文斌 《科学·经济·社会》 1990．5

35．论乡镇企业的中观调控

陈 俊 《中国乡镇企业报》

1990．11．23

36．乡镇企业行政管理初探

侯 勇等 《中国乡镇企业报》 1990．11．9

37．发展乡镇企业若干问题的思考

冯灼锋 《岭南学刊》 1990．5

38．从五小工业到乡镇企业

——兼论我国农村工业的发展前景

刘玉安等 《山东大学学报》(哲社版)

1990．2

39．乡镇企业产业发展政策与主导产业选择问题

吴建光 《经济问题》 1990．10

40．不发达地区乡镇企业发展问题研究

何异煌等 《改革与战略》 1990．5

（贺军伟）

荟萃农业科学技术知识的大型工具书

《中国农业百科全书》

《中国农业百科全书》是全国辞书编写出版规划中的重点工程之一。该书在农业部、林业部、水利部、机械电子工业部和国家气象局等领导部门的协同主持下，成立了全书编撰出版领导小组和全书总编辑委员会，制订出总体设计规划和编撰体例，组建各卷的编委会，并在农业出版社设立了中国农业百科全书编辑部，分别约请全国农业院校和科研单位的专家学者参加撰稿和审稿工作。全书以汇集农、林、牧、渔各业生产经营知识为基本内容，以农业各学科的知识体系为基础设卷，共设25卷31册，分卷陆续出版。

全书各卷以条目的形式简明扼要地介绍知识和资料，在概述基本概念和基础理论的同时，重视应用技术的介绍，具有一定的专业深度和实用性，反映了当今国内外农业科学研究和农业生产实践的新成就。各卷篇幅80万至140万字不等，正文内配有插图，另有若干彩图插页，内容全面，资料翔实，文图并茂，检索方便，是各地图书馆、文化馆、资料室以及农业科技工作者、农业院校师生、农业管理干部和生产经营者值得备用的工具。

《中国农业百科全书》卷目

农业经济卷（已出版）
农业历史卷
生物学卷（已出版）
农业气象卷（已出版）
土壤卷
农业化学卷
水利卷(上、下)(已出版)
农业工程卷
农业机械化卷
植物病理卷
昆虫卷（已出版）
农药卷
农作物卷(上、下)(已出版)
蔬菜卷（已出版）
果树卷
茶业卷（已出版）
观赏园艺卷
林业卷(上、下)(已出版)
森林工业卷
畜牧业卷（上、下）
兽医卷（上、下）
中兽医卷（已出版）
蚕业卷（已出版）
养蜂业卷（已出版）
水产业卷（上、下）

优　秀　企　业

北京四季青锅炉厂

山西省赵家堡暖气片工业公司

四平市红咀啤酒厂

黑龙江省齐齐哈尔市富拉尔基区长青机械厂

杭州定时器厂

安徽省宿州市锅炉安装公司

河南省水泥工业公司水泥厂

湖北省仙桃市锻压件厂

湖南省长沙县果园交通机械厂

海南省海口市第二建筑工程公司

贵州省上海锌厂赫章分厂

西安市前进高压阀门配件厂

甘肃省靖远毛纺厂

银川市金龙饭店

广州市珠江机床厂

沈阳市虎石台啤酒厂

大连市皮口第一服装厂

哈尔滨市玉泉酿酒厂

青岛第四毛巾厂

浙江省慈溪市绵纶总厂

北京四季青锅炉厂

国家机械委、劳动部定点生产工业锅炉的企业，职工1 500 人，工程技术人员 180 人，固定资产2 100 万元，专业设备 600 多台套。1988年被评为北京市先进企业；1989年和1990年连续两年被北京市政府、北京市乡镇企业局评为明星企业；1989年考评为国家二级企业。产品品种42个，1990年 QXW 2.8—0.7/95/70-AⅡ 型热水锅炉评为北京市优质产品，K_2G 0.5-0.7-AⅢ型蒸汽锅炉、S_2L 4-1.25-AⅢ型蒸汽锅炉评为农业部优质产品、K_2G0.5-0.7-AⅢ型蒸汽锅炉、S_2L 4-1.25-AⅢ型蒸汽锅炉评为农业部节能产品。该厂已获二级计量合格证、C级锅炉制造许可证，以及Ⅰ、Ⅱ类压力容器制造许可证。1990年销售收入7 356 万元，利润1 345万元。

北京四季青锅炉厂一角

为了生产出名牌锅炉，近几年该厂进行了大规模的技术改造，累计投资2 000 多万元，进行了设备的引进和更新改造，新建了 1.2 万平方米的厂房，购置了1 250吨油压机、400 毫米卷板机、9米刨边机等重型设备，引进了比利时的周向曝光机、美国柯达洗片机等国外的先进检测设备。

该厂从原材料进厂到产品出厂，都进行了全过程的质量控制。常年坚持不合格的原材料不使用，不合格的零部件不转下道工序，不合格的产品不入库，不计产值。每台锅炉都有完整的检验记录，无损探伤一次合格率为 98.62 %，全部项目合格率95%，各项质量指标符合或超过了国家二级企业的标准。

近两年市场发生了重大变化，该厂主动调整经营策略，变“坐销”为“行销”，并加强了售后服务，在全国各地建立了32个销售服务网点，建立了用户台帐，定期到用户了解锅炉运行情况，及时帮助解决出现的各种问题，并将发现的问题迅速反馈到企业的设计和生产部门，以便对产品做出改进。对销售人员的全部分配，均按销售额提成的方法，调动销售人员的积极性。产品覆盖全国二十多个省市。

（李新志）

山西省赵家堡暖气片工业公司

清徐县赵家堡暖气片工业公司，系村办集体企业，现有10个暖气片专业生产厂，1个设备厂，职工5 000多人。1990年全公司生产各类灰铸铁散热器 700 多万片，总产值达 5 200 多万元，固定资产总值 2 400 万元，流动资金 1 800 万元，年创利税 1 200 万元，比1978年增长数十倍之多。

近年来，面对激烈的竞争和市场疲软，公司大胆改革经营体制，实行总经理领导下的经理厂长负责制，狠抓全面质量、技术和基础管理，正确处理积累和分配的关系，竭力扩大再生产。同时十分注重发展横向联系，采用补偿贸易等手段，与全省30余家铁厂，以及焦化、砂石、耐火材料等200多厂家建立了稳定的供应关系。

在经营上坚持质优价廉、薄利多销的方针，产品畅销“三北”，覆盖全国所有采暖地区，赢得了广大城乡用户的好评。

为了达到优质低耗，公司从基础管理入手，建立健全各项规章制度，完善技术工艺，建立了化验、型砂、力学、金相四个试验室和长度、压力两个标准室，实行全面质量管理和五项指标百分考核的标准化管理，真正实现了优质、低耗、高效的良性循环。

1988年荣获国家建设部优质产品称号，企业通过了全面质量、国家二级计量验收，并被评为省先进企业。目前，产品已占到国内市场的八分之一，一直畅销不衰，成为全国同行业最大的生产厂家。

为进一步提高企业素质，公司筹集资金130 万元建起了中、小学、幼儿园各一所，并高薪聘请知识分子，长年举办各种类型的培训班，同时委托大专院校代培大学生，努力提高职工的文化技术水平，同时大力加强精神文明建设，进行社会主义道德教育，形成了良好的社会风尚，保证了集体经济的持续稳定增长。

（山西省乡镇企业局）

四平市红咀啤酒厂

红咀啤酒厂始建于1985年5月，总投资950万元，设计生产能力为20 000吨/年，至1986年1月完成了第一期全套工程并一次投料试车成功。1986年4月源泉牌瓶装啤酒投放市场，当年共生产啤酒5 400吨，实现利润24万元，税金72.4万元，同时还建了两处年产1 000吨的分装厂。酒厂固定资产原值1 197万元，净值1 016万元，生产流动资金250万元，从投产以来总生产啤酒40 000多吨，销售总额3 325万元，实现利税1 360多万元。

该厂坚持“抓管理、上水平、创优质、争一流”的办厂方针。把开展企业升级活动纳入了企业发展战略和重要工作日程，建立了企业管理办公室，成立了企业管理领导小组，逐步实施了全面质量管理，建立了质量保证体系，成立了厂级质量管理委员会，及时组织厂长诊断、行使质量否决权。建立车间级质量管理委员会，用以控制生产工艺，严肃操作规程，消灭质量事故。建立了十二个“QC”小组，分别立项，开展活动，从原材料、生产成品形成了全过程的质量保证体系。浸麦、烘干“QC”小组，就提高收得率课题攻关，使收得率从78%提高到82%；设备保全“QC”小组就真空上料课题组织攻关，使设备完好率及利用率由80%提高到95%；制酒车间发酵“QC”小组就发酵温度影响口味及泡持率问题进行攻关，使口味、泡沫均有提高；包装就损失超标进行改造攻关，使酒损全年始终控制在3.2%以下，产品质量稳定提高率达98%，提高了产品信誉，扩大了销售市场，产品畅销于辽宁、吉林两省，出现常年性供不应求，淡季不淡的可喜局面。

这个厂1988年获省先进级企业，1989年获国家二级企业，产品获省质量奖。

（吉林省乡镇企业局）

黑龙江省齐齐哈尔市富拉尔基区长青机械厂

齐齐哈尔市富拉尔基区长青机械厂是齐齐哈尔市长青乡渔雅村的村办企业。几年来，该厂在依靠科技进步，提高产品质量的前提下，通过强化销售服务，使企业竞争能力不断得到增强，企业规模迅速发展壮大。该厂由1986年前以铆焊、维修、挂马掌为主的小厂，发展到现有职工62人，机械加工、铆焊、锻造、总装四个主要车间，固定资产38.6万元的机械加工企业。

长青机械厂的主要经验是：①依靠科学预测，开发定型产品。从1986年开始，该厂面对农村种植业的发展需要，通过市场调查预测，确定了本企业的发展方向：走开发水田机械系列产品，为农村水田生产发展服务的道路。先后完成了5TG－1.3水稻脱粒机和1LS—220型水田犁的设计、试制和产品的定型，并投入批量生产。②建立销售网点，扩大销售市场。为了搞好产品销售，该厂坚持“兴厂先富农”和“将欲取之必先予之”的销售指导思想，广泛建立联系户，广交农民朋友。目前，销售联系户已发展到26家，分布在黑龙江、吉林、辽宁和内蒙古等地。通过联系户对产品的试用和推广，提高了产品的社会知名度。③搞好销售服务，赢得用户信誉。该厂每年召开一次有农民、水稻专家、机械工程师和“种田大王”参加的联谊会，了解农民对水田机械的要求，摸清市场对产品的需求。同时，每年都有计划地组织技术服务队，深入到产品销售地进行跟踪服务，深受用户的好评。④捕捉市场信息，拓宽销售领域。由于该厂注重产品销售工作，有效地促进了生产发展。

（魏　林）

杭州定时器厂

杭州定时器厂，是一家村办企业。创业三年，以10万元贷款起家，发展到1990年实现产值3 078万元，利润188万元，分别比1989年增长29.1%和20.5%。1990年生产259万只风扇定时器、70万只时效定时器、25万套遥控器、1万台热水器。

该厂把提高人的素质作为提高产品质量的核心。

杭州市定时器厂厂区一角

职工进厂的第一堂课就是进行“厂兴我有功，厂衰我有责”、“没有质量的劳动是无效的劳动”的主人翁和质量意识教育。既从潜移默化、自觉遵守方面去引导，又从制度入手，在严格执行“双十条”中去培养为习惯。既着手于思想教育，又坚持技术、文化培训，严格考试，量才录用。

他们建立了由厂长挂帅，32名专职检验员在第一线把关、21个关键岗位设质控点，100多道工序建立质量台帐所组成的质量管理网络。按照国标和高于国标的内控指标组织生产。在操作规程上严格执行“双三检”制度。即：职工自检、职工互检、检验员再检；每天对设备生产的第一件零部件检查，专职人员在各道工序巡回检查，产品包装前再作检查。各个环节环环相扣，遵奖违罚。同时建立了技术标准27个，管理标准67个，工作标准20个。

目前，该厂产品稳定合格率达99.16%，出厂验收合格率达100%。连续几年被“蝙蝠”、“菊花”定为免检产品，全部产品均为全国各大名牌配套，还漂洋过海，为国家创取外汇。同时，还先后开发了20多个新产品，有的填补了国内、省内空白，有的获国家发明专利。

（张天训　陆　刚）

安徽省宿州市锅炉安装公司

宿州市锅炉安装公司，是国家劳动部、国家机械委备案，安徽省劳动局发证的定点一、二类压力容器、E级蒸气锅炉制造厂和大型散装锅炉安装单位。产品畅销全国20多个省、市、自治区。1990年被安徽省人民政府授予“明星企业”荣誉称号。是宿县地区乡镇企业的龙头企业。

公司拥有职工138人，固定资产超过200万元，流动资金达88万元，生产加工基本达到了机械化、半机械化和半自动化的流水作业，1990年产值827万元。生产的ＲＺＺ—1000型高压蒸煮锅，被省经委确认为安徽省新产品，填补了安徽的一项空白，同时他们研制生产的ＦＳ-Ｎ400浮动床离子交换器，被评为省优质产品，500型浮动床交换器和压力容器分汽缸产品，还获得省系统优质产品称号。

宿州市锅炉安装公司，始建于1980年，它的前身是宿州市锅炉配件厂，当时仅有两个安装队，主要从事快装锅炉安装和单一水处理设备制作。固定资产不足12万元，流动资金没有，当时负债30万元，企业濒临倒闭。1986年企业主管部门及时调整了领导班子，任命37岁的李安生为公司的经理兼党支部书记。李安生到任后首先对企业内部进行了整顿，然后进行智力投资，走自身发展壮大之路。当年完成工业总产值204万元，比1985年翻了一番。1987年工业总产值上升到312.45万元，不仅还清了30万元的债务，还新添设备70万元。1989年虽然市场疲软，经济滑坡，这个企业仍取得了较好的经济效益，完成工业总产值705万元，利税63万元。

（汪建国）

河南省水泥工业公司水泥厂

河南省水泥工业公司水泥厂，地处巩县小关，东临郑州，西据洛阳，资源丰富，交通方便，以优质产品为广大用户服务，是河南省生产425#、525#普通硅酸盐水泥定点厂家之一。有一条φ2.7×10米的年产8.8万吨机主窑生产线和一条φ3.3×118米的年产17万吨水泥的大型回转窑生产线，设计生产能力达到了25.8万吨。公司现有职工1 299人，固定资产4 900万元，年创利税达到800万元。1988年425#普通硅酸盐水泥，荣获省优质产品奖，并被省工商部门命名为“重合同、守信用”企业，1989年，又被河南省定为一级重点企业。1990年，生产的525#出口水泥2万吨，成为河南水泥行业出口创汇的首批厂家之一。

河南省水泥工业公司水泥厂外景

该厂的经营宗旨是：坚持质量第一，信誉第一，用户第一的方针，在保证水泥质量中，制订和完善了“把四关”、“堵三口”、“两不出厂”、“一兑现”的质量检验制度。“把四关”是原料进厂关、库底配料关、生料均化关、煅烧关;"堵三口"是好人主义口、有章不循口、关系网络口;"两不出厂"是水泥不合格不出厂,数量不够不出厂;"一兑现"即奖罚兑现。使水泥质量不断提高,经省、市多次行检,均为合格。投产至今,一直保持"双百出厂",使产品供不应求。

讲信誉,不让用户吃亏。自1985年投产以来,水泥富裕标号超过100,合格率为100%,425#和525# 水泥价格相差20多元,该厂坚持把525#水泥按425#销售,吸引了不少用户。开始销售时,有的用户不相信。1986年7月,洛阳拖拉机厂买了5吨,回厂化验后果然达到525#消息不胫而走,洛阳轴承厂,洛阳矿山机械厂等许多国营大企业纷纷前来签订了长期供货合同。1986年,同北京水泥工业公司签订合同时,水泥吨价85元,供货时市价上涨到149元,但该厂坚持执行合同,一分不涨,货没发完,双方商定就地销售,又把7万元销售差价返利给北京水泥工业公司,由于重合同、守信誉,用户称该厂是"质量之冠,信誉至上"的企业。

(张洪祥)

湖北省仙桃市锻压件厂

湖北省仙桃市锻压件厂,1979年前是仙桃市毛咀镇一个负债22.8万元,濒临倒闭的农机修造厂。1979年4月,以王仁林为厂长的新领导班子,团结全厂120多名职工,坚持改革,艰苦奋斗,经过11年的努力,发展成为拥有职工205人,固定资产215万元的镇办企业。1987年,该厂被中国石化总公司正式纳入生产石化、电力、冶金等工业用管道系列配套件的专业化企业,主要生产无缝弯头、各种围弯、钢制法兰、异径管接头、椭圆形封头等五大系列产品。产品行销18个省市,并销往亚、欧、美等地区。1990年,完成产值1064万元,实现利润73万元,上缴税金25万元。他们的主要经验是:

1. 狠抓职工教育。十多年来,锻压件厂在抓好厂委会一班人和干部的"公仆意识"教育的同时,坚持对职工进行理想、前途、权利、义务的主人翁意识教育,树立为国争光、为企业作贡献的精神。为不断提高职工思想素质,每年拿出近万元经费开展职工劳动技能和文化知识教育。1979年以来,全厂先后举办了46种专业技术培训班,1 145人次参加培训,还选送了45人到各类大专院校学习。通过培训,干部职工中,有大专生7人,中专生36人,工程师、经济师、会计师各2人。

2. 狠抓基础管理和专项管理。充分发挥职代会的作用,增强职工参与企业民主管理的意识;实行劳力优化组合,加强劳动纪律,推行满负荷工作法;强化质量管理,采用国际标准进行生产,并加强产品质量监测,使产品正品率达到了99%以上。企业1989年被评为省级先进乡镇企业,1990年晋升为省级先进企业。

3. 狠抓产品创优和新产品开发。锻压件厂以产品质量取得用户信任,在此基础上,大胆吸收新技术,开发新产品。宇达牌89×4无缝弯头生产的新技术,在该厂经过1 183次试验才获得成功,并于1990年度获得省优质产品称号。

4. 狠抓干部队伍建设。锻压件厂党支部、厂委会一班人坚持从自己做起,确定了党员形象的"十字标准":即奉献、才能、求实、开拓、纪律。做到一月一检查,半年一评比。使党员、干部队伍具有较强的号召力和战斗力。

(梁银厚)

湖南省长沙县果园交通机械厂

湖南省长沙县果园交通机械厂是由乡办茶厂改建而成的,1986年9月前生产轻型汽车配件,由于经营不善,产品积压,企业亏损60多万元。在企业濒临倒闭之际,乡党委和政府及时调整领导班子,启用蒋月松同志担任厂长,使该厂走上了健康而迅速发展的道路。4年迈了4大步,1987年产值达到1 650万元,实现利税210万元;1988年产值3 650万元,利税383万元;1989年产值4 353万元,利税423万元;1990年,产值5 317万元,利税570万元,分别比1986年增长105倍和78倍。是湖南省乡镇企业中的佼佼者,并晋升为国家二级企业。其主要经验是:

1. 切实加强企业管理,产品质量和经济效益指标近年来一直处于全省同行业的领先地位。全厂制定了"加强管理抓基础,稳定'部优'创'国优',节能、降耗增效益,力争上国家二级"的企业近期奋斗目标和分年度方针目标。并在企业内部,健全和完善了以经济责任制为中心的企业内部承包责任制,将年度方针目标层层分解落实到车间、科室、班组乃至每个职工,使职工人人都关心企业的生产经营成果,大大降低了能源和原材料消耗,加速了资金周转。1990年,仅这几项就减少开支80多万元。

2. 及时调整产品结构,不断提高产品质量。根据用户需要和市场行情,及时调整产品结构,不断开发新产品。到1990年底,产品由最初的一个系列10种型

湖南省长沙县果园交通机械厂农用车总装车间

号增加到5大系列42种型号。同时该厂对产品的产前、产中和产后的各个环节进行严格的质量管理，加强售后服务工作。近年来销售的一万多辆农用运输车，没有因产品质量问题而退货的。并在全国各地设立了30个办事处和15个配件供应点，加强售后服务，解决用户的后顾之忧。

3. 重视企业政治思想工作。厂领导非常注重加强对职工进行政治思想教育，树立“厂兴我荣、厂衰我耻”的荣誉观。重视全体党、团员起好模范带头作用。厂长蒋月松同志是省、市农民企业家，他严格要求自己，处处以身作则。为了发展壮大集体企业，他抛弃了自己的私营企业，担起了本厂的重担，并夜以继日地拚命工作。领导带了头，职工有劲头，全厂职工集体观念增强，精神面貌焕然一新。

（陈湘安）

海南省海口市第二建筑工程公司

海口市第二建筑工程公司是海南省乡镇企业建筑行业的一面旗帜，技术精湛，设备先进，建队20年，连续19年保持安全生产、没有工伤事故、工程质量第一，连续8年被评为海口市建安系统先进单位。1985年、1986年连续两年被海南建委、海南建设银行评为“海南建设系统先进单位”、“财务管理先进单位”，并多次被评为海南乡镇先进企业、海口市精神文明建设单位和先进党支部。1990年被中央宣传部、农业部授予全国乡镇企业思想政治工作先进单位。公司现有1 087名职工、自有资金897万元，总资产达2 243万元，被核定为国家二级施工技术，年产值2 000万元以上，年创税利114万元的中型企业。20年来坚持不懈地做好思想政治工作，确立爱党、爱国家、爱集体的精神支柱，形成强大的凝聚力；发扬自力更生艰苦创业精神，干部和工人同劳动、同学习，全公司上下不辞劳苦、不计报酬蔚然成风；坚持正确处理好国家、集体和个人的三者关系，不搞分光吃光，提取工资总额的5%作为企业积累，提取工程总造价的0.5%作为医疗费，提取工程总造价的0.5%作为购置生产设备费。公司取胜的5条经验是：1.“经营以信取胜”，讲信誉、严守合同；2.“质量以优取胜”，1983年至1989年竣工交付使用的129宗工程（总建筑面积253 519m²）全部合格，其中全优工程13宗，占10%，优良工程96宗，占75%；3.“工程以快取胜”，树立时间观念，提高时间效益，科学调节施工力量，提高工作效率；4.“价格以廉取胜”，努力降低工程成本，缩小工程造价，减轻用户负担；5.“服务以诚取胜”，坚持追踪服务，真心实意为用户排忧解难。

（刘滨寄）

贵州省上海锌厂赫章分厂

贵州省毕节地区赫章县上海锌厂赫章分厂，是一个跨省级联办的乡镇企业。现有职工300多人，固定资产原值400多万元，主要生产锌，年产值达3 800万元。

上海锌厂赫章分厂于1986年与上海锌厂联办，当年破土动工，1987年建成投产，当年创利税68.57万元，相当于投资总额76.2%。1988年利税总额达179.85万元，比1987年增长1.6倍。1989年利税总额368.7万元，比1988年翻了一番多。1990年，实现总收入3 463万元，创利润243.36万元。该厂建厂不到4年，共累计创产值7 500万元，利税803万元，上缴税金400万元，为赫章县脱贫致富作出了贡献，成为贵州高原的一颗明珠。

这个厂成功的经验主要是：①把加强内部管理视为企业生存的基础。针对乡镇企业虽有较灵活的经营机制，但企业内部管理较差的现状，他们提出了“借鉴国营工业企业先进的管理经验，努力向标准化、制度化方向迈进”的总战略，并采取以企业升级为龙头，以产品创优为突破口，全面提高企业基础工作的具体措施。通过努力，企业标准化水平达到四级，获得计量验收合格证，企业晋升为“省预备级企业”。②把提高产品质量视为企业生存的命脉。为增强全厂职工质量意识，在全厂上下开展质量教育和质量培训工作，注重从基础工作抓起，从生产每一个环节抓起，把质量指标分解到每一道工序、班组和个人，并与职工的经济利益挂起勾来，极大地调动了职工的积极性。由于狠抓了质量管理，该厂精锌的一级品率从1989年的60％提高到1990年的80％，超过了内控指标70％的要求，企业的质量保证体系验收合格，主要产品一号精锌评为1990年“省优质产品”。③把依靠技术进步视为增强企业后劲的法宝。这个企业的领导深深懂得，企业要生存发展就必须依靠技术进步。面临企业职工绝大部分是农民，素质较低的现状，他们采取从外面请来一些专业技术人员和管理行家，帮助企业解决一些自己无法解决的技术和管理难题，这样既可取人之长补己之短，又可使本厂职工在干中学，在学中干，现已培养出一批本厂的技术管理人才，提高了本企业的整体素质。

为增加产品的花色品种，提高企业后劲，该企业于1990年完成精镏炉的技改工程，自己设计建造了本厂第三代炉子——三塔连体炉，使固定资产原值从90万元增到 400 万元，精锌生产能力由 6 千吨提高到 1 万吨，为该厂“八五”期间工业产值突破亿元大关奠定了基础。

（李志强　陈　良）

西安市前进高压阀门配件厂

1990年西北地区乡镇企业升级鉴评中，西安市前进高压阀门配件厂率先登上国家二级企业台阶，成为陕西省头一个跨入国家级企业的厂家。

这个前身是一个村办的蜂窝煤小厂，经过产品结构调整之后，如今已是150名职工，有300万元资产，能为大工厂配套360多个品种，3 000多个规格的高压阀门配件厂，其前进的动力何在呢？

捕捉信息，提高应变能力。1984年后蜂窝煤厂竞争激烈，经营很不景气。厂领导走向社会调查市场，寻求信息，在全国石油、化工、冶金等行业走门串户、了解需求，发现这些行业的许多工程建设急需配套的高压管件、高压紧固件，因品种多，规格杂，数量少，大工业不愿加工，但却是小厂的用武之地。找到这个机遇，当即与几十家大工厂签定生产供货合同，很快在全国打开销路，形成批量生产。1990年该厂实现工业产值、上缴税金、企业纯利润分别比1984年增长16倍、14倍、38倍，年产量由 1 万套上升到45万套，走上了兴旺发达之路。

西安市前进高压阀门配件厂车间一角

依靠科技、增强发展能力。“小企业、小产品、大市场、多品种”是前进厂的经营方针。“生产一代，研制一代，预测一代，构思一代”是前进厂的经营战略。但是大市场，多品种，要靠科技进步，靠先进工艺来保证。为此他们采取了提高技术标准，以新技术占领市场。先后收集采用美国石油协会标准（AMSI、MSS—SP—44)、日本石油学会规格（JPL—7S—43—72，JP1—7S—15—70，JTS）西德（DJN)、苏联（TY8100—50）等国外先进标准，生产出进口设备所需的法兰管件等新产品，解决了扬子、齐鲁、大庆等石化公司引进设备配套的困难，替代了进口，为国家节约了外汇。他们还同化工部第六设计院协作研制成功QJ系列 6 个产品19种规格的防燃、防爆、防自然耗能的三防喷头等多种新产品，共60大类，3 000多个规格。

加强管理，强化竞争能力。一抓管理基础，把全部标准、计量、定额完善起来，深化“企业管理年”活动；二抓全面质量管理，从购料到出最终产品，坚持质量第一；三抓从严把关，追踪检查。管理强化使企业荣获省级“管理先进企业”、“管理现代化二等奖”等20多个光荣称号，推动企业跨入一个新台阶。

（赵天振）

甘肃省靖远毛纺厂

靖远毛纺织厂建于1981年，是全省乡镇企业唯一的毛纺织专业厂家。经过十年的艰苦努力，逐步发展壮大，目前拥有职工200余人，固定资产原值200多万元，各种机械设备65台（件)，已形成了技术力量强、设备齐全、工艺先进、质量信誉可靠，年产各种毛毯五万多条的机械化生产厂。建厂十年来，累计生产各种毛毯17万条，完成产值近千万元，实现利税 200 多万元。

该厂自建厂初，就制定了“以管理促发展，向管理要效益”的生产经营方针，建立、健全和完善各项管理制度。尤其是近几年，他们把进等升级、产品质量作为企业管理的主线，突出地抓了计量、标准、工艺、检验、档案等基础工作，进行了劳动工资、定额管理、经济核算等一系列配套改革，加强了企业思想政治工作，各项管理取得了明显的成绩。从1987年起，连续四年被评为县、市“重合同、守信用”企业。1988年晋升为“甘肃省一级企业”；1990年，又获“甘肃省乡镇明星企业”、“白银市企业改革管理先进单位”、“文明单位标兵”等光荣称号。

靖远毛纺织厂不断强化质量保证体系。该厂生产的产品销往全国29个省、市、自治区，深受广大消费者的欢迎，特别是拳头产品——纯毛水纹提花毯，全部采用当地产的驰名中外的“九道环”滩羊毛加工而成，以其原料纯真、质地优良、绒底丰厚、水纹清晰、花型美观、色泽鲜艳、手感有身骨等特点而著称，被评为甘肃省优质产品，并代表甘肃省名、优产品多次在全国性的各种展销会上展销，受到好评。1990年，在全省“迎亚运商品展销会”和白银市“迎亚运、庆国庆展销会”以及全省旅游商品展评会上分别获得“名优新特”产品二等奖，“参展优秀单位奖”、旅游商品“特别奖”。

（李德新）

银川市金龙饭店

金龙饭店位于宁夏回族自治区银川市闹市区新华街一侧。建筑面积6 783平方米，床位204张。虽然这个饭店规模不大，开业时间也仅有二年。但是，他们靠先进的管理和优质服务，蜚身区内外，成了银川市服务行业学习的楷模。

饭店开业伊始，他们制定了《金龙饭店管理四十条》，由职工民主选举成立了评委会和工作监督检查组，对饭店职工的工作情况定期进行检查监督，评议记录在案，以此决定职工的晋级奖励等，从而充分调动了职工参与管理的积极性和工作责任心。为了培养出合格的优等服务员，饭店成立了优质服务强化培训部，总经理刘金虎任培训部主任，全体职工包括经理在内，必须定期参加培训，培训考核达不到饭店培训级别标准的不准上岗。为了提高职工的服务素质，饭店高薪聘请了教员，为职工开设了文化、写作、书法、美术等课程，以陶冶情操，为解除职工的后顾之忧，饭店为职工办了养老保险。所有这些，都激发了职工对服务工作，对美好生活的热爱，职工把对饭店的爱倾注到了工作中，使饭店声誉不断提高，床位利用率达到了99%，两年来，饭店先后被国家税务局、共青团中央评为“全国税法普教先进户”、被宁夏自治区党委宣传部和乡镇企业管理局评为“全区乡镇企业思想政治工作先进单位”、自治区优秀乡镇企业，在全区服务行业“春光杯”竞赛活动中被评为优胜单位。

（袁正雄）

广州市珠江机床厂

在改革开放中诞生的广州市珠江机床厂，经历 5 年的开拓发展，由一间年产值几万元、工人几十名和仅有1 000多平方米简易工棚的木器机械厂，发展成为占地12万平方米，拥有固定资产2 000万元，职工600多人，1990年产值2 000万元的专业生产机床的外向型企业。

近几年，该厂认准以国际市场为突破口，依托广州机床厂的技术力量，引进技术与劳动密集相结合，改装普通机床，先后聘任、商调、代培工程技术人员30多人，生产出“珠菱”牌款式新颖的大孔径、高转速深度的C6236 A车床和 Z 525台钻。1989年参加了香港举办的中国沿海地区产品展销会，由于该厂参展机床性能好、精度高、噪音低、外型新，引起外商的注意，纷纷追踪到厂参观和洽谈订货，仅在亚洲和中东地区一年内就销售机床 400 多台。该厂以香港市场为“窗口”，努力宣传，建立商情、销售服务网点，并采取“先退让利”的销售策略吸引外商。一方面邀请外商亲临工厂参观指导，增强外商销售的信心。另一方面把工厂样机先后送到中国交易会、香港工业交易会以及新加坡、泰国、埃及等国家和地区展销，以建立新的业务联系，扩大销售影响。目前，该产品已远销美国、荷兰、墨西哥、土耳其、东欧国家和亚洲地区等十多个国家和地区，其中印尼、伊朗、缅甸设有该厂全权代理商。该厂外销比例达80%，创汇近百万美元，销售、产值、利税三大经济指标均比前景好的1988年翻一番。

该厂在全国乡镇企业同行业中第一个领取了由中国机床质量监测中心及国家商检局联合颁发的“产品出口质量许可证”，主导出口的 C6236 A车床连获殊荣，产品畅销国内外，创造了乡镇企业在机床行业的奇迹。

（劳义海）

沈阳市虎石台啤酒厂

沈阳市虎石台啤酒厂建于1981年，主要生产经销沈城牌11°啤酒。1990年被市政府命名为“先进单位”。

近年来，由于生产啤酒厂家的增多及老厂的扩产改造，市场上产品质量竞争相当激烈。尽管沈城啤酒在市场上有一定竞争能力，但“优胜劣汰”的危机感，给我们提出一个新的课题：“沈城啤酒必须更上一层楼”，否则，企业经济效益就会受到冲击。特别是1990年，产品质量竞争达到高峰，各地啤酒厂纷纷与沈阳啤酒厂联合。使我厂处于北有铁岭的沈阳黄牌啤酒、南有望花的沈阳黄牌啤酒的南北两面夹攻之势，企业经济效益受到严重冲击。市场激烈竞争的事实启发和教育了我们，使我们认识到发展横向联合，引进新技术势在必行。

在分析形势和市场调查后，我们决定实行横向联合，引进新技术、新工艺，提高产品质量。与青岛啤酒厂达成联合协议，引进青岛啤酒厂工艺技术，双方协商使用瑞岛商标，并经国家工商总局注册商标，瑞岛啤酒在沈阳投产。7月份，青岛啤酒厂派来5名高级啤酒工程师来我厂进行技术指导和培训。他们深入车间改造设备，亲自投料酿造，把技术、工艺、质量标准传授给工人和技术人员。把技术资料交给我厂技术人员学习、应用，对产品质量亲自化验检测。并在厂内举办技术培训班，按工种讲课，对技术人员单独培训，采取边传授边操作，理论和实践相结合，使我厂技术人员和生产工人的技术水平大大提高。在联合中，我们尊重对方意见，采纳对方提出的合理化建议，调整了投料比例，对水质进行了处理，对设备进行了改造。经双方共同努力，第一批产品很快投放市场，经青岛市和沈阳市技术监督局共同检验，瑞岛牌啤酒达到青岛啤酒厂技术质量标准。横向联合取得成功，企业经济效益大幅度回升。

横向联合，使我厂提高了啤酒酿造技术、提高了产品质量和市场竞争能力。我们还要增加新品种，扩大市场销售，并准备把产品销到北京市场，推动企业发展迈上一个新台阶。

（沈阳市虎石台啤酒厂）

大连市皮口第一服装厂

大连市皮口第一服装厂是1972年由孙菊花同志带领6名街道妇女创办的服装加工乡镇企业。现有职工1 100人，固定资产800余万元。拥有80年代先进设备756台（套），年生产能力150万件（套），1990年实现产值3 217万元，利税339万元，创汇达610万美元。同欧、亚、美洲十几个国家与地区的30余家客户保持经常的贸易往来，产品100％出口，在国际市场享有盛誉。

企业本着“质量第一，信誉第一”的服务宗旨，推行方针目标管理、目标成本管理、价值工程、网络计划、ＰＤＣＡ循环等一系列科学管理方法，逐步由农民型企业向现代化企业转变，由粗放型经营向集约化经营转变，由传统管理向科学管理转变。自1988年独立出口创汇以来，数百万件出口服装，无一拖期，无一返工，无一索赔，是外贸、外商、商检放心的“三放心”企业。1985年至1990年每年产值、利润、创汇额以60％递增。

大连皮口第一服装厂是国家经贸部、农业部批准的“贸工农”联合出口商品生产基地企业，1988年获全国出口创汇“飞龙奖”，同年又获辽宁省出口创汇“飞龙、金龙、青龙”奖。在1989年ＱＣ小组活动中，二车间第八ＱＣ小组的活动成果获农业部优秀ＱＣ成果一等奖。该小组获全国优秀质量管理小组称号，企业连续获大连市明星企业、文明企业、先进企业、重合同守信用单位称号。1989年光荣晋升为国家二级企业，1990年获大连市质量管理奖和“连续五年重合同守信用”单位称号。

（大连皮口第一服装厂）

哈尔滨市玉泉酿酒厂

阿城市玉泉酿酒厂现有职工187人。1990年啤酒产量达到10 000吨，比1989年增长34％，超过设计能力7 000吨；优质品率达84％；完成产值450万元，比1989年增长55％；实现利润150万元，上缴税金320万元；人均利税31 126元，比1989年增长24％。

阿城市玉泉酿酒厂在科技兴厂方面主要抓了以下环节。①引进科技人才，搞好职工培训。从1985年起，工厂就与黑龙江省轻工研究所签订了技术咨询、技术培训、新产品开发、新技术应用等合同。研究所负责对工人进行岗位培训和技术培训，使全厂职工队伍素质、企业技术和管理水平有了很大提高，为企业发展和经济效益提高，奠定了基础。②实施“星火计划”，加速技术改造。自1987年开始，工厂陆续更新改造了电机组等设备，使生产机械设备配套成龙。此外，他们还将箱式发芽，新酵母等项目列入了“星火计划”，投资110万元，由于使用了锥形罐，实施一次发酵，缩短了发酵期25天。③开展科学试验，攻克技术难关。

为解决啤酒发酵时间长的问题，这个厂与省轻工研究所共同研制了“龙轻16号”酵母新菌种，获省科技进步奖。采用这个新菌种生产的啤酒，质量有了明显提高，成品酒合格率达到99%，而且大大缩短了啤酒的发酵期。④狠抓科学管理，促进产品质量的稳步提高。该厂注重质量达标后的控制，对生产的每道工序、每班生产的半成品或成品都作原始记录，化验员还亲自到现场取样检验。全厂通过推行全面质量管理，有效地提高了产品质量，使“泉雪”牌11°啤酒的优质品率由1988年的5%提高到84%，并于1989年获国家优质铜牌奖。

玉泉酿酒厂依靠科技进步使企业素质和管理水平得到了提高，企业实力和后劲得到了加强，提高了企业的竞争能力。该厂1987年被黑龙江省政府授予省级先进企业，1990年黑龙江省轻工厅授予该企业为全省啤酒行业排头兵企业。

（方士杰）

青岛第四毛巾厂

青岛第四毛巾厂拥有6个分厂、3 000名职工和2 800万元固定资产，是国家二级企业。

1990年，完成产值2 549万元，实现利税394万元，分别比1989年增长15%和18%，效益居全省同行业之首。

该厂从1982年就开始实行全面质量管理，在企业管理特别是产品质量管理上，他们从不满足于国家制定的基本标准，全厂现有的25种产品、240多个花色规格，每一种都制定出高于部颁标准的“内控指标”，并严格执行检验制度。国家二级企业对产品漏检率的要求，毛巾类是4%，毛巾被类是5%，他们则分别控制在1%和2%以下。

青岛第四毛巾厂领导正研究新对策

该厂十几年来始终坚持与科研单位、大专院校紧密合作，并加快自己设计人员的培养。1989年与银河技术开发研究所联合研制的无拈纱制成的无拈毛巾系列产品，在泰国的“中国新技术与新成果展览会”上一举夺得金奖。1990年4月，北京、广州等地传来信息，盒装产品俏于袋装。20天后，包装精美的盒装毛巾被和系列毛巾就出现于市场；不久，他们又从农村的销售网了解到农民需求的新动向，马上推出了色彩艳丽、价格低廉的晴纶毛巾被、儿童毛巾被、双人枕巾等8种新产品，深受农民群众的欢迎。1990年共研制了92个新的花色品种，平均4天一个！有效地扩大了市场，提高了竞争力，产品出口也增加到十几个国家和地区。

（青岛市乡镇企业局）

浙江省慈溪市绵纶总厂

慈溪市绵纶总厂，是一家镇、村联办的企业，专业生产绵纶六浸胶帘子布，筹建于1986年11月。经过4年多时间的艰苦努力，目前已初具规模。到1990年底，企业固定资产原值5 221万元，流动资金4 371万元，职工总数2 800人。1990年，工业产值1.13亿元，实现利润2 012万元。主要产品绵纶六浸胶帘子布，已形成从化工原料到成品的一条龙生产流水线，年生产能力8 000吨。

几年来，企业走过了一段光辉的发展历程。1986年企业创始人在一间十余平方米的旧屋里，决定上绵纶帘子布项目，他们顶住旁人的风言冷语，回绝亲友的劝说，坚定办厂的明确方向，不退缩、不动摇，非靠集体这个强大的后盾不可，硬是从“共同富裕”的道路上走了过来。企业有困难，职工共分担，企业职工集资用于生产投入的款额达到720万元。企业职工年平均收入已达2 800余元，企业还每年拨出近百万元资金用于镇、村公共福利事业，其中拨资35万元为村里装了自来水、电话等；用55万元资金改善了村的公路、河塘等交通环境设施；在厂、村还实行养老金和奖学金制等等。

企业在近几年发展中，主动把握市场变化，做到超前一步，在项目开发上，做到生产一代、储备一代、研制一代、规划一代。1986年企业获准信息，确定高起点、上规模的3年奋斗目标，用绵纶六废丝再生纺丝、织布，填补国内空白，替代进口。从1986年11月到1989年6月，连续实施了6个较大的技改项目，在此基础上，果断实施第三期工程，采用国内最先进的设备和工艺，连续扩大生产规模、提高生产能力。同时通过积极筹集技改资金，每次上项目都通过职工集资、社会供货、银行贷款、设备租赁等途径，实行滚动投入，使企业得到迅速发展。企业在发展之中，做到“软硬”件同步到位，几年来，企业从上海、北京等地引进工程师以上专业技术人员27人，吸收高校毕业生15人，其他专业人员20余人。企业还实行考试招工制，择优录取，自己建有教育培训大楼，对新招职工实行培训上岗制度。企业还每年拨出40余万资金用于智力投资，把税后利润的3.5%作为教育投入专项基金。

（余晓波）

企　业　家

程春博（北　京）	罗　苏（广　东）
段马柱（山　西）	夏都钿（贵　州）
黄　甫（内蒙古）	雷仁义（陕　西）
黄永洲（吉　林）	赵志顺（甘　肃）
李其龙（黑龙江）	白雪山（宁　夏）
夏柏潮（浙　江）	崔巨垣（广　州）
王世清（安　徽）	周立海（沈　阳）
葛银生（江　西）	于维训（大　连）
李春圃（山　东）	徐在山（哈尔滨）
杜葆华（河　南）	石兰昌（青　岛）
万富贵（湖　北）	李如成（宁　波）
吴　奇（湖　南）	吴玉富（长　春）

程春博 北京高尔夫集团公司总经理，北京市青年农民企业家，全国人大代表，全国劳动模范。

程春博是一位勇于改革、不断进取、奋力拼搏的企业家。1984年任马坡木材厂厂长，在原材料短缺，人心浮动的困境中，果断地进行企业内部改革，增加产品的花色品种，疏通供销渠道，当年完成产值367万元，实现利润50多万元。

程春博也是一位注重实效，善于学习，勇于创新的企业家。近两年，先后与日本外商兴办了高尔夫用品有限公司和东顺木制品有限公司，产品已打入日本市场。

1990年，程春博利用家乡的河滩地开办了第一家由中国农民自己设计、自己施工、自己管理的具有十八个打道的高尔夫球场及乡村俱乐部，开辟了一条创汇新路。

程春博懂经营、善管理，任职七年，将百余人的濒临倒闭的马坡木材厂发展成一个集团公司。现有职工1 000多人，产值2 200万元，利润450万元，成为北京市的重点乡镇企业。

（李新志）

段马柱 山西省文水工程机械总厂厂长。1984年以来，连续获得山西省特等劳模，全国优秀经营管理者称号和“五一”劳动奖章、全国首届经济改革人才奖、全国劳动模范等荣誉。是山西省第七届人大代表，全国总工会十一大代表。

段马柱同志是1980年担任工程机械总厂厂长的。当时，企业有濒临倒闭的危险，他根据社会需要，毅然决定转产，大胆开发以钢代木的新产品——“组合式钢模板”，使企业绝路逢生。20年来，他没有向国家要一分钱，靠自我发展，靠改革创新，把一个财产不足万元的公社修配厂，建设成为固定资产1 580万元，自有流动资金1 700余万元的全国同行业唯一荣获国优和晋升为国家二级企业的“组合式钢模板”主要生产厂家。

党的十一届三中全会以来，他积极引进竞争机制，把政治思想工作做为更高一层的管理来抓，实行了“严格质量否决，保证产品创优”、“全员承包经营”、“职工集股扩大生产”、“人生养老保险”等管理措施，调动了职工的积极性，促进了生产的发展。

本厂生产的“双峰牌组合式钢模板”畅销全国20多个省市，享誉国家27项重点工程和首都亚运村工地。十几年来生产钢模板125万m^2，可节代木材99万m^3，为“以钢代木”和“维护生态平衡”发挥了显著的社会效益。同时，经济效益大幅度上升。总产值由1980年的105万元增长为1990年的2 695万元；上缴国税由1980年的2.8万元增长为1990年的169万元。工业总产值比1989年提高10.2%，利税提高10%。文水县税务局曾多次授予“全县纳税第一家”的称号。

（山西省文水工程机械总厂）

黄　甫 内蒙古通辽育新钢丝厂厂长。钢丝厂象一颗璀璨的明珠，镶嵌在科尔沁草原上。黄甫也以改革创新的精神，被自治区人民政府命名为“农民企业家”。

钢丝厂原是个线材厂，由于原料无法解决而面临倒闭的局面。当时任该厂副厂长的黄甫，主张走经济联合的道路，既可解决原材料供给，又可吸引外地技术和资金。他的想法得到了乡党委的赞同，并因此出任了该厂厂长。为迅速扭转工厂的被动局面，黄甫上任后立即赴沈阳、长春、鞍山、四平等地进行考察。经过多次磋商，与沈阳长城钢丝厂签订了为该厂带料加工生产镀锌钢丝的合同。但在镀锌钢丝试产过程中产品不合格，沈阳钢丝厂要求解除联营协议，订货单位来电来函要求退货，联合承包人要求退出承包，工人纷纷要求退厂。面对这困难的处境，使黄甫认识到，办企业，没有质量意识不行，没有高水平的技术人员更不行。他赶到沈阳钢丝厂工程师王永后家登门求教。王工程师被黄甫虚心求教的精神所打动，黄甫也被王的真才实学所吸引，当场聘请王为他们厂的技术顾问。

回厂之后，黄甫立即组织人员对设备和工艺流程进行全面改造，对职工进行分层次、有步骤的培训。同时，建立健全了质量管理制度和产品检验制度。由于实行了这一系列措施，育新钢丝厂出现了新的转机。试生产的30吨不同型号的镀锌钢丝全部符合国家标准。沈阳电缆厂与该厂签订了提供原料、技术、包销产品的联合协议。1987年3月27日，钢丝厂第一次大批量生产镀锌钢丝一举成功。沈阳电缆厂领导和通辽市市长专程来厂为之剪彩。

仅仅用了8个月的时间，钢丝厂就为沈阳电缆厂生产镀锌钢丝1 400吨，完成产值386万元，实现利税43万元，产品质量全部达到国家标准。

1989年，他又以钢丝厂为“龙头”，建立了钢丝、线材、钢绞线、钢芯铝线、模具、建筑材料、养殖等七个分厂(场)，提高了各厂的综合效益。仅第三分厂短尺钢丝再加工一项就创产值120万元，获利15万元。

1990年黄甫自筹资金120万元，新增一条5 000吨钢丝生产线，改造了电热镀锌炉。在市场疲软，资金紧缺的情况下仍保持了持续发展势头。

（内蒙古自治区乡镇企业局）

黄永洲 吉林省长春市奋进乡上台子村农工商联合总公司经理兼上台子村党总支书记。是省、市优秀农民企业家，全国劳动模范。

黄永洲同志抓住经济改革的大好时机，带领群众大力发展商品经济，走农村工业化、农业现代化的道路，经过二十几年的努力，使上台子村成为全省闻名的富裕村。

十多年来，黄永洲同志带领全村群众在发展商品经济的大潮中，奋力拼搏，稳步发展。先后办起了塑料厂、针织厂、合金钢厂、水泥预制件厂、机械厂、油脂化工厂、工业搪瓷厂等11个厂，其中，年产值在300万元以上的有两个。全村工业企业固定资产1 450万元。1990年实现农村社会总产值2 510万元，集体工业企业实现产值1 150万元，人均收入2 390元，分别比1987年增加16.5倍、28.7倍和9.5倍。

在办企业过程中，黄永洲同志注重招贤纳士，依靠科技进步促进企业的发展。并舍得花本钱培养自己的技术力量，为企业素质的提高奠定了良好的基础。1984年，老黄请来一些退休的工程师，在上台子村办起了全省第一个民办科研所。这个研究所只有15人，每年实现利润都达到20万元以上。上台子村合金钢厂，过去只有一台250公斤的中频炉，1986年，他请来汽车厂的一位"星期日"工程师，投资80多万元上了二台500公斤的中频炉，不仅扩大了企业的生产能力，产品质量也有了极大的提高。1987年这个厂被确定为东北地区水泥行业定点生产厂家。工业发展了，手里有钱了。现在，每年村干部的工资都不向群众摊派。机械翻地、耕地、起垄、农田灌溉都不收费。这些加起来，相当于一年给农业补贴12万多元。有效地调动了农民的积极性，促进了生产的发展和群众生活水平的提高。村里90%以上的家庭都成了万元户，住的是一色砖瓦结构的新房，人均居住房面积20平方米，席梦思、彩电、冰箱等应有尽有。黄永洲同志真心实意地为群众工作，使上台子村发生了巨大的变化。1987年被中共长春市委命名为优秀共产党员。并被评为长春市优秀农民企业家，吉林省优秀乡镇企业家，荣立振兴吉林经济一等功。1989年被中共吉林省委授予模范共产党员，被评为吉林省特等劳动模范和全国劳动模范，光荣出席了全国先进基层党组织和优秀党务工作者座谈会。

（长春市乡镇企业局）

李其龙 黑龙江省牡丹江市郊区铁岭镇一村党支部书记兼牡丹江市华星企业总公司总经理。

党的十一届三中全会以来，他带领全村干部和群众从实际出发，大胆改革，大力发展工副业生产，引导农民走上了共同富裕的道路。1990年全村工副业产值达到2 500万元，比1980年增长了8.3倍；实现利税260万元；人均收入达到1 397元，比1980年增长4.6倍。全村固定资产从1980年的250万元增加到1 500万元，集体经济实力得到突飞猛进发展。1990年在国家"双紧"方针和市场疲软的困难形势下，李其龙和他领导的全村群众不被困难所吓倒，一方面内部集资100万元，解决骨干企业燃眉之急；另一方面积极调整产品结构，创造条件，新建扩建了绝缘材料厂、冷库、种鸡厂等八个超百万元的企业，其中新上项目超宽幅亚胺薄膜和纸铝塑复合罐，分别填补了国内和省内空白。李其龙深知人才是企业的未来，不惜重金培训本村技术人员87名，招聘高级工程师三名，工程师五名，为企业的长久发展打下了基础。

（梁祥利）

夏柏潮 浙江省绍兴毛麻纺织总厂厂长，全国优秀青年乡镇企业家，浙江省青年乡镇企业家协会会长，浙江省新长征突击手。

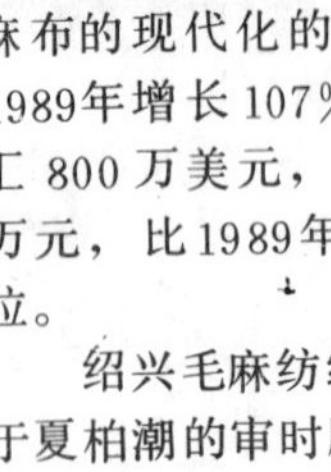

六年前，绍兴毛麻纺织总厂仅是一个设备简陋、技术低下、资金很少的乡办小厂。六年后，已发展成为拥有固定资产1 500万元，职工1 500多名，年产735万米的精纺苎麻布的现代化的出口纺织企业。1990年，总产量比1989年增长107%；完成外贸收购值4 312万元，创汇800万美元，比1989年增长55%；实现利润402万元，比1989年增长7.5%，名列全国同行业的首位。

绍兴毛麻纺织总厂能如此迅速的发展，首先归功于夏柏潮的审时度势，多谋善断。他带领全厂职工走过了一条独特的发展道路，凭籍朝气与志气、智慧与胆魄相结合，利用市场波动的契机，依靠严谨的科学管理与先进的设备、技术，借助国营大企业的协同，使企业得到迅速发展壮大。

夏柏潮根据实际情况制定了毛麻纺织总的发展战略，实践证明是行之有效的。制定的发展战略是：①发展目标：不安现状，在站稳脚跟的基础上，意识要超前，形成“快半拍”的优势；②市场竞争：不同大工业争原料，避其锐势，谋其优势，同舟共济，互补互利；③产品开发：变冷背原料为热门高、精、尖的新产品；④运行机制：自主经营，自我积累；⑤资金投向：侧重软件投入，形成以技术改造求规模、效益，用规模、效益促技术改造的良性循环。

夏柏潮同志非常重视对职工队伍的技术培训，以中国纺织大学为依托，设立了科研所，办起了技术培训学校，培养了一支由50余人组成的科技队伍，对全厂1 000余名职工进行了大规模的技术培训和考核，使全厂职工的文化素质有了明显的提高。

夏柏潮同志工作认真，一丝不苟，建厂6年多来，他没有休息天，也没有节假日，哪里有困难哪里就有他。但在管理上，他掌握了只有管幅小才能管得好的管理诀窍，全厂管理人员仅占职工总数的1.5%，受他直接管理的人员只有8名。夏柏潮也勤学习、善思考，先后求读于北京函授大学、浙江省外经外贸学校、纺织部干部学校等，使他的技术业务水平和管理能力不断提高。

（张天训　陆　刚）

王世清　安徽省合肥市淝河钢窗总厂厂长，省、市优秀农民企业家，省、市政协委员，省乡镇企业协会常务理事。

王世清是淝河儿女的优秀代表。七年前，他承包了已经倒闭的村办企业农机修配厂。当时只有三间芦席棚、几只锈台钳、一台老掉牙的旧冲床，折合一万元的资产，却背上两万元的债务，这就是王世清的起跑线。改革为他提供了成功的机遇。他抓住旧城改造的信息，在省内第一个决定开发铝合金卷闸门。他大胆冲破封闭的亲族观念，面向五湖四海广揽人才。他公开登报招聘能人贤俊，经营的、管理的、生产的、设计的、推销的……，只要有一技之长，他都兼收并蓄。上海、四川、湖北、安徽等各地几十名专门人才，很快汇集到淝河边的王大郢来。

王世清大胆探索充满活力的经营管理体制。人员不论东南西北，不限国营集体，能进能出，能上能下；职工实行合同制，干部实行聘任制，常年吐故纳新，坚持优胜劣汰；对机构因事设人，一身数任，分工合作，使企业充满活力。使铝合金卷闸门在小小村办企业中诞生，很快占领了市场，并评为“省优”、“部优”，成为淝河钢窗总厂的拳头产品。

王世清并没有满足，他抓住铝合金卷闸门这个龙头，不失时机地引进开发出系列产品——地弹门、防盗门、推拉窗、橱柜、货架乃至铝合金节能炉、香型擦鞋纸、高层建筑起吊架……各种适销对路产品，并通过多边协作联营，开办跨区域、跨行业、跨所有制的分厂、经销部、商店、酒家……，形成全方位有机运行的经济实体，分散了经营风险，提高了竞争应变能力。

7年功夫，淝河钢窗总厂已拥有固定资产385万元，流动资金150万元，职工由十几个人发展到400多人。并投资45万元，办起总厂子弟学校，为企业培养后备人才。在市场疲软的1990年，仍实现产值1 300万元，创利税128万元。合肥淝河钢窗总厂连续被评为“市级先进企业”、“省级先进企业”。

（皖　湘）

葛银生　江西省赣西化工厂厂党支部书记兼厂长，江西省优秀乡镇企业家。

1984年，葛银生同志承包江西省赣西化工厂，企业经济效益有了迅速发展。承包前年产值11万元，税利3万元，固定资产12万元，流动资金3万元。至1990年增加到年产值1 052万元，税利148万元，固定资产300万元，流动资金400万元，有干部职工96人。培养造就了一支自己的科技骨干队伍。该厂化工产品拥有四大类型、三十多个品种、五十多种规格，销售网点遍布全国三十个省、市、自治区，深受用户欢迎。其中四项达国际先进水平，并填补国内空白，五项达国内先进水平、七项填补省内空白。获部优产品一个、获省优产品二个。特别是“891环氧丙烯酸树脂”和“瞬间堵漏胶”两项科技发明成果，双获比利时第三十九届布鲁塞尔尤里卡世界发明博览会和广州第二届国际新发明新技术新产品展览会金奖，不仅为企业扬了名，也为江西老区争了光，为国家赢得了荣誉。该企业评为江西省乡镇一级企业，省、地、市乡镇明星企业和先进企业。

（江西省乡镇企业局）

李春圃　山东省济南市天桥区北园镇清河村委会主任、党支部书记，全国劳动模范、山东省优秀农民企业家。

党的十一届三中全会以来，他和村干部一起，在带领群众发展商品经济，特别是发展第三产业方面，走出了一条新路子。清河村的经济发展靠建材业起步，改革开放以来，他们遵照党中央提出的多种经营、

全面发展的方针，经过几年的努力，从一个预制件厂发展到铆焊厂、五金厂、电梯厂、风机厂等14个企业，使清河村在致富路上迈出了第一步。但是，他们没有满足于仅仅摆脱贫困，用李春圃的话说，就是要“想大事、干实的”。经过周密的分析、论证，决定充分利用清河村地理位置优越、交通方便的优势，发展第三产业，兴建高标准的明湖大酒店和济南国际贸易大厦。可在当时，清河村只有100万元的自有资金和470万元的银行贷款，仅仅是建大厦所需几千万元资金的一个零头。在困难面前，李春圃以一个企业家的雄心和胆识，提出了一个大胆的设想，就是把建大厦暂时用不着的资金用于办企业，把死钱变活钱，走一条以厦带厂、以厂建厦的新路子。实践证明，这条路走对了。从1985年到1988年，在李春圃的带领下，清河村先后建起了铝合金厂、花岗石厂、豪华灯具厂、建筑装饰材料厂、采暖设备厂等企业，使全村的企业由十几个发展到60多个，不仅为大厦建设提供了大量的原材料和设备，还筹足了几千万元的资金。如今，由清河人修建的高22层，面积为33 000平方米的高级涉外宾馆明湖大酒店和27 000平方米的玻璃幕墙装饰的济南国际贸易大厦已相继竣工交付使用，曾先后举办过全国百货订货会、全国旅游产品交易会等，初步发挥了较好的效益。与此同时，李春圃和村干部制订的改造旧村建设新村的规划，也逐步得到实现，现在全村1 000多户居民迁入了新居，村里还建有“清河教育中心”、“清河老幼乐园”、“清河医院”，1990年全村企业总产值达到1.09亿元，被省政府表彰为“发展乡镇企业先进村。”

（王裕章　宋秋玲）

杜葆华　河南省水泥工业公司水泥厂书记兼厂长，河南豫州水泥有限公司总经理，省优秀企业家，郑州市劳动模范。

他1972年任厂长以来，靠艰苦创业，开拓进取，靠抓产品质量求生存，靠讲信誉求发展，靠重视技术人才和科学管理促使企业腾飞，把一个年产只有几千吨的小厂发展为年产水泥25.8万吨，固定资产4 900万元，拥有职工1 299人，1990年实现产值3 300万元，税利450万元的企业。

1983年一场洪水冲垮了小关水泥厂，当时的厂长杜葆华并没有灰心，他一方面积极采取措施恢复生产；另一方面对水泥市场广泛调查，决心利用当地资源，建一个现代化水平的水泥厂。从筹建到投资需968万元，而自身仅有103万元，形势迫使他走横向联合之路，借力发展，先后从北京、上海、周口等地引资400万元，在本地区县、乡贷款250万元，又与省水泥工业公司签订联营合同，引回资金250万元。1985年9月，8.8万吨机立窑生产线建成投产。投产后，产品质量稳定，产品供不应求。为满足市场，杜葆华同志又筹建了Φ 3.3×118米回转窑生产线，仅用16个月就建成河南省最长回转窑水泥生产线。

为做到质量第一，他在全厂建立了厂、车间、班组三级质量管理网，坚持以化验室为中心的质量控制。由于重视产品质量，投产至今，产品一直达“双百”出厂，多次获质量管理先进单位。

杜葆华非常重视人才培训和引进，在抓人才引进的同时，采用代培自培相结合，把优秀职工送各大专院校深造。由于重视了技术和人才的发展，使企业在职工素质上和经济效益上都有了明显的提高。

（张洪祥）

万富贵　湖北省十堰市钢砂厂厂长，湖北省优秀农民企业家。

1990年，是万富贵任厂长的第四个年头，钢砂厂的产值比1987年翻了一番多，达1 266万元，利税141万元，企业不仅获农业部全面质量管理奖，而且产品在创省优、部优后，再获国家银质奖。其产品铸钢丸获国优，在湖北省实现了乡镇工业产品创国优“零”的突破。

万富贵同志任厂长后，注意抓产品质量，成立了质检科和全质办，从生产工艺到成品包装，制定了一整套质量管理细则，投资万元购置计量器17件，花5万美元从日本购进1台金相显微镜，从美国引进钢丸疲劳强度试验机，加强了质量检测手段。建立了以技术标准为主体，包括管理标准、工作标准的“三位一体”标准化管理体系，并参照美国军工标准，制定了高于国际标准的企业内控指标，促进了产品质量的稳步提高。

他积极开拓市场，挑选一批精明强干的供销人员，在全国23个省市建立了产品销售网点和信息反馈站，用户190多家。同时，他还积极开拓国际市场，产品销往日本、美国、台湾、香港及东南亚等国家和地区，年创汇达50多万美元。

万富贵极为重视企业内部经营机制的改革配套。对供销工作、业务科室和五个车间，实行二次承包，将承包指标层层分解下达到班组、个人，在分配上实行了计件工资、浮动工资、吨产品利润分成、销售额承包、百分考核记奖等多种形式，对干部实行“聘用制”和“试用制”，从而调动了全厂干部职工的积极性。

万富贵不断开发新产品，抓住二汽新上30万小轿车这一机遇，新上汽车档圈、锁圈、水箱、铜带等产品，使产品形成5大系列38个规格型号。

近年来，万富贵还采取请进来、送出去等办法，对技术工人普遍进行了培训，现已拥有大专毕业生30多名，工程技术人员42名，并从二汽聘请了近10名技术顾问。

目前，钢砂厂已新上项目，万富贵正在奋力拼博，争取在近几年内实现创国家二级企业，产值突破亿元大关的目标。

（葛天平）

帮助灾区恢复生产；他把自己当劳模的1 000元奖金也全部送给了宁乡贫困农民。

为了带领群众共同致富，他几次放弃外地高薪聘请，全部时间放在工作上，全部心血花在事业上。几年来，乡政府按目标管理给他的工资，他都只要60%左右；发给他的奖金，全部用在发展集体经济上，为广大群众谋福利。由于他带领全村广大干部群众不断进取，使一个“干鱼脑壳”的贫困村发展成为全省闻名的富裕村、文明村，多次受到中央、省、市领导的赞扬和省、市有关部门的嘉奖。

（陈湘安）

吴　奇　湖南省长沙市郊区岳麓山乡观沙岭村党总支书记兼岳麓制鞋厂厂长。1986年以来，先后被评为省、市的优秀党员、优秀农民企业家和劳动模范，全国劳动模范和七届人大代表。

1980年9月，他在“一穷二白”的村里，组织24人，借贷款4 000元，买了一台旧披皮机、一台缝纫机和一捆皮革，办起了第一家村办集体企业——岳麓制鞋厂。到1990年底，全村拥有岳麓制鞋厂、天乐鞋厂、观沙岭铸件厂、服装厂、机械厂、饲料厂、湘粉厂、商场等10个集体企业，固定资产1 300万元，流动资金850万元，其中有5个企业产品全部出口，远销日本、美国、法国、加拿大、香港等20多个国家和地区。

1990年的全村工农业总产值达到8 036万元，其中村办企业产值7 127万元，每人平均纯收入1 703元，特别是村级企业在全省夺得5个第一：村办企业产值第一（7 127万元）；出口创汇第一（1 200万美元）；上缴税收第一（300万元）；实现利润第一（700万元）；发展速度第一（增长1.9倍）。

在发展集体企业的同时，还注重加强村里各项事业的建设。1982年以来，从村办企业利润中共拿出250多万元资金扶持农业；投资60多万元为村民安装了电灯、自来水和沼气池；投资40万元，修了两条柏油路和两条砂石路；1986年起，每年拿出3万多元为每户村民订阅3份报纸；1984年起，全村的中、小学生全部实行免费教育，并投资70万元新建了一栋教学楼和幼儿园；全村60岁以上的老人实行养老金制度（每月40～60元），村民医药费用报销70%。

在发展本村经济的基础上，还积极帮助贫困地区致富，他先后帮助宁乡、浏阳等地办起了一批企业；还为浏阳的凤溪乡投资3 000元修了一座公路桥；为荆江村改水投资1万多元；宁乡县受灾，他捐款1万元

罗　苏　南海县兴发铝型材厂厂长兼党支部书记，经济师。任厂长达30年之久。30多年来，特别是改革开放以来，他带领企业干部职工坚持四项基本原则，认真贯彻执行党的十一届三中全会以来的路线、方针、政策，大力发展集体经济，走共同致富的道路。在深化企业改革，强化管理，推进技术进步，努力提高企业素质和经济效益等方面，做出了很大的成绩，使昔日一家规模较小的家用电器厂，逐步发展成为拥有固定资产4 000万元，年生产能力7 000吨，产值超亿元的、具有一定规模与水平的现代化企业。

善于思考，勇于开拓，是罗苏同志的主要特点。在企业负债累累、生产难以为继、职工干部生活十分困难的情况下，他自觉服从组织的分配，毅然挑起了这副重担。上任后，他认真对企业的状况进行全面的分析研究，找出解决问题的办法，并以超前的战略眼光，重点抓了企业新产品的开发和产品质量的提高。经过努力，企业第一年便扭亏为盈，面貌焕然一新。接着，他又带领企业干部职工开发了铝型材，闯出了发展铝合金型材的新路子。在短短5年内，企业从小到大，生产规模不断扩大，产品从单一到多样，开发出50多个系列，近1 500个品种，为扭转我国大型玻璃幕墙铝合金型材长期依赖进口的局面作出了贡献。“兴发牌”产品畅销全国27个省市，并打入了国际市场。产品的产量、质量均处于全国同行业的领先地位。有5个产品获省优、部优称号，其中一项产品填补了国内空白。

罗苏同志在实际工作中特别注重开发、使用人才，重视智力投资，强调“人才是企业的命根子，作为企业领导必须有爱才之心，求才之诚，用才之艺，护才之胆，容才之量”。为此，他大胆起用实干的技术人员以及到外地招聘工程技术人才，着力建设起一支全面

的多层次结构的人才队伍，并采取有效措施，做到人尽所长，物尽其用，大大调动了他们的积极性，使他们的才智得到充分发挥。

强化企业管理，增强管理意识，把管理视为企业兴衰成败的关键，这是罗苏同志办好企业的秘诀。他善于团结厂的领导班子，使他们形成强烈的管理意识，上下一致从基础管理工作抓起，逐步健全以质量、效益为中心的全面质量管理制度，以及生产、计量、技术等管理体系，把企业的管理工作引向规范化、标准化和现代化。1986年，企业领取了生产许可证，通过了计量合格的验收；1988年企业被评为省级先进企业，省级节能企业，并获企业管理优秀奖和通过国家二级计量验收；1989年，企业晋升为国家二级企业。同时，由于罗苏同志在发展集体经济中成绩卓著，经营管理有方，1988年，他被广东省人民政府授予广东省优秀农民企业家称号，连续几年被中共佛山市委评为优秀共产党员。

（陈文学）

夏都钿　贵州省遵义县新舟造纸厂厂长，中国造纸学会会员，贵州省法学会会员，县人大代表，1990年被农业部、劳动人事部授予“全国劳动模范”称号。

1979年，夏都钿怀着造福于新舟人民的远大抱负，接受了筹建新舟纸厂的光荣任务。夏都钿在任厂长的十余年时间里，带领全厂254名职工奋力拼搏，使新舟纸厂发展成为有固定资产552万元，年产机制纸2 000～2 500吨，年创产值690万元，年获利润132万元的中型造纸厂。

夏都钿是一位热爱学习，善于管理的企业家。他深知创业难，守业更难的朴素道理。为提高自身的业务管理水平，多年来坚持自学，同时还组织企业管理干部定期学习，自己亲自授课。为加强企业内部管理，夏都钿结合本厂实际，自己编写了一套《加强企业内部管理的若干规定》，制定了20多条管理制度，在企业有效地执行。夏都钿勇于改革，在企业推行浮动工资制，采取公开考核，民主评定，定额管理与利润、工资挂勾等一整套办法，较好地体现按劳分配原则，充分调动了干部职工的积极性，使该厂的经营管理基本实现条理化、规范化，目前全厂工作秩序井然，出现了生机盎然的景象。

夏都钿注重科学技术。为解决纸厂的污染问题，他与其他科技人员一道，利用沉淀法研究一种木素农药缓释剂综合利用项目，该项目是“七五”攻关项目。夏都钿目前正着手增加设备，新上一条生产铜板纸的生产线，以增加品种，提高企业生存能力。

夏都钿同志不谋私利，心中装着职工。夏都钿从1988年承包该企业以来，年年超额完成承包合同规定的任务，每年可得数万元超额奖，可夏都钿至今一分也没有得到，而是把这部分奖金用于扩大再生产和职工福利，深受全厂职工爱戴。夏都钿经常说的一句名言是：“人活着就要为人民做一点有益的工作，这就是我——一个共产党员的心愿。”

（李志强　陈　良）

雷仁义　陕西省渭南市五里铺村党支部书记、农工商公司经理，陕西省第五届人民代表大会代表，省农民企业家协会副会长，全国农业劳动模范。

雷仁义热心办企业，在带领农民共同致富中做出很大成绩。五里铺村处在市郊，510户，1 876人，710名劳动力。由于城市建设的不断扩大，耕地由1 700亩锐减到700亩，人均耕地从9分下降到3分多，一批人无地可种，无业可就的问题十分突出。雷仁义同志积极带领农民兴办企业，先后办起天外楼饭店、桃园酒家、西关医院、西岳商场、木器厂、漂染厂等18个村办企业，扶持联办、户办企业172家。1989年底，村办企业总产值达到870万元，上缴国家税金36万多元，纯利润73万多元，转移剩余劳动力610多人。集体的固定资产从过去不到2万元，增加到1 500多万元；人均纯收入由过去的140元增加到1 200元。户户建了两层小楼，仅一个储蓄所存款就达170多万元。

雷仁义同志廉洁奉公，带出了一个文明村风。他高度重视党的基层组织建设，使“三会”（每月5日党小组会、15日支委会、25日党员大会）制度化、规范化；“四册”（党员学习登记册、积极分子登记册、好人好事登记册、廉政考核登记册）经常化、民主化。几年来支部一班人无一人以权谋私，吃请受贿；无一人侵占公款，超计划生育；无一人滥批条子，乱占庄基地。全村55名党员在支部带领下，在两个文明建设中发挥了先锋模范作用，带动五里铺村连续四年无超计划生育，三年无违法乱纪行为。1989年荣获渭南市“文明村”称号。

（赵天振）

赵志顺　甘肃省兰州市安宁长城机械厂厂长，省优秀农民企业家。

1984年，30岁出头的复员军人赵志顺回乡后，被安排在濒临倒闭的兰州市安宁区的一个小型农具厂。那时，职工人均年工资不足500元，生产经营萧条，纷纷提出关门回家种地。他毛遂自荐担任厂长。一改往日松散的工作作风，甩掉传统作坊式的生产经营方式，在铸造行业中异军突起，成为甘肃省同行业中生产各种铸铁件40多种规格、100多个品种的专业化协作定点企业，年生产能力达1 500多吨，1990年销售收入200多万元。

为了企业的兴旺发达，他几乎是每天第一个来厂，最后一个离厂。他说："乡镇企业先天不足，要想尽快把企业搞上去，只有扬长避短，借梯上楼，甘当配角，依靠大企业锻炼和发展自己"。1985年以来，他们先后与兰州水泵厂、兰州电机厂等20多家大中型企业建立了协作关系，当年完成产值60多万元，企业效益倍增。至1990年，销售收入年均递增36%，产值利税年均递增26%以上，成为全省1.3万个乡村企业中的佼佼者，走在全省铸造行业的前列。近几年来，该厂聘请高级技师，学习先进技术，培训技术人员，企业技术力量和职工素质都有了显著提高。兰州水泵厂所需的250s四种型号的泵体铸件，工艺复杂，技术难度高，全省许多铸造企业都难以加工。他欣然接受，从1987年至今，共加工800多吨水泵铸件，均达到了国家标准，解决了兰州水泵厂长期在外地加工铸件的困难。

如今，他领办的这个企业已拥有固定资产77万元，流动资金62万元，已晋升为甘肃省一级企业。

（李德新）

白雪山　银川市劳动模范，宁夏乡镇企业优秀厂长（经理），全国优秀青年厂长（经理），全国新时期优秀集体建筑企业家，1990年被评为全国农业劳动模范。

白雪山同志1984年担任宁夏银川郊区第二建筑公司经理，敢于开拓进取，坚持正确的经营方向，使一个亏损4.9万元的建工队，在短短的5年时间里，一跃成为全区乡镇企业产值最高的企业。1989年创总产值1 150万元，实现利税78万元，固定资产160万元，全员劳动生产率达13 200元。1987年公司被国家城建部评为全国先进集体企业。

1984年，良田乡党委把一个濒临倒闭的建工队交给了年仅23岁的白雪山同志。在他的精心经营下，当年完成产值120万元，上缴税金4.8万元，归还贷款4万元，上交管理费2万元，职工队伍也增加到150人。

为了企业的生存发展，身为公司经理的白雪山同志深深懂得，只有坚持以质量求信誉，靠信誉求发展，积极培养人才，引进人才，加强管理，企业才能兴旺发达。几年来，先后聘请工程技术管理人员18人，培养技术管理人员30多人。为了提高企业的应变能力，他坚持走一业为主，多种经营的路子，先后办起了木材加工厂、预制件厂、木器沙发厂、运输队、物资供应站、供销商场、饭庄等，与自治区金属公司联营办起了金属制品厂。职工队伍也扩大到1 000多人。他把竞争机制引进企业内部，实行层层承包，把指标分解到班组，责权利相结合，激发和调动了职工的责任感和积极性。

在成绩和荣誉面前，白雪山同志始终保持艰苦朴素的光荣传统，贡献多了，荣誉也多了，但他的办公环境仍然是原来的平房。1988年，他把建筑公司全年完成承包指标应拿的4 000元奖金，全部用在了职工的培训上。平时，他对自己要求严格，从不搞特殊化，而又时常关心职工生活，表现了一个共产党员的高尚情操。

（刘世贤　袁正雄）

崔巨垣　广州市番禺县南兴服装厂的厂长兼党支部书记。十年来，在党的开放改革的路线、方针和政策指导下，他团结全厂广大干部、职工，不断开拓，勇于进取，使南兴服装厂从小到大、从低向高发展，在服装行业出口企业中，成为番禺县之冠，在国际上享有声誉。

崔巨垣同志1981年调到南兴厂担任厂长，当时该厂是一间只有百多台脚踏缝纫机、厂房在一间旧祠堂、仅有员工120名，只生产低档童装、童衣的小厂。随着国际市场的变化，童装生产业务急剧下降，到1984年企业产值、利润、创汇比1983年下降34%，企业人心浮动，在这种严峻形势下，崔巨垣同志深入社会调查研究，他清楚看到，全国服装厂成千上万，竞争十分激烈，要想本厂在竞争中站稳脚跟，必须彻底改造旧的管理体制，大力改善投资环境，发展中、高档服装，面向国外市场。1983年开始，他下大决心，对自身企业进行认真改造。首先撤掉旧有平房，重建一座1万平方米的新厂房；接着淘汰了原有老设备，引进全套新设备；进一步改革管理体制，打破干部的"终身制""铁饭碗"，实行聘任制，并在生产劳动上实行"剪票记工"和技术质量管理上"一条龙”的先进管理方法。与此同时，调整产品结构，放弃童装生产，转产以真丝和优质化纤为主面料的各式高档时装。为了提高竞争能力，他还以国际市场为导向，调整经营策略，采取多渠道、多层次的“一厂三制”(以制衣厂为主，建立合资（合作）、来料加工、自营出口）的形式，建立了“六厂两公司”的外向型集团式的企业。

经过以崔巨垣同志为首的全体干部、职工的共同努力，目前南兴服装厂共有员工近2 000名，厂区占地面积达3.2万平方米，厂房面积1.9万平方米，进口各种先进制衣设备1 800台（套),固定资产1 000万元。1990年从以南兴厂和嘉仙力厂的实绩来看，各种服装产量达18.8万打，产值（工缴费）达2 600万元,为国家创汇638万美元。产品质量全部符合国家出口标准，其中真丝化纤连衣裙获省、市优质产品；真丝化纤女恤是部优质产品。该厂党支部连续几年被评为省、市、县先进单位；工厂被评为县“经济发展先进单位”、“文明单位”、“四化建设先进单位”;1988年被评为“广东省级先进企业”,以及国务院、外经部联合颁发的全国创汇大户的“飞龙奖”等光荣称号。崔巨垣同志从1988年开始连续被评为“优秀共产党员”、“优秀厂长”、“广州市优秀乡镇企业家”和“广州市先进生产（工作）者”。

（潘楷乐）

周立海　中建物资公司沈阳联合钢窗厂厂长，辽宁省沈阳市优秀乡镇企业家、省优秀厂长。

1990年，全国建筑业不景气，建材钢窗行业普遍滑坡的困难形势下，该厂钢窗生产突破6万平方米，比上年增长30%，实现产值525万元，利税108万元的好效益。

钢窗厂建厂于1986年，当时办厂资金相当紧张，是周立海带领全厂职工，艰苦创业建工厂，他们一不贪大，二不求洋，摸着自己腰包，买材料、购设备，没花国家一分钱，在较短的时间内完成土建、设备安装，生产出合格产品。为了村民们的共同富裕，他坚持把每年的盈利，不是“分光吃净”,而是积累起来，用于企业扩大再生产。采取“滚雪球”的办法，不断扩大企业生产规模。从建厂初期的十几名职工的一个车间，发展到现在的五个科室、七个车间（分厂),职工人数达到250多名，固定资金180万元,流动资产160万元，均比1986年增长3倍。

1986年建厂伊始，周立海就特别重视产品质量，积极推行全面质量管理，逐步建立健全了质量管理体系和保证体系，制定了完善的企业管理标准和工作标准，使企业各项经营管理工作走上正轨。1990年获沈阳市“质量管理奖”。周立海在领导企业中，坚持“质量第一,用户至上”的原则。为了尽快提高产品质量，在开展全员培训的过程中，他很有远见地选送具有较好业务素质的管理和工程技术人员到东北工学院深造，并聘请大学生、硕士研究生来厂充实技术管理力量，使产品质量不断提高，主导产品32mm实腹钢窗1987年获建设部颁发的生产许可证，1988年被评为沈阳市“优质产品”,1990年申报部优产品。

1990年该厂与中建物资公司结为联合体，使钢窗厂发展又迈上一个新台阶。周立海的“经营之道”是企业要发展，就要不断开发新产品。他注意市场动态，及时把握产品结构调整时机，他领导企业开发的新产品又取得新成果，1990年9月通过市级鉴定的60mm实腹钢窗新产品已大批进入市场，深受广大用户的欢迎和青睐。鉴定认为该产品不仅填补了东北地区的空白，而且达到国内同类产品的先进水平，并以此替代造价昂贵的铝合金推拉窗，为国家节省大量的建设资金，具有较大的社会效益。

从建厂初期，在组织建厂大干时，他就把解决职工生活摆上重要日程。一是解决职工“吃饭难”,建立了食堂、托儿所、休息室,还为职工购买了液化气罐，冬天为职工送去取暖用煤。二是解决职工种口粮田。1988年成立了农业车间，对口粮田实行统一耕种。三是根据职工经常上夜班，帮助办理了家庭财产保险，又为双职工解除了后顾之忧。这些办法都受到职工的欢迎，职工安心生产、关心企业兴衰。周立海的做法受到省市有关部门的肯定和赞扬，省市新闻媒介报道中称这是乡镇企业的一个创举。

周立海十分重视企业文明生产和职工文化生活的建设，并取得可喜成绩。1989和1990连续两年被辽宁省委、省政府命名为“文明工厂”。周立海本人于1986年被评为区劳动模范，1987至1990年连续四年被沈阳市人民政府命名为“优秀乡镇企业家”,被省政府命名为“优秀厂长”。

（王乃昌）

于维训　大连北市工业总公司总经理兼党总支书记。多次被评为区先进工作者，模范工作者，两个文明建设积极分子，优秀党支部书记，市、区劳动模范，大连市最佳农民企业家，辽宁省优秀农业企业家。

大连北市工业总公司（即南关岭公司）座落在大连市北郊，占地11.4平方公里，总人口1.2万人，其中，农业人口4 439人，劳动力2 674人，专业菜地897亩，粮地805亩，果树面积2 515亩。

党的十一届三中全会以后，特别是1984年后，于维训把发展乡镇工业做为振兴农村经济的主攻方向，他勇于开拓，锐意改革，提出“三破、三立、一转变”的口号，即：破除满足现状、因循守旧和守摊子，树立面向国际大市场、创新超前和开拓进取的思想，实现由小农经济向商品经济的观念转变。1980年只有9个工副业厂点，1989年发展成为具有建材、冶金、化工、食品、饲料和机械加工6个行业50多个乡镇企业，1990年完成工业产值10 150万元，在全国村级单位名列第21名。公司集体总收入11 500万元，比1980年427万元增加25.9倍；税金856.57万元，比1980年23.9万元增加34.84倍；集体公共积累566.36万元，比1980年51.27万元增加11倍；人均收入1 135元，比1980年238元增加3.76倍，劳均收入2 192元，比1980年514元增加2.96倍。1990年实现利税1 200万元，完成出口产品交货额2 890万元。“雪力”牌大六口散热器，“白玉”牌镁质消石灰粉，“宇宙”牌白灰及热轧窗框钢等分别被评为部、省、市优质产品。

在发展乡镇工业的同时，蔬菜生产及上市连年按月、按季完成国家计划，生猪存栏由1988年的1 500头猛增到1990年的1万头；以工补农275万元，使承包户农机具的使用、运输享受半价收费，农田的翻、耙、压实现机械化，农业的各种税金均由集体承担。

于维训重视两个文明建设，为2 000多户居民安装上自来水；为1 500户农民购置液化气罐；投资22万元建了文化中心；投资45万元新建市一流的托儿所；投资30万元修建浴池；为新建农民住宅楼补贴75万元；修柏油路投资40万元；每年平均拿出33万元为退休农民发退休金，实行医疗费80%报销和农户子女免费念高中制度。自1987年以来，公司连年被评为省文明村。

（大连市南关岭公司）

徐在山 哈尔滨红光实业总公司总经理兼书记，经济师，中国乡镇企业协会常务理事，黑龙江省乡镇企业协会副会长，哈尔滨市人大常务委员会委员、市人大财经委员会委员。曾任中共哈尔滨市委六、七届委员。

徐在山同志在20多年的场长、经理生涯中，带领全体职工，艰苦创业，奋力拼搏，坚定不移地贯彻执行党的十一届三中全会以来的路线、方针、政策，把一个只有3万平方米场区、几万元资产、生产单一的小小红光畜牧场，发展成为拥有场区25万平方米，固定资产1 000万元，流动资金600万元，由12个独立核算单位组成的“牧工商饮服”综合经营的哈尔滨红光实业总公司。

在他的领导下，企业树立了“改革奋进、艰苦创业、共同富裕”的企业精神，提出了“全国争一流，全省争排头，全市争第一”的奋斗目标。1984年以来，深化了企业内部改革，确立了企业内部新型经营管理机制，形成了自负盈亏、自我积累、自我发展、自我完善、自我约束的机制，使企业总产值连续六年平均以43.5%的速度递增。1990年完成总产值2 214万元，利税235万元。公司实行了公费医疗、劳保退休，给职工子女报销从小学到大学的全部学费，实现了少有所学、老有所养、病有所医、死有所葬。1990年还兴建了四栋六层二万平方米设施齐全的家属大楼，全公司男女职工住房一次性全部解决。职工年均收入3 678元，人均收入2 173元，已初步迈进小康之路。

徐在山同志几十年如一日，从不拿高工资，坚持职工平均工资，乡镇府规定的干部补贴、奖金他都从未拿过，他的子女与职工子女一样，在高中毕业后到场里统一分配工作。

在他的领导下，企业连续被评为哈尔滨市先进单位，获企业管理优秀奖，省级文明单位、全国首届畜禽优秀养殖企业等23种荣誉称号。徐在山同志连续荣获市优秀党员、市劳动模范、标兵，省劳动模范，全国农业劳动模范。省、市优秀乡镇企业家，东北三省优秀农民企业家，全国优秀养殖企业家和省、市优秀企业家等称号。

（马宝荣）

石兰昌 青岛楼山农机厂党总支书记、厂长，青岛市劳模，山东省劳模。

80年代，青岛市乡镇企业发展迅猛，一跃而居于全国前列。在众星璀璨、百芳争艳的乡镇企业中，青岛楼山农机厂显得分外夺目。1986年以来，该厂的主导产品——农用挂车先后荣获4个“部优”、3个“省优”；1990年晋升为国家二级企业，并荣获全国乡镇企业思想政治工作先进单位称号。楼山农机厂的发展和腾飞，使人首先想到她的开创者和当家人——厂党总支书记、厂长石兰昌。

1982年，行业调整刚过，石兰昌就清醒地认识到：在小挂车生产定点7家中，楼山农机厂是唯一的乡镇企业，若没有企业管理和产品质量上的硬功夫，随时都可能被激烈的市场竞争挤出去。他首先着手抓制度建设，集中了各方面意见，在厂里建立起规章制度39种，工作程序21项，制定了从厂长到一般工人岗位责任制和奖惩细则；接着又把9种主要产品分解为2 070个部件、2 142道工序，11 301个工步，逐一核定工时定额；在全厂建立原始记录点61个，各种统计报表23种，台账54种；增添了微机和先进的检测设备，花了几十万元建起了各种控制室；在车间设立质量管理点6个，成立质量管理小组22个，使企业的管理水平一年上一个新台阶；在全国百余家生产定点企业中，第一个通过二级计量；在全市乡镇企业中，第一个运用微机管理；1987年被评为市级先进企业，1989年晋升省级先进企业，1990年进入国家二级企业行列，并荣获农业部质量管理奖；优质产品率达92%；企业自有资金达1 100万元，产值达1 800万元，利税达 300 多万元。

石兰昌知人善任，虚怀若谷。现任副厂长赵丕广进厂时只有19岁，但善学肯钻，作风扎实，在技术革新和设备改造方面敢挑重担，仅设计制造的“挂车上箱滚压机”一项，就为厂里节约资金20多万元，被职工誉为“土专家”。石兰昌将他破格提拔为技术科长、副厂长，独挡一面；对技术人员，石兰昌工作信任，生活关心。对全厂职工，石兰昌真情实意、心心相印。尽管底子不厚，还是拨专款建起食堂、澡堂和幼儿园，为职工购置了液化气具，定期补贴供应；职工一律实行公费医疗，还实行了劳保退休制度，并为每位职工投保了1 000元的家庭财产险；对自己，石兰昌要求严格，处处以身示范。厂里大小十几部车，可他坚持步行半小时上下班；按企业承包合同，他累计可拿奖金6万多元，可他也没拿。区政府奖励他个人8 000元，他把一半分给了中层干部，又拿出一部分给厂幼儿园孩子买了玩具。石兰昌以自己的一身正气、两袖清风，带动其他领导和全厂职工，为全面开展企业管理和思想政治工作打下坚实的基础，企业“两个文明”建设硕果累累。自1987年来，连续 4 年被评为“市级先进党支部”。连续 4 年被评为“山东省文明单位”，1990年，还在全国乡镇企业思想政治工作先进单位表彰大会上作了经验交流。石兰昌本人也先后被授予青岛市优秀党员、市劳动模范、省劳动模范等荣誉称号，并被评选为青岛市乡镇企业家协会副会长。

（李开信）

李如成　宁波市中外合资雅戈尔制衣有限公司总经理、市先进工作者、省优秀厂长、宁波市“七·五”劳模。

李如成是一位具有不断进取精神和勇于改革的企业家。1983年担任厂长后，与上海开开百货公司实行横向经济联营，吸收上海的先进技术和管理经验，创出了具有特色的“北仓港”名牌服装，扩大了市场销售量，提高了企业知名度，使企业的产值从1983年的43万元增至1990年的3 629万元，利润相应从5.3万元增至285万元。1990年晋升为国家二级企业，成为浙江省服装行业首家进入国家级的先进企业。

李如成十分重视企业管理工作。实行以车间承包责任制和销售工资费用包干为主的企业内部经济承包机制。同时，不断完善计量、标准化、定额制度，加强职工培训，信息管理，档案管理工作，使企业各项工作都纳入规范化管理轨道。企业积极开展产品创优，多次在全省、全国性同行评比中名列前茅。企业创部优、省优产品 5 个，优质产品产值占总产值90%以上。

在企业内部，把质量与工效紧密挂钩，实行按质量、产量计酬办法，有效地处理了质量与产量的关系。

李如成认为，提高人的素质是提高企业整体素质的关键。企业坚持以人为本，把提高职工素质作为企业整体素质提高的重要手段。企业在近 3 年里，积极引进人才，吸收了13名大专毕业生和 9 名中专毕业生；还派遣40多名骨干到高等院校学习专业技术知识，从而使企业职工队伍的文化素质和技术业务水平达到了一个新的高度。

（余晓波）

吴玉富　长春市二道河子区英俊乡英俊村党总支书记、英俊村村长、长春市英俊农工商公司总经理。高级经济师。吉林省优秀乡镇企业家和优秀农民企业家。吉林省特等劳模、全国劳模。

吴玉富是一位肯于学习，不自满，懂农业、牧业、及工业技术的领导干部，他勇于开拓，坚持走社会主义道路，带领英俊村人在改革的浪潮中奋力拼搏，改变了贫穷落后的面貌，成为有名的富裕村。

英俊村是拥有资金 5 500万元的富裕村，也是长春市主要副食品基地之一。1990年总产值比前10年翻了5.6番，达到6 294万元。1990年全村纯收入1 100万元，按农业人口平均收入5 658元，是全省首批达到小康水平的村。吴玉富带领英俊村人坚持无农不稳原则，贯彻科技兴农的方针，大搞农业机械化、水利化、科学化、良种化、系列化建设，满足城市人民蔬菜的需要，丰富市民菜篮子。实现了耕地畦田化，水利设施配套成龙。

吴玉富在发展农村商品经济中，扬长避短 发挥本村的优势，创出一条科学的自我积累、自我发展、自成体系、抓规模、上水平、大力发展村办工业的路子。他重视科技，亲自抓科技，舍得在智力上投资。全村有四项科技项目被列为国家级科技星火计划，三项列为省级科技星火计划，三十多项被列为市、区、乡级科技计划，是闻名的科技密集村。他还发明了畜禽废弃物熔炼蒸煮干燥机，为在国内开发动物蛋白源创出了新路。

吴玉富在政治思想工作、党的建设、精神文明建设、计划生育、社会治安及村政建设上都作出了重大贡献。

（长春市乡镇企业局）

重 要 会 议

全国乡镇企业工作会议

部分省（市、区）份乡镇企业局长座谈会

全国第一届乡镇企业学术研讨会

乡镇企业与信贷管理工作座谈会

全国乡镇企业系统质量工作会议

全国乡镇企业工作会议

为了进一步贯彻中央治理整顿、深化改革的方针，推动乡镇企业持续健康发展，农业部于1991年1月11日至14日在北京召开了1990年度全国乡镇企业工作会议。各省、自治区、直辖市、计划单列市乡镇企业局局长，各地开展“企业管理年”活动先进单位代表、国务院有关部委和新闻单位代表及1990年度晋升为国家二级企业的厂长（经理）等200多人出席了会议。中国乡镇企业协会的会长、副会长也应邀出席了会议。

农业部副部长陈耀邦在会上作了题为“总结经验，明确任务，把乡镇企业推向一个新的发展阶段”的报告。指出这次会议的中心任务是：认真贯彻党的十三届七中全会精神，总结交流“七五”期间乡镇企业发展的主要成就和经验，研究“八五”期间发展乡镇企业的思路、主要任务、战略目标和主要措施，部署1991年的工作，把乡镇企业推向一个新的发展阶段，为建设具有中国特色的社会主义作出更大的贡献。

陈耀邦副部长重点讲了两个问题：第一个问题是正确评价“七五”成绩，总结成功经验，坚定不移地把乡镇企业这一宏伟事业推向前进。陈副部长说：总的来看，在“七五”期间，乡镇企业经历了风风雨雨，实现了持续发展，获得了提高，作出了较大贡献。主要表现在：经济实力进一步增强；企业素质明显提高；产业结构逐步趋向合理；对国民经济和社会发展的贡献越来越大。“七五”期间，全国社会总产值净增量中，乡镇企业占31.5%；乡镇企业总产值在全国社会总产值中的比重从1985年的16.6%上升到25%。全国工业总产值净增量中，乡镇企业占37.7%；乡镇工业产值占全国工业总产值的比重从18.8%上升到30%。农村社会总产值净增量中，乡镇企业占67%。全国出口创汇净增量中，乡镇企业占28%；乡镇企业创汇占国家外汇收入的比重由不足14%上升到21.6%。乡镇企业“七五”期间共安排农村剩余劳动力2 220万人，占全国就业人数净增量的57.6%；乡镇企业从业人员占农村劳动力的比重由18.8%增加到22%。乡镇企业对农村各项事业建设投资450亿元，以工补农建农270亿元。陈副部长在报告中还总结了“七五”期间乡镇企业发展的主要经验：一是贯彻中央正确的方针、政策，各级党政加强领导，有关部门积极扶持。二是发挥亿万农民的积极性和创造性。三是发挥乡镇企业灵活机制的优势。乡镇企业在国家计划指导下形成了以市场调节为主、自主经营、自负盈亏、自我约束、自我调节、自我积累、自我发展、多劳多得、优胜劣汰等一整套机制，正是这些机制及其在实践中的不断完善，使乡镇企业在发展中始终保持了旺盛的活力和勃勃的生机。四是努力提高企业自身素质。五是量力而为，千方百计增加必要的投入。六是充分发挥乡镇企业主管部门的职能作用。

陈副部长讲的第二个问题是认清当前形势，明确“八五”任务，加强组织领导，扎扎实实地工作，把乡镇企业引向新的发展阶段。陈副部长说：“八五”期间全国乡镇企业工作总的思路是：认真贯彻党的十三届七中全会精神，继续贯彻落实“积极扶持，合理规划，正确引导，加强管理”的方针，进一步组织实施《中华人民共和国乡村集体所有制企业条例》，统一思想，稳定政策，理顺关系，积极创造良好的外部环境；继续治理整顿、深化改革；继续深入地加强企业管理工作和“双增双节”运动，推进科技进步；把工作的着眼点继续放在依靠科技、提高企业整体素质、提高产品质量和经济效益上；实行内涵发展与外延发展并重，经济效益、社会效益、生态效益并重，国内外两个市场同时开拓；促进乡镇企业持续、稳定、协调、健康地发展。依据这个总的思路，提出了“八五”期间的工作目标：要求乡镇企业在提高企业整体素质上、在发展外向型经济上、在优化企业组织结构上、在科技进步、技术改造上、在提高人才素质上、在提高产品质量和提高经济效益上有新的突破。并提出了为做好工作必须采取的有力措施：认真贯彻落实发展乡镇企业的各项方针政策，努力创造良好的外部环境；进一步调整经济结构，促进生产要素的优化组合和发展生产力；狠抓强化管理与技术进步“两轮齐转”，推动企业整体素质的提高；大力开拓国内外“两个市场”，加快外向型经济的发展；继续深化改革，不断增强企业活力；注重完善积累机制，不断增强企业发展后劲；始终坚持“两手抓”，夺取物质文明建设和精神文明建设双丰收；切实加强组织领导，争取各方面支持乡镇企业发展。

农业部部长刘中一、人大常委会副委员长费孝通、中顾委委员方强同志出席了会议并作了重要讲话。

在这次会议上，农业部对在“企业管理年”活动中做出突出成绩的北京市通县乡镇企业局等174个县级和309个乡级乡镇企业主管部门和单位进行了表彰，并在会上公布了1990年农业部批准的国家二级企业名单。

（刘力进）

部分省(市、区)份乡镇企业局长座谈会

1990年8月15日至19日，农业部在北京召开了部分省（市、区）份乡镇企业局长座谈会，参加会议的有北京、天津、上海、山东、江苏、浙江、江西、湖南、山西、四川、陕西、河南、广东、新疆等二十几个省、市、区乡镇企业局长及农业部、国家计委、国务院秘书局等部门代表共四十余人。这次会议的任务是，交流经验，分析形势，部署下半年的工作。会议结束时，农业部乡镇企业司司长黄海光、农业部副部长陈耀邦先后作了重要讲话。

黄海光讲话时指出，各地同志在上半年都作了大量的艰苦工作，而且工作扎扎实实、卓有成效。这主要表现在三方面，首先表现在今年上半年乡镇企业虽然遇到了罕见的困难，受到市场疲软和资金紧缺的双向冲击，受到投入断层和基层换届的双重影响，但乡镇企业在困难中继续前进。其次表现在各省、市、区乡镇企业主管部门做了大量的工作，在改善政治环境和经济环境上程度不同地有所突破。其三表现在乡镇企业发展速度回升比国营企业还要快一些，在客观上还起到了“小兄弟拉大兄长一把”的作用，使人们认识到了乡镇企业对国民经济发展的重要作用。

他说，现在有两个突出的问题需要好好研究。一个是提高企业素质问题，要从现在起就下决心，花主要精力练好内功。因为在今后乡镇企业发展的道路上，从我们的愿望来说，是希望有一个更好的、更为宽松的外部环境条件，但我们也必须认识到，往后已不可能再出现象80年代中期那样的环境了，因此，从现在起我们就要把企业内功练好，把基础打好，这样才能立于不败之地。第二个问题是经济实力问题，乡镇企业资金来源不能主要依靠银行贷款，要从现在起切实引导企业走自我积累、自我发展的路子，这个问题解决了，企业经济实力雄厚了，就能使企业在任何风浪冲击面前“我自岿然不动”。

陈耀邦在讲话中着重讲了三个方面的问题：

1. 正确对待当前乡镇企业面临的问题和困难。经过一年多的治理整顿和深化改革，乡镇企业在结构调整、技术进步、管理水平以及企业整体素质的提高等方面都取得了明显的成效，但是从统计分析和各地反映的情况看，目前乡镇企业的发展仍面临着十分严峻的问题和困难，不可掉以轻心。这主要表现在：发展速度回升缓而不稳，企业经济效益下降，就业压力继续增加，结构调整进展缓慢，外部环境的困难没有明显的缓解，不少企业经营管理薄弱，企业发展后劲明显不足。对此应引起足够的重视，要予以充分估计和正确对待，宁可把困难想得多一点，工作做得更扎实一些。要把问题和困难作为机遇，把市场疲软的困难转化为产品调整的机遇，把产品积压的困难转化为强化销售的机遇，把资金紧张的困难转化为开源节流的机遇，把工作难度增大的困难转化为改进工作方法和工作作风的机遇，兢兢业业，努力把工作做好。

2. 充分利用治理整顿和深化改革带来的机遇。要在上半年已经做了大量工作并取得较好成绩的基础上，继续振奋精神，鼓足干劲，努力做好后几个月的工作，力争今年任务的完成，为明年和“八五”期间乡镇企业的持续稳定协调发展打下一个好的基础。当前，首先要振奋精神，增强信心，在认识形势严峻、任务艰巨的同时，还要充分看到有利条件：治理整顿期间，党中央、国务院对发展乡镇企业的路子一再给予充分肯定，更加重视；配合《中华人民共和国乡村集体所有制企业条例》(以下称《条例》)的贯彻和中央领导同志有关乡镇企业指示的宣传，外部舆论环境明显好转；地方各级政府和乡镇企业主管部门以及广大乡镇企业干部职工一度波动的思想趋于稳定；治理整顿中乡镇企业逐步调整了产业、产品和企业组织结构，强化了企业管理，加快了技术改造，完善了企业运行机制，使企业整体素质明显提高；今年以来，国家在信贷、物资方面对乡镇企业的政策有所松动，全国能源、原材料和交通运输情况已有所好转；全国经济治理整顿、深化改革取得明显成效，大的环境的改善为乡镇企业的发展创造了有利的外部条件。因此，在艰巨任务面前，只要树立充分的信心，在党的领导下，依靠群众，扎扎实实地做好工作，任何困难都会被战胜。

3. 积极引导和促进乡镇企业持续稳定健康地发展。下半年，要集中精力抓好以下几方面工作：一要认真抓好《中华人民共和国乡村集体所有制企业条例》的学习、宣传和贯彻工作，不失时机地为今后乡镇企业发展创造一个更好的外部环境条件。当前改善外部环境，最主要的是理顺与有关部门的关系，《条例》明确规定了乡镇企业主管部门的职能，以及各有关行业管理部门的职责，它是规范各有关部门扶持和指导乡镇企业的法律依据，我们要认真落实，将过去不够协调的关系进一步理顺。今后除了做好《条例》的学习、宣传工作外，各地还要抓紧搞好实施细则的制定工作。二要更加深入、扎实地开展“企业管理年”活动，苦练“内功”。下半年在乡镇企业中要深入开展这一活动，为此各地应结合自己情况，认真总结推广一些好的经验，进一步加强领导工作，要和贯彻《条例》结合起来，促进企业管理更加规范化、科学化，同时要和开展“双增双节”活动、企业升级活动结合起来，使这

一活动落到实处，取得成效。三要进一步因地制宜地搞好产业、产品、企业组织结构的调整。主要抓两方面工作，一是以开拓市场为目标，加快产品结构的适应性调整。要摸清市场，坚持以销促产，发展适销对路产品，这是乡镇企业走出市场疲软困境的现实出路。二是各地要抓紧研究“八五”期间的调整工作。要紧密结合乡镇企业“八五”计划和十年规划的制定，研究提出“八五”调整的总体设想，明确产业发展方向和调整目标，理顺工作思路，制定相应的保障政策和措施。

（邹范鸣）

全国第一届乡镇企业学术研讨会

中国乡镇企业协会学术委员会于1990年9月19日至25日在河南省洛阳市召开中国乡镇企业第一届学术研讨会。参加会议的有大专院校、科研单位、政府部门、新闻单位以及乡镇企业代表约70人。会议重点讨论了农村剩余劳动力和中国工业化道路的问题，共收到论文30余篇。

与会同志一致认为，农村剩余劳动力已成为一个严重社会问题，如不采取相应转移措施，农村剩余劳动力“爆炸”将不可避免，这应引起全社会的极大关注。造成我国农村剩余劳动力的原因，一是长期以来农村人口自然增长失控；二是我国城市、农村劳动力存在双过剩，城市工业化过程对农村剩余劳动力吸收极为有限；三是严格的户籍和口粮制度限制农村劳力向城市转移；四是农业机械大量增加对劳力的替代。长期以来，农村剩余劳力就业问题得不到应有的重视，有些人讲就业只讲城市，不管农村，对占全国百分之七十多的劳动大军出路何在没有通盘计划，对农村劳力就地转移、就地安置没有支持和扶持政策，对农村劳力转移的职业教育，还未列入国家教育规划之中。大会呼吁有关方面应把农村劳力就业摆到重要地位，因为占全国人口80％的农民的命运和前途，决定着我国的命运和前途。

与会同志一致高度评价乡镇企业在安置农村剩余劳动力中的重要作用，认为在农村发展乡镇企业为农村剩余劳力转移开拓出了一条符合中国国情的道路，有着极其深远的国内和国际意义。但是，乡镇企业是农村剩余劳力转移的主渠道，而不是唯一渠道，在大力发展乡镇企业进行劳动力转移同时，还应拓宽向城市劳力输出的渠道，发展多种经营，向农业生产的广度和深度进军，发展家庭经济，缓解就业压力。不同地区应视当地资源、劳力、社会条件不同，各有侧重。地少人多的以乡镇企业转移为主，边远山区以当地资源开发为主。目前乡镇企业职工已占当地总劳力60％以上的，今后不是强调再转移的问题，而是要把重点放在对现有劳力素质的提高上；乡镇企业职工占总劳力40％以下的，可有计划、有步骤地逐步转移，但要防止一律化、一刀切。从全国来说，农村劳动力转移，一要考虑目前我国以手工操作为主的农业生产水平，二要考虑国家承受能力。因此，不宜过快、过猛，当前向乡镇企业转移以占农村总劳力50％为宜，在农业机械化的基础上，今后可达到70％。农村劳力转移，国家应统筹规划，通盘安排，并创造必要的条件，在能源、资金、物资需求方面予以考虑，使农村劳力转移落在实处。

与会同志指出，中国工业化的道路是城市工业化与农村工业化相结合。建国40多年来，虽然我国在工业建设中取得了重大成就，逐步建立了独立的比较完整的工业体系，工业产值已占工农业总产值绝大比重，许多工业品产量在世界上名列前茅，但由于在工业化中没有从我国11亿人口、9亿农民这一基本国情出发，孤立地在城市发展工业，而对占我国人口80％的农民出路未作安排，所以我国工业化自觉不自觉地走了一条工业城市化、人口农村化、企业国有化的道路，使我国目前仍处在农业——工业国阶段。在我们这样一个农村人口占总人口约80％的国家实现工业化，首要的问题是要把实现工业化与解决农民问题结合起来。在我们这一特殊国情下，今后我国工业化的道路，不是工业向城市高度集中，不是农村人口大量涌入城市，也不是只靠国家投资办国营工业，安置数亿农村剩余劳力，而是要走自己的路，走有中国特色的工业化道路。这就是：在国家工业化总体宏观计划指导下，在产业政策引导下，以工业现代化为目标，以科学技术为原动力，以发展社会主义公有制经济为主体，以国营工业为骨干，积极发展城乡集体工业，适度发展个体工业和私营工业，实行城市工业和农村工业相结合，国家投资与民间集资相结合，根据国内外市场需要，发挥各自优势，统筹规划，合理布局，协调发展。

与会同志指出，农村工业化，是指在国家工业化总体方案和产业政策指导下，以市场为导向，以乡村集体工业和农民合作工业为主体，依靠自我积累、自我发展、自主经营、自负盈亏的机制，以农村集镇为依托，以科技进步为动力，走离土不离乡，进厂不进城，使农村城市化的道路。

与会同志呼吁：我国工业化要按城市工业化与农

村工业化相结合的城乡一体化总格局，统一规划，合理分工，一视同仁，协调发展。要积极扶持目前滞后的农村工业化，为其生存发展创造必要的外部条件。因此，国家对农村工业发展，既不能采取过去计划不承认主义，也不能套用对国营工业的指令性计划的旧模式，还不能继续目前只列发展指标不作相应能源、物资、资金保证指标的虚计划，而应采取发展方向上的宏观指导，使其在计划指导下，以市场为导向，在国家的能源、物资、资金规划和分配中，有自己户头，有一定额度，不能只取不予，要给它创造一个生存、发展的良好外部条件。

（邹范鸣）

乡镇企业与信贷管理工作座谈会

为了促进乡镇企业持续、稳定、协调地发展，进一步贯彻中央提出的"调整、整顿、改造、提高"方针，10月28日至11月2日，农业部乡镇企业司和中国农业银行工业信贷部在浙江杭州联合召开了"乡镇企业与信贷管理工作座谈会"。参加会议的有北京、河北、山西、吉林、江苏、山东、辽宁、河南、湖北、广东、四川、甘肃等13个省、市乡镇企业局和农业银行信贷处的同志共47人。与会同志就乡镇企业如何进一步治理整顿、深化改革，如何管好、用好企业现有资金和银行、信用社贷款，以及"八五"、"九五"期间乡镇企业的发展，要求信贷工作如何配合等问题，进行了广泛的探讨。会议主要内容如下：

第一，会议回顾了乡镇企业十多年来的发展历程，认为乡镇企业之所以能发展到今天这样大的规模，形成了上千亿元的资产，在国民经济中占有不可忽视的份额，除了与广大乡镇企业自我积累、各方面大力支持和干部职工的艰苦创业、努力工作分不开外，各级农业银行、信用社的大力支持是起了巨大作用的。农业银行和信用社设备贷款的投入，使乡镇企业固定资产逐年增加，形成了强大的造血机能；而农业银行和信用社每年给乡镇企业大量流动资金的贷款，给它增加了血液，使乡镇企业生产和经营能得到正常运转；同时，农业银行、信用社在帮助乡镇企业内部资金管理上做了大量的有益的工作，起到了监督、指导的作用。会议认为，乡镇企业是农业银行的主要服务对象之一，乡镇企业的发展反过来也促进了农村金融业务的发展。乡镇企业与农村信贷互相依存，互相促进，共同发展。过去，乡镇企业管理部门与农业银行、信用社在实际工作中建立了密切合作的关系。与会同志表示，今后要进一步加强各级乡镇企业局与农业银行的配合协作，为乡镇企业更进一步发展，为农村早日实现工业化而作出贡献。

第二，会议认为，乡镇企业要发展，就必须依靠自我积累，增强自我发展能力。乡镇企业是我国国民经济的一支庞大的经济群体，资金需求量大，银行不可能全部满足其资金需求，这就要求乡镇企业既依靠农业银行，又不能完全依赖于农业银行，因而要切实抓好如下几项工作：

1．乡镇企业在发展的同时，要抓住提高经济效益这一核心，开展双增双节活动，降低原材料和能源的消耗水平，提高正品率，减少废品率，为乡镇企业的资金积累打下基础。

2．要按财务制度的规定，搞好企业的提留。一定要落实折旧基金、大修理基金、企业基金等提留，不得当利润分掉。企业的留利不得低于60%；而且首先用于补充生产流动资金和更新发展基金上。对国家减免的税款，必须用于补充企业积累，增加流动资金和技改资金，也不能当做利润分掉。实行承包企业都要把上述几项内容列入承包的内容之中。

3．要逐年增加企业流动资金中自有资金份额。争取1991年达到30%；到1995年达到50%。

4．用好现有的资金，清理外单位、内部的占欠款，并与廉政建设、纠正不正之风结合起来。目前，外单位和个人欠款占总欠款的60%，这一不正常现象，必须坚决加以扭转和纠正。

5．要坚决压缩非生产开支。对非生产建设、非生产开支要坚决把关。现有资金一定要用在生产上。

与会同志表示，在如何管好用好乡镇企业现有资金这一问题上，乡镇企业主管部门要与农业银行密切配合，利用农业银行的信贷手段，监督企业资金的使用和自有流动资金的增加。乡镇企业年终分配，乡镇企业主管部门与农业银行共同研究把关，正确处理好消费与积累的关系。

第三，继续加强信贷服务和监督，扶持乡镇企业健康发展。会议认为，农业银行和农村信用合作社的信贷资金投入，是乡镇企业经济发展的重要资金来源，也是农村信贷的长期政策和重要任务。为了进一步发挥信贷的扶持作用，农业银行重点要做好以下四个方面的工作：

1．继续实行信贷的倾斜投入，发挥信贷的最佳效用。信贷要集中投向既符合产业政策、经济效益又好的出口创汇企业、与外商合资合作企业、能源及原材料工业、支农工业、与大工业配套产品企业、不与大工业争原料的一般加工业和农副产品加工企业。今后一个时期，固定资产贷款原则，在东部地区主要用于现有企业的技术改造、新产品开发和生产设备的添平补齐，推动企业技术进步，以适应合理调整产品结构，开发新产品和提高产品质量，增强企业竞争力和发展后劲。中西部除对老企业进行技术改造外，要因地制宜地重点扶植发展少量的骨干企业。对乡（镇）、村办的集体所有制企业和农民股份合作企业以及企业集团，要优先给予贷款支持；对私人经营企业要从紧掌握，严格贷款条件。

2. 进一步管好用活信贷资金，努力提高信贷的经济效益。安排信贷资金投向，要依据乡镇企业发展计划，坚持以产业政策为导向，以经济效益为核心；要在用好新增资金的同时，把着力点放在努力活化、优化原有信贷资金上；要积极清理收回关停企业借欠、各种挤占挪用的贷款，将其再投向符合产业政策和经济效益好的企业，促进增加生产，在控制贷款总量的同时，搞好信贷规模的及时调剂，克服和防止信贷规模"划地为牢"的现象。

3. 进一步发挥信贷的服务与监督作用。在及时、合理向企业提供信贷资金的同时，要主动、热情地做好以下两方面的服务与监督工作；一是进一步协助企业开展"双增双节"运动，挖掘资金潜力，加速资金周转，特别是积极清理"三角债"、单位和个人的各种欠款和开展闲置设备调剂工作，活化资金；二是继续配合主管部门协助企业搞好年终结算，合理分配利润，增补企业生产流动资金，建立并管好用好各项基金，不断提高企业的自我发展能力。

第四，加强乡镇企业主管部门与农业银行的紧密合作。各级乡镇企业局是乡镇企业政府主管的行政部门，乡镇企业主管部门和农业银行在工作上的紧密合作，要按照"执行政策，各尽其职，相互信任，互相尊重"的原则进行。乡镇企业管理部门要及时向农业银行提供乡镇企业发展计划，并在上年11月底前将下一年度技术改造和扩建、新建生产项目的贷款建议项目向银行提出；邀请农业银行参加有关会议，听取和尊重农业银行的建议和意见；协助农业银行监督企业用好贷款、按期归还贷款本息；配合农业银行总结推广管好用好信贷资金的工作经验。农业银行要依据乡镇企业主管部门提供的发展计划，结合信贷的实际情况，安排信贷资金的投向、投量，并从其提出的建议项目中，按照信贷政策和贷款条件选定贷款项目；配合主管部门总结、推广企业经营管理方面的经验。与会同志建议，今后可根据需要，在一定时候联合开展业务合作活动。

全国乡镇企业系统质量工作会议

1990年4月12日至16日在青岛召开了"全国乡镇企业系统质量工作会议"。农业部部长何康、副部长陈耀邦、乡镇企业司司长马杰三、副司长平欣等出席了会议。各省、自治区、直辖市、计划单列市乡镇企业局分管质量工作的副局长及处长参加了会议。这是有史以来，乡镇企业系统在质量工作方面规模最大的一次盛会。

这次会议的中心任务是：认真贯彻党和国家关于质量工作的方针和政策，落实全国技术监督工作会议精神，统一思想，提高认识，总结交流乡镇企业质量管理工作的成绩与经验，分析质量工作面临的新形势，明确今后任务，抓住机遇，奋发图强，苦练内功，在治理整顿、深化改革中，把乡镇企业质量工作提高到一个新水平，促进乡镇企业持续、协调、健康地发展。

陈耀邦副部长在会上作了题为"奋发图强，苦练内功，把乡镇企业质量工作提高到一个新水平"的报告。报告阐述了提高产品质量的重要意义；总结了"七·五"期间乡镇企业质量管理工作的成绩与问题；提出了今后工作目标和主要任务。报告指出：要从战略高度充分认识乡镇企业质量工作的重要性。保证产品质量和服务质量是社会主义基本经济规律的客观要求；提高产品质量，提高经济效益，是实现我国经济发展战略要求的根本途径；提高产品质量是参与国际竞争的需要；提高产品质量和经济效益，是贯彻治理整顿方针的一项重要内容；质量问题是关系到乡镇企业生存与发展的战略性问题。报告还强调：要大力提高广大乡镇企业干部和职工的质量意识，特别是各级领导同志的意识。要进一步端正认识，更新观念。改变主要以增加投入追求经济发展速度的观念，确立以尽量少的投入增加实际效益来加快经济发展的观念；改变认为提高质量妨碍增加产量的观念；确立质量好才能销路广、销量多的观念；改变认为提高质量会增加成本的观念；确立质量越好，广大用户受益越多，社会整体效益越大，企业成本越低的观念；改变认为提高产品质量只是技术人员、检验人员与厂长、经理的事的观念；确立提高产品质量要依靠社会全体成员，首先是各级政府宏观决策的观念，等等，逐步形成大家都来重视质量，不放过任何一个质量问题的社会风气。

报告提出了乡镇企业质量管理工作的目标：

1．加强企业的基础工作，贯彻标准、逐步完善计量手段、严格质量检验，使乡镇企业的整体素质提高到一个新水平。推行全面质量管理，在普及的基础上提高。

2．乡镇企业的主导行业、主要工业产品的质量，力争达到全国同行业产品的先进水平。

3．乡镇企业的主导行业和主要工业产品质量力争有20—30％达到或接近国际先进水平。

与会代表们普遍认为，这次会议开得及时，不仅明确了今后的工作方向，而且对乡镇企业质量工作面临的严峻形势有了清醒的认识，同时也增强了对提高产品质量重要性的认识。

（姜　倩）

地 方 专 栏

广东省乡镇企业

1990年乡镇企业发展概况

1990年，广东省乡镇企业经受了市场疲软、资金紧缺等困难的考验，取得了较好的成绩，并保持着持续、稳定发展的势头。乡镇企业总数为119.65万个，比上年增长1.51%；从业人员658.33万人，增长2.17%；总收入785.39亿元，增长14.87%；完成总产值628.71亿元，增长13.49%；上缴税金25.16亿元，增长14.89%；纯利润54.73亿元，增长6.79%；年末固定资产原值达306.32亿元，增长26.49%。乡镇企业几个层次的发展情况是：镇（乡）办企业总收入310.16亿元，比上年增长11.56%；村办企业总收入199亿元，增长14.86%；联户企业总收入59.58亿元，增长13.79%；个体企业总收入216.65亿元，增长20.33%。各个层次在总收入中所占的比重为：镇（乡）办企业占39.49%；村办企业占25.34%；联户企业占7.59%；个体企业占27.58%。在五大行业中，农业企业收入11.79亿元，比上年增长13.58%；工业企业收入513.46亿元，增长17.05%；建筑业收入68.19亿元，增长3.62%；交通运输业收入44.94亿元，增长11.65%；商业、服务业及其它行业收入147.01亿元，增长14.32%。1990年广东省乡镇企业发展特点：

1．进一步加强对乡镇企业的领导。中共广东省委、省政府对发展乡镇企业十分重视，要求各级加强对乡镇企业的领导，稳定政策，采取有力措施扶持它的发展。1990年7月18日，省委、省政府发出了《关于稳定、发展乡镇企业若干问题的通知》(简称《通知》)，在稳定原来对乡镇企业实行优惠政策的基础上，对若干具体政策作出了更明确的规定。随后，省委、省政府于10月5日至8日联合召开了规模较大的全省乡镇企业工作会议。会议总结了“七五”期间发展乡镇企业的成绩和经验，交流了各地贯彻落实国务院颁布的《中华人民共和国乡村集体所有制企业条例》(简称《条例》)和《通知》的情况；从稳定农村、稳定经济、稳定大局的高度，研究各级党政领导和有关部门如何积极扶持乡镇企业；明确“八五”期间发展乡镇企业的战略目标及主要措施，推动乡镇企业持续、稳定、协调发展。会上，林若、叶选平同志作了重要讲话，郭荣昌同志作了报告，凌伯棠同志作了会议总结。佛山、汕头、中山、深圳、东莞、顺德、化州、吴川和广州石井水泥厂等9个市、县及先进企业代表作了典型经验介绍。会议统一了思想认识，坚定了信心，明确了方向，解决了若干老大难问题，为全省乡镇企业的发展创造了良好的外部环境。

各市、县（区）在积极贯彻《条例》和《通知》的同时，结合本地实际，召开了专门会议，研究和制订一些具体措施，对乡镇企业历年来悬而未决或难于落实的一些政策性问题也作了新的规定，逐步加强了对发展乡镇企业的扶持和指导。中山、茂名、韶关、潮州、佛山等市及所属部分县（区）党政有关部门，从贴息扶持、物资切块、收取管理费、提留乡镇企业发展基金、解决镇（乡）工交办人员“农转非”及工资福利待遇问题、明确企业隶属关系与管理权限及开业审批手续、开展挂钩扶持等方面作出了相应的规定，有力地促进了乡镇企业的发展。同时，各级乡镇企业主管部门的行政职能作用有了不同程度的加强。肇庆市大部分县（区）对乡镇企业进行了全面的重新登记、造册；对新办的集体企业，按《条例》规定进行审批发证。潮州市多年来一直坚持把好镇村集体企业的几个关：即企业设立、分立、变更、歇业和终止的申报、审批关；企业承包经营合同的签订，履行监督关；产品的标准、计量关。从而强化了宏观管理，促进了企业的健康发展。

2．全面发展外向型经济。1990年，广东省各地乡镇企业针对国内市场疲软、资金紧缺等情况，积极向国外市场寻求出路，改善投资环境，引进或“嫁接”外资，拓展国际市场，把增加出口创汇作为乡镇企业发展的新起点，全面发展外向型经济。全省乡镇外向型企业已发展到1.67万个，从业人员142万多人。全年出口产品总值127.46亿元，比上年增长47.78%，占全省外贸出口总额的30%；出口创汇26.74亿美元，增长28.37%。其中出口产品交货总值50.67亿元，增长30.56%；“三来”企业工缴费8.77亿美元，增长30.12%；合资（合作）企业出口额为7亿美元，增长87.7%；补偿贸易出口额为0.21亿美元，减少36.36%。出口产品总额超过100万元的外向型企业有1 845个，比上年增加537个，占外向型企业总数的11.05%，比上年提高2.04个百分点。乡镇企业外向型经济的发展有如下几个新特点：

第一，客商多元化、来势猛，逐步改变了过去以港商投资为主的格局。日本、美国、南朝鲜、德国、泰国、新加坡、台湾等10多个国家和地区的商人纷纷前来与镇（乡）洽谈投资合作。其中台湾商人投资特别活跃，来势引人注目。惠州市乡镇企业1990年接纳台商投资合作项目超过200家，投资总额1亿美元以上。东莞市樟木头镇，某台商在该镇投资几千万元，征地120亩，搞了一个“白金纺织城”,从原毛到出毛线衣“一条龙”生产，规模宏大。

第二，签约多、投产快。惠州市抓住熊猫汽车城形成的引进效应，努力改善投资环境，外商投资签约日益增加，签约数比上年增长14%，而且有不少合同从签约到投产只需两、三个月时间。惠东县大岭镇与外商合办的捷丰电子厂，7月签约，10月便正式投产。

第三，投资额和经营项目大。深圳市乡镇企业1990年新引进的“三来一补”项目中协议投资额在500万港元以上的项目有150多宗，占新引进项目总数的11%；“三资”企业外商投资500万港元以上的项目64个，占新引进项目总数的50.8%。

第四，投资合作经营期延长，规模逐渐扩大。乡镇企业良好的信誉和投资环境，使外商增强了与我方长期合作的信心，合资合作期由原来3～5年或5～10年的延长到20～30年。同时还主动扩大投资规模或增加股份。东莞市先威玩具厂的外商，开始仅投资800万港元搞部分玩具加工业务。在与我方的合作过程中，体会到投资扩大生产的效益较大，于是不断增加投资，甚至将其在香港的大部分产业内迁，使企业规模扩大到总投资1.1亿多港元，生产纸箱以及有50多个品种的各类玩具。

第五，外资的引进和利用逐步向山区、边远地区“辐射”和转移。1990年，部分山区、边远地区，充分利用本地自然资源和各方面的优势，着力改善投资环境，千方百计引进外资，加快外向型经济发展的步伐。地处粤西山区的新兴县，发展以罐头食品公司为龙头，以5 000多个果园，86间鸡场，1 047个加工厂为基地，形成农牧产品加工体系，走出一条“种养—加工—出口”的良性循环的路子，年加工食品1.5万吨，创汇400多万美元。

3．继续调整、优化经济结构。1990年，广东省各地乡镇企业按照国家有关产业政策和市场需求，因地制宜，扬长避短，认真进行产业、产品和市场结构的调整，取得了较好的效果。在优化结构中，各地主要抓了以下二个方面的调整：

第一，调整产业结构。即以支柱行业和骨干企业为依托，以拳头产品为龙头，通过兼并组建集团公司、实业公司或总厂等形式，依靠优势产业带动劣势产业。同时，对部分效益差、无发展前途的企业实行关停并转，从而使产业结构得到优化。中山市港口镇以风扇厂为依托，组建了建达集团公司，既带活了9个濒临倒闭企业，又提高了风扇生产能力，使风扇品种系列化，1990年镇办企业产值增长20%，销售量增长30%。

第二，调整市场结构。积极开拓市场，搞活营销，以销促产。各地在市场疲软的情况下，都把市场销售放在第一位，城市滞销下农村，省内滞销省外销，国内滞销国外销，千方百计推销产品，促使销售回升，加速资金周转，推动生产发展。顺德县桂洲镇为了扩大产品销售，采取了六条措施：一是产品降价，让利推销；二是举办各种订货会、咨询会、展销会，提高产品知名度；三是实行工商联营，以销促产；四是调整经营方针，使销售效益与生产挂钩；五是加强供销队伍的领导，扩大供销队伍；六是厂长（经理）带头跑供销。该镇广东电饭锅厂厂长亲自带队到上海、西安等地举办产品质量咨询会和订货会，使该厂1990年产量比上年增加三分之一，销售额净增4 000多万元，全年产值1.8亿元，利润700多万元。

4．认真开展“企业管理年”活动。1990年，广东各级乡镇企业主管部门根据农业部的部署，在全省镇(乡)、村两级企业中广泛开展了“企业管理年”活动，取得了显著的成效。

第一，升级工作全面铺开。1990年，有126家乡镇企业被评为省级先进企业，比上年增加49家，增长63.64%，升级企业数占全省升级企业总数的23%，在全省各行业中居第一位。有1家企业首次荣获国家一级企业称号，有8家企业获国家二级企业称号。升级企业已遍及全省15个市、39个县（区）。

第二，管理基础和专项管理工作得到加强。各地把省局制订的七项基础管理工作的标准，列入办班培训和企业内部开展管理活动的内容。经过各级层层抓管理，全省镇（乡）办企业产品技术标准覆盖面明显扩大，有70%左右实现了按标准生产。全省约有2 000个规模较大的企业获得了计量合格证书；越来越多的企业修订了管理标准、工作标准，健全各项规章制度。在基本实行会计人员持证上岗的基础上，有344家企业通过会计工作达标验收；一些企业还开展了档案管理升级和设备管理升级工作。

第三，企业管理现代化工作初见成效。近年来，广东省各地乡镇企业逐步应用、推广了多种现代化管理方法，升级企业普遍已取得两项以上的现代化管理成果。中山市乡镇企业1990年获奖项目22个，年创效益2 237万元。部分升级企业已开始运用微机辅助管理，取得了较好的管理效果，其中仅佛山市乡镇企业就有26家。

第四，企业内部改革逐步深化。1990年，全省乡镇企业普遍实行了厂长（经理）任期目标责任制，有95%

以上的镇（乡）村企业实行了以集体承包为主的各种形式的承包经营责任制，从各方面加强成本核算和资金管理，层层定指标，责任到人。企业内部同时进行了劳动、人事、分配等方面的配套改革，加强了监督、审计和民主管理，并着手进行下一轮的承包工作。

第五，人才培训工作不断加强。全省19个市已基本建立了乡镇企业培训机构，有27个市、县（区）自办或联办了培训中心。全省共培训乡镇企业系统的干部职工约35万人（次），比上年增加5万人（次）。省和部分市、县（区）乡镇企业主管部门还举办了乡镇企业领导干部岗位培训班、专业证书班，大大提高了主管部门干部和企业职工干部的文化、技术素质。

5．切实加强质量管理工作。为扩大企业产品在国内外市场的销售量和覆盖面，增强企业竞争能力、应变能力，1990年，广东省各地乡镇企业坚持“质量第一”的宗旨，自觉依靠先进的科学技术，运用严格的全面质量管理方法和完善产品的检测手段，着力提高产品质量。这一年，全省共有160个产品被评为广东省优质产品；有75个产品被评为部优质产品，1个产品获国家优质产品称号；有24个产品获广东省优秀新产品奖。部分企业通过了采用国际标准生产的验收，部分出口产品质量标准获得了美国、加拿大、澳大利亚等国家认证。有2家企业获广东省质量管理奖，3家企业获农业部质量管理奖，4个项目获广东省科技进步奖。另外，有8家企业的ＱＣ小组获省优秀ＱＣ小组奖，1家企业获部优秀ＱＣ小组奖。在全国水泥质量行评中，有10家企业获水泥质量优胜企业称号；2家企业获水泥质量标兵企业称号。

（陈文学）

“七五”期间乡镇企业主要成就

“七五”期间，广东乡镇企业坚持社会主义方向和改革开放的总方针，连续五年稳步发展。五年中，乡镇企业经受了资金、能源、原材料紧缺，生产资料价格上涨，市场疲软等困难的严峻考验，承受了一些社会舆论的压力，消化了税收、利息升高、成本增大、社会负担加重等不利因素，励精图治，顽强拼搏，取得了令人瞩目的成就。

1．保持着持续、稳定的发展势头，经济实力逐步增强（见表1）。

表1 广东省乡镇企业“六五”与“七五”的各项主要经济指标比较

名称	“六五”期间						“七五”期间						1990年与1985年比较%	“七五”与“六五”比较%	“七五”平均递增%
	81年	82年	83年	84年	85年	累计	86年	87年	88年	89年	90年	累计			
企业数（万个）	9.59	11.43	12.68	17.62	68.66		89.18	109.45	115.83	117.87	119.65		74.26		11.80
企业人数（万人）	214.18	234.69	248.37	336.45	401.95		484.28	584.90	645.01	644.35	657.92		63.78		10.40
总收入（亿元）	56.83	65.77	80.08	122.89	192.26	517.83	256.62	377.37	565.56	683.70	785.39	2668.64	308.50	415.35	32.50
总产值（80年价）（亿元）	56.83	65.77	80.08	123.66	174.85	501.19	228.23	334.52	476.32	553.96	628.71	2221.74	259.57	343.29	29.20
上缴税金（亿元）	2.09	2.69	3.30	5.30	8.30	21.68	10.61	12.45	17.58	21.90	25.17	87.71	203.13	304.57	24.90
纯利润（亿元）	7.92	8.11	8.28	12.96	19.78	57.05	24.87	35.24	50.96	51.25	54.73	217.05	176.69	280.46	22.60
年末固定资产原值（亿元）	23.13	27.97	32.85	39.16	65.86		91.89	129.62	193.06	242.17	306.32		365.11		36.00

2．乡镇外向型经济取得突破性进展，由初创阶段进入发展阶段。到1990年底止，全省乡镇外向型企业已发展到16 667个，其中年出口产值超过100万元的企业1 845个；出口产品总值127.46亿元，比上年增长47.78%。“七五”出口创汇额累计78.91亿美元，比“六五”增加68.8亿美元，平均每年增长56.1%。乡镇企业利用外资，引进设备、技术的步伐明显加快，外资企业不断增多，出口产品产值快速增长，外向型经济得到巩固和发展。在本省少数经济发达地区，镇一级的外向型企业收入已占该级企业总收入的半数以上，形成了以外向型经济为主体的新格局。

3．企业素质和管理水平明显提高。“七五”末年，在全省镇（乡）村企业职工中，具有初、高中以上文化程度的228.76万人，占职工总数的67.75%。其中技术人员12.22万人，占职工总数的3.62%，比"六五"末年增长2.6倍。为了全面提高企业管理技术人员的水平与素质，各级还加强了培训工作。全省19个市已基本建立了乡镇企业培训机构，有27个市、县（区）自办或联办了培训中心。五年共培训乡镇企业系统的各类管理技术人员约230多万人（次）。企业从外延发展为主转向内涵发展为主，并注重加强基础管理，依靠科技进步，认真开展企业上等级和产品创优活动，既强化了企业的管理，又提高了企业素质和劳动生产率。1990年，乡镇工业全员劳动生产率10 377元/年人，比1985年的4 563元/年人提高了1.27倍。五年中，全省乡镇企业共评上国家优质产品5个，部优质产品157个，省优质产品606个；获省优秀新产品奖产品121个。还涌现出一批先进企业。其中国家一级企业1个，国家二级企业15个、省级先进企业232个。同时，各级企业普遍实行了厂长（经理）负责制和任期目标责任制。镇（乡）村集体企业逐步推行现代化的管理方法，部分企业应用了微机辅助管理，取得了较好的效益。

4．对国家、社会的贡献不断增加。"七五"期间，企业共上缴税金87.7亿元，比"六五"增加66亿元，平均每年递增24.9%；从企业纯利润中拿出50.32亿元支援农业生产、农村建设和镇（乡）村政府行政开支，比"六五"增加17亿元，增长1.22倍。为社会生产的原材料及主要工业产品产量也有大幅度增加（见表2）。还生产出一大批拾遗补缺的小商品、人民生活必需品和特需产品，大大繁荣了市场，满足了城乡人民生活需要。此外，"七五"期间新安排劳动力255万多人，平均每年安排51万人，为扩大就业门路、稳定社会、稳定农村、发展农村商品经济起到积极的作用。

表2 "七五"期间乡镇企业主要工业产品产量增长情况

指标＼产品名称／单位	铁矿石	发电量	原煤	水泥	石灰	皮革制品	机及制纸纸板	中小农具	日用陶器	服装	皮鞋	电风扇
	万吨	亿瓦/时	万吨	万吨	万吨	亿件	万吨	万件	亿件	亿件	万双	万台
"六五"期间累计量	393.68	55.72	1 146.82	540.94	887.00	1.59	22.62	8 446.00	17.51	5.70	910.00	1 302.59
"七五"期间累计量	656.89	107.68	2 463.24	2 506.99	1 996.72	10.95	83.36	21 369.14	34.14	27.03	19 008.00	7 350.05
"七五"比"六五"净增量	263.21	51.96	1 306.42	1 966.05	1 109.72	9.36	60.74	18 564.14	16.63	21.33	18 098.00	6 047.46
"七五"平均年递增(%)	2.40	9.40	9.50	25.40	30.50	28.50	25.10	25.10	17.60	38.80	83.60	25.90

5．乡镇企业在国民经济中的地位逐年提高，成为广东农村经济发展的重要支柱和力量。乡镇企业总产值占全省社会总产值的比重由1985年的17.1%上升到1990年的24.3%。其中占农村社会总产值的比重由1985年的41%上升到1990年的56.8%；乡镇工业产值占全省工业总产值由1985年的20.9%上升到1990年的30.4%。外向型企业出口创汇占全省出口创汇总额的比重，由1985年的9.7%上升到1990年的25.3%。

6．农村集体经济不断发展壮大。"七五"期间，各地在发展乡镇企业中，一贯坚持了以集体经济为主体的原则，使农村集体经济得到了迅速的发展，集体企业各项经济指标占六成以上。1990年，镇（乡）、村办两级企业总收入占全省乡镇企业的64.83%，工业产值占74.81%，上缴税金占66.38%，年末固定资产原值占79.23%。一些发达地区的乡镇企业中集体经济比重占了八、九成。几年来，农村集体经济实力随着乡镇企业的发展而增强。企业总产值超百万元的村从1985年的1 287个增至3 809个，其中超千万元的612个，产值最高的为1.94亿元（中山市小榄镇永宁村）；总产值超千万元的镇（乡）从1985年的346个增至913个，其中超亿元的179个，产值最高的为8.91亿元（中山市小榄镇）；总产值超千万元的镇村集体企业611个，其中超亿元的12个，产值最高的为4.5亿元（顺德县蚬华风扇厂）。同时，镇（乡）、村集体企业的发展真正做到兼顾国家、集体、农民的利益，在农村经济中发挥了主导作用。1990年在镇村两级企业纯利润中，用于企业扩大再生产的占42.39%，用于上交当地政府、部门（包括支农）的占49.53%；集体企业发放工资额80.94亿元，从业人员平均年工资为2 397.3元，比1985年的1 013.6元增长了1.37倍。镇（乡）村集体企业的迅猛发展，使社会主义集体经济在农村中产生了强大的凝聚力和向心力，也使广大农民坚定了走社会主义道路的信心。

（岑小玲　陈文学）

蓬勃发展的乡镇外向型经济

一、主要特点

发展外向型经济，是广东乡镇企业的一大优势和特点。改革开放以来，广东乡镇企业充分利用和发挥广东的优势，加快发展外贸出口和包括“三来一补”、合资合作等外向型企业，千万百计拓展海外市场，扩大出口创汇。特别是“七五”期间，乡镇企业出口创汇获得了长足的发展，外向型经济由初创阶段进入了蓬勃发展的时期，其主要特点有：

1．贸易出口增幅大。1986年至1990年的五年中，乡镇企业通过外贸部门收购出口和代理出口，累计出口总值达166.44亿元，创汇37.54亿美元。其中1990年贸易出口值为50.67亿元，比1989年增长30.56%，比1985年增长9.6倍，占全省贸易出口额的17.47%。坚持工贸结合，与外贸部门共办各种出口生产基地（企业）1 800多家，出口产品逾千种，远销五大洲80多个国家和地区。

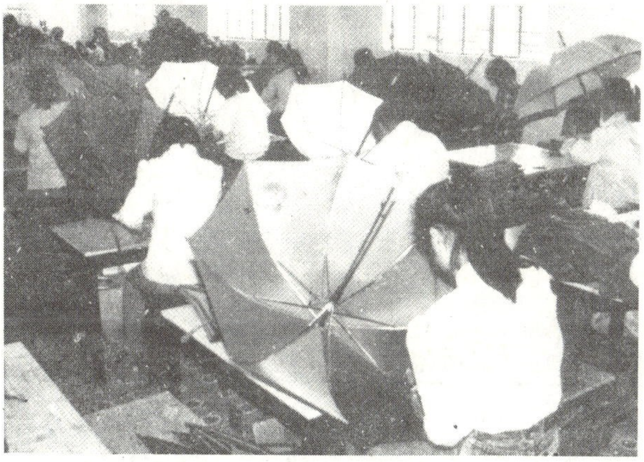

日本客商投资的筑岛制伞厂

2．外资企业发展快。随着各镇（乡）、村投资环境的日臻完善，外资企业（指“三来一补”和合资合作企业）的发展进入了新的阶段。1986年至1990年，全省乡镇企业与外商签订合同、并已投产的项目98 051个。其中来料加工装配91 011个，补偿贸易1 219个，合资合作5 821个。办起“三来一补”企业11 547家，合资合作企业769家。五年来，中外合资合作、补偿贸易企业的出口商品总额14.11亿美元；来料加工装配工缴费累计27.26亿美元。1990年，外资企业与外商签订并已投产的合同比1989年增长22.02%，共创汇15.98亿美元，占全省乡镇企业创汇额的59.76%。外贸、外资企业的迅速发展，促进了乡镇企业外向化，增强了出口创汇的实力。“七五”期间乡镇企业出口创汇增长情况见表1。

3．利用外资、引进技术设备已初具规模。“七五”期间，各地乡镇企业注意把握机遇，有计划、有重点地引进外资和技术设备，以增强企业出口产品的生产加工能力，扩大出口，发展外向型经济。五年累计利用外资47.48亿美元，引进各种机械设备95.39万台（套)。其形式从“三来一补”发展到合资合作，规模从几万、几十万美元发展到几百万美元甚至上千万美元的中、大型项目，形成大、中、小型投资项目相结合的工业格局。外资的利用广布于第一、二、三产业，门类较多，其中又以工业投资为主、生产型项目占绝大多数；技术设备从引进单机进行加工、装配、维修、服务为主，逐步转向引进生产线发展劳动、技术密集型和创汇型产品为主，其结构也从以一般适用技术为主向高、精、尖等先进技术为主转变。外资的利用与技术设备的引进，武装了出口创汇企业，提高了创汇产品开发能力和竞争能力。

4．出口行业、产品结构逐步得到调整，质量不断提高。五年来，各地乡镇企业注意把行业布局、产品结构的调整和新产品的开发，与不同的国际市场需求结合起来，逐步改变了以出口传统手工艺品、粗加工的半成品、简易加工成型的机械零部件，以及低档服装、家用电器、初级矿产品等为主的落后状况。基本上能够生产出适应国际市场要求的家电、服装、玩具、灯饰、鞋类、手袋等产品。珠江三角洲地区和部分沿海地区逐步形成了以轻工、纺织、服装为主体的出口创汇行业产品结构。随着科技力量的引进，部分企业通过采用国际标准进行生产，既使企业的技术水平和管理水平不断提高，又促进了出口产品的质量不断提高。部分出口产品质量标准获得了美国、加拿大、澳大利亚等国家的认证；不少产品填补了国内外市场的空白；有的产品被指定为替代进口产品，有的还获得了国际级别的奖励，在国际市场上赢得了良好的声誉。1988年，在经贸部、农业部联合举办的全国首届乡镇工业出口创汇评优活动中，广东省12家创汇大户获“飞龙奖”、4家企业获优质产品“金龙奖”、1家企业获新产品开发“青龙奖”。此外，还有11家企业被广东省政府及有关部门评为1988年度出口最佳优秀企业。1990年，乡镇企业有120多个出口产品获部、省优质产品称号，有9家企业被国务院机电出口办、经贸部授予“七五”期间全国机电产品出口创汇先进单位称号，占全国乡镇企业获奖总数的37.5%。1990年乡镇企业各出口行业结构情况见表2。

5. 出口生产体系初步形成。几年来，各地坚持从实际出发，分类指导，不断总结和探索适合本地区乡镇企业发展出口创汇生产的道路。1990年，全省乡镇已有生产各种出口产品的企业16 667家，从业人员达142.65万人，全年出口总值127.46万元，占全省乡镇工业产值的29.44%。其中年出口总值超100万元的企业1 845家，比1989年增加537家，分布于全省各市，绝大部分为镇（乡）村集体企业。从而基本形成了以镇（乡）村办出口创汇企业为主的多层次、多品种、多形式的出口产品生产体系。在深圳、珠海、中山、东莞、顺德、南海等市

表1 “七五”期间广东乡镇企业出口创汇增长情况表

年份	创汇总额（亿美元）	比上年（±%）	其中			
			外贸企业创汇额	“三来”企业工缴费收入	补偿贸易出口额	合资合作企业出口额
1986	6.26	116.60	3.66	2.36	0.09	0.15
1987	9.62	53.67	4.98	3.88	0.13	0.63
1988	15.46	60.70	8.19	5.49	0.26	1.52
1989	20.83	34.73	9.95	6.76	0.33	3.79
1990	26.74	28.37	10.76	8.77	0.21	7.00
累计	78.91		37.54	27.26	1.02	13.09

表2 1990年广东乡镇企业各出口行业分布、结构情况

项目	企业单位数（个）	从业人数（人）	出口产品生产总值（万元）	出口总值（万元）	各类产品出口值占出口总值比重（%）
合计	16 667	1 425 570	1 364 454	1 274 645	100.000
化工	292	19 768	21 405	18 905	1.483
机械	340	28 895	36 724	26 304	2.064
矿产	95	5 875	7 807	6 503	0.510
轻工	5 046	441 806	70 182	432 073	33.898
食品	255	14 178	29 947	27 085	2.125
土产	176	9 150	10 028	7 221	0.567
畜产	152	18 311	44 110	41 080	3.223
纺织	1 367	140 398	149 421	137 524	10.789
丝织	55	5 041	2 818	2 461	0.193
服装	3 353	327 525	266 797	267 341	20.974
工艺品	2 795	182 315	119 655	117 531	9.221
其它	2 741	232 308	205 560	190 617	14.955

县部分经济发达地区，这种体系更显突出。1990年乡镇企业出口总值占工业产值的比重，以及各市出口总值占全省出口总值的比重情况见表3。

6. **创汇型骨干企业迅速成长，集团式企业方兴未艾**。积极培育发展创汇型骨干企业，并建立以大型骨干企业为依托的企业群体或集团企业，是优化行业结构和产品结构，增强乡镇企业竞争能力的必由之路。各地乡镇

表3 1990年全省乡镇企业出口总值占工业产值比重及各市出口总值占全省出口总值的比重表

名称	工业产值（亿元）	出口总值（亿元）	占工业产值（%）	占全省乡镇企业出口总值（%）
广州市	46.60	14.88	31.93	11.67
深圳市	9.83	13.85	140.90	10.87
珠海市	11.88	6.44	54.21	5.05
汕头市	40.93	9.90	24.19	7.77
韶关市	5.33	0.59	11.07	0.46
河源市	2.45	0.27	11.02	0.21
梅州市	9.16	1.49	16.27	1.17
惠州市	8.55	2.16	25.26	1.70
汕尾市	5.99	0.94	15.69	0.74
东莞市	32.31	7.33	22.69	5.75
中山市	40.84	17.16	42.02	13.46
江门市	44.01	8.75	19.88	6.86
佛山市	96.03	30.26	31.51	23.74
阳江市	5.23	0.80	15.30	0.63
湛江市	13.85	0.95	6.84	0.75
茂名市	14.26	0.49	3.44	0.38
肇庆市	27.08	4.55	16.80	3.57
清远市	6.19	0.56	9.05	0.44
潮州市	12.38	6.09	49.19	4.78
合计	432.90	127.46	29.44	100.00

几年来注意采取倾斜政策，从多方面重点扶持和发展以生产名、优、新产品为主的创汇型骨干企业，注意强化管理，提高企业整体素质，使出口创汇稳步增长。1990年，全省乡镇已拥有创汇100万美元以上的企业500多家，创汇额占全省乡镇出口创汇总额40%以上。全省乡镇企业总产值超过亿元的12家企业全部是外向型企业。1987年到1990年，有103家外向型企业进入省级先进企业的行列，其中国家一级企业1家，国家二级企业6家。这批骨干企业发展快、效益大，产销两旺，成为乡镇企业出口创汇的中坚力量。此外，各地乡镇企业在原来开展的横向联营、联合生产的基础上，组织了以出口产品为导向，以经济利益为纽带的集团式企业。一批以家电、轻工、电子、纺织、玩具、包装、饲料、农副产品加工行业为主的集团式企业正在各地涌现，并成为一种发展趋势。其中有的已取得进出口经营权，具备较强的创汇能力和吸纳外资的能力。顺德县几年来，坚持以骨干企业为龙头，组建企业集团公司的方针，进一步增强骨干企业的实力。经过不断的努力，1990年全县镇村两级企业已拥有年产值超千万元的骨干企业134家，其中超亿元的10家。这批企业实现产值达36.33亿元，占镇村两级工业产值79.58%。

二、基本经验

十多年来的发展证明，广东乡镇出口创汇企业起步早、发展快、实力强，生产劳动密集型产品出口已有相当

规模，具有进一步向出口创汇型、技术密集型发展的基础与潜力，它已成为广东经济发展和外贸出口的一支重要力量。在发展外向型经济方面，其基本经验主要有：

第一，审时度势，把握机遇，明确方向，正确处理发展内向型经济与外向型经济的关系。

“七五”初期，正值发达国家和地区的劳动密集型企业向发展中国家和地区转移，为广东沿海地区经济发展提供了大好机遇。各地利用中央给广东的“特殊政策、灵活措施”，发挥广东人文地理优势和乡镇企业机制灵活优势，实行内向与外向结合、以外向为重点的发展方针，不失时机地抓住了机遇，积极发展乡镇外向型经济，多形式、多渠道地引进外资，大力发展出口创汇企业，力争多引进、多出口、多创汇，为乡镇企业发展外向型经济开了“绿灯”。许多市、县（区）因地制宜作出了支持、发展乡镇外向型经济的规定和措施。有的还从地方财政中划出一定数额的人民币或外汇资金，作为发展乡镇企业、开发出口创汇产品的资金，为推动乡镇外向型经济的发展提供了有利条件。在以外向为重点的发展方针指导下，乡镇外向型企业发展呈现了较好的势头。目前外资的引进和利用已开始从沿海地区向山区、边远山区辐射。这样，既避开了国内市场疲软和同国营企业争原料等矛盾，又推动了内向型经济的发展，稳定和繁荣了农村经济。

第二，切实改善投资环境、多形式、多渠道引进利用外资，持续、稳定发展外向型乡镇企业。

乡镇企业在改善投资环境方面，采取“软硬兼施”的方法，即软环境和硬环境一齐改善，把其作为引进、利用外资工作的一项中心环节来抓好。软环境方面，各市、县（区）都制订一系列有关发展外向型经济的规定或条例，注意提高办事效率，搞好公共关系。以民间交往，乡亲联谊，联络感情。针对外商喜欢与“官方”打交道（比较保险）的心理，尽量由地方领导出面或以乡镇企业总公司为后盾，举办合资合作企业或“三来一补”企业。1989 年 6 月以后，有些外商担心我们政局不稳，各级领导做了大量的工作，通过走出去，请进来，举办恳亲联谊会、荔枝节等形式，与外商加强联系，逐步消除顾虑。从结果看，一部分地区既稳住了原有的外商，又招来大批新的客户，特别是台商人数显著增加，引进台资势头越来越好。硬环境方面，许多地方都舍得花本钱，建桥修路，进行能源、交通、通讯等基础建设。大家在实践中体会到“桥通、路通、财通”的道理。东莞市安装了近10万门直拨世界各地的电话和1 300门图文传真设备。农民形容说：“区区农村，电话直通五湖四海；村村小厂，产品畅销世界各地”。这是农村改变面貌，发展外向型经济的真实写照。投资环境的改善，使乡镇企业利用外资的步伐明显加快。

第三，从实际出发，分类指导，不断探索适合本地区发展外向型经济的路子。

几年来，各地在实践中注意发挥乡镇企业机动灵活的优势，采取多种形式发展外向型经济。大体有以下九种形式：①是合资办企业，我方与外商按一定的比例投资、分红，共同管理，利益均沾；②是我方出地皮，搞基建，外商出资金，办合资企业，利润分成；③是合同期满的“三来一补”企业，改为合资企业，双方增加投资，同外商一起当“老板”；④是有偿转让或出租厂房，吸引外资，利用外资再建加工区，再转让出租，滚动式发展；⑤是以我方高科技成果吸引外商投资；⑥是与外贸部门联合，建设出口商品生产基地，扩大外贸出口；⑦是利用本地优势，开发传统土特产品、工艺美术品以及花鸟虫鱼等产品出口；⑧是发展农副产品深加工，逐步扩大出口产品；⑨是有条件的地方争取自营进出口权，直接对外进行生产与贸易等。通过多种形式的发展，使乡镇企业外向型经济出现了外商来源多，市场多元化，投资金额大，技术档次高，合作期限长，出口创汇多的大好势头。

厚街鞋厂生产外销鞋

第四，根据国际市场需求，不断提高出口产品质量和档次。

国际市场对产品的质量、功能、花色品种、包装装璜的要求很高，各地通过引进、消化、吸收、创新，使产品结构不断升级换代，以价廉、物美、新颖的出口产品跻进国际市场，并运用科技力量，在产品创新上狠下功夫。由于各地重视了出口产品的质量和花色品种，逐步适应了国际市场的需要，出口量也日益增加，特别是轻工、服装、纺织、工艺、畜产、食品等六大行业的产品出口较多。

第五，加强引导，强化管理，保证外向型企业的健康发展。

近年来，广东的“三来一补”和外向型经济

发展势头很猛，门类、行业众多，各种经济成分错综复杂。为了适应进一步发展的需要，各地针对一些镇、村盲目引进、多头重复引进、布局不合理的现象，先后采取了一系列措施，加强了引导和管理。①坚持“三个统一”，严格引进新项目，合理地安排企业布局和外资的投向。“三个统一”即：一是统一洽谈、签约和报关；二是统一对外加工价格；三是统一协调各镇（区）、村和各部门之间的关系。在引进项目中，各地还坚持了“三有利”“四不引进”的原则。“三有利”即：有利于老企业设备的更新改造；有利于当地的资源开发、利用和深加工；有利于发展外向型企业，多出口创汇。“四不引进”即：污染行业不引进；影响外贸出口的项目不引进；对国内工业有冲击的行业不引进；国内市场紧缺，外商容易走私倒卖的商品不引进。这些措施对于不断优化对外加工行业和产品结构，促使全省乡镇对外加工行业逐步走上正轨，并向更高层次发展，起到很大作用。②采取灵活变通的管理方式，吸收、利用外商的管理经验，拓宽引进外资的路子。各地为了适应对外加工企业进一步发展的需要，在不违背国家有关政策、法规的前提下，逐步改变对外加工企业过去那种由我方包揽一切的管理办法，实行各种形式的经济责任制，允许外商直接管理生产经营，我方则负责行政管理，派出五大员（厂长、会计员、出纳员、仓管员、报关员），以便使企业的经营自主权掌握在我方手中。这样，既减少合作双方的摩擦，增进互相信任，搞好合作，又能发挥外商的管理专长，调动了外商的积极性，提高了企业的经济效益。实行这种管理方式后，不少外商觉得自己的切身利益更有保障，从而增加了投资，有的甚至举厂内迁。

治理整顿以来，由于国内市场疲软，压缩基建投资，紧缩银根等，在客观上给引进外资工作带来了一定的困难。面对这种情况，各级党委和政府积极寻求良策。如通过土地有偿转让，现有厂房租赁、出让企业股权、利用土地入股和以外商引外商等办法，努力拓宽引进外资路子。这样，一方面减轻了我方的负担，节约了大量的配套资金，使“两头在外”变为“多头在外”；另一方面又促使外商比以往更加关心企业的发展，从而保证了对非加工企业在较长时间内生产的连续性和稳定性，既有利于经济效益的提高，又有利于外商投资向长期性、多元化、高层次方向发展。

（陈文学　岑小玲）

中共广东省委、广东省人民政府关于稳定、发展乡镇企业若干问题的通知

粤发（1990）16号

各市、县党委和人民政府，省直各局以上单位：

我省乡镇企业在改革开放中异军突起，已经成为农村经济的重要支柱和国民经济的重要组成部分，为支援农业、解决就业、繁荣经济、增加收入和出口创汇作出了重要贡献。1989年全省乡镇企业总收入占全省农村经济总收入六成多，总产值占农村社会总产值56.4%；乡镇企业工业产值占全省工业总产值27.7%，出口总值占全省出口总值25%；就业人数占全省农村劳动力三成多；交纳税金21.9亿元；上交镇村和支农资金12.12亿元，有力地支持了农业生产和农村建设。

为了更好地落实中央提出的“积极扶持，合理规划，正确引导，加强管理”和“调整、整顿、改造、提高”的方针，引导乡镇企业稳定、健康发展，现就当前执行政策中的若干问题，作如下通知。

一、稳定原来对乡镇企业实行的优惠政策，继续扶持乡镇企业健康发展

各级领导应从稳定农村、稳定经济、稳定大局的高度，继续从政策上扶持乡镇企业，引导其稳定健康发展。省委、省政府重申：党的十一届三中全会以来，中央、国务院和省委、省政府制定的有关发展乡镇企业的政策，除中央、国务院有新规定者外，都要继续执行，各级党委、政府和有关部门不得随意改变或违反。中央、国务院和省委、省政府原来对乡镇企业规定了一系列优惠政策，如对沿海地区发展外向型经济和办好沿海经济开放区工业卫星镇的优惠政策；对老、少、山、边、穷地区乡（镇）村集体企业实行减免税和资金扶持的政策；对新办企业定期减免所得税的政策；对为农业生产和农村生活服务的一些行业和利用“三废”生产的产品实行减免税的政策；乡（镇）、村集体企业所得税率超过20%部分减半征收的政策；鼓励个体、私营经济合法经营政策；鼓励各级、各部门向乡镇企业投资联营、发展横向联合的政策等等，这些政策对促进乡镇企业的发展起了重要的作用，应继续执行。各地应对执行乡镇企业政策的情况进行一次认真的检查，违反政策的要坚决纠正，未落实的要认真落实，需要完善的各级政府要在职权范围内尽快加以完善。

今后凡乡（镇）、村新办企业，进行基本建设投资，包括中外合资合作项目，均要对办厂的各方面条件进行

详细、周密的可行性论证，提供可行性报告，经乡级人民政府审核后，报请县级人民政府乡镇企业主管部门（个体企业和私营企业由县主管部门委托各乡、镇工交建办公室）以及法律、法规规定的有关部门批准，持有关批准文件向企业所在地工商行政管理机关办理登记，经核准领取《企业法人营业执照》或者《营业执照》后始得营业。一些特种行业，按规定由行业管理部门审批之前，也须经同级乡镇企业主管部门审核同意，凡属国家严格控制发展的生产项目须由省、市有关部门批准的，也须经同级乡镇企业管理局审核。

二、加强资金、信贷管理

为缓解乡镇企业的资金困难，各级财政、金融部门应给予积极支持，要继续执行省委、省政府粤发〔1986〕41号文的规定："各市（地）、县可根据本地财力情况，每年在乡镇企业新增的税收中，提取一定比例的资金作为乡镇企业发展基金。"

要充分发挥银行信贷资金的导向作用，引导乡镇企业发展国家产业政策重点支持的行业、产品，有关银行要同乡镇企业主管部门协同制定乡镇企业贷款结构的调整计划，提出当地支持或限制发展的重点行业、项目及产品目录等，作为安排乡镇企业信贷资金的主要依据。在当前资金紧缺的情况下，应实行重点扶持、区别对待的政策。凡属省级先进企业、国家级企业、出口创汇企业、创省级以上的优质产品、优秀新产品企业，以及生产名、稀产品的企业，获省级、部级质量管理奖、科技进步奖的企业，产品适销对路、经济效益好的企业，为农业服务以及生产人民生活必需品的企业，银行信贷部门都应优先给予贷款。对于浪费资源、耗能高、效益差的企业，银行信贷部门应限制贷款。

目前乡镇企业之间、乡镇企业与国营企业之间的"三角债"问题比较突出，严重影响企业的生产和流通，各级政府应当加以统筹解决。

三、鼓励乡镇企业大力发展外向型经济

要鼓励乡镇企业努力改善投资环境，适当发展对外加工区，以优惠的政策和良好的服务质量，吸引更多的外资和先进技术，积极"嫁接"外资，多层次、多形式地发展外向型经济。

对外向型乡镇企业，在能源和物资供应、贷款和利率等方面，应予优先照顾。对创汇一百万美元以上的企业，应予以奖励，并在结汇用汇方面给予方便和优先照顾。

为促进外向型乡镇企业开发出口产品和新技术，鼓励科研单位科技人员与乡镇企业协作或联营，对发展出口产品的科研生产联合体，投产后二三年内给予减免所得税的优惠。

四、加强对联户、个体、私营企业的引导和管理

联户企业具有合作经济的性质。《宪法》第八条规定："各种形式的合作经济，是社会主义劳动群众集体所有制经济。"中共中央中发〔1987〕5号文件指出："引导农民走合作经济道路，是我党坚定不移的方针。"因此，在政策上要鼓励农民向合作经济发展，在企业登记，执行税收、税制上都必须体现这一方针。农村三户以上的联户企业，凡有一定公共积累，收益分配按公积金、公益金、劳动分红、股金分红等四个方面进行，而前三者的分配比重大于股金分红，符合集体企业性质的，可视为集体企业，享有企业法人地位并享受集体企业的各种待遇。个体和私营企业是社会主义经济的必要补充，要鼓励他们在国家政策允许的范围内健康发展，守法经营。

联户和个体办的小水电，仍按省委、省政府粤发〔1984〕45号文执行，其税收与集体电站相同。

五、关于物资切块的问题

根据省统配物资资源情况和有关政策，除部分用于中小农机具生产的物资仍由省安排分配外，其余所需主要物资由市县计划物资部门根据实际情况进行分配，对乡镇企业所需物资要给予大力支持。

六、禁止向乡镇企业乱收费、乱摊派，减轻乡镇企业负担

各级政府和有关部门，必须坚决执行国务院国发〔1988〕25号文和关于要求各地采取措施，切实减轻农民负担的通知。各级党委和政府应高度重视，要组织专门机构和人员进行检查、清理，除了中央确定的收费规定外，省确定的收费规定属不合理部分由省负责清理，各地各单位制定的各种收费规定，均应进行清理。对于服务性的收费，应坚持有效服务为前提，要取缔那些"故设关卡、乘机勒索"的非法行为，任何部门不得巧立名目，以集资、摊派、募捐或赞助为名向乡镇企业收取费用。经过省物价部门审定的收费，也应按最低标准收取。要

建立健全监督管理机构，各级监督管理领导小组和办事机构，应吸收乡镇企业主管部门参加。

要正确处理好乡（镇）政府与企业的利润分配关系。乡（镇）村企业税后利润的上缴部分，要严格控制在40%以内，留给企业的部分不得少于60%，以增加企业自有资金，增强企业自我发展能力。

七、进一步发挥乡镇企业在农业产前、产中、产后服务的作用，发展农副产品加工业，发展农民合作流通企业

在治理整顿和深化改革中，要进一步调整乡镇企业的结构，鼓励发展资源加工型企业，尤其是农副产品加工业，坚持走农工商一体化路子。各地农村在积极完成国家合同定购的农副产品交售任务的同时，应合理布局，采用先进而适用的技术，积极发展农副产品的加工、保鲜、储藏和运销，促进农业商品经济的发展，推进农业现代化。

进一步改革农村商品流通体制。在继续发挥国营商业渠道作用的同时，鼓励农民联合起来，有组织地进入流通领域。要支持农村集体商业、供销企业，支持农民兴办的合作流通性质的企业，依照国家法规和有关政策，广泛开展经营服务。

继续办好原有乡镇企业中的农、林、牧、渔企业，办好农业开发中产生的乡镇企业，加强经营管理，提高经济效益，努力把这些乡镇企业办成农业商品基地、农业技术推广示范基地、农业集约经营和规模经营的试验示范基地。

八、充分发挥乡镇企业供销人员的积极作用

要充分肯定乡镇企业供销人员在发展乡镇企业、促进商品流通中的作用和贡献。几年来，各地普遍实行的企业供销人员的工资收入和费用开支同购销额挂钩，或实行费用承包的办法，应继续执行，并加以完善。要调动供销人员的积极性，搞活流通，节约开支，提高效益。供销业务人员的业务费用，可视企业规模和经济状况，按企业年销售收入的0.5～1%的比例在成本中列支。

九、依靠科技进步，加强人才培训

依靠科技进步，提高职工素质，是巩固、提高乡镇企业的关键。各县要建立乡镇企业科技发展基金，基金来源可按省委、省政府粤发〔1986〕41号文规定，每年在乡镇企业新增税收中按10～20%的比例提取，由县财税部门拨给乡镇企业主管部门掌握使用；乡镇企业在新产品减免税额中，除按规定提取奖励基金和福利基金外，应全部用于新产品试制基金。

乡（镇）政府要制定科技进步奖励办法，认真抓好职工培训和科技队伍建设，逐步建立省、市、县、乡（镇）四级培训中心。鼓励职工自学成才，钻研科学技术。大力开展技术革新活动，广泛进行技术开发和推广、消化、吸收，引进技术，大力开发新产品。推广应用新技术、新工艺、新材料、新设备，提高产品质量和档次，增加花色品种，提高经济效益。

各级政府要重视乡镇企业的人才培训工作，培训经费可在乡镇企业上缴的管理费中适当安排解决。

十、不许变动乡镇企业的隶属关系，切实加强领导，健全机构，搞好服务

中共中央中发〔1984〕4号文件规定，乡镇企业包括：社（乡）队（村）举办的企业、部分社员联营的合作企业、其他形式的合作工业和个体企业。省委、省政府粤发〔1986〕41号文规定上述企业以及各级乡镇企业主管部门的直属企业，均由乡镇企业管理部门主管，任何部门不得以任何借口，改变乡镇企业的隶属关系，不准“上收”乡镇企业，已经“上收”的要坚决纠正。

各级领导和有关部门，要切实加强对乡镇企业的领导和扶持。要继续落实省委、省政府粤发〔1984〕32号文和粤发〔1986〕41号文的规定：“要加强市（地）、县乡镇企业行政管理机构，并给予必要的行政编制和行政经费。撤区建乡（镇）之后，要建立健全乡（镇）工交建办公室，配备一定的管理人员，积极开展为乡镇企业服务的各项工作。”部分市、县对此规定尚未贯彻落实的，要抓紧落实。乡（镇）工交建办公室（工交办）人员的农转非问题，各级政府有关部门应统一纳入农转非的年度计划，争取逐年加以解决。

乡镇企业应按国家财政部和农业部〔1988〕10号文的规定向主管部门交纳企业管理费。乡（镇）、村企业管理费的提取也可以采取逐级定额上交办法。各地乡（镇）、村企业主管部门要及时向上一级主管部门上交管理费。对个体和私营企业收取管理费和分配办法，仍按省委办公厅、省政府办公厅粤办发〔1987〕6号文件执行，由乡镇企业主管部门和工商行政管理部门实行“一家收、两家分”，或由两家径自各向企业收取0.5%管理费，具体办法由县政府规定。

1990年7月18日

全省乡镇企业工作会议

1990年10月5日至8日，中共广东省委、省政府联合在广州召开了全省乡镇企业工作会议。

中共广东省委书记林若、省长叶选平、省委副书记郭荣昌、副省长凌伯棠、省顾问委员会副主任杜瑞芝、省人大常委会副主任刘俊杰，以及省直有关部门和各市、县（区）主管乡镇企业的负责同志、乡镇企业管理局局长等300多人出席了会议。

会议的主要议题是：认真总结"七五"期间，特别是治理整顿以来发展乡镇企业的成绩和经验，交流各地贯彻落实国务院颁布的《中华人民共和国乡村集体所有制企业条例》和省委、省政府〔1990〕16号文的情况；从稳定农村、稳定经济、稳定大局的高度，研究各级党政领导和有关部门如何积极扶持乡镇企业的问题；明确"八五"期间发展乡镇企业的战略目标及主要措施，推动广东乡镇企业持续、稳定、协调、健康发展。

会议由凌伯棠主持，林若、叶选平在会上作了重要讲话，郭荣昌代表省委、省政府作了题为《认真总结经验，推动乡镇企业持续、稳定、协调发展》的工作报告。凌伯棠作了会议总结。会上，佛山、汕头、中山、东莞、深圳、顺德、化州、吴川和广州石井水泥厂等9个市、县及先进企业代表作了典型经验介绍。

林若指出，十一届三中全会以来，我省乡镇企业获得了前所未有的大发展，乡镇企业已经成为我省农村乃至整个国民经济的一个重要支柱，成为我省经济的一支生力军。事实已经说明，乡镇企业在我省经济中占有举足轻重的地位。它的发展，完全符合国情和省情，为实现我国的工业化走出了一条新的路子。乡镇企业有着无限广阔的前途，我们应该对此充满信心。各级领导要继续坚定不移地贯彻执行中央和省有关发展乡镇企业的政策，凡涉及到政策性的问题，一定要十分慎重，千万不要随意提什么新口号，以免把大家的思想搞乱，影响经济和社会的稳定。对"挂靠"、"合伙"、"股份"等企业在发展中出现的问题，不要急于定性，应多作调查研究，以实践检验的标准去分析，通过加强引导、管理来解决。要认真总结发展乡镇企业的成功经验和克服存在的问题，把发展乡镇企业作为县、镇两级党委和政府的中心任务之一来抓。同时，要选择符合本地区的发展模式，发展当地的优势产业；要继续采取"放水养鱼"、"借鸡生蛋"、"筑巢引凤"、横向联合、甘当配角等政策措施来发展乡镇企业。现在，有些地方对发展乡（镇）、区（村）两级的集体经济重视不够，依然有部分"空壳社"；有的地方发展乡镇企业还有盲目性等等。各地要抓好分类指导，认真解决好当前存在的问题。在加强企业管理，提高经济效益的同时，要切实抓好职工队伍的政治思想工作，搞好乡镇企业的精神文明建设。

叶选平省长在通报了全省经济发展情况后指出，各级要十分重视发展乡镇企业，继续深化认识，要根据自己的情况来抓认识问题。同时要坚持社会主义方向，向有计划的商品经济方向发展乡镇企业。特别要从乡镇企业产品销路，从发展农村经济角度去吸引消费，推动生产发展。因此，要改变目前市场疲软的状况，乡镇企业必须自觉地调整产品结构，加强管理，加快技术进步，提高产品质量，增加花色品种，改善销售服务，努力开拓市场。

郭荣昌在工作报告中全面总结广东乡镇企业取得的成绩时指出：总的来看，"七五"期间，乡镇企业的困难较大，取得的成绩较大，作出的贡献较大。五年来，乡镇企业在发展中积累了不少经验，主要有：①坚持社会主义方向，实行以集体经济为主体、多成分、多层次、多形式发展的方针；②各级加强对乡镇企业工作的领导，认真落实党的各项方针政策，正确处理乡镇企业内部、外部的关系；③发展外向型经济，开拓国际市场，把出口创汇作为乡镇企业发展的新起点；④优化结构，深化改革，强化管理，依靠科技进步，提高乡镇企业的效益和素质；⑤切实加强乡镇企业主管部门建设，充分发挥行政管理职能作用，做好指导、管理、监督、协调、服务工作。

郭荣昌强调指出，我们在总结乡镇企业发展经验时，必须清醒地看到，乡镇企业还存在着许多亟待解决的问题。对这些问题应该有足够的思想准备，知难而进，采取切实有效措施，使乡镇企业持续、稳定、协调发展。

会议认为，这次全省乡镇企业工作会议，是在我省乡镇企业发展处于历史转折时期召开的，再过两个多月，便进入国民经济发展第八个五年计划时期。"八五"时期，是实现国民生产总值再翻一番，人民生活水平达到小康水平的关键性五年，必须站在这个高度来认识和对待乡镇企业的发展。

（陈文学）

市、县（区）乡镇企业简介

佛山市

佛山市辖城区、石湾区和顺德、南海、三水、高明四个县。广东的“四小虎”中，有“二小虎”就诞生在这里。

改革开放以来，该市乡镇企业蓬勃发展。1990年，全市乡镇企业已发展到5 6431个，从业人员达57万多；乡镇企业总收入达152.77亿元，总产值（1980年不变价）109.59亿元，占全市工农业总产值近一半左右。外向型企业出口产值达30.2亿元，占全市乡镇企业总产值30%左右，创汇 5.5 亿美元。并拥有固定资产原值63亿元。农村工业布局已具相当规模。从行业上来分，主要以家用电器、纺织服装、五金机械、陶瓷建材、水泥、塑料制品、皮革、皮鞋、铝型材、食品饮料、饲料、化工产品、玩具等产品为主。近十年来，逐渐形成一种新的经济格局。一是以集体企业为主，镇办企业占总产值52%，村办企业占38%，联户、个体企业仅占10%；二是发展或扶持一批骨干企业，全市超3 000万元产值的企业有33个，超5 000万元的有18个，超亿元企业 9 个；三是朝外向型发展，全市外向型企业 828家，出口产值占全省乡镇企业出口产值三分之一以上。

十年改革开放，使佛山乡镇工业蓬勃发展，主要表现在以下几方面：

1. 全市农村经济总收入中，乡镇企业经济收入占85%，部分地区占90%以上。乡镇企业每年用于支援农业、小城镇建设、办学、幼儿园、敬老院、军烈属、“五保户”、修公路、建桥梁方面，开支超过 2 亿元。凡是乡镇企业发展快的农村圩镇，都成为初具规模的卫星小城镇。

蓬勃发展的佛山市乡镇企业

2. 为农村剩余劳力提供了大量的就业机会，是农民致富的靠山。十年来全市农村收入由人均几百元翻了几番，其中顺德桂洲镇人均收入已达到3 000元。石湾区敦厚、朝东村、顺德桂洲海尾村、南海县平洲镇平西村农民致富的步伐更快。平西村已是广东第一个亿元村。十年来全市乡镇企业共吸收剩余劳力40多万人。

3. 为增加社会有效供给、增加国家财政收入作出了巨大贡献，为市场提供了大批工业产品和支农产品。1990年仅风扇产量就达1 624万台，占全国风扇总产量六分之一强。电饭锅270万个，混合饲料21万吨，水泥 130 多万吨。立足于为农业服务，为大工业服务，为外贸出口服务，为丰富城乡人民生活服务。仅1990年上缴税金达6.7亿元。

4. 乡镇企业已成为出口创汇的生力军。1990年共出口创汇 5.5 亿美元，比1980年增长10倍多。年出口产值超亿元的行业有纺织服装、鞋、玩具、塑料皮革制品等，拥有年创汇 100 万美元的企业 138 个。蚬华风扇厂出口风扇330万台，创汇逾 4 000 万美元，美的风扇厂、龙江锦屏针织厂、石角棉织厂、张槎针织厂、南方电器厂、桂洲畜产集团公司、蚬华微波炉厂都是出口创汇的大户。

佛山市乡镇企业，经过几年较大的发展后，近年来，认真贯彻国家关于发展乡镇企业的方针政策，治理整顿，深化改革，依靠科技进步，强化内部管理，挖掘企业潜力，加快技术改造，不断地引进资金、引进技术、引进人才、取得显著成效。十年来共协议利用外资 2 亿多美元，引进设备10万台（套）。普遍开展 QC 活动和标准化工作，拥有一批先进企业和名优产品。其中珠江冰箱厂成为国家一级企业，13个厂成为国家二级企业，87个厂成为省级先进企业；国优产品 5 个、部优产品 110 个、省优产品 327 个、省优秀新产品72个、省科技进步奖16个；1986年有16个企业被授予广东省开拓型乡镇企业。顺德县裕华实业公司总经理区鉴泉、南海县上元建陶厂厂长霍根华被评为当代中国优秀农民企业家。区鉴泉被列入十佳之首，受到党中央、国务院领导的接见；1987年有 9 名厂长经理被广东省政府授予广东省乡镇企业家称号。

顺　德　县

顺德县位于珠江三角洲中部，毗邻港澳，靠近广州、佛山等大中城市，水陆交通方便，是广东省近年乡镇企业发展较快县之一。全县面积802平方公里，耕地面积65.21万亩，总人口91.81万，其中农业人口64万，农村劳动力42.5万。1990年底统计，全县镇、村两级企业3 602家，从业人数18.61万，企业总收入73.33亿元，比1989年增长7%，其中镇办企业为50.23亿元，村办企业为23.10亿元；企业实现利润总额3.06亿元，基本维持1989年同期水平，其中镇办企业利润1.22亿元，村办企业利润1.84亿元；实交国家税金2.58亿元，比1989年增长35%，其中镇办企业为1.64亿元，村办企业为0.94亿元；职工人均收入3 850元，比1989年增加466元，其中镇办企业人均收入4 504元，村办企业人均收入3 192元。

形成了一批骨干企业，经济实力不断增强。在全县镇办的369家工业企业中，总产值超亿元的占10家，超5千万元的企业12家，超千万元的占83家。这105家骨干厂的总产值为30.83亿元，占镇办工业总产值的81.5%。此外，在村办企业中，超千万元产值的有29家。镇村两级共有超亿元企业10家，超千万元企业124家。这批企业实现的产值为36.33亿元，占镇村两级工业总产值79.58%。1990年底，全县镇村两级企业拥有固定资产（原值）28.38亿元，其中镇办企业22.26亿元，村办企业6.12亿元。1990年引进国外先进设备4 253台（套），价值3 044万美元。从1980年至1990年累计，共引进国外设备21 010台（套），设备价值1.66亿美元。

全国人大代表，全国十佳农民企业家之一，顺德县裕华实业总经理区鉴泉在企业生产车间检查、指导

外向型经济稳步发展，出口产品逐年增多。全县乡镇企业生产出口产品的企业98家，其中镇办70家，村办28家。1990年为国家提供出口产品9.79亿元，全年出口创汇2.21亿美元。在这批出口产品企业中，出口产值1亿元的企业有2家，超千万元的企业有32家，超百万元的企业53家。乡镇企业的主要出口产品有：电风扇（472万台）、服装（2 147万件）、微波炉(25.23万台)、针棉织品（1 327吨)、录像带（166万盒）、羽绒制品（5 464万件）、毛纱(581吨)、磁性材料(1 790吨)、家具（51万件)、闹钟（110万个)、鞋类（580万双)。此外，还有电冰箱、电饭锅、咖啡壶、电吹风、电熨斗等家电产品。1990年来料加工企业197家。补偿贸易4家。这批“三来一补”企业当年投产的合同宗数1 239宗，工缴费及出口商品总额为3 403万美元。1990年，合资合作企业93家，全年生产总值7.13亿元，这批三资企业出口商品总额为9 273万美元。

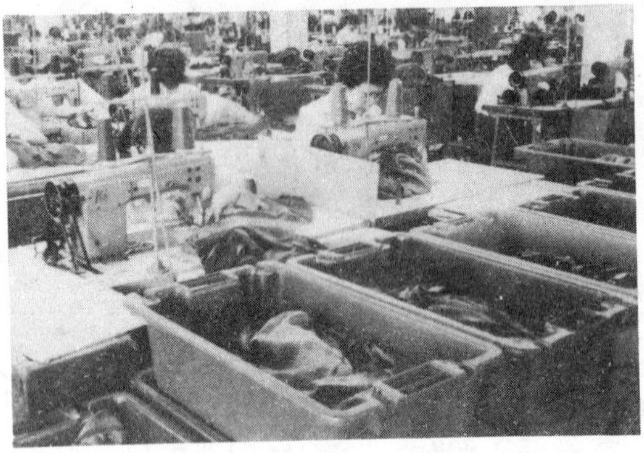

产品全部出口的大进纺织服装实业公司

具有较高的技术、管理水平和良好的整体素质。全县乡镇企业有国家一级1家，国家二级企业10家，部级先进企业2家，省级先进企业52家；共有230家企业计量定了级，其中一级的占2家，二级的占15家，三级213家；有国优产品5项，部优产品72项，省优产品203项，企业产品标准化覆盖率达到89%；获得部级质量管理奖的企业4家，省级质量管理奖的企业5家。获得省乡镇企业管理局颁发的全面质量及格证书的企业124家。1990年底，在镇村两级企业的18.61万个职工中，具有大专（含大学）文化程度的有1229人，占职工总人数的6.6‰；具有中专文化程度的有1 355人，占职工总人数的7.28‰；高中文化程度的有30 491人，占职工总人数的16.38%；具有初中文化程度的有85 293人，占职工总人数的45.8%。在全部职工中，具有各类专业技术职务的有2 173人，其中高级工程师38人；工程师364人；会计师8人；统计师2人；经济师4人。从1980年至1990年累计，县镇两级共培训技术及管理人员34 750人（次）。

南海县

位于珠江三角洲的南海县现有94万人，土地面积1 152平方公里，53.9万亩耕地，13.5万亩鱼塘。分设17个镇，246个管理区。十年多来，南海县的乡镇企业发展速度是迅猛的，主要表现在：

1. 企业的家数、从业人数、总收入、利润和上缴国家的税收都有较大的增长。1989年，全县乡镇企业发展到22 554家，比1978年增长了23.5倍；从业人员23.52万人，比1978年增长1.9倍；总收入47.23亿元，比1978年增长23.3倍；纯利润2.9亿元，比1978年增长16.6倍；上缴国家税金2.13亿元，比1978年增长15.5倍。

2. 在行业和产品结构上，已从简单的加工和拾遗补缺式的制作零配件，迅速发展成为门类繁多、工序配套齐全的工业体系。全县已建立起了纺织、缝纫、皮革、毛皮及其制品、家具制造、玩具制造、电子及通讯设备制造、金属制品、机械工业、塑料制品、化学工业、食品工业、建材工业等共33个门类比较齐全的行业。在这些行业中，有的已配套成龙，形成体系。

3. 在企业的规模和素质上，从规模小、层次低，迅速发展成为具有一定规模、一定水平的，部分还具有80年代设备的比较先进的企业。全县年产值在2亿元以上的行业有纺织（6.6亿元）、家电（4.5亿元）、金属制品（4.2亿元）、机械（2.5亿元）等四个；年产值在1亿元以上的行业也有13个，年产值在5 000万元以上的企业有13家（最高的平州镇华达风扇厂年产值达8 865万元）；年产值1 000万元至2 000万元的企业39家；年产值500万元至1 000万元的企业61家。乡镇企业获国家二级企业称号的有2家，获省级先进企业称号的有9家。产品获部优称号的有11个，获省优称号的有41个。

4. 有一批企业从内向型发展成为外向型。全县乡镇企业中，属外向型的有829家，从业人员6.2万人，1989年出口产品生产总值6.7亿元。其中"三来一补"企业621家，从业人员3.57万，出口产品总值2.55亿元；合资合作企业25家，从业人员3 652人，出口总值1.23亿元；正常出口企业85家，从业人员2.27万，出口产品总值2.95亿元。全县共利用旧厂房改造嫁接的外向型企业有152家。县属比较大型的企业，基本上都属于有产品出口的外向型企业。

石湾区

石湾区地处佛山市郊，下辖澜石、张槎、环市、石湾四镇，面积为65平方公里，人口10.6万。1984年建区以来，该区乡镇企业发展较快，企业从1984年的272家增加到1990年的840家（镇、管理区二级），从业人员6万多。乡镇工业总产值从1984年的2.3亿元，增加到1990年的10.2亿元，增长2.7倍；拥有固定资产4.5亿元。初步形成了以五金、机械、纺织、服装、电子电器、建材陶瓷、塑料、皮革、玻璃、包装、轻工、精细化工等行业，并且有一定的规模。乡镇企业产值占全区工农业产值的90.75%，成为该区经济的重要支柱，为农村的精神文明建设打下了良好的物质基础。

几年来，在各级党委、政府的领导和各部门的支持下，区各级企业主管部门坚持以经济建设为中心，坚持改革开放，依靠科技进步，强化企业管理，使企业素质和管理水平有较大的提高。全区乡镇企业有国家二级企业1家，省级先进企业14家；部优产品7个，省优秀新产品17个，省优质产品36个；获省、市乡镇企业科技进步奖企业21个。与此同时，还积极发展外向型经济，到1990年，全区外向型企业（含"三来一补"企业）96家。1990年出口总值9 566.24万元，年创汇1 471.73万美元。全区共有500万元以上的企业61家，1 000万元以上的企业30家。

佛山市澜石工业公司

中山市

中山市，是革命先行者孙中山先生的故乡。中山市地处珠江口西岸，南邻澳门，北靠广州，东近香港，西连江门，面积1 683 平方公里。全市33个镇区，人口113万，其中农业人口85万。这里气候温和，雨量充沛，是广东商品粮生产基地之一。

中山市的乡镇企业在改革、开放政策的鼓舞下，有了很快的发展。1990年，镇区、村、体、户四个层次企业2.7万个，其中镇区企业703个，村办企业3 713个；从业人员25.2万，其中外来劳工 8 万人。在从业人员中，镇区办企业8.58万，村办企业10.1万；企业总产值49.98亿元，其中镇区办企业总产值31.24亿元，村办企业11.56亿元；工业总产值40.8亿元，其中镇区工业总产值28.8亿元，村办工业总产值 8.6 亿元；企业总收入47.42亿元，其中镇区企业总收入26.3亿元，村办13.8亿元。企业税利达4.68亿元，工资总额8.04亿元，固定资产原值17亿元。乡镇企业在全市国民经济中起了支柱作用。目前，中山市乡镇企业年产值亿元以上的行业有：纺织、缝纫、化工、电子、电器、建材、皮革制品、文体用品、纸类制品、食品、塑料制品、金属制品等12个，以上行业占了乡镇工业总产值的75%。工业产品畅销国内外，琴键开关、胶粘制品、度盘台秤等全国销量第一，球型门锁出口外销为全国之冠。

一、把发展乡镇企业放到重要位置上来抓

改革开放以后，为振兴中山经济，中山市各级领导把发展乡镇企业作为发展社会生产力的重要措施来抓。一是加深对发展乡镇企业的重要性和必要性的认识，抵制阻挠乡镇企业健康发展的各种言行；二是坚持因地制宜，从实际出发，三个产业一齐上，四个轮子一起转的发展方针；三是加强领导，市委、市政府把乡镇企业摆上议事日程，在分工领导兼管的同时，常委、市长还分片包干，做好指导工作；四是制定鼓励发展的政策，本着“养鸡下蛋”、“欲取先予”、培植税源的原则，从税收上扶植乡镇企业的发展，并积极解决企业发展所需的资金；把发展乡镇企业列入镇区干部岗位责任的考核内容；五是实行全市一盘棋，动员各行各业支持后进地区发展乡镇企业。

二、大力改善投资环境，发展外向型经济

至1990年底，建成和改造公路 385 公里。镇区之间实现了公路水泥化，乡村之间亦普遍铺设了水泥路。全市建起了 3.5 万伏的变电站12座，11万伏变电站 8 座，22万伏站 1 座。电话装机总容量6.8 万门，已装机 4.8万门，中程控电话3.9万门，开通了传呼机和移动电话。十年来镇区、村新建厂房面积260多万平方米，建成了 100 多个工业开发区。能源、供水、通讯、厂房等重要设施日益改善。在软环境建设方面，抓好服务质量，提高办事效率，简化办事程序，做好争取侨心，借助侨力的工作。在引进外资工作中，采取多种形式，坚持互惠互利，重合同守信用，妥善解决合作过程中出现的矛盾。通过开展外引内联，到1990年底已有“三来一补”企业1 100 多家，“三资”企业122家，利用外资 2.2 亿美元，引进设备10万多台(套)，生产线200多条，加上120家产品出口企业，形成了以外向型企业为导向、内外并重的乡镇企业体系。通过发展外向型经济，利用了外来资金、技术、设备、供销渠道，学到了先进的管理知识，不仅使一些基础比较薄弱的镇区有了较快的发展，而且使乡镇企业形成一批有影响力的拳头产品，使中山市乡镇企业从1979年起以每年递增30%以上的速度发展。

三、抓好技术进步，提高企业素质

技术进步是促进生产力发展的要素。中山市乡镇企业注重从外延和内涵两个方面，推动企业上水平。大力加强基础管理，抓好信息、标准化、计量、定额、规章制度、基础教育、班组建设，促企业上等级。由于管理工作规范化，企业生产有标准，检测有手段，管理有制度，产品上质量，企业上等级，增强了企业的竞争能力。到1990年底，全市乡镇企业累计创省优产品 103 个，创部优产品31个，还有一批产品获市或省科技成果奖。1990年有22项管理获省现代化管理成果奖。已有20个企业成为省级先进企业， 2 个企业成为国家二级企业。提高企业素质关键是人才，各镇区这几年智力投资达千万元，使大批人员得到培训。市乡镇企业管理局还协同有关部门把人才培训放到重要位置上来抓，先后办起农函大、会计（中专）函授学校、企业管理干部中专班、会计大专班等，培训人数达5 000 多人次。目前，乡镇企业有专业技术职称的 3 206 人，其中有高级职称12人，中级职称582人，进一步充实了乡镇企业力量。随着技术水平提高，乡镇企业的技术革新和技术改造每年都有新成就。

四、坚持改革，加强管理

在改革的浪潮推动下，中山市乡镇企业重视把竞争机制引入到企业，扔掉“铁饭碗”，搬掉“铁交椅”，打破“大锅饭”，改革分配制度，不断完善承包经营责任制，落实厂长任期目标责任制，试行股份制等，调动了企业所有者、经营者和生产者的积极性，增强了企业的活力。近年来，还通过产业结构和产品结构的调整，开展行业管理、组建集团公司，使生产要素得到合理组合，从而更好地适应了发展需要。

（黄荫洪）

东 莞 市

东莞市地处珠江三角洲东部，南与深圳接壤，毗邻香港，北靠广州，东与博罗县隔东江相邻，西与番禺县隔海相望，处于穗港经济走廊的中间。1985年被国务院列为珠江三角洲经济开放区，全市总面积2 465平方公里，人口134万，其中农业人口98.85万，外来人口71万，华侨、港澳同胞80多万。全市分设33个镇（区），下设580个管理区，耕地面积117万亩，水果种植面积47.66万亩，造林面积100.1万亩，农林牧副渔五业兴旺，是有名的鱼米之乡。

1990年，东莞市乡镇企业在市委、市政府的正确领导下，得到持续、稳定、协调、健康的发展。乡镇企业总收入43.03亿元，比1989年增长14.05%；乡镇企业总产值38.73亿元，比1989年增长15.93%；上缴国家税金1.02亿元，比1989年增长32.47%；纯利润4.08亿元，比1989年增长3.82%。外向型乡镇企业全年出口总值9.62亿元，出口创汇2.43亿美元，其中出口产品交货额1.86亿元，比1989年增长2.86倍；来料加工费1.83亿美元，比1989年增长17.36%；合资合作收入1 475.7万美元，比1989年增长97.13%。

东莞市乡镇企业发展的路子，概括起来就是实行"三个为主"，多成分、多层次、多形式发展乡镇企业，即以发展集体经济为主，发展外向型企业为主，发展大工业配套产品和创汇农业为主，"四轮驱动"各种经济成分并存。这是在实践中逐步形成，并被实践检验符合我市实际的正确路子。

在发展乡镇企业中，市委、市政府一直坚持以集体经济为主体的原则，使乡镇集体经济有了很大的发展，集体企业总产值（含镇、管理区、村）的比重占八成以上。1990年各层次在总收入中的比重为：镇办占36.58%，管理区办（含村办）占41.5%，联户办占6.10%，个体办占15.77%。有相当一部分镇（区）乡镇企业中集体经济比重占了九成以上。

以外向型企业为主，是发挥东莞地理优势，推动乡镇企业发展的战略选择。改革开放以来，市各级领导坚持改革开放的方针，围绕经济建设这个中心，从实际出发，以外向型经济为导向，大力发展外向型企业。通过利用外资，引进先进技术设备，形成一批具有现代化水平生产能力，经济实力明显增强。十年来，东莞市乡镇企业广泛与世界各国和地区开展经济技术合作，先后与日本、美国、香港等10多个国家和地区建立了合作关系。全市实际利用外资总额10亿美元，引进先进技术设备27.5万多台（套），办起一批"三来一补"企业和"三资"企业4 000多家和一批自营出口基地。其中1990年引进设备42 167台（套），实际利用外资2.97亿美元。为适应"三来一补"、"三资"企业的发展需要，全市建造了一批标准厂房，总面积800多万平方米，总投资额16亿元。如附城的益安制造厂、长安的福安纺织厂、樟木头的先威玩具厂、常平的建达玩偶厂、高埗的裕元鞋厂、厚街的冠亚电子表厂、篁村的新科电子厂等都是知名度较高的乡镇外资企业。

以大工业配套产品和发展创汇农业为主，是东莞市各镇在乡镇企业发展过程中摸索出来的又一条成功经验。目前以大工业配套比较成功的企业有20多家，如石碣电子厂，生产彩电中周，经国家电子工业部测试，质量达到国外同类产品水平，被推荐为国产化项目，产品与全国47家彩电厂配套，被誉为彩电国产化的好配角。又如寮步三联机械厂，与省市大厂配套生产轴承座，由于充分利用大厂的技术力量、管理方法和销售渠道等优势，产品深受用户欢迎，1990年该厂被评为省级先进企业。同时，各级领导还借鉴了国外组织农产品出口的经验，有计划地兴办创汇农业基地，集体自办或与外贸、商业部门合办农副产品出口基地97个。目前，东莞市镇村已逐步建立了农产品优质化、新潮化、专业化，并初具一定规模与效益的创汇型农业格局。

近年来，由于外部条件的变化，促使东莞市乡镇企业从企业上等级，产品上水平方面找出路。1990年，乡镇企业系统在优化产品结构方面取得了四个方面的新成绩。一是市乡镇水泥行业首次参加全国性的行检行评，评优的有9家，占广东省的75%；二是广东省水泥行业被评为省优质产品的10个生产厂家，有4个是东莞市乡镇企业；三是在广东省水泥质量行检行评中，乡镇系统有15家企业被评为标兵企业，东莞市乡镇企业就占了10家；四是省造纸行业重点产品行检行评，共有20个奖项（含国营），东莞市乡镇系统获6个奖项。

（梁泽民）

珠 海 市

1990年，珠海市的乡镇企业已发展到5 962个，比1989年增长5.63%；企业人数6.68万，增长8.37%；总收入16.22亿元，增长24.67%；总产值（80年不变价）13.39亿元，增长39.33%，其中工业产值11.88亿元，增长51.53%；上缴国家税金0.29亿元，增长13.57%；纯利润0.92亿元，增长63.41%。面对资金、能源、原材料紧缺和市场疲软的严峻考验，通过科技进步，强化管理、深化改革，调整产业结构和产品结构，乡镇企业经营机制的优势得到充分体现，利润的增长高于其他经济指标的增长，经济效益在治理整顿中有了显著提高。

外向型经济迈向更高层次。1990年，珠海市乡镇企业协议利用外资3亿多港元。新办企业中，七成属外向型企业，使外向型企业增加到449个。投资环境的日臻完善，使外商投资规模不断扩大，投资项目结构也逐步向生产型、技术密集型、创汇型企业过渡。在出口企业中，"三来一补"和合资合作企业外汇收入5 351万美元，比1989年增长82.51%。特别是合资合作企业，我方外汇收入增长4.38倍，达3 194万美元，改变了历年来乡镇企业外汇收入以工缴费为主的状况。目前，年出口产品交货额超过100万元的企业已有108个，出口值占乡镇工业产值的比例由1989年的39.62%上升到54.2%，是广东省乡镇企业出口比例较高的市。

强化企业管理，依靠科技进步，提高企业素质和产品质量。1990年全市乡镇企业已有4个省级先进企业，并开发了部优产品2个，省优产品7个，省优秀新产品6个，8个产品填补了国内空白，6个产品被指定为进口替代型产品。在激烈的市场竞争中，一批骨干企业迅速崛起，年产值在1 000万元以上的企业有27个，湾仔镇中富瓶厂的产值达1.3亿元，显示了乡镇企业的实力。珠海市乡镇企业发展的基本经验是：

1．各级党政领导的重视和有关部门的支持是发展乡镇企业的首要条件。一年来，各级党政部门认真贯彻中央方针，结合珠海实际，及时地统一思想，端正认识，稳定和落实各项政策。特区管委会在切实贯彻国家已有的各项投资优惠政策的同时，作出了包括成立外商投资服务中心等十五条规定，对外商投资实行进一步的优惠。外贸、财税、银行信贷、商检和海关等部门热心支持乡镇企业工作，在资金、税收、信息、供销渠道等方面给予很大帮助。年底，市委、市政府又及时召开了建市以来规模最大的乡镇企业工作会议，对进一步开创乡镇企业工作新局面作了总动员，提高了各级党政领导、有关部门以及全体乡镇企业工作者对乡镇企业在国民经济中的地位和作用的认识，坚定了干部职工的信心，鼓舞了斗志，使珠海乡镇企业工作在90年代有了一个良好的开端。

2．创造良好的投资环境、增强对外商投资的吸引力是发展乡镇企业的关键。珠海毗邻港澳，华侨众多，各镇村充分利用改革开放的政策和"地缘"、"人缘"优势，努力改善投资环境，积极引进资金、技术、人才和管理经验，加速了乡镇企业的发展。香洲区新建工业厂房近20万平方米，较好地满足了外商的投资需要；金鼎镇对每一个项目的洽谈、签约、审批、报建到组织上马，都有镇村领导专人负责，一个个落实，促使项目尽快投产，该镇与澳门客商合作的帝豪彩瓷厂，由于双方互相体谅，真诚合作，签订合同后3个月便投入生产。前山镇与港商签订在上确工业区兴建纺织城的合同，首期投资1.5亿港元，总投资达3.6亿港元，将成为全市规模最大的外向型乡镇企业，该镇工业创汇达1.05亿港元，居全市各镇之前。

3．采取措施强化企业管理，提高乡镇企业素质。在发展外向型经济的同时，各企业普遍开展了标准、计量、定额、信息等基础管理工作，建立健全规章制度。斗门县上横水泥厂不但成立了全面质量管理小组，而且建立了精密的检测化验系统，对产品从进料到出仓的每道工序都进行严格的化验和检测，并做产品出厂前的最后鉴定，使该厂产品质量不断提高，顺利打进了澳门市场。珠海乡镇企业中首家省级先进企业华声磁带厂，在生产过程中实行物耗、能耗指标定额承包责任制，在确保产品质量的前提下，实行节奖超罚，有效地推动了增产节约活动的开展。经有关部门考核，产品物质消耗和电耗均达到省内同行业先进水平。此外，该厂在仓库使用电脑管理，使各种原材料及产品的库存量能随时准确掌握，大大提高了工作效率。被誉为"高起点、高技术、高速度、高效益"的兴业汽车安全玻璃厂，成为我国首批安全认证工厂，其产品也顺利通过了美国DOT标准认证，为进一步开拓国际市场奠定了基础。

4．抓好人才培训，增强乡镇企业发展的后劲。为了适应对外开放的需要，各级采取举办短训班，委托大专院校代培，公费上电大、函授大学，到先进企业跟班学习，请专家定期讲学等形式，培养乡镇企业的管理和技术人才，为吸收、消化先进技术、设备打基础。前山镇在资金紧缺的情况下仍投资200万元，新建3 000多平方米的成人教育中心大楼，并根据乡镇企业的实际，贯彻学用结合、按需施教、讲求实效的原则，围绕提高干部、职工的业务素质和技能搞培训工作。1990年，全市乡镇企业受培训者达1 300多人次，逐步提高了企业员工的素质，也有力地促进乡镇企业的发展。

（全展扬）

茂名市

1990年，茂名市乡镇企业在治理整顿中继续保持稳步发展，全市乡镇企业发展到96 247个，从业人员42.89万；总收入42.71亿元，比1989年增长21.5%；总产值33.81亿元，比1989年增长21.05%，其中工业产值14.26亿元，比1989年增长20.12%；上缴国家税金1.49亿元，比1989年增长10.91%；实现利润4.23亿元，比1989年增长18.83%。1990年末固定资产达到11.71亿元。

1990年，全市总收入超过亿元的镇由1989年的4个增加到9个，增长125%；总产值超过千万元的企业由1989年的2个增加到11个，增长450%；总收入超过千万元的管理区由1989年的9个增加到14个，增长55%。我市的经验如下：

获农业部部优称号的化州县农药厂产品

1. 大力开展职工教育，提高干部职工对乡镇企业重要意义的再认识，增强他们的事业心和责任感。

2. 抓好《中华人民共和国乡村集体所有制企业条例》和粤发（1990）16号文《关于稳定发展乡镇企业若干问题的通知》的贯彻落实，努力为乡镇企业创造一个宽松的环境。各级乡镇企业主管部门通过电视、广播、墙报、板报、会议等形式进行宣传，做到人人皆知；主动密切与各级党、政领导以及有关部门的关系，排除阻力；及时总结和推广先进经验，互相促进。市局召开了由各县（区）局长参加的经验交流会，较好地促进了《条例》和《通知》精神的贯彻落实。

3. 积极开展"企业管理年"活动，努力提高企业素质和经济效益。一是开展各种竞赛活动，促进企业搞好管理。二是转变指导思想。从抓投入转向抓产出，从抓外延转向抓内涵发展，从抓产量转向抓质量和销售。三是抓基础管理。市局组织局机关生产、管理、外经、安全、财务五个科10多名干部，用了6个月时间，帮助全市601个企业搞好标准、计量等基础管理工作，使化州中垌水泥厂等35家企业获得了三级计量验收合格证，48家企业获得省颁发的全面质量管理证书。四是抓人才培训。全市举办标准化、计量、TQC及产品创优、企业升级，举办培训班23期，举办安全、会计、统计学习班55期，为企业培训了一批专业人员。五是抓企业升级和产品创优。全市有25个产品获得部、省、市名优产品，有五家企业获省级先进企业称号。其中化州农药厂的灭杀毙农药获部优产品，高州永进工艺厂的水族群龙角雕工艺品获省优产品。六是抓安全生产，防止重大事故的发生。1990年，市企业局被省安委会评为安全生产先进单位。

4. 千方百计筹集资金，使一批在建项目和停产企业得到竣工和复产。据统计，全市通过集资、技术入股等形式，共筹集经营资金6 000多万元。

5. 加强供销队伍，增设网点，搞活营销。一是厂长（经理）亲自出动，疏通关系，搞活营销。二是增加供销人员，扩大销售网点。三是提高产品质量，降低产品成本，让利于群众。四是召开各种形式的展销会、订货会，提高企业和产品知名度。五是落实供销人员奖励政策，实行销售量与费用奖金挂钩，多劳多得。化州下郭工贸实业公司，1989年积压压花玻璃3万平方米，1990年该公司增加了9个供销员，在湖南、广西等地设立了14个经销点，很快便将积压产品销售一空。1990年，全市共增加供销员4 000多人，为拓展市场和产品销售，起到很好的促进作用。

6. 依靠科技开发新产品。1990年，全市通过买专利，引进先进技术和设备，与大专院校或科研单位联营、联办等办法，上马338个项目，在这些新开发的项目中，有液体食品复合纸包装材料等2个产品，通过了省级技术鉴定；有玻璃马赛克成型模等7个产品通过了市级技术鉴定，有128个产品属新开发的花色品种。

7. 加强了主管部门自身的建设，扎扎实实搞好对乡镇企业的指导、管理、监督、协调和服务。①健全机构；②充实人员；③抓好主管部门的干部培训。

8. 抓好产品产业结构的调整和加强对外经工作的领导和指导。调整结构方面，原则是调生产内销产品为生产出口产品，调生产长线产品为生产短线产品，调生产工业配套的产品，为生产民用生活必需品等。信宜县怀乡镇，根据传统习惯和竹源丰富的特点，搞竹器编织出口，1990年，这一项全镇收入加工费就达2 800多万元，人均700元。外经方面，加强了对外资企业的指导，提供政策和信息服务。1990年，合资合作企业共27个，出口产值比1989年有较大的增长。

（卓茂森）

化 州 县

我县地处粤西，属丘陵地带，全县总面积2 354平方公里，有21个镇，334个管理区，总人口109万，其中农业人口90万，农业劳动力47万。

近几年来，我们把发展乡镇企业作为振兴化州经济的重要一翼来抓，使乡镇企业异军突起，成为我县的“半壁江山”。1990年，全县乡镇企业总收入达12.3亿元，比上年增长26%；实现利润12 735万元，比上年增长23%；上缴税金3 390万元，比上年增长38%。

回顾我们所走过的历程，主要体会是：

1. 加强对管理部门的领导，提高管理队伍的素质。随着乡镇企业的不断发展，管理部门和管理队伍越来越不相适应。针对这个问题，县委、县府召开了专门会议，决定采取措施，加强对管理部门的领导，提高管理队伍的素质，促进乡镇企业的发展。

县委书记陈杰文（左二）、副县长陈有毅（左三）、县乡镇企业局局长邱永富（右一）在化州县东山镇下郭综合厂了解果脯生产情况（左一为余尚林厂长）

首先，健全管理机构，充实管理队伍。县委、县府明确提出，层层落实岗位责任制，一级抓一级：县委、县府领导包片，镇领导包管理区，管理区干部包自然村。一包到底，严格考核。为乡镇企业的发展提供了组织上和制度上的保证。

其次，坚持“两手抓”，提高管理队伍的素质。

在抓好政治思想工作的同时，还注意抓好业务培训，造就一支有知识、有能力、懂管理、会经营的骨干队伍。几年来，先后举办了各种类型的专业培训班，培训人员达700多人次，同时还选送50多人到大专院校学习深造。通过培训学习，有效地提高了现有人员的管理素质和管理水平。

2. 坚持抓好集体企业，发展壮大集体经济。针对过去只重视个体、联合体企业，不重视集体企业，认为个体企业发展快，集体企业发展较慢，我们组织有关人员到镇、区进行深入的调查，认真细致地总结经验教训，使大家认识到办集体企业的好处。例如，东山镇下郭管理区，在1980年办起了一家综合厂，经过几年努力，生产项目不断扩大，职工人数不断增加，总收入由原来的7.2万元增加到1 005.7万元，税利由5 200元增加到210万元。随着集体经济的不断壮大，该厂先后投资200多万元兴办文化科学教育事业和公益事业。并在综合厂的带动促进下，个体、联合体也得到迅速发展。现该区已有210多家企业，从业人员占全区总劳力的95%。

3. 依靠科技进步，推进乡镇企业向前发展。针对地区偏、起步晚、基础差、技术力量薄弱的特点，采取以下几项措施：①依靠科技进步，注重智力投资，首先抓各种类型的培训。②开展科技攻关，实施星火计划。针对生产技术难题，组织技术人员建立技术开发和攻关小组，积极开展科技学术试验及技术攻关。③开展横向联系，引进技术、设备、人才和资金。④购买技术专利，开发新产品，推广科技新成果。

1987年，我县乡镇企业总收入仅有4.3亿元，上缴税金1 438万元，实现利润6 391万元。1990年与1987年相比，分别增长162.2%、139.9%和79.5%。1990年全县有10家乡镇企业获得国家三级计量合格证书，2个企业被评为省级先进企业，此外，还有7个产品获省、市名优产品称号。

县领导在化州县联营金属材料厂了解生产情况

4. 搞活流通，促进专业化市场发展。我县是北运菜生产的重要基地，1990年北运菜种植面积达15万亩，产量15万吨，产值达1.5亿元，由于北运菜基地的发展和专业市场的建立，相应地带动了交通运输业、竹器编织业、饮食服务业、棉胎麻绳加工业的发展。1990年全国南菜北运经验交流会在我县召开，总结并推广了我县南菜北运的经验。

（中共化州县委员会　化州县人民政府）

肇 庆 市

肇庆市地处西江、绥江流域的粤西山区，有着丰富的竹、木、药、松香、桂油、水力、矿产等资源。改革开放以来，乡镇企业经历了大发动、大发展、大调整三个阶段。1983年至1984年为大发动阶段，总产值由4.74亿元增至 9.7 亿元，实现一年翻一番；1985年至1987年为大发展阶段，保持年递增41％的速度；1988年至1990年为大调整阶段，1988、1989和1990年总产值分别增长27％、11.8％和11.7％。全市乡镇企业在治理整顿中保持了持续发展的趋势。据统计，1990年企业个数17.1万个，比“六五”期末增加4.3万个，

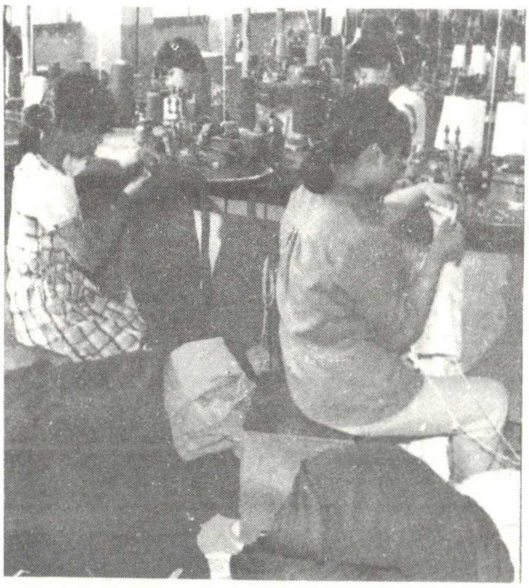

天生针织制衣厂是一家中外合资企业，产品全部出口

增长33.5％；就业人员64.2万，比“六五”期末增加15.9万，增长32.9％，安排农村六成左右富余劳动力；总产值42.5亿元，比1989年增长11.7％，占农村社会总产值47％，其中工业产值27亿元，比1989年增长16.1％，占全市工业总产值的38％；总收入51.28亿元，比1989年增长13.6％；税金1.57亿元，利润4.7亿元，分别比1989年增长12.9％和1％。乡镇企业已成为农村经济和国民经济的重要组成部分，在稳定农村、稳定社会、改善人民生活等方面起到了重要作用。

我市乡镇企业在“七五”期间，特别是治理整顿以来之所以取得了较快的、持续稳定的发展，除了各级党政加强领导和较好地执行党的发展乡镇企业政策外，很重要的一条经验是：坚持从实际出发，因地制宜，走自己发展的道路，建立起有本地特色的乡镇企业。第一，坚持利用资源，开发资源，突破起步难点。很多地方利用本地资源，既解决了举办乡镇企业的起步项目，又促进了加工增值，把资源优势变成为发展乡镇企业优势，把产品优势变成商品优势，把单一原料优势变成系列开发优势。第二，坚持因地制宜分类指导，宜工则工、宜农则农、宜服务则服务。一时未具备办工业的地方，以开发农业或流动服务起步，办“绿色企业”，帮助农民推销农副产品，积累资金，积累经验后再办工业。新兴县以办“绿色企业”开始，走工农结合、种养并举、农工贸一条龙的路子，取得了可喜成绩。云浮县石料建材行业遍地开花，成了全县的支柱产业。第三，把握机遇，审时度势，走外向求发展。罗定县率先闯出了山区发展外向型经济的路子。该县以充裕的劳力从搞劳力高密集的服装加工起步，逐步向其它行业辐射，以“交通不绥通讯补”、“地利不绥人和补”，制定优惠政策，优化环境、优化服务，大搞招商引进，发展“三资”和“三来一补”企业，目前外向型企业已占乡镇企业总产值23.6％。新兴、广宁、高要、德庆等山区县也迈开了发展外向型企业的步子。事实证明，只要把握机遇，创造条件，山区同样能够发展外向型企业。第四，量力而行，尽力而为，确保重点项目。进入治理整顿时期，各地普遍注意根据市场需求和自己的能力，选准一、二个项目，集中力量，重点突破，发展一批骨干企业和开发适销对路的产品，为取得规模效益和增强竞争能力及稳步发展打下基础。

（陈渊祥）

市乡镇企业局局长彭永浩在振辉时装公司了解生产情况

潮州市

1990年，潮州市乡镇企业保持着良好的发展势头，各项经济指标稳步增长。企业个数为31 683，比1989年增长1.04%；从业人员29.15万，增长7.36%；完成总收入21.07亿元，增长24.82%；实业总产值17.24亿元，增长24.48%。其中工业产值12.38亿元，增长18.47%；上缴国家税金0.5亿元，增长21.95%；纯利润1.32亿元，增长37.5%。潮州市乡镇企业在几年来的发展中，坚持从实际出发，因地制宜，发挥了本地资源丰富、人才众多等优势，积极发展具有本地特色的乡镇经济，走出了一条具有本地特点的发展路子：

一是瞄准市场，创造适销对路产品，走"产品适应型"道路。他们发挥乡镇企业"船小掉头快"，机制灵活，应变能力强的特点，根据市场需求，做到以变应变，产品跟着市场变；以快制快，产品适应市场变化快。近年来，该市乡镇企业共淘汰缺乏市场竞争能力的老产品180多种，创新产品1 700多种，增加花色品种3 400种，使产品结构更趋合理，更加适销对路。

二是发挥沿海开放区和侨乡优势，积极引进外资，大力发展出口产品，走"外向型"道路。到1990年止，潮州市有外向型乡镇企业1 223家，从业人员9万，实现出口生产总值54 574万元，比1989年增长45%；创汇11 562万美元，比1989年增长14.3%；比1985年的5 752万元和1 300万美元，分别增长8.5倍和7.9倍。平均每年递增56.8%和54.8%。5年间，乡镇企业出口生产总值14.55亿元，创汇3.25亿美元，分别比"六五"增加11.42亿元和2.53亿美元，成为全市出口创汇的生力军。随着投资环境的改善，引进外资的步伐加快。5年来，各乡镇与外商签订来料加工合同908宗，利用外资1 517万美元，引进各种先进设备5 141台（套），办起"三来一补"企业163户，"三资"企业10户。

同时，实行"双轨并进"的方针，多形式、多渠道引进外资，走适合发展我市乡镇外向型经济的路子。

三是发挥传统工艺优势，建立主体行业，走"传统工艺型"道路。几年来，各乡镇充分利用当地资源和传统工艺技术，坚持以骨干企业为依托，以拳头产品为龙头，主攻刺绣服装、陶瓷制品和农副产品加工等三大传统行业，并从资金、技术等方面予以支持，着力提高这些行业的产品市场覆盖面，使之成为乡镇企业的三大主体行业。1990年，这三大行业总产值9.56亿元，占乡镇工业总产值63.7%，比1985年净增8.28亿元，增长5.5倍。其中刺绣服装行业产值3.57亿元，陶瓷行业产值3.16亿元，农副食品产值2.83亿元，分别比1985年增长7.5倍，10.3倍和3.9倍。

宝安县

十一届三中全会以后，宝安县乡镇企业有了迅速的发展。到1990年底，乡镇企业发展到12 318家；总产值达15.5亿元，比1989年增长15%；收入工缴费1.5亿美元，比1989年增长17%；实现税收6 191万元，比1989年增长41%。

我们发展外向型乡镇企业的经验是：建立连片集中的各级工业村，创造良好的投资环境。全县179个行政村，有173个村办起了来料加工厂，形成了布吉、横岗、平湖、沙井等18个颇具规模的工业区，建有标准化工业厂房700万平方米；工人宿舍及其它生活设施共200万平方米。与此同时，全县水陆交通运输条件日益改善。水泥路、柏油路原来只有20公里，现在建成水泥路、柏油路700多公里，交通四通八达，通讯方便。全县投入使用电话16 950门。各镇村都用上自来水。电力方面，在原有动力的基础上，10个11万伏变电站已交付使用。投资环境的改善，大大增强了外商投资的吸引力。

实行外经、外贸、银行、各镇办事处联合办公。形成了咨询、洽谈、签约服务"一条龙"，提高工作效率。

推行股份合作经济，集资建厂，支持发展乡镇企业。到1990年底，全县镇村两级累计集资达到4.5亿元，集资户达2万户，占总户数30%。兴办各种形式的股份合作企业654个，从而有效地解决了发展乡镇企业资金缺乏的困难，推动了整个经济的良好运转。

宝安县纬源玩具厂

抓好人才培训，提高企业管理水平。随着乡镇企业的发展，他们十分注意抓好人才的培训。几年来，多次举办厂长（经理）学习班，邀请大专院校教授及香港有关专家前来讲课。同时引导各类管理人员积极参加函授及夜大学习，增长知识。在实践中还注意培养和选拔企业管理人员，把有经验、有知识、有能力的工人选拔到领导岗位上来。

坚持互利互惠原则，与外商真诚合作。几年来，每年由县政府召开一次春茗座谈会。各镇也相应采取多种形式的各类座谈会，及时听取和交流工作意见，发现问题及时解决。从而大大增强了投资者的信心和决心。

（李松兴）

新会县

新会县地处珠江三角洲西南部，面向南海，毗邻港澳，背靠广州、佛山、江门等大中城市，地理环境优越，全县21个镇均被广东省政府批准定为工业“卫星镇”。全县总人口84.8万，祖籍新会的华侨和港澳同胞67.8万人，是广东省著名的侨乡。

“七五”期间，新会县坚持“以镇办企业为骨干，带动村、户企业全面发展”的方针，促进了乡镇企业的持续、协调、稳定发展。1990年，全县乡镇企业18 797家，安排农村剩余劳动力136 584人。企业总收入27.8亿元，比1989年增长10.81%；企业总产值21.37亿元，比1989年增长28.57%。其中工业产值13.87亿元，增长15.45%；上缴国家税金4 679万元，占全县财政收入的30.4%；企业固定资产原值10.74亿元。

新会县乡镇企业基础好，多年来，经过技术改造和调整产品结构，形成了以轧钢、建材、纺织、制衣、造纸、纸箱、机械、家用电器、五金、塑料等门类比较齐全的骨干行业。特别是近年来，通过外引内联，引进先进设备和技术，兴办了一批起点高、技术先进、产品质量好，有一定生产规模的骨干企业。1990年，工业产值超千万元的企业32家，其中新会家用电器工业公司年产值达到1.15亿元。开发了一大批名优产品，先后有杜阮味精厂的“叱石”牌味精、礼乐尼龙搭扣厂的“劲力”牌 尼龙搭扣、新会玻璃厂的“双箭”牌(钻石牌)玻璃马赛克、新会华侨制衣厂的“星辰”牌男女茄克衫以及新会双水水泥厂的“金鼎”牌 325#火山灰质硅酸盐水泥等五个产品，被评为部优质产品，还有22个产品被评为广东省优质产品。企业的管理水平也不断提高，有18家企业被评为省级先进企业，1990年，新会糖果饼干厂还被评为国家二级企业。

在乡镇企业发展过程中，该县充分发挥侨乡和邻近港澳的优势，制定优惠政策和措施，吸引外商。外向型经济不断发展，1990年，外向型企业发展到312家，其中“三资”企业32家，“三来一补”企业231家，工贸结合的外向型企业49家。共引进外资3 827万美元，引进设备23 167台(套)，1990年创汇8 221万美元，比1989年增长38.54%。创汇超100万美元的企业21家，其中司前镇前进服装公司上年创汇903万美元，曾获首届全国乡镇企业出口创汇“飞龙奖”。（吴树新）

澄海县

1990年，澄海县乡镇企业克服重重困难，使生产经营持续、稳步发展，实现总产值6.48亿元，总收入6.52亿元，分别比1989年增长15.8%和19.71%；工业产值6.02亿元，比1989年增长16.01%；创汇5 671万美元，比1989年增长21.26%；创税利3 639万元，比1989年增长30%；职工全员劳动生产率达到9 535万元，比1989年增加1 398元。有7个产品获部、省优称号；1个产品获省优秀新产品奖；2个产品获市、县科技进步奖。有3家企业被评为省级先进企业，5家企业会计工作达标；2家企业的QC小组受到省的表彰。县乡镇企业管理局还被农业部评为“全国开展农业管理年活动的先进单位”。

1．加强领导，健全机构，落实责任制。为使“企业管理年”活动在全县乡镇企业中有组织、有领导地开展起来，县企业局把此项工作列入重要议事日程，成立了领导小组，由一位副局长任组长专抓此项工作。各镇企业办公室、各企业也相应成立了领导机构，并分工一名副主任、副厂长亲自抓，形成自上而下的活动管理网络。

2．点面结合，科学组织。为使活动能扎扎实实开展，他们制订了具体实施方案：一抓典型示范。他们选择了10家年产值300万元的重点企业，对他们提出更高要求。这10家企业通过强化管理，生产迈出了更为可喜的一步，全年完成产值1.3亿元，比1989年增长40.37%。二抓总结推广。三抓全面铺开。

3．突出工作重点，加强各项基础工作管理，努力提高产品质量。重点是在镇村办二级集体企业中建立健全TQC管理、标准化管理、计量管理等一系列管理体系，促使这些企业严格按质量标准组织生产，使生产档次和产品质量不断提高，取得较好成效。镇办企业都成立了TQC办公室和QC小组，并且建立健全了各种管理责任制。至1990年底，全系统推行全面质量管理企业18个；国家计量三级企业11个；获部、省优质产品25个；获市县科技进步奖产品13个；9家企业获出口质量许可证。

4．围绕管理年活动中心，内涵挖潜，提高效益。具体措施是：帮助企业建立健全各项规章制度；改进工艺，提高质量；强化劳动纪律，有效提高劳动生产率；合理运用资金；积极开发适销对路产品，消化市场疲软因素等。1990年，全系统工业企业可比产品成本比1989年同期降低2.22%。

5．重视基础教育，搞好业务培训。通过举办职工学校、各种讲座或输送人才到大、中专院校进行培训；招聘、引进技术人才到企业等办法，多层次、多侧面、多渠道提高企业、职工素质。1990年全系统举办的会计、技术、标准化、安全生产等类业务培训达20期，受训人数1 100多人次。通过举办各种业务培训，有效地提高了乡镇企业队伍的素质。（陈志雄）

罗定县

1990年，罗定县乡镇企业获得持续稳定发展。全县乡镇企业已发展到2.39万个，从业人员11.35万；总收入8.81亿元，比1989年增长19.6%；实现总产值7.11亿元，增长17.1%。其中工业产值4.30亿元，增长18.8%；上缴税金2 565万元，增长15%；纯利润5 915万元，增长12.7%。外向型企业出口产值1.41亿元，增长51%，创汇725万美元，增长8.1%。各级在切实加强领导的同时，具体地做好“四抓四保”工作：一是抓资金保生产。在企业内外开展集资；开展横向联合和与外商联合，借助外地资金和吸引外商投资渡难关；积极收回到、逾期贷款，吸收存款和吸纳股金；清理承包欠款、清收个人欠款、清收货款和清仓查库，转化资金。通过多种手段，1990年共运用资金1 200多万元，保证了绝大部分企业的正常运转。二是抓市场促销售，把开拓市场，搞活销售作为发展乡镇企业的突破口来抓。通过扩大供销队伍，落实供销承包制，充分调动供销员的积极性，全方位拓展市场，做到市场疲软，人不疲软，领导带头走南闯北搞活供销。1990年，全县乡镇工业销售收入达4.07亿元。三是抓管理保效益。首先理顺企业与镇政府的关系；其次理顺企业内部关系，调动干部职工积极性；再次强化基础管理和专项管理，提高企业素质和产品竞争能力。经过不断努力，1990年全县乡镇企业有1家被评为省级先进企业，3家通过了省级全质管理验收。部分企业开展了企业的会计达标升级工作，并创造了该县第一个部优产品——红菱牌大理石板材。全县镇办工业总产值达7 160万元，创税利755万元，分别比1989年增长22%和26%。四是抓发展保后劲。狠抓了技改挖潜，扩大生产能力，并因地制宜发展新项目；组织县、镇两级领导和部门挂钩扶持等办法，重点帮助贫困的管理区上项目。1990年共办村级企业221个，其中规划第一批脱贫的95个管理区上项目147个。（陈寿文）

斗门县

斗门县建县于1965年，地处珠江三角洲南端，毗邻港澳，属珠海市管辖。全县有8个镇，总人口23万，其中农业人口18万，农村劳动力8万，总耕地面积45万亩。十一届三中全会以前，该县的农村经济基本上还是以农业为主、工副业为辅的经济体系，在省内属贫困落后的县份之一。1979年，全县乡镇企业总收入只有1 661万元，工业产值也只有1 140万元。三中全会以后，特别是1986年以来，县、镇、村各级办企业的积极性空前高涨，企业规模不断壮大。现在，斗门县乡镇企业已初步形成机械、电子、塑料、建材、纺织、化工、食品、包装等多行业并举的经济新格局。

1990年，全县乡镇企业总数4 384家，从业人员2.2万多，占全县农村劳动力27%；乡镇企业总收入4.14亿元；总产值（现行价）3.71亿元，约占全县农村社会总产值40%。其中工业总产值2.75亿元，占全县工业总产值42.5%；利润1 261.89万元，税金830.20万元。

斗门县乡镇企业的显著特点，是各个层次齐头并进，比翼齐飞，五个轮子一齐转，充分利用本地资源发展生产，因地制宜引导农民脱贫致富。

罗定县罗德时装公司德业服装厂

1．以乡镇工业为主。 1990年，全县乡镇工业企业总产值27 472.63万元，占全县乡镇企业总产值的74.0%，已成为乡镇企业的主要支柱；农业、建筑业、交通运输业、商业饮食业，分别占全县乡镇企业总产值的3.4%、10.0%、4.3%和8.3%。

2．集体经济占主导地位。 1990年，乡镇企业总产值超过亿元的镇有1个，超过千万元的镇8个；生产规模超千万元的企业有11个，超百万元的企业53个。镇、村办两级企业总收入占全县乡镇企业总收入的82.4%，总产值占全县乡镇企业总产值80.9%，年末固定资产原值占全县乡镇企业年末固定资产原值的85.5%。镇村集体企业的发展在农村经济中发挥了主导作用。

3．乡镇外向型企业成为全县出口创汇的一支“生力军”。 1990年全县乡镇外向型企业已发展到48家，从业人员5 000多，出口产品品种繁多，有针织品、服装、皮革制品、塑料制品、发夹、发筒等，并远销海外。1990年，“三资”、“三来一补”企业比1989年增加11家，其中“三资”企业3家，“三来一补”企业8家；全县乡镇企业实际利用外资2 912万港元，引进设备266台（套），企业出口总值7 673.71万元，出口交货总额5 076.69万元，来料加工工缴费293.52万美元。

（庄清发）

湛江市坡头区

湛江市坡头区地处粤西沿海中部，毗邻湛江市区，是1984年新设立的市辖区(县级)，全区辖有五镇二街，总人口27万多人，总耕地面积22万亩。1990年全区乡镇企业3 758个，比1984年增长3.2倍；企业总收入4.05亿元，比1984年增长8倍；总产值3.02亿元，比1984年增长7倍多；上缴税金1 238万元，比1984年增长9倍；纯利润1 771.6万元，比1984年增长14倍。乡镇企业总产值占全区社会总产值81.8%，乡镇企业工业产值占全区工业总产值72.4%；乡镇企业提供的国家税金占全区财政收入85.9%。乡镇企业已从过去的“半壁河山”发展到现在的“三分天下有其二”。可见，乡镇企业的发展，对坡头区经济发展具有举足轻重的作用。

一、领导重视、部门支持、坚定发展乡镇企业的信心

在党的正确路线、方针、政策的指引下，区委、区政府的领导统一思想、统一认识，下大决心大力发展乡镇企业。把发展乡镇企业摆在首位。区、镇一级级设立了专门管理机构，配备管理人员，形成了上下协同的组织保证体系。各级领导还根据各个时期的实际情况，制订了各项优惠政策和措施，调动各行各业支持乡镇企业。在企业遇上了资金不足、市场疲软的情况下，各级党委、政府和主管部门，及时深入企业做思想教育工作、提高认识、鼓舞斗志，增强群众克服困难的信心。

二、因地制宜、合理规划、变资源优势为产品优势

根据“积极扶持、合理规划、正确引导、加强管理”的方针，坡头区乡镇企业立足于当地资源优势，有重点、有计划、多层次、多形式地发展乡镇企业，变资源优势为产品优势。几年来，形成了具有一定规模的四大工业生产基地：一是建材工业生产基地，利用优质红壤土建起红砖轮窑砖厂60多家，年产红砖5亿多块；利用丰富的花岗岩资源开发大小石场80多家、年产各种石料50多万立方米，还办了水泥厂、建筑瓷厂、玻璃玛赛克厂、石灰厂、沙场、矿场等。组成了一个较大的建材工业群体。二是家用电器工业生产基地。已拥有家电企业20多家，产品从小电珠到电饭煲、抽油烟机等几十个品种，并以区电器总厂为龙头，组成了湛江电器集团公司，部分产品打进国际市场，成为广东省轻工产品出口生产基地。三是包装材料生产基地。现有造纸厂、纸箱厂、编织袋厂、泡沫包装厂等20多家，生产的各式各样的包装品达50多种，年产值达8 000多万元。四是酿酒工业生产基地。年产白酒2万多吨。四大生产基地的发展，又带动了一批运输业、建筑业、服务业的发展，使全区乡镇企业的产业产品结构基本趋于合理，发挥了本地资源的优势。

在乡镇企业的发展体制和形式上，坚持了区办(区企业局直属企业)、镇办、村办、联体办、个体办五轮一齐转。以区、镇办企业为骨干，大力扶持个体、联体、村办企业的发展，形成了具有本地特色的多层次发展乡镇企业的新格局。

三、加强管理、深化改革、全面提高企业素质

几年来，区各级工作的重点是致力于在企业深化改革，强化管理上做文章，向管理要效益。一是改革经营方式方法，在全区集体企业中推行了各种承包经营责任制，并逐步完善各项配套改革制度；二是加强企业的基础建设，抓了七项基础管理建设和五项专项管理，并在骨干企业中推行了现代化管理方法，引导企业从经验管理型向科学管理型转变；三是开展了企业上等级活动，提高企业的整体素质。继1989年全区有1家企业升省级先进企业后，1990年又有3家企业升省级先进企业；四是抓好产品质量，开展全质管理活动，1990年视光电器厂的SH型168、SH型268三基色台灯，荣获省优秀新产品奖和全国灯具行评部优评比第一名，后又荣获轻工部优质产品称号；五是抓人才培训，先后举办了各类型培训班近百期，培训职工干部3 300人次；六是抓好先进典型的工作，让先进的经验在全区迅速开花结果。由于在乡镇企业管理活动中有所建树，坡头区乡镇企业局被评为1990年全国乡镇企业系统开展管理年活动先进单位和广东省企业升级工作先进单位。

四、引进外资、开拓市场、积极发展外向型企业

坡头区地处沿海开放城市，在发展外向型经济上占有地理和资源的优势。区领导非常重视引进外资，发展外向型经济，采取了各种措施，制订了各项优惠政策，千方百计引进外资，开拓新产品新市场，使引进外资方面有了新的突破。1990年新引进外资近300万美元。目前全区乡镇企业出口的产品有家用电器、高岭土产品、海鲜制品、包装品、区电编织袋包装等。器总厂成为省轻工出口产品生产基地后，又与外商联营，成立了家宝电器公司，产品直接出口。全区1990年乡镇企业出口产品产值已达2 300多万元。

(吴少文)

优秀企业简介

广州市第一水泵厂

广州市第一水泵厂，是广州市海珠区乡镇企业，专业生产水泵，是国务院批准的出口扩权企业，也是广州市创汇百万美元俱乐部会员。1988年被评为广东省省级先进企业，1989年计量工作晋升为二级计量合格企业，1990年被评为国家二级企业。1987年至1990年连续四年，荣获广州市"重合同守信用"先进单位，

广州市第一水泵厂静电喷漆生产线

广州市交通防火安全先进单位，海珠区文明单位等称号。

该厂管理及技术力量雄厚，而且和沈阳水泵厂签订为期10年的技术合作协议。该厂现有经济、工程技术人员41人，占全厂职工人数的10.1%；有各种生产设备277台，及计量测试设备44台；拥有机加工生产线和静电喷漆生产线，是具有年产25万台生产能力的中型企业。该厂主要产品有冠力牌DB型系列清水泵，WS、MS、KS型系列手摇油泵，KF型系列不锈钢耐腐蚀泵，GD型系列管道泵，GDA型系列热油管道泵，D型、DG型系列多级离心泵和各种低位除氧锅炉给水泵等23个系列产品。50%以上产品出口，产品远销新加坡、美国、英国、意大利、法国等32个国家和地区。由于该厂产品质量好、信誉高，深受客户好评。其中，LDB-35旋涡清水泵荣获农业部优质产品奖，WS、MS、KS型手摇油泵荣获广州市优质产品奖。

该厂生产产品质量可靠，配备有大型测试仪器设备及整套水泵测试设备，并建立了一套完整的质量管理制度和质量保证体系，配备了一支由工程师和技术骨干组成的占全厂职工人数7.39%的强有力的专职检测队伍，形成了质量管理网，使该厂各项工作、生产质量得到了保证，使产品质量不断提高，促进了企业的全面发展。该厂全面质量管理已分别由广州市郊区乡镇企业局和广东省乡镇企业管理局验收合格。

广州市第一水泵厂外景

广东电饭锅厂

广东电饭锅厂（原桂洲电饭锅厂），位于珠江三角洲腹地，顺德县境内，广珠公路中段的顺峰山下，得胜河畔。紧依广州、佛山，毗临港澳，交通便利，通讯发达，信息灵通，环境优越，经济繁荣，具有得天独厚的条件。

该厂是国内电饭锅行业规模最大、配套最完善的厂家之一，是中国轻工业品进出口总公司广东省（集团）公司的定点出口单位。前身为桂洲电热电器厂，建厂20多年，现有职工900多人，厂房面积60 000平方米，年产电饭锅250万个，拥有固定资产2 800万元。拥有目前电饭锅行业最先进的装配线、电脑检测线、喷涂流水线，以及各种冲压、拉伸设备。该厂工艺先进、自我配套完善，为国内具有领先地位的电热器专业工厂。

该厂目前产品有自动电饭锅、电热咖啡壶、全塑电热水壶、家用发热管、蒸汽电熨斗等。SYL系列自动电饭锅为拳头产品，年产量约占全国的三分之一，为国内最先生产直筒印花三层整体式电饭锅工厂。SYL系列保温式自动电饭锅，是引进、吸收、消化国内外电饭锅、技术基础上开发的换代产品，由于造型新颖，结构先进，高效节能，产品深受国内外用户欢迎，几年来一直保持产销两旺好势头。目前在全国有1 000多家销售网点，100多个维修站与特约维修部。产品覆盖大江南北，除台湾省外遍及全国29个省市，以华东和东三省尤为畅销。1988年销往华东地区、东北三省约占产量一半。产品不仅打入上海市场，并且占领了上海市场，销量几年来成倍上升。至1990年，销往上海市就达25万个，如今成为具有现代消费观念的大上海的公认名牌产品。1989年上海第二届全国部分家电“消费者信誉奖”评选中，以最高票数荣获信誉奖。几年来产品还远销港澳、东南亚、中东、澳大利亚、欧美等地。产品还取得了美国UL标准、加拿大CSA标准、法国mF标准认证。从1987年以来年出口创汇总计超1 000万美元。1990年出口创汇达450万美元。SYL系列产品在国内外市场享有良好信誉。

改革开放几年来，该厂有效地利用珠江三角洲优势，生产发展迅猛、经济效益显著、产量年年稳步上升，由1987年年产46万个，至三年后的1990年已达168万个，销售额突破1.8亿元，人均产值达16万元，利润比上年递增41%。在全国乡镇企业评比中被列为“十大百强”十大之一。在电饭锅行业中居领先地位。

该厂一贯重视质量，全厂上下建立了质量管理体系，严格和健全管理制度，完善和强化生产环节，保证了出厂产品的稳定质量。几年来，连续荣获多项质量荣誉奖：1987年获轻工业部优质产品奖，1988年荣获广东省优质奖，1989年荣获电饭锅行业中最高质量奖——国家优质产品银质奖。1989年荣升“省级先进企业”，荣获省全面质量管理优秀证书，二级计量合格单位。1990年又荣晋国家二级企业，获农业部质量管理奖，并被评为省“企业管理优秀企业”。1990年轻工部质量标准司下达的电饭锅产品质量分级检测，17家企业中，该厂名列A级榜首。创优升级使该厂基础管理和质量管理工作更加完善，推动该厂向更新更高目标发展。

广东电饭锅厂外景

该厂一贯重视新产品开发和研制，推动企业走向高科技，为企业增加活力添后劲。五年来，开发6个品种19种型号产品，完成SYL系列产品。设计出了A型豪华高效电饭锅，并正在开发电子控温、保温、定时，具有90年代水平的电子调控电饭锅。由于该厂重视科技、重视知识、重视人才的合理使用，基本上形成了一支高素质的专业技术队伍，现有各类专业技术人员93人，其中高级工程师、工程师18人。良好的环境为工程技术人员创造了施才能的天地，充分体现了新时期知识分子的自身价值。以科技求进步，向科技要效益正指导着该厂走上新的台阶，迈向新的里程。

永大胶粘制品厂有限公司

永大公司是由中山市永宁工业总公司与香港大华行合资经营的企业，专业生产、开发胶粘带系列产品。公司下设永大胶粘制品厂、永华胶带厂、永昌胶带厂、永大制衣厂、大华包装制品厂。厂房面积4万多平方米。

永大公司拥有先进的设备和技术。从国外引进五条具有先进水平的全自动化大型涂胶机组生产线，具有微电脑控制的制胶整厂设备和专利配方。生产的产品品种多样，规格齐全。有BOPP封箱胶粘带、文具胶粘带、彩色胶粘带、双面胶粘带、美纹纸胶粘带、铝箔胶粘带、聚乙烯（保护）胶粘带、聚氯乙烯（保护）胶粘带、绝缘胶粘带、牛皮纸胶粘带、不干胶商标纸、装璜自粘胶布等品种。年总产量达8000万平方米。

永大公司生产的胶粘带系列产品

永大公司十分重视引进国外的先进管理经验，注重市场调查，狠抓产品质量，建立了完善的质量管理体系和监测制度。为此，永大公司的BOPP封箱、文具、彩色胶粘带荣获1987年广东省、1988年农业部优质产品奖，并被广东省经济委员会授予"替代进口产品"；双面胶粘带、铝箔胶粘带分别荣获1988年、1989年广东省优质产品奖。公司晋升为国家二级企业。

永大公司的产品畅销全国各地，并且远销美国、加拿大、日本、中东和香港等国家和地区。1990年销售额超亿元，出口创汇370多万美元。

引进的全自动化大型涂胶机组生产线

厂址 广东省中山市小榄永宁工业大道

电话 253110 253112 253113

美的风扇厂

美的风扇厂是顺德县北滘镇一家规模较大的风扇生产专业企业，1990年晋升为国家二级企业，列中国十大乡镇企业第三位，在全国风扇（台扇、落地扇）行业中处于举足轻重的位置。1990年总产值2.29亿元，出口创汇近1 400万美元，成为国务院机电产品出口基地，是享有自营进出口权企业之一，被国家授予“七五”期间全国机电产品出口创汇先进单位称号。

该厂在短短的10多年中从产生一台风扇开始发展到拥有20多个品种、100多个规格系列产品，年生产能力达350万台。从一个小型的企业发展成为一个规模较大、实力雄厚的大型外向型企业。目前，该厂已获得产品出口质量许可证，取得了美国UL、加拿大CSA、英国BS、德国GS等标准认证，产品远销欧美、港澳等20多个国家和地区。累计出口 400 万台，创汇4 000万美元。拥有部优产品3个、省优产品5个。其中主导产品之一KYT5-300 转页扇在1990年轻工部举办的全国同类产品质量检测中名列第一，并获广东省优质产品称号。

纵观该厂的发展历程，能取得如此大的成就和效益，最根本的经验在于他们始终坚持“深化改革，从内涵挖潜求发展，抓管理、上等级，全面提高企业素质和经济效益”的方针，并把这一方针贯穿到企业的生产、经营和管理的各个环节中。

一、狠抓全面质量管理，对质量管理作全面系统深入的整顿，检讨了近年来因创优成绩显著而产生的自满心理，及生产工艺上质量控制的薄弱环节，制定了新的质量管理制度，并且完全改变了以往管理方法的“管”与“用”的脱节；建立了循环系统，真正实现了产品质量的升级。

二、在产品开发上，为了真正做到“生产一代，研制一代，构想一代”，专门成立了产品开发部，并将技术、工艺、设备、质量、生产系统有机地结合到研制开发过程中。新产品不仅保持设计上的先进性，还与企业的现状和实际结合起来，使新产品设计完成后，同时也已完成生产过程准备，能迅速进入批量生产，投放市场，增强了企业产品在国际市场上的竞争力。1990年，完成了 300 mm转页扇、 225 mm 台壁扇、300mm可折式台壁扇，PTC高效暖气机、加湿机、电熨斗等13项新产品的开发，扩充了风扇的花色品种，产品结构由单一的风扇向小型家电领域发展，为企业增添了后劲。

三、完善经济责任制，实现节能降耗增效益。1987年开始在厂内全面实行经济责任制，设立成本核算中心，对责任制统一管理，形成了成本管理体系。经过3年的探索和实践，1990年更进一步深化改革，通过放权让利，扩大了经济责任制体系和考核指标体系，提高指标水平，达到了对生产成本进行全工序过程控制，实现计划成本的目的。同时，加强了对车间的监督及车间内部管理，引导责任制部门向生产经营型发展，从而达到了扩大责权利范围、实施分厂经济承包制的预期效果。6家分厂仅在节能降耗方面就取得降耗 170万元的成果。而且，通过权力下放，分厂自治（加上企业的指导和管理），再将责任制层层分明，从班组建设着手，将经济管理措施贯彻落实到岗，抓质量，促技改，降消耗，在管理上融汇贯通，形成分厂自己独特的风格。

1990年是风扇厂第一个五年发展规划及第一个厂长（经理）任期目标责任制实施的最后一年，也是企业在管理上下苦功、逐步实现管理现代化和企业素质全面提高、管理和效益双丰收的一年。

厂址 广东省顺德县北滘镇东风路41号
电话 656999 656428

美的风扇厂装配车间流水线

新会糖果饼干厂

新会糖果饼干厂，是广东省新会县会城镇的一家镇办企业，位于珠江三角洲的南部，毗邻港澳地区，地理环境优越。近几年来，随着改革开放，该厂不断发展壮大，在强手如林的食品市场上脱颖而出。

该厂充分发挥了设备部和科研部的技术力量，不断改进生产设备，收集市场信息，注意消费者需求，在不断提高原有品种质量的基础上，开发出一批适销对路的新品种，深受消费者的欢迎，产品供不应求。1990年，该厂开发了五个新品种，其中"葵湖牌"饼干产量达1.2万多吨，被第十一届亚运会选定为专用食品。"椒盐饼"、"乐儿饼"获部优质产品称号；"椒盐饼"获中国妇女儿童用品40年银牌奖，"乐儿饼"、"BB字母饼"获铜牌奖；"椒盐饼"、"乐儿饼"分别荣获首届中国轻工博览会银奖、铜奖；"椰汁体力架"、"新会薄饼"获"广东食品"龙杯一等奖。

该厂还积极推行和应用现代化企业管理的科学方法，完善生产管理体系，走上规范化、标准化道路。1990年获国家二级计量合格证书，广东省优秀企业管理单位，并荣升国家二级企业。

地址 广东省新会县城城北路12号
电话 663836 663781

广东新会糖果饼干厂

化州县同庆果菜北运公司

化州县同庆果菜北运公司是1980年由同庆镇农民柯华土同志自发组织83户农民合股组建的粤西第一家农民股份合作企业。1990年，该公司参加合股的农民已发展到218户，拥有股金300多万元，加上预付款贷款共600多万元，固定资产100万元；成为集生产、贮运、销售于一体的股份公司。主要经营椒类、青瓜、茄子、豆角、西瓜、韭菜等十多种果菜的生产、贮运和销售。十年累计购销北运菜1.3亿公斤，销售额14 696万元，向国家提供税金及工商管理费200万元，销售地域广达全国12个省中的34个市和地区。由于该公司搞活流通，不但促进了当地北运菜生产的发展，增加菜农收入，而且为我国中原及北方的一部分大中城市居民缓解了冬天吃青菜难的问题。

该公司能在激烈的市场竞争中取胜，其主要一条是：重质量，讲信誉，守合同，注重商业道德。经理柯华土同志经常教育职工"诚招天下客"，决不克扣群众、不掺假掺杂，不短斤缺两。十年来，数以百计的北方客户认为：与柯华土做生意信得过。

由于该公司为北运菜的生产、购销作出了较大贡献，搞活了农村经济，经理柯华土连续几年被县委、县政府评为全县十大企业家之一，推选为市、县个体劳协副主任，市政协委员及化州县第八届人大代表。1987年出席广东省乡镇企业先代会，1989年被评为全国劳动模范。公司连续几年被评为市县的"文明经商单位"和"重信誉、守合同"单位。

地址 广东省化州县同庆人民中路106号
电话 82288

化州县委书记陈杰文（左三）深入公司了解情况，左二为该公司总经理柯华土

里水标牌厂

南海县里水标牌厂位于珠江三角洲腹地、里水镇的西南部、广州至佛山市区的中心点。广佛高速公路在厂区前方贯穿而过，水陆交通、电讯便利。该厂生产的产品属国内首创，采用新技术、新工艺生产的机动车直接喷涂反光号牌为主导产品，兼营生产反光系列标志、玻璃钢摩托车乘员头盔等。夜间反光系列产品适用于危险地区、施工现场、机场、码头、交通及公共设施标志和各类广告招牌。产品长年接受质检部门监督检验，用户使用跟踪，技术指标及性能均达到公安部规定的标准和要求。1988年，主导产品获广东省优质产品和优秀新产品称号。企业也于1990年荣获广东省省级先进企业称号，并先后取得国家三级计量合格证书和全面质量管理证书，ＬＢＴＡ89型摩托车乘员头盔获公安部颁发的全国工业产品生产许可证。

厂址 广东省南海县里水镇
电话 562412

里水标牌厂外景

该厂生产的夜间反光系列产品

佛山市澜石电器厂

澜石电器厂是电器装置件的专业生产厂，该厂以不断追求创新品种、质量优良、用户至上的宗旨服务于社会，具有年生产各种产品达几百万只的能力。生产"双五牌""三角牌"、"威灵牌"产品深受国内外用户赞誉。现有定型生产的品种达80多个，销售点遍布欧洲、亚洲及国内大部分城市和地区。

该厂在较完善的质量保证体系控制下，选择优质原料和熟练技工的精心制作，产品严格按标准生产。曾荣获1984年广东省优质产品和部优质产品称号，1984年6种产品同时荣获广东省优质奖，成为本省同行业中质量稳定，获奖较多的企业。

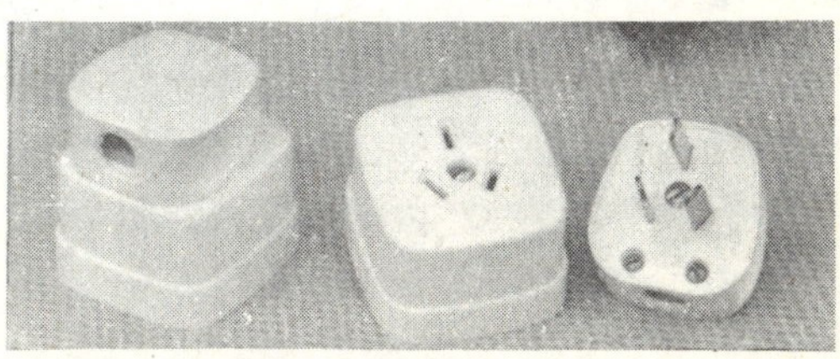

图为该厂产品10A 250V 单相三极插座和10A 250V 单相三极插头，分别于1984年、1989年获农业部优质产品称号。

南海县平北电热设备厂

该厂创办于1984年，主要生产多丽牌DKL系列远红外线烘箱、K系列不锈钢全自动电热开水器、XDG系列远红外消毒柜、电热蒸气多用蒸箱、消毒柜、各种规格不锈钢餐车，以及承造安装酒店、餐厅、厨房不锈钢炊事配套工程。

该厂产品结构合理、质量优良，产品畅销全国各地，并出口苏联，深受用户好评，产品供不应求。1990年总产值达1 200多万元，人均创税利38 110元，全员劳动生产率达到193 968元/人年。1989年获得三级计量合格证和全面质量管理证书、全国工业产品生产许可证，1990年被评为省级先进企业。

DKL-5型食品烘箱获1989年省行评第一名。

K-140型全自动电热开水器获省行评第一名。

DKL-6型食品烘箱1989年获全国红外节能产品优秀奖。

DKL-5型食品烘箱获1990年商业部优质产品称号。全国首届轻工业博览会银质奖。

K-140型不锈钢全自动热开水器

DKL-5型远红外线食品烘箱

广州市先达制衣厂

该厂建于1985年，以生产出口针织运动服装为主，具有织布、漂染、裁衣、印花、成衣一条龙的综合生产能力。1990年，出口各种针织运动服装达100万件，销售收入1 230万元，利税总额为100万元，创汇200万美元，产品远销日本、欧美等国和香港地区。1989年，该厂被农业部确定为"贸工农"联合出口生产基地；1990年被评为广东省省级先进企业和"一级信用企业"。

先达制衣厂

番禺县万荣时装厂

该厂始建于1979年，主要生产各式高中档的真丝、化纤、人棉、全棉男女T恤、睡袍、睡衣、风衣系列等产品。现拥有进口配套先进制衣设备800多台，年生产各种款式出口时装180万件(套)，年创汇200万美元，产品远销美国、加拿大、日本、西欧各国。1990年，该厂生产的"仙虹牌"女装长袖时恤获省优质产品称号。同年，该厂被评为省级先进企业。

厂址 广州市番禺县南村镇七星岗

电话 68368 68733

番禺县万荣时装厂外景

顺德县蚬华电风扇厂

该厂是北滘镇经济发展总公司与香港蚬壳电器工业集团有限公司合作兴办的大型外向型企业，专业生产豪华装饰吊扇和普通吊扇。该厂从日本引进了高速自动叠片冲床，电脑控制自动绕线机，以及全部由国外引进的生产线、检测设备和生产技术，并由专业技术人员指导生产。该厂目前是亚洲地区最大的吊扇生产厂家，年生产能力达500万台，产品90%出口美国、欧洲、中东等国家和地区。1990年生产吊扇320万台，实现工业产值4.3亿元，出口创汇3 000万美元，创税利2 690万元。荣登全国十大乡镇企业榜首，被评为广东省省级先进企业。

顺德县桂洲第二风扇厂

该厂专业生产电风扇已有10年历史，年产量172万台，产品主要有各种规格吊扇、豪华装饰扇、楼底扇、

顺德县桂洲第二风扇厂的产品

光管支架、镇流器、塑料座台扇，塑料落地扇。产品出口美国、加拿大、澳大利亚、中东等国家和地区，获取美国UL标准认证。年出口创汇1 500万美元，是广东省轻工业品进出口基地之一。1990年该厂被评为广东省省级先进企业。

台山县家用电器厂

台山县家用电器厂是中国轻工业品总公司广东省集团公司定点生产厂，1989年被评为广东省级先进企业，1990年被评为省优秀企业。该厂主要产品J.M.C和V.F牌系列电风扇、系列台灯、暖风机全部按照国际IEC标准生产，内销全国各地，外销美国、加拿大、中东、港、澳等国家和地区。1990年工业总产值6 969.5万元，完成税利263.3万元，创汇273.2万美元。

台山县家用电器厂

回顾我们所走过的历程，主要体会是：

1．加强对管理部门的领导，提高管理队伍的素质。随着乡镇企业的不断发展，管理部门和管理队伍越来越不相适应。针对这一问题，县委、县府召开了专门会议，决定采取措施，加强对管理部门的领导，提高管理队伍的素质，促进乡镇企业的发展。

佛山市石湾振兴陶瓷厂

该厂是生产建筑陶瓷产品的专业厂，年产量200多万平方米，产值近4 000万元。产品质量达到全国同类产品的先进水平，陶瓷锦砖、彩釉砖、梯级砖、玻化砖、仿石砖等产品，具有瓷化好、抗蚀耐磨、内质坚硬、色泽鲜艳、图案新颖等特点，适合于各种建筑的墙地面装饰。1990年，该厂晋升为省级先进企业；主导产品陶瓷锦砖继1989年获省优质产品和全国行评A级产品之后，又分别获得农业部、国家建材局组织的全国行评第一名。

佛山市石湾区振兴陶瓷厂

顺德精艺企业（集团）公司

顺德精艺企业（集团）公司，地处珠江三角洲中部——顺德县勒流镇。这里北依广州、佛山，南近香港、澳门，水陆交通十分便利，在对外经济技术交流方面具有得天独厚的地理优势。

该公司的前身是顺德精艺塑料厂，成立于1987年7月。现有厂房面积3 200多平方米，职工100多人，拥有80年代最先进的注塑、吸塑生产设备，以及多种科学的检测技术，配备各种专业技术人员，采用现代新科技、新工艺生产的环形荧光灯塑料灯罩，荣获广东省优质产品称号。1990年，公司被评为广东省省级先进企业。

为了适应国内外市场竞争日趋激烈的形势和要求，该公司瞄准了国内带灯罩这一产品市场空缺，采取措施，自力更生对工艺流程、机械设备进行了全面的技术改造，购置了国内外先进设备31台，把企业向机械化、现代化推进，使该公司的生产现已初具规模，塑料灯罩的年产能力达380万套，成为我国目前生产环形荧光灯塑料灯罩的最大专业厂家之一。

在开发新产品方面，该公司成立了技术开发小组，根据产品在色彩和配方上存在的不足，将配色和原料使用作为二个科研课题，借助广州新技术研究所的先进设备，通过光谱色调分析，使产品的照明功能和外观更趋于合理化。目前，该公司的产品由原来的一个系列几个品种发展到现在的几大系列三十多个品种。其中有塑料吸顶灯、吊灯、有机玻璃吸顶灯、吊灯和各类灯具塑料配件，产品琳琅满目，色彩艳丽，把艺术欣赏和实用完美地融为一体。

“质量取胜、服务第一”是该公司的宗旨。成立了由厂长直接领导的全面质量管理办公室，强化全面质量管理，并把质检人才的引进和培训作为企业发展的重要工作来抓。一方面聘请有关技术部门和经验丰富的专家参与指导生产、控制质量；另一方面则注重培养自己的技术人员，举办长短期专业技术轮训班，先后多次选送有关人员到大专院校学习。

为了进一步提高产品在国内市场的占有率，该公司注意不断扩大供销队伍，努力提高供销人员的业务水平和思想素质，制定了一套行之有效的工作制度。经过供销人员的努力，使该公司产品占当地市场90%，在全国建立了30多个销售网点。在发展精艺塑料厂的基础上，新办华艺特种电机厂，还与外商合资成立了日精ＡＳＢ（顺德）塑料容器有限公司。在不久的将来，该公司将发展成为规模较大的集团企业，为跻身国际市场创造更有利的条件。

厂址 广东省顺德县勒流镇建设大路25号
电话 566738

廉江县塘蓬造纸厂

廉江县塘蓬造纸厂创建于1961年，是一家镇办的专业造纸厂，技术力量雄厚，检测手段齐全，是湛江市文明单位，一级信用企业。1990年荣获省级节能企业和省级先进企业称号。现有固定资产 256 万元。年产机制纸3 000吨，产值 650 万元。主要产品80克牛皮纸各项物理指标均超过国家Ｂ级标准。产品远销广东、广西和海南各地，深受用户欢迎。1990年创税利109万元，全员劳动生产率4.2万元，资金利税率达41.8%。企业管理和文明建设受到省、市领导的表扬和奖励。

在企业生产过程中，依靠科技进步，实行科学管理，努力降能节耗增效益，使吨纸纤维原料比1989年下降5.2%，吨纸综合能耗为0.534吨，比1989年的0.594吨下降11.2%，比升级标准0.653吨还低18.2%，各种辅助原料亦有不同程度下降。在全厂职工的共同努力下，1990年共节约资金19万元，吨纸销售指数虽然下降8.37%，但吨纸成本指数下降10.76%，所以在市场竞争激烈的情况下，靠质量，靠降低成本使生产获得了稳步发展。

肇庆广利烟花炮竹厂

该厂创办于1980年，现拥有固定资产原值154万元，1990年产值420万元，产量为 4 万箱，创利税94.7万元。1990年通过了计量和全面质量管理工作的验收，被评为广东省省级先进企业。

该厂十分重视利用科技发展生产，先后研制成功“双香炮竹”和“低感度烟火药”以及获得广东省科技进步二等奖的“炮竹快速安全封口”技术，大大地促进了生产，增加了效益。

肇庆广利烟花炮竹厂

桂洲服装厂

该厂是一家有30多年生产服装经验的企业，有职工477人，企业管理干部及非生产人员70人，占全厂总人数14.7%，现有厂房面积4 853平方米，其中冷气车间占2 253平方米，拥有从日本、西德、美国等引进的服装专用设备479台，所生产的高档服装远销西欧、日本及香港等国家和地区。在上级和外贸部门大力支持和帮助下，该厂生产不断发展，工厂拥有固定资产419万元，自有资金322万元，在全厂职工干部的努力下，多次被评为镇属先进单位。由于该厂在出口产品生产上做到按时、按质、按量地完成，故深受外商好评，在生产业务上长期保持稳定。1988年通过省商检局考核，发给出口产品质量许可证，并通过县计量局考核，评为三级计量单位；1989年获省乡镇管理局颁发的全面质量管理合格证书，1990年被评为省级先进企业。

随着国家的开放改革、人民生活水平不断提高，中老年妇女要求适合她们的服装越来越讲究，为顺应这一发展形势的需要，于1984年3月着手研制"师奶装"，并得到上级主管部门的支持，同年6月间小批量生产，投放市场。经过几年来的经营，虚心听取用户意见，不断更新换代，在1986年已形成"师奶装"系列产品，并于当年在广州纺织品公司、广州时装集团、粤港信息报社举办的粤港杯时装大赛中荣获设计三等奖；1987年荣获珠江杯销售一等奖奖杯，1989年获省优质产品称号。

由于不断改进及抓好产品质量，"师奶装"系列产品投放市场时，得到广大中老年妇女的信赖，销售量越来越大，1990年生产该系列产品9.5万套，产值315.3万元，获利32万元。比1989年的销售产值增加250%，利润提高230%，现该厂年总产量864 000件服装，产品畅销国内外。

厂址　广东省顺德县桂洲镇路心街忠诚巷1～10号
电话　886932

南海手袋厂

南海手袋厂是一家中外合作企业，是与香港南海公司合作生产"幸运牌"牛皮、猪皮、人造革、编织等高级时款女装手袋的专业厂家，年产量120万只。

该厂自1983年以来，先后引进了一批先进设备，其中有日本产的摩打衣车、打带机；西德产的铲皮机、油压机；美国产的电剪、胶纸机；香港产的四柱啤机、电压机。该厂有一套严密的生产管理制度、实用的技术训练、严格的质检及专业设计人才，能适应30个款式同时生产的需要。目前拥有2 000多个款式，平均每二天时间创新一个。

由于该厂产品选用进口优质辅料，不仅料质上乘，手工精细，而且造型美观，受到欧、美等国家的客商青睐。1986年被列为广东省出口型企业；1989年被评为全国出口创汇先进企业。企业产品85%销往英国、美国等7个国家，其中压花纹猪皮手袋享誉美国。在国内销售的产品，也都受到顾客的欢迎和赞赏。1989年5月，该厂产品获全国箱包评比大赛"金蛇杯"和"最佳花色奖"。1990年，该厂被评为广东省省级先进企业。

中山振兴纸箱包装有限公司

该公司是中山市张家边区经济发展总公司属下的一家专业包装公司。1982年投产以来，充分发挥了地处中山港水陆交通便利及邻近港澳的优势，吸收了先进的技术和管理经验，运用科学的管理方法，加强了企业内部的挖潜革新改造，使企业迅速发展壮大。为了适应产品包装逐步走向高标准、高档次的需要，1987年引进了一条台湾产的五层纸板生产线和国内最先进的四合一双色印刷开槽机等设备。同时为了结合电器纸箱的配套包装，1989年引进了一套泡沫生产线，新建了一间泡沫厂，与纸箱泡沫配套生产，产品远销国内外，其中80%的纸箱和泡沫是为出口产品、名优产品作包装的。

目前，该公司拥有固定资产1 200万元，厂房面积7 000多平方米。1990年工业总产值2 500万元，利润135万元。1987年经广东省商检局考核合格，领取了出口包装生产注册证书。1989年，该厂被中山市保险公司评为安全无事故先进单位；1990年通过了三级计量、全面质量管理的验收，评为广东省省级先进企业。

厂址　中山市张家边区四村尾
电话　96328　96326

龙江锦屏针织厂

广东省顺德县龙江锦屏针织厂地处珠江三角洲腹地，北距广州40公里，交通发达、通讯设施先进。该厂是一家织造、印染、成衣配套成龙的织造企业。主要产品：全棉系列汗衫、背心、秋衣、冬装、泳衣、泳裤等系列产品。此外，还生产全棉及化纤TC系列双面、单面礼布，卫衣布、针织光胚布等针织面料。现有厂房面积2万平方米，职工1 300多人，总投资2 000多万元，1990年完成产值5 600万元。该厂是广东省纺织进出口集团公司的大型出口厂家之一，1990年创汇1 000万美元。

该厂引进有先进的系列设备：西德弹力罗纹机、单双面大圆机、圆筒定型机、预缩机组以及高温高压、常温常压等染整设备。

该厂1990年被评为广东省省级先进企业。产品质量、工艺技术、能耗物耗、管理水平均在省内同行业中处于较好水平。粤鲤牌26号、28号本色包肉布荣获广东省优质产品称号。产品远销欧美、中东和东南亚。本厂产品由于质量可靠、价格合理、服务良好而深受广大客户的赞赏。

兴华工业公司

兴华工业公司位于顺德县大良镇城区的南面，是广珠公路的必经之地，交通十分方便。本公司成立于1988年，属下有三间厂：大良镇纸箱厂、凤城拉链厂、大良卫生用品厂；厂房面积13 500万平方米，固定资产2 680万元，员工540人；引进意大利、西德、日本、台湾等世界先进专业生产设备。

纸箱厂生产产品有各类瓦楞纸箱、纸盒、A、B坑纸板、见坑、啤盒，获广东省包装出口商检注册证书。产品行销港澳及省内外；拉链厂专业生产螺旋型尼龙拉链、金属铜铝拉链，规格有3号、5号开口密尾，颜色齐全，产品畅销港澳和东南亚；卫生用品厂专业生产“飞达”牌“靠得住”“健美”“妇康”含高分子吸水添加剂妇女卫生巾，本产品是用先进生产线生产和包装，进口优质木浆为主要原料精制而成，产品品种有条装、小包装、药物保健型卫生巾，产品具有吸水性强，柔软舒适、安全卫生、使用方便等特点，年产能力达1.5亿片，产品结构和质量达到国际同类产品的先进水平，产品质量、卫生指标均符合卫生部《消毒管理办法》及国家标准GB8939—88《卫生巾》的技术规定。产品产量和销售全省第一。

该公司一向重视企业管理，应用了目标管理、价值工程等现代化管理方法，重视产品质量，推行全面质量管理，以科学技术为先导，狠抓技术改革。公司实行经济责任制，健全了企业内部管理的机构。1990年公司根据国内市场的发展要求及本企业的特点，从日本引进了一套具有世界先进水平的妇女卫生巾专业生产设备，生产小包装含高分子吸水添加剂妇女卫生巾，促使了产品更新换代，使产量比原来大幅度增加。1990年该公司在市场上展开各种新颖别致的产品广告宣传活动，使“飞达”牌“靠得住”妇女卫生巾的牌子家喻户晓。通过广泛宣传和强化企业质量管理，使企业和产品的知名度进一步提高，企业的社会、经济效益同步增长，产品生产和销售连续大幅度提高。

由于强化了企业质量管理，1989年“金凤”牌3号、5号尼龙拉链荣获省优质产品称号；“飞达”牌“靠得住”妇女卫生巾继1988年荣获省优质产品称号后，1990年又荣获部优质产品称号。并被“广东省妇女儿童发展基金会”推荐为妇女儿童名、优、新产品。大良卫生用品厂荣获广东省“省级先进企业”称号。全公司1990年产值达4 250万元，销售达3 850万元。

南海县樵山建材陶瓷厂

樵山建材陶瓷厂是南海县九江镇的一家镇办企业，是一家建筑装饰材料的专业生产厂。主要产品——釉面砖，产品商标为“石燕牌”。品种有108×108(mm)、152×152(mm)、150×200(mm)等规格；有白砖、色砖、花砖、图案砖等多种款式。

该厂自1984年生产釉面砖以来，坚持“质量第一、用户至上”的宗旨，并采用国际标准组织生产。以坚实的基础、先进的技术、健全的质量保证体系、科学的管理屡获殊荣：“石燕牌”釉面砖分别荣获1989、1990年广东省建材行业釉面砖质量评比第一名、第二名；1990年被评为广东省优质产品，全国建材行业釉面砖A级产品，农业部优质产品。企业连续3年以优于国家一级标准的能耗获得“省级节约能源企业”称号；获得二级计量合格证书；以健全的管理体系、较好的效益被评为广东省省级先进企业。

1990年，“石燕牌”釉面砖产量为122万平方米，以品种多样、款式新颖、色调柔和高雅、尺寸规整；耐酸耐碱、耐腐蚀、吸水率低等特性和具有急冷急热性能好、抗压强度高等优点，在市场上享有较高的声誉。

美安达包装公司

顺德县北滘镇美安达包装公司是以美安达纸箱厂、美安达彩印厂、美安达塑料厂为骨干的联合经济实体。引进了国外80年代纸箱、纸板生产线，制版、电脑植字、彩色胶印、磨光、自动粘面、自动啤机、吹膜、制袋、印塑等先进设备60多台（套）。生产彩色装璜印刷，各种大小瓦楞纸箱、纸板、纸盒、坑盒、彩箱(盒)、啤制箱（盒)、磨光、制版、吹膜、印塑、制袋等纸类和塑料包装系列产品，是广东省外贸出口包装的生产基地。

公司拥有固定资产1 490多万元，年产纸板、纸箱1 000多万平方米，彩色印刷3 200多万印次，塑料制品900多吨。1990年产值1 900万元，创利税135万元，人均劳动生产率8.5万元；接头瓦楞纸箱荣获广东省优质产品奖、轻工部包装装璜印刷产品优秀奖、中国商品包装大赛（第一届）优秀奖。1990年，企业被评为广东省省级先进企业。

珠江包装公司

顺德县北滘珠江包装公司由珠江造纸厂、珠江彩印厂、珠江纸箱厂、珠江加油站等单位组成，是广东省外贸出口包装生产厂，省级先进企业和国家二级计量单位。公司占地面积13 200平方米，现有职工600人，固定资产2 500万元，拥有国际先进水平的联邦德国“海德堡”彩色印刷机、电脑晒版机、切纸机、日本和香港单瓦机、北京1 600 mm五层纸板流水线、印刷机等包装系列设备200多台。

1990年，该公司由外延发展型转向内涵效益型，致力管理上水平，企业上等级，产品创名优，实现产值5 500万元，造纸 11 000吨，彩印1 100印次，纸箱1 100万平方米（其中40%外销）。BCD-163型双门双温施乐华电冰箱包装纸箱评为部优产品，珠江牌接头瓦楞纸箱、出口罐头酒类纸箱评为省优产品；外销接头纸箱获广东省纸箱评比第一名；罐头纸箱系列获广东省行业评比第一名；一号瓦楞纸获广东省造纸行业重点产品评比第二名；华英风扇等七款彩纸获广东省第九届包装装璜印刷评比优秀奖。在CIP '90国际包装展览会上，该公司产品90-116贝利鞋箱获金奖，罐头纸箱系列、施乐华双门双温电冰箱、3#足球箱分别获银奖。

吴川糖酒机械工业（集团）公司

湛江市吴川糖酒机械工业（集团）公司位于广东省粤西区的湛江市郊，离吴川县城38公里，离湛江市48公里，公司在湛江市设有总办事处。该公司是一家具有较大规模的糖酒机械设计和制造的综合性企业，年总产值5 000 万元以上。1990年产值和销量居全国同行业之首，产品销售全国29个省市和自治区，并远销东南亚和非洲地区。

公司与全国19个部、省级轻工、化工设计院、所进行技术协作，并与国内八家大专院校协作开发和研制新的轻工、化工设备。在国内外享有较高的声誉。

公司制造厂具有二类压力容器制造资格，技术力量雄厚，加工设备齐全，检测手段完善，质保体系健全，能承接轻工、化工、石油、制药、化肥、饮料、食品、造纸等设备的制造、安装和调试。

公司的主要产品有：制糖设备、制酒设备、酒精设备、冰醋酸设备、草酸设备、硫酸设备、造纸设备、制药设备、柠檬酸设备、酵母设备、烧碱设备、饮料设备、蔗糖脂设备、卡拉胶设备、化学设备以及各种适用于轻工、化工、石油的各类塔器、热交换器和反应釜等。

江门市外海弹簧厂

江门市外海弹簧厂是生产弹簧和弹簧床垫的专业工厂，多年来先后获得市先进企业、市一级信用企业、重合同守信用企业、省级先进企业等称号。1990年企业总产值543万元，创利税99.46万元，全员劳动生产率53 235元，人均创利税9 751元，“七·五”期间该厂的产值、利税平均以12.46%、13.2%的速度增长。

该厂自1985年开始实行企业集体承包，厂长负责制，几年来通过技改挖潜，全面提高了职工的文化、技术素质。1989年至1990年共投入160多万元改造旧厂房、旧设备，实现了机械化和半自动化生产。同时，改革落后的管理体制，推行全面质量管理、目标管理、计量定额管理等现代管理方法、实施标准化生产，制定了弹簧和床垫的内控标准，不断开发新产品，做到“生产一代”“研制一代”“构思一代”。1986年首创600型密集型床垫，带动了国内生产密集型床垫的潮流。此后，相继推出600健美护背型床垫、600保背健特硬型床垫、600超薄型床垫、900型金冠之宝床垫等各具特色的床垫。1990年，“金冠牌”床垫再次荣获中南地区质量评比第一名。

广东顺德华星饲料厂

广东顺德华星饲料厂，位于珠江三角洲中部，广珠公路三洪奇大桥边。创建于1978年，前身是北滘颗粒饲料厂。10多年来，由于该厂积极开拓新产品和销售市场，使企业生产不断扩大和发展。该厂现有固定资产1 419万元，年产值（现行价）7 229万元，生产“华星牌”水产和畜禽系列全价配合饲料、饲料添加剂、浓缩饲料，产品销往广东、广西、海南、福建、湖南等5省（自治区）的30多个县、市。

依靠科技进步，积极引进利用国外先进设备、新技术和新工艺，不断开发新产品。1986年，该厂在农业部支持下，引进荷兰具有80年代先进水平的时产10吨颗粒状配合饲料生产线，使原产量提高了10倍。为进一步提高饲料的质量，解决国内饲料厂所用添加剂依赖进口的被动局面，1987年,在国家科委的支持下，该厂投资创办了华星饲料添加剂厂，并被列为国家“星火计划”项目。饲料添加剂厂从加拿大引进饲料添加剂预混设备和软件配方技术，于1988年12月经国家科委有关部门验收合格并投入使用。现已生产畜禽系列添加剂，共20多个产品供应市场，年产量7 000吨，使该厂的饲料生产设备、工艺、技术和管理更加配套和完善，为向养殖业的客户提供数量充足、质量优良的饲料打下坚实的基础，开辟了发展的前景。

该厂实行了厂长目标责任制,企业内部机构精简，逐步形成了一个以厂长为核心的“团结、开拓、求实、进取”领导班子。为提高企业的竞争力，厂领导重视推广应用现代化管理方法,应用微机技术对全厂财务、营业、仓库、车间等生产管理环节进行科学管理，并进一步完善了微机网络，建立了一套较完整的质量保证体系。由于企业在生产和经营中注重产品质量和服务质量，产品深受各地用户的欢迎和信赖。1989年，该厂在治理整顿中，克服了重重困难，在完成上级下达任务的同时，取得了全面质量管理合格证和三级计量定级，502肉鸭料被评为广东省优质产品。1990年，112、113地方中肉鸡料被评为广东省优质产品，企业晋升为广东省省级先进企业。

厂址　广东省顺德县北滘镇三洪奇大桥边
电话　656817

新升风扇厂

新升风扇厂是顺德县陈村镇一家镇办集体企业，主要生产转页扇（鸿运扇）、换气扇，是生产风扇专业化企业。拥有职工765人,厂房面积2.45万平方米；年产量150万台，产值超亿元。

几年来，该厂立足技术改造和内涵挖潜，先后投资引进具有80年代国内外先进水平的技术设备；积极开展技术革命和工艺革新，逐步推广应用现代化管理方法，建立完善的质量保证体系，严格生产过程的质量控制，使企业不断走向正规管理，产品质量稳定，产量年年递增，1990年被评为广东省省级先进企业。

该厂生产的“金凤”系列产品具有外形美观，结构新颖，轻巧方便，噪音小，温升低，绝缘性能好，并有定时关机、电扇翻倒能自动断电源等安全装置。其中KHG-25型250mm换气扇获1988年度广东省优质产品称号；FYT-25型250mm转页扇,KYT-30型300mm转页扇，KYT-25型三个品种均被评为1990年度广东省优质产品。

佛山市张槎玻璃二厂

该厂位于珠江三角洲的佛山市西侧，投产于1976年,由生产保温杯、保温瓶发展到金蝶牌管制锁口瓶系列产品，现有厂房面积2.5万平方米，固定资产1 240万元，是一个年产值近3 000万元的中型企业。

该厂是药用玻璃包装瓶专业生产厂,主要产品管制锁口瓶的产值占全厂总产值的90%以上。该产品是80年代国内外新兴起的新型包装材料。该厂通过掌握科技信息,吸收国外先进技术,于1984年底试制成功,并通过技术鉴定,现已大批量生产,年产量达3.5亿只。管制锁口瓶属该厂首创,获得国家外形设计专利。该产品解决了一般安瓿瓶的运输、储存不便、包装和开启困难的弱点,主要用于盛装各种中成药、高级保健补品液制剂,具有密封性能好,灌封药液方便的优点,采用先进的易拉盖,开启瓶盖方便容易、安全可靠、瓶身光洁、美观大方、携带方便,适合各种运输,是一种理想的药物包装材料。

近年来，该厂在抓管理，提高产品质量方面取得显著的成绩。管制锁口瓶1987年获省优产品称号；1989年获农业部优质产品称号。企业于1988年通过三级计量；1989年全面质量管理验收合格；1990年被评为省医药包装先进单位、省优秀企业管理、质量管理单位，并升为省级先进企业。

附　录

附录一

乡镇企业获“七五”期间全国机电产品出口创汇先进单位奖名单

顺德县美的家用电器公司
中山市港口风扇厂
中山市小榄五金制锁厂
中山市星光制锁二厂
中山市小榄制锁二厂
澄海县五金工具总厂
东莞市石碣光管支架厂
东莞市光华电器厂
番禺县大岗镇餐具一厂

附录二

1990年乡镇企业省优秀质量管理小组名单

珠海市华声磁带厂力矩规ＱＣ小组
佛山市华英风扇厂提高扇叶质量攻关ＱＣ小组
顺德县北滘华达电器厂容量控制ＱＣ小组
中山市港口风扇厂全质办攻关ＱＣ小组
澄海县苏南糖果厂厂部ＱＣ小组
顺德县星槎铝材厂提高挤压成品率ＱＣ小组
顺德县勒流中药厂上清丸创部优ＱＣ小组
广东三联机械厂轴承座机加工ＱＣ小组

附录三

1990年乡镇企业产品获省优质产品奖名单

产品名称	生产厂家
双鹅牌调温型电热褥	广州市三元里电热褥厂
彩鸟牌女装连衣裙（含裙套）	番禺县绣面服装厂
仙虹牌女装长袖时恤	番禺万荣时装厂
兴驼牌真丝化纤恤衫	番禺南兴服装厂
衣导牌（ＥＤＪＯ）女衬衫	番禺环宇制衣厂
环球牌ＦＫ系列液压防喷器控制系统	广州石油机械厂
玻璃钢电镀招牌字	花县花东工艺电镀厂
富华牌ＦHI-16型粒状活性炭	增城富华活性炭厂
禺山牌“32型”热轧窗框钢3201、3202、3205、2507b	番禺市桥轧钢厂

产品名称	生产厂家
S．P牌电加温安全玻璃	珠海市兴业汽车安全玻璃厂
S．P牌5MM钢化安全玻璃	珠海市兴业汽车安全玻璃厂
喜丽牌什果冰润唇油	佛山市友谊日用化工厂
雅丽牌人造大理石玛瑙卫生洁具系列产品	佛山人造玛瑙制品有限公司
蓝宝石牌纯棉皱纹牛仔布	佛山石角棉纺厂
金鹰牌高级金属丝球刷系列	佛山市石湾五金机械厂
建兴牌釉面砖	佛山市石湾建兴陶瓷厂
88牌多功能上光蜡（喷雾车蜡）	佛山市敦厚精细化工厂
美莲牌LYG-64铝质易拉瓶盖	佛山市张槎五金家用电器厂
金本牌无纺衬布	三水广宏利实业有限公司金本无纺衬布厂
天鹅牌TL型电视拉杆天线	三水县西南无线电元件厂
FA牌KYT-25、250mm转页扇	三水飞鸿风扇厂
双吉牌腈纶婴儿四件套	高明县新墟织造厂
珠江牌DZIOL-100漏电自动开关(即漏电断路器)	南海县珠江开关厂
WDL威得利牌HK-0.15HKS-0.3微型电控卷扬机	南海穗平工程机具厂
JET牌TF型调幅广播收音机用中频变压器	南海县平洲电子厂
五羊牌DZ06-28型外注式单体液压支柱	省煤矿液压机械厂
大宇牌TLS4600TLS6600凸版轮转塑料印刷机	广东省大沥塑料机械厂
宏丰牌釉面砖152×152×5	南海溶洲宏丰陶瓷厂
石燕牌釉面砖	南海县樵山建材陶瓷厂
兰昌牌全开式提篮式金属方便桶	南海县兰昌实业公司
果皇牌石磨水洗牛仔裤	南海县兴业服装公司
得利士牌（TURIS）男女装皱面夹里机恤	南海县九江制衣厂
得利士牌（TURIS）男女装海虎绒活里夹克褛	南海县九江制衣厂
昌才牌复合型RF系列热熔断器	南海县昌才电器元件厂
迪宝牌DWZ-180A型电瓦锅	南海县得宝电器实业公司
金利牌MX型玻璃片吸顶灯	广东金利灯饰有限公司
金利牌MD512-6型玻璃片吊灯	广东金利灯饰有限公司
金利牌MX型水晶玻璃棒吸顶灯	广东金利灯饰有限公司
金凤牌KYT-25（箱式）转页扇	顺德县陈村新升风扇厂
金凤牌KYT-25（座钟式）转页扇	顺德县陈村新升风扇厂
金凤牌KYT3-30转页扇	顺德县陈村新升风扇厂
555牌KYT3-30转页电风扇	顺德县环球电器厂
顺发牌共挤热封型双轴拉伸聚丙烯薄膜	顺德顺发塑料实业有限公司
顺发牌通用型双轴拉伸聚丙烯薄膜	顺德顺发塑料实业有限公司
金冠牌202快大中鸡配合饲料	顺德勒流饲料厂
金冠牌地方肉鸡102中鸡配合饲料	顺德勒流饲料厂
华星牌地方肉鸡112中鸡配合饲料	顺德华星饲料厂
华星牌地方肉鸡113大鸡配合饲料	顺德华星饲料厂
龙珠牌塑料镀膜珠门帘	顺德龙江（香港）珠塑五金实业公司
龙珠牌七彩真空电镀珠	顺德龙江（香港）珠塑五金实业公司
威乐牌皱面夹里男机恤	顺德胜利制衣厂
威乐牌男女西服	顺德胜利制衣厂
精工牌KVV、KVV22全塑控制电缆	顺德县顺德电缆厂
精工牌HBG聚氯乙烯绝缘铁芯通信线	顺德县顺德电缆厂
西亭牌SCC皮革填充剂	顺德县新同糖精厂

产品名称	生产厂家
威乐牌KYT-30B座钟式转页扇	顺德桂洲家用电器厂
威乐牌KYT-30A箱式转页扇	顺德桂洲家用电器厂
万宝牌KYT-25，KYT-30转页式电风扇	顺德裕华电风扇厂
美的牌KYT5-30 300MM转页式台扇	顺德美的风扇厂
珠江牌出口罐头（酒类）纸箱	顺德县珠江包装公司
珠江牌接头瓦楞纸箱	顺德县珠江包装公司
珠江牌接头瓦楞纸箱	顺德美安达包装公司
XMD牌啤酒纸箱	顺德美安达包装公司
勒流牌缩泉丸	顺德县勒流中药厂
顺峰牌恩肤霜	顺德顺峰制药厂
ZH牌闭口式提篮式金属方便桶	顺德县容奇镇振华印铁制罐厂
华南牌15NM（原白色）纯兔毛纱	顺德华南毛纺厂
AGF牌麻棉色织布	顺德大进制衣厂
家爱斯牌工艺绗缝绣花床罩	顺德县沙滘工艺厂
小太阳牌保健书包	顺德乐从镇旅行袋厂
旅行者牌便携组合式台椅	顺德县红旗金属制品厂
SL牌SL－B－22A光电跟踪塑料薄膜底封制袋机	顺德顺联丝印技术中心
象牌YIOT-D永磁铁氧体	顺德县磁性材料厂
露星牌食用蒸馏水	顺德县北玲蒸馏水有限公司
冠华牌地方肉鸡配合饲料（904小鸡、902中鸡、901肉鸡）	顺德容奇饲料厂
艺星牌环型萤火灯塑料灯罩	顺德县精艺塑料厂
燕子牌（出口双燕牌）排米粉	江门市外海联营排粉厂
葵树牌（出口珠江牌）手排面	新会县外贸联营通心粉厂
XSH牌接头瓦楞纸箱	新会县联营纸箱厂
光丽牌（XSH）洗衣粉纸箱	新会县联营纸箱厂
鹰扬牌48NM/2-28NM/2系列精梳纯羊毛线	新会毛纺厂
玺雅兰牌男装绉面夹里机恤	新会县兴业制衣厂
红带牌T/C绣花连衣裙	新会县针织制衣厂
石猫牌镁质石灰粉	恩平县沙湖人民窑化工厂
勘洲牌石棉水泥中波瓦	开平县赤坎镇建材石棉制品厂
碧丽洁牌气雾车蜡	开平县马岗精细化工厂
潭江牌人造金刚石单晶MBD660/20	开平县三埠镇金刚石厂
宁城牌羟氨苄青霉素胶囊	台山县台城制药厂
金箭牌传动用短节矩精密滚子链	澄海链条总厂
金字牌不锈钢自定位窗叶铰链	澄海县五金建材厂
苏南牌双黄绿豆沙月饼	澄海县苏南糖果厂
苏南牌乌豆沙月饼	澄海县苏南糖果厂
苏南牌双黄红豆沙月饼	澄海县苏南糖果厂
华湖牌聚乙烯单孔结网片	惠来县华湖渔网厂
海风牌聚乙烯单孔结网片	惠来县神泉沃角渔网厂
海风牌有结本色尼龙单复丝网片	惠来县神泉沃角渔网厂
天鹅山牌汽车轮胎模具	揭阳县轮胎模具厂
天鱼牌5″～10″蓝鲤窝（饭）盘	饶平县新丰瓷厂
雅士利牌九制陈皮	潮州市雅士利食品厂

产品名称	生产厂家
百陇牌九制陈皮	潮州市庵埠宝陇食品厂
远轮牌特制川皮	潮州市外文佳香食品厂
映艳牌怡神梅	潮州市庵埠甘香食品厂
梅龙牌活卜丝	潮州市庵埠旅游食品厂
振园牌九制金桔	潮州市古巷振园果子厂
振园牌九制话梅	潮州市古巷振园果子厂
明玲牌橙香梅皇	潮州市信明食品厂
玉屏牌釉下青花艺术瓶	潮州市枫溪陶瓷制作厂
新绿牌细瓷旦型大三头花钵系列	潮州市枫溪第一瓷厂
雄英牌细瓷金鱼缸系列	潮州市枫溪雄英瓷艺厂
全福牌瓷雕人物	潮州市枫溪全福瓷厂
超万牌碳纤维、玻璃纤维增强聚四氟乙烯密封制品	潮州市东风特纤厂南京玻纤院三所联营密封制品厂
YIDA牌男女装绉面夹里机恤	潮州市枫溪工艺服装总厂
YIDA牌男女装海虎绒活里夹克褛	潮州市枫溪工艺服装总厂
华达牌SD蒸馏塔	吴川县甘蔗化工设备厂
尖牌YP（JPM）蒸馏塔组	吴川县轻工机械厂
寸金牌W型乳胶工业用手套	湛江麻章乳胶制品厂
蜂皇牌水族、群龙角雕	高州县永进工艺厂
红菱牌大理石板材	罗定县金鸡大理石厂
石扇牌425号普通硅酸盐水泥	梅县石扇水泥厂
图强牌推拉铝合金门窗用滑轮	阳西县沙扒图强五金工业有限公司
图强牌不锈钢滑撑	阳西县沙扒图强五金工业有限公司
阳东牌20×1胶氨铜杀菌剂	阳江市阳东精细化工厂
乔士牌男衬衫	阳江市乔士实业总公司
宝晶牌大理石板材M-01#	亚洲大理石花岗石有限公司大理石加工厂
珠江桥牌纯正白莲蓉月饼	中山市石岐红旗食品厂
珠江桥牌蛋黄白莲蓉月饼	中山市石岐红旗食品厂
乐百氏牌乐百氏奶	中山市乐百氏保健制品有限公司
冬梅牌30%醋精	中山市调味厂
沙溪牌感冒退热冲剂	中山市沙溪中药厂
秋菊牌（出口歧江牌）濑粉	中山市小榄永宁粮油综合加工厂
富乐牌五鲜伊面	中山市小榄富乐食品厂
KΣ3K牌膨化佳佳米果	中山市佳佳食品开发有限公司
三A牌十字槽沉头螺钉	中山市通用螺丝厂
永大牌铝箔基压敏胶粘带	中山永大胶粘制品厂有限公司
香山牌单面印刷板	中山市香山电路板厂有限公司
永恒牌、东宝牌起动用铅蓄电池	中山市小榄永宁蓄电池厂
南燕牌玻璃玛赛克	中山市石榄玻璃总厂玛赛克二厂
永润牌双向拉伸聚丙烯薄膜	中山市永宁塑料制品有限公司
威力牌钓鱼杆	中山威力体育器具厂
银圆牌铝箔复合纸	中山市横栏铝箔复合包装纸厂
迎阳牌环型萤火灯有机玻璃灯罩	中山晶华灯饰构件厂
永南牌高度洁含双氟牙膏	中山永南日用化工厂
EMELIO牌男女装石磨水洗牛仔裤	中山黄圃镇服装厂
DMS牌A1071、A1072、B1046型十字匙锁	中山市小榄铜铝制品厂
中模牌825-16轮胎外胎模具	中山市橡胶机械模具厂

产品名称	生产厂家
金树牌PO500型塑料用丙烯酸树脂涂料	中山大桥化工有限公司
嘉纺牌衣物柔顺剂	中山市嘉莲娜日用化工厂有限公司
恒辉牌塑料彩虹灯（30×30/38头装饰串灯）	中山市恒辉电器厂
永宁牌电泳涂漆铝及铝合金型材	中山市铝材厂
员峰牌XSD-40型洗衣机脱水电机	中山市员峰电机厂
红荔牌425号普通硅酸盐水泥	东莞市常平水泥厂
东洲牌425号普通硅酸盐水泥	东莞市茶山水泥厂
双门牌425号普通硅酸盐水泥	东莞市滨涌水泥厂
东横牌425号普通硅酸盐水泥	东莞市横沥镇水泥厂
明华牌蛋卷	东莞市厚街食品有限公司
太阳神牌生物健口服液	东莞市黄江保健品厂
仙桃牌东莞米粉	东莞市万江区水蛇涌粉厂
旭日牌益智拼图	东莞市常平桥祥玩具厂
金锁匙牌镀金人造首饰	东莞市雅文首饰制品有限公司
威文牌男女西服	东莞市新门楼制衣有限公司

附录四

1990年乡镇企业产品获省优秀新产品奖名单

产品名称	获奖单位
饲料用水解羽毛粉	南海县华南羽毛粉厂
有机玻璃保护纸	顺德县杏坛镇胶粘制品厂
纸铝塑复合罐	广东东亚复合罐厂
	小塘红星制罐厂
金属表面聚氨酯型粉末涂料	顺德县容山塑料粉末厂
复合型（RF）系列热熔断体	南海县昌才电器元件厂
跑得乐灭火充气补胎剂	顺德县欧发化工有限公司
HRG-25/2防护式开关	佛山市南方电器控制设备厂
颗粒饲料压粒模	顺德县杏坛铁工厂
康声牌CKS8808程控数据磁带医疗仪	南海县西樵声威无线电厂
JYT-0.6AD液化石油气安全定时调压器	顺德县超力燃气用具有限公司
	桂洲镇气体炉具厂
金属丝球刷	佛山市石湾五金机械厂
高宝牌、迪宝牌连体分体电子瓦罐系列	南海县得宝电器实业公司
高速包装用一热封型双向拉伸聚丙烯薄膜	顺德顺发塑料实业有限公司
种鸽全价颗粒饲料	佛山市圩岗畜牧场饲料厂
GHD-I型多功能光固化机	佛山市华粤电器厂
半球牌SH168/SH268型节电台灯	广东半球实业集团公司视光电器厂
改型泡帽塔	吴川县糖酒机械工业公司
SD蒸馏塔机组	吴川县甘蔗化工设备厂
多效丰产灵	普宁县华泰联化工厂

产品名称	获奖单位
搪瓷花纸专用颜料	潮州市古巷古二化工厂
胶原蛋白粉（饲料添加剂）	龙华胶原蛋白厂
益智蜜饯	阳西县食品厂
铜复合底不锈钢锅	江门红星五金制品厂五邑大学
汽车用电加温安全玻璃	珠海经济特区兴业汽车安全玻璃厂

附录五

1990年乡镇企业总产值1亿元以上的乡（镇）名录

（按1980年不变价）

乡（镇）名称	总产值（万元）	乡（镇）名称	总产值（万元）
花县新华镇	49 834	宝安县布吉镇	20 404
海珠区新滘镇	46 583	宝安县龙岗镇	16 700
白云区石井镇	39 273	宝安县观澜镇	16 696
番禺县市桥镇	31 220	宝安县新安镇	16 491
白云区新市镇	30 528	宝安县沙井镇	16 485
番禺县钟村镇	23 578	宝安县龙华镇	13 420
番禺县沙头镇	23 424	宝安县横岗镇	11 230
增城县新圹镇	22 965	香洲区湾仔镇	33 593
番禺县南村镇	21 714	香洲区前山镇	28 107
天河区东圃镇	21 636	香洲区南屏镇	20 031
番禺县石基镇	19 062	斗门县井岸镇	10 101
白云区竹料镇	18 699	汕头郊区鮀浦镇	10 626
白云区人和镇	18 323	汕头郊区岐山镇	10 542
天河区沙河镇	18 033	汕头郊区下蓬镇	10 576
花县花山镇	17 665	澄海县澄城镇	18 714
番禺县大岗镇	17 599	澄海县东里镇	14 632
黄埔区南岗镇	16 801	潮阳县峡山镇	19 340
番禺县大石镇	16 094	潮阳县和平镇	12 107
芳村区东漖镇	15 025	潮阳县两美镇	11 154
番禺县沙湾镇	14 855	潮阳县陈店镇	10 700
番禺县化龙镇	13 586	揭阳县炮台镇	13 292
白云区江高镇	13 429	揭阳县榕城镇郊	12 883
花县花东镇	13 044	揭阳县渔湖镇	10 195
黄埔区大沙镇	12 149	普宁县军埠镇	12 809
番禺县石楼镇	11 268	普宁县占陇镇	12 068
白云区钟落潭镇	11 143	普宁县流沙镇	11 235
花县狮岭镇	10 850	达濠区达濠街道办事处	18 950
花县赤泥镇	10 200	惠阳县淡水镇	11 709

乡（镇）名称	总产值（万元）
惠东县平山镇	10 744
海丰县海城镇	13 815
陆丰县东海镇	19 036
中山市小榄镇	89 128
中山市张家边区	40 383
中山市沙溪镇	35 034
中山市港口镇	29 634
中山市黄圃镇	27 485
中山市郊区区	24 501
中山市横栏镇	19 803
中山市古镇镇	19 695
中山市东凤镇	17 375
中山市坦头镇	16 574
中山市大涌镇	16 161
中山市南头镇	15 865
中山市浪网镇	14 750
中山市西区区	14 240
中山市中区区	13 967
中山市三角镇	13 910
中山市五桂山镇	12 403
中山市三乡镇	11 166
台山县大江镇	29 196
台山县水步镇	23 005
台山县附城镇	14 667
台山县台沙镇	12 227
台山县三八镇	10 163
台山县海宴中镇	10 157
开平县赤坎镇	21 649
开平县三埠镇	20 385
开平县水口镇	16 973
开平县月山镇	12 854
开平县长沙镇	12 813
开平县石合镇	11 822
开平县苍城镇	10 348
开平县沙圹镇	10 231
开平县金鸡镇	10 108
恩平县沙湖镇	10 689
新会县会城镇	50 275
新会县环城镇	31 450
新会县双水镇	24 457
新会县司前镇	13 628
新会县罗坑镇	13 371
新会县古井镇	13 034
新会县棠百镇	11 608
新会县晤州镇	11 155
新会县荷圹镇	10 703

乡（镇）名称	总产值（万元）
新会县杜阮镇	10 501
鹤山县沙坪镇	14 710
江门郊区环市镇	31 172
江门郊区外海镇	16 094
南海县平洲镇	53 617
南海县大沥镇	48 205
南海县南庄镇	47 891
南海县西樵镇	47 493
南海县官窑镇	36 142
南海县九江镇	35 923
南海县盐步镇	34 783
南海县里水镇	33 124
南海县罗村镇	32 223
南海县桂城镇	31 187
南海县小圹镇	25 949
南海县沙头镇	23 004
南海县黄岐镇	21 014
南海县丹灶镇	18 534
南海县松岗镇	17 590
南海县和顺镇	14 420
顺德县北滘镇	88 380
顺德县桂洲镇	78 332
顺德县陈村镇	50 910
顺德县龙江镇	44 160
顺德县容奇镇	41 880
顺德县乐从镇	38 978
顺德县勒流镇	37 666
顺德县大良镇	33 827
顺德县伦教镇	26 274
顺德县杏坛镇	26 169
顺德县均安镇	24 653
石湾区张槎镇	35 343
石湾区澜石镇	27 007
石湾区环市镇	17 419
吴川县博罗镇	13 070
吴川县圹塅镇	10 682
湛江郊区麻章镇	10 303
坡头区龙头镇	10 402
霞山区海头镇	12 655
电山县南海镇	14 163
电山县沙院镇	11 621
电山县七迳镇	10 640
茂南区新坡镇	11 672
化州县同庆镇	12 701
化州县平定镇	10 099
罗定县麦龙镇	23 423

乡(镇)名称	总产值(万元)	乡(镇)名称	总产值(万元)
罗定县泗纶镇	10 013	东莞市茶山镇	17 892
云浮县水城镇	12 832	东莞市道滘镇	16 204
四会县清圹镇	13 454	东莞市寮步镇	15 874
四会县大沙镇	11 981	东莞市东坑镇	14 999
鼎湖区广利镇	10 578	东莞市石碣镇	13 813
潮州市枫溪镇	34 497	东莞市望牛墩镇	13 604
潮州市庵埠镇	33 043	东莞市中堂镇	13 491
潮州市彩圹镇	16 605	东莞市企石镇	12 819
潮州市枫圹镇	12 333	东莞市高步镇	12 185
潮州市东凤镇	12 209	东莞市圹厦镇	12 026
潮州市古巷镇	10 590	东莞市横沥镇	11 873
东莞市厚街镇	34 029	东莞市桥头镇	11 455
东莞市附城区	30 598	东莞市大朗镇	11 376
东莞市万江区	25 338	东莞市麻涌镇	11 331
东莞市常平镇	21 612	东莞市篁村区	10 675
东莞市长安镇	18 598		

附录六

1990年乡镇企业总产值3000万元以上的村名录

村　　名	总产值(万元)	村　　名	总产值(万元)
海珠区新滘镇联星村	7 261	中山市小榄镇东区村	4 402
白云区江高镇江村	5 978	中山市大涌镇南文村	3 050
白云区新市镇望江村	3 743	中山市大涌镇安堂村	3 194
白云区石井镇庆丰村	3 359	中山市板芙镇南下村	3 390
白云区新市镇棠涌村	3 319	东莞市中堂镇潢涌村	4 086
白云区新市镇萧岗村	3 287	东莞市附城区堑头村	4 982
白云区石井镇同德村	3 074	东莞市附城区温圹村	3 028
白云区石井镇槎龙村	3 045	东莞市高埗镇冼沙村	3 266
天河区登丰街登丰村	3 505	江门市郊区环市镇白沙村	5 633
天河区东圃镇棠下村	3 150	江门市郊区环市镇水南村	4 726
天河区沙河镇元岗村	3 119	顺德县勒流镇黄连村	5 886
天河区大石镇猛村	3 092	顺德县勒流镇富裕村	3 279
黄埔区大沙镇文冲村	4 000	顺德县勒流镇扶闾村	3 073
番禺县石基镇旧水坑村	4 350	顺德县龙江镇陈涌村	4 617
番禺县钟村镇谢村	3 426	顺德县龙江镇东头村	5 477
花县新华镇岐山村	4 071	顺德县均安镇星槎村	5 300
花县新华镇三华村	3 755	顺德县桂洲镇细滘村	5 393
香洲区前山镇界冲村	5 014	顺德县桂洲镇海尾村	6 590
香洲区前山镇翠徽村	4 479	顺德县桂洲镇幸福村	5 787
中山市小榄镇永宁村	19 385	顺德县桂洲镇红旗村	10 623

村名	总产值(万元)	村名	总产值(万元)
顺德县桂洲镇四基村	6 707	南海县南庄镇东村	4 672
顺德县桂洲镇马岗村	5 271	南海县南庄镇上元村	6 577
顺德县桂洲镇容里村	6 730	南海县南庄镇溶洲村	3 776
顺德县北滘镇三洪奇村	3 300	南海县黄歧镇黄歧村	5 515
顺德县乐从镇新隆村	3 800	南海县黄歧镇六联村	5 023
顺德县容奇镇容山村	3 100	南海县里水镇大步村	3 103
南海县九江镇下西村	4 482	南海县大沥镇水头村	3 158
南海县九江镇大谷村	4 555	南海县盐步镇横江村	3 798
南海县九江镇大同村	3 368	南海县小塘镇狮岭村	3 284
南海县平洲镇平西村	9 859	石湾区澜石镇塘头村	3 045
南海县平洲镇平北村	3 254	石湾区环市镇朝东村	3 927
南海县平洲镇夏西村	3 970	电白县南海镇高地区	3 171
南海县桂城镇石碣村	6 346	潮州市庵埠镇中山街道	3 973
南海县桂城镇叠南村	6 392	潮州市庵埠镇中兴街道	3 498
南海县桂城镇叠北村	3 261	潮州市庵埠镇复兴街道	3 140
南海县西樵镇民乐村	5 319	揭阳县炮台镇居委会	3 260
南海县西樵镇联新村	6 440	澄海县澄城镇信宁区	3 200
南海县西樵镇石东村	3 992	普宁县军埠镇大长陇区	3 732
南海县罗村镇务庄村	6 199	普宁县军埠镇石桥头村	3 242
南海县罗村镇联星村	3 962	达濠区珠园乡珠埔村	3 641
南海县罗村镇街边村	3 041		

附录七

1990年乡镇企业总产值5 000万元以上的企业名录

（按1980年不变价）

企业名称	总产值(万元)	企业名称	总产值(万元)
广州百事可乐汽水厂	9 678	中山小榄永大胶粘制品厂有限公司	7 288
番禺沙头利多鞋业投资公司	9 157	台山家用电器厂	8 711
番禺电缆厂	5 006	新会会城糖饼厂	5 848
珠海湾仔中富瓶厂	13 148	新会县家用电器厂	8 007
香洲前山裕新织染厂	7 493	顺德华英风扇厂	24 458
潮阳西胪镇建筑公司	6 060	顺德陈村新升风扇厂	7 744
中山黄圃镇腰果厂	5 812	顺德大明铝合金型材厂	6 003
中山小榄镇开关厂	5 236	顺德北滘蚬华风扇厂	45 737
中山港口镇港口风扇厂	17 257	顺德北滘裕华风扇厂	16 039
中山神湾镇仁爱电子厂	5 593	顺德北滘美的风扇厂	15 869
中山天星电子厂	10 286	顺德北滘南方电器厂	13 655
中山张家边国际玩具厂	9 273	顺德蚬华微波制品有限公司	12 213

企业名称	总产值(万元)
顺德广东神州燃气具联合实业公司	10 204
顺德杏坛金华染整厂	6 064
顺德桂洲石油气炉厂	7 252
顺德电缆厂	5 930
顺德桂洲第二风扇厂	7 598
顺德桂洲日用电器厂	5 398
顺德桂洲第一风扇厂	8 490
顺德广东电饭锅厂	14 768
顺德大进纺织服装实业公司	5 013
顺德广东珠江冰箱厂	43 935
南海达兴机械厂有限公司	5 241
南海官窑华昌鞋厂	5 878
南海夏西威乐斯风扇厂	7 033
南海丹灶铝型材厂	5 387
南海南庄兴发铝型材厂	9 501
石湾澜石铝型材厂	5 926
罗定素龙建筑队	5 797

广东省乡镇企业专栏

主　编　万民乐
副主编　陈文学
编　辑　陈文学　岑小玲

无锡市乡镇企业

无　锡　市

无锡市乡镇工业，经过治理整顿和深化改革，已经基本上完成了以外延扩大再生产为主向以内涵提高为主发展的第一步战略转移，开始进入了全面提高、稳步发展的新阶段。

1990年无锡市乡镇工业的基本特点：

1. **集体经济的实力不断增强**。1990年，全市乡镇工业企业共有24 870个，其中乡（镇）村两级集体工业企业12 455个，比上年增加79个，增长0.64%，占工业企业总数的50.8%，比上年增加 3.3 %，全市乡镇工业企业职工共有111.77万人，其中乡（镇）村两级集体企业职工105.87万人，比上年减少24%。全市乡（镇）村两级集体工业企业固定资产74.5亿元，比上年增加 10.94 亿元，增长 17.21 %；定额流动资产 66.55 亿元，比上年增加11亿元，增长 19.87 %；自有流动资金 19.09 亿元，比上年增加 5.5 亿元，增长 40.81 %。

全市 124 个乡镇中，工业产值超亿元的有93个，占乡镇数的75%。其中,最高的前洲镇 9.04亿元，5 亿元以上 6 个， 3 ～ 5 亿元的25个， 3 亿元以下的62个。

全市2 088 个行政村中，工业产值超 1 000 万元的村有 332 个，占村总数的 15.84 %。其中超 5 000 万元的村有10个，超亿元的村有 4 个，最高的前洲镇西塘村2.04亿元。

全市乡（镇）村两级工业企业中，产值超 500 万元的企业有 845 家，占工业企业总数的6.78%。其中超 1 000万元的企业有 452 家，超亿元的企业有 5 家，最高的前洲镇印染厂1.36亿元。

2. **生产持续稳定增长**。1990年，全市乡镇工业完成产值 255 亿元，比上年增长 12.47 %，占当年全市工农业总产值的 64.77 %，比上年增长1.89%；占当年全市工业总产值的 67.34 %，比上年增长1.82%。其中，乡(镇)村两级工业完成产值247.55亿元,比上年增长 12.59 %；联户办工业完成产值3.64亿元,比上年增长7.55%；个体办工业完成产值3.95亿元，比上年增长9.97%。

3. **外向型经济发展迅速**。1990年，全市乡镇工业完成外贸供货额 22.15 亿元，比上年增长 50.66 %，占当年全市外贸供货额的41%。其中直接出口产品金额 17.49 亿元，增长 71.42 %。全市外贸供货额超亿元的乡镇有 3 个；外贸供货额超 1 000 万元的乡镇企业有52家。全市 124 个乡镇中，123个乡镇的693家企业有出口产品，其中工贸联营企业89家，出口产品品种 855 种，除传统的纺织、服装出口外，冶金、机械产品的出口量也有明显增加。1990年，全市乡镇企业中已有“三资”企业71家，新增37家。

4. **企业素质明显提高**。一是开发新产品的能力增强。1990年，乡镇企业通过市级以上鉴定的新产品320个，其中省级认可的 219 个，有18个新产品列入国家级新产品试产计划。二是产品质量档次提高。1990年乡镇工业产品中列市级以上优质产品 243 个，其中获国家银质奖 2 个，获部优产品20个，获省优产品63个，获市优产品158个。三是产品质量管理逐步走上轨道。1990年，全市乡镇工业中有32家获市以上质量管理奖，其中部级 1家，省厅局级 8 家，市级23家；有 183 家企业成为市全面质量管理达标企业。1990年，全市乡镇企业中有三级计量合格企业 1 161 家，二级计量合格企业16家。四是企业管理基础工作加强。1990年，全市乡镇工业企业中，管理基础工作合格的企业有 4 913 家，其中 883 家达到省合格企业。企业合格面，乡办达74.1%，村办达27.7%。有 3家企业晋升为国家二级企业，36家企业晋升为省级企业，341家企业晋升为市级企业。有71家企业和42名厂长被省政府命名为“省明星企业”和“省乡镇企业家”，130 家企业评为市“双文明企业”。五是职工队伍素质提高。1990年，全市乡镇工业系统举办各种专业培训班 2 000 多期，培训96 959人次，其中参加大中专学历培训的人数达 3 683 人。

5. **结构调整的步伐加快**。1990年，全市乡镇工业在调整中依据国家产业政策和市场变化，坚持以产品结构调整为主线，带动企业组织结构和技术结构以及行业结构的调整。全年共关停 106 家企业，并转81家企业；轻重工业的比例由原来的 42.58 : 57.42 调整为 49.31 : 50.69，是近年变化最大的一年。1990年，全市约有40%的乡镇企业与城市工业、大专院校、科研单位、外贸部门建立了联系，2 000 多家企业参加集团经营，其中300 多家企业加入了市内外43个企业集团，建立紧密型的经济联合体 153 个。提高了组织化程度和规模经济效益。

6. **经济效益缓慢回升**。1990年，全市乡镇工业完成销售收入 205.5 亿元，比上年增长7.27%；上缴国家税金 7.4 亿元，比上年增长 11.36 %；职工工资总额14亿元，比上年增长5.12%；全员劳动生产率23 967 元，比上年增长 16.65 %。提取建农基金1.05亿元，农业服务车间和农工一体化支出 8 054 万元，提取教育事业费附加 9 516 万元，提取合作养老基金1.49亿元，这四项共计4.29亿元，比上年增长2.23%。但实现利税加上各项提留16.69亿元，比上年下降6.42%，综合经济效益仍不理想。

（谢国明　乔天申）

宜 兴 市

1990年，宜兴市乡(镇)村集体工业企业完成总产值47.06亿元，比上年增长12.91%，实现利税21 170万元，与上年基本持平。乡(镇)村集体工业产值已占全市工农业总产值的 79.46 %；占全市工业总产值的 87.09%；占全市农村农副工三业产值的 90.07 %。乡(镇)村集体工业已成为全市经济，特别是农村经济的支柱。纵观1990年的宜兴乡(镇)村集体工业，主要有以下几方面的特点：

1. **骨干企业发挥了顶梁柱作用**。1990年，宜兴市根据国家的产业政策、技术政策和工业结构调整规划，确定了110家乡(镇)村重点工业企业，并对这些企业实行政策倾斜，促其稳定发展。这批重点企业仅占全市乡(镇)村企业总数的3.66%，而全年完成工业产值占全市乡(镇)村工业总产值的 30.74 %；实现利税 9 708 万元，占全市乡(镇)村工业企业的 40.64 %。这批企业的稳定增长，对全市工业经济的稳步提高起到了举足轻重的作用。1990年，宜兴市已形成一批初具规模的企业。据统计，全市 3 008 个乡(镇)村工业企业中，工业产值在 300 万元以上的企业已有 339 家，完成工业产值27.95亿元，占全市乡(镇)村工业总产值的69.4%，实现利税占全市乡（镇）村工业利税总额的70.3%。

2. **调整工业结构初见成效**。宜兴市的乡镇工业，由传统工业起步、靠建材工业发家，加工工业比重较大。1990年，宜兴市委、市政府以市场为导向，以效益为目标，进一步加强了对调整乡镇企业产品结构、行业结构的指导，取得显著成效。已形成了 6 个齐头并进的支柱行业，各行业所占乡（镇）村工业产值的比重分别为：冶金工业占 18.54 %；机械电子工业占 20.25%；轻工业占 17.43 %；建材工业占 14.47 %；纺织工业占 13.16 %；化学医药工业占 14.56 %。行业结构的渐趋合理，为全市产品的适应性调整创造了条件。在全市 600 多个主要产品中，环保机械，特种泵，多效唑，氧氯化锆，稀土系列产品，苎麻及制品，涤纶丝，紫砂陶器，耐火保温材料，水泥等一大批拳头产品已经形成，使宜兴乡镇工业的整体水平有了突破性的提高。

3. **外向型经济发展迅猛**。作为上海经济区组成部分的宜兴市，充分发挥了竹海、洞天、陶都、茶园的地理优势，不断完善投资环境，不断增强开放意识，发展外向型经济，使宜兴乡镇工业成为一支有相当实力的出口创汇主力军。1990年，全市已有外贸收购额100万元以上的乡镇企业46家，比上年增加了30家。乡镇企业生产的稀土氧化物锆系列产品、丝绸、绢及丝绢制品、兔毛制品、紫砂工艺品、针织服装、软性集装袋等产品在国际市场赢得了较好的声誉。1990年，全市乡镇企业外贸收购额达23 806万元，占全市外贸收购总额的 73.74 %，外贸供货总额达33 900万元。

4. **加强管理，提高企业整体素质**。1990年，宜兴市乡镇工业企业继续开展了以标准化、计量、定额、信息、规章制度、职工教育、班组建设为主要内容的七项基础管理工作和企业的上等升级工作。同时，根据宜兴的实际，结合“企业管理年”活动，全面开展了创建“合格仓库、合格财务”的工作。据统计，1990年全市新增验收合格的基础管理一级合格企业94家，合格企业 345 家。国家二级企业 1 家，全国乡镇企业系统先进企业 1 家，省级先进企业 1 家，还有12家企业晋升为无锡市一级企业，21家企业晋升为无锡市二级企业。通过“双合格”工作，全市有 1 614 个企业达到仓库合格，1 638 个企业达到财务合格。乡镇企业的整体素质有了显著提高。

5. **依靠技术进步，提高产品质量，开发新产品**。1990年，全市乡镇工业有 2 个产品首次获国家银奖，另有 6 个产品创部优，8 个产品创省优，37个产品创无锡市优，有55个新产品通过省级以上鉴定。产品质量的稳步提高和新产品的开发，为宜兴乡镇工业的健康发展增添了新的活力。

（郭纪良　李泽苍）

无 锡 县

1990年是无锡县乡镇工业继续经受严峻考验，逐步战胜困难，实现稳定增长的不平凡的一年。全县46

万名乡镇工业职工，认真贯彻党的十三届六中全会精神，猛攻销售，狠抓生产，调整结构，增加投入，强化管理，使乡镇工业产值突破了100亿大关。纵观全年，各级工业部门的领导在组织协调工业生产活动中，突出抓了五项工作：

1. **鼓干劲，振奋精神迎挑战**。1990年工业经济所遇到的困难之大，超乎寻常，能否正视困难，把握趋势是搞好各项工作的首要问题。年初，无锡县县、乡两级相继召开了先进表彰会、工业生产会、流动现场会、促销动员会等一系列会议，狠抓思想发动，统一认识，树立"办法总比困难多"的观念，变压力为动力，变消极等待为主动出击。同时，全县广泛开展了当好社会主义企业家的大讨论，使广大厂长进一步明确了肩负责任，树立了必胜信念，为全年工业生产从滑坡转到稳步增长打下了坚实的思想基础。到年底，全县乡镇工业完成（现行价）总产值115.02亿元，比上年增13.6%，其中乡镇办集体工业完成58.13亿元，增19.4%，村办集体工业完成54.19亿元，增8.3%，联户办工业完成0.92亿元，增2.5%，个体办工业完成1.78亿元，增3.5%。

2. **攻难点，强化销售拓市场**。一是广泛组织企业参加各种洽谈订货、展销的集团性促销活动。二是适当调整促销政策。县政府组织工、商、财、税、金融等综合经济部门制定了10条促销政策，对地方产品、库存产品、滞销积压产品的销售制定了奖励政策，调动了销售人员的积极性。三是县政府在北京、南京、上海、深圳、厦门、海口设立了办事（联络）机构，进一步沟通了与国际市场的联系。全方位的销售攻势取得了销售额和产销率逐月回升的效果，全年乡村两级工业实现销售收入84.84亿元，比上年增8.3%，产销率达到了75.5%，比年初上升了22个百分点。出口迅猛发展，全县乡镇工业完成出口供货额8.08亿元，比上年增39.7%，出口企业从上年的206家增到260家，12个出口产品大类中，高创汇的机电产品比重由上年的4.3%增到16.9%。

3. **抓重点，倾斜扶持稳大局**。县级排出了43家产值、销售、利税大户，35个乡镇排出了150家乡镇办、100家村办企业作为倾斜支持的重点。县里成立了政府办、经委、乡镇局、计委、物资、财政、税务、银行等部门负责人参加的生产调度委员会，各乡镇也成立了相应的协调小组，及时分析重点企业生产中出现的问题，择优供给资金、原材料、能源。同时，组织重点企业积极跑部、跑省，力争更多的项目列入部、省计划。县绵绸厂、太湖制衣总厂、长安针织总厂等企业在国家轻纺出口招标活动中中标，还为其它重点企业引进设备，争取到免税74万美元。1990年，150家乡办重点企业完成产值29.84亿元，占全县乡办的56.0%；100家村办重点企业完成产值15.17亿元，占全县村办的33.3%，成为全县工业生产稳步增长的骨干力量。

4. **挖潜力，双增双节求效益**。多年的实践经验使无锡县乡镇企业比较重视双增双节活动，各级都把通过双增双节挖掘企业内部潜力作为长期性的一项基本任务来抓。根据1990年的特点，各企业把双增双节的主要目标集中转到降物耗降成本的环节上来，积极抓好岗位责任制、工艺标准、能耗检测、设备管理、控制成本水平。全县按煤、电、油单耗考核的主要产品从上年的293个扩大到378个，对全县综合能耗在一千吨以上的94家耗能大户进行了审定，有效降低了物耗水平。乡村两级工业万元产值综合能耗达到1.45吨/万元，比上年下降了3.3%，按可比口径计算的经济效益比上年有所增加。

5. **勤调整，优化结构添后劲**。不断调整结构是"七五"期间无锡县乡镇工业稳健发展的重要经验。1990年，县政府批转了经委、乡镇局制定的"无锡县1990—1991两年工业结构调整的实施意见"，在1989年"结构调整方案"的基础上，进一步明确了两年中工业结构调整的总体思路和主要措施，为基层开展结构调整提供了具体的指导意见。各级按照这一调整意见，积极开展以新产品开发为主的产品结构调整，以并转为主的调整企业结构，以高起点技术改造为主的调整投资结构。全县共开发新产品208个，其中90个被确认为省级新产品，20个为国内首创，50个达到国际先进水平，新产品产值9.8亿元。对231家乡村两级企业进行了改组，其中关闭39家，停产84家，兼并58家，转产50家。乡村两级工业实施固定资产项目投资925个，投资总额3.81亿元，用于新建项目的资金占39%，扩建的占26.8%，用于技术改造的占32.2%，项目总数、投资总额和技术水平都比上年有较大的增加和提高。

（华卫国）

绍兴市乡镇企业

绍　兴　市

1990年，绍兴市乡镇企业认真贯彻“稳定、鼓劲、发展”的指导思想，在治理中得到了稳定，在调整中得到了发展，在改造中得到了提高，迈出了实现战略转轨的成功一步。

1. 主要经济指标稳定增长。全市乡镇工业总产值达116.04亿元，占全市工业总产值的74.05%，比上年增长14%。其中村以上工业总产值达102.55亿元，比上年增长13.78%，增幅名列全省地（市）前茅。村以上乡镇企业完成销售收入98.25亿元，其中工业销售收入86.63亿元，分别比上年增长15.70%和18.80%，超过了产值的增长幅度。村以上乡镇企业实现利润4.11亿元，其中工业利润3.83亿元，分别比上年增长14.8%和18.60%，增幅居于全省地（市）榜首；上缴工商税金4.86亿元，比上年增长12%；各项提留5.58亿元，比上年增长19.08%。出口产品交货值达14.09亿元，占全市出口产品交货值的一半多，比上年增长59.07%，其中直接出口12.44亿元，比上年增长74.72%。

2. 新、优、名、特、稀产品大批涌现。作为支柱行业的纺织业，“一厂一品，一品一特色”的局面逐步形成，产品正向系列化、高档化、新型化、优质化的方向发展。全市乡镇企业开发的名、优、新、特、稀产品，有上千个之多，其中11个获市优产品奖，50个获省（部）优产品奖，上虞联丰玻璃钢厂生产的玻璃钢冷却塔获得了国家金质奖；与此同时，全市还有292个产品列入省级新产品试制计划，当年有225个通过了鉴定，鉴定率占77.05%。由于抓了产品的开发，许多企业逐步掌握了市场的主动权，不少产品还出现了供不应求的可喜局面，企业的经济效益也因此得到了明显的提高。据绍兴县统计，全年经省级鉴定的新产品有107个，创产值6亿元，增加利润4 500万元。

3. 抓投入、搞技改成效显著。从总体上看，乡镇企业盲目铺摊子、搞基建的倾向已基本得到扭转，抓技改、增后劲已成为广大企业的自觉行动。特别是1990年下半年来，乡镇企业中出现了喜人的技改热潮。据统计，全市乡镇工业1990年共批准固定资产投资项目1 188个，计划投资5.48亿元。其中技改项目761个，计划投资3.84亿元，分别占了64.05%和70.07%；当年完成技改项目493个，完成技改项目投资2.76亿元，分别占了63.37%和75.82%，成为全市乡镇工业固定资产投资史上，技改比重和技改完成率最高的一年。

4. 企业管理工作得到进一步加强。在“企业管理年”活动中，广大企业从抓基础管理入手，强化专项管理，以企业升级为导向，全方位开展管理工作，使企业的整体素质有了新的提高。全市有212家企业通过了标准化验收，143家企业通过了计量定级、升级或单项验收，93家企业通过了全面质量管理验收，46家企业通过了环保和安全生产验收，43家企业升为省级以上档案管理先进企业，近千家企业开展了目标成本管理活动。尤为可喜的是，上虞风机厂成为全国乡镇企业系统中第一家荣获“国家质量管理奖”的企业。经过努力，全市有2家企业升为国家二级企业，8家升为省级先进企业，36家升为市级先进企业，升级数在全省地(市)中居于首位。

5. 外向型经济迅猛发展。1990年，绍兴市乡镇企业充分利用沿海经济开放区的优势，积极开拓国际市场，大力发展对外贸易，出口产品生产企业发展到642家，其中出口产品交货值在100万元以上的企业发展到263家，比上年增加了67家，其中500万元以上的企业发展到81家，比上年增加了43家。全市乡镇企业出口产品交货值比上年净增3.67亿元，占全市乡镇工业净增产值的29%。在出口产品交货值中，纺织、服装类继续保持领先地位。机电类产品长足发展，总额达8 554万元，由上年的第九位跃到第三位，14个大类的300余种产品，销往40多个国家和地区。在出口产品量增加的同时，质量也有了明显的提高。“三资”企业“异军突起”，1990年新办28家，占“七五”期间“三资”企业总数的68.29%，占全市当年新办的“三资”企业总数的66.70%，总投资1 684.34万美元。其中外商投资425.90万美元，占总投资额的25.6%。与此同时，嵊县、上虞县等地的乡镇企业，还在深圳特区和经济开发区办起了20多家“三资”企业和内联企业。这些企业利用“窗口”优势，输出产品、劳务，引进资金、技术，积极出口创汇，为内地企业提供了大量信息，带动和促进了内地企业的出口创汇，为乡镇企业走向国际市场闯出了一条新路。

6. 重点乡镇和骨干企业优势进一步加强。1990年，全市乡镇企业产值超亿元的乡（镇、街道)，由上年的27个增加到了32个。这32个亿元乡（镇、街道）不足总数的十分之一，实现的乡镇企业总产值却达55.76亿元，占全市乡镇企业总产值的49.40%。在重点乡镇优势进一步发挥的同时，市、县、区、乡四级都确定了各自的骨干企业，并从人才、资金、物资、外贸出口、内部管理等方面给予重点倾斜，从而使骨干企业优势得到了更好的发挥。年产值在100万元以上的企业发展到1 697家，比上年增加了119家；年产值在500万元以上的企业发展到519家，比上年增加了113家，这些企业只占全市村以上乡镇集体企业总数的6.17%，而产值、销售收入、工商税金、利润和固定资产原值却分别占了61.05%、59.58%、54.22%、69.46%和46.96%；年产值在1 000万元以上的企业，也由上年的174家发展到了257家。这些重点乡镇、骨干企业，既挑起了全市乡镇企业发展的重担，又为全市乡镇企业的进一步发展起了良好的典型、示范作用。

（冯建荣）

绍兴县

1990年，浙江省绍兴县乡镇企业依靠内在力量，在困难中奋进，在紧缩中跃起，赢得了持续发展。其主要特点：

1. **经济增长幅度大**。全县乡镇企业实现了产值、销售、税金、利润同步增长；并出现了前所未有的利润增幅超销售、销售增幅超产值的双超局面。各项经济指标名列浙江省前茅。1990年实现产值67亿元，销售收入62.76亿元，上缴税金3.55亿元，实现利润2.52亿元，分别比1989年增长14.06%、20.31%、15.19%和23.46%。

2. **出口创汇发展快**。1990年全县乡镇企业完成出口产品交货值8.34万元，比1989年的4.44万元增长87.61%；乡镇创汇企业发展到224家，出口产品的品种189种，分别比1989年增加47家和35种；其中出口产品交货值超100万元的企业，由1989年的72家发展到135家，100万以上出口产品由1989年的60个增加到75个；产品远销欧、美、加、日、苏和东南亚等60多个国家和地区。1990年新办中外合资企业15家，总投资1 071万美元，其中引进外资267万美元，新增出口工贸联营企业6家。

3. **企业管理上新台阶**。1990年全县乡镇企业推行目标成本管理603家，通过标准化验收的企业155家，计量定级的企业97家，全面质量管理验收的企业105家；有1家企业晋升为国家二级企业，9家企业晋升为省级先进企业，26家企业升为市级先进企业，档案管理国家二级1家、升省级10家。

4. **支柱行业份额加重**。1990年全县乡镇纺织企业发展到1 021家，从业职工15万余人，纺织行业消耗化纤原料10.98万吨，生产各类化纤布51 973万米，拥有各类丝织机18 470台、棉织机14 756台，纺织工业产值达49.48亿元，比1989年的40.33亿元增长22.6%，高于全县乡镇企业平均增长速度的8个百分点，所占乡镇工业产值比重由1989年的76.14%上升到80.8%。

5. **新优产品开发多**。1990年全县乡镇工业企业开发新产品500多项，列入省级以上新产品开发计划的209个，通过国家级、省、部级新产品技术鉴定的162个；新产品投产后，新增产值6.5亿元，利润4 500万元，出口创汇额2.13亿元；创国优产品2个，部优产品6个，省优产品28个，市优产品6个。

6. **技术改造投入热**。1990年全县乡镇企业固定资产投资项目达755个，计划投入资金3.46亿元，完成投资项目587个，资金2.52亿元；其中技术改造投资项目480个，技改资金2.41亿元，已完成技改项目325个，技改资金1.80亿元。

7. **横向联合势头旺**。1990年全县乡镇企业新办紧密型联营企业259家，引进资金6 442万元，其中技术联营企业111家，组建浙江星火技术产业集团等联合群体12个，为大工业配套企业50家，农副产品加工企业40家。

8. **亿元乡镇增加**。全县62个乡镇，1990年工业产值超亿元的乡镇，由1989年的22个增加到26个，工业产值达45.29亿元，占全县乡镇工业产值61.24亿元的73.95%，其中最高的华舍镇工业产值达4.12亿元。

9. **企业发展后劲足**。1990年底，全县乡镇企业固定资产原值达16.82亿元，企业自有资金达18.05亿元，分别比1989年递增23.2%和28.4%；乡镇工业企业当年各项基金提留达3.6亿元，比1989年净增7 500万元，增长26.2%。

（李法泉）

新昌县

1990年是新昌县乡镇企业经受市场疲软，原材料价格上涨，资金紧缺等种种磨难的一年，也是取得较大发展和提高的一年。据统计，全县乡镇企业全年产值为4.07亿元，完成年度计划的107.1%，比1989年增长19%；实现利润1 492万元，增长27.8%；销售收入2.89亿元，增长11.6%；上缴销售税金1 986万元，增长11.1%；人均创产值12 634元，增长2 177元；外贸出口4 820万元，增长25%，其中直接出口3 130万元，增长13.8%；发放工资总额为3 944万元，增长9%。

1990年主要抓了六方面的工作。

1. **抓教育，振奋精神**。年初，针对全县乡镇企业面临的困难，在全县乡镇企业中相继开展了形势任务教育，大力宣传中央有关发展乡镇企业的方针、政策，充分肯定了乡镇企业在国民经济中的地位和作用，通过讲政策，讲形势，忆厂史，树典型，激励干部职工振奋精神，放眼未来，树立信心，顽强拼搏，共渡难关，再创新业，使全县90%以上的骨干企业，2.7万多人受到教育，稳定了人心，增强了广大职工的主人翁意识。

2. **抓技改，促进调整**。省委省政府制订了56条扶持政策，并相继发出了(90)10号文件等一系列减轻紧缩力度的政策，我们联系本县实际，提出了17条政策性意见，依靠科技，着重开发名、优、特产品，千方百计收集、捕捉科技信息，从四面八方引进新技术、新工艺，使新的科研成果为我所用，变成自己的新产品，有7个产品通过省级鉴定。一年来，上报技改项目45个，被批准26个，总投资为6 470万元，实施后可增产值3.4亿元，获利5 721万元，税金2 337万元；基本建设项目10个，面积11 801 m^2，总投资为246万元，已完成6个项目。我们还通过多种途径，自己培养和引进了各种初级中级科技人员630人，成立了科技服务站，解决了他们的后顾之忧，使他们安心工作，贡献才智。

3. **抓管理，练好内功**。1990年我们根据农业部的部署，在全县乡镇企业中普遍开展了"企业管理年"活动，一年来，我们组织了1 313人参加了省、市质量管理基础考试；组织900余名财会人员进行专业培训考试，领取了合格证；组织机械、安全等各种专业培训9期，有1 726人参加，18家企业分别领取了生产许可证和出口产品质量许可证。

4. **抓联合，增强企业竞争实力**。1989年以来，为了增强企业实力，有80多家企业搞了各种形式联合体，主要有四种形式：与国营大中型企业和名牌产品的企业搞联合；与科研单位，大专院校搞联合；与进出口公司、大商场联合，发展工贸联合型企业；组建企业集团，发挥群体优势。

5. **抓"外贸"出口创汇，拓宽市场**。1990年，新昌县乡镇企业积极开拓国际市场，外贸出口累计完成4 829万元，其中，直接出口3 139万元，完成计划107.1%。办起了中外合资"新亚药业有限公司"，开创了我省空心胶囊出口先例。全县乡镇企业中有出口创汇企业40家，三资企业2家，涌现了一批出口创汇先进企业。

6. **抓服务，突出重点**。全县有工业企业1 218家，我们突出工作重点，提高工作效率，确定了县级重点企业92家，市场重点企业10家。从行业角度看，机械、纺织、医药胶丸是我县三大重点行业，并紧紧抓住重点企业，重点行业，重点产品，从而带动了一般。

（严小平）

嵊 县

1990年我县乡镇企业在各级领导和有关部门的关怀支持下，通过广大乡镇企业干部职工共同努力，克服了市场疲软、资金不足、原材料价格上涨、成本增加等各种困难因素，走上了稳定发展的道路，各项经济指标均比上年有所增长，实现工业总产值8.22亿元，比上年增长6.7%，占全县工业总产值的64%；实现利润2 555万元，比上年增长6.9%；上缴税金3 804万元，比上年增长1.6%；外贸出口交货值3 024万元，比上年增长42%；全县发放工资总额7 654万元，比上年减少1%；职工就业人数为64 829人，固定资产达2.59亿元，比上年增长8.8%。乡镇企业已成为全县国民经济中的一个重要组成部分，对全县经济的发展和社会安定都起到了很大的作用。

1990年嵊县乡镇企业有以下几个特点：

1. **从盲目上项目转到重技改投入提高生产能力**。为了提高产品档次，改进工艺，提高质量，企业注重了科技进步和技术改造。1990年完成技改项目71项，比上年增加了近8倍；投资总额1 430万元，比上年增加11.2倍。与此同时，积极进行产品结构调整，开发新产品，全县列入省级新产品开发计划28个，比上年增1倍多，其中通过省级鉴定17个，使全县的产品结构渐趋合理。

2. **从扩大生产规模转到加强内部管理，提高经济效益**。在资金紧缺、国家投入少的情况下，企业转到眼睛向内，挖掘潜力，开展"双增双节"和"企业管理年"活动，加强基础管理和专项管理。1990年通过标准化验收合格的企业10家，计量验收合格11家，TQC验收合格7家，这三项之和比上年增长100%，并获得QC成果省级一等奖1个、市级二等奖2个、三等奖2个、系统奖1个。通过档案管理升级考评国家二级1家、省级17家，比上年增加3倍。通过省级先进企业验收合格1家、市级4家。全县共举办各类管理人员培训班21期，受训人员达2 500人次，选送各种专业人员参加省级培训60人。颁发会计上岗证746个，使基础管理取得了突破性的进展。

3．从依靠国内销售为主转到发展外向型经济的新格局。全县乡镇企业在深圳有合资企业、承包企业和窗口十几个。1990年通过特区的企业外引内联，创办合资企业3家，使我县在境内创办合资企业有新的突破。出口创汇比上年有显著的增长。

1990年的工作体会是：

1．要加强对乡镇企业干部职工进行思想政治教育。1990年初，按照县委统一部署，在全县乡镇企业开展了形势任务教育，开展"我为企业献一计"活动，使广大干部职工精神振奋，社会主义方向更加明确，主人翁意识明显增强，为我县乡镇企业的队伍稳定，经济增长奠定了良好的思想基础。

2．要确定一条切合实际的工作思路。1990年根据乡镇企业仍遇到重重困难。针对上半年经济滑坡的形势，我们制定了一季度抓稳定，五、六月份抓启动，八、九月份抓管理，十月份抓责任制，四季度抓"八五"规划的总体工作思路。在具体实施过程中注意环环扣紧，使上半年的经济滑坡得到制止，下半年出现稳定增长的势头。

3．要建立一些行之有效的管理措施。①以企业升级为导向，提高企业整体素质。我们在国家规定企业升级从市级为起点的前提下，开展县级先进企业评审工作，现已初步审定1990年度县级先进企业5家，以此推动企业上新台阶。②开展了行业管理，提高行业的管理水平。我们在乡镇企业系统内部开展七大行业的管理，对行业内企业的各项经济指标进行比较、分析、典型交流、分类指导，提高了行业的管理水平。③开展目标成本管理，提高企业经济效益。1990年我局和各区办事处，根据企业实际，有选择地在部分企业中开展目标成本管理工作，对企业的各项成本进行核算、分析，有效地进行控制和管理，使部分企业扭亏转盈，经济效益有显著提高。

（董月春）

诸　暨　市

1990年，诸暨市乡镇企业在治理整顿中继续保持了稳步发展，取得了显著成绩。主要有以下几个显著的特点：

1．乡镇企业的地位和作用日益提高。全市乡镇企业发展到30 664家，从业人员16.23万人，占农村劳动力的28.64％。乡镇企业实现总产值16.07亿元，比1989年增长13.28％。其中乡镇工业完成总产值13.73亿元，比1989年增长14.7%，占全市工业总产值的73.38％，形成"四分天下有其三"的局面。在集体工业中，轻工业产值3.31亿元，重工业产值3.46亿元，轻重工业比例较协调，产业结构更趋合理。乡镇企业销售总收入达到16.04亿元，比1989年增长14.98%。实现利税2.26亿元，比1989年增长12.07％。全市财政收入的50％来自乡镇企业，其中纯利润为1.48亿元，比1989年增长18.07％。实现出口交货值1.12亿元，首次突破亿元大关，比1989年增长35.58％。

2．经济效益有所提高。与去年产值增长率相比，利税基本做到同步增长。在村办以上集体企业中，百元资金利税额达到12.13元，比上年增长0.5％，定额流动资金年周转天数为104天，比上年缩短3天，全员劳动生产率比上年提高11.81％，职工人均纯收入比上年增长3.69％。

3．抓技改增后劲又有了新的进展。全年共实施固定资产投资项目138个，其中技改48个，新建、扩建75个，计划总投资额6 022万元，当年到位资金4 998万元，完成82.82％，固定资产原值比1989年净增9 915万元，增长25.83％。

4．新产品开发取得较好成绩。1990年共研制开发新产品40个，其中列入部级新产品开发计划1个，省级新产品开发计划12个，市级新产品3个，已通过部级鉴定1个，省级鉴定7个，市级鉴定1个。新产品投产率达到60％，有的新产品还填补了国内、省内空白。

5．抓基础提高素质有了新的进步。通过强化管理，苦练内功，又有一批企业上了等级。1990年，标准化验收13家、计量定级14家、全面质量管理验收13家，拥有省级先进企业1家、市级先进企业4家、省级档案管理先进企业5家。职工培训进一步制度化、规范化，采用学历教育与业务培训相结合的形式，全年共举办70期各种类型的培训班，受训人员达4 100多人。1990年，累计评出各类技术职称1 273人，占全部职工人数的1.6％，其中中级职称15人，初级职称1 258人。培养大专生9人，中专技校生140人。

6．产品创优持续深入。1990年又有3种产品获部优、1种产品获省优。为历年来获奖档次最高的一年。

7．外向型经济迈出新的步子。乡镇企业系统出口创汇企业发展到120家，从业人员1.5万，出口产品品种有13大类57种，分别比1989年增加26家和13种。出口交货值超100万元以上的企业，由1989年的28家增加到43家，其中工贸合营诸暨塑料厂出口交货值达到2 226万元，占该厂产值的73.19％。出口产品销往美、日、德、东欧、中东、东南亚、港台等20多个国家和地区。1990年又新开发出口产品5个，新办中外合资企业1家。

在严峻的形势下也暴露出我市乡镇企业的致命弱点，突出表现在：一是经济效益仍不够理想；二是企业管理还比较粗放；三是企业的积累太少，大部分企业仍靠贷款度日；四是企业资金拖欠占用太大，三项资金占用额居高不下；五是企业整体素质偏低。

（俞卫东）

上虞县

上虞县乡镇企业，1990年的工业产值17.54亿元，外贸收购总值2.28亿元，实现利税1.27亿元，比1989年分别增长10.4%、50.8%和2.5%（按1980年不变价计算）。上虞在浙江省名列第10位。与此同时，1990年上虞风机厂和联丰玻璃钢厂分别获得了国家质量管理奖和国家优质产品金奖。上虞乡镇企业已成为全县经济的重要支柱。

1990年乡镇工业之所以能在困难的情况下取得持续发展，我们主要抓了"五依靠"、"五重视"。

一是依靠政策和各级党委政府的领导和支持，重视思想教育。近年来企业面临资金紧缺、市场疲软；部分职工思想涣散，厂长畏难情绪严重。为了尽快扭转精神和经济滑坡，尽早走出低谷，在各级党委政府领导下，全县乡镇企业广泛开展了形势任务教育和党的基本路线教育，振奋精神，增强共渡意识和主人翁意识，并根据省府"56条"政策，制订促进本县工业发展的扶持措施和激励措施，为企业发展创造良好的外部环境。

二是依靠科技进步，重视技术改造。具体做法是：①结合结构调整上技改，结合本县乡镇工业行业结构实际，提出积极发展轻纺工业，重点发展日用化工和精细化工，扶持发展资源型和电子、医疗器械等短腿行业。②注重新产品开发。1990年全县乡镇企业开发新产品100余个，其中通过省级鉴定新产品26个，比1989年增加3.4倍；还有县级新产品65个。③提高产品质量。1990年在创优活动中，联丰玻璃钢厂ＢＬＳ—100型低噪声冷却塔，获国家优质产品金奖，全县乡镇企业被评为省优质产品7个，市优质产品4个，并推广星火项目7项，其中有3项通过了验收。④加强科技队伍建设。1990年县局工业干校举办各类专业培训班33期，参加培训学习3 000多人次。

三是依靠横向和外向，重视联营优势。依托大专院校、科研单位的科学技术，开发适销新产品，开展技术革新，提高产品质量和档次；依托国营大企业的技术、管理、产品商标、销售渠道和市场信息，拓宽企业产品销路，加快资金回收；借梯上楼提高企业和产品知名度；借水行舟，引进资金、人才、设备，提高企业素质，增强企业实力，增强发展后劲。

四是依靠加强管理，重视基础工作。1990年积极开展"企业管理年"活动，县局和娥江乡经委被农业部命名为"企业管理年"活动先进集体。在企业管理年活动中，重点抓100万元产值以上企业的基础管理工作。在已上规模，上等级的企业中，组织现代化管理成果发表会，推进企业采用现代化管理；在企业基层队伍中，加强企业班组建设；对中间层次企业帮助他们制订规划，促使企业在基础管理、专业管理、现场管理、上等级方面下功夫。1990年新增国家二级企业1家，全国乡镇先进企业1家，省级企业1家，市级企业4家；13家企业通过标准化整顿验收，20家企业通过计量升级验收，40家制订企业标准，7家企业产品采用国际标准并验收，11家企业通过全面质量管理验收。麻纺厂获部质量管理奖，2家企业获省、市质量管理奖。与此同时，在全县乡镇企业中开展清产核资和加强财务专项管理工作，为完善新一轮承包，增强企业实力，提高企业素质打下了基础。

五是依靠"三重"挑重担，重视分类指导。突出重点，抓重点产品、重点企业和重点乡（镇）。1990年全县乡镇企业3 100家，其中100万元以上企业260家，产值占全县乡镇工业产值56%，销售占48%，税金49%，利润占62%。特别是11个重点乡镇，产值占全县乡镇工业比重45%，销售占40%，税收占41%，利润占50%，重点乡镇、重点企业作出了重大贡献。在工作中实施分类指导，把有限的资金、物资用于重点产品、重点企业、重点乡镇，用于创产值、创利税、创外汇的大户，收到明显效果。不仅促进"三重"更上一层楼，同时也鞭策其它企业，积极创造条件，争取列上重点行列，推动了一般。

（沈　坚）

大 事 记

1月5～9日 全国乡镇企业工作会议在京召开。农业部部长何康作了关于“认真贯彻党的十三届五中全会精神，积极鼓励和引导乡镇企业健康发展”的报告。会议着重就1989年乡镇企业在治理整顿中稳定发展所取得的成绩及经验进行了总结和交流，部署了1990年乡镇企业工作，并对“调整乡镇工业结构的若干意见”、“进一步完善乡村集体企业承包经营责任制的若干规定”、“关于农民股份合作企业的暂行规定”等三个文件进行了修改。大会向一批晋升为国家二级企业和荣获国家质量管理奖称号的先进企业颁发了奖品和证书。

会议期间，田纪云副总理代表国务院致信全体代表，鼓励乡镇企业广大职工，贯彻对乡镇企业“调整、整顿、改造、提高”的方针，再接再励，使乡镇企业持续健康发展。

1月11～13日 中国乡镇企业协会在京成立。中顾委、人大常委会、全国政协及国务院有关部委、局、办的领导同志和部分乡镇企业家参加了成立大会。

协会聘请中央顾问委员会副主任薄一波同志任名誉会长，全国人大常委会副委员长费孝通任总顾问。大会通过了中国乡镇企业协会章程；通过了协会理事会、常务理事会名单。

成立大会结束后，召开了中国乡镇企业协会第一届理事会常务理事会。

2月12日 为保护农民股份合作企业的合法权益，加强企业规范化管理，农业部第14号令，发布了《农民股份合作企业暂行规定》。

4月13日 为保护乡镇企业的合法权益，增强企业活力，促进乡镇企业的健康发展，农业部颁布第16号令，发布了《乡镇企业承包经营责任制暂行规定》。

4月24～27日 农业部会同全国安委会、劳动部、能源部在山西大同联合召开第二次全国煤矿安全生产现场会。会议交流了煤矿安全生产经验，表彰了八个安全生产先进集体，16位代表介绍了安全生产经验，提出了以地方国家煤矿和乡镇煤矿为重点的治理整顿方针，并落实煤矿安全生产责任制等问题。

会议由安委会副主任、劳动部副部长李伯勇致开幕词，国务委员、安委会主任邹家华作了重要讲话，农业部副部长陈耀邦、全国总工会副主席于洪恩、能源部副部长胡富国到会讲了话。

5月31日 农业部以（1990）农（企）字第3号发出了“关于印发《乡镇工业调整的若干意见》的通知”。

6月3日 国务院总理李鹏签署第59号令，发布《中华人民共和国乡村集体所有制企业条例》。《条例》经5月11日国务院第59次常务会议通过，自7月1日起施行。

《条例》是国务院制定的第一部乡镇企业的综合性行政法规，是中国农村经济体制改革和法制建设的一件大事。它的制定，不仅确立了乡村集体所有制企业在国民经济中的重要地位和法律主体资格，而且也为政府加强宏观管理，保障企业的合法权益，建立和完善企业的规范化管理制度等提供了法律依据。

6月17日 农业部发出“关于贯彻实施《中华人民共和国乡村集体所有制企业条例》的通知”，要求各地乡镇企业主管部门广泛开展《条例》的学习、宣传、贯彻活动，检查、监督贯彻落实情况，并根据各地实际情况，制定相应的配套法规，将乡镇企业的法规建设推向一个新阶段。

6月18日 为加强乡镇企业内部管理和监督，维护财经法规，提高企业经济效益，农业部颁布第17号令，发布了《乡镇企业系统内部审计暂行规定》。

6月22日 农业部以（1990）农企字第12号文，向国务院上报了“关于请求增加乡镇企业贷款规模的报告”，报告中指出：全国乡镇企业按中央、国务院的部署，积极进行调整、整顿、改造、提高，已初见成效。报告中向国务院提出了两点建议：一是解决乡镇企业技术改造和调整产品结构急需的启动资金；二是增加乡镇企业流动资金的贷款。

8月 农业部乡镇企业司在吉林省组织召开了全国乡镇企业产业结构调整工作座谈会。会议总结交流了各地调整产业结构的经验，分析研究了调整中出现的问题和解决办法；讨论了制定县级调整规划的有关工作，并研究了“八五”期间乡镇企业产业调整的总体设想和产业政策的有关问题。这次会议是乡镇企业系统召开的第一次专门研究产业结构调整工作的会议。

8月15～19日 农业部乡镇企业司组织在京召开了由京、津、沪及江苏、浙江、广东、山东等省市参加的部分省市乡镇企业局长座谈会。

会上大家交流了上半年乡镇企业的发展情况及经验，分析了当前面临的形势，研究部署了下半年的工作任务和措施。农业部陈耀邦副部长到会并作了重要讲话。

9月18日 农业部农（质）字第6号文，公布了1990年农业部系统获国家二级企业名单，共有76家企业获此殊荣，其中乡镇企业51家。

10月15日 农业部、机械电子工业部联合以（1990）农（企）字第17号文发出了“关于印发《乡镇机电工业结构调整意见》的通知，通知中指出：搞好乡镇机电工业的调整，不仅对乡镇企业健康发展有重要作用，而且直接关系到全国机电工业的持续、稳定、协调发展。为此要求，各级乡镇企业主管部门、机电工业管理部门要密切合作、加强领导。并按国家有关政策，对乡镇机电工业调查研究，从实际出发，提出八五期间乡镇机电工业的调整和发展规划。

11月15～19日 全国乡镇企业供销工作会议在京召开。会议总结交流了过去十多年来乡镇企业经营供销工作经验，布置了下一阶段供销工作的重点，表彰了148个全国乡镇企业先进供销集体和680个全国乡镇企业优秀供销员。这是乡镇企业发展史上的第一次供销会议，对推动乡镇企业的供销工作、进一步促进乡镇企业的发展，将产生深远的影响。会上还成立了中国乡镇企业协会供销委员会。

11月16日 农业部乡镇企业司下发了“关于颁发1990年农业部科技进步奖（乡镇企业部分）和乡镇企业司表彰部分申报单位的通知”。1990年，乡镇企业系统共有35项成果获得部级科技进步奖。

山西省

1. 1月江泽民总书记在山西慰问视察期间，参观清徐县赵家堡乡暖气片工业公司。
2. 2月全省乡镇企业表彰先进单位28个，先进工作者155名。
3. 5月山西省政府签发晋政（办）61号文件“关于当前乡镇企业治理整顿几个问题的通知”，给发展乡镇企业以很大的支持。
4. 7月全省乡镇企业各地市局长、部分企业家代表座谈，布署学习贯彻《条例》。
5. 全省乡镇企业土焦改造工作取得显著成绩，年产焦炭1 210万吨，土焦所占比重由1989年的65%下降到7%，基本消灭了土焦。
6. 在全国乡镇企业供销工作会议上，全省有4个单位被评为先进集体，18名同志被评为优秀供销员。
7. 共青团山西省委、山西省乡镇企业管理局联合表彰乡镇企业青年厂长（经理），有53名乡镇企业厂长（经理）被评为山西省优秀青年厂长（经理）。
8. 全省“企业管理年”活动取得明显效果。有17个单位被评为全国乡镇企业系统“企业管理年”活动先进单位，1家企业被评为全国乡镇企业系统先进单位，1家企业晋升为国家二级企业，10家企业被评为省级先进企业。

内蒙古自治区

1. 7月20日内蒙古乡镇企业局与巴盟草原工作站联合研究的尿素加单斜发沸石粉综合处理小麦秸，提高其营养价值的研究项目，通过自治区级鉴定。
2. 8月25日自治区人民政府以内政任字〔1990〕40号文件，任命高景隆同志为自治区乡镇企业局局长。
3. 12月10日呼和浩特市玛钢厂、呼和浩特市电缆厂晋升为自治区先进企业。
4. 通辽市木里图雪航啤酒厂获“全国农业科技推广年活动先进单位”称号，赤峰市乡镇企业供销公司、乌盟乡镇企业机械五金公司、呼和浩特市玛钢厂、包头郊区昆仑造纸厂获“全国乡镇企业供销工作先进单位”称号。
5. 呼和浩特市玛钢厂、赤峰市八角楼企业联合公司被评为“全国乡镇企业政治思想工作先进单位”。

吉林省

1. 开发新品种达305种，其中填补国内空白和达到国内先进水平的24项。
2. 评出优秀农民企业家143名。
3. 开展科技兴企活动，全省乡镇企业完成技术改造301项。
4. 二家企业晋升为国家二级企业，2个产品被评为部优，3个产品被评为省优。
5. 乡镇企业教育培训工作开始向规范化、制度化方向发展，全年通过各种渠道培训的具有初级以上职称的专业技术人员达16 299人。

黑龙江省

1. 1月黑龙江省乡镇企业协会成立。
2. 全省乡镇企业开展评估定等工作取得显著成效。

5 444个乡办企业参加评估定等，评出一等企业1 320个，二等企业1 679个，推动了“企业管理年”活动的开展。

3. 全省乡镇企业获农业部、省优质产品215个；计量定级三级以上合格企业320家，标准化定级企业60家，全面质量管理三级以上合格企业179家。
4. 乡镇企业推广新技术1 100项，新工艺500多项，技术改造1 200多项。
5. 省政府命名45名优秀乡镇企业家，省乡镇企业局命名300名省乡镇企业家。

浙江省

1. 省政府于1990年7月发布浙政（90）10号文件。规定给予乡镇重点骨干企业资金、物资、供电等方面的优惠。全年仅各级农行发放贷款，就比1989年增加20多亿元。
2. 全省有5家乡镇企业被评为国家二级企业，新上省、部级先进企业42家。绍兴县、萧山市乡镇企业局、萧山市西兴乡工办等22个单位被农业部评为“企业管理年”活动先进单位。
3. 杭州万向节厂获国家一级企业称号；上虞风机厂9月获国家质量管理奖；上虞联丰玻璃钢厂9月获国家优质产品金奖。
4. 全省乡镇企业外贸收购额超亿元的县（市）已达23个，比1989年增加11个。杭州五金工具厂等5家单位被授予外贸自营出口企业。

安徽省

1. 省政府办公厅下发37号文件，即《转发省乡镇企业局关于加强乡镇企业职工教育意见的通知》。
2. 宁国县密封件厂生产的O型密封圈获国家银质奖，实现全省乡镇企业国优产品零的突破。
3. 安徽省乡镇企业协会于12月成立。
4. 全省乡镇建筑企业有404家领取资质证书。

江西省

1. 5月31日中共江西省委召开常委会专题研究乡镇企业问题。
2. 中共江西省委、江西省人民政府1990年11月2日颁发（赣）〔1990〕20号《关于大力促进乡镇企业持续稳定协调发展若干问题的通知》。
3. 全省有11家企业获省级先进企业，67家获省乡镇系统一级企业，31家获省乡镇系统二级企业。
4. 江西省乡镇企业管理局与省社科院、省农行、省科协等有关单位联合召开全省乡镇企业改革与发展理论研讨会。会后编辑了《乡镇企业改革与发展》的专辑资料。
5. 全省乡镇企业获省、部优产品80个（其中省优40个、部优40个），比1989年增长53.8%。
6. 8月5日江西省乡镇企业管理局与共青团江西省委员会共同表彰“江西省乡镇企业优秀青年厂长（经理）50名、明星青年乡镇企业家10名”。
7. 全省乡镇企业有6个县、11个乡镇的主管部门获得农业部“企业管理年”活动先进集体，3个单位和22名供销员分别获农业部供销工作先进集体、先进个人称号，3名科技干部获农业部技术推广奖章。

山东省

1. 省委书记姜春云、省长赵志浩，到省乡镇企业局现场办公，对1990年的工作做了重要指示。指出：山东乡镇企业在新的转机面前，要根据国家治理整顿的要求和我省的实际情况，把工作重点集中到上档次、上质量、上水平上来，走好乡镇企业发展的第二步。
2. 1989年12月29日省七届人大常委会第十三次会议通过《山东省乡（镇）村集体工业企业管理条例》。
3. 山东威海市木工机械厂通过了国家一级企业预考评。
4. 山东省多种经营乡镇企业局更名为山东省乡镇企业局，将多种经营处整建制移交给山东省农业委员会。
5. 经山东省人民政府批准，山东省乡镇企业职工中等专业学校于1990年2月14日正式成立。

河南省

1. 颁发五个文件：关于乡村集体工业企业升级的意见；关于乡镇工业产业结构调整意见；关于印发《河南省农民股份合作企业试行办法》的通知；关于乡村集体工业企业技术改造的意见；关于巩固和发展乡村集体企业若干问题的决定。
2. 评出优秀青年厂长（经理）100名，明星厂长（经理）10名。
3. 长葛县黄河磨具厂生产的旋风牌DMJ250型水磨石机，获国优金奖。
4. 晋升为国家二级企业1个，省一级企业16个，省二级企业31个。
5. 乡镇企业产品获国优1个，部优24个，省优26个。
6. 河南省评选出供销先进集体52名，优秀供销员147名。

7. 河南省乡镇企业系统内,共评出高级工程师17名,高级经济师32名,高级工艺师 5 名。

湖北省

1. 通过开展“企业管理年”活动,企业基础管理工作全面提高,2 000多个企业进入县以上先进企业,97个企业评为省级先进乡镇企业,26个企业晋升为省级先进企业。创省以上优良产品226项,其中国优 1 项,部优29项,省优质55项,省优良141项。
2. 发布三项(民用炉灶、快餐面、电冰箱搁架)省级先进企业的产品标准。
3. 对地市州乡镇企业主管部门进行目标考核兑现。荆门市、沙市市、黄冈地区、武汉市、襄樊市、荆州地区、鄂州市、宜昌市等乡镇企业管理局获全省乡镇企业工作目标考核先进单位称号。
4. 十堰市钢砂厂金星牌GW50-340铸钢丸获得1990年度国家优质产品银质奖。
5. 评出“湖北省乡镇企业供销工作先进单位”46个,“湖北省乡镇企业供销先进工作者”150名。黄冈地区乡镇企业供销公司等7个单位被评为“全国乡镇企业先进供销集体”,有31名同志被评为“全国乡镇企业优秀供销员”。

湖南省

1. 5月16～19日省政府在长沙召开全省乡镇企业工作会议。省党政领导参加了会议并讲了话。
2. 6月 1 日省政府办公厅发出了《关于开展优秀农民企业家评选活动的通知》。
3. 6月17日省政府发出《关于促进乡镇企业持续稳定发展若干政策问题的通知》。强调加强对乡镇企业的计划指导,建立乡镇企业发展基金,继续实行扶持政策等 8 个方面的问题。
4. 6月28日省乡镇企业局培训中心与湖南大学、湖南财经学院联合开办的工业与民用建筑、硅酸盐、工业会计三个专业五个大专班252名学员经过二年的学习毕业。
5. 7月 2 ～16日省乡镇企业局在长沙举办了全省乡镇企业领导干部岗位师资培训班,为地州市培训领导干部师资57人。
6. 9月17～30日省乡镇企业局在培训中心举办了全省地、州、市、县乡镇企业局办公室主任岗位培训班,全省共有98名办公室的同志参加了学习。

广东省

1. 7月18日中共广东省委、省政府发出《关于稳定、发展乡镇企业若干问题的通知》,在稳定原来对乡镇企业实行优惠政策的基础上,对若干具体政策作出了更明确的规定,这对于促进我省乡镇企业今后的健康发展具有重要的意义和作用。
2. 出口产品总值首次突破百亿元关,达127.46亿元。
3. 创优质产品数量为历年之最,共236个。其中国优产品 1 个,部优产品75个,省优产品160个。
4. 升级工作在全省范围内铺开,升省级先进企业126家,国家二级企业 8 家,国家一级企业 1 家;升级企业总数占全省升级企业总数23%,在全省升级行业中居首位。
5. 在乡镇企业系统中首次开展主管部门领导干部岗位培训,共培训各级干部610人(次),是省、市、县直属机关中最早开展干部岗位培训的系统之一。
6. 全国评出1990年十家大型乡镇企业,广东省蚬华风扇厂居榜首,美的风扇厂、珠江冰箱厂、华英风扇厂、广东电饭锅厂、裕华风扇厂等五家企业榜上有名。
7. 广东神州燃气具联合实业公司晋升为档案管理国家二级企业,成为广东省乡镇企业首家国家级档案管理先进单位。
8. 全国表彰机电产品出口先进单位,广东省九家乡镇企业榜上有名,占全国乡镇企业获奖总数的37.5%。

广西壮族自治区

1. 合浦县公馆镇是全区第一个乡镇企业总收入、总产值均超亿元的乡镇。
2. 全区乡镇企业技术职称评定工作基本结束,共评定专业技术职称人员17 985人,占乡镇企业总人数的0.9%。
3. 区党委政策研究室、农村政策研究室、区政府调查研究室和区乡镇企业局分别就乡镇企业发展问题进行调查研究,并于 6 月中旬联合举办首次全区乡镇企业发展问题研讨会,形成《关于促进乡镇企业稳定健康发展的若干规定》。

海南省

1. 5月 3 日省委书记邓鸿勋同志在省委推大会议上提出加快发展乡镇企业(尤其乡镇工业)的要求。把乡镇企业的发展列入重要议事日程,在海南还属首次。

2. 三亚市南海石斑鱼养殖场获得直接出口权，用自己的船只运装石斑鱼到香港市场销售，年创汇808万港元。
3. 开展对乡镇企业污染源的调查，完成1 000个企业的普查和900个点的评查，以促进企业对资源的合理开发。
4. 本年度乡村集体企业的联营企业新增50家，使乡村集体联营企业达到115个。
5. 刘剑锋省长12月16日在全省计划会议上强调要抓好乡镇企业，要充分利用特区的优惠政策，积极开展横向经济联合，广积资金，引进技术与人才，加快乡镇企业发展。

贵州省

1. 全省乡镇企业开展“企业上等级”、“产品上质量”活动。
2. 开展对乡镇小煤窑的“统筹规划，合理布局”。
3. 开展乡镇企业工业污染源及劳动卫生调研工作。
4. 乡镇企业首次开展专业技术职称评聘工作。
5. 对重点乡镇企业进行财务整顿，已有1 700名会计获得“会计证书”。

甘肃省

1. 4月29日省政府批转甘肃省乡镇企业局《关于在治理整顿中进一步加强乡镇企业供销工作的报告》。
2. 4月30日甘肃省乡镇企业协会正式成立。
3. 4月30日甘肃省乡镇明星企业、优秀农民企业家评选委员会表彰了50家明星企业、20名最佳农民企业家和159名优秀农民企业家。
4. 7月16日成立甘肃省乡镇企业总公司。
5. 7月20日省税务局作出《关于乡镇企业减免税问题的若干规定》。
6. 7月23日中国农业银行甘肃分行发出《关于积极组织、协调资金，继续支持乡镇企业稳定协调发展的通知》。
7. 8月17日省工商行政管理局发出《关于支持全省乡镇企业克服困难，继续发展的意见》。
8. 11月18日天祝硅锰合金厂、徽县植物蛋白厂、兰州长河焊接材料厂等9家企业的产品到泰国曼谷参加中国实用技术与成果展览，获得金质奖章2枚、银质奖章1枚。
9. 11月21日省委、省政府发出《关于积极扶持正确引导乡镇企业稳步发展的通知》。

青海省

1. 元月针对当时乡镇企业存在的困难和问题，以及社会舆论，省委书记尹克升，省长金基鹏等领导明确指出：“发展乡镇企业的决心不变，发展乡镇企业的方针、政策不变”，要求各地坚定不移地抓好乡镇企业工作。从而稳定了人心，稳定了大局。
2. 7月28日青海上新庄藏毯工业公司被国家计委等六部委批准为全国贸工农联合出口商品基地。
3. 10月3～15日，在全省开展了“企业管理年”互检、互学、互促活动，有5个地、县乡镇企业局，10个乡(镇)企业办，17个企业被评为乡镇“企业管理年”活动先进集体。
4. 10月8日《青海乡镇企业》杂志正式复刊。
5. 全省乡镇企业系统有1 355人被评定为高、中、初级技术职称。

新疆维吾尔自治区

1. 开展“企业管理年”活动，有7家企业被评为全国乡镇企业系统“企业管理年”活动先进单位。
2. 10月15～20日，由自治区乡镇企业管理局和新疆乡镇企业棉纺技术与管理联合促进会联合，在乌鲁木齐县七道湾乡红山棉纺厂举办了首届新疆乡镇企业棉纺行业青工操作技术选拔赛。
3. 由新疆环保科研所和新疆维吾尔自治区乡镇企业局科技人员共同承担完成的《新疆乡镇企业经济与生态环境保护协调发展战略研究》，10月通过自治区有关单位鉴定。
4. 《新疆乡镇企业区划》通过自治区区级鉴定。

南京市

1. 南京教学模型厂J 3301 型人体头颈躯干模型获国家银质奖，实现了南京市乡镇企业国优产品零的突破。
2. 电视专题片《“异军的风采”——前进中的南京乡镇工业》录制完成。
3. 人体信息诊断仪等5种产品在“中国实用新技术成果展览会”上获奖。
4. 栖霞区物资公司、亚善桥纺织厂被农业部授予供销先进单位称号。
5. 市政府制定了进一步扶持、引导乡镇企业健康稳定发展的十项政策。
6. 南京锅炉辅机厂成为南京市乡镇企业首家获农业部质量管理奖企业。

7. 南京西善桥纺织厂成为南京市乡镇企业首家国家二级企业。

广州市

1. 第一水泵厂晋升国家二级企业(首家)、10家企业被评为省级先进企业。
2. 市政府乡镇工业调查组到市属四县、两区、16个镇调查乡镇工业发展情况,为市政府决策提出7条重要建议。
3. 在开展创优活动中,全市有7项产品获部优、6项产品获省优、10项产品获市优、3项产品获市技术进步奖。
4. 石井水泥厂获农业部质量管理奖和广东省质量管理奖。
5. 番禺县大岗镇餐具一厂获全国机电产品出口先进单位称号。

大连市

1. 5月10日乡镇企业职称改革工作结束,1万余人取得相应职称,27个单位和50名专业干部受到表彰。
2. 7月25日表彰了13名最佳乡镇企业家、51名优秀乡镇企业家和86家明星企业。
3. 8月14~18日七城市(北京、天津、上海、杭州、重庆、福州、大连)乡镇企业第七次研讨会在大连召开。与会代表41人,讨论了共同关心的问题。
4. 9月7日在新金县安波镇召开各县(市)区局局长研讨会,讨论如何当好局长。
5. 10月25日大连市乡镇企业协会成立大会召开,通过了章程和有关管理办法,选举产生了理事会。
6. 大连轴承厂晋升为国家二级企业。
7. 大连市乡镇工业产值第一次出现亿元村和亿元企业(甘井子区南关岭镇南关岭村完成工业产值10 150万元;大连杨树房实业总公司完成10 127万元)。

哈尔滨市

1. 哈尔滨市乡镇企业在全市城乡一体化活动中,通过"厂帮乡"、"城帮乡"等活动,同省、市大专院校、科研单位、大厂达成横向联合项目110项。
2. 东方集团公司同南朝鲜合资建成了黑龙江省东方糖果制品有限公司,总投资300万元,9月9日投产,在全国独家生产"跳跳糖"。
3. 哈尔滨市乡镇企业开展了财务管理检查整顿工作,建立健全了乡村集体企业的财务管理制度,使哈尔滨市的乡镇企业财务基础管理工作得到了加强。
4. 哈尔滨市乡镇企业有2家企业晋升为省级先进企业,有10种产品被评为省、市优质产品。

宁波市

1. 象山县爵溪镇出口产品交货值达到1.4亿元,成为宁波市第一个出口产品交货值超亿元的镇。
2. 余姚市流量仪表厂生产的玻璃转子流量计荣获国家银质奖称号,这是宁波市乡镇企业产品中获得的第一个国家质量奖。
3. 宁波市的鄞县和余姚市被评为1990年全国乡镇企业管理年先进县(市)。
4. 象山第二建筑工程公司获农业部建筑先进企业金杯奖。
5. 宁波万安阀门厂获农业部质量管理奖。

中国乡镇企业协会成立

中国乡镇企业协会是经民政部（1989）民社函字第216号文正式批准的、具有全国性社会团体法人资格的民间社会团体。

中国乡镇企业协会的组成主体是全国著名的乡镇企业家，乡镇企业和企业集团、事业单位、各级乡镇企业主管部门的领导和社会上热心乡镇企业发展的学术、科技、教育界的专家、学者。

1990年1月13日中国乡镇企业协会在北京召开成立大会。出席大会的有乡镇企业家，各省、自治区、直辖市、计划单列市乡镇企业主管部门的领导，乡镇企业和事业单位领导人，新闻界人士共300多人。中共中央顾问委员会、全国人大常务委员会、全国政协和国务院各部委、全国性社会团体的领导出席了成立大会。会议通过了中国乡镇企业协会章程（草案），并依据章程（草案）的规定，选举产生了理事会、常务理事会、会长、副会长，任命秘书长、副秘书长。聘请总顾问、顾问。研究了协会成立后的工作指导方针和工作计划以及协会建设的有关问题。

中共中央顾问委员会副主任薄一波同志接受会议的要求，担任协会的名誉会长，接见了出席会议的代表，作了重要讲话，并与代表合影留念。

全国人大常委会副委员长费孝通同志，应会议的要求，担任协会的总顾问，并写信祝贺中国乡镇企业协会的成立。

原农业部部长何康同志当选协会第一任会长。会议选举109名理事。聘请中央、国务院各部委56名在职或离休的领导为本会顾问。

成立中国乡镇企业协会，是乡镇企业发展的客观要求，是我国实现有计划的商品经济的必然产物。因为：①经过十年改革、开放方针的贯彻实行，乡镇企业已经成为农村经济的重要支柱和国民经济的重要组成部分。要保证这样一支经济力量能够始终不渝地沿着有中国特色的社会主义道路持续、协调、健康地发展，除了贯彻中央、国务院制定的方针、政策、法律、法令，执行国家对发展乡镇企业“积极扶持、合理规划、正确引导、加强管理”的指导方针外，乡镇企业必须通过“自我服务、自我教育、自我提高”才能实现“调整、整顿、改造、提高”的目标。这就需要组织起来，互相学习，互相帮助，共同进步。②随着我国经济改革不断深入、科学技术日新月异，必将加速我国整个国民经济的商品化、社会化、专业化。乡镇企业要求得生存和发展，参与竞争，单独一个企业是无能为力的，必须联合起来，取长补短，迎接未来的挑战。③政府部门简政放权、转变职能，由直接管理转向间接管理，强化宏观管理，实行计划经济与市场调节相结合的运行机制，因而管理内容、形式、范围已经发生了变化。在政府与企业之间必须有一个中介单位来协调，这是社会团体产生的原因之一。乡镇企业由于主要靠市场调节，但又不能完全脱离国民经济整体要求，沟通、协调政府与乡镇企业的关系就更加需要。④乡镇企业与各部门各行业都有着十分密切的、广泛的关系，诸如及时通报情况、了解信息、反映意见、求得有关部门的理解与支持，使他们在制定产业政策、发展规划、计划及具体政策时能既着眼于国民经济的大局，又兼顾农民的利益和农村经济的发展，也需要有一个能够与上下左右对话和协调的民间社会团体。⑤乡镇企业一方面自身具有好的机制，另一方面也存在一些共同的弱点和问题，如职工素质较低、技术和管理力量薄弱、设备陈旧、信息闭塞等，组织起来就可以互相交流经验、切磋砥砺，对完善企业机制、提高企业素质、改善技术力量是十分重要而有益的。基于上述情况，成立全国性乡镇企业协会不仅有它的客观必然性，而且时机已经成熟，条件已经具备。

中国乡镇企业协会还可以协助政府和主管部门推动乡镇企业贯彻党中央、国务院关于乡镇企业发展的各项方针、政策，配合主管部门、行业管理部门做好为乡镇企业的各项服务，帮助企业依靠自身力量办好企业，不断提高经济效益和社会效益。同时，依法保护企业合法权益，在政府与企业之间架起一座畅通的桥梁，为乡镇企业的发展，为农村物质文明与精神文明的建设作出贡献。

（赵汝霖）

中国乡镇企业协会章程

（试　行）

1990年1月13日中国乡镇企业协会第一届理事会原则通过

第一章　总　　则

第一条　中国乡镇企业协会是全国乡镇企业的民间社会经济团体。

第二条　本会的一切活动以中华人民共和国宪法为根本准则，并遵守国家的法律和法规。

第三条　本会的宗旨是：坚持四项基本原则，坚持改革开放，坚持以经济建设为中心。遵照党和国家的有关方针、政策、法律和法规，在政府和主管部门的指导下，积极为本会会员的共同利益服务，以达到促进乡镇企业的物质文明和精神文明建设，振兴农村经济和实现社会主义现代化的目的。

第二章　任　　务

第四条　本会的基本任务

一、教育本会会员自觉遵守党和政府的方针、政策、法律，讲究职业道德，履行应尽的社会责任。

二、向政府反映会员的要求和意愿，维护会员合法权益。

三、开展乡镇企业经济理论研究和学术交流。

四、组织本会成员之间，本会会员与有关事业、企业等单位之间进行经济、技术、教育的交流与协作。

五、帮助本会会员开展对外经济、技术、贸易的交流与合作。

六、承办党政机关委托的任务。

第三章　会　　员

第五条　本会有团体会员、个人会员和特邀会员。

一、团体会员：凡经批准成立的地方乡镇企业协会、专业协会、研究会、乡镇企业及企业集团，事业单位，经本会常务理事会审查批准，可成为团体会员。

二、个人会员：乡镇企业系统的干部、职工和热心乡镇企业事业并在某一方面有所专长、愿为乡镇企业服务的各界人士，由本会两名会员推荐，经常务理事会批准，可成为本会个人会员。

三、特邀会员：本会根据工作需要，邀请愿为乡镇企业作贡献的部门领导人，离、退休的老干部，专家学者，知名人士为特邀会员。

第六条　凡申请为本会团体会员、个人会员者，必须承认并遵守本会章程。

第七条　会员的权利

一、有选举权和被选举权。

二、有权享受本会提供的各项服务。

三、有权对本会工作提出批评和建议。

四、有权优先参加本会组织的各项活动。

五、有退会自由。

第八条　会员的义务

一、遵守本会章程，执行本会决议。

二、积极参加本会的各项活动，完成本会委托的工作。

三、缴纳会费。

第四章　组　　织

第九条　本会组织原则实行民主集中制。

第十条　本会最高权力机构是理事会。理事会成员由各省、自治区、直辖市、计划单列市会员代表大会推荐协商产生。理事任期三年，可连选连任。理事会每年召开一次。

理事会的职权是：

一、制定、修正本会章程及有关规定。

二、选举常务理事会。

三、推选名誉会长。

四、聘请顾问。

五、选举会长、副会长，任免秘书长、副秘书长。

六、增补或罢免理事、常务理事、副会长。

七、研究并确定本会工作方针和任务。

八、审查批准常务理事会的工作报告。

九、监督常务理事会的各项活动。

十、审查经费收支。

第十一条　本会在理事会闭幕期间的执行机构是常务理事会。常务理事会实行会长负责制。会长、副会长、常务理事任期三年，可连选连任。常务理事会一般每半年召开一次。秘书长在常务理事会的领导下，主持本会日常工作。副秘书长协助秘书长工作。

常务理事会的职责是：

一、执行理事会决议，处理本会日常工作。

二、审定本会工作计划和工作总结。

三、审定本会向政府有关部门提出的对重大方针、政策的建议，会员共同的愿望和要求。

四、指导各地区协会的工作，研究、批准成立本会所属的专业性协会、研究会，并指导其工作。

五、审批团体会员、个人会员、邀请特邀会员。

六、筹备召开理事会。

七、经与理事协商后，增补、调整常务理事。

第十二条 本会办事机构是秘书处。秘书处在秘书长领导下承办本会的日常工作，其主要职责是：

一、执行理事会决议，处理本会日常工作。

二、制定本会年度计划。

三、联系会员和向会员提供咨询服务。

四、经管会费的收支。

五、理事会、常务理事会交办的各项工作。

第十三条 为加强对本会指导，聘请有威望的领导、专家、学者和离退休的老干部为本会顾问。

第十四条 各省、自治区、直辖市、计划单列市成立的地区性乡镇企业协会、专业协会，既是本会团体会员，也可以团体会员身份参加其他同行业协会。

第五章 经 费

第十五条 本会经费来源：

一、团体会员交纳的会费。

二、国内外单位或个人捐赠。

三、政府资助。

四、向本会会员提供有偿服务的收入和其他正当收入。

第六章 附 则

第十六条 本会由农业部指导。

第十七条 本会如停止活动，需经三分之二以上的理事讨论通过，并指定专人负责处理好善后工作，方能结束。

第十八条 本《章程》解释权归本会常务理事会。

1990年1月13日

附

中国乡镇企业协会

名誉会长 薄一波

总 顾 问 费孝通

会　　长 何 康

副 会 长 （按姓氏笔画为序）

马杰三　王常柏　卢志民　阳治国　李 根　李桂莲（女）

周作亮　杨振林　禹作敏　奚也频　郭建民　常宗琳　鲁冠球

秘 书 长 马杰三（兼）

副秘书长 赵汝霖

中国乡镇企业协会第一届常务理事名单

（按姓氏笔画为序）

马国庆　马杰三　马留文　区鉴泉　王保华　王常柏　王禄宏　平　欣
卢志民　刘元举　刘绪茂　阳治国　纪玉君　何　康　何占山　陈秀华
陈荣官　苏祥周　吴玉富　吴志泉　吴彦成　张　毅　张湘平　张金海
李　根　李桂莲（女）　李春圃　李崇岩　周光隆　周作亮　范小建
杨纪强　杨振林　禹作敏　段马柱　胡先根　郭世英　郭建民　徐正本
徐再山　徐灿根　徐惠兴　徐潮江　奚也频　候继华　梁焕新　常宗琳
黄海光　崔振东　鲁冠球　彭仕盛　韩　瑞　曾荣苟　靳协成　谭　正
谭仕彦

中国乡镇企业协会学术委员会成立

为加强与国内外经济理论界人士的联系和协作，推动和扩大乡镇企业理论研究和学术交流，促进乡镇企业健康发展，经中国乡镇企业协会批准，中国乡镇企业协会学术委员会于1990年9月24日在河南省洛阳市召开成立大会。会上通过了学术委员会工作规则，选举产生了中国乡镇企业协会学术委员会第一届常务委员会及常务委员会主任委员、副主任委员、秘书长。第一届常务委员会由院校代表，研究院所代表，企业代表，新闻单位代表，政府部门代表，各省、区、市代表等54位同志组成。第一届常务委员会选举张毅为主任委员，朱杰、朱家希、李固培、李炳坤为副主任委员，宗锦耀为秘书长。

学术委员会第一届常务委员会第一次会议决定，1991年的学术研究活动围绕农村工业化、农村劳动力转移、乡镇企业机制、乡镇企业法规体系建设、外向型经济、乡镇企业发展战略、乡镇企业管理等7个专题开展，并决定从1991年起编辑出版《中国乡镇企业文稿》，每年发行四期。

（邹范鸣）

中国乡镇企业协会会计委员会成立

中国乡镇企业协会会计委员会经农业部乡镇企业司领导同意，经中国乡镇企业协会批准，并征得财政部农财司、农业部财务司和农业银行等有关部门的支持，于1990年11月3日在广西桂林宣布成立。这是全国乡镇企业财会战线上的一件大事。

全国乡村两级集体企业现有财会人员400万人，是一支庞大的队伍，在加强企业管理，搞好经济核算，提高经济效益方面发挥了重要作用。他们迫切希望成立自己的群众性学术团体，以活跃乡镇企业会计学术空气，探索具有中国特色的乡镇企业会计核算的方法体系，交流会计工作经验，提高会计核算水平，加强各地区、各行业之间财务会计工作的经验推广和学术交流，促进乡镇企业财务会计工作的规范化和科学化。会计委员会的成立，必将带领广大乡镇企业财会人员，为攀登新台阶作出新的贡献。

（余　葵）

附　　录

附录一　1990年乡镇企业晋升国家二级企业名单

附录二　全国乡镇企业系统先进企业

附录三　1990年农业部科技进步奖乡镇企业项目

附录四　1990年乡镇企业获质量管理奖企业

附录五　1990年乡镇企业优秀质量管理小组

附录六　1990年乡镇企业获国家质量奖产品名单

附录七　1990年乡镇企业产品获农业部优质产品奖名单

附录八　1990年各省、直辖市、自治区、计划单列市乡镇企业优质产品名录

附录九　1990年乡镇企业新产品、新技术名录

附录一

1990年乡镇企业晋升国家二级企业名单

序号	省份	企业名称	序号	省份	企业名称
1	广东省	顺德冠华公司容奇饲料厂	26		东南雨衣服装厂
2		顺德县美的风扇厂	27	江苏省	南通毛腈纺织厂
3		电饭锅厂（原桂洲电饭锅厂）	28		海安南莫巢丝厂
4		中山永大胶粘制品厂有限公司	29		宜兴市锻压机床厂
5		广州市第一水泵厂	30		大港钢木门窗厂
6		新会糖果饼干厂	31		泰兴减速机厂
7		顺德县容奇镇金凤制衣厂	32		常州长江塑料机械厂
8		佛山市乐得华日用化工厂	33		张家港电子计算机厂
9	浙江省	绍兴平绒总厂	34	山西省	霍州市辛置镇选煤厂
10		上虞县灯泡总厂	35	辽宁省	大连轴承厂
11		宁波青春服装厂	36		沈阳市汽车货厢厂
12		三友纺织器材总厂	37	吉林省	通化果松纤维板厂
13		宁波市东海蓄电池厂	38	山东省	青岛楼山农机厂
14	安徽省	淮北市杭淮丝绸厂	39		青岛胶南第四纺织机械厂
15	陕西省	西安前进高压阀门配件厂	40		潍坊市钢丝二厂
16	河南省	新郑县车站枣精厂	41		淄博化工设备厂
17	四川省	宜宾红楼梦酒厂	42		邹县金鼎铸锅厂
18		成都金牛玻璃钢厂	43		青岛楼山织布厂
19	上海市	上海县虹桥喷漆厂	44		济南峨媚滑动水口厂
20		上海市丝绸进出口公司淀山湖时装厂	45		威海市通用机械总厂
			46		烟台市福山钢窗厂
21		上海外贸包装公司嘉定纸箱厂	47	北京市	艺海实业公司金属制品厂
22		吕巷地毯联营厂	48	湖南省	长沙果园交通机械厂
23	天津市	天津市鱼网厂	49	河北省	枣强县唐林电线厂
24		富强纺织总厂	50		唐山市越河陶瓷厂
25		芦台线材总厂	51	贵州省	贵阳金刚砂厂

附录二

全国乡镇企业系统先进企业

广东省顺德县容奇镇大进纺织服装实业公司大进制衣厂
广东省南海县平洲电子厂
广东省顺德县北滘南方电器厂
浙江电视机厂
浙江省上虞县多速微型电机厂
浙江省余姚仪表二厂
宁波电子器材一厂
安徽省宁国县耐磨材料总厂
安徽省天长县塑料编织厂
西安市临潼相桥乳品厂
四川新兴公司(原四川新兴建筑工程公司)
天津市华兴线材总厂
天津市长城罐头厂

天津市地毯十五厂
山西新星矿用潜水泵厂
江苏省常熟市江南仪表厂
江苏省宜兴紫砂工艺二厂
江苏省无锡市第五棉织厂
大连包装机械厂
大连铝材厂
吉林省白城市拖车厂
山东省定陶县陈集国华贸易公司
山东省荣城市半岛啤酒厂
山东龙口啤酒厂
北京太阳宫除尘设备总厂
黑龙江省绥化市第二电机厂
湖南省果园汽车改装厂
河北民用机械总厂
河北省冀县暖气片厂
河北省枣强县水暖厂
上海市青浦县环城工艺编结厂
河南省京华实业公司

附录三

1990年农业部科技进步奖乡镇企业项目

二等奖

三环氧丙基异氰尿酸脂工艺的研究
江苏武进县牛塘化工厂

改性硅铝炭黑工艺及设备的研究开发
河北石家庄市矿区化工厂　北京化工学院

三等奖

ZLG50高卸载装载机加高铲斗的研制
山东临沂工程机械厂大修厂

ZB-200型沥青混凝土再生拌和机的研制
天津塘沽新河农机厂　天津工程机械研究所

TSG-A型PVC涂塑软管生产机组的研制
山东胶州市精工塑料机械厂

旋锻成型、整体结构九针打印机针新技术
湖北武汉金叶缝纫机针厂

单面木工压刨床的研制
山东威海市木工机械厂

TTB—B型弹性套管式补偿器的研制
河南开封市柳园水暖器材厂

TMJ 226型多功能硬糖夹芯机的研制
江苏东台市轻工机械二厂

XYJ 金属填充胶气压喷涂工艺
河北巨鹿县暖通设备

LHR型高效汽—水换热器的研制
辽宁鞍山市沙河茶炉厂

RQC热利用型汽车采暖系统的研究
河南沈丘县建筑材料厂

HQ系列百褶裙滤筒的微孔滤膜及塑压工艺、中间接头的研制
江苏无锡县红旗超滤设备厂

TFX355L-6/200 kW三相同步发电机的研制
山东潍坊电机厂

PZXGN系列微机监测镉镍电池直流屏的研制
山东淄博开关厂

QQ—I型去极化欠过充全自动保护快速充电机成果
河南郑州市荥阳县厉风光电设备厂

DWK—A、B型电脑温控设备的研制
江苏苏州市吴江电热电器厂

热电偶用耐热普通级补偿导线生产工艺
江苏常州市新河发电设备附件厂

不研磨、减薄切片气带源晶体管工艺
江苏启东市晶体管厂

DXH—1型双功电子通讯机的研制
河北唐山市利民电器厂

ZHQ—401型铸铁碳硅量球化率快速测定仪的研制
河南周口市电子仪器厂

电解铅新工艺

河南郑州古荥化工厂
繁体水平通道五孔格子砖的研制
河南密县第三耐火材料厂
GC 200-HX 2 系列高效节能混光灯具的研制
江苏常州市工矿灯具厂
川一87空腹钢制推拉门窗的工艺技术改进
四川新都县钢窗厂
溶解乙炔硫酸净化工艺及设备
四川新都县溶解乙炔化工厂
特801润滑切削油的研制
江苏常州市特种油品厂
3-氯-4-氟苯胺的技术研究
河南荥县汜水精细化工厂
以浓缩橘汁为主的系列浓缩果汁工艺技术及设备
浙江黄岩市果汁厂
烟用红枣精生产新工艺及其系列产品的开发研究
河南新郑车站枣精厂
酒槽利用新工艺研究
河南虞城县利民酒厂
禹王牌“502”胶粘剂及其生产工艺
山东禹城县化工总厂　山东禹城东方化学试剂厂
FM-A聚四氟乙烯密封带生产技术及设备
山东威海市四氟制品厂
PPS-2丙纶短纤维油剂研制
辽宁东沟县辽东纺织助剂厂
立枯灵（又名恶毒灵、土菌清）
吉林延吉市化工五厂

附录四

1990年乡镇企业获质量管理奖企业

国家质量管理奖

浙江省上虞风机厂

农业部质量管理奖

北京市第二汽车齿轮厂
辽宁省丹东市油泵厂
辽宁省鞍山沙河茶炉厂
江苏省外贸泰县丝毯总厂
江苏省江阴第二机电厂
南京市锅炉辅机厂
广东省顺德桂洲电饭锅厂
广东省神州燃气具联合实业公司
青岛市胶南第四纺织机械厂
青岛市崂山工具厂
江苏省武进精细化工厂
浙江省绍兴市麻纺织厂
山东省潍坊市坊子内燃机配件厂
山东省龙口市诸由水泥厂
湖南省邵东县轴瓦厂
湖南省湘乡缫丝厂
上海市光明灯头厂
陕西省云阳造纸厂
宁波市万安阀门厂
吉林省梨树暖气片厂
吉林省梅河口啤酒厂
广州市石井水泥厂

附录五

1990年乡镇企业优秀质量管理小组

国家优秀质量管理小组

小 组 名 称	企 业 名 称
复合肥料提高产品质量ＱＣ小组	淄博市临淄胜利复混肥厂
新产品开发ＱＣ小组	大连市龙泉酒厂
自动焊接ＱＣ小组	北京四季青锅炉厂三分厂

农业部优秀质量管理小组

小 组 名 称	企 业 名 称
一等奖	
喷漆车间ＱＣ小组	北京丰台光明电器开关厂
水合氯醛ＱＣ小组	青岛市沙子口化工厂
水田除草化肥一号技术攻关ＱＣ小组	吉林省龙潭第二化工厂
控制护套偏芯ＱＣ小组	江苏省扬中电缆厂
果汁应子ＱＣ小组	四川省平昌县蜜饯食品厂
厂部综合攻关ＱＣ小组	重庆市长寿县联合塑料厂
二等奖	
摩一车间201行星齿轮ＱＣ小组	北京市第二汽车齿轮厂
卤素检测检漏仪ＱＣ小组	长春光电技术联合开发试验厂
灌装车间ＱＣ小组	长春市双阳县啤酒厂
联合攻关ＱＣ小组	山东临朐县机械电子仪器厂
ＱＣ小组	青岛市青岛安全器材厂
针布车间ＱＣ小组	青岛市胶南金属针布厂
技术科ＱＣ小组	青岛市胶南第三纺织厂
淬火油质量攻关ＱＣ小组	大连市瓦房店石油化工厂
工艺攻关ＱＣ小组	大连金州区二十里堡水泥厂
水针车间ＱＣ小组	江苏省扬州市泰县兽药厂
钢碗冷挤无切削成型ＱＣ小组	上海自行车四厂宝山分厂
上等升级ＱＣ小组	四川省宜宾红楼梦酒厂
成型车间ＱＣ小组	成都市成都石材磨具厂
厂部三结合攻关ＱＣ小组	重庆市石乔页岩厂
三等奖	
铸钢工段ＱＣ小组	黑龙江肇东市农机配件厂
发酵ＱＣ小组	吉林四平市四平红嘴啤酒厂
装配车间ＱＣ小组	山东泰安县山口低压锅炉厂
降低飞轮铸造废品率攻关ＱＣ小组	山东潍坊市坊子内燃机配件厂
技术改造ＱＣ小组	山东省烟台市电缆厂
立窑除尘ＱＣ小组	山西晋城市城区振兴水泥厂

小组名称	企业名称
烧成QC小组	大连市大连天华水泥厂
电焊质量攻关QC小组	大连市电焊机厂
铸造二车间第二QC小组	大连市庄河县机床厂
郭晓勤QC小组	湖北省黄石市矿山水泥厂
化验室QC小组	湖北松滋县杨家溶水泥厂
综合攻关QC小组	浙江省柯桥轻纺机械厂
生产技术QC小组	四川都江堰市幸福化工厂
质检QC小组	重庆市江北县丝绸厂
造纸车间机台QC小组	四川大竹县东风造纸总厂
企业管理QC小组	四川省达县石梯酒厂
前缫车间QC小组	四川省平昌县丝绸厂
龟鹿补肾丸创部优QC小组	广东省顺德县勒流中药厂

附录六

1990年乡镇企业获国家质量奖产品名单

产品名称	企业名称
金 牌	
联丰牌BLS-100型低噪音玻璃钢冷却塔	浙江上虞县联丰玻璃钢厂
银 牌	
天双 H—E 牌12.7～101.6mm 2/1″～4″热镀锌焊接钢管	天津双街钢管总厂
海狮牌XTQ-70B型全自动洗涤脱水机	江苏张港市洗涤机械厂
申星牌XTZ-140型全自动洗涤脱水机	上海申星洗涤设备厂
冠华牌904子鸡粒状配合饲料	广东顺德县容奇饲料厂
银环牌LZB-4～100(液体)玻璃转子流量计	浙江余姚市流量仪表厂
金星牌GW铸钢丸50～340铸铜孔	湖北十堰市钢砂厂
新目牌φ60～65光致变色眼镜片	江苏镇江市眼镜总厂
华宜牌软性集装袋	江苏无锡市集装袋厂
鼎湖牌O型橡胶密封圈	安徽宁国密封件厂
T字牌200升镀锌闭口钢桶（镀锌桶）	北京南苑制桶厂
海鸥牌5TNB-100型低噪声玻璃钢冷却塔	江苏常州市冷却塔厂
华艺牌紫砂陶器	江苏宜兴紫砂工艺二厂
吉阳牌漆碗	福建建瓯县吉阳工艺厂

附录七

1990年乡镇企业产品获农业部优质产品奖名单

产品名称	生产企业
太字牌JBC—26—1A、B型机振扁袋除尘器	北京太阳宫除尘设备总厂
R22牌BX—A便携式多功能冰箱修理成套工具	北京海淀制冷设备厂
友联牌女衬衫	北京市友联衬衫厂
钻石牌1—500#机制石墨坩埚	北京长城坩埚厂
SIL4—125—AⅢ水管链条炉排快装蒸汽锅炉	北京四季青锅炉一分厂
KZJ0.5—07—AⅢ双层燃烧快装蒸汽锅炉	北京四季青锅炉三分厂
竺牌J41H—25、J41N-25DN(40、50)钢制截止阀	北京市顺义县天竺阀门厂
新星牌GQ—75、100、200型管道清理机	北京新星机械厂
盾牌牌P—3×6M安全网	北京市振兴劳保用品厂
培春牌109/58、48/64女童套装	北京市顺义县龙湾服装厂
柔牌43×7、50×7混凝土轨枕橡胶垫	北京市怀柔县橡胶厂
碧煌牌明清系列琉璃瓦	北京市门头沟西山琉璃瓦厂
金龙牌特级腐竹	北京大兴县青云店豆制品厂
博特牌羊仔毛圆领平针男套衫	北京市平谷县乐政务毛织一厂
高航牌PBBA001 兔毛圆领女套衫 PBAA001 纯羊仔翻领半开胸男衫	北京顺义县高丽营毛织厂
新潮牌B—30、B—40(150—200立方米/d)叶轮导壳	天津宁河县芦台精密铸造厂
五星牌O型密封圈系列产品	天津市大港区中塘橡胶密封件厂
三义牌φ330—530.h340-720mm开口式缩口钢桶	天津市津北三义村制桶厂
吉利牌男衬衫	天津市津西兴华服装厂
喜梅牌43#—60#男女儿童服装	天津市长城服装厂
金燕牌棉花打包用低碳镀锌钢丝	天津市金峰五金线材厂
TVT牌3D50—3D800阀门手动装置	天津市塘沽阀门第一分厂
津宝牌JB型高级爵士鼓	天津市津宝乐器厂
天风牌20—26cm系列高压锅胶圈	天津市永升压力锅胶圈厂
渤龙牌镀锌电焊网	天津市大港区渤海金属网厂
华林牌B型塑料编织袋	天津市王口编织厂
35牌250×90抹子	河北省获鹿县建筑工具厂
锚轮牌3类2号机械用干式摩擦片	河北省衡水市摩擦片厂
清东陵牌PEX—150×750复杂摆动型细碎颚式破碎机	河北省遵化县矿山机械厂
长城牌φ16mm2型钢丝编织液压胶管	河北省青县长城胶管厂
黑龙港牌740×530×500钢制保险柜（无警报型）	河北省武邑县金属橱柜厂
锦斋牌50g盒装“乌龙戏珠”枣茶	河北省青县锦斋枣制品厂
乐春牌GB2—L/5—6钢制板型散热器	河北省深泽县散热器厂
春泉牌TY14铸铁搪瓷浴盆	河北省石家庄市玉石工业搪瓷厂
枣光牌MD221—1220V32m吊式环型荧光灯	河北省枣强县红光灯具厂

产品名称	生产企业
温乐牌2#,3#,4#,5#可发性聚苯乙烯颗粒	河北省石家庄市东方泡沫塑料二厂
渤零牌S系列赛车把、Y系列运动型车把	河北省黄骅市渤海工业公司自行车零件厂
亭山牌糖水雪梨罐头	河北省涞水县义合庄罐头厂
佳魁牌鲜橙汁饮料	河北省沙河市酿酒厂
金燕牌果味酸乳饮料喜力佳	河北省玉田县乳制品厂
吉星牌φ20×470mm闪光雷	河北省辛集市王口镇王口烟花老厂
精炼棉籽油	河北省晋县小樵棉油厂
汤泉牌花生油	河北省唐山市蛋白食品厂
高蕊牌二级大豆油	河北省三河县高楼油脂厂
三环牌152×152×5mm陶质釉面砖	河北省石家庄地区建筑陶瓷厂
盾牌牌B型塑料编织袋	河北省石家庄市柳辛庄塑料厂
华益牌有金属化孔双面印刷板	河北省沧县运东新开路电子器材厂
雪莲牌425#白色硅酸盐水泥	河北省获鹿县兴华工业公司白水泥厂
跃峰牌425#矿渣硅酸盐水泥	河北省邯郸市跃峰水泥厂
广谷牌425#矿渣硅酸盐水泥	河北省武安市下白石红旗水泥厂
DL—75炼钢电炉顶用高铝砖	山西省唐山钢铁公司耐火材料厂阳泉下千亩坪分厂
云福牌煤质颗粒活性炭	山西省大同市福利活性炭厂
SYZ牌3536轴承	山西冶金轴承厂
同光牌煤质颗粒活性炭	山西省大同市光华活性炭厂
巨龙牌φ700LA级连续铸铁管	山西省运城市解州青年机械厂
FeSi 75A11.0—A硅铁	山西省大同市云中铁合金工业公司
威明牌玉米笋罐头	山西省太谷县食品罐头厂
仙翁牌海红果汁	山西省河曲县果汁厂
东桥牌小磨香油	内蒙古自治区赤峰市敖汉旗香油厂
昌字牌GR—807 4115建筑胶粘剂	辽宁省昌图县新型建筑材料厂
冶腾牌841型镁炭砖结合剂	辽宁省鞍山市有机化工厂
溪城牌锰硅合金	辽宁省本溪县铁合金厂
华光牌FH8030照明蜡烛	辽宁省抚顺市华光蜡厂
凯塔牌TKL、TKD炭块	辽宁省海城市炭素厂
鞍容牌200、400、1000立方米球罐瓣片	辽宁省鞍山市低压容器厂
宽红牌TLB36/3.0型油田用稠油泵	辽宁省丹东市油泵厂
金松牌FS8039螺旋蜡照明蜡烛	辽宁省抚顺市红光蜡烛厂
白天鹅牌855化纤布挺括剂	辽宁省海城有机化工厂
双雀牌NF—55型逆燃式垃圾焚烧炉	辽宁省锦州市女儿河环保设备厂
夺标牌6—QA—180铅酸蓄电池	辽宁省鞍山市蓄电池厂
千山牌淡矿泉汽水	辽宁省鞍山市旧堡区千山汽水厂
大东牌L195柴油机曲轴	辽宁省东沟县大东农机修造厂
兴京牌325#、425#矿渣硅酸盐水泥	辽宁省新宾满族自治县水泥厂
毛祁牌325#矿渣硅酸盐水泥	辽宁省海城市毛祁水泥厂
接力牌WH66、WH78弯板焊接工程链	吉林省四平市特种输送链条厂
杂环牌糠醛	吉林省东辽县糠醛厂
卫星牌机制平口稻镰	吉林省东丰县农具厂
吉舒牌机制平口镰刀	吉林省舒兰县吉舒农具厂
泉岛牌果珍高级饮料	吉林青岛汽水厂图门市分厂
泉岛牌橘子汽水	吉林青岛汽水厂图门市分厂
吉华牌大豆油	吉林省公主岭市粮油食品加工厂

产品名称	生产企业
喜祥牌大豆油	吉林省东辽县植物油厂
兴平牌一级大豆油	吉林省四平市铁西区粮油加工厂
金鹿牌15克铅装管、100克听装补胎胶水	黑龙江省巴彦县胶水厂
369牌ZBA5.6B18纸包铜扁线	黑龙江省宾州电线厂
龙乡牌LGJ—35—LGJ—240钢芯铝绞线	黑龙江沈阳电缆厂佳木斯分厂
龙虾牌鸡精调味料	上海市四美味精厂
汇丽牌低发泡花色卷材塑料地板	上海汇丽化学建材总厂三分厂
洪宝牌LZG—3、5、8Y型冷动真空干燥机	上海市奉贤县洪宝医疗器械厂
兆丰牌赤霉素（920）粉剂	上海市沪江生化厂
申星牌XTZ—140全自动洗涤脱水机	上海市申星洗涤设备厂
凯托牌涤棉男长袖衬衫	上海凯托衬衫厂
牡丹牌绣花女衬衫	上海市丝绸进出口公司 上蔡绣衣联营厂
东华牌GYB60—6S高压均浆泵	上海东华高压均浆泵厂
中联牌QZ—1、ZQ—2聚酯漆包圆铜线	上海中联电磁线厂
申锦牌锡兰毛无虚线男套衫	上海金山羊毛衫厂
飞鸥牌A型塑料编织袋	上海长征塑料编织厂
临江牌YZ20—40W系列内装式荧光灯镇流器	江苏省扬州市临江镇流器厂
特利牌LG滚涂机	江苏省武进县无线电专用设备厂
双帆牌XQJ系列汇线桥架	江苏省镇江市电器设备厂
春晴牌FCY、R、T—CQ2A型燃气辐射采暖器	江苏省常州市燃气用具厂
佳灵牌TMJ—226型多功能硬糖夹芯机	江苏省东台市轻工机械二厂
锡塔牌GXQ100V—500W球形超高压汞氙灯	江苏省无锡市郊区湖景电光仪器厂
飞环牌SZ—63/32塑料注射成型机	江苏省常州长江塑料机械厂
启风牌BQ系列（10、14、24）气板机	江苏省东风汽车工业联合公司 江苏省启东风动工具厂
春兴牌Pb-22号精铅	江苏省邳县有色金属合金厂
湖风牌护卡膜	江苏省宜兴市护卡膜厂
沙模牌BMHR玻璃模具	江苏省张家港市模具厂
宜兴牌721型、751型玻璃比色皿	江苏省宜兴市仪器仪表总厂
玩偶牌男女童套装	江苏太仓县儿童服装厂
甘露牌Q41F—16P、RDN15—150不锈耐酸钢球阀	江苏省无锡县阀门厂
星环牌KAD2W2D按动开关	江苏省无锡市金星无线电元件厂
峰塔牌BV型0.5—185平方毫米铜芯聚乙烯绝缘电线	江苏省无锡市电工厂
飞云牌100—1000ml多功能手动微型喷雾器	江苏省江阴市微型喷雾器总厂
亚威牌交流工频柴油机发电机组	江苏省江都线路器材总厂
松柏牌BC02—50型有机气体催化净化装置	江苏省高邮县环保设备制造厂
天使牌长毛绒玩具	江苏省扬州乐凯玩具有限公司
南通牌NT660AB自行车全链罩	江苏省南通市自行车链罩厂
长城牌ZJ系列塑料自动加料机	江苏省张家港市二轻机械厂
大鹏牌HPX系列总配线架	江苏省常熟市邮电通讯设备二厂
羊尖牌0—200×0.02镀铬游标卡尺	江苏省无锡工具量具厂
年丰牌背负式农田手动塑料喷雾器	江苏省江阴市喷雾器二厂
欢友牌813腈纶针织绒	江苏省南通县毛腈纺织厂
华夏牌A型鱼服康	江苏省武进县第三兽药厂

产品名称	生产企业
遥光牌BJFW23真空泵无刷发电机	江苏省常州市遥光电机厂
超晶牌DHG—C400、600目活性硅微粉	江苏省东海硅微粉厂
爱凤牌950/560、1020/580男女童套装	江苏省南通县绣品厂
骆驼牌95109人丝立绒	江苏省常州市振华绸厂
常剑牌系列低中压锅炉用无缝钢管	江苏省常州市钢管厂
郁桥牌镍—铜复合电极（HT03系列）	江苏省张家港市无线电元件厂
武干牌CT—C—I—IV型系列热风循环烘箱	江苏省常州市干燥设备厂
凯通牌RKJ25—125（mm）系列软管快速接头	江苏省武进县液流器材厂
水榭牌14101 114cm素绉缎	江苏省吴江目澜丝织厂 吴江盛泽印染总厂
四海牌WH148型电子设备用电位器	江苏省无锡市电位器厂
金桥牌模数3.4±0.03、浓度28±0.5%电子工业用硅酸钾溶液	江苏省扬中县联合化工厂
光荣牌GK37—2型高速双线链式线迹缝纫机	江苏省启东工业缝纫机二厂
卫欧牌A、BC扣压式、可拆式钢丝编织胶管总成	江苏省建湖县液压气动附件厂
三峰牌机制平口裤镰	江苏省盐城市楼王机械厂
金冠牌16×22cm裤镰	江苏省金坛县东渎农具厂
极乐牌糖水梨罐头	江苏省连云港市朝阳罐头食品厂
倩涟牌鲜葡萄汁	江苏省宿迁市第二葡萄酒厂
柯嘉牌鲜橘水	江苏省启东清泉饮料厂
柯嘉牌雪泉汽水	江苏上海市清泉饮料厂一分厂
柯嘉牌柯嘉可乐	江苏上海市清泉饮料厂一分厂
彩庆牌稻花香	江苏省建湖县蒋营花炮厂
彩庆牌金光闪闪	江苏省建湖县蒋营花炮厂
星球牌10波魔术弹	江苏省建湖县宋楼花炮厂
山羊牌3521—1纯毛精纺四平空转男套衫	江苏南通市第二羊毛衫厂
天坛牌GW75094精纺纯毛四空V领男开衫	江苏启东市童装针织厂
璀翠牌 W35002精纺纯毛四平空转男开衫 W35301精纺纯毛四平空转西装背心	江苏如东县针织服装厂
企鸟牌K7003—3精纺纯毛四平空转V领男套衫	江苏省常州第三羊毛衫厂
飞宇牌J—W19015四空V领男套衫	江苏溧阳县精织羊毛衫厂
飞筝牌纯毛双四平空转V领男套衫	江苏太仓飞筝羊毛衫厂
宇洋牌2112羊仔毛背心	江苏省江阴市羊毛衫二厂
睡莲牌9251兔羊毛钩花女套衫	江苏省苏州市浒墅关针织厂
龙河牌二级大豆油	江苏省宿迁市上海宿迁联合油脂厂
彩珠牌低压聚乙烯羊毛包装专用袋	江苏武进麻塑包装联营公司
兰冠牌B型塑料编织袋	江苏省常州市茶山塑料编织厂
协同牌无金属化孔单面印制板	江苏省武进县湖塘电讯厂
FY牌无金属化孔单面印制板	江苏省武进县芙蓉电子元件四厂
长江牌无金属化孔单面印制板	江苏省武进彩电配件厂
昆牌牌无金属化孔单面印制板	江苏省昆山市线路板厂
青台牌无金属化孔单面印制板	江苏省吴县黄桥青台线路板厂
三梅牌无金属化孔单面印制板	江苏省无锡县印制线路板厂
凯电牌有金属化孔双面印制板	江苏省昆山市电子元件厂
灵鸽牌有金属化孔双面印制板	江苏省昆山市线路板厂
苏杭牌有金属化孔双面印制板	江苏省昆山市千灯仪器仪表厂

产品名称	生产企业
五环牌425# 矿渣硅酸盐水泥	江苏省苏州市昆山第四水泥厂
保安牌425# 矿渣硅酸盐水泥	江苏省苏州市第四水泥厂
桃源牌425# 矿渣硅酸盐水泥	江苏省吴江县第二建材厂
常曲牌S 195柴油机曲轴	江苏省常州曲轴厂
五菱牌S 195柴油机机体	江苏省武进县柴油机机体厂
杭生牌FP—5WA风机盘管空调器	浙江省杭州杭生空调设备厂
湘湖牌BJ130型双管路制动总成	浙江萧山汽车制动器厂
双冠牌DFJ60、120电风扇机械式定时器	浙江省杭州西湖定时器厂
崇杭牌5G494、7G532针织横机	浙江省杭州崇贤纺织机械厂
双梅牌XK—360、XK—400A开放式炼胶机	浙江省绍兴橡塑机械厂
飞前牌BJ212（492Q）机油泵总成	浙江省绍兴县汽车油泵厂
安途牌进口汽车横直拉杆接头总成	浙江省绍兴第二汽车配件厂
水晶牌205深沟球轴承	浙江省新昌县第二轴承厂
三联牌ZS—100型手提式链动复合薄膜封口机	浙江省沪越联合包装机械厂
三联牌SFA—50型塑料薄膜自动连续封口机	浙江省沪越联合包装机械厂
大通牌漂白涤府男衬衫	浙江省绍兴市衬衫厂
上浦牌BK系列布套式空调装置	浙江省上虞风机厂
好来西牌165/88男长袖衬衫	浙江省武义县服装实验厂
天海牌粒粒橙汁	浙江省黄岩市果汁厂
凤凰念牌橘子汽水	浙江省海盐县第二酒厂
芦花牌3/2×1/4电光花皮炮	浙江省苍南县鞭炮厂
西湖牌6×15/8莲花花筒	浙江省苍南县出口烟花厂
奇峰牌 90FW—A0904—B精纺纯毛翻领女套衫 89FW—A0847精纺纯毛四空板花男套衫	浙江第三羊毛衫厂
雪翔牌精纺纯毛四空V领男套衫	浙江湖州市织星羊毛衫厂
美月牌H304精纺纯毛四平板花V领男开衫	浙江桐乡新华羊毛衫厂
丘比特牌37—44男衬衫	浙江省义乌市衬衫厂
月球牌425# 矿渣硅酸盐水泥	浙江省海宁市周镇水泥厂
药峰牌1# 双锁口胃溶空心胶囊	浙江省新昌县第一胶丸厂
云岩牌SIST—150台式砂轮机	浙江省绍兴县电动工具厂
狄盾牌63/37锡铅焊料	浙江省绍兴县溶炼厂
山峰牌SF—Z—220机制锯齿镰刀	浙江省新昌县农具厂
金浪牌JL—ZC—220机制锯齿镰刀	浙江省云和县镰刀厂
静浪牌糖水无核橘罐头	浙江省椒江市光明罐头厂
卧龙牌CQB40—40—125F氟塑料合金磁力泵	安徽省泾县氟塑料制品厂
九狮牌QC—BO锻压钢球	安徽省合肥红旗钢球厂
东黎牌62035织锦缎	安徽省淮北市杭淮丝绸厂
金星牌棉料四尺单宣纸	安徽省泾县金竹坑宣纸厂
飞灵牌黄牛修面革	安徽省淮北市飞灵皮革厂
丹凤牌4514B玻璃纤维涂塑窗纱	安徽省桐城县窗纱厂
菊皇牌WC7044纯羊仔毛假开排扣衫	安徽旌德黄山羊毛衫厂
康牌小磨麻油	安徽省阜阳市植物油厂
天宇牌B型塑料编织袋	安徽省天长县塑料编织厂
四顶山牌425# 矿渣硅酸盐水泥	安徽省淮南市八公山水泥厂
方星牌DZL24—20G型过电压漏电保护开关	福建省闽侯保安开关厂
景桥牌220—300g/m^2低定量牛皮箱板纸	福建省沙县高桥造纸厂

产品名称	生产企业
龙凤牌100D×50D运动鞋面料	福建省长乐县第一运动鞋材料厂
三芹牌脱脂马尾松锯材	福建南平三芹有限公司
安乐牌妇女卫生巾	福建省恒安实业有限公司
美智牌TC 3XH型压接式条形连接器	福建省福鼎县电子元件厂
福光牌半圆型、钻石型玻璃灯罩	福建省闽侯玻璃灯具厂
科洋牌糖水荔枝罐头	福建省龙海县科洋罐头厂
丹堤牌糖水龙眼罐头	福建省南安县溪美镇崎峰罐头厂
奉君泉牌清水蘑菇罐头	福建省晋江县青阳象山罐头一厂
将军山牌芦笋罐头	福建省漳州市云霄县郭铺罐头厂
锦峰牌清水笋罐头	福建省政和县铁山罐头厂
橙宝牌橙宝汽水	福建省泉州市万事可乐有限公司
懊觥鄙脚卿152×152×5（mm）白色陶质釉面砖	福建省闽清白樟建筑陶瓷厂
三燕牌200×100×8、150×75×7.5（mm）彩釉砖	福建省晋江磁灶燕山建筑陶瓷厂
五环牌200×100×8(mm）彩釉砖	福建省晋江县矿产建材公司建陶厂
梦山牌200×100×8、150×75×8(mm）彩釉砖	福建省晋江县磁灶龙山陶瓷厂
芦光牌JCDD玻璃皇冠组合灯具	江西九江灯具厂
航空牌硬质纤维板	江西省宜丰县黄岗胶合板厂
力航牌TY-3.00大长度光亮无氧铜线	江西省德兴铜材线缆厂
石钟山牌稀土镁硅铁合金	江西省湖口县合金厂
开心牌香酥果	江西省南昌儿童营养补剂厂
幸福牌ϕ150×40×800预应力混凝土电杆	江西省临川县水泥电杆厂
柳山牌清水小竹笋罐头	江西省武宁县罐头厂
福山牌甘茶蔓	江西省南昌市进顺饮料厂
红井牌体力宝饮料（可乐）	江西省瑞金饮料厂
花蓝牌K 1806宝石矿	江西省潭埠出口花炮厂
花蓝牌K 1896L 17/2×3″哈哈花	江西省萍乡市金山出口花炮厂
花蓝牌10英寸百发摩弹	江西省萍乡市乐天出口花炮厂
花蓝牌10波响彩珠	江西省萍乡市乐天出口花炮厂
花蓝牌手持吐珠（10波）白鸽	江西省萍乡市芦溪出口焰花厂
花蓝牌K 4426无杆火箭烟花	江西省萍乡市上栗出口焰花厂
花蓝牌K 192A白莲花	江西省萍乡市桐木出口焰花厂
花蓝牌K 058硝光花皮炮	江西省进贤李渡出口花炮厂
上天峰牌小磨麻油	江西省新建县小磨麻油厂
高峰牌152×152×5mm白色陶质釉面砖	江西省高安县石脑陶瓷厂
山河牌152×152×5mm白色陶质釉面砖	江西省高安县灰埠陶瓷厂
昆宇牌152×152×5mm白色陶质釉面砖	江西省上高县瓷厂
新宝牌152×152×5mm白色陶质釉面砖	江西省新街陶瓷厂
雪三角牌152×152×5mm白色陶质釉面砖	江西省八景陶瓷厂
诸龙牌SQ03型机动三轮车前轮总成	山东省诸城市第二农机制造厂
洁玉牌808-2提花毛巾被150×200cm	山东省高密县毛巾厂
黄管牌195柴油机高压油管组件	山东龙口市油管厂
鲁波牌QS 60-20-5.5小型潜水电泵	山东省单县水泵厂
福星牌6FSM-125型浆渣分离大豆磨浆机	山东省肥城县农机配件厂
金耐牌JG-94焦炉硅砖	山东省淄博市博山区八陡镇北河口耐火材料厂
奥峰牌W150-Ⅲ自熟淀粉粉丝机	山东省寿光县发动机配件厂
沣化牌一级糠醇	山东省淄博市沣水化工厂

产品名称	生产企业
四海牌YLJ2000/0.6型液压流网起网机	山东省威海市孙家疃渔船修造厂
天门牌肉用仔鸡微量元素预混合饲料	山东省淄博市兽药厂
第一关牌PGL1/2型低压配电屏	山东省淄博开关厂
金工牌14×28镀铬自行车辐条	山东省潍坊市辐条厂
雄鹰牌400-12拖拉机导向轮胎	山东省莱州市橡胶厂
永合牌100-400mm钳工扁锉	山东省龙口市钢锉厂
银座牌THD-4电机糊	山东省淄博炭素厂
农乐牌NL-51型手扶拖拉机	山东省荣城市手扶拖拉机厂
仙山牌89×0.25超薄型防水胶布	山东省蓬莱县橡塑制品三厂
激流牌WB 32-25-105微型泵	山东济南市明水机械厂
飞驰牌工业型六偏磷酸钠	山东省腾州化工原料厂
腾晶牌工业型三聚磷酸钠	山东省腾州市化工二厂
奋起牌JZC 200.350型混凝土搅拌机	山东省海阳县轻工机械厂
寿帆牌27.8×10/27.8×10纯棉篷盖帆布	山东省寿光县帆布厂
金马牌1/2″3/4″1″B 64型木工凿	山东临沂木凿厂
得宝牌YDN16-2D单端内启动高效节能荧光灯	山东省蓬莱新光源灯具厂
乳海牌50g/支豆羹	山东省乳山县海阳所琼脂粉厂
振威牌过氧化二苯甲酰	山东省乳山县珍珠化工厂
烟台山牌聚氯乙烯绝缘电力电缆	山东省烟台市电缆厂
英山牌327/327mm玻璃玛赛克	山东省烟台市工艺美术建材厂
飞龙牌油炸花生仁	山东省昌邑县花生制品厂
莺歌牌花生酱	山东省枣庄市乳制品厂
渤海牌烤大花生	山东省牟平县渤海花生食品厂
蝎子牌机制平口裤镰	山东省济阳县镰刀厂
人字湾牌糖水李子罐头	山东省诸城市第二罐头厂
丹崖牌烟台苹果罐头	山东省蓬莱县果品加工厂
飞龙牌糖水苹果罐头	山东省龙口罐头食品厂
天门山牌糖水苹果罐头	山东省荣成市石岛远东罐头厂
高煌牌糖水山楂罐头	山东省汶上县戚姬罐头厂
大地牌糖水世界山楂罐头	山东省临朐县果品加工厂
天门山牌糖水桃子罐头	山东省荣成市石岛远东罐头厂
人字湾牌糖水黄桃罐头	山东省诸城市第二罐头厂
飞龙牌糖水黄桃罐头	山东省龙口罐头食品厂
飞龙牌糖水甜梨罐头	山东省龙口罐头食品厂
麦黄山牌琥珀核桃仁罐头	山东省泰安市第三罐头食品厂
天烛峰牌琥珀核桃仁罐头	山东省泰安市第二罐头食品厂
大寿牌金针菇罐头	山东省临朐县益寿食品厂
长城牌糖水葡萄罐头	山东省寿光县第二罐头厂
石门牌酸辣菜罐头	山东省临朐县食品一厂
雪花山牌浓缩酸枣汁	山东省邹平县福利罐头厂
园铃牌蜂王浆枣汁	山东省茌平县园铃大枣综合加工厂
芳沁牌金丝枣汁	山东省乐陵市金丝小枣精制品厂
树如梅牌山楂浓缩原汁	山东省平度市果汁厂
荣翔牌特鲜橘子汽水	山东省荣城市美佳食品厂
雪祥牌高级幸福饮料	山东省济南市金牛饮料食品厂
荷花园牌雪梨可乐	山东省聊城地区饮料食品厂

产品名称	生产企业
事事牌事事可乐	山东省潍坊端阳酒厂
荣翔牌美佳可乐	山东省荣成市美佳食品厂
东生牌精炼棉籽油	山东省光饶县植物油厂
渝林牌精炼棉籽油	山东省夏津县植物油精炼厂
华齐牌花生油	山东省淄博市食品油脂厂
齐雪牌花生油	山东省淄博市淀粉厂
银河牌二级花生油	山东省文登市植物油厂
裕年牌二级大豆油	山东省金乡县浸出油厂
孟府牌二级大豆油	山东省鱼台县浸出油厂
禹王牌二级大豆油	山东省禹城县植物油厂
晴牌200×100×9(mm)彩色釉面墙地砖	山东省淄博市淄川区双凤建筑陶瓷厂
仙阁牌152×152×5(mm)白色陶质釉面砖	山东省栖霞陶瓷建材厂
山星牌200×100×8(mm)彩色釉面墙地砖	山东省淄博装饰建材厂
巨龙牌200×100×9(mm)彩色釉面墙地砖	山东省淄博市淄川区装饰建材厂
鲁宏牌B型复合塑料编织袋	山东省寿光县福利塑料编织厂
齐发牌A型塑料编织袋	山东省齐河县潘店塑料编织厂
三力牌B型塑料编织袋	山东省莱州市第二塑料厂
扬帆牌B型塑料编织袋	山东省潍坊塑料制品厂
亚新牌B型塑料编织袋	山东省莱州市塑料编织厂
鲁中牌425#矿渣硅酸盐水泥	山东省莱芜市第三水泥厂
明祖山牌425#矿渣硅酸盐水泥	山东省青州市明祖山水泥厂
卧虎山牌425#矿渣硅酸盐水泥	山东省济南市历城第三水泥厂
青都牌425#矿渣硅酸盐水泥	山东省青州市第二水泥厂
金华山牌425#白色硅酸盐水泥	山东省中国水泥工业开发公司招远特种水泥厂
牟平牌山东195柴油机机体	山东省牟平县内燃机配件厂
九都牌ZFR-26、ZFR-46轴承防锈润滑油	河南省偃师县石油化工厂
THD-4电极糊	河南省安阳县水冶炭素厂
豫西牌FZ保护渣	河南省西峡县保护材料厂
伏牛牌超高压ZD-12/100MPa注油器	河南省镇平注油器厂
牡丹牌CZ-20型纯柴尖小楷毛笔	河南省项城县汝阳刘传统笔刷厂
中原牌50mm铁挂锁	河南省孟县中原制锁厂
月季牌烟用红枣精	河南省新郑县车站枣精厂
中岳牌250型摩托车活塞环	河南省偃师县活塞环厂
848牌SC-氯丁橡胶防水涂料	河南省三门峡西涂料厂
亚新牌QCM-1特级矾土微粉	河南省巩县矾土粉加工厂
黄工（内销）牌、钻石（外销）牌紧线钳	河南省商水县紧线工具厂
华宝牌健宝乐饮料	河南省新乡健宝乐饮料厂
紫金山牌浓缩山楂汁	河南省辉县市果类制品厂
云岩工牌酸枣可乐	河南省郑州市康力饮料厂
健身牌棉清油	河南省卫辉市油厂
晓松牌芝麻油	河南省沈丘县团营油厂
平中牌小磨香油	河南省沈丘县石槽粮油食品厂
溢香牌二级大豆油	河南省沁阳市柏香油厂
雪源牌325#白色硅酸盐水泥	河南省焦作市白水泥厂
豫魁牌425#矿渣硅酸盐水泥	河南省新乡市中原水泥厂
桥头牌325#矿渣硅酸盐水泥	河南省新乡市黄河水泥厂

产品名称	生产企业
白鹤牌仿古真丝挂毯	湖北省潜江市丝毯总厂
和平牌F01-1酚醛清漆	湖北省谷城县油漆化工厂
金牛牌2号菜刀	湖北省大冶县刀具厂
江河牌3-Q-120起动用铅酸蓄电池	湖北省蕲春县蓄电池厂
勇进牌25%除草醚可湿性粉剂	湖北省随州市随西化工厂
飞天力牌MJ318A型普通木工带锯机	湖北省机械工业部第五设计研究院 芦埠机械联合制造厂
山峰牌DSM350地面水磨石磨光机	湖北省枝江县机电设备厂
福田牌ϕ200×300气缸	湖北省麻城市液压气动元件厂
鹿鹤牌竹胎模压衣箱	湖北省随州市皮件厂
吴都牌195×134提花七彩织锦被面	湖北省鄂州市华容丝织厂
云盖寺牌菱镁砼构件包装箱	湖北省鄂州市新型材料包装总厂
风景寺牌增威力饮料	湖北省荆门市东亚威力施饮料厂
风景寺牌增威力汽水	湖北省荆门市东亚威力施饮料厂
东桥牌中华可乐	湖北省荆门市中华可乐饮料厂
京乐牌彩莲	湖北省公安县花炮厂
长翅牌芝麻油	湖北省云梦县福量油脂厂
铜城牌425#矿渣硅酸盐水泥	湖北省黄石市大冶县矿山水泥厂
双环牌GB型熔抽不锈钢纤维	湖南省衡阳市岳屏钢纤维厂
宝石牌铸铁井盖板系列	湖南省长沙铸铁制品厂
岳洲牌DB型系列微孔不锈钢过滤网板	湖南省岳阳市机筛厂
金盆牌BDL-10/300、BL-35/600变压器瓷套	湖南省澧陵市第一电瓷厂
猫鱼牌不凝结型红丹	湖南省邵东红丹厂
湘江牌66型双保险弹子门锁	湖南省祁东县制锁总厂
五岭牌FeSi75A 11.5-A硅铁	湖南省宜章县五岭铁合金厂
乌金牌76mn汉口水洗猪鬃	湖南省澧申联营猪鬃厂
澧水牌二号锌锭	湖南省澧县炼锌厂
皇亲牌高锰酸钾	湖南省澧县高锰酸钾厂
畅日牌200×93《万里长城》山水绣片	湖南长沙沙坪湘绣厂
蓝天牌干荷电型（QA）起动用铅酸蓄电池	湖南省湘潭市汽车蓄电池厂
芙蓉牌生石灰粉	湖南省长沙市郊区建筑材料厂
团山牌糖水蜜橘罐头	湖南省沅江市食品罐头二厂
红灯牌80×14×114“轰炸机”烟花	湖南省醴陵市王坊出口花炮厂
红灯牌228×38节日乐	湖南省醴陵市富里出口花炮厂
红灯牌腊梅报春	湖南省浏阳县金刚出口花炮厂
红灯牌富士之樱	湖南浏阳城关出口花炮厂
连心牌圆形彩莲	湖南省浏阳县连心出口烟花厂
牛王牌一级精炼菜籽油	湖南省澧县张公庙油厂
双龙牌精炼二级菜籽油	湖南省澧县双龙油脂化工厂
九里香牌精炼二级菜籽油	湖南省澧县官垸油厂
淞澧牌一级精炼菜油	湖南省澧县余家台油脂化工厂
PCH牌梭织运动衣	广东省中山市黄圃镇服装厂
康宝牌BW×60A电热消毒柜	广东省顺德县杏坛康宝电器厂
雅黛牌280ml雅黛定型雾丝	广东省中山市永利日用化工有限公司
香山牌TTZ-4.8台式弹簧度盘秤	广东省中山市石岐衡器厂
双鲤牌350-1中油醇酸树脂	广东省顺德县龙江化工厂

产品名称	生产企业
容光牌感应式液晶显示测示器	广东省顺德县容奇测电器厂
鹰牌DG仿石刻花陶瓷砖系列	广东省佛山市石湾陶瓷工艺厂
大进牌棉氨纱纬向弹力布	广东省顺德大进纺织服装实业公司大进制衣厂
永大牌棉派基双面压敏胶粘带	广东省中山永大胶粘制品厂有限公司
巨星牌G系列打火机	广东省顺德桂洲打火机厂
飞达牌妇女卫生巾	广东省顺德大良卫生用品厂
常青牌电子点火气灶阀门系列	广东省中山市小揽气具阀门厂
大明牌851H、816B 鞋用氯丁橡胶胶粘剂	广东省粤港大明树脂厂
乐得华牌GD可见光固化复合树脂	广东省佛山市乐得华日用化工厂
顺峰牌皮康霜	广东省顺德县顺峰制药厂
同乐牌21%乳油《天杀毙》农药	广东省化州联营农药厂
威灵牌JZY2-873A液化石油气炉	广东省顺德桂洲石油气炉厂
金利牌MB 型户外壁灯	广东金利灯饰有限公司
S．W牌IDB35泵用电动机	广东省开平县三埠微型电机厂
力泉牌250毫升纸包装视力宝保健饮料	广东省顺德县力泉保健饮料厂
南天牌密集弹簧型1900×1500高级软床垫	广东省顺德县龙江南天家具厂
嫦娥牌200ml、1200ml不锈钢鸭嘴保温瓶	广东省南海县嫦娥保温器皿厂
葵湖牌椒盐饼、乐儿饼	广东省新会糖果饼干厂
威乐牌BZD-41便携组合式台凳	广东省顺德桂洲高威旅游用品厂
富乐牌五鲜伊面	广东省中山市小榄富乐食品厂
佳宁牌果汁饮料	广东省普宁县佳宁饮料厂
明华（外销马牌）牌加大8波魔术弹	广东省东莞市明华烟花爆竹厂
万江（外销马牌）牌加大10波魔术弹	广东省东莞市万江烟花爆竹厂
万江（外销马牌）牌外星人飞船	广东省东莞市万江烟花爆竹厂
雪碧牌精纺纯毛V领男套衫	广东省东莞市石碣毛织二厂
上元牌200×100×8(mm）彩釉砖	广东省南海县上元陶瓷厂
石燕牌152×152×5(mm）白色陶质釉面砖	广东省南海县樵山建材陶瓷厂
上元牌152×152×5(mm）白色陶质釉面砖	广东省南海县上元建筑陶瓷厂
振兴牌305.5×305.5×4.5(mm）陶瓷锦砖	广东省佛山市石湾振兴陶瓷厂
银兰牌305.5×305.5×4.5(mm）陶瓷锦砖	广东省佛山市澜石建筑陶瓷厂
玉兰牌152×152×5(mm)釉面砖	广东省佛山市澜石化工陶瓷厂
333牌200×100×8(mm）彩色釉面墙地砖	广东省石湾东村建材厂
宏丰牌152×152×5(mm）釉面砖	广东省南海县溶州宏丰陶瓷厂
建兴牌152×152×5(mm）白色陶质釉面砖	广东省佛山市石湾建兴陶瓷厂
建兴牌200×100×8(mm）彩釉砖	广东省佛山市石湾建兴陶瓷厂
大牌B型复合塑料编织袋	广东省包装进出口分公司 广东省顺德县大良塑料织造联营厂
大牌B型塑料编织袋	广东省包装进出口分公司 广东省顺德县大良塑料织造联营厂
石井牌425#R型普通硅酸盐水泥	广东省广州市石井水泥厂
龙峰牌425#R型矿渣硅酸盐水泥	广东省湛江市黄略水泥厂
榕湖牌瓶装桂林辣椒酱	广西桂林市七星酱料厂
金山牌钻井液用重晶石粉	广西永福县永福镇三钡矿粉厂
ZD50-590四层糊口水泥纸袋	广西玉林市纸袋厂
海鹰牌自行车链条	广西玉林市链条厂

产品名称	生产企业
前进牌高耐磨炭黑	四川省攀枝花市前进炭黑厂
强牌Ⅱ·20MnSiϕ12—25钢筋混凝土用变形钢筋	四川省德阳市钢铁厂
川艺牌竹材碎料板	四川省开县温泉工艺厂
笮都牌FeMn75C7.5、FeMn70C7.0高炭锰铁	四川省汉源铁合金厂
龙头牌400×3×32树脂薄片沙轮	四川省简阳砂轮厂
竹华牌竹华可乐	四川省大竹县月华饮料厂
电花牌硝光炮	四川省西充县金源鞭炮厂
电花牌35波魔术弹	四川省西充县金源鞭炮厂
源牌二级菜籽油	四川省彭县西郊油厂
源牌精制菜籽油	四川省彭县西郊油厂
白象牌425#白色硅酸盐水泥	四川省广汉市白水泥厂
三山牌(A)16#—70#棕刚玉磨料	贵州省贵阳金刚砂厂
康福乐牌鲜刺梨汁（浓）	贵州省龙溪果制品厂
电工牌SBE、SBEBϕ1.0—6.0mm双玻璃丝包线	云南昆明电缆厂电磁线分厂
联宜牌风味土豆片	云南昆明市联宜食品厂
焕山牌400×150×150 1#电解铅	云南省建水县永生实业公司陈管冶炼厂
云兴牌饲料级磷酸氢钙	云南省宜良县联营化工厂
凤翅牌樱桃什锦酱罐头	云南省镇雄县罐头厂
宇辉牌JZR2-B2电子打火家用煤气灶	陕西省宝鸡煤气用具厂
月亮牌着味油炸方便面	陕西省固城县东方精制食品厂
FeMo-60A钼铁	陕西省宝鸡县钼铁厂
3mm、5mm窗用平板玻璃	陕西省汉中市平板玻璃厂
光华牌农用聚乙烯吹塑薄膜	甘肃省兰州光华塑料制品厂
鸣雁牌6501纯毛提花毯	宁夏中宁毛纺织厂
开唯牌2—4mm蛭石鳞片精矿	新疆尉犁县蛭石矿有限公司
山城牌 LMZI-0.5型50、100、300/5A电流互感器 LMKI-0.5型50、100、300/5A	重庆山城电器厂
华西牌SX2—4—10实验箱式电阻炉	重庆实验电炉厂
天池牌425#矿渣硅酸盐水泥	重庆市歌乐山水泥厂
胜佳牌GC系列油烟净化机	武汉市胜佳油烟净化设备厂
中州牌食品用瓦楞纸箱	武汉市工贸合营武汉市新洲纸箱厂
木兰山牌QPQ1×5t卷扬式启闭机	武汉市黄陂通用机械厂
永固牌LHG0.3-0.09AⅡE机锅炉	武汉市花山锅炉制造厂
安山牌4号锌锭	武汉市武昌县炼锌厂
兰艳牌LA09-02铁蓝颜料	武汉市联合石油化工厂
兴驼牌女衬衫	广州市番禺县南兴服装厂
石菊花牌1250mm一次性使用输液器、输血器	广州花山医用塑料厂
禺山牌(3201、3202、3205、2507)32型热扎窗框钢	广州番禺市桥扎钢厂
榄花牌HDPE塑料薄膜袋	广州市增城东湖塑料厂
玉字牌P11—P46磷酸盐结合高铝质砖	沈阳市新民目耐火材料厂
菱环牌系列橡皮绝缘编织软电线	沈阳市新城子电线厂
菱花牌B50—40系列菱镁砼包装箱	沈阳市平罗菱镁制品厂
三亩牌JZ-A机油增效剂	沈阳市三山精细化学厂
百花牌复方铝酸铋片（胃铋治）复方片剂	沈阳市新城子制药厂

产品名称	生产企业
金斗牌SY123、SY134系列轻型载货汽车系列货箱总成	沈阳市汽车货箱厂
瓦化牌纤维级PBT	大连市瓦房店市化学纤维厂
瓦通牌JD-6节能低噪声轴流通风机	大连市瓦房店市通用机械厂
金钢石牌KZH-2快速淬火油	大连市瓦房店市石油化工厂
金租牌Y-100 0-1.6MP2压力表	大连市金州仪器仪表厂
HG牌φ(6—45)×S(0.8—3.5)不锈钢无缝钢管	大连华南不锈钢管厂
广灵牌102—140cm 男童套装	大连绣峰童装厂
桃仙牌102—140cm女童套装	大连绣峰童装厂
宇宙牌白云石质消石灰粉	大连南关岭白云灰厂
云河牌FeMo60钼铁	大连市金州区钼铁合金厂
棒陲岛牌325#矿渣硅酸盐水泥	大连市甘井子区前革水泥厂
大王牌鳞片高碳石墨	青岛市平度县田庄石墨矿
琴波牌204型芳烃石油树脂	青岛琴波化工厂
典雅瑶池牌200×135席梦思床罩	青岛第二刺绣厂
30—100L 系列圆柱纸桶	青岛出口包装容器厂
老黄牛牌复合装饰板	青岛胶南合成材料厂
卫士牌JTJ型金属探测器	青岛电子检测仪器厂
骄凤牌织造用钢丝综	青岛胶州市纺织器材总厂
琴华牌精梳涤棉细平布	青岛楼山织布厂
安全牌WGZ—5型钢制文件柜	青岛安全器材厂
威马牌DZL1.4—0.65/95 70—AⅢ热水锅炉	青岛胜利锅炉厂
莱峰牌B型塑料编织袋	山东省莱西县塑料制品厂
晓波牌绸丝棉混纺绒布童套衫	青岛第九针织厂
青新牌圆火腿	青岛新盛园肉制品厂
大沽河牌糖水黄桃子罐头	青岛软罐头厂
沽河牌425#矿渣硅酸盐水泥	青岛胶州市沽河水泥厂
金陵牌三聚氰胺	南京栖霞山树脂厂
力尔美牌本色鞋用帆布	南京市六合泉水帆布厂
宁热牌系列高频焊螺旋翅片管	南京热管技术开发中心热管厂
星达牌涤棉床单坯布	南京市西善桥纺织厂
朝阳湖牌YG—3型地下卧式油罐	成都市蒲江县电子电器厂
川建牌φ100—400连续铸铁管	成都市崇庆县元通机械厂
棠湖牌φ25—50mm低压流体输送用焊接钢管	成都市双流高频焊管厂
万里长城牌2000×1400×150高密集加强悬豪华软床垫	成都市长城床垫厂
BY牌 1980×1950×150 1980×1400×150 密集型弹簧软床垫	成都市八一家具厂
王凤牌广味香肠	成都邛崃县高埂食品加工厂
管能牌LS—8系列旋转活塞式油表	宁波慈溪市流量仪表厂
园星牌DF15—50电磁阀	宁波余姚仪表四厂
北仑港牌LS—4B 15-50水表检定装置	宁波水表仪器厂
九龙牌高级口洁净	宁波象山日用化学厂
宁缝牌GC15—1型高速平缝机牙架、送料摆杆座、抬牙叉形曲柄	宁波市工业缝纫机零件厂
东海牌DCY—107，111，301型低压测电器	宁波东海电器有限公司

产品名称	生产企业
碧彩牌CBB60型聚丙烯介质电容器	宁波鄞县电容器二厂
西湖春牌37—43男长袖衬衫	宁波奉化市衬衫厂
北仑港牌男式长袖衬衫	宁波青春服装厂
培罗成牌精纺全毛男西服	宁波培罗成西服厂
工宝牌TDW温度指示调节仪	宁波余姚市温度仪表厂
金凯牌DBL—20型漏电电流动作保护器	宁波余姚市保安器厂
宁自牌ZCL系列电磁阀	宁波制冷自控元件厂
联球牌（外径28—55mm）小型系列深沟球轴承	宁波慈溪微型轴承总厂
长河牌JYT—0.6—A型家用液化石油气调压器	宁波慈溪市阀门厂
万安牌JYT—0.6B型家用液化石油气调压器	宁波万安阀门厂
迎畅牌全羊毛四平空转男开衫	宁波友谊羊毛衫厂
樱牌牌精纺纯毛四空绣花女套衫	宁波甬美毛针织有限公司
梁雪牌雪柠碳酸汽水	宁波宁海县啤酒原料厂
辽塔牌工业氯化氨	长春市农安县化工塑料厂
奋进牌全自动气压供水设备	长春市奋进金属结构厂
吉双牌1800×720×6mm石棉水泥小波瓦	长春市双阳县长岭石棉水泥瓦厂
御淙牌水蜜桃矿泉汽水	长春市矿泉饮料厂
海尔乐牌成饵二号对虾饵料	山东省WFP2771项目工程寿光县饵料厂
飞鱼牌3×3、6×3、12×3锦纶渔网线	天津渔网厂

1990年乡镇企业产品获农业部优质产品奖按地区分行业统计表

地区 \ 分类	机电	轻工	纺织	化工	建材	冶金	食品	医药	获优总数	其中行评	复评合格
北京	6	1	4	1	1	1	1		15	3	
天津	4	4	2	2					12	2	3
河北	3	6		2	6		7		24	13	9
山西	2					4	2		8	2	1
内蒙古							1		1	1	
辽宁	5	2		3	3	1	1		15	4	12
吉林	3			1			5		9	7	2
黑龙江	2			1					3		6
上海	4	1	3		1		1	1	11	3	2
江苏	35	14	13	1	3	2	6	1	75	37	3
浙江	13	3	6		1	1	3	1	28	11	2
安徽	1	3	2		2	1	1		10	4	1
福建	2	3	1		5		6		17	10	
江西		9			7	2	5		23	17	15

（续）

分类 地区	机电	轻工	纺织	化工	建材	冶金	食品	医药	获优总数	其中行评	复评合格
山东	17	8	1	5	10	2	36		79	47	17
河南	2	5		1	4	2	7		21	10	1
湖北	4	5	1	2	1		4		17	6	4
湖南	4	8		2	1	3	5		23	10	13
广东	3	18	3	3	12		4		43	19	19
广西		2		1			1		4		
四川	1	3		1	1	2	1		9	4	4
贵州						1	1		2	1	
云南	1			1		1	2		5	1	
陕西		1			1	1	1		1		
甘肃				1					1		
宁夏			1						1		
新疆					1				1		
重庆	2				1				3		
武汉	2	2		1		1			6		2
广州		1	1			1		1	4		2
沈阳	2	1		1	1			1	6		1
大连	2		2	2	2	2			10	3	7
青岛	2	4	4	2	1		3		16	5	2
南京			2	2					4		
成都	2	2				1	3		8	2	
宁波	10	3	5				1		19	3	2
长春	1			1	1		1		4	1	
西安											1
总计	135	109	51	37	66	29	109	5	541	226	131

附录八

1990年各省、直辖市、自治区、计划单列市乡镇企业优质产品名录

北 京 市

产品名称	生产厂家
美鹿牌1711系列混纺花呢	北京海淀区东升毛纺织厂
美鹿牌1611系列法兰绒	北京海淀区东升毛纺织厂
滨河牌XCQ系列消磁线圈	北京市海淀区滨河电子设备厂
彩虹牌ZC24-240型系列反吹扁袋除尘器	海淀区四季青除尘设备厂
熊猫牌页状耐水砂纸	北京市海淀区东升砂布厂
QXW2.8-0.7/95/70-AⅡ热水锅炉	北京市四季青锅炉二分厂
曙光牌9LST(I)-396阶梯镀塑鸡笼及笼架	海淀区四季青曙光鸡笼厂
双园牌皮鞋钢钩心	海淀区圆明园五金厂
东升牌DS系列单相二极接地嵌入式插座	北京市海淀区东升塑料电器厂
东焊牌BX_3-500-1、BX_3-200-1弧焊变压器	北京东升电焊机厂
京丰牌YJ14、YJ14A型卷烟机风机	北京风机厂二分厂
绅爵牌男式衬衫	北京市绅士衬衫厂
玉字牌酱油	北京海淀区玉渊潭酱油厂
星花牌BV、RVV电器装备电线电缆	北京朝阳区昆仑电线厂
誉华牌系列板式拆装家具	北京市誉华家具厂
海燕牌杀菌灭藻剂YS-01	北京市朝阳区兴华水质稳定剂厂
海燕牌缓蚀剂PC-603	北京市朝阳区兴华水质稳定剂厂
太字牌ZC型机械反吹扁袋除尘器	北京市朝阳区太阳宫除尘设备总厂
镇岗塔牌BM021A型摩托车驾驶室	北京市丰台区长辛店汽车附件厂
红旗湖牌中高档写字台	北京市丰华家具厂
环燕牌HD13C-200/31、HD13C-400/31开启式刀开关	北京南苑机电厂
芦沟桥牌钢制文件柜	北京市丰台区芦沟桥铁柜厂
京丰牌DA2020型五节柜	北京市丰台区黄土岗五金工具厂
JH牌BJ-130汽车后桥半轴	北京汽车半轴厂
三安牌冷弯钢质防火门系列	北京京通电器厂
云乐牌BJ2020N消声器总成	通县北京汽车消声器厂
三大牌平开铝合金窗（42系列）	北京新兴铝合金门窗厂
潞佳牌32mm实腹钢窗	北京潞洲钢窗厂
聚才牌女注塑棉鞋	北京市顺义县李各庄曙光鞋厂
天空牌25A型空腹钢窗	顺义县天竺金属结构厂
竺牌铁制闸阀Z45TW-10系列	顺义县天竺阀门厂
高航牌兔毛圆领女套衫	北京市顺义县高丽营毛织厂
高航牌纯羊仔毛翻领男衫	北京市顺义县高丽营毛织厂
红榕牌女茄克衫	北京顺义张镇服装厂
卫星牌6-QA-60型起动用铅酸蓄电池	北京市昌平县昌卫蓄电池厂
弘昌牌RXH-75-9箱式电阻炉	昌平建兴电炉厂
京建牌TZ4-6-5灰铸铁散热器	北京市昌平县散热器一厂

产品名称	生产厂家
昌字牌TZ4-6-5灰铸铁柱型散热器	北京昌平马池口暖气片厂
新星牌QC-1200型管道清理机	北京市新星机械厂
石棉水泥小波瓦	北京市昌平百兴防水材料厂
亚东牌室外翻转式金属窗	北京市怀柔县前茶坞钢窗厂
鹤牌蚊香	北京市怀柔香厂
工业用平面毡	北京市毛毡厂
FCD牌LX-20断火限位器	北京市房山区城关电器厂
铁牛牌425号矿渣硅酸盐水泥	北京市房山区第四水泥厂
长宇牌XDL型洗衣机电机	北京市平谷县峪口乡机床附件厂
华城牌烧结式PVC蓄电池隔板	北京市平谷长城隔板厂
维特牌热管开水炉LRK0.8-2	北京市平谷县星火节能设备厂
65WDL、65WDLF-Ⅱ型液压立式离心污水泵	北京市杂质泵厂
三角牌WBG-0-2二等标准水银温度计	北京市玻璃研究所大兴联合试验厂
凤河牌D500装饰石膏板	北京市大兴县采育福利厂
S100-80-160、IS65-50-160型单级单吸清水离心泵	北京大兴水泵厂
兴迪牌2304闪道毛巾	北京晨星毛巾厂
金阁牌男长袖衬衫	北京艺华衬衫厂
巴兰德牌男西裤	北京市渔阳服装厂
享颖牌含锌补铁山楂片	平谷大华果脯罐头厂
妙峰牌轻质碳酸钙	北京市金顶碳酸钙厂
京都牌500—1000毫升具塞三角瓶(碘瓶)	北京市永乐店农场小务分厂玻璃厂
青松牌160—1701、119A/118同步器齿毂齿套总成	北京黑庄户汽车齿轮配件厂
紫金城牌景泰兰瓶	北京市北郊工艺美术厂
紫金城牌景泰兰圆边碗	北京市北郊工艺美术厂
海思牌YJZ-3型C02激光治疗机	北京市朝阳区双桥激光器厂
海豚牌Q120、Q130型铸铁搪瓷浴盆	北京市北郊搪瓷厂
双燕牌4115T-04C8,4115T-0103飞轮及齿圈总成	北京市朝阳区柴油机配件厂
京顺牌鞣酸蛋白片	北京市向阳制药厂

天津市

产品名称	生产厂家
京津牌40%氧化乐果乳油	天津市京津福利农药厂
津塘牌自焙砖炭	天津市塘沽区大沽碳素厂
天象牌再生胶	天津市再生胶厂
天彩牌2—萘酚	天津市大港振兴有机颜料化工总厂
五星牌汽车水箱编织胶管	天津市津港胶管厂
天宝牌彩色全胶鞋系列	天津市大华胶鞋厂
复混肥料	天津市宁河县磷肥厂
大北牌合成革女凉鞋22~25#系列	天津市橡胶制品六厂一分厂
天征牌全胶靴(高半)	天津市红联橡胶制品厂
海豚牌汽车内胎	天津市兴华内胎厂
天新牌针刺土工布	天津市新立无纺织物厂
水仙牌全化纤无纬针刺造纸毛毯	天津市津工联工业用呢厂

产品名称	生产厂家
晴菊牌弹力锦纶丝袜	天津市天海联营织袜厂
盘山松牌(内)、游艇牌(外)D27.8tex纯棉普梳纱	天津市汉沽工贸合营纺织厂
天进牌XXM14、XRM14照明配电箱	天津市前进电器厂
双卫牌R系列聚氯乙烯绝缘软线	天津市曙光电缆厂
津力牌YB32-100 B万能液压机电气控制箱	天津市华埠开关厂
井字牌JIIT-16DN15-80截止阀	天津市大港水暖器材三厂
力字牌Z44T-100N40-DN200闸阀	天津市大站实业公司
环友牌GFL-G型干馏反射常压多用锅炉	天津市津南环保净化设备厂
天鸣牌1032聚氯胺醇酸浸渍漆	天津市绝缘材料总厂二分厂
金声牌 2V—0.3/7E型，2V—0.6/7E型，3W—0.9/7E型空气压缩机	天津市微型空气压缩机厂
光明牌ZC_1涡杆减速机	天津市万新减速机厂
繁星牌S7—100/10电力变压器	天津市华北联营变压器厂
宝珠牌5/16（7.9375）~11′(25.400)系列滚动轴承钢珠	天津市轴承钢珠厂
都城牌冬菜	天津市津海冬菜厂
天力牌奶片	天津市华清糖果食品厂
佳宝牌50%氯化胆碱	天津市渤海兽药厂
盘岩花牌精纺羊毛衫裤	天津市蓟县兴旺毛织厂
联字牌色织纯棉被单布	天津市色织十七厂
润海牌全化纤有纬针刺造纸毯	天津市营城工业用呢厂
环球牌、飞鱼牌渔用锦纶单丝	天津市渔网厂
天洁牌腈棉交织薄绒衫裤	天津市武清县大发针织厂
雍阳(内)、瑞雪(外)牌纯毛精纺开套衫	天津市鹏程羊毛衫厂
柔燕牌印花毛巾	天津市毛巾三厂武清县石各庄乡联营厂
天锐牌10~100mm铁钉	天津市大港区制钉一厂
耐特牌φ 3×0.5~50×5 T2紫铜管	天津市兴华铜材厂
天汉牌钼铁FeMo60	天津市汉沽钼铁厂
万全牌251、252、253、254、255、331钢窗用电焊异型钢管	天津市静海县大邱庄带钢总厂
健牌φ12~51机械结构用碳钢电焊钢管	天津市大邱庄制管总厂
西兰牌锦丝被面	天津市西兰丝织厂
玉达牌试剂酸（硫酸、硝酸、盐酸）	天津市振兴化工试剂酸厂
九河牌男女合成革凉鞋	天津市华达制鞋厂
卡辛牌溶解乙炔　5~7 kg/瓶	天津市西郊乙炔气厂
兰星牌阳离子电沉积涂料1×25、1×30、H11—96	天津市丽华色材总厂
华兴牌鳞片石墨LG80—98	天津市宁河县碳素制品厂
多星牌铝合金门窗	天津市津美铝制品厂
军窗牌空腹钢窗	天津市军粮城钢窗厂
烧结普通砖	天津市武清县汉沽港乡建筑建材总厂
烧结普通砖	天津市宜兴埠砖厂
金辉牌烧结普通砖	天津市大港砖瓦厂
烧结普通砖	天津市静海县梁头乡砖瓦厂
烧结普通砖	天津市北郊区韩盛庄砖瓦厂
天明牌FHB型透明防火玻璃	天津市津宝福利防火玻璃厂
鲸鹏牌溶解乙炔	天津市双街乙炔气厂
雪晖牌工业硫酸氢钠	天津市北仓红岩化工厂

产品名称	生产厂家
武波牌CT劳保皮鞋	天津市津武鞋业有限公司
远景牌3138甲苯胺红RN	天津市东湖化工厂
天宫牌TJ1043B轻型载货汽车货厢	天津市汽车货厢厂
金凯牌140克高强度瓦楞原纸	天津市新兴造纸厂
龙星牌羊肉涮锅调料	天津市津西兴强酱菜厂
飞利达牌SM1型多功能闪光蜂鸣器	天津市大邱庄飞利达交通器材厂
津东牌旋翼插入式水表LXSO—80—200mm	天津市津东水表厂
TN牌492Q发动机气缸盖	天津市汽车发动机联营一厂
幽谷梅牌貂油系列面霜	天津市伊美天然化妆品厂
金鸽牌酮麝香	天津市北方香料厂
津港牌绉纹卫生纸	天津市大港第二造纸厂
津亚牌50誊写黑油墨	天津市油墨公司安光油墨分厂
凯进牌颗粒型碱性蛋白酶C1213	天津市新星发酵制品厂
艳妃牌（遮盖系列1# 2# 3#）美容面霜	天津市敖西日化厂
妙玉牌增白粉蜜	天津市津宝有色化妆品厂
春联牌口袋相册	天津市津西春联工艺纸制品厂
康平牌WQJ-2型铅烟铅粉尘净化器	天津市武清县第一环保设备厂
乐平牌CFJ型除氟净化器	天津市汉沽化工材料厂
焰峰牌ZYS型自身预热烧嘴	天津市燃烧设备厂
天波牌热电式燃具熄火保护装置AC-88型	天津市宝坻县北潭燃气保安器厂
津沽牌镀锡软铜线TRX	天津市宏远无线电线材厂
节仪牌EX、KX、SC、KC、JX热电偶用补偿导线系列	天津市节能仪表厂
天河牌航空邮袋绸	天津市静海丝绸二厂
子牙河牌纯棉27.8Tex普梳纱	天津市静海兴华棉纺厂
MT牌可锻铸铁管件（15—75mm）	天津市津南玛钢件二厂
金杯牌金属方孔筛网镀锌五金布	天津市长城金属网厂
华威牌ZDX型蒸汽地毯清洗机	七三一二工厂蓟县联营厂
应手牌ST362不锈钢旋游套锅	天津市盘山不锈钢器皿厂
金鹏牌三爪捞子	天津市耀华五金工具厂
金驼牌快速保温健温卡	天津市武清县王庆坨乡一街日用纸制品厂
津大牌牛面革胶粘男浅鞋	天津市津大制鞋厂
北斗牌胶粘牛面男浅鞋	天津市津华制鞋厂
津丹花牌胶粘牛面女浅鞋	天津市双花皮鞋厂
风船牌纯羊毛针织胶背地毯	天津市地毯进出口公司武清县联营地毯三厂
雍阳牌雪地鞋37—45#（3型）	天津市武清县雍阳鞋厂
蓓雅牌绗缝被、床罩、枕袋	天津市民生床上用品厂
雪原牌绵羊皮革服装	天津市军粮城皮件厂
海花牌铬鞣黄牛软正鞋面革	天津联海皮革工业有限公司
三角牌中档不锈钢餐具	天津市静海县津惠联营不锈钢制品厂
飞燕牌BTⅡ型调节式钢板制锯架8—12″	天津市大港工具一厂
飞燕牌羊角锤系列	天津市大港工具二厂
保平牌家用煤气灶JZY-86型 JZR-86型	天津市芦台煤气用具厂
天球牌PE革学生包系列	天津市宝坻县新安镇云峰箱包厂
津宝牌萨克斯管	天津市津宝乐器厂
健美牌旅游包系列	天津市宁河县建华箱包厂

产品名称	生产厂家
美乐牌自行车前叉	天津市蓟县自行车零件四厂
美乐牌自行车曲柄	天津市蓟县自行车零件六厂
美乐牌自行车脚蹬	天津市蓟县自行车零件七厂

河北省

产品名称	生产厂家
煤矿用金属背板	枣强县冶炼厂
大桥牌YH型电焊机用电缆	河间县沙桥电线厂
千驰牌JQ4120C型曲轴	晋县汽车曲轴厂
25-377mm拔制三通	盐山电力管件总厂金属结构分厂
锐锋牌YOY-07型氧气减压器	石家庄地区仪表厂
拉达汽车活塞	泊头市活塞厂
开源牌起动照明用铅酸蓄电池	邯郸市邯山蓄电池厂
PGL低压配电瓶	唐山市开关厂
长胜牌VLV型电力电缆	枣强县嘉会电缆厂
E字牌HJ110、HJ12-10型精密电压互感器	河北省四方电器公司精密互感器厂
华通牌纬检测器	南皮县华丽电子通讯元件厂
武冠牌 P250-400mm树脂结合砂轮	黄骅市渤海磨料磨具厂
六菱花牌六角网	辛集市金属丝网二厂
南霞牌DTX2型电子调谐器同芯插座	南皮县常庄接插件厂
世轮牌F.W型高速万能粉碎机	黄骅市齐家务科学仪器厂
花牌涤棉交织运动服	饶阳县尹镇津联针织服装厂
同福牌BY-S型伸缩式软椅	香河县大华计算机辅助设备厂
芳潮牌系列羽绒制品	南皮县店子镇天南旅游制品厂
奇峰牌树脂薄片砂轮	孟村回族自治县福利砂轮厂
白色陶瓷釉面砖	滦南县瓷砖厂
铁狮牌多维高蛋白活性饲料酵母	中国星火总公司兴济生物技术研究所
星中星牌直管荧光灯具	文安县光华灯具总厂
起飞牌系列钢镐	河北民用机械厂
金凤牌750系列钢制保险柜	武邑县保密器材厂
浪涛沙牌APP矿物填充母料	平乡县东风塑料制品厂
亚华牌系列钢制文件柜	石家庄市亚华铁柜厂
松塔牌防寒服	张北县八一皮毛厂
灰铸铁长翼型散热器	宣化县暖气片厂
卧牛牌快速加热器	深县大堤管件容器厂
聚乙烯绝缘护套市内通讯电缆	永清县通讯电缆厂
东头牌胶粘女皮鞋	青县京东制鞋厂
铬鞣黄皮正软面革	黄骅市东坛制革厂
E4303、E4313电焊条	石家庄特种电焊条厂
P＝305型高强度铸铁机械链条	三河县链条总厂
华昌牌60＃钼铁	辛集市赵马磨球厂
QD×3－20－0.55潜水泵	遵化县潜水泵厂
倩菊牌丁烷气瓶	盐山县铝材厂
230×380mm铝瓶	石家庄市新包装材料厂

产品名称	生产厂家
三合一复合水泥袋	石家庄市正定包装材料厂
二级大豆油	沧州市望海植物油厂
龙池牌南式金丝蜜枣	石家庄地区第二食品厂
龙钟牌沙果脯	藁城联营长安果脯厂
巨东牌钢串式散热器	巨鹿县暖通设备厂
华光牌水解聚丙烯腈一铵盐	石家庄市华北石油助剂厂
博陵牌毛料男西服	深泽县王家井服装厂
四字牌木质鞋楦	冀县鞋楦厂
亭阳牌钙塑装饰板	衡水建筑塑料制品厂
平原牌系列铸铁散热器	枣强县水暖厂
银星牌YT—Q型印刷胶辊	冀县胶辊厂
海狮牌YE 6型蛋白泡沫灭火剂	石家庄市第二消防器材厂
玉兰牌苹果脯	石家庄市永兴果脯厂
玉兰牌糖瓜条	石家庄市永兴果脯厂

山 西 省

产品名称	生产厂家
梅花牌SEP桑蚕丝	阳城县坪头丝厂
陵城牌手提式文件包	陵川县革制厂
CH16型矿用隔爆型插销开关	阳城县通用机械厂
晋光牌IKY 16-240 mm^2 全塑电力电缆	榆次电力电缆厂
汽车用半金属制动衬片	晋城市摩擦材料总厂
NKL 6-200-6 型限流电抗器	临猗县特种变压器厂
RL-65热风炉用高铝砖	阳泉下千亩坪耐火厂
双氰胺	平定县娘子关双氰胺厂
ϕ13～76mm×20m 输水胶管	长治市红旗橡胶厂
八级冶金焦用煤	洪洞县广胜寺联营洗煤厂
太岳牌粉煤灰加气混凝土砌块	平定县娘子关加气混凝土厂
潞州牌152×152×5白色陶瓷釉面砖	长治郊区针漳第二瓷厂
亚牌中碱玻璃纤维布	榆次市玻璃纤维厂
汾水牌TZ 2-5-5(8)柱型散热器	襄汾县襄陵铸造厂
北牌TZ 4-6-5(8)柱型散热器	清徐县北录树铸造工业公司
迎泽牌11°淡色啤酒	太原天龙啤酒厂
卧牛城牌全脂奶粉	忻州奶粉厂
京佳牌酱黄瓜	太谷县六味酱菜厂
瓦楞原纸（特号）	临猗县河东造纸厂
瓦楞原纸（一号）	洪洞县雄火造纸厂

内 蒙 古

产品名称	生产厂家
中京牌虾油什锦小菜	赤峰市宁城县中京酱菜厂
赤花牌五香粉	赤峰市克什克腾旗调料厂

产品名称	生产厂家
车桥牌小磨香油	赤峰市敖汉香油厂
八角牌杏仁饮料	赤峰市八角楼饮料厂
八角牌防盗门	赤峰市八角楼钢窗厂
食醋	赤峰市翁牛特旗大兴食醋厂
哈河牌133×200床单	赤峰市乃林床单厂
赤欣牌纯毛V领男开衫、女开衫	赤峰市元宝山区第一羊毛衫厂
蒙星牌纯毛V领男开衫	赤峰市平庄羊毛衫厂
蒙星牌纯毛V领背心	赤峰市平庄羊毛衫厂
原星牌毛腈混纺女套衫	赤峰市喀喇沁旗羊毛衫厂
盖峰牌18#童皮鞋	赤峰市童鞋厂
红砖	赤峰市红山区西水地砖厂
红砖	赤峰市喀喇沁旗后营子砖厂
冠英牌酱辣芥菜	呼和浩特市京丰酱菜厂
一级食用油	呼和浩特市五申精炼油厂
紫罗兰牌矿用防爆电缆	呼和浩特市电缆厂
丹凤牌铜火锅	乌盟丰镇市民族铜制品厂
巴岱牌绿豆粉丝	兴安盟扎赉特巴岱粉丝厂
红砖	赤峰市喀喇沁旗陈营子砖厂

辽宁省

产品名称	生产厂家
三山牌JZ-A型机油增效剂	沈阳市三山精细化学厂
ZBC-IV型自动锁边草袋编机	沈阳市北陵草袋机厂
雪力牌TC0.28/5—4长翼型灰铸铁散热器	大连南关岭暖气片厂
天华牌425R型普通硅酸盐水泥	大连天华水泥厂
金钢石牌WKGZ快速光亮淬火油	瓦房店市石油化工厂
CYSC-0.1～1.0型船用油水分离器	大连市金州船用防污设备厂
包装用聚乙烯吹塑薄膜	大连市金州塑料彩印厂
金鹰牌7801降凝剂	大连石油添加剂厂
D85A-18推土机液压阀组变速控制阀	大连第二液压件厂
金响牌沉淀（轻质）碳酸钙	大连金州区碳酸钙厂
海牌冻无头对虾（31—40）	瓦房店交流乌水产品加工厂
龙鳞牌LG35—99.5～LG（一）100-98精制高碳鳞片石墨	鞍山市精制石墨厂
齐大山牌维生素K_3	鞍山市兽药厂
冶飞牌“GGU”型镁碳砖	鞍山市镁碳砖厂
白天鹅牌PC-01低品乳液	海城有机化工厂
抚南牌STD90°L/R 1—6″无缝推制弯头	抚顺县石油化工配件厂
浑河牌ϕ75连续铸铁管	抚顺县铸管厂
永陵牌N 1型ϕ100柔性机械接口灰口铸铁管	新宾满族自治县铸管厂
S_7-30～500/10系列电力变压器	辽宁省清原县变压器厂
太河牌LHG0.5-0.4-AⅡ型蒸汽锅炉	本溪满族自治县锅炉厂
双凤牌DD862d-4型单相交流电能表	凤城满族自治县电工仪表厂
辽川牌KMC-16G镁碳砖	丹东市四兴镁质耐火材料厂

产品名称	生产厂家
鸭绿江牌日用化工包装软管铝图片	丹东市日化铝板厂
鹿牌采伐斧	凤城工具厂
长城牌MTG 400-368-635马桶盖	丹东市外贸友谊综合厂
辽东牌PPS-2丙纶短丝油剂	东沟县辽东纺织助剂厂
东农牌6SP-10A (DM-10A)6SZ-15A(DM-15A)型多功能电磨	东沟县新农农机厂
海牌冻31—40—41—50无头对虾	丹东市鞍阳冷冻加工厂
新欣牌 TC 0.28/5-4长翼型灰铸铁散热器	黑山县暖气片厂
华普牌T2系列紫铜管	锦州市薄壁管厂
间花牌硫化钠	锦县化工二厂
火焰牌KRS硅砖	义县石英玻璃厂
间山牌J41H 25-25 截止阀	锦州阀门总厂一分厂
三谊牌30B 25-12D 单相离心清水泵	绥中县机电制造厂
宝山牌TC 0.28/5-4长翼型灰铸铁散热器	绥中县暖气片厂
宏扬牌低取代羟丙基纤维素	营口市长城化工厂
营潜牌SYN、OYN耐水绕组线	营口市潜水电机线厂
240×115×53烧结普通粘土砖	阜新蒙古族自治县东关烧结砖厂
辽达牌中童注塑旅游鞋	辽阳山花制鞋厂
襄平牌SG系列室内消火栓箱	辽阳市供水设备厂
宝春牌弹性泡沫、石棉	昌图保温材料厂
白羊牌沉淀碳酸钙（轻质）Ⅰ型	铁岭市碳酸钙厂
凌河牌TC0.28/5-4长翼型灰铸铁散热器	凌源县暖气片厂
烧结普通砖	凌源县宋杖子乡港杖子村砖厂
烧结普通砖	建平县富山乡第二制砖厂
铁精矿	建平县深井铁矿选厂
蒂莲牌425-2 矿渣硅酸盐水泥	北票市水泥四厂
四丰牌T 03-1 各色脂胶调合漆	建平油漆厂
火炬牌TZZ-5-5(8)柱型灰铸铁散热器	凌源县刀尔登暖气片厂
钙基膨润土	建平县沙本矿业公司
白羊牌沉淀碳酸钙（轻型）Ⅰ型	铁岭市碳酸钙厂
烧结普通砖	开源县城东砖厂
90°等径弯头	大连管件厂

吉林省

产品名称	生产厂家
春冠牌100-500铸铁管系列产品	长春市铸管厂
聚源牌清水离心泵系列产品	长春市第一水泵厂
AX-100型摩托车聚氨脂泡沫座垫	长春市海绵制品厂
长净牌军帽包装箱	长春市净月纸制品厂
腾飞牌再生胶油毡	九台市防水材料橡胶油毡厂
松北牌二亚硝基戊次甲基四胺	吉林市北方化工厂
吉缸牌甲基乙氧基硅油	永吉县有机合成化工厂
雪柳牌全脂速溶加糖奶粉	吉林市华沙乳品厂
松花湖牌全脂加糖、加锌、茯苓奶粉	吉林市松花湖乳品厂

产品名称	生产厂家
宇光牌活性氧化锌	吉林市金刚化工厂
梨电牌HK_2型开启示负荷开关	四平市梨树开关厂
公主牌玉米淀粉	公主岭市淀粉厂
青春牌糊精系列产品	伊通县糊精厂
梨塔牌500 kV以下输电线路铁塔	梨树县铁塔厂
汽车风挡夹层玻璃	东辽县汽车风挡玻璃厂
金猫牌JCC-2型四齿钢叉	东丰县红星农具厂
吉茂牌健胃散	辽源市兽药厂
双牛牌玉米淀粉	梅河口市淀粉厂
鹤寿牌天燃气半补强炉法炭黑	镇赉县大屯炭黑厂
北方牌石油沥青纸胎油毡	白城市油毡纸厂
爱林牌实腹钢窗	前郭县金属门窗厂
花山牌工业用环氧大豆油	扶余市京扶联合助剂化工厂
中兴牌小单板贴面门	白城市保平木工厂
洮儿河牌工业癸二酸	洮南市有机化工厂
保平牌5-7型系列挂车	白城市拖车厂
长白山牌腐必清	龙井市智新松焦油厂
牡丹牌绘图板	敦化市木文具厂
驼马牌刨花贴面装饰板	敦化市第八细木工板厂
绿宝牌立古灵	延吉市化工五厂

黑 龙 江 省

产品名称	生产厂家
冰城牌1000mmZ型平尺	哈尔滨市检验工具厂
冰城牌KCJ-20型液化石油汽快速充气阀	哈尔滨市曙光工矿配件厂
6FF-35型方筛	黑龙江省宾州粮食机械厂
烧结普通砖	哈尔滨市五岗砖厂
烧结普通砖	泰来县泰来镇制砖厂
烧结普通砖	安达市羊草镇砖厂
白鹅牌印刷胶	呼兰县白奎制胶厂
红叶牌防水粉	阿城市蜚克图化工厂
飞龙牌Y5-47-11锅炉离心引风机	黑龙江省宾州机械厂
HBK锅炉控制台	黑龙江省宾州开关厂
烧结普通砖	哈尔滨市跃进砖瓦厂
镜泊牌25A空腹钢窗	牡丹江钢窗厂
镜泊湖牌MBH514B型护指键式木工安全平刨床	牡丹江市海南木工机械厂
金龙牌$T_2X-\frac{30}{50}$ kW隐极式三相同步发电机	绥化市第二电机厂
大千牌OPQ200-1000型电动盘式切管机	哈尔滨市新境机械厂
松江牌箱板纸	佳木斯市松江造纸厂
连珠牌复合肥	密山市连珠山复合肥厂
FM8手提式干粉灭火器	哈尔滨市龙泉消防器材厂
肉用鸡配合饲料	巴彦县西集饲料厂

上　海　市

产品名称	生产厂家
鸡精调味料	上海市四美味精厂
低发泡花色卷材塑料地板	上海汇丽化学建材总厂三分厂
ＬＺＧ-3、5、8Y 型冷动真空干燥机	上海市奉贤县洪宝医疗器械厂
赤霉素(920)粉剂	上海市沪江生化厂
ＸＴＺ-140全自动洗涤脱水机	上海市申星洗涤设备厂
涤棉男长袖衬衫	上海凯托衬衫厂
绣花女衬衫	上海市丝绸进出口公司北蔡绣衣联营厂
GYB60-6S 高压均浆泵	上海东华高压均浆泵厂
ＱＺ-1、ＱＺ-2聚酯漆包圆铜线	上海中联电磁线厂
锡兰毛无虚线男套衫	上海金山羊毛衫厂
A型塑料编织袋	上海长征塑料编织厂

浙　江　省

产品名称	生产厂家
神童牌花富纺	绍兴县丝绸一厂
唐三彩牌花软锻	绍兴县柯桥绸厂
春江月牌花露香水	上虞真美日化厂
芳华牌花露香水	上虞芳华日化厂
华威牌家用双门电冰箱	温州电冰箱总厂
鹏球牌汽车铁壳皮革油封	上虞县油封厂
安途牌ＳＣ120拉杆总成	绍兴第二汽配厂
星冠牌ＹＳＣＴ160M-12冷却塔专用电机	上虞百官电机厂
天通牌ＵＹＥ14彩电回扫变压器用磁性氧化物	海宁电子元件厂
赤城牌铝电解电容器橡胶密封塞	天台县橡胶三厂
天女牌ＣO4-2红、白、绿醇酸磁漆 天女牌ＨO6-2铁红环氧酯底漆	桐乡造漆厂
双梅牌力车胎模具	绍兴模具厂
长牌冬虫夏草头孢菌丝体原料药	长兴药用微生物厂
海虹牌叶绿素铜钠盐	海宁天然色素厂
双鲸牌SIF 亚硫酸化综合鱼油加脂剂	宁波皮革化工厂
雕平绣被套	温岭县抽纱绣品厂
联丰牌ＤＳＸＺ-350Ｅ低压蒸汽两效溴化锂吸收式制冷机	上虞县联丰玻璃钢厂
恒固牌Ｙ802-1型八兰烘箱	余姚市恒温箱厂
保一牌J41N-40液化气专用截止阀系列	永嘉县保一液化气阀门厂
壶塔牌镀锌铁丝	武义县拉丝厂
仙源牌ＤＦ120-150多级离心注水泵	瑞安市水泵厂
铁流牌ＥＱ140东风载货汽车离合器从动盘总成	杭州西湖离合器厂
荣华牌牛筋底系列工艺鞋	杭州工艺鞋厂
劲苗牌ＹＴＮ系列油田耐震压力表	永康自动化仪表厂
宁新牌ＬＸＳ-15C-25C 旋翼式冷水水表	宁波八达仪表制造厂
越球牌包装用钢带	绍兴金属压延总厂

产品名称	生产厂家
螺栓球节点网架	杭州东南网架厂
舜光牌XXS-31系列微机声光报警器	余姚市化工仪表厂
YCT160电磁调速电动机	杭州调速电机厂
飞跃牌GN1—2中速三线包缝机	椒江市第二工业缝纫机厂
上浦牌SKD—Ⅱ型双效冻结装置	上虞风机厂
新蕾牌TDYJ49减速永磁式同步微电机	鄞县洗衣机定时器厂
循环牌6.5米循环球方向机	萧山市汽车方向机厂
山鹰牌425普通硅酸盐水泥	长兴县煤山水泥厂
天峰牌425普通硅酸盐水泥	诸暨市兆山水泥厂
飞英牌425普通硅酸盐水泥	湖州市第四水泥厂
立马牌425普通硅酸盐水泥	兰溪市灵洞水泥厂
万马牌425普通硅酸盐水泥	平湖县白马水泥厂
三八牌08B-1精密滚子链	淳安链条厂
双鸽牌Y系列三相异步电动机	宁波长江电机厂
定垫牌R175、S195、Z135内燃机气缸盖垫片系列	定海动力垫片总厂
巨轮牌S195喷油泵柱塞偶件	绍兴县油嘴油泵厂
LXS—15E—40E旋翼式冷水水表	宁波东海仪表厂
玉叶牌YSF-1型瓶阀	慈溪市阀门三厂
创美牌32毫米实腹钢门窗	嘉兴市净湘钢窗厂
佳保牌32毫米实腹钢门窗	建德县新安江钢窗厂
飞球牌QSn6.5—0.1锡青铜带	绍兴金属压延总厂
青灵牌QSn6.5—0.1锡青铜带	宁波锡青铜带厂
ZLO101、102、104、110铸造铝合金	天台县铜材厂
爱峰牌织锦缎×金玉缎双面云花丝棉衣	桐庐县如意服装厂
乾坤牌全粒面鞋面软革（黄牛）	三门皮革制品厂
海脉牌女茄克衫	桐庐皮革总厂
西子牌回形针系列	杭州西子文化用品厂
KYT1—30转页扇	慈溪春光塑料制品厂
长工牌KYT1—25转页扇	慈溪市工程塑料厂
奇乐牌KYT—25转页扇	慈溪电器塑料二厂
KHG1—25B换气扇	慈溪春光塑料制品厂
奇乐牌KHG—25换气扇	慈溪电器塑料二厂
远飞牌涤棉汗布印花童套装	绍兴市针织内衣厂
冻生小虾仁	温岭县东红水产冷冻厂
冻生小虾仁	温岭县东角头水产冷冻厂
培罗成牌精纺全毛夹大衣	宁波培罗成西服厂
丘比特牌涤棉女式衬衫	义乌市衬衫厂
好来西牌涤棉女式衬衫	武义县服装实验厂
齐兰牌涤棉女式衬衫	三门县衬衫厂
樱花牌佳尔夫S8720	绍兴县第三纺织厂
灵华牌涤纶竹节泡泡绉	绍兴丝绸一厂
爱蝶牌DP-288富士呢	绍兴第二丝织厂
爱蝶牌DP-288富士呢	绍兴县管墅针织厂
为民牌密克丁（仿毛织物）	绍兴县为民布厂
振昌牌HSZ6903涤纶仿毛华达呢	绍兴州山振昌织造厂
海海牌10×2/19.5涤棉卡其	舟山印染厂

产品名称	生产厂家
跳鲤牌29×58全棉染色绒布	绍兴第一印染厂
星河牌T/JC52/48 19.6tex普梳涤棉纱 T/JC65/35 13.1tex精梳涤棉纱	浙江萧山三利棉纺厂
回龙牌15619毛麻混纺花呢	余姚市毛纺织厂
美月牌全毛精纺羊毛衫	桐乡新华羊毛衫厂
奇峰牌全毛精纺四空板花男套羊毛衫	桐乡第三羊毛衫厂
全毛精纺男开羊毛衫	宁波镇海羊毛衫厂
凌雁牌全毛精纺四平针女套衫	上虞县羊毛衫厂
樱牌1:2:7兔羊毛女衫	宁波甬美毛针织有限公司
双台牌马海毛针织女开衫	桐庐针织总厂
海花牌814膨体细绒线	宁波化纤毛纺厂
银峰牌HS37020毛涤毛裤呢	上海七毛杭州联营厂
元夏牌860纯苎麻坯布	绍兴棉麻纺织总厂
马鞍牌150P/34F低弹涤纶丝	绍兴第一涤纶厂
芙蓉牌Z582-Ⅱ型提花童袜机	绍兴市柯桥轻纺机械厂
海光牌FZ501型苎麻环锭细纱机	定海纺织机械厂
绍经牌ZJG-5F型提花经编机	绍兴县经编机械厂
山河牌GU103B型手动自紧结打结机	温岭县打结机厂
彩翎牌棉纺用塑料经纬纱管	黄岩市纺织器材总厂
飞前牌CA141汽车用机油泵总成（扩优）	绍兴县汽车油泵厂
湘湖牌BJ212、136汽车前后制动器总成	萧山汽车制动器厂
诞海牌EQ140-28 12V汽车用仪表板总成(扩优)	绍兴县汽车仪表厂
云岩牌SISTS-150双速两用台式砂轮机(扩优)	绍兴电动工具厂
联球牌（外销慈微牌）101、102、201、180201深沟球轴承(扩优)	慈溪微型轴承总厂
狄盾牌ZLD101、104铸造铝合金	绍兴县熔炼厂
江桥牌100克小包装榨菜	余姚第一菜类制品厂
工宝牌XMT-102数字式温度显示调节仪	余姚市温度仪表厂
梅福牌32毫米实腹钢窗	鄞县钢窗钢模厂
腾龙牌积成竹胶板	龙游县压板厂
飞鹰牌200升闭口钢桶	永康县城关镇五金厂
双猫牌32-307、32-312、32-314 磁性塑料文具盒	杭州出口商品包装有限公司
州福牌H2408涤纶仿毛华达呢	绍兴县州山福利色织厂
越鉴牌元红酒	绍兴县酒厂
流觞亭牌元红酒	绍兴县鉴湖酿酒厂
咸亨牌香雪酒	绍兴县咸亨酿酒厂
越宫牌香雪酒	绍兴东浦酒厂
鉴湖牌香雪酒	绍兴鉴湖酿酒厂

安徽省

产品名称	生产厂家
己酸乙酯（添加剂）	郎溪县化工厂
鸡肉味汤料	蚌埠市食用汤料厂
牛肉味汤料	蚌埠市食用汤料厂

产 品 名 称	生 产 厂 家
蟹味汤料	蚌埠市食用汤料厂
富强粉挂面	长丰双敦面粉厂
建设粉挂面	长丰双敦面粉厂
小磨麻油	全椒县古河麻油厂
茶叶（金地）	青阳九华山茶厂
茶叶（雀舌）	青阳九华山茶厂
白银牌23cm汤盘	太湖瓷厂
金光牌R 175柴油机系列凸轮轴	安徽省桐城凸轮轴厂
白兔牌R 175柴油机轴瓦	安徽省桐城县轴瓦厂
鹤牌Y-8型工业油酸	安徽省宿松县洲头油脂化工厂
宿州牌 FS-N 型φ400浮动床离子交换器	安徽省宿州市锅炉工业设备安装工程公司压力容器厂
梅花牌20/22白厂丝	安徽省广德县缫丝厂
汪六吉牌棉料130cm单宣纸	安徽省泾县汪六吉宣纸厂
双溪牌7Y-500型农用三轮运输车后桥	宣州市第三机械厂
京徽牌羽绒服	安徽省庐江县羽绒厂
金狮牌机制一号尖锹	濉溪县钢锹厂
西关牌φ100,铸铁污水管	安徽省濉溪县西关管道厂
人乐牌152×152×5mm白色釉面砖	淮北市建华陶瓷厂
胭山牌50FB-67化工离心泵	安徽省天长县泵阀厂
天宇牌塑料编织袋（B型）	安徽省天长县塑料编织厂
争荣牌 AWF 、213小珠巾	合肥毛巾三厂
知音牌整幅彩条被里	合肥被单二厂
环达牌N1型柔性机械接口灰口铸铁直管(B型φ100，φ150、φ200)	安徽省肥东县撮镇铸锻厂
桴槎牌425#普通硅酸盐水泥	安徽省肥东县东海水泥厂
骆岗牌T1氧化锌	合肥氧化锌厂
雪峰牌1000×334×50mm软木砖	金寨县软木砖厂
300×300×22mm天然花岗石板材	金寨县花岗石厂

福 建 省

产 品 名 称	生 产 厂 家
哭笑娃娃	晋江县华侨玩具有限公司
生日蛋糕电子琴	晋江县华侨玩具有限公司
西裤	石狮市金泰克制衣公司
软沙发	石狮市百祥工业公司
EP型运动鞋	石狮市福美鞋业有限公司
西裤	石狮市爱乐斯制衣实业有限公司
男女运动鞋	泉州市丰登制鞋有限公司
D25节水冲水阀	南安县英都水暖阀门厂
精盐	惠安埕边盐场
女T恤衫	晋江县陈埭四境妇幼用品厂
鸳鸯霜	晋江特施丽日用化学工业有限公司
IM-89活卡调节西裤	晋江县青阳联友服装厂
28tex全棉汗布童装	福州鼓山针织厂

产品名称	生产厂家
WA 60-20L F2小型圆柱蜗杆减速器	福州市传动机械厂
SGL型铝合金室内消火栓箱	福州市消防器材厂
特级茉莉花茶	福州市城门花茶总厂
龙眼木雕	福州鼓山雕刻厂
不锈钢饭勺、锅铲	长乐县餐具厂
桐口米粉干	闽侯县荆溪埔前粉干厂
白色陶质釉面砖	闽清县联合瓷厂
漆木碗	建瓯吉阳工艺厂
二级茉莉花茶	建瓯玉屏茶厂
脱脂松木锯材	南平三芹有限公司
脱脂松木折椅	南平洋后木制工艺厂
18升水煮笋	政和铁山罐头厂
KZC型快速蒸饭车	政和县通用机械厂
漆木碗	政和县星华工艺有限公司
铸铁调温电炒锅	邵武市电子电器厂
日式木筷	邵武市水北木筷厂
成积式竹胶车厢底板	武夷山市竹胶板厂
机编竹席	顺昌县德昌竹艺有限公司
低定量牛皮箱板纸	沙县高桥造纸厂
漆木碗	清流县东华脱胎漆器厂
钻井液用重晶石粉	永安市重晶石厂
425[#]普通硅酸盐水泥	永安市洪田水泥厂
天然蜜柑浓缩果汁	三明市三元食品厂
松木胶合板	明溪县胶合板厂
TC_3XH型压接式条形连接器	福鼎县电子元件厂
PE塑料农膜	福鼎县前岐农用塑料厂
光腈纶细绒线	柘荣县福联纺织实业公司
化核加应子	闽东蜜饯厂
仿瓷珠座垫	宁德建筑陶瓷厂
衬衫	莆田华灵时装有限公司
注塑布鞋	莆田县黄石布鞋厂
粘胶皮鞋	莆田振兴鞋业有限公司
绢画挂扇	仙游县度尾工艺厂
800克条装芦笋罐头	漳州紫山罐头厂
25DB—18清水电泵	东山县微型水泵厂
条装芦笋罐头	云霄郭埔罐头厂
糖水荔枝罐头	龙海科洋罐头厂
425[#]普通硅酸盐水泥	龙岩红坊水泥厂
箱装无头对虾	厦门银隆水产开发有限公司

江 西 省

产品名称	生产厂家
白色陶质釉面砖152×152×5(mm)	江西富安县石脑陶瓷厂
红机砖	江西九江市庐山五里乡前进砖瓦厂
30g/m²有光纸	江西宁都造纸厂
柴油添加剂	万安县剡溪化工厂
360mm塑料粗纱管	九江市纺织器材厂
液压支柱三用阀	德安煤矿机械厂
普通粘土砖	彭泽县黄花砖瓦厂
E-B767型	贵溪县活性炭厂
离合器压盘及盖总成	萍乡市汽车离合器厂
290型曲轴（柴油机）	湖口县内燃机配件厂
EQ140汽车转向拉杆球销	星子县内燃机配件厂
高脚酒杯	高安县日用瓷厂
人参珍珠霜	资溪县日用化学品厂
14吋代代富贵	景德镇市竞成雕塑瓷厂
Ⅱ类针叶材胶合板	遂州县胶合板厂
CH-801强力胶	江西省赣西化工厂（宜春市）
香脂	南昌桃花日用化工厂
土霉素	南昌洪城制药厂
出口劳保手套	工贸联营江西省九江市前进劳保用品厂
木雕彩绘系列手杖	江西柘林雕刻厂（永修）
童装羽绒茄克衫	丰城市羽绒厂
桥牌型999牛牌塑光扑克	南昌顺外扑克牌厂
手提式1211灭火器2型、4型	江西消防器材一厂（进贡县）
普通粘土砖	湖口流泗砖瓦厂
普通硅酸铝纤维	星子县耐火材料厂
大卡通布娃娃	鹧江工艺玩具厂
药用松油醇	婺源县许村香料厂
消防器材	上饶市消防器材厂
板鸭	南康县龙迴板鸭厂
香酥果	南昌儿童营养补剂厂
绍红老酒	景德镇市绍洪酒厂
加饭酒	景德镇市绍洪酒厂
浮云特曲	奉新县浮云酒厂
浮云酒	奉新县浮云酒厂
低度浮云酒	奉新县浮云酒厂
一级茉莉花茶	上高县精制茶厂
特级茉莉花茶	奉新县茶厂
赣梅老窖	江西赣梅酒厂（临川县）
赣梅酒	江西赣梅酒厂（临川县）

山　东　省

产品名称	生产厂家
银鹰牌MP65/2Ⅱ型馒头机	章丘县炊具机械厂
文峰山牌狼毫毛笔	山东省莱州市制笔厂
龙门牌狼毫毛笔	莱州市笔刷厂
崂山牌活络扳手	青岛崂山工具厂
五吉牌MBH-40A型木工护指键平刨机	山东省乳山县木工机械厂
鹏翔牌MB573木工裁口平刨床	山东省威海市木工机械厂
东岳牌9PSJ-750型配合饲料加工成套设备	山东省泰山农牧机械总厂
斥山牌泰山-12拖拉机后盖总成	荣成市液压机械厂
荣泵牌泰山-12拖拉机柱塞泵	荣成市柱塞泵厂
楼山牌QD851型四吨汽车挂车	青岛楼山农机厂
双龙牌群青	龙口化工厂
古钟牌酸式磷酸锰	济宁市光明化工厂
威力牌FC-2型反应釜	威海化工器械厂
飞驰牌六偏磷酸钠	滕州化工原料厂
福山牌32系列实腹钢窗	烟台市福山钢窗厂
银龙牌60g/m²卷烟包装用镀铝纸	潍坊市防潮纸厂
风筝牌A级350g/m²油毡原纸	潍坊市建材公司油毡厂
仙翁牌250型摩托车轮辋	昌乐县车圈厂
银鹰牌HWT25型和面机	章丘县炊具机械厂
开拓牌乙纶渔网线	文登东方网具厂
英山牌玻璃马赛克	烟台市工艺美术建材厂
南水牌人造玛瑙卫生洁具	宁阳县新型建筑装饰材料厂
青龙崮牌425#矿渣硅酸盐水泥	新泰市汶阴水泥厂
玉皇山牌425#矿渣硅酸盐水泥	泰安市徂徕水泥厂
鲁中牌425#矿渣硅酸盐水泥	莱芜市第三水泥厂
卧虎山牌425#矿渣硅酸盐水泥	济南市历城第二水泥厂
立都牌425#矿渣硅酸盐水泥	嘉祥县黄岗水泥厂
金牛山牌425#矿渣硅酸盐水泥	莱芜市口镇水泥厂
潍河牌425#火山灰质硅酸盐水泥	诸城市第二水泥厂
四联牌425#火山灰质硅酸盐水泥	龙口市诸由联营水泥厂
陆舟牌SGS-2型机电两用地上衡	乳山衡器厂
蓬莱阁牌A89-1型电镀双面折椅	枣庄市蓬莱阁沙发厂
宝蝶牌SY-2型电镀双面折椅	山东省嘉祥县梁宝寺钢木家具厂
柳泉牌W系列起钉器	山东省机械进出口公司淄博合营工具厂
北力牌GJB-2W管螺纹铰板及板牙	山东省蓬莱县北沟五金工具厂
仙阁牌115型外装双舌门锁	蓬莱县潮水家具锁厂
雪莲牌单人、双人电热毯	山东省海阳县电器厂
双和牌DZK自动控温电炸锅	青岛市莱西县电热电器厂
洁玉牌8204增白浴巾	山东省高密县毛巾厂
半岛牌腈棉提花枕巾	龙口市毛纺织厂
晓波牌70D锦线海军条衫	青岛第九针织厂
宝兰花牌100D/14eex涤盖棉运动装	青岛第十二针织厂
俊燕牌100D/18.2eex涤盖棉西服	青岛海燕针织服装厂
莲花山牌04003纯毛制服呢	山东省新泰市鲁新毛纺织厂

产品名称	生产厂家
海王星牌13210混纺制服呢	青岛第三毛纺织厂
朋利牌纯人棉布（19.7/19.7、267.5/267.5、160）	高密县纺织厂
华印牌纯棉印花平布（28/28、266/212.142）	烟台新华印染厂
东威牌68D/58D弹力锦丝交织男袜	威海市第一袜厂
卧牛牌6632×927国标中粒麻袋	青州市麻纺织厂
汶河牌6632×927国标中粒麻袋	山东省肥城县麻纺厂
A186F梳棉机盖板	青岛市胶南第六纺织机械配件厂
巨龙牌FA503型环锭细纱机	淄博第二纺织机械厂
神力牌75#硅铁	枣庄市薛城区铁合金厂
美洲豹牌32系列热轧窗框钢	山东省泰安市钢窗总厂
鲁龙牌32系列热轧窗框钢	龙口市轧钢厂
ϕ10—12mm 碳素结构钢热轧圆钢	招远县轧钢总厂
耐热铬钢烧结机篦条	山东省郓城特铸厂
炉宝牌BMG-12不烧镁铬砖	山东淄川镁质耐火材料厂
济牌MT-2镁碳砖	济南市镁碳砖厂
东耐牌水泥窑用磷酸盐结合高铝质窑衬砖	山东淄川东坪耐火材料厂
鹏翔牌MQ431型台式木工多用机床	山东省威海市木工机械厂
阳光牌MQ431型台式木工多用机床	山东省海阳县木工机械厂
工友牌MQ431A型台式木工多用机床	威海市通用机械总厂
羊山牌TS-12拖拉机离合器总成	山东省莱芜市第一拖拉机配件厂
强弓牌泰山-12拖拉机前轴总成	潍坊市西郊容器厂
山石牌7CC-5T型液压自卸农用挂车	乳山县乳山寨农机厂
荣滕牌705A型农用机动三轮运输车变速箱	荣成市第一汽车配件厂
萌山牌3WT-3型踏板式喷雾器	淄博农药机械厂
新联牌PGJ$\frac{1}{2}$型低压开关柜	山东省新泰市开关厂
第一关牌JYN_2-10型高压手推柜	山东省淄博开关厂
中烟牌ZK-3C_2、ZK-3E_2型制冷压缩机控制台	烟台市冷冻机配件厂
金牛山牌XXM、XRM照明动力配电箱	济南市天桥电器厂
齐鲁牌76ZY-ZD-25自吸离心式油泵	山东博山油泵厂
禹王牌TDY75型油冷式电动滚筒	淄博电动滚筒厂
大力牌TMY10/90D起动用叶片式气动马达	烟台市石油机械厂
泉星牌2V-0.36/7型、2V-0.67/7型空压机	济南空压机厂
四达牌JZFS型高压液压截止阀	威海液压件厂
秀河牌Z446H-16型快速排污阀	山东高密县锅炉附件厂
鲁阁牌PZ48H-16Q型锅炉快速排污阀	山东淄博锅炉附件厂
沙字牌CS4AIAH-1.6ZDN25、40、50型自由浮球式疏水阀	青岛疏水阀厂
四湖牌铌铸铁丸	济宁市中区钢砂厂
亚翔牌LXS-15C、20C、25C旋翼式水表	山东省临沂市水表厂
女郎山牌JN162-1601115离合器压盘弹簧	章丘县弹簧厂
龙磁牌ZQ-2/155/10.06～1.50m/m聚酯漆包圆铜线	龙口市电磁线厂
鳞甲牌BLJ型板式换热器	山东省宁津县换热器厂
泰峰牌2#机制尖锨	肥城县五金厂
文燕牌改性PVC鞋料	文登市第三塑料厂
向球牌饲料级磷酸氢钙	张店向阳化工厂
华星牌ZB-74PVC加工无毒助剂	淄博塑料助剂厂

产品名称	生产厂家
亚川牌氯化亚砜	淄博市淄川双风化工厂
云门牌脱酸硫磺粉	青州市福利化工厂
及时雨牌夹布涂塑软管	安丘县塑料四厂
展业牌钠基膨润土	诸城市膨润土厂
古塔牌30%安乃近注射液	济南兽药厂
济兴牌注射用青霉素钠	济宁兽药厂
翠楼牌32系列实腹钢窗	威海钢窗厂
环世牌32系列实腹钢窗	高密县钢窗厂
鹰牌手工打结丝毯	济宁丝毯厂
民艺牌玉米皮制品	青岛市平度民生工艺品厂
伊乐牌（出口牡丹牌）A级卫生纸	寿光县福利卫生纸厂
沪河牌250-17摩托车胎	诸城市社会福利橡胶制品一厂
旭龙牌双金属衬板	临沂市特钢厂
角力牌农用三轮运输车后桥总成	泰安市农机车桥厂
银雀牌木香顺气丸	临沂东风制药厂
银雀牌感冒清热冲剂	临沂东风制药厂
金鸽牌6180提花沙发巾	临沂市毛巾厂
玫瑰牌别针	工贸合资临沂市金属制品厂
B级28 g/m²绉纹卫生纸	东营市造纸厂
1#70 g/m²书写纸	东营市造纸厂
锡山牌510 g糖水山楂罐头	诸城市罐头厂
九女泉牌510 g糖水山楂罐头	东平县罐头厂
长山飞龙牌500 g油炸花生米	昌邑县花生制品厂
事事牌事事可乐汽水	潍坊市端阳酒厂
李密泉牌酸枣汁	济南市天然饮料食品厂
贵宾牌白羽半甜白葡萄酒	海阳县葡萄酒厂
五岛牌熟干、美味快餐海带丝	荣成市水产品综合加工厂
柳恕牌淀粉	泗水县淀粉厂
二级大豆油	禹城县植物油厂
渤海湾牌烤花生果	牟平渤海花生食品厂
蓬仙牌矿泉水	蓬莱华新矿泉水有限公司
莺歌牌340 g花生酱	枣庄市乳品厂
康乐牌510 g红烧牛肉罐头	青州清真罐头厂
烟台山牌烟台可乐（高、中糖）	烟台汽水厂
龙宫牌可乐汽水	青州市龙宫矿泉汽水厂
烟台山牌鲜桔汽水	烟台市汽水厂
马山泉牌橙汁汽水	烟台市马山泉汽水厂

河南省

产品名称	生产厂家
少林牌SLG6550旅行客车（SL620）	郑州市少林汽车改装厂
宇宙市2.5 m玻璃钢反射器卫星地面接收天线	沁阳市航宇玻璃钢厂
单体液压支柱复位弹簧	偃师县弹簧厂
兰迪牌多层镀膜高增透无反光光学镜片	延津特种光学眼镜厂

产 品 名 称	生 产 厂 家
犀牛牌180 g/ mm^{2}高强度瓦楞原纸	博爱县第二造纸厂
双河牌七层圆卷边200升闭口钢桶	漯河市五金厂
美丹牌尼龙牙刷	汝州市塑料厂
雪松牌乳胶布-210	博爱县玻璃纤维厂
旭光牌骡马皮软面革	项城县革制品厂
九都牌火补胶	偃师县第二橡胶制品厂
2.4硝基氯化苯	偃师县染化一厂
孟州牌ϕ80 mm吸引夹布胶管	孟县胶管厂
制动蹄	洛阳市环境保护设备六厂
鸿羽牌50 B P Z 5 Z-45型喷灌泵	驻马店喷灌机厂
禹王牌L Q D 5型启闭机	商城水利机械厂
L D牌GW-0.25-160/1 J中频感应电炉	洛阳市电气电炉厂
五星牌Y Q X S水介质液力偶合器	信阳市液力机械厂
艺龙牌P V S软塑料压延薄膜	温县塑料建材厂
群力牌S D-T石棉橡胶刹车带	孟县制动材料厂
L1-65高铝砖	巩县第二耐火材料厂
比比牌27．8$^{\#}$ /36$^{\#}$ 纯棉毛巾被	武陟县针织内衣厂
双龙牌热熔型反光标线漆	获嘉县豫北化工厂
博丹牌乙炔炭黑	博爱县丹河化工厂
郑韩牌烟用红枣精	新郑郭店枣精厂
宏狮牌QS-25-24-3潜水泵	安阳市水泵厂
朝歌牌6-Q-180蓄电池	淇县蓄电池厂
Q-1500型海绵切割机	禹州市海绵厂
洛都牌C S-T L4、C S-2.3型碳硫自动分析仪	洛阳市分析仪器厂
H Y J牌ϕ377、ϕ426公制半径90°推制弯头	偃师县金属结构厂
襄阀牌50 J41 H-16截止阀	襄城县阀门厂
H Y牌204轴承	淮阳县轴承厂
海霞牌蓝黑墨水	新蔡县堂村墨水厂
燕舞牌皱纹卫生纸	武陟县振兴造纸厂
飞宇牌F Y88-01电镀折叠圆凳	焦作市高档家俱厂
富丽丝台布	民权工艺品联营公司
紫峰牌G H-1-4型玻璃钢离旋器	沁阳县东风玻璃钢建材厂
莹星牌陶瓷锦砖	郑州市莹星建筑陶瓷厂
邙山牌32型热轧窗框钢	巩县南河渡机械厂
中雪牌酶法糊精	驻马店市中原淀粉糖厂
187 c m ×106 c m白披巾	辉县市棉织厂
欢鹿牌12801平厚大衣呢	邓州市毛纺织厂
沈燕牌聚烯烃多功能填充母料	沈丘县皮革制品厂
龙凤牌珞鞣黄牛修饰鞋面革	鹿邑县皮革制品厂
飞轮牌泰山-12型离合器总成	荥阳县拖配厂
镁碳砖-3型	巩县小关竹第二耐火厂
F D-56单向压力封闭剂	辉县市日新化工厂
枢纽牌G I-B型四用起动电源	周口市电子电器厂
双刀牌J3 G-400型砂轮切割机	郑州市切割机厂
P G L1-2型低压配电屏	新郑电器开关厂
F S QBJ-600型全风运组合清粮机	修武县第二粮食机械厂

产品名称	生产厂家
大口径异型管道	辉县市黄河管道配件厂
无纬针刺全化纤造纸毛毯	沁阳市造纸毛毯厂
林河牌GBG钢制扁管散热器	安阳市林河散热器厂
包装纸箱	新乡县纸箱厂
BLD摆线针齿行星减速机	获嘉县化工设备厂
槐山羊正面服装革	淮阳县皮革制品厂
金刚石牌EOT-Ⅲ型耐磨耐热电焊条	光山县特种焊条厂
ZZG-I型煤电钻钻杆	郑州市小型轧钢厂
ZZG型-I型钻杆用型钢	郑州市小型轧钢厂
东风牌5TW-35型脱粒机	卫辉市机械厂
卫健牌瓷釉GRC浴盆	永城县浴盆加工厂
北斗牌氧气胶管	沁阳市第一橡胶厂
NW4″镀锌管	驻马店市建材厂
金英牌农用三轮车	郑州拖拉机新郑分厂
银玲牌A185梳棉机盖板	淮阳县第三纺织配件厂
秦牛牌GB109、867、1011铝铆钉	灵宝县阳店铆钉厂
鲸鱼牌7627全棉缎档割绒浴巾	新乡市大西洋毛巾厂
鲸鱼牌7626提花割绒浴巾	新乡市大西洋毛巾厂
德超牌汽车制动摩擦片	商丘地区石棉摩擦材料制品厂
慰河牌ZJ-019型空气炮	濮阳市南乐空气炮厂
长颈鹿牌DX型系列订箱机	唐河县包装机械厂
洛工牌KZM○100-○630硬质合金可转位面铣刀	洛阳市硬质合金工具厂
FT-342改性沥青	辉县市振兴化工厂
友谊牌GXD-650制粉机	巩县联营铸钢厂
425# 普通硅酸盐水泥	巩县米河联营水泥厂
J41T-16Dg80截止阀	焦作市阀门厂
双蜓牌活性艳红X-3B	长葛县染料助剂厂
金枪牌热电偶用补偿导线	安阳市合金导线厂
野马牌GZ-B型四用起动电源装置	周口市春光硅整流器厂
黄河牌BF7658淀粉酶	三门峡酶制剂厂
日食牌山楂片	辉县市食品罐头厂
苏阳牌山楂糕	辉县市百泉副食品厂
宋塔牌糖水山楂罐头	修武县第三食品罐头厂
宋塔牌糖水桃罐头	修武县第三食品罐头厂
崛起牌金针菇罐头	新郑县食用菌罐头厂
京华牌粉丝	淮阳县新乐粉丝厂
五星牌11°普通淡色啤酒	北京双合盛五星啤酒厂安阳联营厂
清宫牌清宫酒	焦作市清宫酒厂
邺南首都牌双头黄酒	汤阴县双头黄酒厂
二七牌一级酱油	郑州市向阳味精厂
软包装道口烧鸡罐头	滑县道口烧鸡罐头厂
沈光牌CPV-营养强化牛肉	沈丘县罐头食品厂
山华牌鹌鹑蛋罐头	河南省京华实业公司
清宫牌五香烧鸡罐头	沁阳市中原罐头厂
如燕牌红烧牛肉罐头	新乡市食品罐头厂
山华牌红烧牛肉罐头	河南省京华实业公司

产品名称	生产厂家
纶城牌午餐牛肉	虞城县利民清海罐头食品厂

湖北省

产品名称	生产厂家
男式粘胶内耳八式鞋	湖北省浠水县和平皮鞋厂
S型(1×4)多梭箱	湖北省黄冈县纺织机械总厂
翔昕牌直径2.5m内铜质船用螺旋桨	麻城市船用螺旋桨厂
喹乙醇	湖北省武穴兽药厂
实用系列工艺美陶	宜昌市夜明珠美术陶瓷厂
21%灭杀毙乳油	宜昌地区三峡农药厂
荆塔牌冰箱食品搁架	湖北省荆门市金属喷涂厂
骆驼牌6-QA-60-195起动用铅酸蓄电池	湖北省谷城蓄电池厂
UUU牌英制圆锥滚子轴承LM67048/LM67010	襄樊星火轴承有限公司
武当山牌1000×500×500mm软木砖	谷城县软木厂
银石牌人造酸洗6-8、10-20目石英砂	二汽石英砂厂
光荣牌三角胶带	仙桃市第一橡胶厂
13.5cm×9.5cm×16层脱脂纱布卫生口罩	湖北省仙桃市医用敷料厂
毕升牌DT401四开平台印刷机	天门市印刷机械厂
东星牌BLVVB2×2.5mm²绝缘护套电线	石首市电线厂
荆农牌3WBS-16型背负式喷雾器	湖北省公安县农业药械厂
大桥牌钢丝条锁系列产品	湖北省潜江市锁厂
天将牌50%甲胺磷乳油	钟祥县农药厂
轻型铝合金卷闸门	沙市市江汉装饰卷闸厂
灵官桥牌TY-30型陶瓷成型压力机	通城县陶瓷机械厂
碧宫牌花岗石建筑材料	崇阳县路口大理石厂
矫龙牌排水用灰口铸铁直管	武汉市汉阳县大集铸造配件厂
楼鹤牌模压牛反绒劳动鞋	武汉市左岭皮鞋厂
古城牌豪华型沙发	潜江市浩口家具厂
黄鹤牌药物卫生纸	洪湖市长江造纸厂
鹤江牌通草堆画屏	天门市鹤江工艺美术厂
担山牌钢内包头皮安全鞋	咸宁市劳动防护用品厂
楚宝牌棉呢绒鞋	红安县皮鞋厂
金明牌BV1.5mm铜芯塑料绝缘线	十堰市汽车电器材料厂
三峡牌不锈钢炒锅	宜昌不锈钢制品厂
EQ140型汽车发动机上体	丹江口市武当精密铸造厂
新春洲牌XCZ系列轴承座	武汉市新洲县通用机械厂
沼山牌改性粘土	鄂州市沼山膨润土厂
凤凰牌LF3铝镁合金窗纱	鄂州市金属丝网厂
太和牌酸性钙基膨润土	鄂州市太和非金属矿产公司
宇达牌89×4无缝弯头	仙桃市锻压件厂
山峰牌DSW-350水磨石机(SM-340)	枝江县机电设备厂
金牛牌菜刀	大冶县刀具厂
吉福牌洗衣膏	蕲春县蕲州日用化工厂
灵虬山牌40-140(目)六号石英砂	湖北省蕲春县灵虬山石英砂厂
古牌48—1型钢管脚手架扣件	潜江市玛钢厂

产品名称	企业名称
飞达牌48—1型钢管脚手架扣件	潜江市建筑材料机械厂
鄂马牌48—1型钢管脚手架扣件	汉川县玛钢厂
C03-1白醇酸调合漆	武汉市红星医药化工厂
三梅牌复混肥	湖北省三梅化工厂
虎山牌纯芝麻酱、芝麻油辣豆瓣酱	湖北精酿味品厂
宜红功夫茶二级	宜昌县红茶厂
花凉亭牌特级茉莉花茶	通城县花亭茉莉花茶厂
雄骏牌325# 矿渣硅酸盐水泥	黄石市秀山水泥厂
325# 矿渣硅酸盐水泥	黄石市四棵水泥厂
龙台牌儿童乐饼干	当阳市龙台食品厂
沪宝牌模制7ml抗菌素瓶	汉川县分水药用玻璃厂
华光牌ϕ16×85mm铝软管	鄂州市段店金属制品厂
三三牌搪瓷口杯内销纸箱	应城市纸箱厂

湖南省

产品名称	生产厂家
梅花牌20/22D白厂丝	湘乡缫丝厂
嵇山牌聚丙烯中型编织袋	望城县塑料编织厂
云麓峰牌旅游鞋	长沙市云麓制鞋厂
长友牌牛皮男女胶粘皮鞋	长沙市友谊皮鞋厂
澧州牌8901办公家具	澧县城关木工厂
金通牌ϕ240—340金属包装桶	长沙县板塘金属包装厂
江南牌B级28g/m²绉纹卫生纸	南县卫生纸厂
岳阳牌办公家具	岳阳市梅溪桥木家具厂
沅水牌太古油（磺化蓖麻油）	常德县石公桥化工厂
昭山牌4.5%甲敌粉剂	湘潭市昭山农药厂
桃花江牌轻质碳酸钙	桃江县向阳化工厂
合欢花牌抽纱手绣窗帘	浏阳县抽纱二厂
沉淀碳酸钙	长沙市郊先锋轻质碳酸钙厂
涔河牌C03-1醇酸白调合漆	澧县油漆化工厂
乌江牌Ⅱ型筛（400型米筛）	岳阳市乌江机筛厂
宏达牌QZ-2/155/1高湿度聚脂漆包圆铜线	武岗电线厂
合龙牌EQ140型副钢板弹簧总成	益阳市车辆钢板弹簧厂
胜江牌7G-3型农船挂机	沅江县共华农机厂
川山牌165F、175F喷油器总成	汨罗市油泵油嘴厂
方便牌60g寒痛乐热敷散	醴陵市药品化工厂
潭建牌高效型砼减水剂	湘潭市潭建减水剂厂
金美蓉牌FR-2015型农用车	长沙美蓉汽车制造厂
金美蓉牌FR-2010D型农用自御车	长沙美蓉汽车制造厂
银丹牌药用碳酸钙	株洲市碳酸钙厂
天雷牌安全皮鞋	长沙县安全皮鞋厂
麓峰牌糖桔饼	长沙市桃花食品厂
一级精炼菜油	澧县余家台油脂化工厂
岳阳楼牌二级茉莉花茶	湘阴县六塘茶厂

产品名称	生产厂家
羊角峰牌GGTACF高压开关柜	平江电器厂
GG1-A(F)高压开关柜	常德开关厂
金峰牌425#普硅水泥	长沙县第一水泥厂
宇兴牌425#普硅水泥	临澧县合口水泥厂
万宝山牌425#矿碴水泥	临澧县修梅水泥厂
双龙山牌425#矿碴水泥	临澧县龙凤山水泥厂
擎天牌425#普硅水泥	湘潭市人防战备水泥厂
骑田牌425#普硅水泥	宜章县麻田水泥厂
万阳山牌425#普硅水泥	桃源县观音寺水泥厂

广西壮族自治区

产品名称	生产厂家
桂花牌AC系列延时自闭式大便冲洗阀	平南县水暖器材厂
桂花牌Yz延时自闭式大便冲洗阀	平南县水暖器材厂
桂花牌隔板式通道地漏	平南县水暖器材厂
桂山牌O型橡胶密封圈	平南县橡胶制品一厂
桂山牌骨架式油封	平南县橡胶制品一厂
四层缝口水泥纸袋	玉林市纸袋厂
1500W铸	玉林市山心锅厂
飞龙牌冰雹（怪蛋）	博白县烟花炮竹总厂
EG480铸铁锅	陆川县米场铁罐制造厂
425#普通硅酸盐水泥	陆川县第二水泥厂
425#普通硅酸盐水泥	陆川县田龙水泥厂
宝华牌425#普通硅酸盐水泥	横县东门水泥厂
浮山牌C型塑料扫把	贺县贺街工业公司电器塑料厂
0.7mm×22#电镀锌铁线	容县拉线制品厂
仲钨酸铵	钟山县永丰冶炼厂
雷宇牌500头排炮	浦北县张黄炮竹厂
425#普通硅酸盐水泥	南宁市金龙水泥厂
邕江牌525#普通硅酸盐水泥	南宁市北湖水泥厂
硅灰石粉	平乐县砂子硅灰石厂
250g/包甘薯蜜片	横县良圻食品加工厂
天保牌八角精	德保县天保民族天然香料厂
南方牌40g×8/袋蛋黄糕干粉	广西南方儿童食品厂
红茹果脯	南宁市安淇保健食品厂
5×0.5cm山楂条	西林县果脯厂
80方型、90圆型、椭圆马口铁听罐	荔蒲县万鹏印铁制罐厂
425#普通硅酸盐水泥	北流县第三水泥厂

贵州省

产品名称	生产厂家
神农牌贵定云芽	贵定县云务湖水库茶场

产品名称	生产厂家
飞丹牌二号书写纸	遵义县新舟纸厂
清水江牌清水江粉笔（60支装）	黄平县清水江粉笔厂
90陵牌ZT-102型自动铸条机	铜仁市印刷设备厂
海燕牌高碳锰铁	遵义县南风冶炼厂
上锌牌一号精锌	上海锌厂赫章分厂
白云牌水桃红大理石板材	贵阳白云大理石厂

云南省

产品名称	生产厂家
电工牌聚脂漆包圆铜线	昆明电磁线分厂
云月牌1#电解铅	个旧市沙甸电冶厂
铸造生铁	峨山县钢铁厂
铸钢生铁	峨山县钢铁厂
球墨铸铁用生铁	晋宁县云川炼铁厂
金戈牌锡铅焊料	个旧市金戈冶炼厂
航船牌T03-1铁红脂胶调合漆	昆明万里油漆化工厂
松林牌钙镁磷肥	安宁钙镁磷肥厂
黎阳牌黄丹	富民县化工厂
48、56、58、68mm水松纸	玉溪市水松纸厂
颗粒骨胶	通海骨胶厂
杞湖牌蒸制骨粒（含粉）	通海骨胶厂
云字牌可锻铸铁管路连接件	泸西县玛钢厂
滇鹤牌鸭绒被子	昆明市鸭绒制品厂
星星牌425#矿渣硅酸盐水泥	玉溪市刘总旗水泥厂
达隆牌425#矿渣硅酸盐水泥	玉溪市大营街水泥厂
防水堵漏剂	宜良化工建材厂
梁王山牌55°梁王酒	晋宁县梁王山酒厂
金龙牌盒装高级金丝面条	保山市金龙面联营公司

陕西省

产品名称	生产厂家
金鸡全蛋粉	西安市临潼相桥乳品厂
165Q车用空压机	长安汽车配件厂
电气化铁路信号屏蔽电缆	西安北方电缆厂
41L瓶装溶解乙炔气	咸阳长陵乙炔厂
汉口猪鬃	城固县建江猪鬃制品厂
G60铁路轻油槽车罐体	西安市红旗金属结构厂
电冰箱搁架	千阳长虹电器厂
JYN2-10移开交流金属封闭开关设备	长安县前进电器厂
JZS230双螺旋挤砖机组	眉县砖瓦机械厂
一级电石	扶风县冶炼化工厂
烧结普通砖	城固县原公机砖厂

产品名称	生产厂家
DG消洗灵	宝鸡县东港消洗厂
男式牛皮线缝三节头皮鞋	千阳县永固皮鞋厂
天王星牌霹雳鞋	宝鸡县旅游鞋厂
牛皮穿花女棉鞋	城固县福利皮革厂
胶粘牛皮面老板鞋	汉中市建国皮鞋厂
拉毛涤纶保暖女鞋	安康市布鞋厂
儿童棉皮鞋	宝鸡县天王布鞋厂
广寒牌男、女羽绒服	宝鸡县羽绒厂
金鸡牌直通多旋塞阀	宝鸡煤气用具厂
梅花牌CFG-1单项交流电动吹风机	眉坞吹风机厂
注塑男棉鞋	岐山县城北鞋厂
汉江牌轻质碳酸钙（Ⅱ型一级）	汉中市碳酸钙厂
一级电石	岐山县青化电石化工厂
秦星牌黑米羹	城固县粮油食品厂
半坡鱼牌小米薄酥脆	西安市灞桥区特种食品公司
32mm实腹钢门窗	西安灞桥区钢窗厂
阎磁牌TLN2069、AA399-34型彩电用行线性线圈	阎良磁性元件厂
单双面印制板	长安县电子仪器厂
填充mc尼龙制品	西安市丈八尼龙制品厂
矩龙牌馍饼掰碎机	陕西省柴油机配件二厂
环城牌精制纯豆粉丝	城固县环城粉丝厂
标准粉	西安市新光面粉厂
美乐牌火腿	城固县建江食品饮料厂
鹤牌香肠	城固县建江食品饮料厂
将坛牌胶粘牛面海口高跟女鞋	汉中市建国皮鞋厂
磺石牌牛面偏花海口女皮鞋	宝鸡县天王布鞋厂
胶粘女皮鞋	宝鸡县天王制鞋厂
秦岭牌塑料编织袋	眉县塑料厂
麻塑编织袋	扶风县第一塑料厂
本色纯棉布	宝鸡县第一纺织厂
白梅牌二号35g/m² 有光纸	扶风县上宋造纸厂
卫星牌试剂盐酸	西安雁塔化学试剂厂
卫星牌试剂硫酸	西安雁塔化学试剂厂
轻质氧化镁	岐山县兴秦化工厂
醋酸丁酯	扶风县第一塑料厂
石狮牌彩色釉面砖	乾县彩色墙地砖陶瓷厂
南湖牌铸铁瓷釉浴缸	南郑县浴盆厂
预应力砼多孔板	宝鸡市渭滨区马营水泥制品厂
预应力砼多孔板	勉县高潮水泥制品厂
烧结普通砖	长武县彭公建材厂
鸿门宴牌保健狗肉罐头	西安临潼罐头厂

甘　肃　省

产品名称	生产厂家
奶粉	庆阳地区镇原县孟坝奶粉厂
豆浆晶	庆阳地区镇原县太平豆制品厂
元明粉	酒泉地区敦煌市化工厂
转角沙发	酒泉市富康沙发厂
三人沙发	天水市秦城沙发厂
护肤霜	西峰市双桐化妆品厂
燕麦片	兰州市榆中县燕麦片厂
裘皮大衣	庆阳地区正宁县皮毛厂

宁夏回族自治区

产品名称	生产厂家
黑色碳化硅	惠农县碳化硅厂
脱水甜椒粒，脱水韭葱	中卫县脱水菜厂

新疆维吾尔自治区

产品名称	生产厂家
创建牌普通烧结砖	乌鲁木齐县七道湾砖厂
孔雀牌325# 火山灰质硅酸盐水泥	库尔勒市第一水泥厂
连环牌共混型超薄地膜	阿克苏塑料厂
神湖牌17010凹凸格呢	布尔津毛纺厂
神湖牌17003彩色格呢	布尔津毛纺厂
神湖牌17020花色格呢	布尔津毛纺厂

重　庆　市

产品名称	生产厂家
天鹰牌DT75型带式输送机	重庆中梁山运输机械厂
渝飞牌$Ni(NC_3)_2\cdot 6H_2O$硝酸镍	重庆市江北县红星化工厂
恒蓝牌溶解乙炔	重庆陈家桥溶解乙炔气厂
渝州牌F03-潢酚醛调合漆	重庆渝州造漆厂
胜飞牌N46号机械油	重庆市璧山县炼油厂
渝羊牌全毛华达呢女西服	重庆江南服装厂
迎龙牌速效发泡粉	重庆巴县迎龙化工厂
涂山牌精制黄丹	重庆南岸涂山黄丹厂
江南牌氯丁胶乳沥青防水涂料	长寿县江南橡胶制品厂
北泉牌氯丁胶乳沥青防水涂料	重庆北碚橡胶建材厂
渝乐牌工业铁氰化钾	江北县洛碛昆仑化工厂
川东牌6X—195型铅酸蓄电池	重庆渔洞船舶蓄电池厂
永宁牌精制敌百虫片	重庆茄子溪兽药厂

产品名称	生产厂家
水龙牌氧化玉米淀粉	重庆市铜梁淀粉厂

西安市

产品名称	生产厂家
G60铁路轻油槽车罐体	西安市红旗金属结构厂
电气化铁路信号屏蔽电缆	西安北方电缆厂
32mm实腹钢门窗	西安市灞桥区钢窗厂
半坡鱼牌小米薄酥脆	西安市灞桥区特种食品公司
阎良牌LN2069、A399-44型彩电用行线性线圈	阎良磁件元件厂
JYN2-10移开式交流开关设备	长安县前进电器厂
165Q车用空压机	长安汽车配件厂
金鸡牌全蛋粉	西安市临潼相桥乳品厂
秦赵牌厚型铬鞣黄牛正面革	西安市未央区兴华福利皮革厂
烧结普通砖	西安市谭家机砖厂
烧结普通砖	西安市未央区红色第三砖厂
小麦标准粉	西安市谭家面粉厂
娃娃牌谭家大麻花	西安市谭家食品厂
精艺牌课桌	西安市高教基建木器加工厂
灞字牌560mm铸铁耳锅	西安市灞桥区灞桥冶炼铸造厂
新秦牌无毒UPVQ-2型塑料管	西安市新秦塑料厂
西安牌LXS-14C-50C旋翼	西安水表厂
秦牌聚脂漆包线系列产品	西安电器线材厂
翠宝牌玉石围棋	西安市翠宝首饰公司
翠宝牌多面水晶项链	西安市翠宝首饰公司
翠宝牌墨玉秦兵马俑阵容	西安市翠宝首饰公司
翠宝牌宝石戒面ϕ1.2～8	西安市翠宝首饰公司
单、双面印刷板	长安电教仪器厂
石榴牌溶解乙炔	长安县溶解乙炔厂
152Q型车用空压机	长安县汽车配件厂
PGL·$\frac{1}{2}$低压配电屏	长安县前进电器厂
骆驼牌铸铁搪瓷浴盆	西安人民搪瓷厂长安联营厂
天工牌ZBQ-650F铝箔纸裱	陕西户县包装机械厂

广州市

产品名称	生产厂家
岗牌硫酸铝	番禺县大岗镇化工厂
蓝鹰牌绉面夹里机恤	番禺县化龙服装集团公司
恒联牌ST型手提式介片机	番禺县石楼机械配件厂（番禺县恒联食品机械厂）
环球牌FK系列液压防喷器控制系统	广州石油机械厂（番禺）
威胜牌男女装石磨水洗牛仔裤	番禺县市桥服装厂
金羊牌D2电子镇流器	广州江南电子电器厂（海珠区）

产 品 名 称	生 产 厂 家
金羊牌DYU电子节能荧光灯	广州江南电子电器厂（海珠区）
红彩丽牌针织T恤	广州长洲针织厂（黄埔区）
宏达牌GS-Ⅲ过塑胶粘剂	广州防水涂料厂（白云区）
雄鹰牌普通型全化纤针刺造纸毛毯	花县造纸毛毯厂
玻璃钢电镀招牌字	花县花东工艺电镀厂
富华牌FH1～6型粒状活性碳	广州市增城富华活性炭厂
双鹅牌调温电热褥	广州市三元里电热褥厂
彩乌牌女装连衣裙（含裙套）	番禺县绣品服装厂
仙虹牌女装长袖时恤	番禺县万荣时装厂
兴驼牌真丝化纤恤衫	番禺县南兴服装厂
衣导牌（EDTO）女衬衫	番禺县环宇制衣厂
禺山牌“32型”热扎窗框钢3201、3202、3205、2507	番禺市桥轧钢厂

沈 阳 市

产 品 名 称	生 产 厂 家
ZBC-4型自动锁边草袋编织机	沈阳市北陵草袋机厂
林胜牌DB-35电视机电源变压器	沈阳市电子变压器厂
李相牌烧结普通砖（240×115×53）mm	沈阳市东陵区李相乡第一红砖厂
姚千牌（240×115×53）mm普通粘土砖	沈阳市姚千红砖一厂
电抗器绕组硬电缆	沈阳电缆十分厂
沈药玻牌5～7ml抗菌素瓶	沈阳药用玻璃总厂一分厂
盛京牌乒乓球	沈阳乒乓球厂
精华牌电热毯	沈阳市大华电热器厂
光华牌Tφ3～16拉制铜管	沈阳铜管厂联合分厂
富丽牌瓦楞纸板生产线传送带	沈阳市富丽涂板带厂
辽蝶牌中线型对夹式蝶阀DN40—800	沈阳市蝶阀厂
兴飞牌SMJ型手动密集架	沈飞制造公司大兴图书装具厂
贯通牌15—50三通弯头	沈阳市老边水暖器材厂
贯通牌15—50外接头	沈阳市老边水暖器材厂
北国牌FBW3—90系列玻璃钢离心式屋顶通风机	沈阳市玻璃钢风机厂
钻石牌R20Q整体锌筒	沈阳市苏家屯锌板厂
永花牌烤花呢男大衣（165/88）	沈阳市永华服装厂
灿星牌E16型收录机电源变压器	沈阳市无线电器材厂
晨翅牌YSSX型水工观测用软电缆	沈阳市红星电缆厂
购得牌ZV—0.6/0.7小型空气压缩机	沈阳市兴华机械厂
虹桥牌DBX电表箱	沈阳市建新电控设备厂
万达牌150Z—8自吸泵	沈阳市白塔机械厂
沈塔牌LDA型自动单梁起重机	沈阳市起重机厂
翱翔牌弯型钢化玻璃	沈阳市沈东钢化玻璃厂
康青牌口服半合成椰油脂	沈阳市红旗制药厂东陵分厂
攀登牌硫酸亚锡	沈阳市试剂三厂
北方牌DJRQ系列磁电加热器	沈阳市北方节能设备厂

大连市

产品名称	生产厂家
金钢石牌WHGZ快速光亮淬火油	瓦房店市石油化工厂
海牌冻无头对虾	瓦房店市交流岛水产品加工厂
CYSC-0.1-1.0型船用油水分离器	大连市金州船用防污设备厂
90°等径弯头	大连管件厂
包装用聚乙烯吹塑薄膜	大连市金州塑料彩印厂
金鹰牌T801降凝剂	大连石油添加剂厂
金响牌沉淀（轻质）碳酸钙	大连金州碳酸钙厂
园工牌全化纤针刺造纸毛毯	大连市金州造纸用毯联合厂
雪力牌TC0.28/5－4长翼型灰铸铁散热器	大连南关岭暖气片厂
天华牌425#R型普通硅酸盐水泥	大连天华水泥厂
D85A－18推土机液压阀组变速控制阀	大连第二液压件厂
金钢石牌MF－1密封胶	瓦房店市石油化工厂
双锤牌双列调心球面滚子轴承（4G3003328）	瓦房店市非标准轴承厂
松树牌NBC－400型二氧化碳半自动弧焊机	大连电焊机厂
瓦化牌COPBT聚酯切片	瓦房店市化学纤维厂
向阳牌五香黑瓜籽	瓦房店市炮台外贸加工厂
金山牌单、双人电热毯	金州区大魏家家用电器厂
进口汽车活塞拉达2105、2121、波罗乃茨、菲亚特125P、126P	大连进口汽车活塞厂
金彩牌包装用聚乙烯吹塑薄膜	大连市金州塑料彩印厂
二氟一氯一溴甲烷（1211）灭火剂	大连市金州灭火剂厂
金元牌钢筋砼排水管	金州友谊电柱厂
GCr15冷拉钢丝φ3.0～13.0	大连金华钢厂
连佳牌510克糖水黄桃罐头	大连市金州莲花罐头厂
响水观牌11°响水寺矿泉啤酒	大连金州啤酒厂
响水观牌12°矿泉啤酒	大连金州啤酒厂
大黑山牌糖水黄桃罐头	大连市金州友谊罐头食品厂
金益牌男防寒服	大连金州工贸东环服装厂
金亭牌女防寒服	大连东鑫服装厂
TYT50－121电力液压推动器	大连低压开关电气制动器分厂
32mm实腹钢窗	大连第二钢窗厂
钢筋砼用变形钢筋	大连特钢厂
玉泉牌SK－H1、2、3、4人工吹制玻璃套料深刻杯	大连玻璃仪器二分厂
温华宝牌皮茄克	大连华南皮毛厂
广灵牌男童套装（102～140mm）	大连秀峰童装厂
桃仙牌女童套装（102～140mm）	大连秀峰童装厂
白羊牌一等钙质袋装消石灰粉	大连北方白灰厂
500级加气砼砌块	大连加气砼制品厂
YB系列钢筋砼空心板	大连天华预制构件厂
氯化石蜡42/70	大连市旅顺江西化工厂
硫化黑S－BR	大连市旅顺江西化工厂
4M8（3A）14－02六级缸体	大连化工配件厂
新海牌下水裤	大连橡胶劳保用品厂
童乐牌57418－80被单布	大连床单有限公司

产品名称	生产厂家
花岗岩建筑板材（黑珍珠）	新金县普兰店大理石厂
孛兰牌12°熟啤酒	大连孛兰啤酒厂
松山牌ＹＺ、ＹＺＲ132、160冶金及起重用三相异步电动机	大连黄海起重电机厂
凤凰牌活动带台虎钳	大连市庄河县机床厂
桂云花牌Ｔ40Ｈ—16手动调节阀	庄河县阀门厂
海浪牌11°海浪花熟啤酒	大连黄海啤酒厂

哈尔滨市

产品名称	生产厂家
爬行切管机	哈尔滨市新境机械厂
ＭＦ８干粉灭火器	哈尔滨市龙泉消火器材厂
光滑极限塞规（大于30—50ｍｍ）	哈尔滨市松江量具厂
4-72-12Ｎｏ3.6Ａ离心通风机	哈尔滨鼓风机厂
ＬＪ系列电缆桥架	哈尔滨市电缆桥架厂
ＬＳＮ0.2-0.4立式蒸汽锅炉	哈尔滨市团结锅炉厂
JQＬＺ1-Ｂ型汽化油炉	哈尔滨市兴华机械加工厂
“刺果王”饮料	哈尔滨市黑加伦饮料厂
ＱＪ系列电缆桥架	哈尔滨市新春电缆桥架厂
印刷胶	哈尔滨市呼兰白奎胶厂

青岛市

产品名称	生产厂家
崂山牌活络扳手	青岛崂山工具厂
双和牌ＤＥＶ自动控温电器	青岛莱西电热器厂
晓波牌70Ｄ锦纶海军衫	青岛第九针织厂
宝兰花牌100Ｄ/14ｔｅｘ涤盖棉运动装	青岛第十二针织厂
俊燕牌100Ｄ/18涤盖棉西服	青岛海燕针织服装厂
海牌13210混纺制服呢	青岛第三毛纺厂
增益牌Ａ186干梳棉机盖板	青岛胶南第六纺机配件厂
楼山牌ＱＤ851型四吨汽车挂车	青岛楼山农机厂
沙字牌ＣＳ$_4$Ａ$_1$ＡＨ-163ＤＮ25、40、50型自由浮球式疏水阀	青岛疏水阀厂
青字牌机用皮带扣	青岛沙子口五金厂
灯塔牌ＳｉＧ-90型塑管牵引机	胶州市塑料机械厂
金乐牌球帽	工贸联营青岛金冠帽厂
鹏程牌保渗铝铁锡	青岛南泉铝制品厂
琴岛牌电热毯	青岛市即墨家用电器厂
狮峰牌系列油漆刷	青岛崂山制刷厂
星牌手摇绞肉机	青岛市南食品机械厂
双兔牌ＢＴⅡ型钢锯架	青岛钢锯架厂
雅明牌J50型锅炉减速箱	胶州市锅炉减速箱厂

产品名称	生产厂家
港西牌Q11F-16型球阀	青岛市崂山区港西阀门厂
崂鞍牌Dg200、Dg400铸铁直管	青岛铸铁管厂
飞征牌铝制系列浓硝酸贮罐	青岛饮料设备厂
沙牌CSZE9H-16Z同盘式DN15、20、25、40、50疏水阀	青岛疏水阀厂
精塑牌SP-200塑料破碎机	胶州市精工塑料机械厂
新达利Y系列电机铸件	青岛市平度铸造厂
众兴牌可锻铸铁管路连件	青岛市众兴铸造厂
琴达牌705A型三轮车变速箱齿轮	莱西康达齿轮厂
盘石牌螺旋板换热器系列	青岛第二锅炉辅机厂
青铸牌S623三回程滚筒烘炒装置	青岛第四铸造机械厂
琴征牌ST-100# 平板车	青岛隐珠车辆厂
美多牌D71X-10型蝶阀	青岛平度化工阀门厂
泽山牌钠离子交换器系列	青岛市平度锅炉附件厂
熥牌ZSG0.5-0.09-A立式低压蒸汽锅炉	青岛市幸福锅炉厂
源牌LN800系列逆流再生LNN2500钠离子交换器	青岛平度锅炉辅机厂
青宝牌MKW362Z木工准槽万能机床	青岛即墨市木工机械厂
青滨牌MB503型木工平刨床	青岛第一木工机械厂
胶风牌Y9-19-12锅炉离心引风机	青岛胶南风机厂
恒锐牌AC3515×01680型、AD4530×01890 型林道夫齿条	青岛胶南金属针布厂
金齿牌梳棉机用刺辊	青岛市平度纺机配件厂
骄风牌JT 38JT 49梳棉机用齿条	胶州市纺织器材总厂
兴华牌18/18 349/286 83cm纯棉半漂白布	青岛市染整一厂
风霞牌14tex×2M10cm纯棉水布带	青岛黄岛织布厂
青宇牌A186型梳棉机圈条器	青岛胶南第一纺机配件厂
精英牌FZ 001开松机	青岛胶南纺织机械器材厂
卫七牌RA87-1橡胶沥青浆	青岛市沧口区社会福利化工厂
岩石牌防老剂KY-405	青岛助剂厂
老黄牛牌聚乙烯醇缩丁醛（系列）	青岛胶南合成材料厂
琴波牌Z型系列芳烃石油树脂	青岛琴波化工厂
翠天珠铁红石油树脂防锈漆	青岛即墨琴岛油漆厂
卫七牌JTJ型金属探测器	青岛电子检测仪器厂
威蝶牌工业手套	黄岛区乳胶制品厂
青城牌425#火山灰硅酸盐水泥	青岛第二水泥厂
仰口牌海藻酸钠	青岛崂山王哥庄化工厂
崂峰牌食品添加剂海藻酸钠	青岛沙子口化工厂
大享牌200l 闭口桶	青岛市沧口制桶厂
鹏程牌闭口铝桶	青岛南泉铝制品厂
远征牌200l 闭口钢桶	青岛黄海制桶厂
青浪牌冻无头对虾	胶南灵山卫冷藏厂
青电牌RG12型交流低压配电屏	青岛电力电子设备厂

南 京 市

产品名称	生产厂家
摩托车用铅酸蓄电池（帆船牌）	江宁县蓄电池厂
滚针（东虹牌）	江宁县滚针轴承厂
IS 单级单吸清水离心泵（梅龙牌）	南京泵厂
陶瓷P300×40×27 A46～60K-N砂轮(紫金山牌)	南京砂轮厂
裁衣剪（海鸥牌）	南京剪刀厂
日用工艺手套（爱美牌）	南京外贸皮毛工艺厂
胶粘布底鞋	南京土桥鞋厂
玉米淀粉	南京江宁淀粉厂
普通运输带（乌龙牌）	南京胶带厂
80° 425# 白色硅酸盐水泥	南京汤山白水泥厂
板鸭（湖熟牌）	南京湖熟板鸭厂
WF-40型微型吊扇（天友牌）	南京江浦县家用电器厂
预应力混凝土小孔板	江浦县混凝土构件厂
JB22-40型密码保险箱	南京六合金库厂
1085提花毛巾（星月牌）	南京第二毛巾厂
B系列聚氯乙烯绝缘电线（龙池牌）	六合电线厂
LG1、LG2 型固定电感器（航空牌）	熊猫电子集团无线电器材厂
白厂丝（洪兰牌）	溧水县缫丝厂
62207素软缎	溧水县洪兰丝织厂
锶钙铁氧体208磁瓦	溧水县磁性材料厂
黑白电视机用电源变压器（回峰牌）	南京无线电厂溧水分厂
YLJ 型液环式氯气泵（湖山牌）	高淳化工泵阀厂
卫生刷（花球牌）	高淳洁具厂
D201大孔型强碱阴离子交换树脂	南京树脂一分厂
HBL型显像管用系列电封炉（霞光牌）	南京栖霞山陶瓷厂
超细玻璃棉毡（节能牌）	南京栖霞山保温材料厂
氢氧化钠（片碱）	南京燕子矶固碱厂
工业用气态氧	南京栖霞氧气厂
中性泡花碱（神牛牌）	南京燕子矶泡花碱厂
碱性泡衣碱（神牛牌）	南京燕子矶泡花碱厂
350号石油沥青纸胎油毡（红叶牌）	南京栖霞山油毡厂
BV、BVR型聚氯乙烯电线（龙虎牌）	南京电缆一厂
铸铁省煤器系列（古城牌）	南京锅炉附机厂
螺旋出渣机系列（古城牌）	南京锅炉附机厂
GF-300固定型防酸式铅酸蓄电池（奔驰牌）	南京第二蓄电池厂
AL-Si-Fe复合脱氧剂	南京江心有色金属合金厂
DEL1-7A正卧式快装锅炉	南京第二锅炉厂
男式线缝牛皮鞋（楚腾牌）	南京红化皮鞋厂
30S9066精梳隐条坯布（星达牌）	南京西善桥纺织厂
高级蓝黑墨水（雨花牌）	南京墨水厂
PVC建筑防水接缝材料油膏（华燕牌）	南京金陵防水材料厂

宁 波 市

产品名称	生产厂家
银环牌LZB-4～100(液体)玻璃转子流量计	余姚市流量仪表厂
威达牌男春秋倒环领长大衣	宁波威达西服厂
致密富牌CRW11、CRW12体温表	鄞县医用仪表厂
双鲸牌SIF亚硫酸化综合鱼油加脂剂	宁波皮革化工厂
恒固牌Y802-1型八兰烘箱	余姚市恒温箱厂
宁新牌LXS-15C～25C旋翼式冷水水表	宁波八达仪表制造厂
舜光牌XXS-31系列微机声光报警器	余姚市化工仪表厂
双鸽牌Y系列三相异步电动机	宁波长江电机厂
LXS-15E～40E旋翼式冷水水表	宁波东海仪表厂
玉叶牌YSF-1型瓶阀	慈溪市阀门三厂
青灵牌QSn6.5-0.1锡青铜带	宁波锡青铜带厂
KYT_1-30转页扇	慈溪春光塑料制品厂
长工牌KYT_1-25转页扇	慈溪市工程塑料厂
奇乐牌KYT-25转页扇	慈溪电器塑料二厂
奇乐牌KHG-25换气扇	慈溪电器塑料二厂
KHG1-25B换气扇	慈溪春光塑料制品厂
培罗成牌精纺全毛夹大衣	宁波培罗成西服厂
回龙牌15619毛麻混纺花呢	余姚市毛纺织厂
全毛精纺男开羊毛衫	宁波镇海羊毛衫厂
樱牌1:2.7兔羊毛女衫	宁波甬美毛针织有限公司
海花牌814膨体细绒线	宁波化纤毛纺厂
联球牌（外销慈微牌）101、102、201、180201深沟球轴承	慈溪微型轴承总厂
江桥牌100克小包装榨菜	余姚第一菜类制品厂
工宝牌XMT-102数字式温度显示调节仪	余姚市温度仪表厂
Z牌A型自行车前叉合件	慈溪自行车配件厂
双斧牌八角锤	宁波铁器工具联营厂
海鸥牌TG3-81型船用挂机	宁波挂机厂
宁缸牌长江750摩托车气缸体	宁波缸套厂
鱼跃牌XCT-101动圈式温度指示调节仪	余姚仪表厂
天童牌QF-2氧气钢瓶阀	宁波化工阀门厂
北仑港牌涤棉女式长袖衬衫	宁波青春服装厂
北仑港牌男式精纺全毛呢长大衣	宁波青春服装厂
富丽牌KYT-30型豪华型转页扇	宁波鸿运扇总厂
象山牌XN-3型硅酸铝纤维制品	象山县耐火材料厂
沪江牌FD3-1105 0毫米、1200毫米吊扇	宁波沪江电扇总厂
山石牌单相两极不可重接插头	余姚市电线插头厂
长河牌YSF-1角阀	慈溪市阀门厂
东港牌OT-1型节能低噪声系列玻璃钢冷却塔	宁波冷却设备厂

成 都 市

产品名称	生产厂家
青城牌G07-3灰过氯乙酸腻子	成都市花照化工厂
粘土质隔热耐火砖	成都市工农保温材料厂
GG-1A（F）型高压开关柜	成都电器成套设备厂
208系列白心球轴承	成都圣灯轴承厂
荧明牌GGL_2型低压开关柜	成都营门电器机械厂
尖刀牌80m/s纤维增强树酯薄片砂轮	成都永红树脂砂轮厂
金马牌节汽保温开水罐	成都簇桥焊件厂
金泉牌PVC塑料斜管	成都金牛净化塑料厂
爱犬牌豪华宫廷式沙发	成都蜀都沙发厂
GGZPIV-G系列镉镍电池直流屏	成都营门电器机械厂
GGK1-5配合饲料加工成套模拟控制屏	成都庆云低压电器厂
涌泉牌RKSQ-A全自动开热水上楼器	成都神仙树锅炉厂
ZXT-400逆变弧焊整流器	成都市电子焊件设备厂
HG-8801型双条缝扫描式空气吹淋室	成都红光净化设备厂
建筑用低碳钢丝	成都市双流高频焊管厂
ϕ 12 - 16热轧圆钢ϕ235- 235-AF	双流县联益公司轧钢厂
车箱用普通碳素结构钢冷轧长钢带	成都带钢厂
CO保护焊用钢焊丝	双流金花钢材厂
三强牌沸腾钢锭模200	双流轧辊厂
电工铝母线	双流文星金马轧制厂
铸钢轧辊$70Mn_2Mo$、$70Mn_2$、70Mn	成都三强实业公司铸钢厂
CD130制动鼓	新都县龙桥铸造厂
川龙牌石棉水泥中波瓦	新都龙桥石棉制品厂
龙飞牌实腹钢窗	新都龙桥钢窗厂
新兴牌膨胀珍珠岩	新都新型建筑材料厂
新兴牌防火吸音装饰矿棉板	新都新型建筑材料厂
聚丙烯编织带	新都塑料编织带厂
蜀玉牌耐酸瓷质填料	成都国光瓷厂
青华牌石棉水泥半波板	成都青华新型建材厂
银杏牌工业黄磷	都江堰安澜化工厂
双燕牌GFP40-B型高压发泡机	成都发动机公司青蓉机械厂
都马牌一般用途电镀低碳钢丝	都江堰五金线材厂
川蓉牌灰鸭绒羽绒服（40～50%）	成都成桂羽绒制品厂
雪山牌泡沫石棉	彭县白水河石棉泡沫厂
130系列轻型汽车燃油箱	崇庆汽车底盘厂
双鹅牌热塑性橡塑材条	成都龙泉橡胶制品厂
西江牌天府火腿	成都龙泉肉类食品加工厂
旅乐牌方便调味大头菜	成都龙泉西平食品加工厂
川丰牌郫县豆瓣	郫县前进豆瓣厂
映霞牌WZ-868型、WZ-158型家用煤气灶	温江厨房设备厂
朝阳湖牌川西760型打谷机	蒲江东北农机厂
川蒲牌米花糖	蒲江川蒲食品厂
斜江牌普硅水泥425#	大邑斜江水泥厂

长　春　市

产品名称	生产厂家
春冠牌连续铸铁管系列产品	长春市铸管厂
摩宝牌摩托车座垫芯	长春市海绵制品厂
长净牌二类纸箱	长春市净日纸箱厂
聚源牌IS系列清水泵	长春市第一水泵厂
黄龙牌机制螺钉	吉林省农安县小型标准件厂
长特牌橡胶防老剂	长春市化工八厂
银燕牌药液过滤分装机	长春市三道新型制药设备厂
星镁牌低锡焊料	长春市星镁焊接材料联营厂
御淙牌水蜜桃矿泉汽水	长春市矿泉饮料厂
鸡鸣牌NC-轴流暖风机	长春市空气调节机厂

附录九

1990年乡镇企业新产品、新技术名录

北　京　市

名　称	开发单位	鉴定部门
848C粘合剂	通县胡各庄兴华粘合剂厂	市乡镇企业局
耐热70℃PVC电缆料	朝阳木里斯电缆料厂	市乡镇企业局
新型陶瓷工业铂热电阻感温元件	海淀东升测温元件厂	市乡镇企业局
覆铂钯引线工业铂电阻感温元件（系列）	海淀东升测温元件厂	市乡镇企业局
SP-Ⅱ型全自动刷瓶机	海淀四季青巨山机械厂	市乡镇企业局
阻燃电源插头	北京金辉电线厂	市乡镇企业局
阻燃电视高压线	北京金辉电线厂	市乡镇企业局
阻燃聚氯乙烯安装线	北京金辉电线厂	市乡镇企业局
防火卷帘门	北京通县新兴防火器材厂	市乡镇企业局
T2/674新型铸铁散热器	北京昌平马池口暖气片厂	市乡镇企业局
消防水泵接合器	北京燕山消防器材厂	市乡镇企业局
双阀双出口室内消火栓	北京燕山消防器材厂	市乡镇企业局
SQ-A系列消防水泵接合器	北京燕山消防器材厂	市乡镇企业局
手控拉紧器	北京延庆长城五金厂	市乡镇企业局
钢质防火门	北京密云消防器材厂	市乡镇企业局
DQ131型汽车点火线圈	北京昌平汽车配件厂	市乡镇企业局
ZDF系列自动切换钠离子交换器	北京海龙水处理设备厂	市乡镇企业局
FQ$\begin{matrix}R\\T\\Y\end{matrix}$L 300型自动连续燃气沸水器	北京四季青燃气用具厂	市乡镇企业局
电热蜡袋	北京延庆神通电热蜡袋厂	市乡镇企业局
橡胶医用手套	北京丰台通达乳胶制品厂	市乡镇企业局

名称	开发单位	鉴定部门
橡胶检查手套	北京丰台通达乳胶制品厂	市乡镇企业局
一次性塑料气体打火机	北京丽光打火机厂	市乡镇企业局
6～QA～60～210型起动用铅酸蓄电池	北京丰台东方蓄电池厂	市乡镇企业局
钢制文件柜系列产品	黄土岗五金工具厂	市乡镇企业局
文件柜、双节柜、五节柜	丰台芦沟桥铁柜厂	市乡镇企业局
SG系列室内消火栓箱	延庆东方消防器材厂	市乡镇企业局
孔板减压式室内消火栓	延庆东方消防器材厂	市乡镇企业局
TPC 4推车式空气泡沫灭火装置	延庆东方消防器材厂	市乡镇企业局
高稳定性有机硅乳液（系列）	海淀西乐精细化工厂	市乡镇企业局
印刷线路板	通县宏光印刷线路板厂	市乡镇企业局
S-1、S-2红撕膜片	北京远通胶片厂	市乡镇企业局
重氮感光撕膜片	北京远通胶片厂	市乡镇企业局

山西省

名称	开发单位	鉴定部门
ZZZ-90型窄轨整铸辙叉	平遥县洪善机械厂	省标准局
低铬钼白口铁铰刀	晋城市西巷机械厂	省标准局
OPN单管旁路采暖装置	平定县节能阀门厂	省标准局
蒽醌	平定县有机化工厂	省标准局
乙炔炭黑	平定县电石厂	省标准局
DK-12型汽车电子点火器	榆次市凯达电气制作所	省标准局
三元丁防水卷材	太原市双星建筑材料厂	省标准局
工业硫脲	平定县太行化工厂	省标准局
GXL-DL系列多管旋风除尘器	交城县除尘设备厂	省标准局

内蒙古自治区

名称	开发单位	鉴定部门
铂革及制品	包头市郊区皮领带厂	自治区乡镇企业局

吉林省

名称	开发单位	鉴定部门
黑加伦浓缩汁	吉林市长白山野生果汁厂	省计划经济委员会
DZG120-7/95/70-JA热水锅炉	永吉县锅炉修造厂	省计划经济委员会
2,6-二氯-1-硝酸苯胺	吉林市九新化工厂	省计划经济委员会
JSL型水套炉	永吉县北方节能设备厂	省计划经济委员会
涂料印刷纸用丙烯酸胶乳	永吉县北方化工厂	省计划经济委员会

名　称	开发单位	鉴定部门
全脂加锌乳粉	吉林市松花湖乳品厂	省计划经济委员会
摆线针减速机	吉林市江南机械厂	省计划经济委员会
铅酸蓄电池	吉林市长江蓄电池厂	省计划经济委员会
腐植酸钠	公主岭市兽药厂	省计划经济委员会
贴标粘合剂	伊通县糊精厂	省计划经济委员会
LMZ型电热膜自动热水器	柳河县电热器厂	省计划经济委员会
炭纤维系列密封材料	柳河县光华复合材料厂	省计划经济委员会
蜂蜜啤酒	延边大光明啤酒厂	省计划经济委员会
SIY型数控压力机	延边数控设备厂	省计划经济委员会
天燃气半补强炉法炭黑	镇赉县大屯炭黑厂	省计划经济委员会
高蛋白营养豆乳系列饮料	长春光明乳品公司	省计划经济委员会
微机自控恒压交流供水装置	长春试验机研究所联合厂	省计划经济委员会
甲硫醇钠	永吉县新华合成化工厂	省计划经济委员会
木工微型多功能刨锯机	磐石县微型木工机械厂	省计划经济委员会
TZ4-5-5灰铸铁柱型散热器	长春市散热器厂	省计划经济委员会
多功能电子石英钟	吉林市江城多功能石英钟厂	省计划经济委员会
摩托车换档凸轮总成	永吉县精工机械厂	省计划经济委员会
JJG1010J型载货汽车	吉林市江南汽车改装厂	省计划经济委员会
JH型磷酸酯加脂剂	公主岭市粮油食品加工厂	省计划经济委员会
高压电能计量柜	四平市梨树开关厂	省计划经济委员会
无色夹层玻璃	东辽县汽车风档玻璃厂	省计划经济委员会
长白山刺五加可乐	靖宇县长白山天然矿泉水饮料厂	省计划经济委员会
1332-05238槽筒	浑江市三岔子纺织配件厂	省计划经济委员会
PETFG1-BR铁红聚酯地板漆	浑江市油漆厂	省计划经济委员会
K型搪瓷玻璃反应罐	柳河县化工搪瓷设备厂	省计划经济委员会
快速夹紧万能台虎钳	扶余市朝来台钳厂	省计划经济委员会
EPCCI型环氧树脂玻璃布层压板	洮南市绝缘材料厂	省计划经济委员会
三基色荧光灯节能灯管	延边朝鹰电子有限公司	省计划经济委员会

黑　龙　江　省

名　称	开发单位	鉴定部门
三醋酸甘油脂	牡丹江市福民增塑剂厂	黑龙江省经济委员会
偶氮二异丁腈	牡丹江市平安化工厂	黑龙江省经济委员会
高效多功能上光清洁剂	牡丹江市江燕化工实验厂	黑龙江省经济委员会
丙酸盐	鹤岗市红旗精细化工厂	黑龙江省经济委员会
对邻硝基氯化苯	鹤岗市蔬园化工厂	黑龙江省经济委员会
树脂胶管	牡丹江市塑岩厂	黑龙江省经济委员会
DYF-1单向压力封闭剂	牡丹江市化工助剂厂	黑龙江省经济委员会
BCA-5消泡剂	宁安县东京城化学助剂厂	黑龙江省经济委员会
FM型环氧酚醛内壁涂料	巴彦县榆树化工厂	黑龙江省经济委员会
3UKR-105型铝空气电池	北安市主星电源厂	黑龙江省经济委员会
3MZ3012双头推力球轴承沟道超精研机	绥化市龙华机械厂	黑龙江省经济委员会

上 海 市

名　　称	开发单位	鉴定部门
旋开型瓶盖生产线	中科院上海光机所试制工厂一分厂	市郊县工业管理局
SH-$^{42}_{52}$B型系列装饰吊扇	上海申福电器厂	市郊县工业管理局
远东牌BCD-220电冰箱	上海市远东冰箱厂	市郊县工业管理局
TLT-260-Ⅲ-15Q彩电接收机拉杆天线	上海青浦天线厂	市郊县工业管理局
CT20-40交流接触器	上海电器集团公司新泾电器控制设备厂	市郊县工业管理局
LSG0.3-0.95-AⅡ立式双层炉排锅炉	上海市浦江锅炉厂	市郊县工业管理局
氯烃-70阻燃剂	南汇滨海化工厂	市郊县工业管理局
MOS纯试剂	上海振兴化工二厂	上海振兴化工总厂
YK-2000柔性版印刷开槽机	上海市嘉定机械厂	市郊县工业管理局
JUC-10M型密封温度继电器	上海飞力电器厂	市郊县工业管理局
T-102汽轮机	上海嘉定机械厂	市郊县工业管理局
DCJ系列静电除焦器	上海嘉定机械厂	市郊县工业管理局
GCKO-0.5低压抽出式开关柜	上海市天灵开关厂	市郊县工业管理局
多彩内墙涂料	上海汇丽化学建材总厂	建设部科技司
米8飞机用千斤顶	上海宝山千斤顶厂	市郊县工业管理局
无石棉硅酸钙绝热制品	上海嘉定保温材料厂	市郊县工业管理局
SZC-01型脂肪测定仪	嘉定纤检仪器厂	市郊县工业管理局
NAF42-Ⅱ型系列轴流风机	上海嘉西风机厂	市郊县工业管理局
K型搪玻璃片式冷凝器	上海振华工业搪瓷厂	市郊县工业管理局
LQA型明渠污水流量计	上海华东热工仪表厂	市郊县工业管理局
ZF-1型紫外透射反射分析仪	上海长明光学电子仪器厂	市郊县工业管理局
DZW3.5/280-315型氮氢气循环压缩机	上海市嘉定机械厂	市郊县工业管理局
0.20～0.22mm灯头用冷轧钢带	上海市嘉定方泰冷轧厂	市郊县工业管理局
大型陶瓷饰面板	南汇钢管厂	市郊县工业管理局
YCT112-225电磁调速电动机	上海市华通调速电机厂	市郊县工业管理局
95ZX-5型自动洗涤装置	上海市青浦农业机械厂	上海市农业机械工业局
无石棉硅酸钙绝热制品	上海嘉定保温材料厂	市郊县工业管理局
异型千斤顶系列产品	上海市南汇县泥城起重工具厂	上海市农业机械工业局
95LY-15型冷冻压缩机组	上海市青浦农业机械厂	上海市农业机械工业局
RSL-Ⅱ-10高效固体燃料燃烧炉	上海市新力机械厂	上海市农业机械工业局
GKF pH玻璃电极	上海市申华生化传感器厂 上海硅酸盐研究所	市郊县工业管理局
精萘	上海申立化工厂	市郊县工业管理局
微阻微闭止回阀	上海市北蔡轻工机械厂	上海市农业机械工业局
PQJ系列欠频率减载屏	上海浦南电器厂	上海市农业机械工业局

浙　江　省

名　　称	开发单位	鉴定部门
PBT医疗护理药用网弹性布	萧山强生布厂	省乡镇企业局
938-4棉毛针	萧山制针厂	省乡镇企业局
"涤素缎"佳丽纹	余杭乾元绸厂	省乡镇企业局
FC煮练润湿渗洗剂	余杭县化工装备厂	省乡镇企业局
美云娜	余杭县星桥周扬化纤厂	省乡镇企业局
TC-8(1831)助剂	临安县青山助剂厂	省乡镇企业局
颖凸绉(YH89010)	余杭县乔司丝绸厂	省乡镇企业局
缎花绡	余杭丁河织绸厂	省乡镇企业局
YH90018新潮锦	余杭县禾丰绸厂	省乡镇企业局
CNS-08A冲击耐压试验仪	萧山电器厂	省乡镇企业局
华丽缎	杭州丘山织造厂	省乡镇企业局
PVC/NBR复合阻燃电缆料	余杭县第四塑料厂	省乡镇企业局
硫精矿、煅烧熟料水泥	余杭县民丰水泥厂	省乡镇企业局
QS-802无苯害强力胶粘剂	桐乡县青石制鞋工业公司	省乡镇企业局
YJ14、MK8、MK9、MK9-5卷烟机针板	海盐烟草机械配件厂	省乡镇企业局
水工闸门密封复合材料	嘉善陶庄工程塑料厂	省乡镇企业局
D86系列电度表电流电压元件	上海电度表厂海盐胶塑分厂	省乡镇企业局
浙农1号富亭牌全价仔猪配合饲料	海盐特种配合饲料厂	省乡镇企业局
JKC-21F超小型电磁继电器	海盐继电器厂	省乡镇企业局
ZGH-001型火箭式自动关阀器	海盐消防器材厂	省乡镇企业局
锦波绸	海宁丝绒厂	省乡镇企业局
16S彩色兔毛纱	桐乡第三毛纺织厂	省乡镇企业局
65111珍珠印花立绒	桐乡立绒厂	省乡镇企业局
DD-300型电脑底封机	海宁丰土机械厂	省乡镇企业局
400D-800D中袋高强涤纶特种纤维	沪浙联营桐乡丙纶厂	省乡镇企业局
真丝超薄型精印纱	德清县第三丝绸印染厂	省乡镇企业局
AP-3型感生蛋白酶	德清县第二生物化学厂	省乡镇企业局
KZ(钾、锌)-431无毒稳定剂	德清县梅林助剂化工厂	省乡镇企业局
H1689金雕绸	德清县美亚绸厂	省乡镇企业局
馨罗缎	湖州市环诸丝织总厂	省乡镇企业局
全塑塑料印花窗纱	湖州市小梅绳网厂	省乡镇企业局
31501海力蒙西服呢	德清县第三毛纺织厂	省乡镇企业局
丝多缩氨酸	湖州长超生物制品厂	省乡镇企业局
内燃电力机车制动电阻用95高铝瓷件	绍兴县特种工业瓷厂	省乡镇企业局
Z201型汗绒布二用机34#滚姆	绍兴县针织器材厂	省乡镇企业局
φ500×400反击式破碎机耐磨板锤	绍兴县钱清化工机械零件厂	省乡镇企业局
SLZ-2m连续金属注射器	绍兴县兽用器械厂	省乡镇企业局
HJB-GM计量泵	绍兴县型塘化工机械厂	省乡镇企业局
MD3015鼓式低压台式砂轮机	绍兴县联营砂轮机厂	省乡镇企业局

名　　称	开发单位	鉴定部门
22XL薄壁冷拔无逢钢管	上海宝泰公司、绍兴县金属冷拉联营厂	省乡镇企业局
超高分子量聚乙烯棒材、板材	绍兴县坡塘塑料厂	省乡镇企业局
覆盖式铜焊粉	绍兴县有色金属机械厂	省乡镇企业局
水陆两用出口鞋	绍兴县南汇橡胶制品厂	省乡镇企业局
舒尔绉	绍兴县安城丝织厂	省乡镇企业局
豪华型绒花立体面料	绍兴县津杨经偏织物厂	省乡镇企业局
H8909仿麻新凉绸	绍兴县第六丝织厂	省乡镇企业局
维斯呢	绍兴县人利纺织厂	省乡镇企业局
150D/34J低拈涤纶弹丝	绍兴县第一涤纶厂	省乡镇企业局
威尔蒙	绍兴县天桥纺织厂	省乡镇企业局
氨纶针织坯布	绍兴县外贸针织厂	省乡镇企业局
绅士呢	绍兴县针纺织总厂	省乡镇企业局
FM巴西绉	绍兴县柯桥毛纺织厂	省乡镇企业局
2S-9001人美绉	绍兴县管市左一纺织厂	省乡镇企业局
R905平纺细布	绍兴麻棉纺织总厂	省乡镇企业局
SB6001蒙特格	绍兴县第八丝织厂	省乡镇企业局
SF9051珍珠绉	绍兴县西泽丝织厂	省乡镇企业局
仿毛威斯呢	绍兴县丽华色织厂	省乡镇企业局
PA复华呢	绍兴柯岩丝绸化纤纺织厂	省乡镇企业局
JS8912锦霞绸	绍兴鉴湖丝织厂	省乡镇企业局
丝泡绉	鉴湖纺织研究所	省乡镇企业局
玉兰牌药物卫生纸	绍兴县造纸厂	省乡镇企业局
SX系列汽车真空助力器总成	绍兴第二汽配厂	省乡镇企业局
康静呢	绍兴柯桥棉纺厂	省乡镇企业局
亚麻型菲菲纱	绍兴第二丝织厂	省乡镇企业局
佳丽纱	绍兴第一纺织厂	省乡镇企业局
450支锦丝透明素女袜	新昌袜厂	省乡镇企业局
168×114摩托车防眩目前照灯	绍兴县车辆灯具厂	省乡镇企业局
计划生育妇科器械新产品	上虞县医疗仪器厂	省乡镇企业局
M12－42高强度螺柱	绍兴高压紧固件厂	省乡镇企业局
袋式除尘器(LFS-B)	上虞县除尘设备厂	省乡镇企业局
YSF分马力三相异步节能电动机	上虞县多速微型电机厂	省乡镇企业局
SH峰波呢	绍兴县第一丝织厂	省乡镇企业局
腊时贝胶鞋	绍兴东岸胶鞋厂	省乡镇企业局
棕榈席梦思冬夏两用床垫	绍兴县软垫厂	省乡镇企业局
登月鞋	绍兴县平江兵康橡胶厂	省乡镇企业局
事故洗眼淋浴器	温州市精铸阀门厂	省乡镇企业局
PU移膜革	瓯海县制革厂	省乡镇企业局
GJ型(556)四眼平面钉扣机针	瓯海县工业用针制造厂	省乡镇企业局
DN2150型潜油泵流道式导轮、叶轮	瑞安市石化机械厂	省乡镇企业局
UCK型超声液位开关	瑞安市自动化仪表厂	省乡镇企业局
ZSSWM气动高性能密封蝶阀	瑞安市气动仪表厂	省乡镇企业局
XJZ气动线剪	瑞安市旋具厂	省乡镇企业局

名　称	开发单位	鉴定部门
GN10—3型自动加油包缝机	椒江市第二工业缝纫机厂	省乡镇企业局
ϕ13立体声耳塞	温岭县电讯器材厂	省乡镇企业局
聚四氟乙烯无油密封带	金华市氟化工厂	省乡镇企业局
包边滤网	浦江县化纤机械配件厂	省乡镇企业局
聚氨脂合成皮泡沫	岱山泡沫总厂	省乡镇企业局
漂白水煮鬃	丽水市制鬃厂	省乡镇企业局
6CJJ—600A型电脑茶叶拣梗机	杭州东恒企业公司	省乡镇企业局
低密度电缆护套料	临安振兴塑料厂	省乡镇企业局
干式回火防止器	富阳回火防止器制造厂	省乡镇企业局
织绣纱	余杭县双林被服厂	省乡镇企业局
星光呢	海宁郭店纺织试样厂	省乡镇企业局
1118×2256/m² 火柴内盒专用纸	海盐县造纸厂	省乡镇企业局
大变形和改进型伸缩缝嵌条	海盐县秦山橡胶厂	省乡镇企业局
车船专用装饰条	新市塑料厂	省乡镇企业局
朦胧绸	湖州镇西绫绢厂	省乡镇企业局
电器开关铝合金镀银铸件	湖州弁南电镀厂	省乡镇企业局
烂花绒	湖州横街丝绸厂	省乡镇企业局
澳特绉	绍兴县第六纺织厂	省乡镇企业局
民族花边	绍兴县平水美术工艺制品厂	省乡镇企业局
马海呢	绍兴县湖塘民兵化纤纺织厂	省乡镇企业局
SMJ 佳舒绉	绍兴县毛涤纺织厂	省乡镇企业局
JN针织波条绢	绍兴县第二经编织厂	省乡镇企业局
兔毛绒车缝手套	上海市精艺手套厂绍兴分厂	省乡镇企业局
潇洒呢	绍兴县光明丝织厂	省乡镇企业局
凡拉萦	绍兴县第二纺织厂	省乡镇企业局
新雅缎	绍兴西泽丝织厂	省乡镇企业局
混纺花呢	绍兴县狭猺湖纺织服装厂	省乡镇企业局
朱丽莎	绍兴县狭猺湖丽华色织厂	省乡镇企业局
蓓丽纱	绍兴县人利纺织厂	省乡镇企业局
FC骑士呢	绍兴县柯桥毛纺厂	省乡镇企业局
绚丽绸	绍兴县管墅针织厂	省乡镇企业局
蛹衬下脚丝棉球	绍兴联营地毯厂	省乡镇企业局
包尔克	绍兴齐贤镇纺织三厂	省乡镇企业局
哔克呢	地方国营绍兴柯桥绸厂	省乡镇企业局
SS 刻纹绉	地方国营绍兴双梅丝织厂	省乡镇企业局
烟用丝束消光母粒切片	绍兴联合塑料厂	省乡镇企业局
英洒呢	绍兴县绸厂	省乡镇企业局
快带管接头	绍兴柯桥轻纺机械厂	省乡镇企业局
WS6430型汽车转向球销总成	绍兴第二汽配厂	省乡镇企业局
4920机油滤清器总成	绍兴县汽车油泵厂	省乡镇企业局
SB—Ⅱ型塑料包装带机	瑞安市塘下塑料机械厂	省乡镇企业局
KC—89恒磁锶钙铁氧体色纯磁块	东阳市磁性器材二厂	省乡镇企业局
木雕车木组合系列圣诞礼品	东阳市工艺美术联营厂	省乡镇企业局
YLJ液环压缩机	东阳市虎鹿镇轻工机械厂	省乡镇企业局
SG—89恒磁铁氧体受话器磁钢	浙江省东阳市磁性器材厂	省乡镇企业局

名　　称	开发单位	鉴定部门
S 125J 110型角式气动砂轮机	永康县风动工具厂	省乡镇企业局
P 500剑杆机掌盖	丽水市压铸厂	省乡镇企业局

安　徽　省

名　　称	开发单位	鉴定部门
镀锌喷塑卷闸门窗	合肥市淝河钢窗总厂	省经委、省乡镇企业局
玻纤氯氧镁水泥波瓦及背瓦	巢湖市菱镁制品厂	省乡镇企业局、省建材局
低铬合金钢球	桐成县特种合金厂	省机械厅、省乡镇企业局
500型机动三轮车变速箱离合器总成	肥东县长临机械厂	省乡镇企业局
高铬微球微段	宁国县耐磨材料厂	省建材局
双屑重熔冶炼生铁	合肥市红旗钢球厂	省经委
汽车综合开关	休宁县汽车电器厂	省经委

江　西　省

名　　称	开发单位	鉴定部门
硅灰石质釉面砖	江西省高安八景彩砖厂	省乡镇企业管理局
无链自行车传动装置	江西省南兰无链自行车厂	省经委、省乡镇企业管理局
洗涤环	江西省萍乡光华耐酸工业瓷厂	省建材工业局
Z 402对叔丁基酚醛树脂	江西赣西化工厂	省乡镇企业管理局
宝儿康	江西宜丰营养食品厂	省食品协会
U型混凝土膨胀剂	江西特种水泥厂	省乡镇企业管理局
葡萄糖酸锌	江西上饶食品添加剂厂	省乡镇企业管理局
原汁金茸莲子乌鸡罐头	江西泰和县罐头食品厂	省乡镇企业管理局
三鲜骨肉粉	江西新干营养食品厂	乡省镇企业管理局
φ750螺栓紧固砂轮	江西新干县砂轮厂	省乡镇企业管理局
声控台灯	江西南丰县工艺灯具厂	省乡镇企业管理局
维康灵	江西南昌八一食品饮料总厂	省食品协会
微孔陶瓷过滤介质	江西萍乡工业瓷总厂	省建材工业局
浮造起泡剂	江西瑞金第三化工厂	省乡镇企业管理局
仿台湾姜	江西赣州市水水蜜饯厂	省乡镇企业管理局
硅灰石灰质釉面砖	江西高安八景彩砖厂	省乡镇企业管理局
P H-3型食品膨化剂	江西丰城市压力机厂	省乡镇企业管理局
仿红木制品	江西铜鼓县排埠柔竹纤维板厂	省乡镇企业管理局
704、605性环氧树脂固化剂	江西赣西化工厂	省乡镇企业管理局
改性乙二胺固化剂	江西赣西化工厂	省乡镇企业管理局
多功能皮鞋	江西宜春地区新城皮鞋厂	省乡镇企业管理局
HF酸	江西上饶市泰昌化工厂	省乡镇企业管理局
葡萄糖酸锌	江西上饶添加剂厂	省乡镇企业管理局
富钙全料蒸肉粉	江西新干营养食品厂	省乡镇企业管理局
海鲜骨肉粉	江西新干营养食品厂	省乡镇企业管理局

名　称	开发单位	鉴定部门
PVC蓄电池隔板	江西抚州市炉具厂	省乡镇企业管理局
谷脱粉	江西金溪淀粉厂	省食品协会、省粮油公司
保健枕	江西新建县厚田绣品服装厂	省医药总公司
机械旅游闹钟	江西南昌四海旅游电器厂	省轻工厅
CHO—105型工业糊精	江西新建县厚田改性淀粉厂	省乡镇企业管理局
MF 8手提贮压式干粉灭火器	江西消防器材一厂	省公安厅
硅XC—69	江西南昌洪城硅厂	省石化厅
再生聚乙烯化工专用容器	江西萍乡市芦溪塑料厂	省包装协会
全瓷桥拱	江西萍乡市下埠工业瓷总厂	省乡镇企业管理局
龟甲衬里防腐管道	江西鹰潭市旋转成型塑料厂	乡省镇企业管理局
6N—4.75小型碾米机	江西余江县铸造厂	省乡镇企业管理局
氯氧镁玻纤瓦	江西鹰潭市建材玻纤瓦总厂	省乡镇企业管理局
食用天然色素	江西贵溪食品添加剂厂	省食品协会

山　东　省

名　称	开发单位	鉴定部门
ZS-3振动筛	莱州市轻工机械配件厂	省乡镇企业局
用水限量器	潍坊市华联通用设备厂	省乡镇企业局
螺旋板换热器	济南北园联营环保节能设备厂	省乡镇企业局
镀锌窗纱	潍坊市钢丝二厂	省乡镇企业局
TGS拖拉机高效照明闪光器	诸城市减速机厂	省乡镇企业局
XX型旋风式选粉机	博山域城建材设备厂	省乡镇企业局
OT7型带式输送机	博山域城建材设备厂	省乡镇企业局
"O"型橡胶密封圈	济南长城汽车维修总厂	省乡镇企业局
100EC型浆污泵	青州市动力机械厂	省乡镇企业局
X_4SH-25型双色水位计	高密县锅炉附件厂	省乡镇企业局
TFDW112-2 1kVA、1.1kVA 无刷单相同步发电机	高密县发电机厂	省乡镇企业局
TFQ—A防静电酚醛塑料槽筒	高密县纺织器材厂	省乡镇企业局
ZWT型自力式温度调节器	济南市新光工具厂	省乡镇企业局
耐磨锯石带铜	五莲县轧钢厂	省乡镇企业局
SPC-1聚氨酯防水涂膜	高密县防水保温材料厂	省乡镇企业局
YD油冷式电动滚筒	招远黄金机械配件厂	省乡镇企业局
300极薄带钢	新泰带钢厂	省乡镇企业局
一氯二乙基铝	烟台福山燕福化工厂	省乡镇企业局
RC-20橡胶粘合剂	曲阜市溶剂厂	省乡镇企业局
HSL-01低温薄膜型磷化液	临朐县营子化工厂	省乡镇企业局
C81c4F—1.6Q、CS4A4F-1.6Q 自动恒温疏水阀	荣成水泵厂	省乡镇企业局
$50BP_2$-45、$65BP_2$-50 型自吸式喷灌泵	蓬莱县水泵厂	省乡镇企业局
LZ-197型螺杆钻具径向轴承（钢洁硬度合金轴承）	安丘县安丘镇通用机械厂	省乡镇企业局
中型一体化电渗析装置	潍坊市寒亭区水处理设备厂	省乡镇企业局

名　称	开发单位	鉴定部门
小包装氟利昂（喷注罐）	济南市印铁制桶厂	省乡镇企业局
彩色显示器用线圈变压器	青州无线电器材厂	省乡镇企业局
BQX-08型碎玻璃清洗装置	烟台风机厂	省乡镇企业局
绝缘材料专用高性能聚氨酯粘合剂	招远县合成材料厂	省乡镇企业局 省乡镇企业局
LCT-521 润滑剂	莱州化工三厂	省乡镇企业局
FH-1抗静电剂	高密县助剂厂	省乡镇企业局
平衡式截止调节阀	荣成市高压泵阀厂	省乡镇企业局
污水处理机	桓台县节能材料厂	省乡镇企业局
镀镍、镀铁合金“791A”光亮剂	文登市五金建材加工厂	省乡镇企业局
调速微电机专用泡沫后减震垫	高密密封件厂	省乡镇企业局
JKF 14型净化空调机组	济南雪松冷冻设备厂	省乡镇企业局
BD-100(T) 冷冻箱	济南雪松冷冻设备厂	省乡镇企业局
BX1-250-2高效节能交流弧焊机	日照市变压器厂	省乡镇企业局
G4201C型水泥包装机	安丘县水泥机械厂	省乡镇企业局
高功率紫外线灯	新泰市光敏固化设备厂	省乡镇企业局
酸性艳兰-6B	龙口化工厂	省乡镇企业局
废纸脱墨设备	山东王村造纸机械厂	省乡镇企业局
PPE敌泡敏	安丘县轻工化学厂	省乡镇企业局
JB-1型三相异步电动机节电器	文登市福利电器厂（文登禽畜良种厂）	省乡镇企业局
1:3 溴氯丙烷	安丘县糠醛厂	省乡镇企业局
抗静电活动地板	莱州市西由木器厂	省乡镇企业局
阳图型PSHR感光胶（TPS-1）型紫外线正性感光胶	威海市北海化工厂	省乡镇企业局
发酵型葡萄醋酸饮料	曲阜市葡萄酒厂	省乡镇企业局
无磷高效超浓缩洗衣粉	临沂市合成洗涤剂厂	省乡镇企业局
NZ6-CJ型自行车架双头CO_2自动焊接机	济南市华山二氧化碳焊机厂	省乡镇企业局
RY-3油田用表面活性乳剂	滨州市滨北化工厂	省乡镇企业局
三基色荧光灯	文登市节能灯厂	省乡镇企业局
1GSL-60型旋耕机	潍坊市潍城旋耕机厂	省乡镇企业局
QZ-1轻质珍珠岩制品制造技术	烟台市资源利用监测服务中心 烟台金属结构厂	省乡镇企业局
溴化锂溶液	济南市华山化工厂	省乡镇企业局
TZY_2-6-5(8)系列型灰铸铁柱异型散热器	济南长清双泉散热器厂	省乡镇企业局
不锈钢	威海钢厂	省乡镇企业局
7Y-500型三轮运输车	济宁水利钻探机械厂	省乡镇企业局
曲柄摆线针轮减速机	淄博减速机厂	省乡镇企业局
功率因数节能补偿装置	烟台节能设备厂	省乡镇企业局
高温液动阀门	淄博博山化工设备厂	省乡镇企业局
组合式氧化还原树脂除氧器	济南槐荫水处理设备厂	省乡镇企业局
BT_{25}-Ⅱ液面针	高密县自控仪器厂	省乡镇企业局
$DBNL_3$、$CDBNL_3$、$GBNL_3$系列玻璃钢冷却塔	武城县玻璃钢总厂	省乡镇企业局

名　　称	开发单位	鉴定部门
GFC-34橡胶防老剂	荣成橡胶助剂厂	省乡镇企业局
95型气缸套	荣成市模具厂	省乡镇企业局
ZBH系列铸铁板式换热器	长清张夏铸管厂	省乡镇企业局
QYD-9型多用清淤机	寿光县大家洼农修厂	省乡镇企业局
离心铸造合金钢管	枣庄市中合金铸钢厂	省乡镇企业局
YGS皮革加脂剂	青州王坟皮革化工厂	省乡镇企业局
碳酸锆	淄博市淄川无机化工厂	省乡镇企业局
双盘摩擦压砖机	淄博市博山压力机厂	省乡镇企业局
磁粉离合器	莱州磁粉离合器厂	省乡镇企业局
密闭式电极糊	微山县碳素厂	省乡镇企业局
8kg轻轨	淄博轧钢厂	省乡镇企业局
组合式快速接线电器附件	高密珠口电器附件厂	省乡镇企业局
石墨热交换器	淄博石墨化工设备厂	省乡镇企业局
球墨铸铁液压件	济宁市中区前铺农机修造厂	省乡镇企业局
S 86-71白黄聚氨酯无光马路划线漆	长清造漆厂	省乡镇企业局
彩电变压器磁芯	青州市磁性材料厂	省乡镇企业局
抗磨铸钢件	微山新星耐磨铸钢厂	省乡镇企业局
TH系列垂直斗式提升机	潍坊市矿山机械配件厂	省乡镇企业局

河　南　省

名　　称	开发单位	鉴定部门
“百带丽”抽纱系列产品	民权工艺品联营公司	省计经委
天然钻石首饰	河南工艺品进出口公司民权工艺联营公司	省计经委
殷川手纳花边C 101003	商水县花边工艺厂	省乡镇企业局
低蠕变莫来石—刚玉耐火材料	登封县第二耐火材料厂	冶金部
分散艳兰E-4R	河南省红旗染料厂	省化工厅
水质稳定剂系列产品	漯河市东方化工厂	省计经委
GJBZ高炉用兰晶石耐火制品	密县第三耐火材料厂	省冶金厅
荧光灯塑料灯头	林县海光非金属灯头厂	省轻工厅
42型高果浆	郑州新郑高果糖厂	省计经委
多层镀膜高增透无反光光学镜片	延津县特种光学眼镜厂	省轻工厅
阻尼管T2	长葛县铜管厂	省计经委
YAD-250型连续压榨机	河南省有色金属工业公司 河南省巩县东风阀门厂	省科委
再生胶燃板火补胶	偃师县第二橡胶制品厂	省计经委
ZL6-1型矿车自动连接器	巩县常庄铸造厂	郑州市科委
WJK吊车轨道固定件	长葛县通用机械厂	冶金部
精制棉	河南新乡颜料总厂	省科委
CH-89无机防腐涂料	长垣县化工总厂	省化工厅
J-85高效化学降尘剂	巩县降尘剂厂	郑州市科委
冷轧螺纹钢筋64	民权县野岗建材公司	省计经委
HJ—616黄金吸附专用活性炭	辉县市朝阳化工厂	省科委

名　称	开发单位	鉴定部门
铅钙铝合金	尉氏县有色金属冶炼厂	省计经委
ZZG－1型煤电站钻杆用型钢	郑州市小型轧钢厂	省计经委
铝及软铝合金热挤压管材φ25-110	新乡铝材厂	省科委
高效液体专用复合肥	巩县米河液肥厂	郑州市科委
HYA型系列铜芯聚烯烃绝缘铝塑综合护层布内通信电缆	周口市通信电缆厂	省计经委

湖　北　省

名　称	开发单位	鉴定部门
用次级石灰石全代粘土烧制425号普通硅酸盐水泥	湖北省松木坪水泥厂、中国建筑材料科学研究院	省经济委员会
JYT-0.6-D型家用多功能液化石油气调压器	湖北省监利防爆减压阀厂	省城乡建设厅
CSF-B型中间合金含铬高硅铸铁阳极	中原油田设计院、湖北省汉川县金属保护器材厂	省乡镇企业管理局

湖　南　省

名　称	开发单位	鉴定部门
足按摩器	靖州智力玩具厂	省乡镇企业局
浸出食用植物油厂降低溶剂消耗的技术改造	安乡县油脂化工厂	省乡镇企业局
HS -1涂料印花粘合剂	衡山助剂厂	省乡镇企业局
HS -2无纺粘合剂	衡山助剂厂	省乡镇企业局
LN50ZC残疾人机动专用三轮车	娄底市汽车修配厂	省乡镇企业局
QA型直焊性聚氨酯漆包线	湘潭市霞城电工厂	省乡镇企业局
无机复合型防潮石膏板	益阳市复合防水石膏板厂	省乡镇企业局
异型工矿筛板	岳阳市机筛厂	省乡镇企业局
酸枣汁	益阳县清泉饮料厂	省乡镇企业局
全化纤无纬针刺造纸毛毯	岳阳市云溪工业用呢厂	省乡镇企业局
一级铸造焦炭	邵东县牛马司铸造焦化厂	省乡镇企业局
低铬一钒钛合金抗磨铸铁磨球	南县耐磨材料厂	省乡镇企业局
FB112型一氧化碳中温变换催化剂	邵东县催化剂厂	省乡镇企业局
ZXH系列回转机构	常德市德山机械厂	省乡镇企业局
HZ-ZO161型系列工业尘笼过滤网板	岳阳市乌江机筛厂	省乡镇企业局
MGCE盲孔系列工业筛板	岳阳市乌江机筛厂	省乡镇企业局
XL通孔鱼鳞系列分离工业筛板	岳阳市乌江机筛厂	省乡镇企业局
SCY50-TQLM磁选系列工业筛板	岳阳市乌江机筛厂	省乡镇企业局
BGJ 绷革系列工业网板	岳阳市乌江机筛厂	省乡镇企业局

名　称	开发单位	鉴定部门
H190-1型薄型极板	湘潭市汽车蓄电池厂	省乡镇企业局
农用塑料营养钵	常德市东江塑料厂	省乡镇企业局
XDB-2型单相电能表综合校验装置	常德市东方红电器厂	省乡镇企业局
R $\frac{175A}{185}$ 型柴油机齿轮	邵东齿轮厂	省乡镇企业局
药物卫生香	平江县卫生香厂	省乡镇企业局
新型"PAC"净水剂	永兴县钙塑厂	省乡镇企业局
钛一钢、不锈钢复合金属材料	邵东县金属复合材料厂	省科委
β植物淀粉酶	澧县化工四厂	省科委
烟用浸膏类香料9079#、9071#	常德市香料厂	省轻工厅
LKA型主令控制器	冶金工业部安全环保研究院 湘潭市韶山杨林电器厂	省机械工业厅
90g/m² 卷筒炮料纸	湘乡二纸厂	湘潭市经委
苹果蜜维他洗面奶	湘阴日用化学厂	省轻工厅
洁柔洗发精	湘阴日用化学厂	省轻工厅
玻璃防雾防冻剂	湘北玻璃防雾防冻剂厂	省科委
炼涕包装新技术研究	冷水江市矿山化工厂	省外经委
PA建筑防水涂料	长沙市城建科研所、长沙望新湘中化工厂	长沙市科委

广西壮族自治区

名　称	开发单位	鉴定部门
硅橡胶制品	平南县橡胶制品一厂	
钨酸钠	钟山县永丰冶炼厂	
复合酚消毒剂——灵瘟灵	平南县化工一厂	
TO80汽车时规链条	玉林市链条厂	
天堂牌101C特别十天鸡饲料	容县饲料厂	
空中大战	博白县烟花炮竹总厂	
三角笛彩花	浦北县张簧炮竹厂	
聚氨酯硬质泡沫保温材料A料	柳州市冷柜配件厂	
大快乐	博白县烟花炮竹总厂	
响天雷	浦北县张簧炮竹厂	
GM0501静电喷涂设备	桂林市光明静电喷涂设备厂	
板栗罐头	桂林市尧山罐头食品厂	

四　川　省

名　称	开发单位	鉴定部门
光学玻璃镜头毛坯新产品 LaSFo10、SF14、QK1、LaF6、QF8、QG2	四川省简阳光学原件制造厂	省乡镇企业局
大型机床集中润滑系统	四川省德阳市罗江润滑设备厂	省乡镇企业局

名　称	开发单位	鉴定部门
鳄鱼牌装饰胶合板	成都市金牛区桂溪装饰材料厂	省乡镇企业局
仿绫国画纸	四川省井研县彩色印刷厂	省乡镇企业局
“百合玉”系列工艺品	长江动力公司巫溪宁河玉工艺厂	省乡镇企业局
浮选脱墨新闻纸	四川省新都造纸厂	省乡镇企业局
辐照交联聚烯烃热缩套管	邮电部第五研究所热缩制品厂	省乡镇企业局
致密多晶羟基磷灰石微粒工人骨	成都市新津龙马化工厂	省乡镇企业局
APP—C型填充母料	北京塑料十一厂德阳分厂	省乡镇企业局
“天蜀”牌特效气雾杀虫剂	成都龙泉黎明日用化工厂	省乡镇企业局
低温细瓷路面标志	万县天城陶瓷厂	省乡镇企业局
LH系列机油散热器	四川省简阳空冷器厂	省乡镇企业局
TZQ160弹簧制动气室	成都工程机械液压件厂	省乡镇企业局
钢架石棉复合板	成都市天府垫片厂	省乡镇企业局
玉米秆束粒板	开县温泉工艺厂	省乡镇企业局
速干打字油墨	四川省宣汉县新星油墨厂	省乡镇企业局
纹片釉瓷	四川省成都市国光瓷厂	省乡镇企业局
血吸虫生活史及成虫解剖放大模型	成都市蒲江教学模型厂	省乡镇企业局
足球登山运动鞋	南川县橡胶厂	省乡镇企业局
立体羽绒被	四川省绵竹羽绒制品厂	省乡镇企业局
镁铬质中间包涂料	四川彭县保护渣厂	省乡镇企业局
普通碳素钢冷轧长钢带	成都带钢厂	省乡镇企业局
金佛可乐饮料	南川县东方红饮料厂	省乡镇企业局
硅铝铁复合脱氧剂	广汉市向阳冶金脱氧剂厂	省乡镇企业局
钹形砂轮	四川省简阳县砂轮厂	省乡镇企业局
YG型滤油机	成都市青白江区过滤器材厂	省乡镇企业局
川－87空腹钢推拉门窗	新都县钢窗厂	省乡镇企业局
“五环”牌多功能低度白酒过滤机	成都市永丰环保专用设备厂	省乡镇企业局

贵　州　省

名　称	开发单位	鉴定部门
中药保健品、电热敷护腰、护膝、防感香囊	六盘水市钟山区保健用品厂	省经委
绞股兰口服液、绞股蓝晶	安顺西秀药厂	省经委
15%叶蝉散（可湿性粉剂）	贵州省黔东南州农药厂	省经委
40克炸药卷纸	贵州省兴仁县陆关造纸厂	省经委
SG7-5/0.5kVA低耗能干式变压器	贵阳黔明特种变压器厂	贵阳市经委
SO7-50/10kVA低耗能扁铁芯配电变压器	贵阳黔明特种变压器厂	贵阳市经委
SO7-50/10kVA低耗能立体变压器	贵阳黔明特种变压器厂	贵阳市经委
35kV供电节能新技术暨棕刚玉冶炼技术改造	贵阳市金刚砂厂	省乡镇企业局

陕 西 省

名 称	开发单位	鉴定部门
YSNF-8型油水泥分离装置	陕西省宝鸡虢镇节能环保设备厂	省乡镇企业局、省技术监督局
单向阀	陕西宝鸡通用机械厂	省乡镇企业局、省技术监督局
平衡阀	陕西宝鸡通用机械厂	省乡镇企业局、省技术监督局
电磁换向阀	陕西宝鸡通用机械厂	省乡镇企业局、省技术监督局
ZBQ-650F铝箔纸裱切机	陕西户县包装机械厂	省乡镇企业局、省技术监督局
十六功能体育健身器械	陕西省岐山体育用品厂	省乡镇企业局、省技术监督局
ZBSF-1B型山坡地小麦施肥播种机	陕西省宝鸡县周原机械制造厂	省乡镇企业局、省技术监督局
ZBYF-2型玉米明沟穴播施肥机	陕西省宝鸡县五一农具厂	省乡镇企业局、省技术监督局
XBFL-$\frac{3}{5}$旋播施肥机	陕西省户县旋播机厂	省乡镇企业局、省技术监督局
星火牌XZ-1.6/10型家用沼气灶	南郑县苏家山铸造厂	省乡镇企业局、省技术监督局
挂车制动阀	长安电子仪器厂	省乡镇企业局、省技术监督局
MDT-5000汉字数据传输终端	宝鸡市渭滨电讯设备厂	省乡镇企业局、省技术监督局
充电式应急灯	城固县天明区福利厂	
JDB-2型漏电过载过压保护器	咸阳市渭城区输电线路器材厂	省乡镇企业局、省技术监督局
Y系列电机用玻璃纤维增强聚丙烯塑料风扇	西安前进工程塑料厂	省乡镇企业局、省技术监督局
蒸压灰砂砖	榆林市灰砂砖厂	省乡镇企业局、省技术监督局
复合轻体板	韩城市轻体板厂	省乡镇企业局、省技术监督局
菱镁砼包装箱	临潼县西泉菱镁制品厂	省乡镇企业局、省技术监督局
刨花板	城固县刨花板厂	省乡镇企业局、省技术监督局
拼花地板条	陕西省宁陕拼木地板厂	省乡镇企业局、省技术监督局
胶合板	汉中市胶合板厂	省乡镇企业局、省技术监督局
上店土骨料、粉料	陕西省耀县高岭土综合加工厂	省乡镇企业局、省技术监督局
油泼香椿罐头	西安市临潼罐头食品厂	省乡镇企业局、省技术监督局
奶圆	宝鸡县益民奶粉厂	省乡镇企业局、省技术监督局
芝麻酥	三原县南关蓼花糖厂	省乡镇企业局、省技术监督局
醪糟罐头	汉中市罐头食品厂	省乡镇企业局、省技术监督局
美味蒜薹罐头	汉中市罐头食品厂	省乡镇企业局、省技术监督局
油炸秦椒	陕西省渭北秦椒加工厂	省乡镇企业局、省技术监督局
油泼辣椒	陕西省渭北秦椒加工厂	省乡镇企业局、省技术监督局
糖水木瓜罐头	镇安县兴隆罐头厂	省乡镇企业局、省技术监督局
小米薄酥脆	西安灞桥区特种食品公司	省乡镇企业局、省技术监督局
"佳翔"牌卫生间清洁剂	西安市雁塔区宏昌应用化学制品厂	省乡镇企业局、省技术监督局
电视荧屏清洗净	渭南市城区化工厂	省乡镇企业局、省技术监督局
煤气灶清洗净	渭南市城区化工厂	省乡镇企业局、省技术监督局
家畜清洁剂	渭南市城区化工厂	省乡镇企业局、省技术监督局
家具清洁上光剂	渭南市城区化工厂	省乡镇企业局、省技术监督局
RH6030-1型硅乳液润滑剂	韩城市芝川机械厂	省乡镇企业局、省技术监督局
压缩机油	南郑县石油化工厂	省乡镇企业局、省技术监督局
液压油	南郑县石油化工厂	省乡镇企业局、省技术监督局

名　　称	开发单位	鉴定部门
ST-1塑料用涂料	泾阳县绝缘材料厂	省乡镇企业局、省技术监督局
高碳石墨	铜川市郊区石墨厂	省乡镇企业局、省技术监督局
钙石粉	汉中地区梁山石粉厂	省乡镇企业局、省技术监督局
聚氯化铝	咸阳市净水剂厂	省乡镇企业局、省技术监督局
装饰性环氧粉末涂料	汉中市七里装饰粉厂	省乡镇企业局、省技术监督局
OFM-1型减摩剂	眉县秦华特种油品厂	省乡镇企业局、省技术监督局
豆制糊精	志丹县豆制品厂	省乡镇企业局、省技术监督局
姜黄精油	洋县天然植物素剂厂	省乡镇企业局、省技术监督局
姜黄淀粉	洋县天然植物素剂厂	省乡镇企业局、省技术监督局
姜黄色粉	洋县天然植物素剂厂	省乡镇企业局、省技术监督局
二十四楼杆架花	洋县小江花炮厂	省乡镇企业局、省技术监督局
碳化硅	耀县秦华企业总公司特种耐火材料厂	省乡镇企业局、省技术监督局
产宝冲剂、口服液	三原县制药厂	省乡镇企业局、省技术监督局
真空双螺旋挤砖机组	眉县砖瓦机械厂	省乡镇企业局、省技术监督局
MDT-5000H系列汉字数据传输终端	宝鸡市渭滨电讯设备厂	省乡镇企业局、省技术监督局
球磨机新型凹型衬板的开发与应用	勉县温泉水泥厂、省建材研究所	省乡镇企业局、省技术监督局
可拆卸式炉膛热水锅炉的研究开发	华县生活锅炉厂	省乡镇企业局、省技术监督局
离心过滤式磨浆机的开发研制	宝鸡县蟠龙机械厂	省乡镇企业局、省技术监督局
醋酸丁酯工艺的改进	扶风县第一塑料厂	省乡镇企业局、省技术监督局
用白垩土烧制普通硅酸盐水泥工艺	安康市长岭水泥厂	省乡镇企业局、省技术监督局
彩釉外墙砖工艺的改进	西安市雁塔区建筑陶瓷厂	省乡镇企业局、省技术监督局
利用玉米浸泡废液生产菲汀的技术开发	三原县淀粉总厂	省乡镇企业局、省技术监督局
高碳石墨生产技术的改进	铜川市郊区石墨厂	省乡镇企业局、省技术监督局
碳化硅生产技术的改进	耀县特种耐火材料厂	省乡镇企业局、省技术监督局
34.8m^2马蹄纵火焰窑的技术改造	汉中市平板玻璃厂	省乡镇企业局、省技术监督局
人才开发培训	勉县乡镇企业局、勉县乡镇企业技校	省乡镇企业局、省技术监督局
产宝冲剂、口服液生产技术开发与应用	三原县制药厂	省乡镇企业局、省技术监督局
Q-WBX系列无苯低毒油漆稀释剂	西安市西北环境应用技术研究所	省乡镇企业局、省技术监督局
YSNF系列油、水、泥分离装置的研制	宝鸡县虢镇节能环保设备厂	省乡镇企业局、省技术监督局
油炸方便面生产线的引进、改造	城固县东方精制食品厂	省乡镇企业局、省技术监督局
“长线台座冷拔丝预应力砼拉模工艺”推广应用	汉中地区乡镇企业局生产计划科	省乡镇企业局、省技术监督局
轻质复合板	岐山县新型板厂	省乡镇企业局、省技术监督局
碳素高强钢丝在电杆生产中的应用	陇县水泥制品厂	省乡镇企业局、省技术监督局

甘肃省

名称	开发单位	鉴定部门
碳酸锶	敦煌市锶盐厂	省乡镇企业局
氯氧镁琉璃瓦	酒泉市菱镁制品厂	省建材局、省乡镇企业局
高碳锰铁	天祝硅锰合金厂	省冶金厅、省乡镇企业局
PVC树脂改性填充材料	天祝化工塑料厂	省石化厂、省乡镇企业局
民用液体燃料	兰州西固综合燃料厂	兰州石油化工厂、省乡镇企业局
脱氟磷酸钙	榆中饲料添加剂厂	省乡镇企业局、省畜牧厅

青海省

名称	开发单位	鉴定部门
蕨菜加工技术开发	省乡镇企业管理局	国家科委

宁夏回族自治区

名称	开发单位	鉴定部门
一次性使用输液器	青铜峡市医用输液器厂	国家医药管理局
超强磁钕铁硼材料30H、275H新产品	中宁磁性材料厂	自治区科委
尿醛树脂胶	金积木材厂	自治区科委
植酸	青铜峡市翟靖植酸厂	青铜峡市科委
刨花板	吴忠市金积木材厂	自治区科委
水稻插秧机	吴忠市东风机械厂	自治区农机鉴定站
重质碳酸钙	永宁县胜利石灰厂	银川市科委
金属钠	银川市制钠厂	自治区科委

重庆市

名称	开发单位	鉴定部门
镁炭砖	重庆冶金材料试验厂	市科委
E 60-1膨胀型无机防火涂料	重庆红旗涂料厂	市经委
SC 1010微车减振器	重庆长江机械厂	市经委
SC 2030重型汽车减振器	重庆长江机械厂	市经委
维纸复合包装袋	重庆渝新复合包装厂	市科委
微型车塑料保险杠	重庆东方塑料制品厂	市科委
SC 1010微型车钢板弹簧	重庆红旗汽车钢板弹簧厂	市科委
五十铃轻型汽车钢板弹簧	重庆红旗汽车钢板弹簧厂	市科委
SC 1010微型车钢圈	重庆红旗汽车钢圈厂	市科委
四螺杆真空反应混炼挤出机	重庆华光铸造机械厂	市经委
工业铁氢化钾	江北县洛碛昆仑化工厂	市科委
钼块	重庆山城铁合金厂	市科委
CS 101-10电热鼓风干燥箱	重庆试验设备厂一分厂	市经委

名　称	开发单位	鉴定部门
肝炎病毒消洗净	重庆中药厂洗消剂分厂	市科委
LMZJ$_2$-0.66型固定母线式电流互感器	重庆山城电器厂	市经委
沓谷胶辊（白色系列）	重庆涂山橡胶制品厂	市经委
M3325型除尘砂轮机	重庆青木关金属塑料结构加工厂	市科委
种子处理剂	重庆市永川县西北微肥厂	市科委
5％杀虫双大粒剂	合川县农化实验厂	市经委
穿心电感	合川县三庙磁性材料厂	市经委
JH125从动齿轮	重庆市綦江粉末冶金制品厂	市经委
玻璃钢冷却塔风机	重庆市璧山风机厂	市经委
汽车内装饰复合材料	重庆璧山汽车装饰件厂	市科委
5TD-75型多用脱粒机	大足县石马农具厂	市经委
快速蒸煮器	重庆市荣昌汉白玉复合材料厂	市科委

广　州　市

名　称	开发单位	鉴定部门
通讯电缆用辐照交联聚烯烃热收缩套管	广州市番禺县粤峰塑料套管厂	市乡镇企业管理局
粘接式制动蹄总成	广州市联达制动器材厂	市乡镇企业管理局
无氧铜杆	广州市番禺电缆厂	市机电局
电冰箱用管板粘接式蒸发器	广州市番禺冰箱配件厂	市科委

沈　阳　市

名　称	开发单位	鉴定部门
左、右旋麻黄素原料药	沈阳克达药厂一分厂	市科委
折叠式液位仪	沈阳市玉环电器设备厂	市科委
ZJBJ-A振动撞击触式防盗报警器	沈阳市新建电控设备厂	市科委
造粒、干燥机	沈阳市东联粉粒体厂	市科委
HSB340型自卸汽车	沈阳三山汽车工业联合公司	市科委
ZR-G柴油机添加剂	沈阳市三山精细化学厂	市科委
15W/40CD级柴油机油	辽中县润滑材料厂	市科委
CL-$\frac{3C}{4C}$型冷光管	沈阳市新兴灯具厂	市科委
无级节水塞封阀Dg25	沈阳市文官金属阀门厂	市科委
TKJ1000/$\frac{1.0}{1.6}$-JXPC型PC机控制交调客梯	沈阳市东陵电梯厂	市科委
防静电玻璃钢	沈阳市玻璃钢风机厂	市科委
FB30A$_9$N047玻璃钢轴流通风机	沈阳市玻璃钢风机厂	市科委
QZ-A型汽油增效剂	沈阳市三山精细化学厂	市科委
电视机防辐射防爆玻璃	沈阳彩电玻璃厂	市科委
901强力粘合剂	沈阳市东兴化工厂	市科委

名　称	开发单位	鉴定部门
环合物	沈阳市三联化工厂	市科委
亚磷酸二甲脂	沈阳市三联化工厂	市科委

大 连 市

名　称	开发单位	鉴定部门
0.1 CYSC-0.25船用油水分离器 0.5	金州船用防污设备厂	大连市经委
GQB 32型便携式圆钢切断机	大连市金龙建筑机械厂	大连市经委
LJS 硅酸盐型浸渗剂	旅顺浸渗设备厂	大连市经委
改性镁质小波瓦、脊瓦	旅顺口区彩色琉璃瓦厂	大连市经委
50Q轻轨	大连凌水钢管厂	大连市经委
MYT$_3$系列电力液压推动器	大连低压开关厂电气制动器分厂	大连市经委
T 1401柴油增效剂	大连凌水油漆厂	大连市经委
D 85A-18推土机液压阀组转向阀	大连第二液压件厂	大连市经委
D 85A-18推土机液压阀组铲刀阀	大连第二液压件厂	大连市经委
D 85A-18推土机液压阀组调节阀	大连第二液压件厂	大连市经委
D 85A-18推土机液压阀组B型伺服阀	大连第二液压件厂	大连市经委
D 85A-18推土机液压阀组松土阀	大连第二液压件厂	大连市经委
D 85A-18推土机液压阀组R型伺服阀	大连第二液压件厂	大连市经委
D 85A-18推土机液压阀组安全阀	大连第二液压件厂	大连市经委
D 85A-18推土机液压阀组变速操纵阀	大连第二液压件厂	大连市经委
SBR 硫化黑	旅顺江西化工厂	大连市经委
药物形象烟	大连康乐药物形象烟厂	大连市经委
H160、H280中小型电机装配线	大连电工设备厂	大连市经委
氟塑料衬里法兰连接阀门	金州制冷设备部件厂	大连市经委
TES 三燃式消烟除尘节能炉具	大连精工金属加工厂	大连市经委
TH型无腐蚀、低凝点、高沸点防冻液	大连市天华精细化工厂	大连市经委
UQK-100防爆浮球液位控制器	大连凌水凌光电子仪器厂	大连市经委
SK-H-1人吹制玻璃套料深刻杯	大连玻璃仪器厂二分厂	大连市经委
DDJ-902多功能家用豆浆机	新金县豆浆机厂	大连市经委
G 7016弓锯床	大连锯床厂	大连市经委
DJK-1000型开方器	大连黄海自动化仪表厂	大连市经委
柞蚕丝纬编针织坯布	新金县丝绸厂	大连市经委
GYP-400港式面包压片机	庄河县食品机械厂	大连市经委
KD型手摇拷顶	大连人民机器厂	大连市经委
MF-1密封剂	瓦房店市石油化工厂	大连市经委
542607圆柱滚子轴承	瓦房店非标准轴承厂	大连市经委
KHM911242/KHM911210圆柱滚	瓦房店非标准轴承厂	大连市经委

名　　称	开发单位	鉴定部门
子轴承		
COPBT聚酯切片	瓦房店市化学纤维厂	大连市经委
聚酯皮鞋胶	瓦房店市化学纤维厂	大连市经委
JQ140L角钢切断机	大连金龙建筑机械厂	大连市经委
CLG0.69-95/70-AⅡ常压热水锅炉	新金县取暖设备厂	大连市经委
W18Cr4V高速工具钢	大连凌水钢丝厂	大连市经委
GCr15轴承钢	大连凌水钢丝厂	大连市经委
D71X-10中线型对夹式蝶阀	庄河县阀门二厂	大连市经委
NYC-$\frac{35}{30}$钕铁硼永磁体	金州磁性材料联合厂	大连市经委
GY型钢翼管散热器	大连节能翼管厂	大连市经委
T9207半自动高速兜孔镗床	大连轴承机床厂	大连市经委
ZP6-1000碳弧气刨电源	旅顺电焊机厂	大连市经委
ZX5-400B可控硅弧焊整流器	旅顺电焊机厂	大连市经委
WH-1水质稳定剂	大连防腐水处理研究所	大连市经委
AH-1金属酸洗缓蚀剂	大连防腐水处理研究所	大连市经委
WJ蜗杆步进减速机	大连水泵厂	大连市经委
JWT砼空心板挤压成型机	大连金龙建筑机械厂	城乡建设环境保护部

哈　尔　滨　市

名　　称	开发单位	鉴定部门
爬行切管机（定为国家新产品）	哈尔滨市新境机械厂	省科委
铸铁锅炉	哈尔滨小型锅炉厂	省机械委
非标塞规（大于30～50mm）	哈尔滨市松江量具厂	市机械冶金局
0.2吨立式蒸汽锅炉	哈尔滨市团结锅炉厂	市劳动局
15kg/m钢轧	哈尔滨市阿鞍中型轧钢厂	省机械委

青　岛　市

名　　称	开发单位	鉴定部门
L-半胱氨酸盐酸盐水合物	胶州市氨基酸厂	市经委
QL47B，57B型双音气喇叭	胶南节能设备厂	市纺织总公司
A186F型梳棉机圈条器	胶南第一纺织机械配件厂	市乡镇企业局
FZ-1780型分纸机	胶南藏南纸制品机械厂	市乡镇企业局
A186F型梳棉机盖板	胶南第六纺机配件厂	市乡镇企业局
MT125-1型多能单相电动磨浆机	胶南常丰机械厂	市乡镇企业局
6FSM-125型浆渣分离磨浆机	胶南常丰机械厂	市乡镇企业局
FZ001型开松机	胶南纺织机械器材厂	市乡镇企业局
海军呢	胶南三毛纺	市纺织总公司
羊毛衫	胶南四毛纺	市纺织总公司
针织服装	青岛十三针织厂	市纺织总公司
注塑布鞋一童鞋	青岛胶南灵山卫布鞋厂	市纺织总公司

名　　称	开发单位	鉴定部门
DZ/4.2-1.0/115/70-AⅡ热水锅炉	青岛胜利锅炉厂	市经委
高碳石墨矿	平度田庄石墨矿	市经委
山楂果汁	平度市果汁厂	市乡镇企业局
LX-500路面铁刨机	青岛路面机械厂	市科委

南 京 市

名　　称	开发单位	鉴定部门
ISO、OG吸水泵	南京泵厂	市机械局
20%溴灭菊脂	南京保丰农药厂	市科委
40%虱螟灵	省农科院植保所铜井农药厂	市科委
RN高充填PVC合金防渗薄膜	江宁县汤山古泉塑料厂	省水利厅
100HW-8蜗壳式混流泵	南京二泵厂	市机械局
2BG-6A型稻麦免耕条播机	江宁县东善农机厂	市机械局
陵关牌200mm钢丝钳	南京工具三厂	市机械局
CH型摧化栓（又名消氨气）	江宁县禄口农机厂	市机械局
Y252-2.5消防灭火机用压力表	江宁县禄口压力表厂	省公安厅消防局
32WB-8-9轻便两用泵	江宁土桥手工业社	市机械局
2H-组合式多用途驱动型农具	南京第二轻工机械厂	市科委
菜丰灵B	南京生物农药厂	南京农业大学（省）
防水壁纸	南京装饰材料厂	市玻纤院
卫生洁具	江宁县上峰李岗头塑料厂	市建材公司
集装袋	公贸联营南京集装袋厂	市包装公司
425白水泥	南京汤山白水泥厂	市建材公司
JF-3型氧指数测定仪	江宁县方山分析仪器厂	省公安厅消防局
聚磷酸阻燃剂	江宁县方山分析仪器厂	省公安厅消防局
PBT纤维切片	南京殷巷化纤厂	市科委
FD-1型低压输电设备保护报警器	南京天宁无线电实验厂	省公安厅
GFN-钢质防火门	江宁县机箱厂	省公安厅消防局
轻便式（ABS）浴缸	江浦县塑料制品厂	省科委
铝-玻璃钢外护绝热复合薄板	南京玻璃钢三厂	省计经委
IKSQ-35B型圆盘开沟机	江浦县高旺农机厂	市乡镇局
工艺计时壁挂	江浦家用电器厂	市一轻局
铬还原汽浮设施斜纹板澄清池	江浦高旺电镀厂	市科委
预应力混凝土小圆孔板	江浦县混凝土构件厂	市建材公司
S7型节能变压器	南京变压器厂	省机械局
ISOHW-85混流泵	横良农具厂	市经委
1-萘酚4-黄酸	六合染料化工厂	市计委
直接铜兰	六合染料化工厂	市经委
洗发精	六合染料化工厂	市经委
冷烫精	六合染料化工厂	市经委
护发类化妆品	六合县日用化工厂	市经委
行推动彩电变压器	六合县无线电二厂	市经委
YON-H型内启动荧光灯	六合灯泡厂	市经委

名　称	开发单位	鉴定部门
多功能面食机	溧水县群力电器厂	市科委
D202大孔型强碱性阴离子交换树脂	南京树脂厂一分厂	市经委
HEOP水处理剂	南京第一精细化工公司合成化工厂	市经委
彩釉砂涂料	南京栖霞山油毡厂	省建材局
OZL全自动用电保护器	南京紫金用电保护器厂	市经委
VA型减震垫铁	南京摄山减震器厂	市经委
固碱	南京燕子矶固碱厂	市经委
玻璃棉毡	南京栖霞山保温材料厂	市建材公司
氧气	南京花园氧气厂	市经委
单端4W荧光灯	南京市雨花电光源厂	市经委
14×50矿用高强度圆环链	南京梅山链条厂	市经委
DHC0.2-0.4AⅡ型卧式水管双层炉排锅炉	南京第二锅炉厂	省机械厅
DHG0.3-0.4AⅡ型卧式水管双层炉排锅炉	南京第二锅炉厂	省机械厅
DHG0.5-0.4AⅡ型卧式水管双层炉排锅炉	南京第二锅炉厂	省机械厅
21S麻涤粘坯布	南京西善桥纺织厂	市经委
220千伏输电铁塔	南京石门坎水泥制杆厂	市经委
JKI型建筑卷扬机	南京建筑设备厂	市经委
防静电皮鞋	南京双桥皮鞋厂	市经委
网带式电窑炉	南京第一特种电炉厂	省机械厅
复式电话计费器	南京通讯设备厂二分厂	邮电部
双龙牌无铅营养皮蛋	南京浦口蛋品加工厂	市经委
泰山7C-1A型挂车	南京沿江农机厂	市机械局
镀锡铜包钢线	南京兴新无线电材料厂	市经委
GTR-Ⅲ闷晒式太阳能热水器	南京太阳能设备厂	南京太阳能利用研究会
PP母粒	南京扬子有机化工厂	市经委

宁　波　市

名　称	开发单位	鉴定部门
二档次节水高水箱	宁海五星医疗器械配件厂	市乡镇企业局
速热煤饼淋浴器	宁波淋浴器厂	市乡镇企业局
O型橡胶密封圈	宁海建新橡胶厂	市乡镇企业局
骨架式橡胶油封	宁海建新橡胶厂	市乡镇企业局
WJDM-A型有端子旋转卡夹式电缆交接箱	余姚牟山电子元件厂	市乡镇企业局
YQXF-T型压卡式两用电缆分线盒	余姚牟山电子元件厂	市乡镇企业局
聚烯烃盆	慈溪横河上联家具塑料厂	市乡镇企业局
无萘高效防蛀剂	宁波江北日用化工厂	市乡镇企业局
高耐磨球铁加硼12750摩托车气缸	宁波缸套厂	市乡镇企业局

名　称	开发单位	鉴定部门
体		
ZD照相物镜	余姚市第二光仪厂	市乡镇企业局
F60-2膨胀型防火涂料	宁波沪甬防火涂料厂	市乡镇企业局
矿泉可乐	宁海矿泉饮料厂	市乡镇企业局
毛麻混纺花呢	余姚市毛纺厂	市乡镇企业局
SZ-25/20-注塑机	宁波第二塑料机械厂	市乡镇企业局
YS4-10型液压升降台	宁波市液压升降机械厂	市乡镇企业局
36BY永磁步进电动机	余姚市仪表电机二厂	市乡镇企业局
XF125摩托车座垫	宁波电声器材厂	市乡镇企业局
WH6001微型焊枪	宁海五星电器设备厂	市乡镇企业局
进口汽车柴油机针阀偶件	余姚油嘴油泵厂	市乡镇企业局
上腊纸草	余姚市胜一喷漆厂	市乡镇企业局
塑料鞋楦	宁海鞋楦厂	市乡镇企业局
SZ-45-E注塑机	宁波市第二塑料机械厂	市乡镇企业局
LBW型危险品运输标志灯	象山防火器配厂	市乡镇企业局
悬臂式钳形闸	宁海县乳胶机械厂	市乡镇企业局
新型管形螺口式石英卤钨灯	象山县发挥电光源厂	市乡镇企业局
ZDLR-TV型节能多功能贮水式淋浴器	宁波淋浴器厂	市乡镇企业局
ST-1阻燃聚脂树脂	慈溪市树脂厂	市乡镇企业局
YKJF型遥控接收放大器	余姚最良光电厂	市乡镇企业局
DD2型吊锭	慈溪民丰纺织塑料配件厂	市乡镇企业局
铝合金整体式轮圈	奉化车辆配件厂	市乡镇企业局
SZ、SH节能高效微电机	宁波沪江电扇总厂	市乡镇企业局
聚甲基丙烯酸钠	宁波江东化工钮扣厂	市乡镇企业局
一次性使用小儿输液器	余姚市医疗器材制品厂	市乡镇企业局
GGL1型固定式低压开关柜	浙江电工器材厂宁波分厂	市机械局
NE6600轻型客车	宁波第二车辆厂	市机械局
NG220/288-L系列立式中型医用高压氧舱	宁波高压氧舱厂	市医管局
STV-1型亚硫酸化植物油皮革加脂剂	宁波市皮革化工厂	市化工局
LQKJ-200型挂链隧道式煤气烤禽炉	宁波市食品设备三厂	宁波市机械局
D120制动器总成	宁波第二车辆厂	市科委
BJ130制动器总成	宁波第二车辆厂	市科委
增强耐腐蚀聚丙烯球阀	镇海化工阀门厂	宁波市科委
H102型汽油车化油器	慈溪化油器厂	宁波市乡镇企业局
手持式液压开孔器SYK-3型	慈溪液压机械厂	宁波市科委
DJLT-3型多用途伸缩电警棍	上海沪公报警设备厂鄞县分厂	市科委
低耐高温冶金测试保护管	奉化纱管厂	科委
自动液料供给器	宁波无线电十五厂	市科委（国家科委项目）
uR16、12V50W卤钨灯	奉化石英制品厂	市科委
碳纤维复合材料化工阀门	宁波玻璃钢厂	化工部
WH6001微型焊枪	宁海五星电器设备厂	市科委、市乡镇局
8、50F-15车轮	宁波第二车辆厂	市科委

名　称	开发单位	鉴定部门
T型同步带轮	慈溪同步带厂	市科委
YKT型彩色红外遥控发射器	宁波市华联电子元件厂	市科委
储压虹吸式1211型灭火棒	北仑大榭消防器材厂	宁波市科委
NKT-3型微拴过滤器	北仑昆亭医疗器械厂	市医管局
千分尺计数器	慈溪市精密计数器厂	市乡镇局
ZGB-1型石油储灌阻火器	慈溪市石油机械厂	浙江省公安厅
GFQ-1型呼吸阀	慈溪市石油机械厂	浙江省公安厅

成　都　市

名　称	开发单位	鉴定部门
冷轧长钢带	成都带钢厂	省乡企局、省冶金厅
牛羊冬春补饲料	双流治溪饲料厂	甘孜州畜牧局、科委
钢架石棉复合板	成都天府垫片厂	省计经委
石棉胶乳抄取板	成都天府垫片厂	省计经委
爆炸品保险箱	省公安厅、成都岷江工业公司	省乡镇企业局
冷反射定向照明卤钨灯具	成都化成灯饰厂	省计经委
JB型基站避雷器	成都市中光电工厂	省科委
JS-400B型车载台天线	成都市中光电工厂	省科委
TVR-4系列室外有源天线	成都市中光电工厂	省科委
隔镍直流屏	成都电力电子设备厂	省机械厅
环氧乙烷灭菌柜	成都锅炉辅机总厂	省乡企局、省卫生厅、省机械局
变压吸附塔	成都锅炉辅机总厂	省计经委
150升黄磷闭口钢桶	金牛油桶厂	省乡企局
眼保健按摩器	成都长虹塑料厂	省医药局
KYN-10户用交流金属铠装转动动式开关设备	成都兴盛电控厂	省机械厅、省电力局
气雾杀虫剂	龙泉黎明日化厂	省科委、省卫生厅
微孔硅酸钙保温制品	新都保温材料厂	市建材局
神农系列保健用品	新都保健用品厂	省医药局
DJS电子计数装置	成都科仪一分厂	省化工厅
SG90-SK50A型手铐	成都市门锁厂	省公安厅
镁铬质中间包涂料	彭县保护渣厂	省乡企局、省冶金厅
菜籽饼粕化学脱毒新技术	中科院成都有机所、彭县西郊油脂厂	商业部
PX-80普通悬挂输送机	彭县致和工业配套厂	省经委
LB钢结构防火涂料开发	都江防火涂料厂	省经委、省公安厅
106楼防火涂料开发	都江防火涂料厂	省经委、省公安厅
多用教学仪	蒲阳塑料厂	省科委
交流电源滤波器	邛崃家用电器厂	省电子厅
致密多晶羟基磷灰石人工骨	新津龙马化工厂	省医药局

长 春 市

名 称	开发单位	鉴定部门
男女之春P·STD溶液	长春市化学品厂	省轻工厅
铁友牌汽车喷漆/烘漆房	长春市远红外设备元件厂	省科委
WHG微机自控恒压变流供水装置	长春市联合供水设备厂	省消防局
荣字牌桂花香肠	长春市荣德肉类制品厂	市二商局
ZKX型新风机组	长春市空气调节机厂	市机械局
TZ 4-5-5(8)灰铸铁柱型散热器	长春市散热器厂	省建委
DBX-160、DBX-200型节能式多用电源电焊机	长春市英俊电器厂	市机械局
XDB-2G型电流互感器二次回路断线保护装置	长春市奋进电器设备厂	市机械局
BH20型冰花冷饮机	长春市朝阳双德饮料设备厂	市机械局
木门窗玻璃口密封条	农安靠山胶塑厂	市化工局

主要编辑出版人员

总 编 辑　蔡盛林

副总编辑　陶岳嵩　舒代新

责任编辑　张德君　罗立纯

特约编辑　李方本　官治国　宗锦耀

封面设计　卫水山

美术编辑　邵　伟

版式设计　高　岚

出版印刷　杨顺根　高　岚　郑剑玲

各地特约编辑　（按姓氏笔画为序）

万兆金　王乃昌　王　珑　王叙元　王恕范　王裕章　石缠荣

包力革　朱金邦　仲生珍　刘光祥　李开信　李来顺　李新志

李德新　劳义海　苏本富　时思玉　何龙根　余昌刚　余晓波

张　弛　张洪祥　张健媛　张维强　张德勋　陆　刚　陈文学

陈　良　陈弢弘　陈湘安　赵天振　赵金平　赵宝林　段启达

俞宝庆　袁正雄　黄炳文　梁祥利　梁银厚　焦　勇　鲁丕亮

蔡振山　尼玛次仁

中国乡镇企业年鉴

（1991）

中国乡镇企业年鉴编辑委员会　编

农业出版社出版（北京朝阳区农展馆北路）

新华书店北京发行所发行　北京印刷一厂印刷

787×1092mm 16开本　31.75 印张　彩插0.5印张　1100千字

1992年 4月第 1版　1992年 4月北京第 1次印刷

定价：42.00 元

ISBN 7-109-02366-4/S.1546